Kohlhammer

Georg Antor
Ulrich Bleidick (Hrsg.)

Handlexikon der Behindertenpädagogik

Schlüsselbegriffe aus Theorie und Praxis

2., überarbeitete und erweiterte Auflage

Verlag W. Kohlhammer

2., überarbeitete und erweiterte Auflage 2006

Umschlag: Gestaltungskonzept Peter Horlacher
Gesamtherstellung:
W. Kohlhammer Druckerei GmbH + Co. KG, Stuttgart
Printed in Germany

ISBN-10: 3-17-019216-7
ISBN-13: 978-3-17-019216-4

Inhaltsverzeichnis

Vorwort zur zweiten Auflage

Die freundliche Aufnahme des Handlexikons der Behindertenpädagogik hat es möglich gemacht, nach fünf Jahren eine zweite Auflage erscheinen zu lassen. Die Autorinnen und Autoren der Stichwörter, hier „Schlüsselbegriffe“ genannt, wurden gebeten, ihre Artikel zu korrigieren, zu ergänzen und die Literaturverzeichnisse auf den neuesten Stand zu bringen. Einzelne Texte mussten vollständig neu gefasst werden. Der Sachverhalt macht deutlich, in welch kurzer Zeit sich politische, wirtschaftliche und fachliche Bedingungen verändern. Einige weitere Stichwörter kamen hinzu, die seinerzeit noch nicht aktuell waren.

In der systematischen Anordnung der Artikel haben wir nach wie vor den Oberbegriff der „Fachrichtungen der Behindertenpädagogik“ verwandt. Entsprechend sind in der Rubrik die einzelnen behinderungsspezifischen Disziplinen aufgeführt. Bildungspolitische Vorgaben der Ständigen Konferenz der Kultusminister der Länder in der Bundesrepublik Deutschland deuten darauf hin, dass diese Einteilung zugunsten von „Förderschwerpunkten“ überholt sein könnte. Die revidierte Fassung des Stichwortes „Statistik von Behinderungen“ verwendet bereits die neue Terminologie. Ungeachtet dessen haben wir uns bisher nicht entschließen können, diese modernere Rubrizierung aufzunehmen, solange nicht Organisatoren des Sonderschulwesens, Studienstätten und Lehrerbildung dem Trend gefolgt sind.

Verlag und Beiträgern des Handlexikons danken wir wiederum herzlich für ihre bereitwillige Unterstützung.

Hamburg im Frühjahr 2006

Georg Antor/Ulrich Bleidick

Einleitung

Das Vorhaben eines Handlexikons der Behindertenpädagogik in Schlüsselbegriffen bedarf einiger Erläuterungen. Als Nachschlagewerk steht es zwischen kürzer gefasstem lexikalischen Wörterbuch und großem, oft mehrbändigem, Handbuch. Der Untertitel will die Handlichkeit als Informationsquelle für Studium, Berufspraxis und als Einführung in wissenschaftliche Arbeitsfelder ausdrücken.

Gegenüber bereits vorhandenen Wörterbüchern waren die Herausgeber bemüht, die erziehungswissenschaftliche Einbindung behindertenpädagogischer Grundbegriffe zu erreichen. Die allgemeinpädagogische Standortbestimmung von Schlüsselbegriffen der Erziehung, Unterrichtung und Therapie behinderter Menschen soll insbesondere in den Kapiteln zur Geltung kommen, wo es nicht primär um behinderte Menschen geht, wie in den Kategorien Allgemeine Pädagogik und Rechtliche Gesichtspunkte. Hier steht die Überprüfung an, welche Relevanz menschliches Behindertsein für das Ganze der Erziehung besitzt und welche Bedeutung allgemeine pädagogische Grundtatsachen für die spezielle Behindertenpädagogik haben. In analoger Weise gilt diese Transferproblematik auch für die Nachbardisziplinen Philosophie, Soziologie, Psychologie und Medizin. Erst die Fachrichtungen der Behindertenpädagogik selbst und ihre Einzelprobleme enthalten spezifische Grundbegriffe. Gleichwohl sollen diese fachlich indizierten Fragestellungen in einen allgemeinpädagogischen Bedeutsamkeitshorizont eingebracht werden. Das Handlexikon versucht damit, den neueren Entwicklungsrichtungen zu entsprechen, nach denen die Absonderung behinderter Menschen und der Behindertenpädagogik zugunsten einer höheren gesellschaftlichen Integration überwunden werden kann. Dieser Trend gilt für Wissenschaft und Praxis, für Forschung und organisatorische Steuerung.

Mit der Wahl des Titels „Behindertenpädagogik“ verbindet sich keine inhaltliche Präferenz gegenüber traditionellen Systemen der Heilpädagogik, der Sonderpädagogik oder der Rehabilitationspädagogik. Die Namen werden bei den verschiedenen Stichwörtern größtenteils synonym verwandt. Die Option für „Behindertenpädagogik“ hat im Wesentlichen zwei Gründe: einmal die Verbreitung des Behinderungsbegriffs in der Umgangssprache und zum anderen seine sozialrechtliche Verankerung, nach der ökonomische Vergünstigungen, versorgungsrechtliche Nachteilsausgleiche, soziale Hilfen und beruflich-gesellschaftliche Eingliederung einer bestimmten Gruppe von benachteiligten Menschen an die Zuschreibung ihres Behindertseins gebunden sind.

Der Terminus „Schlüsselbegriff“ soll näher erklärt werden. Schlüsselbegriffe stellen repräsentative, leitende Begriffe des Faches dar, und sie bestimmen seinen Gegenstand. Ungeachtet der Geläufigkeit des Begriffs in den Sozialwissenschaften, insbesondere bei Handbüchern der Soziologie und Psychologie, wirft der Terminus in seiner Spezifizierung auf Behindertenpädagogik Fragen wissenschaftstheoretischer Einordnung und Abgrenzung auf. Die Kategorisierung nach zehn Großkapiteln, von denen nur vier expressis verbis die Behindertenpädagogik im Namen tragen, macht zunächst deutlich, dass Erziehung und Unterricht bei behinderten Menschen essenzieller Bestandteil von Pädagogik sind – mit Allgemeiner Pädagogik beginnt die Auflistung pädagogischer Grundbegriffe, die auf ihre behindertenpädagogische Tragfähigkeit hin befragt werden sollen. Damit besteht jedoch weiterhin das Übergewicht der Einteilung aus sechs Kategorien, die wir gemeinhin als Nachbardisziplinen der Pädagogik ansehen. Kann die Behindertenpädagogik mithin, um die seinerzeitige Aussage Herbarts zum Wissenschaftsstand der Pädagogik im Jahre 1806 als Analogie aufzugreifen, selbst nicht genug „einheimische Begriffe" generieren? Wir bekennen, dass wir die Beantwortung dieser Frage sehr pragmatisch sehen. Die Erhebung eines geistes- oder sozialwissenschaftlichen Terminus zu einem „Schlüsselbegriff" *für* die Behindertenpädagogik ist für uns lediglich Ausdruck historisch zeitbedingter und zugleich fachsprachlich vermittelter Konventionen. Hierbei haben wir versucht, die Zugehörigkeit einer behindertenpädagogischen Fragestellung zur Erziehungswissenschaft und die Anschlussfähigkeit gegenüber den Nachbardisziplinen soweit wie möglich zu berücksichtigen. Neben der Betonung einer nur eingeschränkt repräsentativen scientific community sollte aber eine weitere Intention offen gelegt werden: Ob ein Sachverhalt des erziehlichen, unterrichtlichen und therapeutischen Umgangs mit behinderten Menschen zu einem Schlüsselbegriff unserer Disziplin wird, das hängt letztlich von seiner Einbindung in praktische Handlungsvollzüge ab. Die Brauchbarkeit eines Schlüsselbegriffs für das erzieherische Tun ist das Kriterium für seine in der gegenwärtigen Situation gerechtfertigte Festsetzung.

„Schlüsselbegriffe" sind mehr als lexikalische Stichwörter, aber zugleich weniger als Fachartikel. Sie leisten keine enzyklopädische Vollständigkeit, weder in der Gesamtpalette von 141 behandelten Grundbegriffen, noch in der fachimmanenten Darstellung. Der hohe Anspruch, so etwas wie eine Quintessenz behindertenpädagogischer Theoriebildung zu praktischen Zwecken zusammenzufassen, war nur über vielfältige und multidisziplinäre Zugangsweisen zu erreichen. Die Mitarbeit von 87 ausgewiesenen Fachleuten sichert eine gewisse Heterogenität, die der schulbildenden Einseitigkeit durch ein breites Spektrum von wissenschaftlichen Denkweisen entgegenzuwirken sucht. Widersprechende Gesichtspunkte in den Artikeln betrachten wir als Bereicherung des Diskurses. Auswahl und inhaltliche Gestaltung der Grundbegriffe spiegeln die momentane Situation der Behindertenpädagogik im deutschen Sprachraum wider. Sie besitzen keine überzeitliche Geltung; ihre Aktualität wird fortan ständiger Überprüfung bedürfen.

Zwei Gebiete der Behindertenpädagogik haben wir in der stichwortmäßigen Erfassung unberücksichtigt gelassen: die Vergleichende Behindertenpädagogik des Auslandes und die Fachdidaktik der Unterrichtsfächer. Es muss einleuchten, dass diese wichtigen Sektoren nur mittels einer wesentlich stärkeren fachlichen Differenzierung sachgerecht darzustellen sind. Ferner erscheint es von Belang zu betonen, dass das Handlexikon lediglich eine abrissartige Darstellung von Allgemeiner Behindertenpädagogik enthalten kann. Die anwendungsbezogenen und praktisch ausgerichteten Fragen behindertenspezifischer Erziehung, Unterrichtung und Therapie in den einzelnen Fachrichtungen der Behindertenpädagogik können naturgemäß nur bei einer gründlichen Bearbeitung innerhalb dieser differenzierten Spezialgebiete selbst erschlossen werden. Die fachrichtungsspezifischen Artikel haben zwar mit den größten Umfang unter den Schlüsselbegriffen der Behindertenpädagogik sowie ihrer Nachbardisziplinen und somit eine hervorgehobene Bedeutung. Sie beanspruchen jedoch weniger die monographische Beschreibung einzelner Behindertenpädagogiken als vielmehr eine Repräsentanz für das Ganze der erziehungswissenschaftlichen Bestimmung.

Die flexible Handhabung des Wörterbuchs ermöglicht zunächst die übersichtliche Kenntnisnahme von Grundbegriffen in zehn Großkapiteln. Ihre Binnenaufteilung ist pragmatisch getroffen. Wir haben uns bemüht, durch eine große Anzahl von Verweisen (→) bei den einzelnen Stichwörtern eine enge Vernetzung der Aussagen zu erreichen. Das Sachregister zu den Hauptartikeln und zu den innerhalb der Stichwörter enthaltenen fachlichen Erwähnungen erlaubt eine weitere gegliederte Breiteninformation. Bei Literaturangaben waren wir aus ökonomischen Gründen zu einer zahlenmäßigen Reduktion gezwungen. Das

Personenregister enthält ausschließlich die im Stichworttext genannten Namen. Die Literaturangaben sind hierbei nicht berücksichtigt.

Die Herausgeber haben den Autorinnen und Autoren keinerlei inhaltliche Vorgaben bezüglich der Abfassung ihrer Beiträge gemacht. Lediglich die als notwendig einsehbare Beschränkung der Seitenzahl erwies sich manchmal als Prokrustesbett, das hinweisende Ergänzungen und Kürzungen infolge von Überschneidungen der Stichwörter erforderlich machte. Den Beiträgern danken wir herzlich für ihre sachverständige Mitarbeit, für viele konstruktive Hinweise und für das verständnisvolle Entgegenkommen in einem aufwendigen Unternehmen, das nicht ohne fachliche und technische Kompromisse zu bewältigen war. Bei Frau Helga Kusen bedanken wir uns für ihr unermüdliches und aufopferndes Engagement bei der technischen Bearbeitung, bei Herrn Dr. Klaus-Peter Burkarth vom Verlag Kohlhammer für die stets hilfreiche Unterstützung der redaktionellen Arbeit.

Georg Antor/Ulrich Bleidick

Allgemeine Pädagogik

Beratung

Alltagssprachlich werden mit dem Begriff Beratung heterogene Handlungsformen bezeichnet, die sich als personzentrierte Dienstleistungen oder als Weitergabe von problembezogenem Fachwissen an Institutionen oder Betriebseinheiten vollziehen. Es handelt sich um pädagogische Situationen, in denen thematisch relevantes Wissen asymmetrisch verteilt ist, um Informationen, Ratschläge, Deutungen und Empfehlungen, die von Experten an Laien weitergegeben werden.

Das *individuelle Bedürfnis nach Beratung* entsteht aus fünf Anlässen: Aus der Unfähigkeit, mit dem Leben fertig zu werden, wird Hilfsbedürftigkeit. Konflikte erzeugen schwierige Situationen, aus denen herausgeholfen werden muss. Beeinträchtigungen der → Entwicklung eines Kindes lassen Eltern um Rat nachsuchen. Eltern selbst brauchen zunehmend Erziehungsbeistand und → Erziehungsberatung. Professionelle Erzieher (etwa Lehrpersonen) benötigen fachlichen Ratschlag. Insbesondere der letztere Gesichtspunkt lässt Beratung als ein komplexes Organisationsmerkmal erscheinen (→ Lehrer, Lehrerbildung).

Die Aufwertung des Unterrichts und des schulischen Lernens durch Forderungen nach Demokratisierung und Mündigkeit bzw. Emanzipation haben in einer ersten Welle in der Reformpädagogik der 20er Jahre und in einer zweiten Welle in den 60er Jahren, ohne das tradierte Rollenverständnis grundlegend verändert zu haben, eine neue Variante mit sich gebracht. ‚Lernen als Aneignung' steht vor Lehren. Die Eigenaktivität des Schülers als selbstbestimmende Aktivität tritt in den Vordergrund. Der Lehrer sollte nicht länger lehren; er soll durch weniger dominantes Verhalten des Beratens die Lernprozesse steuern, vom *Unterrichter zum Lernberater* werden (Treml 1980). Wird diese Forderung vernachlässigt, kann Unterricht Verhaltensschwierigkeiten erzeugen und begünstigen, so dass dann auch oft nach spezifischer Beratung bzw. Therapie gerufen wird.

Für den Prozess des Beratens wie für die Person des Beraters werden → *Kommunikationskompetenzen* als wichtig erachtet. *Akzeptanz* beschreibt die Fähigkeit der beratenden Person, ihren Kommunikationspartnern mit emotionaler Wärme und Achtung zu begegnen. Mit *Empathie* bezeichnen wir das Bemühen und die Fähigkeit, sich dem inneren Erleben und Fühlen des Rat Suchenden anzunähern, sich in seine Situation hineinzuversetzen. *Kongruenz* heißt die Übereinstimmung zwischen den Äußerungen und den gefühlsmäßigen Relationen eines Gesprächspartners. Es geht um seine Echtheit als Person. *Distanz* ist, sofern die anderen drei als vorhanden angesehen werden können, die wichtigste Kompetenz einer Beratungsperson. Sie darf sich nicht vom Engagement und Verständnis hinreißen lassen, eine eigene Position beizubehalten, eine eigene Interpretation der Situation vorzunehmen, die Perspektivität der konstruierten Realitäten zu verkürzen.

Die *Interaktionsstruktur von Beratung* kann vereinfachend auf zwei Dimensionen abgebildet werden: vertikal und horizontal. Vertikale Beratung bedeutet Asymmetrie, Ratschläge erteilen, befolgen lassen. Die Verantwortlichkeit liegt beim Experten. Horizontale Beratung meint Symmetrie, ‚Sich Beraten', gemeinsames Handeln, partnerschaftliche Kooperation. Pädagogische Beratung ist aufgrund pädagogischer Leitideen einem horizontalen Beratungsmuster verpflichtet (Kleber 1983). Hintergrund für eine solche Beratung sind → Kommunikationstheorie (Watzlawick u.a. 1996) und → Klientzentrierte, nondirektive Gesprächstherapie (Rogers 1986).

Pädagogische Beratung findet meist in Verbindung mit Schule und dann im Dreieck Lehrer-Schüler-Eltern statt. *Behinder-*

tenpädagogisch relevant sind insbesondere die im → Aufnahme- und Überweisungsverfahren thematisierte Schullaufbahnberatung, aber auch beratende Unterstützung bei → Selbsthilfegruppen sowie zur → Familienentlastung. Eduard W. Kleber

Literatur

Culley, S.: Beratung als Prozess. Lehrbuch kommunikativer Fertigkeiten. Weinheim 1996.

Kleber, E.W.: Pädagogische Beratung. Weinheim 1983.

Rogers, C.: Die klientzentrierte Gesprächspsychotherapie. Frankfurt 4. Aufl. 1986.

Treml, K.: Entwicklungspädagogik. Frankfurt 1980.

Watzlawick, P./Beavin, J.H./Jackson, D.D.: Menschliche Kommunikation. Formen, Störungen, Paradoxien. Bern 9. Aufl. 1996.

Beurteilung, Zeugnisse, Zensuren

Beurteilung, die zu Zensuren und Zeugnissen führt, ist ein Spezialfall von Beurteilungen und Bewertungen an allen Orten des organisierten Lernens (etwa in Schule und Beruflicher Bildung). Urteilsbildung vollzieht sich bereits im Wahrnehmungsprozess. Unsere Wahrnehmung ist nicht objektiv, sondern stets ein Kompromiss aus Beobachtetem, Erwartetem und Gewusstem. Das *Wahrnehmungsurteil* ist die Grundlage jeder Beurteilung oder Bewertung. Bewertungsprozesse sind allen pädagogischen (Interaktions)situationen inhärent; sie sind unvermeidbar. Deshalb kann es nur darum gehen, wie die Bewerter mit der Situation und ihrer Wertzuweisung umgehen, nicht aber um die Abschaffung von Beurteilung in der Schule. Vier Begriffe beinhalten den gleichen Entscheidungs- und Fragebereich in pädagogischen Handlungsfeldern: Bewertung, Beurteilung, Diagnose, Evaluation. Diese werden umgangssprachlich und unreflektiert, oft synonym gebraucht (Kleber 1992).

Bewertung bezeichnet das Zumessen eines Wertes oder einer Bedeutung, das Einschätzen einer Sachlage oder Situation oder eines Produktes, einer Leistung, seltener einer Person.

Beurteilung beschreibt die Abgabe eines Urteils. Der Begriff hat in konnotativer Anlehnung an gerichtliche Urteilsbildung und -verkündung einen definitiven Charakter. Er stellt die offizielle Bezeichnung für Notengebung in der Schule dar und ist in diesem Zusammenhang immer unmittelbar auf Personen bezogen.

→ *Diagnose* wird alltagssprachlich oft synonym mit Bewertung und Beurteilung gebraucht. Im engeren Sinne bezeichnet sie eine Bewertung aufgrund präziser, begründeter Fragestellung mit Hilfe kontrollierter und theoriegeleiteter Datenerhebung, im günstigsten Fall einer argumentativen Urteilsbildung unter Experten.

Evaluation meint die differenzierte, sowohl quantitativ als auch qualitativ bewertende Beschreibung von Prozessen, zunächst und vor allem von Forschungsprozessen, aber auch von Lehr-Lern-Vorgängen. Bei der formativen Evaluation werden Vorgänge fortlaufend analysiert (in der Literatur manchmal als Lerndiagnose bezeichnet). Formative Evaluation dient unmittelbar der Lernsteuerung. Summative Evaluation bezweckt Prozesskontrolle, aber auch Revision der Bedingungen und Verbesserung der

Curriculumentwicklung und der → Lehr- und Lernplanung.

Behindertenpädagogik bedarf keiner speziellen Diagnostik und hat keine eigene Behindertenbeurteilung, sondern nur teilweise spezifische Fragestellungen und dadurch unterschiedliche Kombinationen von Methoden der Informationsgewinnung. Beurteilungen führen zu je verschiedenen Aussagen nach verwendetem Modell- oder Bezugsnormrahmen, der für die Gewinnung der Information und die Interpretation in Ansatz gebracht wird. Als Modelle unterscheiden wir das medizinische, das interaktionistische und das ökologisch-phänomenologische Theorem der beurteilenden Diagnostik.

Das *medizinische Modell* ist in Bezug auf seine Konsequenzen pädagogisch problematisch, wenn nicht sogar unerwünscht. Es untersucht vornehmlich die Lernperson, verankert die Probleme an bzw. in der Person und berücksichtigt die pädagogische Situation nur ungenügend. Die Analyse pädagogischer Sachverhalte wird systematisch verzerrt, erzieherische und unterrichtliche Möglichkeiten werden vertan.

Die seit den 80er Jahren in der Behindertenpädagogik favorisierte → Förderdiagnostik folgt dem *interaktionistischen Modell.* Hierbei werden weder → Abweichendes Verhalten noch Lernminderleistungen als ‚krankhafte Veränderung' im Individuum verstanden. Der Schüler ist nicht krank, sondern die → Interaktionen mit seiner Umwelt gelten als gestört oder inadäquat entwickelt.

Der Konstruktivismus lehrt, dass jede Realität eine konstruierte Wirklichkeit ist. Das heißt in Bezug auf die Beurteilungsproblematik, dass der Beurteiler nicht objektiv über Leistungen, Verhalten oder gar Eigenschaften urteilen kann, sondern dass er eine beurteilerabhängige ‚neue' Realität konstruiert. Daraus entsteht die Forderung, eine Annäherung an die Wirklichkeit durch eine Bündelung unterschiedlicher Perspektiven zu erzielen. Schüler*mit*beurteilung gewinnt deshalb eine besondere Bedeutung. Das *ökologisch-phänomenologische Modell*, eine neue Variante des interaktionistischen Erkenntnisansatzes, hat diese Forderungen berücksichtigt (Kleber 1992).

Damit wird die individuelle Lebens- und Lernsituation zum Gegenstand von Diagnose und Intervention. Diagnostiziert werden die Bedingungen, unter denen ein Individuum sich entwickelt und lebt bzw. lernt (Bronfenbrenner 1979; Kleber 1985), und nicht die jeweiligen Personen selbst. So wird ein psychologischer Diagnostiker oder ein beurteilender Pädagoge, der diesem Modell folgt, feststellen, dass beim Educanden eine ungünstige Lernsituation vorliegt und dieser aufgrund dessen eine geforderte Leistung nicht bringen konnte. Die ungünstige Lernsituation wird in konkreten Bedingungen beschrieben. Passungen und vor allem Unpassungen zwischen den verschiedenen Bedingungsbereichen werden aufgezeigt. Auf dieser Grundlage kann eine Verbesserung der individuellen Lernsituation geplant werden (→ Fördern, Förderbedarf).

Diagnostik und Beurteilung in der Schule beziehen sich als erstes immer auf die Analyse der *innerschulischen Bedingungen* und die Wechselwirkungen zwischen dem Individuum und diesen Bedingungen. Hier sind am ehesten pädagogische Maßnahmen im Sinne einer Verbesserung möglich. Erst in zweiter Linie erstrecken sich die Analysen auf die *außerschulischen Bedingungen.* Dabei ist das Interesse nicht so sehr darauf ausgerichtet, diese zu verändern, vielmehr die Wechselbeziehung mit den innerschulischen Verhältnissen besser oder überhaupt zu verstehen, um gegebenenfalls Kompensationen für ungünstige außerschulische Tatbestände vornehmen zu können. Die Beschreibung der *personalen Bedingungen* schließlich erfolgt nicht zum Zwecke einer Persönlichkeitsbeurteilung, sondern um angemessene Lernsituationen schaffen zu können.

Neben den verschiedenen Modellrahmen sind Beurteilungen durch Bezugsnormen bedingt. Die *holistische Bezugsnorm* bildet den Hintergrund des Urteils eines erfahrenen Experten und versetzt ihn in die Lage, intuitiv Klassifikationsurteile über die Güte eines Werkes abzugeben. Das Urteil hängt von seiner Kompetenz ab. Die *soziale Bezugsnorm* ergibt sich aus der Verteilung der Leistungen in einer Gruppe von Personen. Größe und Zusammensetzung der Vergleichsgruppe stellen eine entscheidende Rahmenbedingung für die Urteilsbildung dar. In leistungsthematischen Situationen wird häufig ein klasseninterner Maßstab (Klassenspiegel) oder aber ein überregional gruppenbezogener Rahmen verwendet. Wird die Leistung eines Schülers in einer sehr leistungsstarken Klasse eher als zu niedrig bewertet, so wird die gleiche Leistung in einer leistungsschwachen Gruppe eher als zu hoch angesehen. Gleiche Leistungen erscheinen demnach anders. Zudem werden Leistungsfortschritte in bestimmten Zonen des Feldes nicht mehr abgebildet. Bei der *kriterienorientierten Bezugsnorm* werden individuelle Leistungen mit klar operationalisierten Anforderungen und mit dem Lehrplanziel verglichen. Die *individuelle Bezugsnorm* hat ihren Bezugspunkt in der Person des Leistungsträgers selbst (intraindividuelles Bezugssystem). Eine erzielte Leistung wird mit einer vorherigen des gleichen Individuums verglichen (Veränderungsmessung). Da im Laufe der Schulzeit ständig gewisse Entwicklungs- und Lernfortschritte gemacht werden, ist dieser Bezugsrahmen überwiegend erfolgsrückmeldend und motivierend.

Eduard W. Kleber

Literatur

Bronfenbrenner, U.: Die Ökologie der menschlichen Entwicklung. Stuttgart 1980.

Kleber, E.W.: Ökologische Erziehungswissenschaft – ein neues metatheoretisches Konzept? In: Twellmann, W. (Hrsg.): Handbuch Schule und Unterricht. Band 7.2: Gesellschaft/Umwelt. Düsseldorf 1985, 1167–1220.

Kleber, E.W.: Diagnostik in pädagogischen Handlungsfeldern. Weinheim 1992.

Reich, K.: Systemisch-konstruktivistische Pädagogik. Neuwied 1997.

Bildung, Bildungsrecht

Bildung ist, neben Erziehung, der am häufigsten benutzte Begriff der Pädagogik und insofern die Beschreibung ihres Grundsachverhaltes. Gegenüber dem deutschen Sprachgebrauch gibt es international keinen vergleichbaren Terminus. Allein die jahrhundertealte Tradition eines um den Bildungsbegriff zentrierten pädagogischen Denkens bedingt Mannigfaltigkeit und Widersprüchlichkeit von Theorien der Bildung (→ Pädagogik, Erziehungswissenschaft). Bildung ist zum einen als enger Begriff geistiger Aneignung der → Erziehung als Führung zur Haltung gegenübergestellt. Unter einem ganzheitlichen Aspekt wird Bildung als Selbst- und Welterschaffung, Mitmenschlichkeit und Sachlichkeit verstanden (Bildung 1988). Bildung als pädagogischer Grundbegriff gründet, seit Herbarts Allgemeiner Pädagogik von 1806, auf der Kategorie der *Bildsamkeit*, den erzieherisch zu weckenden „Kräften", die durch das Zusammenwirken von → Anlage und Umwelt zur Entfaltung gelangen. Mit einem modernen Begriff kann man von → Lernen, von Lernfähigkeit und Lerntätigkeit sprechen. Bildung bezeichnet einerseits den *Prozess* der Aneignung, zum anderen das *Resultat* pädagogischer Einwirkung. Da bildende Auseinandersetzung mit gesellschaftlichen Bedingungen zugleich in die soziale Kultur hineinführt, ist sie ein Teil der → Sozialisation.

Die *Geschichte des Bildungsbegriffs* verzeichnet sich überlagernde Epochen, deren Ideenspektrum bis in die Gegenwart hineinreicht: theologische, humanistisch-geisteswissenschaftliche, industriell-neuzeitliche, postmoderne Bildung. Neben diesen historisch mehr oder weniger ausgeprägten Bildungstheorien stellen sich, in jeweils zeitgemäßer Facettierung, übergreifende Intentionen dar: der Gedanke einer allgemeinen Menschenbildung unter Vermittlung des naturhaften Lebens (Rousseau); die Autonomie des sich selbst verwirklichenden Vernunftwesens (Kant, Herder, Fichte); die Individualbestimmung (Pestalozzi), die Entfaltung der Individualität als „höchste und proportionierlichste Bildung seiner Kräfte zu einem Ganzen" (Humboldt). Dieser sich in mannigfachen Abwandlungen offenbarende Grundkonsens legt es nahe, den Begriff der Bildung trotz der Unmöglichkeit einer nur annähernd befriedigenden Operationalisierung und gegen alle missbräuchlichen Verbindungen (Bildungsideal, Bildungswege, Bildungspolitik, Bildungschancen, Bildungskatastrophe usw.) beizubehalten (Menze 1970; Tenorth 1986). So wird nicht nur die „Didaktik als Bildungslehre" (Willmann 1882–89) verstanden, als „Theorie der Bildungsinhalte" (Weniger 1952) oder als „Theorie der Bildungskategorien" (Derbolav 1968), sondern auch die ganze „Pädagogik als Bildungslehre" (Ballauff 1986).

Das *Mittelalter* kennt bereits die „bildunga". Ihr Sinngehalt ist von der deutschen Mystik (Meister Eckart) und der Theologie der Kirchenväter bestimmt. Die „formatio" (Gestaltung) des Menschlichen hat die Gott-Ebenbildlichkeit der Imago-dei-Lehre zum Ideal. Nachwirkungen finden sich bis in die Neuzeit (Willmann, Eggersdorfer, Guardini, Henz).

Der Bildungsgedanke der *deutschen Klassik* erstreckt sich von der Emanzipationsbewegung der Aufklärung (Kant) bis zu den zahlreichen Verzweigungen der geisteswissenschaftlichen Pädagogik im 19. und 20. Jahrhundert. Humanismus und Neuhumanismus knüpfen an die paideia der griechischen Antike an. Die bildungstheoretische Didaktik beruft sich auf Isokrates (didaskalia). Der erste Entwurf einer Theorie der Bildung durch Wilhelm von Humboldt 1793 vereint vergleichende Anthropologie mit staatstragendem Bekenntnis zum klassischen Altertum und zur Sprachphilosophie. Die Selbstverwirklichung des aus sich heraustretenden und aus dem „Anderen" der Spezialbildung einer Berufsgesellschaft wieder zu sich zurückkehrenden Geistes bei Hegel nimmt sowohl die spätere geisteswissenschaftliche Dialektik (Litt, Derbolav) als auch in der materialistischen Reduktion die marxistische Pädagogik vorweg (Schmied-Kowarzik). Nach Pestalozzi (Nachforschungen, 1797) ist der Mensch das „Werk der Natur, der Gesellschaft und seiner selbst". Mit Dilthey erreicht das „kulturpädagogisch-bürgerliche Bildungsdenken" (Menze 1970, 157) seine volle Höhe, allerdings schon mit der Antizipation eines lernpsychologischen Entwicklungsgedankens, wonach die immanente psychische Teleologie die „Vollkommenheit der Vorgänge in einer Seele" durch Bildung zu erlangen gestattet („Über die Möglichkeit einer allgemein gültigen pädagogischen Wissenschaft" 1888). Die „Pädagogische Bewegung in Deutschland und ihre Theorie" (Nohl 1935) ist Endpunkt kulturpädagogischer Reflexion und zugleich Anfang einer neuzeitlichen kategorialen Bildungstheorie: „Bildung ist die subjektive Seinsweise der Kultur, die innere Form und geistige Haltung der Seele, die alles, was von draußen an sie herankommt, mit eigenen Kräften zu einheitlichem Leben in sich aufzunehmen und jede äußere Handlung und Haltung aus diesem einheitlichen Leben zu gestalten vermag" (Nohl 1963, 140–141).

Die „Bildung im Zeitalter der großen Industrie" (so Blankertz 1969) hat ihre gedanklichen Wurzeln im Beginn des 19. Jahrhunderts (Humboldt), als die Notwendigkeit einer Vorbereitung auf das ökonomisch-technische System der *Berufs-, Arbeits- und Wirtschaftsgesellschaft* dringlich erschien. Bildung tendiert zur Ausbildung. Der umfassende Bildungsgedanke retardiert in bildungssoziologischer Ausdünnung zur Gleichsetzung mit Lernen, Lehren und Unterrichten, „indem die im Humanismus geforderte allseitige Kraftbildung zu einer Sachbildung veräußerlicht wird" (Menze 1970, 149). Polytechnische Bildung (eine Marx'sche Namengebung 1866) bezeichnet die fachliche Ausbildung für die arbeitsteilige Gesellschaft in der sozialistischen Schule, deren Gegenstand Technik und Produktion ist (→ Arbeitslehre). Es fehlt fortan nicht an Versuchen, den Gegensatz zwischen dem „Bildungsideal der deutschen Klassik" und der „modernen Arbeitswelt" (Litt 1955) zu versöhnen („Arbeit und Bildung", Weinstock 1954; schon 1918 im Dreistadiengesetz Sprangers von „Grundlegender Bildung, Allgemeinbildung und Berufsbildung"). Die spannungsreiche Auseinandersetzung zwischen Tradition und Moderne enthält zahlreiche kritische Elemente. Bereits 1893 spricht Paulsen von der „Halbbildung" des konservativ-bürgerlichen Klassenbewusstseins mit einer Verdrängung der Arbeits- und Wirtschaftswelt. Adorno nimmt das geflügelte Wort 1962 („Theorie der Halbbildung") eher im Sinne einer Entlarvung des Journalismus im Bildungsgeschehen auf.

Erst allmählich beginnen sich Konturen eines *postmodernen Bildungsbegriffs* abzuzeichnen: „Der klassische deutsche Bildungsbegriff ist arbeitslos" (Mollenhauer 1987, 10). Als Signet für die Verfassung der postmodernen Gesellschaft in ihrer „neuen Unübersichtlichkeit" (Habermas) und „organisierten Unverantwortlichkeit" (U. Beck) fällt es schwer, durchgehende Züge eines künftig konsensfähigen Konzepts von Bildung zu zeichnen. Das „Unbehagen in der Postmoderne" resultiert aus der Auflösung traditioneller Gemeinsamkeiten, vornehmlich von Rationalität und ästhetischer Ordnung, gegen Ende des modernen Zeitalters (Bauman 1999). So ist das Kennzeichen des neuzeitlichen Lebensgefühls Ambivalenz, eine „potenzielle Anarchie unserer postmodernen Verhältnisse", mit aufregender Sensibilität, Spontaneität, Anti-Intellektualismus, Mystizismus und Hedonismus (Hassan 1987, 161). Ein Vielheitsplädoyer für die „radikale Pluralität als Grundverfassung der Gesellschaft" (Welsch 1988, 5) könnte indes Gefahr laufen, Willkür und uferlose Fragmentierung von Bildung zum relativierenden Maßstab zu machen. Darum bietet sich als Gegengewicht zur postmodernen Überbetonung individueller Ansprüche eine neue Verbindung von Bildung und Moral als sozialethische Verpflichtung an, mit der die Kultivierung verantwortlicher Beziehungen zwischen dem Ich und dem Anderen (Lévinas, Bauman) wieder in den Blick gerückt wird (Antor/Bleidick 2000, 109 ff.).

Bis heute imponiert das Missverhältnis von populärem Alltagsverständnis des Gebildetseins und einer *erziehungswissenschaftlichen Fassung* des Bildungsbegriffs: zum ersten die Anhäufung von enzyklopädischer Bildung, allenfalls elitär spezialisiert nach kleinbürgerlich-ästhetischem, technischem, naturwissenschaftlichem, geschichtlichem, politischem Wissen; zum anderen als ideelle Formung und geistige Prägung sowohl des Subjekts als auch des gesamten Volkskörpers (Volksbildung). Der Versuch, historisch und regional bedingte Kulturinhalte von der Relativität ihrer *materialen* Ausformung zugunsten einer *formalen Bildung* (Lernen des Lernens) zu befreien, gilt mit dem Theorem einer gegenseitigen Durchdringung von materialem Lernstoff und formaler Fertigkeitsübung als überwunden. Es blieb eine gewisse Ratlosigkeit angesichts exponentiell sich vergrößernder Stoffmengen, wobei der „Mut zur Lücke" und das „Exemplarische Lehren" (Wagenschein 1950) keine befriedigende Lösungsformel abgaben.

Erst die Lehre von der *Kategorialen Bildung* erscheint in hohem Maße konsensfähig („Das pädagogische Problem des Elementaren und die Theorie der kategorialen Bildung", Klafki 1959). Danach ist der Bildungsprozess ein Austausch zwischen sozialen Bedingungen und kulturellen Ansprüchen der Gesellschaft einerseits und den individuellen Bedürfnissen und Erfahrungen des Subjekts andererseits. Der besondere *Bildungsinhalt* (die Sahara) repräsentiert den allgemeinen *Bildungsgehalt* (das Wüstenklima). In der „Didaktischen Analyse als

Kern der Unterrichtsvorbereitung" (1958) gelang Klafki eine weit verbreitete Vermittlung für die Schulpraxis. Im Prinzip der doppelseitigen Erschließung einer „zeitgemäßen Allgemeinbildung und kritisch-konstruktiven Didaktik" wird die Spannung von Ich und Welt dialektisch angegangen: Dem Menschen erschließt sich die dingliche und geistige Wirklichkeit, und damit wird er selbst für diese Realität erschlossen (Klafki 1993).

Mit dem Konzept der sogenannten ‚kritischen Erziehungswissenschaft' zur Zeit der Bildungsreform in den 70er Jahren wie in der postmodernen Bildungsdiskussion gewinnt die *Kritik der Bildung* (vornehmlich im spätbürgerlichen Zeitalter) an Boden. Die pädagogischen Institutionen folgen einer unerbittlichen Logik ihres Bildungsbegriffs. Herzensbildung, wie sie Pestalozzi als notwendiger Ergänzung von Kopf und Hand vorschwebte, kann im sozialen Beieinander der Kindergartengruppen Früchte tragen. Mit dem pflichtgemäßen Besuch des Lernortes Schule hält, spätestens am Ende der Grundschulzeit, der massive Leistungsgedanke Einzug. In der beruflichen Bildung hat er sich als Qualifizierung für die Arbeitswelt endgültig durchgesetzt. Dieser Verlauf ist von gesellschaftlichen Leistungsanforderungen vorgegeben. Die Funktionalisierung und Differenzierung von Bildung ist zwangsläufige Folge einer Außenbestimmung des Menschen. Damit degeneriert der ursprüngliche Bildungsgedanke als innerer Entfaltungsprozess zu einer von außen auf-oktroyierten Erziehung: „Erziehung ist Zucht, notwendige Unterwerfung, die wir durchlaufen müssen, Aneignung, um die wir nicht herumkommen; Bildung ist Verfügung des Menschen über sich selber, Befreitsein, das in der Aneignung schon enthalten ist, aus ihr schließlich hervortreten soll. Erziehung soll obsolet, Bildung Wirklichkeit werden" (Heydorn 1972, 120). Darum zielt wahrhafte Bildung auf Abschaffung von Herrschaft, genauer: auf die Abschaffung des „Widerspruchs von Bildung und Herrschaft" (Buchtitel von Heydorn 1979). Die Antinomie ist durch eine geschichtliche Verklammerung des Bildungsgedankens mit Arbeit entstanden (Hegel, Marx) und darum eine „Geschichte der Zerrissenheit", die nach Versöhnung ruft. Heydorn geißelte 1980 die – vergeblichen – Mühen der Gesamtschule als „Ungleichheit für alle", weil die perfektionierte Chancengleichheit eine Selektionswirkung von Schule aufgrund gesellschaftlicher Vorgegebenheiten eher verschärft. Insofern steht die Schulreform für eine „Verfallsperiode" der Bildungspolitik. Von daher haben sich die Vorbehalte der Sonderpädagogik gegen die Gesamtschule bestätigt (Bleidick 1984, 268 f.).

Heydorns Warnung, dass Bildung in Herrschaft und Unterdrückung jener umschlägt, die nicht an ihr teilhaben können, enthält die Feststellung der *Bildungsbehinderung*. Behinderte Menschen sind pädagogisch durch die Behinderung ihrer Erziehung, ihres Lernens und ihrer Sozialisation gekennzeichnet. Die Behinderung stellt eine „intervenierende Variable" des pädagogischen Geschehens dar (Bleidick 1984, 196, 89 f.). Bildlich gesehen unterbricht die Behinderung den ‚normalen' Prozess des Lernens: Der sehbehinderte Schüler kann die Tafelschrift nicht erkennen; der schwerhörige versteht den Lehrer nicht; der geistigbehinderte hat es schwer, den Erklärungen zu folgen; der verhaltensgestörte ist emotional so verunsichert, dass jede sozial geplante Steuerung seiner Absichten misslingt.

Die Beispiele lehren, dass nicht der psychophysische Defekt der → Behinderung einen tauglichen Ansatzpunkt für die pädagogische Analyse darstellt, als vielmehr das spezifische Sosein des Menschen, das auf individuelle Lernwege angewiesen ist: Großschrift für den Sehbehinderten; akustomotorische Verstärkung für den Hörbehinderten; anschauliche Denkhilfen für den Geistigbehinderten; soziale Stabilisierung für den Verhaltensgestörten. Die → Behindertenpädagogik hat die Aufgabe, mit der Behinderung von Erziehung und Bildung fertig zu werden. Am Beginn der bildungstheoretischen Konstituierung der seinerzeitigen → Heilpädagogik steht 1890 Strümpells Beschreibung von „Störungen der

Bildsamkeit". Erziehung und Unterricht von behinderten Menschen haben dann trotz der „erschwerenden Bedingungen" ihres Geschäfts (Moor 1965, 15) ein individuell sinnvolles und mögliches Ziel von Bildung zu realisieren.

Dieser Auftrag ist zuerst von Comenius 1627 in der Didactica magna ausgesprochen worden: „Zunächst sind alle als Menschen Geborene zu dem Hauptzweck geboren, Mensch zu sein, d.h. vernünftiges Geschöpf, Herr der (anderen) Geschöpfe und genaues Abbild seines Schöpfers. Darum sind alle so zu fördern und in Wissenschaft, Sittlichkeit und Religion recht einzuführen, dass sie das gegenwärtige Leben nützlich zubringen und sich auf das künftige angemessen vorbereiten können. Dass bei Gott kein Ansehen der Person gilt, hat er selbst oft kundgetan (Anlehnung an 5. Mose 1, 17)... Dem widerspricht nicht, dass manche Menschen von Natur aus träge und dumm erscheinen. Gerade das empfiehlt und fordert eine solche Wartung der Geister nur noch mehr. Denn je träger und schwächlicher einer von Natur aus ist, umso mehr bedarf er der Hilfe, um von seiner schwerfälligen Stumpfheit und Dummheit so weit wie möglich befreit zu werden. Und man findet keine so unglückliche Geistesanlage, dass sie durch Pflege nicht verbessert werden könnte" (Bleidick 1999, 229–230).

Jeder Mensch ist von Natur aus auf Bildung oder – biologisch und psychologisch gefasst – auf *Lernen* angelegt. Alles, was aus ihm wird und was er erreicht, muss durch Lernen angeeignet werden. Durch Lernen werden bessere Fertigkeiten erworben. Die Zielrichtung des Lernens beinhaltet eine → Entwicklung auf höhere Formen der Lebensbewältigung hin. Der Mensch muss gleichsam lernen, in vollem Sinne Mensch zu werden: „Der Mensch ist das einzige Geschöpf, das erzogen werden muss ... Der Mensch kann nur Mensch werden durch Erziehung. Er ist nichts, als was die Erziehung aus ihm macht" (Kant 1803; Nachdruck 1968, 11–14). Das *anthropologische Bestimmungsstück der Lernfähigkeit* gilt – da es gattungsspezifisch ist – für alle Menschen, unabhängig von ihrer Herkunft, ihren Anlagen, aber auch ungeachtet ihrer durch günstige oder ungünstige Faktoren beeinflussten Entwicklungsmöglichkeiten. Die Höhe des erreichten Bildungsstandes kann nicht entscheidend sein. Es gehört zur vielfältigen Ausprägung des Menschseins, dass das Maß der Bildung unterschiedlich sein muss. Auch Menschen mit geringeren kognitiven Fähigkeiten, fehlender Lautsprache, gestörter Motorik oder unkontrolliertem Verhalten sind lernfähig gemäß der ihnen zur Verfügung stehenden Lernmöglichkeiten. Unter Umständen ist die Lernstrecke, die sie bis zur Erreichung höherer Formen der Kognition, der kommunikativen Äußerungen und der Bewegungssteuerung zurücklegen müssen, weiter und mühevoller als das gelungene, selbsttätige Lernen eines aufgeweckten Kindes in der Grundschule.

Es steht außer Frage, dass sich der *Bildungsbegriff der Behindertenpädagogik* nicht in kanonisierten Bildungsabschlüssen messen lässt. Bildung ist nicht ausschließlich in der Ausbildung von Leistungsqualifikationen dargestellt (Mühl 1971). Die gängigen Attribute von Bildung als geistiger Formung und Werden der Persönlichkeit in der Tradition der „humanen Perfektion" (Luhmann/Schorr 1979, 63) gehen auf Rousseau zurück, dessen Emile 1762 „alles hat, um darin etwas zu leisten; er ist kräftig, gewandt, ausdauernd, unermüdlich" (Ausgabe 1967, 43). Für den Werdeprozess des in seiner Entwicklung beeinträchtigten Menschen taugt ein gesundheitsfetischistisches Menschenbild der Pädagogik nicht.

Zudem bleibt die neuzeitliche Utopie fortschreitender perfectibilité des Menschen, durch postmodernes Denken ernüchtert, nicht unwidersprochen. Die Distanzierung von Rationalität und überkommener Ästhetik (Bauman 1999), die Abwehr jeglicher Verabsolutierung, die Pluralität als ausdrückliche Billigung des Zustandes unserer Zivilisation (Heim 1997), sie relativieren zwar alle Konturen künftiger Bildungsideale. Phänomenologisch zu Ende gedacht könnte Bildung jedoch einen Prozess bezeichnen, in dem der Mensch lernt, die Unvollkommenheiten seiner Natur – die „unüberwindliche Doppelexistenz“, die „in seiner Leiblichkeit gründet“: frei sein und zugleich „Zwängen unterlegen“ – anzunehmen und zu gestalten (Meyer-Drawe 1998, 140 f.).

Als behindertenpädagogischer Begriff ist dann Bildung jeweils individuell verfasst durch das je einmalige Verhältnis von Lernmöglichkeiten, Lernangeboten und Lernanforderungen, die die Umwelt an eine erträgliche Lebensfristung des Behinderten stellt. Es gibt kaum eine vergleichbare pädagogische Situation, in der in ähnlichem Maße der Anspruch von Bildung so grundsätzlich und radikal zur Bewährung ansteht wie in der Situation des behinderten Menschen. Moor hat dies als die Grundfrage der Heilpädagogik klassisch formuliert: „Was heißt Erziehung angesichts der eingeschränkten Lebensmöglichkeiten eines entwicklungsgehemmten Kindes?“ (1965, 269). Es hat Jahrhunderte gedauert, Behinderten überhaupt die Fähigkeiten des Lernens zuzutrauen und ihnen das *Recht auf Bildung* zuzuerkennen.

Bis in die jüngste Zeit hinein war die Ausschulung wegen ‚Bildungsunfähigkeit‘ etwas Alltägliches. Die Schulpflicht für Geistigbehinderte ist ein spätes Ergebnis schulrechtlicher Entwicklung, verwirklicht in den letzten Jahrzehnten des vergangenen Jahrhunderts. Zur geschichtlichen Hypothek gehört – eine Koinzidenz der beiden deutschen Diktaturen – der Ausschluss vom Schulbesuch für „Schulbildungsunfähige“ nach § 11 des Reichsschulpflichtgesetzes von 1938 ebenso wie für „schulbildungsunfähige, förderungsfähige Schwachsinnige“ in der früheren DDR. Die Tatsache, dass Bildung heute als Ausübung eines Grundrechts verstanden (I. Richter) und dass zur Klärung von Streitfragen ein immer höheres Rechtsniveau bis hin zum Bundesverfassungsgericht angepeilt wird (→ Schulrecht), das schließt weitgehende Ausnahmeregelungen (Ruhen der Schulpflicht, Vorwegdiagnose von Schulunfähigkeit) noch immer nicht aus. Auch wird die inhaltliche Belangbarkeit eines schulischen Bildungsrechts als gering veranschlagt. Als ein Recht „dem Grunde nach“ kann es „allerhöchstens einen Minimalstandard“ sichern; konkrete Qualitätserfordernisse sind daraus nicht ableitbar (Füssel/Kretschmann 1993, 46).

Die Fehldeutung, den Prozesscharakter von Bildung als geistiger Wegstrecke defizitär auszulegen, führte in der Behindertenpädagogik zu einer leidenschaftlichen Diskussion. Auch bei → Geistigbehinderten ist der Bildungsvorgang geistige Tätigkeit, wenngleich nicht in dem uns gewohnten akademischen Bildungssinn. Die hessische amtliche Bezeichnung der Schule für Geistigbehinderte als „Sonderschule für Praktisch Bildbare“ ist Episode eines pädagogischen Missverständnisses.

Praktisch wird das Bildungsbemühen um behinderte Menschen zur *Orthodidaktik*: einer „geraderichtenden“, der Lernweise des Behinderten bedürfnisgerecht angepassten und kompensatorischen → Didaktik. Ihre Erfolge sind denkwürdig. Sie haben das feststellungswissenschaftliche, psychologisierende Denken in der Pädagogik widerlegt, nach dem erst die gründliche Diagnose der Lernvoraussetzungen den optimalen Lernweg garantiere. Wenn die Theoretiker der aptitude-treatment-interaction, der Wechselwirkung von Schülermerkmalen, Unterrichtsmethode und Lernerfolg, Recht gehabt hätten, dann wäre → Gehörlosen der Kosmos von Bildung deshalb verwehrt, weil sie nicht in herkömmlicher Sprache denken. Es gibt gleichwohl dem verbalen Durchdringen überlegene, enaktive Denkprozesse ohne Sprache. Nach einem landläufigen Schulreifetest würden Geistigbehinderte nie schulreif, weil ihnen angeblich elementare Wahrnehmungs- und Denkvoraussetzungen für den Erwerb der Schriftsprache fehlen. Trotzdem lernt ein großer Teil geistigbehinderter Schüler das Lesen. Ein overachievement, eine erwartungswidrige Mehrleistung im psychologischen Sinne, vermag diese Unplanbarkeit von Bildung nur einigermaßen hilflos zu erklären.

Der didaktische Zugriff kennt das Phänomen des „fruchtbaren Momentes im Bildungsprozess“ (Copei) – allerdings für die Behindertendidaktik in einer neuen Transformation. Es ist die Überraschung, dass Schüler oft mehr können, als man ihnen zugetraut hat, wobei das Gesetz der self-fulfilling prophecy (Rosenthal/Jacobson) von einem Lehrer für Behinderte immer verlangt, das Lernziel „überzuvisieren“ (Pestalozzi). Kerschensteiner hatte 1917 das „Grundaxiom des Bildungsprozesses“ formuliert, wonach die geistige Struktur des Lerngegenstandes der Entwicklungsstufe des Educandus „adäquat“ sein müsse. Wenn das Dogma der „Passung“ uneingeschränkte Geltung hätte, wären die Lernfortschritte von Blinden und Gehörlosen nie zustande gekommen.

Es gibt keine Disposition, aus der man zweifelsfrei auf eine fehlende Bildbarkeit zurückschließen könnte. Das hat die Pädagogik der → Schwerstbehinderten eindrucksvoll gelehrt. Wir können nicht die statische Feststellung, ob ein Kind bildbar ist, von einer pädagogischen → Förderung abkoppeln und mit dieser solange warten, bis irgendwann vielleicht ein positiver Fähigkeitsbefund die Bildungslegitimation nachliefert. Realwissenschaftlich betrachtet mag Bildsamkeit „ein Stück Metaphysik“ sein, weil nicht zuverlässig prognostizierbar. Aber sie ist eine „notwendige, wenn Bildung überhaupt in Gang kommen soll“. Ohne einen *Vorschuss an Bildsamkeit* „gäbe es auf Seiten des Erziehers gar keine ernsthafte Anstrengung, an der Hervorbringung der Bildsamkeit mitzuwirken“ (Mollenhauer 1983, 90, 102). Nur wer grundsätzlich mit ihr rechnet und dafür – als Gesetzgeber und als staatliche Instanz – geeignete schulische Voraussetzungen pflichtgemäß schafft, obwohl gesicherte empirische Anhaltspunkte vielfach fehlen, wird erfahren, inwieweit sie auch tatsächlich existiert.

Es ist für den systematischen Zusammenhang von Allgemeiner Pädagogik und Behindertenpädagogik bedeutsam, dass sich solche Einsichten als grundlegende bildungstheoretische Prämissen durchsetzen. Bildsamkeit bezeichnet hiernach keine Eigenschaft des Zu-Erziehenden, sondern eine „Verhältnisbestimmung der pädagogischen Interaktion“ (Benner 1991, 62). Was Bildung bei behinderten Menschen ist, kann nur der Prozess des bildenden Bemühens verifizieren. In dieser Hinsicht ist der Lernweg niemals abgeschlossen, ebenso wenig wie ihr reflexiver Überbau: „Theorie der Bildung ist unabschließbar und nie endgültig“ (Menze 1970, 182).

Aus der Erfahrungstatsache, dass alle Menschen lernfähig sind und alle Menschen lernen müssen, um höhere Stufen ihrer menschlichen Entfaltung zu erreichen, resultiert zunächst eine Wenn-dann-Folgerung. Nur wenn Menschen Gelegenheit zum Lernen erhalten, wenn förderliche Bedingungen für einen erfolgreichen Bildungserwerb bereitgestellt werden, kann das Ziel menschlicher Entwicklung überhaupt ins Auge gefasst werden. Erziehung und Bildung sind dann nichts anderes als die Zurverfügungstellung von Entfaltungsmöglichkeiten. Auch dies wiederum gilt auf jeder Stufe einer Entwicklungsprognose. Mithin kann es keine Grenzen der Schulfähigkeit ‚nach unten‘ geben. Auch für Schwerstbehinderte mit scheinbar geringen Lernfortschritten im Sinne der üblichen Kulturtechniken gilt es somit, Lernbedingungen zu schaffen, die den jeweiligen Lernweisen und Bildungsmöglichkeiten entsprechen.

In der Philosophie wird es als naturalistischer Fehlschluss gewertet, aus sogenannten Ist-Aussagen auf Soll-Aussagen zu schließen. Aus Fakten können keine Normen abgeleitet werden. Aus der Lernfähigkeit des Menschen und aus der erwiesenen Bildungsfähigkeit selbst Schwerstbehinderter kann noch nicht geschlossen werden, dass sie lernen sollen und was sie lernen sollen. Es bedarf also einer eigenen *normativen Bestimmung*, die das Bildungsrecht aller Menschen uneingeschränkt anerkennt, und zwar zunächst unabhängig von den tatsächlichen Lern- und Entwicklungsaussichten. Diese normative Position resultiert aus einer humanen Grundentscheidung, die das Bildungsrecht aus dem Lebensrecht ableitet und dieses wiederum rückwirkend verstärkt (Antor/Bleidick 2000, 95 ff.).

Bildungsrecht ist im tieferen Sinne *Lebensrecht*. Denn der Mensch kann nur existieren, wenn er den Schritt zur „proportionierlichen Weiterentwicklung" seiner Naturanlagen tut (Kant), und wenn er die Bedingungen dafür zugestanden bekommt. Lebensrecht und Bildungsrecht sind zwei Aspekte ein und derselben normativen Anerkennung des Menschen als eines Wesens, dessen Leben auf Weiterentwicklung angelegt ist.

Im Begriff der *Menschenwürde* vereinigen sich Lebensrecht und Bildungsrecht (→ Menschenrechte). Zwischen dem Recht auf Leben und dem Recht auf Bildung besteht ein wechselseitiger Zusammenhang. Wer ein ungeteiltes Recht auf Leben für alle Menschen einfordert, bejaht ein Bildungsrecht für alle, das Erziehung und Bildung nicht von irgendwelchen Voraussetzungen wie Sprachfähigkeit, intellektuelle Mindestkompetenz oder dergleichen abhängig macht. Das unverbrüchliche Bekenntnis zum Recht auf Leben schließt jede untere Grenze von Bildungsfähigkeit aus. Werden Bildungsrecht und Bildungsmöglichkeit für alle Menschen anerkannt, so ist das nur vor einem logischen Hintergrund denkbar, der das Recht auf Leben nicht in Frage stellt (→ Person; → Euthanasie).

Das Interdependenzverhältnis besteht auf zwei Ebenen: (1) Lebensrecht und Bildungsrecht gehören *legitim* zusammen. Es gibt eine philosophisch ableitbare Rechtfertigung für den Zusammenhang (Kant). (2) In den Schul- und Bildungsgesetzen finden sich *legalistische* Fassungen, die Bildungsrecht und Lebensrecht wechselseitig stützen. Ein Kind, das in einem fortgeschrittenen Stadium an progressiver Muskeldystrophie leidet, ist nicht nur schulpflichtig; es soll sein Recht und seine Chance auf Bildung und Erziehung auch in vollem Umfange wahrnehmen können. Entwicklungsverläufe von lebensbedrohlich erkrankten Kindern zeigen, dass alle medizinischen Prognosen über die tatsächliche Lebenserwartung, aber auch über ihre emotionale Befindlichkeit, über ihren Lebenssinn unsicher, willkürlich und relativ sind. Die Interdependenz von Lebensrecht und Bildungsrecht ist insofern normativ und empirisch gegeben. Wer das eine fordert, muss auch das andere zur Norm erheben. Die Erfahrungstatsache besteht in der Einsicht, dass – so am Beispiel des Kindes mit Muskelschwund in der Schule für Körperbehinderte – der eine Gesichtspunkt nicht von dem anderen zu trennen ist. Die pädagogische Fragestellung, insbesondere auf schwerstbehinderte Menschen angewendet, bildet einen Schnittpunkt für die gleichzeitige Anerkenntnis des im Begriff der Menschenwürde vereinigten Lebens- und Bildungsrechts.

Georg Antor/Ulrich Bleidick

Literatur

Antor, G./Bleidick, U.: Behindertenpädagogik als angewandte Ethik. Stuttgart 2000.

Bauman, Z.: Vom Unbehagen in der Postmoderne. Hamburg 1999.

Benner, D.: Allgemeine Pädagogik. Eine systematisch-problemgeschichtliche Einführung in die Grundstruktur pädagogischen Denkens und Handelns. Weinheim 2. Aufl. 1991.

Bildung. Die Menschen stärken, die Sachen klären. Jahresheft VI des Friedrich Verlags Velber 1988.

Bleidick, U.: Pädagogik der Behinderten. Grundzüge einer Theorie der Erziehung behinderter Kinder und Jugendlicher. Berlin 5. Aufl. 1984.

Bleidick, U.: Über die mehrfache Verfehlung des Bildungsbegriffs und seine Bewährung in der Behindertenpädagogik. In: Gehrmann, P./Hüwe, B. (Hrsg.): Kinder und Jugendliche in erschwerten Lernsituationen. Aktuelle sonderpädagogische Forschungs- und Arbeitsfelder. Stuttgart 2003, 3–15.

Bleidick, U. (Hrsg.): Allgemeine Behindertenpädagogik (Band 1 der „Studientexte zur Geschichte der Behindertenpädagogik"). Berlin 1999.

Füssel, H.-P./Kretschmann, R.: Gemeinsamer Unterricht für behinderte und nichtbehinderte Kinder. Pädagogische und juristische Voraussetzungen. Witterschlick 1993.

Hassan, I.: Pluralismus in der Postmoderne. In: Kamper, D./van Reijen, W. (Hrsg.): Die unvollendete Vernunft: Moderne versus Postmoderne. Frankfurt 1987, 157–184.

Heim, H.: In Zukunft nur noch „Bildungen"? Zur Frage einer postmodernen Pluralisierung von Bildung. In: Koch, L./Marotzki, W./Schäfer. A. (Hrsg.): Die Zukunft des Bildungsgedankens. Weinheim 1997, 65–82.

Heydorn, H.-J.: Zu einer Neufassung des Bildungsbegriffs. Frankfurt 1972.

Kant, I.: Über Pädagogik (Vorlesungsnachschrift 1803). Neuabdruck in: Röhrs, H. (Hrsg.): Bildungsphilosophie. Zweiter Band. Frankfurt 1968, 11–23.

Klafki, W.: Neue Studien zur Bildungstheorie und Didaktik. Zeitgemäße Allgemeinbildung und kritisch-konstruktive Didaktik. Weinheim 3. Aufl. 1993.

Luhmann, N./Schorr, K.-E.: Reflexionsprobleme im Erziehungssystem. Stuttgart 1979.

Menze, C.: Bildung. In: Speck, J./Wehle, G. (Hrsg.): Handbuch pädagogischer Grundbegriffe. Band I. München 1970, 134–184.

Meyer-Drawe, K.: Bildung als Selbstgestaltung. Grenzen und Möglichkeiten einer modernen Idee. In: Fassler, M./Lohmann, M./Müller, E. (Hrsg.): Bildung – Welt – Verantwortung. Gießen 1998, 123–143.

Mollenhauer, K.: Vergessene Zusammenhänge. Über Kultur und Erziehung. München 1983.

Mollenhauer, K.: Korrekturen am Bildungsbegriff? In: Zeitschrift für Pädagogik 33 (1984) 1–20.

Moor, P.: Heilpädagogik. Ein pädagogisches Lehrbuch. Bern 1965.

Mühl, H.: Bildung oder Leistung. Die Unzulänglichkeit des Leistungsdenkens in der Behindertenpädagogik. Bonn 1971.

Nohl, H.: Die pädagogische Bewegung in Deutschland und ihre Theorie. Frankfurt 6. Aufl. 1963.

Rousseau, J.-J.: Emile oder Über die Erziehung. Eine Auswahl. Hrsg. von H. Röhrs. Heidelberg 1967.

Tenorth, H.-E. (Hrsg.): Allgemeine Bildung. Analysen zu ihrer Wirklichkeit, Versuche über ihre Zukunft. Weinheim 1986.

Welsch, W.: Unsere postmoderne Moderne. Weinheim 2. Aufl. 1988.

Didaktik

Der Begriff Didaktik (griech. Wortursprung: didáskein = lehren *und* lernen; didaktiké téchne = Lehrkunst; didáskalos = Lehrer) bezeichnet denjenigen Wissenszusammenhang, der sich auf *Lehren und Lernen in seinen unterschiedlichen Formen* und Aspekten bezieht (→ Lehr- und Lernplanung). Didaktisches Handeln ist darauf gerichtet, Lernprozesse auszulösen, zu begleiten und weiterzuführen. Als didaktisches Denken kann man die kognitiven Prozesse von Lehrern bei der Vorbereitung, Durchführung und Auswertung sowie Weiterführung von didaktischem Handeln bezeichnen. Didaktische Forschung ist Forschung zu Voraussetzungen, Bedingungen, Verläufen und Wirkungen von didaktischem Handeln und Denken. Didaktische Theorien sind darauf gerichtet, den gesamten Problembereich des didaktischen Handelns, Denkens und Forschens in ein umfassendes theoretisches Konzept zu bringen. Metatheoretische Erörterungen zur Didaktik beschäftigen sich (z. B.) mit den Kriterien und Ansprüchen, denen didaktische Theorien genügen sollten. Der Begriff der Didaktik ist im deutschen Sprachraum durchaus üblich und bildet eines der zentralen Konzepte in der Fachsprache der → Pädagogik, insbesondere der Schulpädagogik. Im englischen Sprachraum ist dieser Begriff (didactics) dagegen kaum verbreitet und darüber hinaus eher negativ konnotiert.

In der Fachliteratur wird der *Umfang des Gegenstandsfeldes* von Didaktik unterschiedlich weit abgesteckt. So wird auf der einen Seite ein weites Begriffsverständnis vertreten, welches Didaktik auf alle Aspekte von Lehren und Lernen anwendet. Ein engeres Begriffsverständnis reserviert den Begriff Didaktik für die Probleme der Begründung, Auswahl und Anordnung von

Inhalten des Lehrens und Lernens, wobei dann *Methodik* sich auf alle Fragen der konkreten Organisation des Lehrens und Lernens bezieht. Ein drittes Begriffsverständnis schließlich versteht unter Didaktik eben genau dieses Feld des Methodischen. Im alltäglichen Sprachgebrauch wird Didaktik und Methodik vielfach in unklarer Abgrenzung oder gar gleichsinnig gebraucht. Wenn das geschickte Vorgehen eines Lehrers im Unterricht oder die Anschaulichkeit und Übersichtlichkeit eines Sachbuchs beschrieben werden sollen, so trifft man sowohl auf Aussagen wie „Das ist methodisch gut aufgebaut!" als auch auf die Aussage „Das ist didaktisch gut gemacht!". In der Alltagssprache bezieht sich ‚didaktisch' bzw. ‚methodisch' unspezifisch auf die Art oder Qualität des lernförderlichen Arrangierens von Lehr- bzw. Vermittlungsprozessen.

Innerhalb des wissenschaftlichen Begriffsfeldes von Didaktik sind einige weitere Unterscheidungen von Bedeutung: *Allgemeine Didaktik* bezieht sich auf Lehren und Lernen insgesamt und auf allen Stufen des Bildungswesens sowie in allen inhaltlich bestimmten Lernfeldern bzw. Fächern. *Fachdidaktiken* beziehen sich auf das Lehren und Lernen in einem bestimmten Inhaltsbereich (Fach) oder Lernfeld; eine Fachdidaktik des Geographieunterrichts bildet gleichsam die Verbindungsstelle zwischen Allgemeiner Didaktik und den Besonderheiten des Lehrens und Lernens in diesem Fach. *Stufendidaktiken* beziehen sich demgegenüber auf die Besonderheiten des Lernens in den einzelnen Stufen des Bildungswesens. So existiert z. B. eine Didaktik der Vorschulerziehung, der Grundschule, der Sekundarstufen, eine Didaktik des Hochschulunterrichts, der Weiterbildung etc. Schließlich ist auf *spezielle Didaktiken* zu verweisen, die sich auf besondere Aspekte und Sondersituationen des Lehrens und Lernens beziehen. Hierzu zählt die Didaktik der einzelnen Fachrichtungen der Behindertenpädagogik, etwa der → Blindenpädagogik usw. So existiert der Begriff Lernbehindertendidaktik (Baier/Bleidick 1983).

Parallel zur Entstehung und Durchsetzung eines organisierten Schul- und Unterrichtswesens haben sich vielfältige Formen des Reflektierens und Theoretisierens über Lehren und → Lernen entwickelt. Didaktisches Wissen war zunächst Regelwissen erfahrener Praktiker, es wurde in systematisierter Form zum Bestandteil der Ausbildung von → Lehrern, und es ist schließlich zu Ende des 19. und im 20. Jahrhundert dann mit der Entstehung und Etablierung von Pädagogik als Disziplin zum Gegenstand von Theoriearbeit und Forschung geworden. Die allmähliche Herauskristallisierung, Systematisierung und Theoretisierung didaktischen Wissens und Denkens sowie seine Etablierung als einer der Hauptflügel des Theoriegebäudes der → Pädagogik hat die Position sowie den Professionalisierungsprozess der Lehrerschaft vorangetrieben und abgestützt; umgekehrt ist die Etablierung und der kontinuierliche Statusgewinn der Lehrerschaft als eine wichtige Voraussetzung für die Etablierung und Weiterentwicklung von Pädagogik und Didaktik als wissenschaftlicher Disziplinen zu betrachten.

Gegenwärtig lassen sich vier unterschiedliche Theoriefamilien innerhalb der Allgemeinen Didaktik identifizieren (Blankertz 1969/ 1991):

Bildungstheoretische Modelle verstehen Unterricht als Prozess der bildenden Begegnung zwischen ausgewählten geeigneten Bildungsgütern und der nachwachsenden Generation. Für den Lehrer steht die Auswahl, Anordnung und Explikation der Inhalte des Unterrichts – in Abstimmung zu den mitgebrachten Voraussetzungen der Schüler – im Mittelpunkt. Methodenfragen sind demgegenüber nachgeordnet. Neuere Varianten bildungstheoretischer Modelle streben als übergeordnete Ziele des Unterrichts die Ermöglichung von Selbstbestimmungs-, Mitbestimmungs- und Solidaritätsfähigkeit an; als leitendes Prinzip für die Themenauswahl und Strukturierung werden grundlegende epochaltypische Schlüsselprobleme des gesellschaftlichen Zusammenlebens betrachtet.

Lern- bzw. lehrtheoretische Modelle nehmen die Perspektive des planenden und analysierenden Lehrers ein und versuchen, ihm wissenschaftlich abgesicherte Informationen zur Gestaltung des Unterrichts an die Hand zu geben. Eingepasst in die vorgefundene Ausgangslage der Lernenden bzw. der Lerngruppe und in Befolgung übergeordneter Lehrplanvorgaben hat ein Lehrer Entscheidungen hinsichtlich der Ziele, Inhalte, Methoden und Medien zu treffen. Der so konstruierte und durchgeführte Unterricht erzeugt Wirkungen, die wiederum kontrolliert werden müssen und als Voraussetzungen in die weitere Planung eingehen. Hiermit liegt eine pragmatische, dem Anspruch nach auf empirische Forschung basierende Didaktik für Lehrer vor, die sich in ihren Anfängen der Reflexion aller übergeordneten gesellschaftlichen Bedingungen und normativer Probleme enthält. Im Rahmen der Weiterentwicklung der lehr- theoretischen Didaktik ist die institutionelle und gesellschaftliche Einbettung von Unterricht sowie eine stärkere Berücksichtigung von Unterricht als Interaktionsprozess akzentuiert worden.

Kommunikations- und interaktionstheoretische Modelle verstehen sich als klare Gegenbewegung zu sowohl bildungs- wie lehrtheoretischen Ansätzen. Sie konzentrieren sich weniger auf die Inhaltsdimension und auch nicht auf die methodische Seite, sondern auf den Prozess und die Auswirkungen der sozialen Interaktion im Klassenzimmer. Unterricht wird als soziale Situation verstanden, in die die Beteiligten ihre je persönlichen Vorerfahrungen, Sichtweisen und Definitionen einbringen. In normativer Hinsicht orientieren sich diese Modelle am Ziel der Etablierung möglichst herrschaftsfreier, symmetrischer Kommunikation im Klassenzimmer. – Alle drei ‚klassischen' allgemeindidaktischen Ansätze entwickeln sich kontinuierlich und in wechselseitiger Kritik weiter, wobei es insgesamt zu einer deutlichen Konvergenz gekommen ist.

Die sog. *konstruktivistischen Modelle* bilden die neueste Theoriefamilie in der allgemeinen Didaktik. Sie nehmen einen Teil der interaktionsorientierten Unterrichts- sowie auch einen Teil der sog. erfahrungs- und handlungsorientierten Methodenkonzeptionen in sich auf. Grundlegend für konstruktivistisches Denken in der Didaktik ist die Vorstellung, dass alles Wissen konstruiert und insofern kein Wissen privilegiert ist, dass Lernen ein Akt der (Ko-)Konstruktion in Gemeinschaften ist, dass Lehrer das Lernen nicht erzeugen, sondern nur anregen können, und dass ein Beurteilen von Lernergebnissen auf der Basis von Richtig/Falsch-Unterscheidungen inadäquat ist. Konstruktivistische Didaktik artikuliert sich auf der Theorie-Ebene in einer relativ radikalen Weise; bei den Überlegungen und Vorschlägen zur Gestaltung von Unterricht wird jedoch durchweg eine gemäßigte Position vertreten. Die konstruktivistischen Empfehlungen zur Unterrichtsgestaltung orientieren sich sehr stark an alten und neuen reformpädagogischen Modellen (Erfahrungslernen, entdeckendes Lernen, fächerübergreifendes Lernen, Förderung der Selbsttätigkeit, Lernen des Lernens etc.).

Die genannten vier Theoriefamilien der Allgemeinen Didaktik unterscheiden sich durchaus hinsichtlich des beanspruchten Theoriestatus', des Grades an Bestätigung durch empirische Forschung wie auch hinsichtlich der Tauglichkeit für die Anleitung zu konkretem Handeln bei Unterrichtsplanung und Unterrichtsdurchführung. Im Rahmen der Einschätzung des wissenschaftlichen Status' allgemeindidaktischer Modelle muss man berücksichtigen, dass sie vielfach selbst nur Material oder Stoff für die Ausbildung zum Lehrerberuf sind und z. B. im Rahmen von Unterrichtsbesuchen und Lehrproben konkret angewandt werden (Feiertagsdidaktik). Empirische Untersuchungen haben zeigen können, dass der Berufsalltag erfahrener Lehrer nicht an den Prinzipien allgemeindidaktischer Modelle ausgerichtet ist. Dies weist auf ein generelles Problem hin: Didaktische Ansätze bieten mehr oder weniger kohärente Argumentationsmuster an, die für die Ausbildung tauglich sein mögen. Sie sind jedoch durch empirische Forschung kaum kontrolliert und ebensowenig dazu in der Lage, den didaktischen Alltag erfahrener Lehrer zu strukturieren. Noch immer existiert eine Kluft zwischen den etablierten didaktischen Theorien und empirischer Unterrichtsforschung; Innovationen im Unterricht entstehen weniger durch die Erfindung und Anwendung neuer allgemeindidaktischer Ansätze (Terhart 1998). Von größerer Bedeutung für Innovationen ist einerseits die durch den tagtäglich erfahrbaren Problemdruck ausgelöste berufspraktische Kreativität der Lehrkräfte sowie die Ausarbeitung und Erprobung didaktischer Strategien und Lehr-Lern-Umwelten durch (fach- bzw. lernbereichsspezifisch ausgerichtete) empirische Unterrichtsforschung Ewald Terhart

Literatur

Baier, H./Bleidick, U. (Hrsg.): Handbuch der Lernbehindertendidaktik. Stuttgart 1983.

Baumgart, F. (Hrsg.): Didaktische Theorien. Bad Heilbrunn 2000.

Blankertz, H.: Theorien und Modelle der Didaktik (1969). Weinheim 13. Aufl. 1991.

Diederich, J.: Didaktisches Denken. Weinheim 1988.

Hofer, M.: Sozialpsychologie erzieherischen Handelns. Wie das Denken und Verhalten von Lehrern organisiert ist. Göttingen 1986.

Jank, W./Meyer, H.: Didaktische Modelle. Frankfurt 3. Aufl. 1994.

Peterßen, W: Lehrbuch Allgemeine Didaktik. München 5. Aufl. 1996.

Straka, G.A./Macke, G.: Lehren und Lernen in der Schule. Eine Einführung in Lehr-Lern-Theorien. Stuttgart 1979.

Terhart, E.: Lehr-Lern-Methoden. Eine Einführung in Fragen der methodischen Organisation von Lehren und Lernen. Weinheim 2. Aufl. 1998.

Terhart, E.: Konstruktivismus und Unterricht. Gibt es einen neuen Ansatz in der Allgemeinen Didaktik? In: Zeitschrift für Pädagogik 45 (1999) 629–647.

Differenzierung

Differenzierung des Unterrichts ergibt sich aus der Ungleichheit von Schülern, ihren unterschiedlichen Leistungen, Interessen und Lernvoraussetzungen, zum anderen aus der politischen Gleichheitsforderung, dass ‚jedem das Seine' nach seinem Lernvermögen zustehe. Insofern ist des Comenius Entdeckung (Didactica magna 1627), dass man große Schülergruppen auf vier Altersstufen verteilen kann, die Geburtsstunde der heutigen Schulorganisation. Ihr Mittel ist die Gruppierung der Schüler nach Alter, Leistung, Sitzenbleiben und Nachhilfe sowie der Selektion in leistungsbezogene Schultypen der vier Säulen Gymnasium, Realschule, Hauptschule und Sonderschule. Die lerntheoretische Begründung geht von der Annahme aus, dass ein möglichst großes Maß an *Homogenität* die Lehr- und Lerntätigkeit erleichtert.

Organisatorische Differenzierung enthält zwei Probleme. Unter der Maxime von Chancengleichheit und Akzeptanz des Verschiedenen als ‚gleichwertig' wird, normativ, die Forderung nach einer Vermeidung von ‚Aussonderung' erhoben. Lernpsychologisch ist strittig, ob ein gewisses Lerngefälle als Lernanreiz ausnutzbar ist, so wie in der Familie jüngere Kinder von älteren lernen und wie es die Reformpädagogik vorgemacht hat (Petersen, Freinet). Empirische Untersuchungen zeigen aber, dass die Bezugsgruppe von Schülern mit vergleichbarem Leistungslevel emotional stabilisierend wirken und sozialer Randstellung vorbeugen kann. Heterogene Lerngruppen im Sinne der schulischen → Integration, der gemeinsamen Unterrichtung behinderter und nichtbehinderter Kinder, sind für die Leistungen der schwächeren Schüler eher förderlich, für gut lernende Kinder ebenfalls günstiger. Per se stellt Leistungskonkurrenz jedoch noch keine hinreichende Bedingung für optimales Lernen dar (Bless 1995). *Heterogenität* ist leistungsabträglich, wenn die Streuung zu groß, *Homogenität* kontraproduktiv, wenn der Leistungsdurchschnitt der Gruppe zu niedrig ist (Hinz u. a. 1998).

Bei widerstreitenden Prinzipien organisierten Lernens wird somit das Maß der Differenzierung – die im Extremfall eine *Individualisierung* des Lernweges bedeutet – in die jeweilige Unterrichtssituation verlagert. Es gibt keine generelle Maßregel für das Quantum von Differenzierung leistungsheterogener Gruppen bzw. von Selektierung lernrückständiger Schüler. Es ist dann selbstverständlich, dass das formale Kriterium für eine sinnvolle Differenzierung darin besteht, den einzelnen Schüler nach seinen spezifischen Voraussetzungen zu fördern und gleichzeitig unterschiedliche Schüler über die Grenzen ihrer Leistungsqualifikation hinweg im sozialen Beieinander interagieren zu lassen: „Je besser die unterrichtliche Differenzierung gelingt, desto mehr schwinden die Möglichkeiten einer unterrichtsbezogenen Kommunikation und verlagert sich der integrative Anspruch auf die Ebene sozialer Kontakte oder gar auf ein bloßes räumliches Beieinander" (Ramseger 1992, 59).

Zur Systematik von Differenzierungsformen gibt es zahlreiche Vorschläge. Das wichtigste Ergebnis der Einteilungsversuche ist die Einsicht, dass *äußere* und *innere Differenzierung* Endpunkte auf einem Kontinuum von mannigfachen Übergangsformen sind, die einander nicht ausschließen und sich ergänzen. Sie machen ein Wechselverhältnis von Einheitlichkeit und Differenzierung aus, wobei die Vereinheitlichung jeweils ein auf bestimmte Schülergruppen bezogenes Maß an Homogenisierung in Gestalt der äußeren Differenzierung darstellt. Es ist dann die Frage, wie weit die Einheiten gefasst werden, von gesamtschulartig zusammengefassten Schülern eines Jahrgangs bis zum Unterricht für eine Kleingruppe, vom *streaming* des gesamten Leistungsniveaus bis zum *setting* in Fachleistungskursen und Wahlpflichtfächern (flexible Differenzierung): „Differenzierung des Unterrichts ist die Gesamtheit aller organisatorischen Maßnahmen zur Bildung von Schülergruppen für die Durchführung von Lernprozessen, die jedem einzelnen Schüler seinem individuellen Lernvermögen gemäß gerecht zu werden versuchen" (Muth 1983, 94).

Innere Differenzierung liegt vor, wenn Schüler unterschiedlicher Leistung nicht räumlich getrennt werden, sondern im sozialen Miteinander Verschiedenes lernen. Das Leistungsgefälle wird bewusst in Kauf genommen; Heterogenität ist gewollt. Die Integrationsbewegung unterscheidet hierbei *zielgleiches* Lernen, das gleiche Schulabschlüsse für behinderte wie für nichtbehinderte Schüler vorsieht, vom *zieldifferenten* Unterricht, wenn in derselben Klasse nach verschiedenen Curricula gelernt wird, etwa bei Geistigbehinderten nach dem Lehrplan dieser Schule. Die Schulgesetze der meisten Länder erlauben eine solche Regelung bis zum Abschluss der gesamtschulmäßig verfassten Grundschule. Mit der Sekundarstufe selektiert die gesellschaftliche Differenzierung der Lerninhalte zwangsläufig unterschiedliche Bildungswege und Abschlüsse.

Variablen der Differenzierung betreffen Lehrmerkmale wie Stoffauswahl, Lehrzeit, Lehrmaterialien, Lehrpersonen (z. B. Zwei-Lehrer-System im Team-teaching), Methoden und auf der anderen Seite Schülermerkmale wie Leistungsunterschiede, Sozialverhalten und Ursachen des Lernversagens. Klafki/Stöcker erstellten ein Kriterienraster zur inneren Differenzierung (1976, 508 f.): (1) Stoffumfang und Zeitaufwand, (2) Komplexitätsgrad und Niveau der Anforderungen, (3) Anzahl der erforderlichen Wiederholungsdurchgänge, (4) Notwendigkeit direkter Hilfe bzw. Grad der Selbständigkeit, (5) inhaltliche und methodische Zugänge bzw. Vorerfahrungen, (6) Kooperationsfähigkeit der Schüler untereinander (Einzel-, Partner- und Gruppenarbeit).

Theoretisch ist es möglich, die Komplexität von Differenzierung ad infinitum zu treiben. Die Überforderung des Lehrers durch maßlose Ansprüche an seine didaktischen Fähigkeiten gehört zu den bedenklichen Erscheinungen des Missverhältnisses von überzogener Theorie und sich selbst überlassener, überforderter Praxis. Beispiele einer gemeinsamen Befassung von vielen Schülern mit einem Lehrgegenstand auf unterschiedlichem Lernniveau sind ausschließlich Momentaufnahmen eines Lernprozesses. Sie unterschlagen die Lösung, wie es weitergeht, was am Ende des Unterrichts angestrebt ist und mit welchem Zeitbedarf für das Erreichen von Minimalzielen bei lernrückständigen Schülern zu rechnen ist. Das Grundproblem der curricularen Differenzierung nach einem *Fundamentum* für alle Schüler und einem nach oben offenen *Additum* für leistungsfähige Lerner ist in der gegenwärtigen Lehrplanverfassung der Leistungsschule nicht lösbar.

Schulleistungsschwäche ist immer auch ein kumuliertes Defizit an Lernerfahrungen. Dem Schüler ist das ihm angesichts seiner Lernvoraussetzungen mögliche Lernen verwehrt worden. Seine Lernbasis ist nicht ausreichend für die nachfolgenden Lernprozesse grundgelegt. Zielinski bewertet als den „mächtigsten Prädiktor des Schulerfolgs" die „Bedeutung der Vorkenntnisse". Lernschwierigkeiten „können auf Defizite in relevanten und gut strukturierten Vorkenntnissen ... zurückgehen" (1995, 99, 34). Schwächere Schüler haben – ob durch soziokulturelle Vernachlässigung oder psychophysische Defekte verursacht, das ist nicht unbedingt ausschlaggebend – geringere Möglichkeiten gehabt, ihre kognitiven Voraussetzungen zu verbessern und adäquate Lernerfahrungen zu machen. Insofern benachteiligt ein schnell vorgehender, undifferenzierter Unterricht schwächere Schüler mehr als leistungsstarke, die sich selbst eher ihre Lernbasis aneignen und Mängel ausgleichen können.

Infolgedessen kommt es darauf an, möglichst genau zu ermitteln, welche Leistungsvoraussetzungen ein Schüler in der *Zone der aktuellen Entwicklung* für die anstehenden Lernaufgaben in der *Zone der nächsten Entwicklung* mitbringt. Das diagnostische Wissen um spezifische Fähigkeitsprofile würde es erlauben, Schüler nicht zu unterfordern und vor allem nicht mehr zu überfordern. Schülermerkmale und Lehrverfahren könnten in einer optimalen *Passung* zueinander stehen. Die Entsprechung ist als lernprozessbegleitende Diagnostik und → Förderungsdiagnostik bekannt. In der Behindertendidaktik wurden daraus Modellvorstellungen abgeleitet, die als theoretische Entwürfe imponieren (Ahrbeck u.a. 1997, 747f.): (1) Zielerreichendes Lernen (mastery learning) mit einer Bereitstellung genügender Lernzeit; (2) ATI (aptitude-treatment-interaction)-Ansatz mit einer Wechselwirkung von Unterrichtsmethoden und Schülermerkmalen; (3) individuelles und gemeinsames Lernen in Lebens- und Arbeitsgemeinschaften eines Offenen Unterrichts (Reiß/Eberle 1992); (4) Kooperative Didaktik mit eigenaktiven, handlungsorientierten Lernphasen; (5) multidimensionale Differenzierung nach Lernzielebenen im individuellen und gemeinsamen Unterricht (Nestle 1980).

Schulformen gemeinsamer Unterrichtung leistungsstarker und leistungsschwächerer behinderter Schüler lassen langfristig eine Tendenz zur Veränderung des vorwiegend frontalen Unterrichtsgeschehens in Richtung auf verbesserte Differenzierung erwarten, wenn bildungspolitische Leitvorstellungen einer Kritik an einseitiger Leistungsauslese und an gleichschrittigem Lernen zum Tragen kommen. Die von der Integrationsbewegung mitunter erhobene Forderung nach gemeinsamen Lehrgegenständen auf dem jeweiligen Entwicklungsniveau der Schüler wird jedoch nicht erfüllt. Hauptform der gezielten Förderung langsam lernender Kinder ist Einzelarbeit im Gruppenraum der Klasse, die als äußere Differenzierung bis zu einem Fünftel der Lernzeit ausmacht (Dumke 1991, 157).

Ulrich Bleidick

Literatur

Ahrbeck, B./Bleidick, U./Schuck, K.D.: Pädagogisch-psychologische Modelle der inneren und äußeren Differenzierung für lernbehinderte Schüler. In: Weinert, F.E. (Hrsg.): Psychologie des Unterrichts und der Schule (Enzyklopädie der Psychologie. Themenbereich D, Praxisgebiete. Serie I, Pädagogische Psychologie, Band 3). Göttingen 1997, 739–769.

Bless, G.: Zur Wirksamkeit der Integration. Forschungsüberblick, praktische Umsetzung einer Schulform, Untersuchungen zum Lernfortschritt. Bern 1995.

Dumke, D. (Hrsg.): Integrativer Unterricht. Gemeinsames Lernen von Behinderten und Nichtbehinderten. Weinheim 1991.

Graumann, O.: Gemeinsamer Unterricht in heterogenen Lerngruppen. Von lernbehindert bis hochbegabt. Bad Heilbrunn 2002.

Hinz, A./Katzenbach, D./Rauer, W./Schuck, K.D./Wocken, H./Wudtke, H.: Die Integrative Grundschule im sozialen Brennpunkt. Ergebnisse eines Hamburger Schulversuchs. Hamburg 1998.

Klafki, W./Stöcker, H.: Innere Differenzierung des Unterrichts. In: Zeitschrift für Pädagogik 22 (1976) 497–523.

Muth, J.: Differenzierung des Unterrichts. In: Baier, H./Bleidick, U. (Hrsg.): Handbuch der Lernbehindertendidaktik. Stuttgart 1983, 94–104.

Nestle, W.: Innere Differenzierung in der Schule für Lernbehinderte. In: Baier, H./Klein, G. (Hrsg.): Die Schule für Lernbehinderte. Organisatorische Fragen pädagogisch gesehen. Berlin 1980, 161–190.

Ramseger, J.: Was heißt „gemeinsame Schule für alle?“ – oder: Die Grenzen der Integration. In: Lersch, R./Vernooij, M. (Hrsg.): Behinderte Kinder und Jugendliche in der Schule. Herausforderungen an Schul- und Sonderpädagogik. Bad Heilbrunn 1992, 53–65.

Reiß, G./Eberle, G. (Hrsg.): Offener Unterricht – Freie Arbeit mit lernschwachen Schülerinnen und Schülern. Weinheim 1992.

Wember, F. B.: Adaptiver Unterricht. In: Vierteljahreszeitschrift Sonderpädagogik 31 (2001) 161–181.

Zielinski, W.: Lernschwierigkeiten. Ursachen – Diagnostik – Intervention. Stuttgart 2. Aufl. 1995.

Erziehung

Erziehung ist, neben → Bildung, ein Grundsachverhalt menschlicher Beeinflussung wie der wissenschaftlichen Reflexion darüber. Das Geschehen der Erziehung und das Nachdenken in → Pädagogik und Erziehungswissenschaft stellen zwei Stufen eines ungeschiedenen Phänomens dar. Hierbei meint der *Begriff der Erziehung* dreierlei: (1) die Gesamtheit der von Menschen vorgenommenen intentionalen (absichtlichen) und funktionalen (mitgegebenen) Handlungen als Höherführung zu → Sozialisation, Enkulturation und Personalisation (Wurzbacher 1963); (2) das Ergebnis des Erzogenseins; (3) Erziehung im engeren Sinne als Führung zur Haltung, Selbstbestimmung und Mündigkeit eines verantwortlichen Gewissens. Es fehlt angesichts dieser terminologischen Unschärfe nicht an Versuchen, Erziehung genauer zu operationalisieren, so durch Brezinka (1976, 11): „Erziehung nennen wir jene sozialen (d.h. auf Mitmenschen gerichteten) Handlungen, durch die Menschen versuchen, das Gefüge der psychischen Dispositionen anderer Menschen in irgendeiner Weise dauerhaft zu verbessern oder seine als wertvoll beurteilten Komponenten zu erhalten.“

Erziehung ist allgegenwärtig und unsichtbar. Wie bei wenig anderen Tätigkeiten richten sich Aufmerksamkeit und Bemühung darauf, sie möglichst rational zu gestalten. Die Suche nach ethischen und wissenschaftlich gesicherten Grundlagen sowie nach Handlungsanweisungen für die ‚Kunst der Erziehung‘ lässt sich kaum noch überblicken. Angesichts solcher Tendenzen zur Rationalisierung ergibt die Sichtung der wissenschaftlichen Literatur ein ambivalentes Bild.

Zwar kennen wir etliche Erörterungen über die menschheitliche Aufgabe der Erziehung wie auch zu ihren Krisen. So beschrieb Flitner die → Heilpädagogik als *Pädagogik der Notfälle* (1953, XX). Doch gehören diese Betrachtungen eher philosophischen oder disziplinär unspezifischen Zeitdiagnosen an, die immerhin reflexiv anregend wirken. Die Erziehungswissenschaft hat das Thema in der Vergangenheit oft unter Vorzeichen politischer Konjunkturen aufgenommen. In einer ‚linken' Linie erkannte sie Erziehung als ein wichtiges Element in sozialreformerisch motivierten ‚kompensatorischen', dann ‚antiautoritären' und später ‚emanzipatorischen' Konzepten, die zunehmend als Teil einer ‚schwarzen Pädagogik' denunziert wurden; überspitzt zeigte sich diese Kritik dann im ‚antipädagogischen' Fundamentalismus. Eine eher ‚rechte' Linie argumentierte für den ‚Mut zur Erziehung' und behauptete die Möglichkeit einer Erziehung zur Tugend im Kontext eines einheitlichen Wertekanons, selbst wider die unbestrittene Einsicht in Pluralisierungstendenzen.

Eine einheitliche Vorstellung kann es ohnehin nicht geben, weil *Unsicherheit* ein notorisches Merkmal der Erziehung darstellt (Winkler 1995). Auch wenn alle → Gesellschaften so etwas wie Erziehung kennen, ritualisierte und mit speziellen Begriffen charakterisierte Übergänge vom Kindheits- in den Erwachsenenstatus gestalten, steht Erziehung weniger für ein soziales Handeln, sondern mehr für die kommunikative Auseinandersetzung im Horizont der Aufgaben, die die soziale Reproduktion stellt. Erziehung bildet somit zunächst eine soziale Signatur, mit der Diskurse über gesellschaftliche Entwicklungen organisiert werden.

Erziehung muss daher als ein Zusammenhang zwischen sozialen Handlungen und *Erziehungsvorstellungen* verstanden werden, da die sozial relevante Wirklichkeit von Erziehung erst in der Verknüpfung von Praktiken mit den sie als Erziehung spezifizierenden Theoremen entsteht. Deshalb kann von einem Sachverhalt Erziehung nur dort sinnvoll die Rede sein, wo ein – wie immer auch geartetes – Bewusstsein von ihr vorliegt und kulturspezifisch erfasst werden kann. Sie zeigt sich daher als ein geschichtlich, gesellschaftlich und kulturell hochgradig unterschiedliches, zuweilen selbst sozial unbekanntes Phänomen. Allerdings wäre es naiv, für das Verständnis von Erziehung und für seinen Selbstentwurf menschlichen Lebens völlige Beliebigkeit anzunehmen. Das Wissen von der Erziehung steht im Kontext pädagogischer Vorstellungen, die im antiken und im jüdisch-christlichen Denken entwickelt, in Renaissance und Reformation bestimmt und schließlich der Aufklärung unterzogen wurden, um unter wissenschaftlichen Ansprüchen geprüft und gesichert zu werden. So entstand ein begriffliches Umfeld von Erziehung, dessen Ränder zu erkennen sind im Verhältnis zu anderen Aktivitäten – wie etwa dem → Helfen, dem Heilen und dem → Pflegen – und als Differenzmerkmale professionalen Fachwissens verankert wurden. Im Binnenbereich bleibt dieses semantische Feld fragil, doch hat Tradition seinen Sinnzusammenhang stabilisiert. Der so entstandene ‚pädagogische Begriff' der Erziehung bricht kritisch sogar mit solchen Gewissheitsvorstellungen, die an die Idee eines über Erziehung vermittelten gesellschaftlichen Fortschritts gebunden sind.

Erziehung bleibt nicht folgenlos. Sie bahnt den Weg zu dem nichtgenetischen Erbe ohne die für Erfindungen des Neuen unvermeidliche Erfahrung des Misslingens. Sie liegt so kultureller Evolution zugrunde. Weil die sozialen und geschichtlichen, kulturellen Wesensmerkmale der menschlichen Existenz eine Eigendynamik gegenüber menschlichen Absichten gewinnen, erzeugt – überspitzt gesehen – Erziehung den Bedarf an sich selbst.

Die Verselbständigung und die in ihr angelegte Tendenz zur Individuierung wurde in der schon von Schleiermacher inspirierten *sozialwissenschaftlichen Tradition* der Pädagogik als Reproduktion der Gesellschaft sowie in der Frage nach der Konstitution von Subjektivität analysiert. In jener Hinsicht zeigt sich Erziehung konstituiert durch Widersprüche, die ihre Ausdifferenzierung als soziale Formation vorantreiben. Spätestens in den modernen Gesellschaften liegt die erste Funktion der Erziehung darin, der historischen Wandlung Elemente von Kontinuität entgegenzustellen, und sei es in der Stabilisierung von Veränderung selbst. Als zweite Funktion zeigt sie gegenüber den Prozessen voranschreitender Differenzierung Kohärenz auf, um die Inklusion von Individuen in das Ganze zu sichern, zuweilen durch ihre Bindung an alltagskulturelle Verbindlichkeiten.

Alltagsdenken und Wissenschaft begreifen Erziehung häufig mit *technischen Modellen*. Gleich, ob als Tradition gedacht, als Moment menschlicher Vervollkommnung oder mit emanzipatorischen Hoffnungen verbunden, erscheint sie als ein Handeln, das nach vorgegebenen Zielen einen Zögling verändert. Neben der Einsicht in das „Technologiedefizit" (Luhmann/Schorr 1979) richtet sich dagegen der ethische Einwand, die menschliche → Person dürfe keinen Zwecken unterworfen werden, die ihr äußerlich seien – auch wenn es um ihrer selbst willen geschehe (Kant: Von der Zweckfreiheit des allein guten Willens).

Solche Modelle wie auch die Kritik an ihnen verfehlen aber die sachliche Grundstruktur von Erziehung. Aus der Analyse ihrer Problemlagen folgt nämlich, dass Erziehung sinnvoll nur als ein Geschehen begriffen werden kann, das durch drei Momente bestimmt ist (Sünkel 1989). Sie wird zunächst durch die Positionen einer älteren und einer jüngeren Generation konstituiert. Diese formal als Erzieher und Zögling bezeichneten Positionsinhaber stehen jedoch keineswegs in einem unmittelbaren Verhältnis zueinander. Etwa in dem von Nohl als grundlegend angenommenen „pädagogischen Bezug" findet sich sicher eine förderliche, aber nur bedingt notwendige Voraussetzung. Vielmehr beziehen sie sich im Erziehungsgeschehen auf ein für sie gemeinsames gegenständliches Moment, also auf einen ‚dritten Faktor'. Erziehung zeichnet sich durch eine *triadische Struktur* aus.

Erzieher wie Zögling realisieren diese in je subjektivem Handeln. Das bedeutet zunächst, dass in Erziehung ein Bisubjektivismus zum Tragen kommt, der freilich verlangt, dass die Subjektivität des anderen anerkannt wird (Herzog 1991, 46). Erziehung vollzieht sich dann in zwei Tätigkeiten, nämlich in Aneignung und Vermittlung, wobei man von einem uno-acto-Prinzip sprechen kann, das sich als Koproduktion verwirklicht. Gleichwohl kommt systematische Priorität der aktiven Auseinandersetzung des Zöglings mit seiner Umwelt zu. Seine Bildungstätigkeit liegt allem zugrunde, selbst wenn sie auf den ersten Blick nicht zu erkennen ist, sondern als „Bildsamkeit" erst aufgesucht (Herbart 1835/1902) und aufgefordert werden muss (Flitner 1950, 90).

Der Aneignungsprozess vollzieht sich als individualisierende Konstruktion, als Ausdruck einer poetischen, formgebenden Rezeptivität (Prange 1999), in der es zu einer Abbildung der vorgegebenen Welt kommt. So beherrscht das erzieherische Geschehen eine Weltimmanenz: Die Objektivität des dritten Faktors lässt sich nicht beliebig auflösen. Im Zusammenspiel von Aneignung und Vermittlung erschließt sich das Subjekt eine doppelte Kompetenz. Einerseits eignet es sich Formen und Strukturen der alltäglichen Lebensführung an (Holzkamp 1995), mit denen es in seiner → Lebenswelt überleben kann. Andererseits lernt es, diese von ihm angeeignete und für sich konstruierte Lebensführung für sein Selbst so weit anzunehmen, dass es auch Situationen auszuhalten vermag, die schwer zu ertragen sind – wie Krankheit und Behinderung.

Systematisch wird deutlich, dass die Vorstellung von allgemeinen *Erziehungszielen* mit der Problemstruktur von Erziehung nicht vereinbar ist. Die Art der Bereitstellung eines dritten Faktors hängt von der individuellen Verfasstheit des Zöglings, von seinem Modus ab. Dieser ist prinzipiell höchst verschieden, auch in Gestalt von Behinderung oder entwicklungsbedingten Blockaden. Zum Ansatzpunkt können nur die individuellen Möglichkeiten, die Wahrnehmung eines *Modus der Differenz* (Winkler 1988) und die Perspektiven des Subjekts selbst werden. Zugleich gibt der individuelle Bildungsprozess in seiner konkreten Form das Maß der Erziehung vor. So muss Erziehung mit offenen Situationen rechnen, deren Ausgang nicht feststeht, sondern in der Hand des Zöglings selbst liegt. Erzieherisches Geschehen bemisst sich daran, ob dem Subjekt die Offenheit der eigenen Zukunft im sozialen Zusammenhang bleibt.

Im öffentlichen und im fachlichen Gespräch wird → *Behinderung* gemeinhin nicht als ein Defizit an Erziehbarbeit und Erzogensein angesehen. Die damit vorgeblich vollzogene Entlastung des Subjekts unterwirft es einem naturalistischen Konzept: Behinderung wird so zum Schicksal, das lediglich medizinisch-therapeutisch zu behandeln und zu versorgen ist. In fataler Ironie bedeutet dies einen Ausschluss von Bedingungen, in denen sich ein Subjekt auf seinem individuellen Weg der Auseinandersetzung mit der Welt zu sich selbst bildet. Doch Behinderung ist eine Form konkret subjekthaften Menschseins, das sich in Bildung entdeckt. Erziehung bleibt daher in ihrem sachlich-strukturellen Kern gegenüber menschlichem Behindertsein indifferent. Krankheit und Behinderung haben eine Relevanz für die Erziehung nur auf der Ebene des sozialen Diskurses über Behinderung, wie er dann in Verständigungsprozesse eingeht, die den Erziehungssachverhalt als solchen semantisch konstituieren. Hier drohen nämlich Prozesse des Ausschlusses. Das Etikett ‚nicht bildungsfähig', das Stigma der „éducation impossible" (Mannoni 1979) bewirkt, dass Kinder in einem sozialen Prozess von Erziehung ausgegrenzt und einem System überantwortet werden, in dem ihr Aneignungshandeln unterdrückt bleibt. Sie werden gesellschaftlich isoliert, erfahren Einschränkungen ihrer Handlungs- und Entwicklungsräume (Jantzen 1978, 37 ff.). Behinderung heißt dann, dass die in einem gesellschaftlichen Verband aus ökonomischen wie auch aus Gründen der Herrschaft vorgegebenen Normierungen des pädagogischen Geschehens mit der subjektiven Entwicklung und den einem Subjekt gegebenen Möglichkeiten konfligieren.

Jenseits solcher Vorgänge stellt Behinderung *pädagogisch systematisch* gesehen einen Fall von Individualität dar, der sich in einem existenziellen Modus wie auch in einer eigenen Form der Aneignungstätigkeit widerspiegelt. Nicht immer muss sie sich unmittelbar erschließen, wie uns ja auch sonst viele Handlungen von Kindern und Erwachsenen fremd bleiben können. Oft genug zeigen sich Behinderungen vor allem darin, dass sie eine längere, von der gesellschaftlich zugestandenen Dauer abweichende Entwicklungszeit erforderlich machen und zu neuartigen Bildungswegen führen. Strukturell ändert sich der Erziehungssachverhalt dadurch nicht. Einerseits geht es darum, der Aneignungstätigkeit des Subjekts – so erforderlich – einen Anstoß zu geben und sie zu unterstützen. Dies kann ungewöhnliche Zugänge notwendig machen, Suche nach neuen Wegen, wie auch das Beschreiten von Umwegen abverlangen. Andererseits aber müssen Rahmenbedingungen geschaffen werden, die es dem Individuum ermöglichen, auf seine Weise an den gesellschaftlichen Möglichkeiten teilzuhaben; nicht nur, um sich selbst als mitglied der menschlichen Gattung zu entdecken und zu bestimmen, sondern auch, um sich selbst im Zusammenhang der sozialen und kulturellen Verhältnisse als Subjekt zu erfahren und annehmen zu können (Klein 1979, 287).

Michael Winkler

Literatur

Brezinka, W.: Erziehungsziele, Erziehungsmittel, Erziehungserfolg. Beiträge zu einem System der Erziehungswissenschaft. München 1976.

Flitner, W.: Allgemeine Pädagogik. Stuttgart 1950.

Flitner, W.: Die Erziehung. Pädagogen und Philosophen über die Erziehung und ihre Probleme. Wiesbaden 1953.

Herbart, J.F.: Umriss pädagogischer Vorlesungen. 1835. In: J.F. Herbart's Sämtliche Werke. Hrsg. von K. Kehrbach. Zehnter Band. Langensalza 1902, 64–196.
Herzog, W.: Die Banalität des Guten. Zur Begründung der moralischen Erziehung. In: Zeitschrift für Pädagogik 37 (1991) 41–64.
Holzkamp, K.: Alltägliche Lebensführung als subjektwissenschaftliches Grundkonzept. In: Das Argument 37 (1995) 817–846.
Jantzen, W.: Behindertenpädagogik, Persönlichkeitstheorie, Therapie. Vorbereitende Arbeiten zu einer materialistischen Behindertenpädagogik. Köln 1978.
Klein, F.: Die häusliche Früherziehung des entwicklungsbehinderten Kindes. Bad Heilbrunn 1979.
Luhmann, N./Schorr, K.E.: Das Technologiedefizit der Erziehung und die Pädagogik. In: Zeitschrift für Pädagogik 25 (1979) 345–365.
Mannoni, M.: „Scheißerziehung". Von der Antipsychiatrie zur Antipädagogik. Frankfurt 1979.
Prange, K.: Der Zeitaspekt des Formproblems in der Erziehung. In: Zeitschrift für Pädagogik 45 (1999) 301–312.
Sünkel, W.: Erziehung – Vom Übergang der Natur in den Geist. In: Pädagogische Rundschau 43 (1989) 75–80.
Winkler, M.: Eine Theorie der Sozialpädagogik. Stuttgart 1988.
Winkler, M.: Erziehung. In: Krüger, H.-H./Helsper, W. (Hrsg.): Einführung in Grundbegriffe und Grundfragen der Erziehungswissenschaft. Einführungskurs Erziehungswissenschaft. Band I. Opladen 1995, 53–69.
Wurzbacher, G.: Sozialisation – Enkulturation – Personalisation. In: Wurzbacher, G. (Hrsg.): Der Mensch als soziales und personales Wesen. Beiträge zu Begriff und Theorie der Sozialisation aus der Sicht von Soziologie, Psychologie, Arbeitswissenschaft, Medizin, Pädagogik, Sozialarbeit, Kriminologie, Politologie. Stuttgart 1963, 1–34.

Erziehungsberatung

Erziehungsberatung entwickelte sich aus der Diskussion Auslese oder Fürsorge. Zunächst wurden in Anstalten und Rettungshäusern Verwahrloste, Schwererziehbare und ‚Nichterziehbare' gesammelt. Zur Zeit der Weimarer Republik bildeten sich Kinderrettungsvereine, deren Agenten beratende Hausbesuche machten und geeignete Pflegefamilien suchten (Kadauke-List 1991).

Ab 1920 kam es zu einer Gründung von Erziehungsberatungsstellen an Kliniken, bei Jugend- und Sozialämtern und in freier Trägerschaft. Neben der Leitung durch Ärzte waren Pädagogen und vereinzelt Psychologen in den Beratungsstellen beschäftigt. 1922 gründete Leonhard Seif in München die erste deutsche individualpsychologische Erziehungsberatungsstelle. Nach dem Zweiten Weltkrieg erhielt unter amerikanischem Einfluss das Konzept der *child-guidance-clinic* Auftrieb, das multiprofessionell in Teamarbeit vorgeht.

Die *rechtlichen Grundlagen* nach dem Kinder- und Jugendhilfegesetz garantieren eine unentgeltliche Erziehungsberatung. Grundsätzlich werden *funktionale* → Beratung durch Lehrer, Ärzte, Sozialpädagogen und Geistliche sowie *institutionelle* Erziehungsberatung gemäß den Richtlinien der einzelnen Länder unterschieden (Bundeskonferenz für Erziehungsberatung; nach Hölzel 1981).

Heute bestehen heilpädagogische, tiefenpsychologische und gesprächstherapeutische Orientierungen neben dem child-guidance-Konzept nebeneinander. Im Zusammenhang → lebensweltlicher Muster wird zunehmend *Familientherapie* neben systemorientierten Ansätzen wie *Psychodrama* und *Krisenintervention* praktiziert (Körner/Hörmann 1998). Die pädagogischen Anlässe der Erziehungsberatung dürften sich in etwa zu gleichen Teilen auf familiäre Konflikte und Schulschwierigkeiten beziehen, wobei die schulischen Probleme in der Gegenwart eher zunehmen (Kurz-Adam 1995). Eduard W. Kleber

Literatur

Hölzel, S.: Erziehungsberatung. München 1981.
Kadauke-List, A.: Geschichte der deutschen Erziehungsberatungsstellen von den Anfängen bis zum Jahre 1945. Göttingen 1991.
Körner, W./Hörmann, G.: Handbuch der Erziehungsberatung. Göttingen 1998.
Kurz-Adam, M.: Modernisierung von innen? Wie der gesellschaftliche Wandel die Beratungsarbeit erreicht. In: Kurz-Adam, M. (Hrsg.): Erziehungsberatung und Wandel der Familie: Probleme, Neuansätze und Entwicklungslinien. Opladen 1995, 175–195.

Helfen, Hilfe

In welchem Verhältnis der Hilfebegriff zu den klassischen Grundbegriffen der (Behinderten-)Pädagogik wie → Erziehung und → Bildung steht, ist umstritten, nicht aber seine zunehmende Verbreitung (bedeutungsähnliche Umschreibungen wie etwa Begleitung eingerechnet), und dass diese zu Lasten der tradierten Konkurrenzbegriffe geht. Hinter solchen Begriffsverschiebungen dürften gesellschaftliche Entwicklungen, speziell im Erziehungssystem, stehen, deren Ergebnis paradox ist: einerseits, im Zuge des tiefgreifenden Wertewandels, ein *Bedeutungsverlust von Pädagogik*, die sich schwer tut, die beanspruchte Verbindlichkeit ihrer Anforderungen bei dem Gegenwind eines allgemeinen Pluralisierungstrends zu behaupten; auf der anderen Seite ihre *„Universalisierung" und „Entgrenzung"*: Pädagogik ist heutzutage allgegenwärtig, im Lebens- wie im Tageslauf, von „der pränatalen Betreuung durch die Hebamme bis zur Gerontopädagogik, von der morgendlichen Stimme im Radiowecker bis zu den Spätnachrichten" – wobei jedoch weitgehend offen bleibt, was daran noch das eigentlich Pädagogische sein soll (Wimmer 1996, 416). Zugleich differenziert sich das pädagogische Feld nach Institutionen und Professionen sowie nach dem Lebensalter aus: Im Prozess lebenslangen Lernens beschreibt das i. e. S. pädagogische Generationenverhältnis – Erwachsene erziehen Heranwachsende – lediglich einen Ausschnitt; in der Altenpflege z. B. sind die Altersrollen vertauscht. Gerade für ein lebenslauforientiertes Disziplinverständnis wird Helfen als ein inhaltlich weitgehend unspezifischer Oberbegriff gehandelt (Zinnecker 1997).

Auf die Behindertenpädagogik übertragen (Beck 1999; Mühlum/Oppl 1992), bedeutet dies, dass Helfen eine übergreifende *Verweisungsfunktion* auf das Zusammenwirken unterschiedlicher Teilbereiche sozialen Handelns im → Lebenslauf Behinderter erhält. Die Einsicht, dass man an die Fragen ihrer gesellschaftlichen Teilhabe alters-, problem- und disziplinübergreifend herangehen muss, ist u. a. ein Resultat der Reflexion sonderpädagogischer Zielbegriffe wie Integration oder Normalisierung. Schulische → Integration z. B. muss im Zusammenhang mit anderen Phasen (Erwachsenenalter) und Bereichen des Lebens (berufliche Integration) gesehen werden, will man sich ein zutreffendes Bild von ihren Wirkungen machen und den „Bruchstellen" im gesellschaftlichen Integrationsprozess (Beck

1999) nachspüren. Dabei ist der Koordinierungsbedarf beträchtlich: zwischen schulischen und außerschulischen, zwischen pädagogischen und parallelen therapeutischen und → pflegerischen Maßnahmen, etwa in einer Schule für Körperbehinderte; schließlich zwischen pädagogischen Maßnahmen und dem Hilfesystem des → Behindertenrechts, das bei der zunehmenden Rechtsförmigkeit der Lebenslagen (nicht nur) Behinderter an Bedeutung gewinnen wird. Koordinierungsbedarf besteht darüber hinaus für die verschiedenen Formen des Helfens. In einer Zeit schrumpfender Finanzmittel und gewandelter Bedürfnisse gilt es, verstärkt eine nicht-professionelle Zuwendung zu Behinderten zu mobilisieren und sie mit den vorhandenen professionellen Strukturen zu verbinden (Sluzalek-Drabent 2005).

Normativ entsprechen dem Versuche einer einheitlichen Professionsmoral (→ Ethik) für helfende Berufe. Sie sollte zur systembürokratischen Wirklichkeit weitgehend vertraglicher Hilfebeziehungen passend sein und dennoch selbstloses Helfen legitimieren können (Hilfe als Gratwanderung zwischen Handeln im System und persönlicher Caritas: Bleidick 1988).

Mit dieser Gesamtbetrachtung vernetzter Probleme des Helfens sind allerdings auch (vernachlässigte) Fragen nach der Identität des Faches aufgeworfen: Wo verläuft dann die Grenze zwischen erzieherischen und medizinischen oder therapeutischen Formen des Helfens und, innerhalb der Pädagogik, zwischen Sozial- und Behindertenpädagogik, wenn diese eine bloße Schulorientierung mehr und mehr aufgibt (Moser 2000)?

Der Hilfebegriff übernimmt neben dieser zusammenfassenden eine *inhaltlich verdeutlichende Funktion,* speziell in der Erziehung. Helfen ist dann eine Art Handlungsregel, wie erzogen werden soll: durch Hilfe, nicht durch eine transitiv gedachte, kausal mit Wirkungen verknüpfbare Einflussnahme, durch Instrumentalisierung. So etwas legt der → Erziehungsbegriff nahe, betrachtet man ihn sprachlogisch, und auch die jüdisch-christlich geprägte Metaphorik von Erziehung als Zucht bzw. „Unterordnung unter ein allgemeines göttliches oder weltliches Gesetz“ unterstreicht das (Meyer-Drawe 1999, 162). Während der Hilfebegriff, so einzelne Kritiker, die Substanz pädagogischer Verantwortung verwässert, gilt umgekehrt seinen Befürwortern heute die Rede von der Erziehung als „Zumutung“ (Lenzen). Hilfe scheint Raum zu lassen für die systembiologische Vorstellung der Autopoiesis, dass der Edukandus die Entwicklung in der Auseinandersetzung mit seiner Umwelt selbst zu steuern sucht und dass dem helfenden Akteur dabei eine nur untergeordnete Rolle zukommt. Hilfen sind ehestens dann erfolgreich – so heißt es in dem bislang einzigen Versuch, Helfen als Grundbegriff einer „heilpädagogischen Arbeit“ zu definieren –, wenn „die helfende Hand ergriffen“ wird (Rössel 1931, 29), also eine „Empfänglichkeit“ besteht (31). Dass das nicht die einzige Voraussetzung ist, um Erfolg zu haben, das beschreiben so unterschiedliche Anlässe für das Scheitern von Helfern wie „Helfersyndrom“ (Schmidbauer) und „tödliches Mitleid“ (Dörner).

Die Behindertenpädagogik kennt seit vielen Jahren eine Art Wettstreit um den ‚richtigen‘ Begriff von pädagogischer Einwirkung. Er müsste nicht nur empirisch zutreffend sein, er sollte auch Asymmetrien zwischen (regelhaft) nichtbehinderten Pädagogen und behinderten Schülern abbauen und vor allem nicht das Ziel der Weichenstellung für selbstbestimmtes Handeln konterkarieren. Ähnlich wie ‚Hilfe‘ sind es z. B. ‚persönliche Assistenz‘ oder ‚Begleitung‘, die dieses anspruchsvolle professionelle Selbstverständnis variieren. Gleichwohl ist die *Asymmetrie der Rollenverteilung in Hilfebeziehungen* weitgehend real und auch unumgänglich; für den Hilfebedürftigen kann sie zur Belastung werden, die nicht ohne Einfluss bleibt auf seine Bereitschaft, Hilfen anzunehmen. Man kann versuchen, den möglichen Schaden von Abhängigkeit und Bloßstellung im Gefolge von Hilfe zu begrenzen (Antor 1987, 105 ff.; Antor/Bleidick 2000, 102 ff.): (a) durch Umkehrung der Asymmetrie: der Hilfsbedürftige als Arbeitgeber des Helfers, der diesen z. B. für

Hilfen im Haushalt einstellt, und als Experte in eigener Sache; (b) durch zeitliche Befristung der Hilfesituation und besondere Rechtfertigungsbedürftigkeit: Hilfe zur Selbsthilfe als pädagogische Legitimationsfigur; (c) durch (Mit-)Entscheidung der Betroffenen über den Eintritt in eine Hilfebeziehung, ferner über den institutionellen Ort sonderpädagogischer Hilfen; (d) durch Akzentuierung → lebensweltlicher statt professioneller und institutioneller Hilfen: dazu zählen → Selbsthilfegruppen (nach dem egalitären Prinzip der Wechselseitigkeit von Helfen und Helfenlassen), Hilfen in der Familie, dgl. unter Mitschülern einer Schulklasse, wobei eine freundschaftliche Verbundenheit zwischen Helfer und Hilfsbedürftigem der „Schadensbegrenzung" (Zinnecker) bei problematischen Hilfen dienen kann.

Vornehmlich durch die *Professions- und Institutionskritik* der 70er und 80er Jahre wurde diese kritische Sicht auf Folgeprobleme hilfreichen Verhaltens vertieft. Verallgemeinert sprechen „drei Verdachtsmomente" dafür, dass Hilfen auf Kosten des Hilfsbedürftigen gehen können (Baecker 1994, 93): (1) „Motivverdacht", Hilfe aus Eigennutz zu leisten; (2) → "Stigmatisierungsverdacht", durch „Markierung" der Hilfsbedürftigkeit diese auf Dauer zu stellen; (3) „Effizienzverdacht", die „Potentiale der Selbsthilfe" nicht zu nutzen. Unter dem Einfluss von Selbsthilfebewegung und Lebensweltbezug und vermittelt über sozialpädagogische Schriften mit Schrittmacherfunktion (Homfeldt 1974) erreichte die Kritik die Behindertenpädagogik, wenn auch meist verengt auf den Problemausschnitt der institutionellen Hilfen (Antor 1987). Die Zeit des Wachstums von Spezialeinrichtungen war zu Ende gegangen, deutlich trat ihre Kehrseite zutage: institutionelle und professionelle Eigendynamik, Verdrängung informeller Hilfen (Schuchardt). Die Radikalität der Kritik reichte gelegentlich bis zur Dementierung jeglicher Hilfsbedürftigkeit. Inzwischen ist der Prozess der Deinstitutionalisierung weltweit geworden, auch mit seinen ambivalenten Auswirkungen. Die Gefahr liegt in einer Deinstitutionalisierung als Selbstzweck, die sich von personaler Orientierung abkoppelt, oder die durch Ökonomisierung erzwungen wird: Behinderte werden dann aus Behinderteneinrichtungen „hinauskomplimentiert" in Hotels, Pensionen und Slumviertel, alternativlos, „ohne entsprechende Unterstützung", so eine, nicht ohne weiteres übertragbare, Situationsbeschreibung aus den USA (Wolfensberger 1991, 32).

Auch aus Sicht des Hilfegebers, wie schon des Empfängers, haben Autonomiewünsche innerhalb von Hilfebeziehungen einen hohen Stellenwert. Dem kommt entgegen, dass man heute nach freiwilligem Engagement in sozialen Ehrenämtern bzw. in den weniger traditionellen Formen des freiwilligen sozialen Bürgerengagements Ausschau hält. Die *Selektivität freiwilliger Hilfen* – was die Wahl des der Caritas für würdig befundenen Personenkreises und die Bereitschaft anlangt, Belastungen beim Helfen auf sich zu nehmen – kann zum Problem werden Das gilt auch für ihre jederzeitige „Wählbarkeit und Kündbarkeit" (Hondrich/Koch-Arzberger 1994, 21), jedenfalls dann, wenn es an einem festen Verbund mit professionellen Helfern fehlt. Für eine künftige Ausweitung des freiwilligen sozialen Engagements wird viel davon abhängen, ob es gelingt, die instabil gewordene *Motivation zur Hilfe* (Hilfe als Selbstverwirklichung, aus Spaß, aber auch aus „existentiellen Schuldgefühlen" ob der eigenen privilegierten Lebenssituation: Montada) zu verstetigen. *Initiativen zur gesellschaftlichen Aufwertung* des sozialen Ehrenamts wünschen sich eine frühzeitige Einübung, auch mit schulischer Unterstützung, und sie wollen es belohnen, z.B. durch die Anrechnung von „Sozialzeiten" bei der Begründung von Rentenansprüchen (Beck 2000).

Georg Antor

Literatur

Antor, G.: Hilfe – einige Problemaspekte in Sonderpädagogik und Sozialpolitik. In: Vierteljahresschrift Sonderpädagogik 17 (1987) 97–111.

Antor, G./Bleidick, U.: Behindertenpädagogik als angewandte Ethik. Stuttgart 2000.

Baecker, D.: Soziale Hilfe als Funktionssystem der Gesellschaft. In: Zeitschrift für Soziologie 23 (1994) 93–110.

Beck, I.: Auswirkungen der Sozialgesetzgebung auf die Lebenswirklichkeit behinderter Kinder und Jugendlicher. In: Die neue Sonderschule 44 (1999) 318–333.

Beck, U. (Hrsg.): Die Zukunft von Arbeit und Demokratie. Frankfurt 2000.

Bleidick, U.: Ethos, Caritas, System oder der Versuch, pädagogische Hilfe für Behinderte auf einen kategorialen Begriff zu bringen. In: Blickenstorfer, J./Dohrenbusch, H./Klein, F. (Hrsg.): Ethik in der Sonderpädagogik. Festschrift zum 65. Geburtstag von Prof. Dr. Heinz Bach. Berlin 1988, 61–79.

Homfeldt, H.G.: Stigma und Schule. Abweichendes Verhalten bei Lehrern und Schülern. Düsseldorf 1974.

Hondrich, K.O./Koch-Arzberger, C.: Solidarität in der modernen Gesellschaft. Frankfurt 1994.

Meyer-Drawe, K.: Zum metaphorischen Gehalt von „Bildung“ und „Erziehung“. In: Zeitschrift für Pädagogik 45 (1999) 161–175.

Moser, V.: Disziplinäre Verortungen. Zur historischen Ausdifferenzierung von Sonder- und Sozialpädagogik. In: Zeitschrift für Pädagogik 46 (2000) 175–192.

Mühlum, A./Oppl. H. (Hrsg.): Handbuch der Rehabilitation. Rehabilitation im Lebenslauf und wissenschaftliche Grundlagen der Rehabilitation. Neuwied 1992.

Rössel, F.: Das Helfen in der heilpädagogischen Arbeit (Beiträge zur Grundfrage der Heilpädagogik). Halle 1931.

Sluzalek-Drabent, R.: Berufliches Helfen und freiwilliges soziales Bürgerengagement. Die Beziehung zwischen dem freiwilligen sozialen Bürgerengagement und dem beruflichen Helfen bei der Integration erwachsener Menschen mit Behinderungen. Hamburg 2005.

Wimmer, M.: Zerfall des Allgemeinen – Wiederkehr des Singulären. Pädagogische Professionalität und der Wert des Wissens. In: Combe, A./Helsper, W. (Hrsg.): Pädagogische Professionalität. Untersuchungen zum Typus pädagogischen Handelns. Frankfurt 2. Aufl. 1997, 404–447.

Wolfensberger, W.: Der neue Genozid an den Benachteiligten, Alten und Behinderten. Gütersloh 1991.

Zinnecker, J.: Sorgende Beziehungen zwischen Generationen im Lebenslauf. Vorschläge zur Novellierung des pädagogischen Codes. In: Lenzen, D./Luhmann, N. (Hrsg.): Bildung und Weiterbildung im Erziehungssystem. Lebenslauf und Humanontogenese als Medium und Form. Frankfurt 1997, 199–227.

Internationaler Schulsystem-Vergleich

Ein Vergleich zwischen dem Schulwesen für Kinder und Jugendliche mit Behinderungen und sonstigen Lernhindernissen in Deutschland mit dem anderer Länder zeigt neben vielen Parallelen auch erhebliche Unterschiede. Deren Bewertung ist u.a. von der Berücksichtigung des sozio-kulturellen und ökonomischen Kontextes, aber auch von der hinreichend adäquaten Übertragung der Fachtermini abhängig. Zu beachten ist auch der Aktualitätsgrad, wenn es z.B. um Reformen geht. Ein Beispiel ist Italien, das zu Beginn der Integrationsbewegung als Musterland galt, inzwischen aber zu jenen drei reicheren Ländern gerechnet wird, in denen eine Chancengleichheit für alle Schüler am wenigsten gewährleistet ist (UNICEF 2002).

Gegenwärtig sind internationale Vergleiche der Schulsysteme hoch aktuell. Für Aufsehen in Deutschland sorgten die Ergebnisse der internationalen Untersuchungen der OECD (Organisation für wirtschaftliche Zusammenarbeit und Entwicklung), bekannt unter dem Kürzel PISA (Programme for International Student Assessment) (Deutsches PISA-Konsortium 2001). Darin geht es, wie auch schon in der vorausgegangenen TIMSS-Studie (Third International Mathematics and Science Study. Baumert u.a. 1997) vor allem um einen Vergleich der Schulleistungen in bestimmten Fächern, wie z.B. Mathematik oder Lesen und Rechtschreiben, an allgemeinen Schulen. Die deutschen Schülerinnen und Schüler erreichten dabei jeweils nur unterdurchschnittliche Leistungen.

Von zentraler Bedeutung in Bezug auf Schulsysteme für Kinder und Jugendliche mit definierten Lernhindernissen ist der Befund, dass dieses schlechte Abschneiden in Zusammenhang mit dem ausgeprägt selektiven Schulsystem in Deutschland gebracht wird: Das Selektionsprinzip, also die äußere Differenzierung nach Schularten, ist hier am stärksten von allen OECD-Ländern ausgeprägt. Es bedingt einen Anteil von Sonderschülern, der in Europa einmalig ist, nämlich 4,8 %. „Eine getrennte Beschulung in diesem Umfang ist in anderen Ländern nicht anzutreffen, weil dort ein Großteil der Schülerinnen und Schüler mit besonderen Förderbedürfnissen in das Regelschulsystem integriert ist“ (Deutsches PISA-Konsortium 2001, 430f.). Aufschlussreich ist, dass die Sonderschulquote in Ländern mit insgesamt *besseren Schulleistungen* wesentlich *niedriger* ist. Darunter sind auch Länder mit einer vergleichbaren Sozialstruktur, also auch mit einem ähnlichen Anteil an Migrantenkindern.

Die hohe Sonderschulquote ist nur z.T. damit erklärbar, dass in vielen Ländern die meisten Kinder mit Behinderungen nicht in eigenen Sonderschulen, sondern in Sonderklassen oder speziellen Lerngruppen an allgemeinen Schulen unterrichtet werden. In Skandinavien besucht ein großer Teil dieser Kinder einen Sonderunterricht. In Deutschland dagegen wird an der pädagogischen Tradition eigenständiger Schularten und einer entsprechenden Selektion festgehalten. Behinderte Schüler an allgemeinen Schulen bilden die Ausnahme von dieser Regel. Sie wird gegenwärtig durch eine ökonomisch begründete Forcierung des Leistungsprinzips, d.h. vor allem der Spitzenleistungen, noch verstärkt. Dem zu Grunde liegt die These, dass die Förderung der Lernleistungen der verschiedenen Schüler am ehesten zu Erfolgen führt, wenn diese in *homogenen* Klassen unterrichtet werden.

Der PISA-Vergleich widerlegt diese These. Länder mit einer größeren Heterogenität der Schülerschaft weisen insgesamt *bessere* Lerneffekte auf, z.B. in Skandinavien und Großbritannien. Das bedeutet, dass in der Unterschiedlichkeit der Schüler positive Lernanreize und Chancen für alle liegen. Deren Realisierung ist jedoch davon abhängig, dass die lernschwächeren Schüler systematisch individuell gefördert werden.

Nachgewiesen werden konnte auch, dass die äußere Differenzierung nach Schularten in Deutschland mit einem Höchstmaß an *sozialer Segregation* der Schülerinnen und Schüler einhergeht. Mit der Koppelung von Schulleistung und sozio-ökonomischem Status der Herkunftsfamilie der Schüler liegt Deutschland an der Spitze aller Länder. Das gegliederte Schulsystem teilt die Schüler nach Sozialschichten auf. Die schulisch schwächsten, die zugleich aus einem sozialökonomisch schwachem Milieu stammen, konzentrieren sich in hohem Masse in den Sonderschulen, auch in den Hauptschulen. Dabei ist zu beachten, dass nachgewiesenermaßen die Schichtzugehörigkeit an sich keinen entscheidenden Faktor für die Schulleistung darstellt, dass dafür eher individuelle Variablen maßgebend sind. „Eine Entkoppelung von sozialer Herkunft und Kompetenzerwerb muss offensichtlich nicht mit einem Niveauverlust erkauft werden.“ Es deute sich im Gegenteil eine positive Beziehung zwischen Leseniveau und Lockerung des Zusammenhangs von sozialer Herkunft und Schulerfolg an. Beide Gesichtspunkte, Sicherung eines hohen Kompetenzniveaus und Verminderung sozialer Disparitäten, könnten vor allem dann optimiert werden, wenn in den *unteren* Sozialschichten ein befriedigendes Niveau der Lesekompetenz erreicht werde (kurs. im Original, Deutsches PISA-Konsortium 2001, 389).

Dass in der Heterogenität der Schüler mehr Chancen für bessere Schulleistungen liegen als in der generellen Homogenität, könnte damit erklärt werden, dass die heterogene Zusammensetzung der Schulklasse mehr zur inneren Differenzierung nötigt als eine homogene Klasse mit einigen „Lern-Abweichlern". Offensichtlich wird das Ausgliedern der schwächeren und sozial benachteiligten Schüler in Deutschland als Preis für eine verstärkte Höhere Bildung in Kauf genommen.

Die positiven Effekte der Heterogenität hängen davon ab, wie weit diese durch eine systematische Förderung der lernschwachen Schülerinnen und Schüler einschließlich eines vermehrten gemeinsamen Unterrichts von behinderten und nicht behinderten Kindern innerhalb des allgemeinen Schulsystems aufgefangen wird. In den PISA-Befunden ist zwar nicht von behinderten Kindern die Rede, sondern allgemein von „Schülerinnen und Schülern mit besonderen Förderbedürfnissen", aber damit sind auch behinderte Schüler gemeint, die in anderen Ländern zu einem „Großteil in das Regelschulsystem integriert" sind (431). Das heißt, dass in diesen Ländern nicht alle Schülerinnen und Schüler mit besonderen Förderbedürfnissen in das Regelschulsystem eingegliedert sind, sondern einige auch nach wie vor Sonderschulen besuchen. Tatsache ist aber auch, dass in den meisten Ländern der OECD mit einer vergleichbaren Schul- und Sozialstruktur wesentlich mehr Kinder mit definierten Lernhindernissen in der allgemeinen Schule unterrichtet werden als in Deutschland. Im vergleichbaren Ausland, z.B. in den USA, auch in Finnland, das bei der PISA-Studie 2000 an der Spitze lag, werden mehr als 15 % aller Schüler an der allgemeinen Schule über ein differenziert ausgebautes Lernstützsystem eigens gefördert. Hier liegt auch die Sonderschulquote niedriger, nämlich bei knapp über 2 %.

Unter einem Förderunterricht im Sinne eines systematisch organisierten *schulinternen Lernstützsystems*, im Besonderen für sozial benachteiligte Kinder, sind Maßnahmen, wie temporärer Sonderunterricht, Nachhilfe-Kurse, inner-unterrichtliche Differenzierung bzw. Individualisierung, unterstützt durch zusätzliche Fachkräfte u.ä., zu verstehen. Ein solches System existiert im deutschen Schulwesen nur in Ansätzen (Bos u.a. 2005). Der Bericht über die Internationale Grundschul-Lese-Untersuchung (IGLU) listet lediglich „Lernarrangements" auf, wie sie ein Teil der Grundschullehrer anbietet. Einen wirklich effektiven Stützunterricht aufzubauen, wäre Aufgabe jeder Schulart. Dazu müssten die Bildungsressourcen in Deutschland in einem Maße erhöht werden, der dem Aufwand anderer Länder entspricht.

Otto Speck

Literatur

Baumert, J./Lehmann, R. u.a.: TIMSS – Mathematisch-naturwissenschaftlicher Unterricht im internationalen Vergleich. Deskriptive Befunde. Opladen 1997.

Bos, W./Lankes, E.-M./Prenzel, M./Schwippert, K./Valtin, R./Walther, G. (Hrsg.): IGLU. Vertiefende Analysen zu Leseverständnis, Rahmenbedingungen und Zusatzstudien. Münster 2005.

Deutsches PISA-Konsortium (Hrsg.): PISA 2000. Basiskompetenzen von Schülerinnen und Schülern im internationalen Vergleich. Opladen 2001.

UNICEF: League Table of Educational Disadvantage in Rich Nations. Innocenti Report Card No 4. Florence. UNICEF 2002.

Lebenslauf und pädagogische Begleitung

Sowohl aus theoretischen wie aus praktischen Gründen müsste die Behindertenpädagogik größtes Interesse haben an der Erforschung der weiteren Lebensläufe von Menschen, die als Kinder, Jugendliche und junge Erwachsene von den Regelangeboten schulischer Allgemeinbildung und → beruflicher Ausbildung nichts oder viel zu wenig profitierten und folglich als Schüler und Auszubildende sonderpädagogische Bildungsgänge und spezielle Maßnahmen der Berufsvorbereitung und beruflichen Ausbildung durchliefen. Wäre solch systematisches Wissen verfügbar, ließe sich sehr viel präziser bestimmen, was benachteiligte und behinderte Individuen an Fürsorge und Erziehung, an Bildung und Herausforderung, an Begleitschutz und Unterstützung in den verschiedenen Phasen ihres Lebens tatsächlich brauchen. Schnell würde sich zeigen, dass die Investitionen in die Erforschung der ersten beiden Lebensdekaden behinderter und benachteiligter Menschen, in die Bereitstellung sonder(schul-) und sozialpädagogischer Institutionen und Programme zu deren Förderung sowie in die Ausbildung und Beschäftigung entsprechender Fachleute in keinem Verhältnis zu dem stehen, was in der folgenden Lebenszeit für diesen Personenkreis erforderlich wäre und aufgewendet wird.

In dieser *Fixierung auf die beiden ersten Lebensjahrzehnte* unterscheidet sich die Behindertenpädagogik kaum von der Allgemeinen Pädagogik, auch wo diese seit langem z.B. ihre nicht minder traditionelle Schulzentrierung überwinden möchte (Loch 1999; Marotzki 1996): Man folgt der überlebten Vorstellung von einem Lebenslauf, in dem Kindheit und Jugend im Wesentlichen der Vorbereitung auf das Erwachsenenalter dienen, in dem der einzelne dann sein Leben in Familie und Erwerbsarbeit aus eigener Kraft gestaltet, um schließlich im Alter und Ruhestand die Früchte seiner Anstrengungen zu genießen (→ Arbeit und Beruf). Das Individuum wird als selbstbewußter, selbstverantwortlicher Bürger postuliert, der als *autonomes Subjekt*, (straf-)mündig und geschäftsfähig, mit Hilfe von Verträgen das gesellschaftliche Ganze organisiert. Ob und wieweit dies dem einzelnen tatsächlich gelingt, interessiert die Pädagogik nicht weiter. Ihr Adressat ist lediglich das Kind und der Jugendliche als aktuelles und potentielles Subjekt. Man setzt alles daran, dieses autonome Subjekt zuvörderst im privaten Raum der Familie, ersatzweise in Heimen und im Übrigen in Institutionen hervorzubringen, die dem Lebenslauf entsprechend periodisiert sind (Kindergärten, Schulen, Ausbildungsstätten). Das erzwingt eine Aufsplitterung der Menschen in altershomogene Kohorten ohne nennenswerten Austausch.

Entsprechend aufgefächert sind die korrespondierenden Wissenschaften der Familien- und Kleinkindpädagogik, der Kindergarten-, Schul- und Berufspädagogiken, der Erwachsenenpädagogik und der Gerontagogik. Um *defizitäre und deviante Modi menschlicher Erscheinungsformen* kümmern sich die Sonderpädagogik unter dem Anspruch von Förderung und Bildung, die Sozialpädagogik unter dem Anspruch von Hilfe, Unterstützung und Kontrolle, die Kriminalpädagogik unter dem Anspruch von Sanktion und Rehabilitation. Und wenn all diese Bemühungen dann doch nicht den gewünschten Erfolg zeitigen, müssen sich die Betroffenen in ihrem Elend arrangieren, sie fallen – sofern vorhanden, fähig und willens – ihren Familien- und Verwandtschaftsverbänden oder – wenn hinreichend auffällig und damit anspruchsberechtigt – auf längere Dauer sozialstaatlicher Fürsorge und ihren Fachdiensten zur Last.

Wer dagegen *Behinderte und Benachteiligte* tatsächlich gesellschaftlich → integrieren will, braucht andere Konzepte. Nach Marx, Psychoanalyse und Systemtheorie ist der Glaube an das autonome Subjekt ohnehin so gründlich zerstört, dass es zweckmäßiger erscheint, von der Vermutung auszugehen, dass sich die Zielvorstellung einer wünschenswert humanen Gesellschaft nur noch kollektiv darstellen lässt, als Verbund von sozialen Netzwerken (→ Gemeindeorientierung). Die darin eingebundenen Individuen werden ausnahmslos als in irgendwelchen Bereichen inkompetent (‚defizitär' und ‚deviant') begriffen und als solche ‚Mängelwesen' akzeptiert. Heute darf und kann man niemanden mehr sich selbst überlassen. Insofern sind alle auf die in diesen Netzwerken elaborierbaren und nur dort verfügbaren Ressourcen angewiesen.

Sonderpädagogische Lebenslaufforschung möchte den Nachweis führen, dass Menschen mit zu wenig verwertbarem Kapital (ökonomisch, sozial, kulturell) und erheblicher Beeinträchtigung (physisch, psychisch, kognitiv) sehr wohl ein subjektiv befriedigendes und objektiv erträgliches Leben führen können (→ Lebensqualität). Voraussetzung ist ein längerfristig qualifizierter *Begleitschutz in sozialen Netzwerken.* Das hierfür erforderliche Potential an Kompetenzen und Ressourcen zur Gestaltung und Bewahrung solch gelingender Verhältnisse für alle dürfte in jedem Gemeinwesen vorhanden sein.

Aufgrund präziser Beschreibungen und *Analysen von Lebensläufen* benachteiligter und behinderter Menschen ist (1) der Nachweis zu führen, dass man sich keineswegs nur darauf kaprizieren darf, Benachteiligten und Behinderten Kompetenzen und Qualifikationen zu vermitteln, um sich bei einem Misslingen solcher Bemühungen damit zu rechtfertigen, man habe nichts unversucht gelassen.

Vielmehr ist (2) die bislang allgemein akzeptierte Trennung von Privatsphäre und Öffentlichkeit, die Unterscheidung zwischen intimen, primären Rollen auf der einen und den durch Verträge konstituierten, hochselektiven Funktionsrollen im öffentlichen Raum auf der anderen Seite als eine gefährliche Ideologie zu entlarven: Denn es wird immer deutlicher, dass einer aller wichtigen Funktionen beraubten und höchst unzureichend ausgestatteten Klein- und Kleinstfamilie die → Sozialisation ihrer beeinträchtigten Kinder nicht mehr gelingt, aber auch nicht den hochspezialisierten und hochprofessionalisierten öffentlichen Erziehungs-, Therapie- und Dienstleistungsagenturen. Deshalb muss eine politisch bewusste Behindertenpädagogik aufräumen mit der fundamentalistischen Überzeugung, die Familien- und Verwandtschaftsverbände seien hauptsächlich verantwortlich für das gelingende Leben ihrer Mitglieder und ihres Nachwuchses. Für benachteiligte und behinderte Kinder, Jugendliche, Erwachsene und Alte, so die hier vertretene These, ist verantwortlich, wer dafür die nötigen Kompetenzen und Mittel hat. Der Behindertenpädagogik ist aufgegeben, wohlhabende, gebildete und erfolgreiche Erwachsene für Formen einer Lebenspraxis zu interessieren, in der *Arbeitsbündnisse mit Benachteiligten und Behinderten* über die Grenzen von Familie und Verwandtschaft, von Generation und sozialem Stand hinweg als attraktiv und befriedigend erlebbar werden. Ein solch *bürgerschaftliches Engagement* auf Zeit bedarf der fachlichen Anleitung und der Unterstützung durch professionell organisierten Erfahrungsaustausch, damit diejenigen, die sich als Sachwalter und Fürsprecher, als Mentoren und Sponsoren von benachteiligten und behinderten Menschen einsetzen, tatsächlich leisten, wofür man sie braucht: als respektable und respektierte, weil kompetente Interessenvertreter und Anwälte der Betroffenen gegenüber ihren Familien und Verwandtschaftsverbänden auf der einen, gegenüber den Experten bei Behörden und Fachdiensten auf der anderen Seite.

Solch kompetente und solidarische Privatpersonen aus den wohlhabenden und gebildeten Schichten der Gesellschaft, die sich für den „Gesamtarbeitsbogen" (Schütze 1996) eines durch Benachteiligungen oder durch Behinderungen mitbestimmten Lebens längerfristig verantwortlich wissen, fördern nicht nur die Chancen benachteiligter und behinderter Individuen auf ein gelingenderes Leben. Indem sie ihresgleichen mit ihren Aktivitäten, ihren Erfolgen und ihrem

Scheitern konfrontieren, fordern sie ihr Umfeld heraus, sich mit Lebensverhältnissen zu befassen, die den meisten aufgrund ihrer sozialen Lagerung ansonsten verschlossen geblieben wären. Ein solch kompetentes Engagement von Privatpersonen zugunsten von Benachteiligten und Behinderten stärkt die Bindekräfte des Gemeinwesens (→ Gemeindeorientierung) und ist damit ein politisch wirksames Mittel gegen die Absenkung sozialstaatlicher Standards.

Die sonderpädagogische Lebenslaufforschung arbeitet mit *qualitativen Methoden*: Regelmäßig, mindestens einmal im Jahr, werden die Betroffenen in halbstandardisierten Interviews zu ihrer aktuellen Lebenslage und dazu befragt, wie sich ihr Leben in den folgenden acht Dimensionen weiterentwickelt hat: (1) Schule, Ausbildung, Beschäftigung (einschließlich der Phasen von Arbeitslosigkeit); (2) Finanzen (Einkommen und Ausgaben, Vermögen und Schulden); (3) soziale Beziehungen und soziales Netz; (4) Zeitmanagement (Koordination von Erwerbs- und Pflichtzeiten; Freizeitgestaltung); (5) Aufenthalt/Wohnung; (6) Zivilkompetenz: Umgang mit Behörden, Versicherungen etc.; (7) Legalität und (8) Gesundheit (incl. Sexualverhalten und Genussmittelgebrauch). Die so gewonnenen Informationen werden – soweit erforderlich und möglich – mittels Dokumentenanalyse, teilnehmende Beobachtung und durch Befragung Dritter auf Verlässlichkeit überprüft. Aufgrund dieser Befunde wird mit den Betroffenen geklärt, in welchen Bereichen sie Unterstützung benötigen und wie diese effizient zu organisieren ist. In vielen Fällen entstehen entsprechende Arbeitsbündnisse, die darauf gerichtet sind, brisante Situationen wirksam zu entschärfen, in Konfliktsituationen zu vermitteln, die Erfüllung von Grundbedürfnissen (Wohnraum, Nahrung, Kleidung, Hygiene) zu sichern, anfallende Korrespondenz zu erledigen, Termine zu überwachen, mit den Betroffenen kurz- und mittelfristige Pläne zu schmieden und entsprechende Vorhaben durchzustehen.

Die *Forschungsergebnisse* und die Erfahrungen mit solchermaßen praktizierter nachgehender Betreuung und Alltagsbegleitung werden zum einen als Fallstudien veröffentlicht (u.a. Baur 1996; Schroeder/Storz 1994; Schroeder 1996; Hiller 1997; Hofmann 2000); zum anderen dienen die Befunde zur Entwicklung von Unterrichts- und Ausbildungskonzepten (u.a. Hiller 1998; Friedemann/Schroeder 2000), die auf die Lebenslagen und damit auf die Bedürfnisse von Benachteiligten und Behinderten präziser als bislang justiert sind, sowie auf die Entwicklung von Unterrichtsmaterialien für einen realitätsnahen Unterricht (Hiller 1999).

Gotthilf Gerhard Hiller

Literatur

Baur, W.: Zwischen Totalversorgung und der Straße. Über Langzeitwirkungen öffentlicher Erziehung. Langenau-Ulm 1996.

Friedemann, H.-J./Schroeder, J.: Von der Schule...ins Abseits? Untersuchungen zur beruflichen Eingliederung benachteiligter Jugendlicher. Wege aus der Ausbildungskrise. Langenau-Ulm 2000.

Hiller, G.G.: Tarik – oder wer profitiert von wem? Ein Versuch zu Methoden und Theorie der Alltagsbegleitung als einer pädagogischen Praxis. In: Heimlich, U. (Hrsg.): Zwischen Aussonderung und Integration. Schülerorientierte Förderung bei Lern- und Verhaltensschwierigkeiten. Berlin 1997, 248–267.

Hiller, G.G.: Beschäftigungs-, Bildungs- und Lebensperspektiven für benachteiligte junge Menschen schaffen. In: ajs-informationen 35 (1998) Nr. 3, 11–17.

Hiller, G.G.: Durchblick im Alltag. Erste und Zweite Folge. Schülerarbeitshefte/Lehrerhefte. Aktualisierte Auflage 1999.

Hofmann, J.: Lebenslaufforschung und Alltagsbegleitung als Bildungsprozess. Eine Fallstudie zur Lebensgeschichte und Lebenslage einer mittellosen Frau. Langenau-Ulm 2000.

Loch, W.: Der Lebenslauf als anthropologischer Grundbegriff einer biographischen Erziehungstheorie. In: Krüger, H.-H./ Marotzki, W. (Hrsg.): Handbuch erziehungswissenschaftliche Biographieforschung. Opladen 1999, 69–88.

Marotzki, W.: Neue Konturen Allgemeiner Pädagogik: Biographie als vermittelnde Kategorie. In: Borelli, M./Ruhloff, J. (Hrsg.): Deutsche Gegenwartspädagogik. Band II. Hohengehren 1996, 67–84.

Schroeder, J./Storz, M. (Hrsg.): Einmischungen. Alltagsbegleitung junger Menschen in riskanten Lebenslagen. Langenau-Ulm 1994.
Schroeder, J.: Ungleiche Brüder. Männerforschung im Kontext sozialer Benachteiligung. In: BauSteineMänner (Hrsg.): Kritische Männerforschung. Neue Ansätze in der Geschlechtertheorie. Berlin 1996, 200–326.
Schütze, F.: Organisationszwänge und hoheitsstaatliche Rahmenbedingungen im Sozialwesen. Ihre Auswirkungen auf die Paradoxien des professionellen Handelns. In: Combe, A./Helsper, W. (Hrsg.): Pädagogische Professionalität. Untersuchungen zum Typus pädagogischen Handelns. Frankfurt 1996, 183–275.

Lehrer, Lehrerbildung

Lehrer sind Personen, die berufsmäßig Unterricht erteilen. Das Berufsbild und die -tätigkeiten des Lehrers – hier eingeengt auf den Lehrer für (behinderte) Kinder und Jugendliche/Sonderschullehrer – sind bestimmt von dispositionellen Eigenschaften, in Studium und Ausbildung erworbenen Fachkompetenzen und administrativen Vorgaben. Lehrer für Kinder und Jugendliche mit sonderpädagogischem Förderbedarf (traditionell: Behinderte) sind historisch gesehen die Lehrer, die nach einer allgemeinen Lehrerbildung oder teilweise auch außerschulischen Berufsbildung (z. B. Volksschullehrer; Geistliche) eine *sonderpädagogisch fachrichtungsspezifische Zusatzqualifikation,* zunächst durch ein Art Meisterlehre und in späterer Zeit autodidaktisch und in entsprechenden Kursen, erwarben (z. B. Taubstummenlehrer, Blindenlehrer, Hilfsschullehrer) (Baier 1997).

Charakteristisch für die geschichtlich gesehen frühen Veröffentlichungen zum *Sonderschullehrerbild* war eine maßlose Idealisierung. Die Sollforderungen erschöpften sich in einem nicht immer realitätsnahen Tugendkatalog. Der Sonderschullehrer wurde zu einem altruistischen Ideallehrer schlechthin hochstilisiert. Im Gegensatz zu anderen Lehrersparten unterblieben deswegen beim Sonderschullehrer jedwede Typologieversuche auch nur ansatzweise. Das Wunschbild des Sonderschullehrers wurde mit einem Musterbild gleichgesetzt. Die Selbsteinschätzung der pädagogischen und charakterlichen Vollkommenheit versperrte den Blick auf eine bewertende Sicht der Erziehungswirklichkeit und feite somit nicht vor pädagogischem Fehlverhalten, vor allem im Rahmen der „erbpflegerischen Maßnahmen“ in der Zeit des nationalsozialistischen Herrschaftssystems (Bleidick/Ellger-Rüttgardt 1978).

Empirische Untersuchungen zur Position und Rolle des Sonderschullehrers blieben ohne selbstkritische Auswirkungen, wenn sie nicht unmittelbar die Berufsbelastungen und Arbeitsbedingungen (z. B. Klassengrößen, Unterrichtsstundenverpflichtungen) beinhalteten. Nur ansatzweise entstanden wirklichkeitsnahe Sonderschullehrerbilder in der fachlichen Diskussion um primäre Tätigkeiten (Erziehen, Bilden, Unterrichten, Beurteilen) und sekundäre (Beraten, Diagnostizieren, Innovieren), die alltägliche Aktivitäten von denen unterscheiden wollte, die in unregelmäßigen Zeitabständen abverlangt werden.

Da die damit verbundene Betonung des erziehenden Unterrichts (Herbart) die besondere Rolle des Sonderschullehrers in der Unterscheidung vom und im Abstand zum Lehrer allgemeiner Schulen (insbesondere zu dem der Volksschullehrer) einschließlich standes- und besoldungspolitischer Überlegungen in Frage stellte, wird neuerdings die Haupttätigkeit des Sonderschullehrers nachdrücklich in dem inhaltlich allerdings vagen Begriff der → *Förderung* herausgestellt. Neuartige Institutionsbezeichnungen (Förderschule, Förderzentrum, Förderunterricht) werden zwar mit vorgeblich präzisierenden Adjektiven (sonderpädagogisch, diagnosegeleitet) versehen, machen aber vor der Position Sonderschullehrer halt. Einerseits soll der mehrdeutig schillernde und seiner genauen Definition harrende Fachausdruck Förderung den Förderort für Kind und Lehrer nicht festlegen, andererseits kann Förderung die überlieferten Tätigkeitsmerkmale subsumieren und zudem therapeutische Momente (Behebung von → Teilleistungsstörungen durch sonderpädagogische Fördermaßnahmen) anklingen lassen und eventuell den Sonderschullehrer auffordern, in seinen Arbeitsbereichen innovatorisch tätig zu werden. Jeder Lehrer an jeder Schule fördert, sogar individuell. Der seit der Einführung der Bezeichnung Hilfsschule bestehende Zwiespalt wird nicht aufgehoben, ein allgemeingültiges Prinzip und eine gewohnheitsmäßig durchgängige Praxis als Rechtfertigung für besonders kennzeichnende Eigenständigkeit oder gar ausnehmend Hervorragendes nützen zu wollen.

Durch die Betonung der zwar noch nicht abgegriffenen aber gleichwohl verwaschenen Bezeichnung Förderung wird die Spannung innerhalb der Berufsaufgaben des Sonderschullehrers aber nicht aufgehoben, sondern offenbar. Sie ergibt sich aus dem Status des durch die öffentliche Hand besoldeten Amtsträgers des Staates mit mittelständischer Prägung und ebensolcher sozialer Herkunft im höheren Dienst, der an obrigkeitsstaatlich hierarchische Weisungen seiner Dienstvorgesetzten gebunden ist und rechtlich administrativen Direktiven (amtlicher Lehrplan, Schulordnung) untersteht und zum anderen seinem pädagogischen Kernauftrag, Treuhänder der Eltern und Anwalt des Kindes zu sein.

Der Beamtenstatus des Sonderschullehrers kann und soll ermutigen, den sonderpädagogischen Freiraum in der relativen Eigenständigkeit der Schule oder anderer pädagogischer Einrichtungen zu nutzen und bei der wachsenden Freisetzung junger Menschen (Litt) Hilfestellung zu leisten. Keinesfalls wird der Sonderschullehrer der Versuchung erliegen, sich als Funktionär anonymer Vorschriften zu verstehen. Er muss kompetenter Fachmann sein, der sein pädagogisches Tun selbst verantwortet.

Die institutionalisierte *Sonderschullehrerbildung* weist eine kurze Geschichte auf. Der Existenz von Lehrerbildungsanstalten für Blinden- bzw. Taubstummenlehrer in Berlin war wegen des Zweiten Weltkrieges nur eine kurze Dauer beschieden. In der Nachkriegszeit wurden zunächst wieder berufsbegleitende Kurse und Lehrgänge aufgenommen, die durch Formen eines postgradualen Studiums mehrerer sonderpädagogischer Fachrichtungen an Instituten bzw. Pädagogischen Hochschulen abgelöst wurden. Mit der Integration der Pädagogischen Hochschulen in die Universitäten wurde das Studium der Sonderpädagogik grundständig, was für die DDR teilweise seit längerem Bestand hatte. Entsprechend beamtenrechtlichen Vorgaben findet nun eine zweiphasige (Studium und Referendariat) Sonderschullehrerbildung statt.

Unter den derzeit offenen Fragen ist die Klärung des Sonderschullehrerbedarfs und der Ausbildungsinhalte im Hinblick auf → präventive und → integrative sonderpädagogische Maßnahmen im Vor- und Regelschulbereich sowie einer sonderpädagogisch orientierten Berufsbildung behinderter Jugendlicher vorrangig. Herwig Baier

Literatur

Baier, H.: Sonderschullehrer/Sonderschullehrerin. Blätter zur Berufskunde 3–III A 02 der Bundesanstalt für Arbeit. Bielefeld 8. Aufl. 1997.

Bleidick, U./Ellger-Rüttgardt, S. (Hrsg.): Lehrer für Behinderte. Monographie zum Sonderschullehrer. Stuttgart 1978.

Reiser, H.: Sonderpädagogik als Service-Leistung? Perspektiven der Berufsrolle. Zur Professionalisierung der Hilfsschul- bzw. Sonderschullehrerinnen. In: Zeitschrift für Heilpädagogik 49 (1998) 46–54.

Weigert, H. (Hrsg.): Lernförderung. Sonderpädagogische Impulse. Band 2: Lehrer und Institutionen. Köln 1995.

Wittrock, M.: Die Profession „Sonderpädagoge/in“: Tätigkeitsmerkmale und Qualifikationsanforderungen im Übergang zum 21. Jahrhundert. In: Angerhoefer, U./Dittmann, W. (Hrsg.): Lernbehindertenpädagogik: Eine institutionalisierte Pädagogik im Wandel. Neuwied 1996, 82–96.

Lehr- und Lernmittel

In neueren Veröffentlichungen wird auf den Gebrauch der Stichwörter Lehr- und Lernmittel verzichtet. Demgegenüber hat das Enzyklopädische Handbuch der Sonderpädagogik und ihrer Grenzgebiete immerhin noch 1969 breiten Raum für zwei Kennwörter („Arbeitsmittel“ und „Lehr- und Lernmittel“) von unterschiedlichen Autoren für erforderlich erachtet. Die beschleunigte Entwicklung elektrisch betriebener audiovisueller Medien, die üblicherweise in Hard- und Software unterteilt werden, hat den aus der Reformpädagogik (Peter Petersen) stammenden Fachausdruck „Arbeitsmittel“ verdrängen lassen. In der zwischenzeitlich fest etablierten Medienpädagogik sind elektronische → Medien sowohl Ziel als auch Mittel didaktischer Überlegungen geworden. Die → Didaktik unterscheidet traditionell *Lern- und Arbeitsmittel für den Schülergebrauch* von *Lehrmitteln für die Hand des Lehrers.*

Im Unterricht für behinderte oder von Behinderungen bedrohte Schüler spielen beide Kategorien eine herausragende Rolle, weil damit von Anfang an der Behindertenpädagogik in allen sonderpädagogischen Fachrichtungen der Erfolg eines defektspezifischen Unterrichts gewährleistet schien. Dies war schon lange vor dem Erscheinen der einschlägigen Arbeit von Radigk (1973) der Fall. Arbeits-, Lern-, Lehrmittel und neuerdings Medienverbundsysteme erfreuen sich der Wertschätzung in der behindertenpädagogischen Didaktik, weil sie an der Verwirklichung entsprechender Unterrichtsprinzipien (vor allem Anschauung mit allen Sinnen, Betonung der Motorik im handelnden Unterricht, gelenkte Selbsttätigkeit, Isolierung der Schwierigkeiten, Vorgehen in kleinsten Schritten, Differenzierung und Individualisierung des Unterrichts, ständige Übung durch Wiederholen) orientiert ist, die wiederum an den Lernvoraussetzungen des Einzelschülers mit seiner Behinderung, seinen Störungen und Schwierigkeiten anknüpfen. Adaptiver Unterricht wird dadurch ermöglicht.

Angelsächsischem Sprachgebrauch folgend können zwei *Funktionen des Medieneinsatzes* unterschieden werden: *Enrichment* und *Direct Teaching*. Unter ersterem ist die Anreicherung, Ergänzung, Illustration und Konkretisierung von Bildungsinhalten zu verstehen. Direct Teaching beschreibt eine Selbstlehrfunktion, also einen Unterricht ohne Lehrer, wenn Medien über die Veranschaulichung hinaus zu ‚eigenständigen Gestaltungsmöglichkeiten‘ für den Schüler werden. Systematisierungs- und Kategorisierungsversuche (z. B. in auditive, visuelle, audiovisuelle, multimediale, verbundsystematische) überzeugen deswegen nicht voll, weil sie technisch und nicht pädagogisch ausgerichtet sind und damit wenig zur Klärung des didaktischen Ortes im Unterrichtseinsatz beitragen. Medien simulieren, reproduzieren und multiplizieren die Realität, die Schüler erfahren, erleben, begreifen und nachvollziehen sollen, z. B. in einem chemischen Versuch mittels Personalcomputer durch körperbehinderte Kinder, deren feinmotorische Fähigkeiten die Durchführung des realen Versuchs ohne Gefahr für Leib und Leben des Kindes nicht verwirklichen lassen. Arbeits-, Lehr- und

Lernmittel ermöglichen und fördern aktive Lernprozesse bei Schülern mit Behinderungen in kognitiven, emotional-affektiven, motorischen und sozialen Bereichen, obwohl Letzteres mitunter angezweifelt wird. Wegen ihres unbestrittenen, beträchtlichen lernmotivationalen Effekts sind nicht nur die technischen Medien in der Lage, → basale Lernvoraussetzungen (z.B. Aufmerksamkeit, Konzentration, Ausdauer) zu schaffen und einen wesentlichen Beitrag zu leisten, Lernhemmungen und → Teilleistungsstörungen zu mindern, abzubauen oder gar zu beseitigen. Zudem können Arbeits-, Lehr- und Lernmittel bisher fehlende Lernprozesse kompensieren und falsch verlaufene korrigieren helfen.

An die überlieferten Arbeits- und Lehrmittel, die trotz elektronischer Medien keineswegs jede didaktische Funktion verloren haben (z.B. die Wandtafel im Klassenzimmer), sind *didaktisch ausgerichtete Forderungen* zu stellen. Bereits äußerlich müssen sie dem Kind Anreize bieten, sich damit beschäftigen zu wollen. Trotzdem müssen sie robust, nach Möglichkeit mehrfach wiederverwendbar sowie leicht zu reinigen und zu bedienen sein. Unschwer sollten auch Aufgabenstellung und Lösungsweg erkennbar sein. Lernerfolgskontrollen sollten ohne Aufwand selbständig oder in Partner- bzw. Gruppenarbeit ermöglicht werden. Gerade auf diese sozialen Lernformen sollte das Augenmerk gerichtet sein. Lernergiebigkeiten bieten Medien, die spielerischen Umgang mit ihnen zulassen, wobei aber der bloße Unterhaltungswert nicht unbedingt pädagogischen Vorrang genießt. Wiederholende und weiterführende Lernschritte dürfen nicht ausgeschlossen sein. Arbeits- und Lernmittel sind geeignet, Fähigkeiten zu wecken, Kenntnisse anzubahnen und Fertigkeiten zu bewirken. Medien regen zum Sprachhandeln an. In allen Unterrichtsphasen und bei den meisten Lernsequenzen sind sie einsetzbar, wenn auch ihr Wert und ihr Schwerpunkt in einer rhythmisierten und abwechslungsreichen Übung liegen dürfte.

Die Entscheidung des Sonderschullehrers, welche Arbeits-, Lehr- und Lernmittel er wann, wo, wie und wozu im Unterricht nützt, hängt zunächst von äußeren Gegebenheiten ab (z.B. [Medien-] Raum, Beschaffung). Der Umgang der Schüler mit Arbeitsmitteln bedarf genauso der Schulung wie der mit technischen Medien. Informationen über die praktische Handhabung sind durch konsequenten Umgang (Gewöhnung) zu ergänzen. Unabhängig von der erwartungsgemäßen Abnützung entsprechen in Deutschland von mehr als 200 Firmen kommerziell gefertigte und in schulischen Lehrmittelsammlungen aufbewahrte Lehr- und Arbeitsmittel nicht immer sonderpädagogischen Erfordernissen. Die geringe Auflagenhöhe lässt viele Hersteller darauf verzichten, für die einzelnen Sonderschulsparten eigene Lehr- und Lernmittel anzufertigen. Daraus das Postulat abzuleiten, dass jeder Sonderschullehrer seine eigenen Lehr- und Lernmittel zu erstellen und sie so optimal den örtlichen Gegebenheiten (Schuletat) und dem Lernbedarf der Schüler anzupassen hat, ist nicht unbedingt zuzustimmen. Nicht selten stehen zeitlicher und materieller Arbeitsaufwand in keinem Verhältnis zum Lernerfolg und dem erzieherischen Wert. Auch die Schuladministration demonstriert ihr Interesse an den Lehr- und Lernmitteln. Schließlich muss sich jedes Schülerbuch einem länderspezifischen, aufwendigen Verfahren unterziehen, um zum lehrmittelfreien Gebrauch zugelassen zu werden.

Herwig Baier

Literatur

Gogolin, I./Lenzen, D. (Hrsg.): Mediengeneration. Beiträge zum 16. Kongreß der Deutschen Gesellschaft für Erziehungswissenschaft. Opladen 1999.

Issing, J./Klimsing, P. (Hrsg.): Informationen und Lernen mit Multimedia. Weinheim 1995.

Radigk, W.: Arbeitsmittel und Arbeitshilfen im Unterricht der Sonderschule für Lernbehinderte. Berlin 3. Aufl. 1975.

Radigk, W.: Unterricht mit Medien unter erschwerten Bedingungen. Berlin 2. Aufl. 1979.

Rickert, L.: Medien heute. Grundlagen – Forschung – Pädagogik. Ein annotiertes Literaturverzeichnis. München 1993.

Lehr- und Lernplanung

Die Begriffe *Lehren* und *Lernen* sind in der Allgemeinen → Didaktik nicht identisch. Zwar zielt das Lehren auf das → Lernen, aber Lehren wird im Sinne eines Absichtsbegriffes und nicht eines Erfolgsbegriffes verwendet. In der Planung von Lehrprozessen besteht also die Absicht, das Lernen von Menschen zu bewirken, wobei über den Erfolg – also das tatsächliche Lernen – noch nichts ausgesagt wird. Lernen ist grundsätzlich eine Tätigkeit des Subjektes, ein vom Lernenden aktiv zu vollziehender Prozess. Zwischen Lehren und Lernen besteht darum empirisch keine linear-kausale, sondern grundsätzlich eine kontingente – d.h. letztlich nicht verfügbare – Verbindung (Terhart 1999). Insbesondere Ansätze zur konstruktivistischen Didaktik betonen diese Kontingenz, während in der schulischen Praxis weitgehend davon ausgegangen wird, dass Gelehrtes auch gelernt wird. Die Planung von Lehrprozessen kann aber immer nur Angebot, Stimulus und Hilfe für Lernende sein, ihre subjektiven Lernwelten zu modellieren (Kösel 1995). Genau genommen ist eine exakte Planung von Lernen nicht möglich. Um den Zusammenhang von Lehren und Lernen dennoch begrifflich zu erhalten, wird in der neueren Forschung in der Regel von Lehr-Lern-Planung gesprochen. Die traditionelle Bezeichnung dafür ist *Unterrichtsvorbereitung*.

Der Begriff der Planung verweist darauf, dass Lehren und Lernen auf dem Hintergrund einschlägiger Bezugstheorien in institutionalisierter Form – in der Regel in Bildungsinstitutionen wie der Schule – geschieht. Lehr- und Lernplanung ist aber nur ein (allerdings zentrales) Segment des umfassenderen Bereiches *Unterricht*, ist mit diesem aber nicht identisch, da das Unterrichten vielgestaltige und komplexe Tätigkeiten der Lehrperson umfasst (z.B. Beaufsichtigen, Leistungsbeurteilung, Selektion u.a.). Im Gegensatz zur → Lehrerausbildung (zweite Phase) mit ihrer extensiven Planung von Lehr-Lern-Prozessen deuten empirische Befunde darauf hin, dass Lehrpersonen mit mehrjähriger Unterrichtspraxis eher auf ihr Erfahrungswissen zurückgreifen und Lehr-Lern-Prozesse weit weniger anspruchsvoll planen als es einem professionellen Standard entsprechen würde (Vollstädt 1996).

Die didaktische Literatur zur Planung von Lehr-Lernprozessen hat einerseits diese pragmatischen Tendenzen aufgenommen, indem sie die sogenannten „Feiertagsdidaktiken“ wegen ihrer Praxisferne problematisiert und sich bewusst als Ratgeberliteratur versteht (Meyer 1996). Andererseits sind hochkomplexe Theorien zur Planung entwickelt worden, die inhaltliche, kognitive, soziale, affektive, handlungsorientierte u.a. Dimensionen des Lehr-Lernprozesses in weit ausgreifenden *Taxonomien* ordnen oder als wissenschaftlich durchgeplante (geschlossene) *Curricula* Lehren und Lernen organisieren wollen, um auf diese Weise eine empirisch abgesicherte Basis für die Planung bereitzustellen. Die neuere Literatur lässt zwar diese Ansätze nicht unberücksichtigt, entwickelt aber eher auf die Praxis zielende Planungshilfen (Becker 1987; Jank/Meyer 1991; Peterßen 1996). Insofern stehen diese Arbeiten stärker im Kontext eines professionellen Handlungswissens.

Die Fülle und die Komplexität der für Lehr- und Lernplanung relevanten und zu lösenden Probleme werden in den einschlägigen *didaktischen Theorien und Modellen* reflektiert. Solche Theorien dienen gleichermaßen der Analyse wie der Planung von Lehr-Lern-Prozessen, indem sie Forschungsergebnisse aus den empirischen Bildungswissenschaften aufnehmen, einen allgemeinen Sinnrahmen für lehrende und lernende Betätigungen bereitstellen (z.B. bildungstheoretisch) und schließlich unter pragmatischen Aspekten Instrumente, Handlungsmöglichkeiten und Prinzipien für die alltägliche Unterrichtsplanung bereitstellen. Überlegungen zur Lehr- und Lernplanung sind also – bei allen Bemühungen um Praxisnähe – auf diese Theorien und Modelle grundlegend angewiesen. Im Wesentlichen sind vier Gruppen solcher Theorien zu unterscheiden, in denen die einzelnen Faktoren zur Planung unterschiedlich aspektuiert werden (Gudjons 1999).

Die erste Gruppe der *bildungstheoretischen Modelle* stellt in der Lernplanung die bildende Begegnung der nachwachsenden Generation mit dem als wertvoll erachteten Kulturgut in den Mittelpunkt und strebt die kulturell, sozial und politisch gebildete Persönlichkeit an. Im Mittelpunkt der Planung steht daher die Analyse des Bildungsgehaltes von Themen, Stoffen und Gegenständen des Lehrens und Lernens (Klafki 1980: didaktische Analyse als Kern der Unterrichtsvorbereitung mit: Gegenwartsbedeutung des Themas – Zukunftsbedeutung – Exemplarische Bedeutung – Thematische Struktur – Überprüfbarkeit – Zugänglichkeit – Strukturierung des Lehr-Lern-Prozesses).

Die zweite Gruppe bilden *lerntheoretisch orientierte Modelle*. Auf der Grundlage empirischer Ergebnisse der Lerntheorien – eingebettet in die Analyse gesellschaftlich-politischer Rahmenbedingungen – stehen die genaue Bestimmung der Ausgangslage der Lernenden, darauf Bezug nehmend Entscheidungen über Intentionen/Ziele, Inhalte, Methoden, Medien und Lernkontrollen im Mittelpunkt der Planungsentscheidungen. Der Lehrprozess soll sich mit dem Lernprozess dadurch verschränken, dass die Planung als partizipativer und interaktioneller Prozess zwischen Lernenden und Lehrenden angelegt wird (Schulz: respektvoller Dialog). Alle Faktoren stehen in einem interdependenten Zusammenhang und müssen für eine prozessorientierte Planungskorrektur offen bleiben. Die geläufige Form der Unterrichtsverlaufsplanung unterscheidet grob Einstimmung – Darbietung, Erarbeitung – Vertiefung, Durcharbeitung – Anwendung, Übung – Lernkontrolle, Ergebnisbewertung. Eine behavioristisch ungleich konsequentere Variante ist die lernzielorientierte Unterrichtsplanung, wie sie von Möller (1971) entwickelt wurde; hier macht die empirisch abgesicherte Bestimmung von unterschiedlichen Lernzielen (Richt-, Grob- und Feinziele), deren Operationalisierung sowie eine entsprechende Methodenadaption wesentlich die Planung aus. Auch systemtheoretische und kybernetische Planungsmodelle bemühen sich um eine am naturwissenschaftlichen Denken ausgerichtete exakte Organisation und Steuerung von Lehr-/Lernprozessen z.B. durch genaue Bestimmung von systemkonformen Regeln (Algorithmen).

Die dritte Gruppe – *kommunikations- und interaktionsorientierte Modelle* – konzentriert die Planung weniger auf die Inhaltsdimension der Wissensvermittlung und -aneignung als vielmehr auf den Beziehungs- und Interaktionsaspekt bzw. dessen mögliche Störungen. Ziel der Planung ist der Aufbau einer möglichst herrschaftsfreien, symmetrischen Kommunikation zwischen allen an den Lehr- und Lernprozessen Beteiligten.

Als vierte Gruppe lassen sich *erfahrungs- und handlungsorientierte Ansätze* ausmachen, die aber in sich sehr heterogene Konzepte umfasst. Fokus der Planung ist das Kriterium eines ganzheitlichen, selbstbestimmten, problemorientierten und offenen Lernens; die Planung der *Lehr*prozesse im engeren Sinn tritt hier gegenüber dem Arrangement der Lernbedingungen – also des *Lernens* – zurück. Von Bedeutung sind hier deshalb vor allem Lern- und Handlungstheorien sowie Theorien zum Wissensaufbau und zur Wissenskonstruktion, die das selbständige und selbstverantwortete Lernen aufzubauen helfen.

Vor allem die in sämtlichen Modellen betonte Bedeutung einer umfassenden Berücksichtigung der Ausgangslage und Bedingungen der Lernenden machte eine *behindertenpädagogische Spezifizierung* der Planung von Lehr- und Lernprozessen nötig. Zugleich aber legen die Modelle nahe, von einer allgemeindidaktischen und allgemeinpädagogischen Standortbestimmung und einem nicht auf die Behindertenpädagogik reduzierten Bedeutsamkeitshorizont auszugehen. Insofern besteht ein Wechselbezug zwischen Unterrichtsplanung unter allgemeindidaktischen Gesichtspunkten und behindertenpädagogischem Zuschnitt.

Eine moderne Lehr- und Lernplanung hat grundsätzlich folgende Aufgaben zu berücksichtigen und folgende Einzelfaktoren zu klären (Peterßen 1996). Auf der Grundlage einer sorgfältigen Analyse der Ausgangsbedingungen und konkreten Ausgangslage einer Lerngruppe (soziokulturelle, anthropogene, organisatorische und situative Gegebenheiten) – übrigens auch auf der Seite der Lehrpersonen – sind zunächst die Lehr- und Lernziele zu klären. Dabei kann man die *Bestimmung von Lernzielen als Umsetzung der Lehrziele* der Lehrkraft in einer bestimmten Situation einer Lerngruppe verstehen. Diese übergeordneten Intentionen sind nicht gleichbedeutend mit stofforientierten inhaltlichen Zielen, sondern schließen auch Verhaltensziele ein.

Zur Bestimmung von Lehr- und Lernzielen hat die Allgemeine Didaktik eine Fülle von Kriterien und Verfahren entwickelt. Die dann auszuwählenden Lehr- und Lerninhalte ergeben sich aus diesen übergeordneten Zielen. Inhalte sind teilweise durch *Lehrpläne* (neuerdings in Gestalt offenerer Bildungspläne) vorgegeben, müssen aber didaktisch so angeordnet und aufbereitet werden, dass sie zum Lernen motivieren, dem Lernhorizont, der arbeitsmethodischen und entwicklungsbedingten Kompetenz der Schülerinnen und Schüler entsprechen. Gleichzeitig sind sachlogische Gesichtspunkte zu berücksichtigen, insbesondere beim Aufbau eines Lehrganges, bei welchem die Reihenfolge der Inhalte (z. B. in Mathematik) nicht beliebig ist. Die Auswahl und das Arrangement von Lernverfahren (Methoden, Sozial-, Handlungs- und Interaktionsformen) schließt den Umgang mit geeigneten → Medien ein. Die Festlegung von Inhalten, Methoden und Sozialformen ist schließlich in eine Lehr-Lern-Prozessstruktur zu bringen, die als Zeitschiene auch auf die langfristige Perspektiv- und Umrissplanung von Unterrichtseinheiten zielt (Schulz 1981). Bereits bei der Planung sind mögliche und geeignete Evaluationsverfahren festzulegen, die einerseits der Kontrolle und Überprüfung der Lernergebnisse dienen, andererseits zur Gesamtreflexion des Lehr-/Lernprozesses hilfreich sind. Einigkeit besteht in der Didaktik darüber, dass die Planung von Lehr- und Lernprozessen die zunehmende Beteiligung der Lernenden einschließen muss.

Auch bei *offenen Unterrichtsformen* (vom offenen Unterricht über den Wochenplan und das Stationenlernen bis zu Freiarbeit und Projektunterricht) ist die Vorplanung der Lehr- und Lernprozesse durch die Lehrkraft unerlässlich. Sie wird sich aber vor allem auf Möglichkeiten der Selbstorganisation, Selbstverantwortung und Eigentätigkeit der Lernenden richten (Gudjons 1997). Da sich Lehr- und Lernprozesse nur als vielgestaltige „Faktorenkomplexion“ (Winnefeld) verstehen lassen, sind sie einer Planung auf wissenschaftlicher Grundlage nur bedingt zugänglich. „Ungewollte Nebenwirkungen“, „heimlicher Lehrplan“, die Individualität der Lernsubjekte oder Faktoren der Lehrerpersönlichkeit setzen einer rationalen Planung immer wieder deutliche Grenzen.

Herbert Gudjons

Literatur

Becker, G.E.: Planung von Unterricht. Weinheim 2. Aufl. 1987.

Gudjons, H.: Handlungsorientiert lehren und lernen. Bad Heilbrunn 5. Aufl. 1997.

Gudjons, H.: Pädagogisches Grundwissen. Bad Heilbrunn 6. Aufl. 1999.

Jank, W./Meyer, H.: Didaktische Modelle. Frankfurt 1991.

Klafki, W.: Zur Unterrichtsplanung im Sinne kritisch-konstruktiver Didaktik. In: König, E./Schier, N./Vohland, U. (Hrsg.): Diskussion Unterrichtsvorbereitung. Verfahren und Modelle. München 1980. 13–44.

Kösel, E.: Die Modellierung von Lernwelten. Elztal-Dallau 2. Aufl. 1995.

Meyer, H.: Leitfaden zur Unterrichtsvorbereitung. Berlin 14. Aufl. 1996.

Möller, C.: Technik der Lernplanung. Weinheim 1971.

Peterßen, W.: Handbuch der Unterrichtsplanung. München 7. Aufl. 1996.
Schulz, W.: Unterrichtsplanung. München 3. Aufl. 1981.
Terhart, E.: Lehren, Unterricht, Unterrichtsforschung. In: Reinhold, G./Pollak, G./Heim, H. (Hrsg.): Pädagogik-Lexikon. München 1999, 332–337.
Vollstädt, W.: Unterrichtsplanung im Schulalltag. Ergebnisse einer empirischen Untersuchung. In: Pädagogik 48 (1996) 17–22.

Lernen

Lernen ist ein Konstrukt, ein Sachverhalt, der nicht direkt beobachtbar ist, sondern sich nur aus Ergebnissen (etwa der Leistung in einer schriftlichen Prüfung, beim Abrufen von Wissen, beim Umsetzen von Belehrungen) erschließen lässt. Im engeren Sinne einer wissenschaftlichen Definition bezeichnet der Begriff eine *überdauernde Änderung des Verhaltens* oder der Verhaltensmöglichkeiten, was durch wiederholte Erfahrungen des Subjekts in dieser Situation hervorgerufen wird und nicht durch angeborene Reaktionstendenzen, bloße Reifung oder momentane Zustände (z. B. Müdigkeit, Trunkenheit) erklärt werden kann (Hilgard/Bower 1981, 11). Gelernt werden Wissen und Können (z. B. Rechnen, Lesen), Begriffe (z. B. ethische Beurteilungskategorien), Wertmaßstäbe, Problemlösestrategien aber auch Emotionen (z. B. Ängste) und Einstellungen (z. B. Vorurteile). Lernen geschieht zu großen Teilen implizit, ohne dass der Lernende eine erklärte Absicht zum Lernen hat und ohne dass ihm ein gezieltes Lernangebot gemacht wird. Infolgedessen unterscheidet man zwischen implizitem (unbeabsichtigtem) und intentionalem (gezieltem) Lernen.

Die Bedeutung des Lernens wird vor allem in bildungstheoretischen und anthropologischen Konzepten hervorgehoben. Aus einer anthropologischen Sicht wird betont, dass der Mensch aufgrund seiner mangelnden Instinktausstattung zum Lernen gezwungen ist. Grundlage und Ausgangspunkt seines Lernens ist danach die Tatsache, dass das Verhalten des Menschen nicht a priori determiniert ist, sondern vielfältige Freiheitsgrade enthält, die per Sozialisation, Lernangeboten und Initiierung von Lernprozessen begrenzt und kulturell geformt werden. Aus pädagogischer Perspektive bedeutet Lernfähigkeit immer auch die Fähigkeit des Subjekts, sich kulturell-normative Inhalte anzueignen, insofern ihm geeignete Angebote gemacht und angemessene Teilhabe ermöglicht wird (Bildbarkeit). In einer sozialisationstheoretischen Sichtweise (etwa Bronfenbrenner 1981) betont man, dass das Lernen vom Anregungsgehalt der Umwelt, dem Modellverhalten erwachsener Bezugspersonen sowie der Struktur der sozioökonomischen Umwelt abhängt. Lernen wird als ein Entwicklungsgeschehen interpretiert, in dem Heranwachsende ihre Umwelt als Tätigkeits- und Wahrnehmungsmuster verinnerlichen.

Man unterscheidet verschiedene *Lernarten*, die unterschiedlich voraussetzungsvoll sind. Nach Gagné (1973) sind dies: Signallernen (Klassisches Konditionieren), Reiz-Reaktions-Lernen, Kettenbildung, Sprachliche Assoziation, Diskriminationslernen, Begriffslernen, Regellernen, Problemlösen. Die ersten Lernarten werden im Allgemeinen zu den „niedrigen“ Lernarten gerechnet, weil sie nur wenige Aktivitäten vom Lernenden erfordern und kaum Bewusstseinsprozesse voraussetzen. Anders hingegen die „höheren Lernarten“, die gezielte Aktivitäten, (verbale) Kodierungen und vermittelnde Denkprozesse (etwa Veranschaulichungen, vertiefende Analyse, Vergleich mit Vorerfahrungen) erfordern. Für pädagogische Anwendung ist interessant, dass diese Lernarten eine Hierarchie bilden, die höhere Lernart also jeweils die darunterstehende voraussetzt (z. B. das Erlernen eines Begriffes setzt eine sichere Diskrimination der wesentlichen Merkmale voraus). Andere populäre Einteilungen unterscheiden drei Lernformen: Klassisches Konditionieren nach Pawlow, Operantes Konditionieren (Lernen nach dem Gesetz des Erfolges) und Modelllernen (Lernen durch Nachahmung, Imitation).

Die experimentelle Lernpsychologie hat eine Fülle von *Gesetzmäßigkeiten* ermittelt, die das Lernen modellhaft beschreiben (z. B. der Einfluss massierten versus verteilten Lernens, Generalisierung von Verhalten, Gesetz des Erfolges). Diese Gesetzmäßigkeiten gelten aber in der Regel nur für überschaubare und gut manipulierbare Lernsituationen (z. B. Lernen von Wortlisten) und lassen sich kaum auf das Lernen in komplexeren und freien Situationen (etwa Unterricht) sowie auf das selbstgesteuerte Lernen in komplexen Situationen übertragen. Um dieser größeren Komplexität gerecht zu werden spricht man deshalb oft auch von „Wissenserwerb“ bzw. „komplexer Informationsverarbeitung“ statt von Lernen.

Beim *Lernen im pädagogischen Kontext* handelt es sich typischerweise um ein eher intentionales und ‚höheres‘ Lernen (z. B. Lernen von Lesen, Schreiben, Buchführung, Sozialverhalten). Dieses Lernen ist auf eine vielfältige Weise voraussetzungsvoll: Beim Lernenden erfordert es Vorwissen (Wissensbasis), Instruktionsverständnis, funktionierende Gedächtnisprozesse, Lernmotivation (Ausdauer) und bei der Darbietung und Organisation der Lerninhalte Unterrichtsqualität sowie eine ausreichende Lernzeit (Zielinski 1995, 19 ff.). Neuere Ansätze beschreiben die Voraussetzungen, über die der Lernende verfügen muss, anhand von fünf Komponenten *(Komponentenmodell)*:

(1) *Prinzipielle Basisfertigkeiten*, wie die Fähigkeit, Informationen herauszulösen, akustische Informationen aufzunehmen, Informationen zu verarbeiten, visuelle Vorlagen angemessen zu analysieren. Falls diese Fertigkeiten nicht im ausreichenden Maße vorhanden sind, werden höherwertige Entwicklungen (z. B. Erwerb von Regelsystemen, Begriffssystemen, strategischen Vorgehensweisen) behindert. (2) *Wissens- und Begriffssysteme*, die als bereichsspezifisches Wissen für den Neuerwerb und die Einordnung von Neuerfahrungen wesentlich sind. Hier kann man im Allgemeinen davon ausgehen, dass lernschwache bzw. lernbehinderte Kinder von einer reduzierten Wissensbasis ausgehen. (3) *Metakognitive Fertigkeiten*, die reflexive, bedachte Vorgehensweisen beim Lernen bezeichnen (z. B. sich Fragen stellen, Vorausplanungen anstellen, Ziele verdeutlichen, Lernplanungen anstellen) und vor allem bei schwierigeren und komplexeren Lernleistungen notwendig sind. Lernschwache und lernbeeinträchtigte Kinder greifen weit seltener auf diese Vorgehensweisen zurück. (4) *Selbststeuerung*. Dieser Sachverhalt spricht die Tatsache an, dass beim komplexeren Lernen immer wieder Feinabstimmungen notwendig sind. Der Lernende ist also gezwungen, sein Lernen ständig – quasi nebenbei – zu beobachten und im Verlauf zu steuern (z. B. einen Irrweg erkennen, das Lernziel kurzfristig ändern). Folglich sind kontinuierliche Überprüfungen des Lernverlaufs (z. B. sich Rechenschaft über die Lernwege geben, Zwischenergebnisse überprüfen, Fehler analysieren) notwendig. (5) *Motivationale Aspekte* spielen insofern eine Rolle, als komplexeres und aufwendigeres Lernverhalten immer auch Voraussetzungen im Erleben der Lernenden hat. Besonders wichtig ist eine angemessene Selbstwirksamkeitserwartung, die Erwartung also, dass das Lernen zu einem angemessenen Ergebnis führt. Schlechte Lerner erweisen sich in aller Regel auch als misserfolgsängstliche Lerner, die schwierigeren Lernsituationen durch verschiedene Verhaltensweisen (z. B. Ausweichen, Raten, Kaspern, Disziplinschwierigkeiten) aus dem Weg gehen.

Die *Voraussetzungen zum Lernen im Unterricht* beziehen sich auf die Präsenta-

Hörgeschädigte Kinder gehen an neue Lerninhalte oft ähnlich wie unerfahrene, bereichsspezifisch retardierte Personen heran. Dies liegt vor allem daran, dass ihnen die Orientierung (begriffliche, kategoriale Einordung) von Lerninhalten, die ihnen symbolisch (in → Gebärdensprache) noch nicht zugänglich sind, schwerer fällt. Inhalte jedoch (beispielsweise Regeln erkennen und auf neue Sachverhalte übertragen), die sie symbolisch präsentiert haben, lernen sie genauso rasch wie unauffällige Kinder (Furth 1977, 85 ff.).

Für *körperbehinderte Kinder* ergeben sich zwar spezielle Lernaufgaben (etwa Erlernen sozialer Kompetenz, Selbstbehauptung, angemessene Selbstversorgung), darüber hinaus liegen bezogen auf die Gesamtgruppe aber keine Besonderheiten im Lernprozess selbst vor. Gerhard W. Lauth

Literatur

Bronfenbrenner, U.: Die Ökologie der menschlichen Entwicklung. Stuttgart 1981.

Edelmann, W.: Lernpsychologie. Weinheim 5. Aufl. 1996.

Furth, H. G.: Lernen ohne Sprache. Weinheim 1977.

Gagné, R. M.: Die Bedingung des menschlichen Lernens. Hannover 3. Aufl. 1973.

Hilgard, R./Bower, G. M.: Theories of Learning. Englewood Cliffs 5. Aufl. 1981.

Kanter, G.: Weiterentwicklungen im Bereich der Lernbehindertenpädagogik. Hagen (FernUniversität Gesamthochschule) 1998.

Kretschmann, R./Dobrindt, Y./Behring, K.: Das Lernen lehren. In: Zeitschrift für Heilpädagogik 48 (1997) 134–151.

Lauth, G.W.: Effizienz eines metakognitiv-strategischen Trainings bei lern- und aufmerksamkeitsgestörten Grundschülern. In: Zeitschrift für Klinische Psychologie 25 (1996) 21–31.

Lauth, G.W.: Lernstörungen – Bedingungsmomente und Interventionsperspektiven. In: Verhaltenstherapie und Verhaltensmedizin 19 (1998) 207–225.

Lauth, G. W./Grünke, M./Brunstein, J.: Interventionen bei Lernstörungen. Göttingen 2004.

Matthes, G.: Die Modellierung des individuellen Lernsituation und individueller Entwicklungsplan. In: Die neue Sonderschule 43 (1998) 102–111.

Metzig, W./Schuster, M.: Lernen zu lernen. Lernstrategien wirkungsvoll einsetzen. Berlin 3. Aufl. 1996.

Pressley, M./Borkowski, J.G./ Schneider, W.: Cognitive strategies: Good strategy users coordinate metacognition and knowledge. In: Vasta, R., White, G. (Eds.): Annals of Child Development 4 (1987) 89–129.

Weinert, F. E.: (Hrsg.): Entwicklung im Kindesalter. Weinheim 1998.

Zielinski, W.: Lernschwierigkeiten. Ursachen – Diagnostik – Intervention. Stuttgart 2. Aufl. 1995.

Zigler, E./ Hodapp, R. M./Edison, M. R. (1990): From theory to practice in the care and education of mentally retarded individuals. In: American Journal on Mental Retardation, 95 (1990) 1–12.

Ökologie

Unter Ökologie lässt sich in weitem Sinne die Lehre vom Zusammenwirken alles Lebendigen verstehen. Die aktuelle Bedeutung von mehr Zusammenhangswissen ergibt sich aus der bisherigen Entwicklung der Wissenschaften. Diese waren primär vom Prinzip der Analyse und damit der Erkenntnis der Teile bestimmt. Sie brachte auf diese Weise nicht nur immer mehr spezialisierte Kenntnisse hervor, sondern auch die fälschliche Vorstellung, alles sei objektivierbar, kalkulierbar und beherrschbar; zugleich gingen aber auch nicht nur immer mehr Zusammenhänge verloren, sondern auch das Bewusstsein von der Nichtverfügbarkeit des Lebendigen (Bateson 1985).

Was die Heilpädagogik betrifft, so entwickelte sie sich, bedingt durch den wissenschaftlichen Fortschritt, zu einer hochspezialisierten Wissenschaft. Durch Ausdifferenzierung in Teilbereiche (Behinderungsarten) vermehrte sie ihren Wissensstand und durch spezialisierte Technisierung ihre Effektivität in der Praxis. Zugleich aber gerieten die nur fachübergreifend erkennbare Ganzheitlichkeit des einzelnen Menschen und seine unverfügbare lebendige Eingebundenheit in seine Lebenswelt immer mehr aus dem fachlichen Blickfeld. Die Nachteile der Spezialisierung zeigten sich insbesondere am Phänomen der → Mehrfachbehinderung und am Widerstand der Subjektivität behinderter Menschen gegenüber den durch wissenschaftliche Autorität gestützten fachlichen Objektivationen.

Das damit bedingte Auseinanderklaffen von Fachlichkeit und Lebensweltlichkeit im heilpädagogischen Erkennen und Handeln will der *ökologisch-heilpädagogische* Ansatz überwinden (Speck 1998). Er bejaht zwar die – immer nur relative – fachliche Autonomie, fordert aber zugleich ein verstärktes Denken in und Orientieren an Zusammenhängen oder an Ganzheitlichem: u.a. in der Theorie eine Verstärkung des Austausches mit benachbarten Wissenschaften und in der Praxis eine stärkere Zusammenarbeit und gegenseitige Ergänzung aller am heilpädagogischen Prozess Beteiligten. Ein derartiges Zusammenwirken aber ist auf verbindende fachliche und normative (→ Ethik) Orientierungen angewiesen.

Das Wort Ökologie enthält den griechischen Wortstamm „oikos“, was Haus oder Heim bedeutet. Unter einem ökologischen Ansatz ließe sich ein Ansatz verstehen, der normativ darauf ausgerichtet ist, all das zu berücksichtigen, was es dem Menschen ermöglicht, ein Leben zu führen, das ihn in seiner → Lebenswelt heimisch werden lässt, und in der er sich wohlfühlt. Heilpädagogische Hilfe und Unterstützung ist auch darauf gerichtet, dass sich individuelles Wohlbefinden einstellt, dass also auch die subjektiven (autonomen) und lebensweltlichen Bedürfnisse und Interessen zum Tragen kommen. In dem Maße, in dem sich der fachliche Ansatz dem hilfebedürftigen Menschen gegenüber primär setzte und sich nur selber definierte, müsste er an Wirksamkeit einbüßen, weil er den Menschen als Selbstzweck vernachlässigte.

Da systemtheoretisch kein Individuum, kein Teil, einseitig Kontrolle über einen anderen Teil haben kann, gilt folgendes: Jeder einzelne ist als eigene Größe, als eigenes oder autonomes System zu sehen, das sich selbst zu steuern und zu regulieren hat (Speck 1997). Kein hilfebedürftiges Individuum und auch keine → Behinderung kann für sich allein gesehen werden. Jeder steht mit seinem individuellen System in Wechselwirkung mit seiner Umwelt. Er ist immer auch Teil größerer Systeme (Ökosysteme).

Heilpädagogisches Handeln kann sich also nicht lediglich auf den einzelnen oder die einzelne Behinderung beziehen, sondern muss auch die Lebenswelt einbeziehen, in der das einzelne Kind steht, seine Familie und die übrigen Systeme, denen es angehört (Bronfenbrenner). Damit erhält der ökologische Ansatz eine systemtheoretische Komponente: Er muss sich auf die Differenz und Einheit des Verhältnisses von Einzelsystem und Umwelt beziehen (Luhmann). Interaktion und → Kommunikation erhalten erhöhte Bedeutung.

Damit verändert sich auch die wissenschaftliche Perspektive: Da jeder fachliche Einzelansatz als Teil eines Ganzen anzusehen ist, und jede fachliche Teilsicht und jede fachliche Kompetenz nur einen Teilaspekt abdeckt, ist jedes Fach, also auch die → Heilpädagogik, im Sinne des Prinzips der Ganzheitlichkeit auf die Ergänzung durch andere Fächer unmittelbar angewiesen. Die interdisziplinäre Zusammenarbeit erhält erhöhte Bedeutung.

Auch die *heilpädagogische (→ Psycho-) Diagnostik* kann sich nicht auf das Ermitteln eines Iststandes beschränken. Sie muss sich als „rekursive Systembeschreibung in der Zeit“ verstehen (Schiepek 1986), d.h. die sich ständig verändernden individuellen und sozialen Bedingungen beachten. Käser

(1993) spricht vom Erstellen einer „ökosystemischen Landkarte", auf der nicht nur die unveränderlichen Systemaspekte und Knotenpunkte sichtbar werden, sondern auch die vielfältigen Vernetzungen und Interdependenzen.

Das Prinzip der Ganzheitlichkeit kann auch auf das Prinzip der → *Integration* bezogen werden. In dem Maße, in dem ein Individuum den Zusammenhang mit anderen verliert und isoliert wird, verringern sich seine Lebenschancen als Chancen in einem ökologischen Kontext. Heilpädagogisches Handeln wird sich also darauf konzentrieren, dass hilfebedürftige Kinder in Lebenszusammenhänge eingegliedert werden, die ihnen ein Optimum an Sinn und Lebenschancen ermöglichen.

Als pädagogische Konsequenzen im Sinne eines ökologischen Ansatzes lassen sich vor allem folgende benennen: Heilpädagogisches Denken und Handeln ist auf die Ermöglichung von Selbstkontrolle und Selbstverwirklichung (Autonomiebildung) ebenso bedacht wie auf eine Ermöglichung von sozialer Integration. Höffe (1993) spricht in Analogie zur Autopoiese (Maturana/Varela 1987) von *Oikopoiese* (griech.: poiesis = Gestaltung). Gemeint ist der Wechselwirkungsprozess des Sicheinlebens in ein menschenwürdiges Zusammen mit anderen und mit der Natur. Die Erziehung hat ein entsprechendes oikopoietisches Wissen und Können zu vermitteln. Um der individuellen Vereinzelung und Vereinsamung vorzubeugen, kommt dem Knüpfen und der Gestaltung sozialer Netzwerke besondere Bedeutung zu. Gemeint ist die Einbeziehung der Familie, der Nachbarschaft, der verschiedenen Institutionen, die das Kind besucht, von Freizeitgruppen und von Beruf und Arbeit.

Otto Speck

Literatur

Bateson, G.: Ökologie des Geistes. Anthropologische, psychologische, biologische und epistemologische Perspektiven. Frankfurt 1985.

Bronfenbrenner, U.: Die Ökologie der menschlichen Entwicklung. Stuttgart 1981.

Höffe, O.: Moral als Preis der Moderne. Ein Versuch über Wissenschaft, Technik und Umwelt. Frankfurt 1993.

Käser, R.: Neue Perspektiven in der Schulpsychologie. Handbuch der Schulpsychologie auf ökosystemischer Grundlage. Bern 1993.

Luhmann, N.: Soziale Systeme. Frankfurt 1987.

Maturana, H. R./Varela, F.J.: Der Baum der Erkenntnis. Die biologischen Wurzeln des menschlichen Erkennens. Bern 1987.

Schiepek, G.: Systemische Diagnostik in der klinischen Psychologie. Weinheim 1986.

Speck, O.: Chaos und Autonomie in der Erziehung. Erziehungsschwierigkeiten unter moralischem Aspekt. München 2. Aufl. 1997.

Speck, O.: System Heilpädagogik. Eine ökologisch reflexive Grundlegung. München 4. Aufl. 1998.

Pädagogik, Erziehungswissenschaft

Pädagogik bezeichnet im Deutschen alltags- und fachsprachlich sowohl *Theorie wie Praxis der → Erziehung*; Erziehungswissenschaft, im Plural wie im Singular verwendet, wird dagegen für ein Wissen gebraucht, das mit dem Anspruch auftritt, nach Theorie und Methode den Kriterien der Wissenschaft zu genügen. In Begriffsbildungen wie „wissenschaftliche Pädagogik" gibt es auch synonyme Verwendung. Ein eindeutig normierter Sprachgebrauch existiert nicht, so wenig wie ein Konsens über den Status von Pädagogik und Erziehungswissenschaft oder für ihre Themen und leitenden Begriffe. Im außerdeutschen Bereich wird präziser zwischen Erziehung (education, éducation etc.) als sozialer Tatsache und der Reflexion des Phänomens (studies of education; science of education) unterschieden; Indizien für den unklaren Status der Erziehungswissenschaft als Disziplin gibt es auch hier (Drewek/Lüth 1997).

Im deutschen Sprachgebiet finden sich sowohl für Pädagogik als auch für Erziehungswissenschaft die ersten Belege im ausgehenden 18. Jahrhundert (Böhm 2003). Schon im Ursprung ist der Sprachgebrauch nicht einheitlich, auch die Kriterien der Wissenschaftlichkeit, d.h. des theoretischen Status, der Anerkennung im Wissenschaftssystem und der Methode der Forschung sind von Beginn an kontrovers (Tenorth 2003). Versuche innerhalb der Pädagogik der Aufklärung, eine Grundlegung der Erziehungswissenschaft nach dem Modell der empirischen, an Beobachtung und Theoriebildung orientierten Humanwissenschaften durchzusetzen, z.B. bei E.C. Trapp (1780), sehen sich früh der philosophischen Kritik sowohl durch die Fichteaner als auch durch die Neuhumanisten ausgesetzt. Gestützt auf Annahmen über die Natur des Menschen und seine Bestimmung zur Freiheit gilt ihnen allein die Philosophie als angemessene Denkform, beobachtende Distanz und eine Technologie der pädagogischen Konstruktion des Menschen dagegen als illegitim.

Neben der philosophischen Pädagogik entfaltet sich die Reflexion von Erziehungsfragen seit 1800 relativ heterogen: selbständig innerhalb der *pädagogischen Berufe*, wie sie mit der Ausdifferenzierung des modernen Bildungswesens entstehen, aber auch in Verbindung mit Medizin, als physische Erziehung und Medico-Pädagogik, in der Theologie oder den Staatswissenschaften, z.B. als „Staatserziehungswissenschaft". Mit dem ausgehenden 19. Jahrhundert und der Institutionalisierung von Erziehungswissenschaft an Universitäten entsteht eine neue Diskussion über ihren *Wissenschaftsstatus*. Seither existieren unterschiedliche Programme von Pädagogik und Erziehungswissenschaft nebeneinander, philosophisch wie erfahrungswissenschaftlich, intern aber weiter unterscheidbar nach sozial- und humanwissenschaftlichen, anthropologischen, weltanschaulichen oder methodologischen Referenztheorien. Die Vielfalt der Richtungen ist in einem systematischen Sinne weder historisch noch aktuell begrenzt; Dreigliederungen, z.B. nach empirisch, hermeneutisch und ideologiekritisch, sind zwar beliebt, sie verdecken aber sowohl die feine Binnenstruktur und die Unterscheidung nach allgemeinen und besonderen Denkformen als auch die differenten Funktionen pädagogischen Wissens und erziehungswissenschaftlicher Forschung und Theoriebildung.

In Herbarts „Allgemeiner Pädagogik" gilt Pädagogik als die „Wissenschaft, deren der Erzieher für sich bedarf" (1806). Damit ist zwar ein Berufsbezug des pädagogischen Wissens angesprochen, aber keineswegs eine Technologie-Theorie, sondern eher ein Organon der Kritik des pädagogischen Alltagswissens. Herbarts Theorie bestimmte denn auch die Wissensdimension der pädagogischen Berufe nur in transformierter, zum Schema geronnener Form. Bei den Schulmännern dominierte die wissenschaftliche Pädagogik als Reflexion der eigenen Praxis, aber, z.B. in Diesterwegs „Wegweiser zur Bildung für deutsche Lehrer", gepaart mit deutlicher Distanz gegenüber der allgemeinen Theorie. In den erziehungsphilosophischen und bildungstheoretischen Entwürfen bleibt Pädagogik bis heute eher kritische Instanz, die im Namen anthropologischer oder sozialphilosophischer Annahmen die Realität problematisiert, als die Profession konkret zu orientieren. Schleiermachers Erziehungstheorie (1813/1826) ist insofern aus der Perspektive der → Gesellschaft, nicht als Orientierungsschema der Pädagogen entworfen. Dieser Anspruch bestimmt auch noch das → *wissenschaftstheoretische Selbstverständnis* der philosophischen und besonders der geisteswissenschaftlichen Pädagogik des 20. Jahrhunderts; als „reflexion engagée" (W. Flitner) argumentiert sie aus der Position der „Verantwortung des Denkenden". Die Perspektive des distanzierten Beobachters ohne praktische Ambitionen wird nur selten eingenommen; denn auch in der empirischen Erziehungswissenschaft wird der Anspruch aufrechterhalten, dass Erziehungswissenschaft „Theorie von und für Praxis" sei.

Problematisch wird dabei mit der Bindung an die Praxis der Erziehung der methodische Status des Faches und vor allem das sog. *Wertproblem*. Sowohl in allgemeinen wissenschaftstheoretischen Debatten als auch in der Grundlegung von Subdisziplinen, z. B. der Sozial- oder → Sonderpädagogik, wird die These vertreten, dass eindeutige Wertbindungen für die jeweilige Reflexion notwendig seien. Dabei ist freilich kontrovers, ob Wertbindung wissenschaftslogisch konstitutiv oder nur in einem theoretischen und praktischen Sinne unhintergehbar, aber doch immer als Objekt der Analyse auch kritisch thematisierbar ist (Brezinka 1978). In der Beobachtung einer Vielfalt von Wissensformen werden in der aktuellen Erziehungswissenschaft diese unterschiedlichen Funktionen und Ambitionen aufgenommen und auch das traditionelle Problem der *Beziehung von Theorie und Praxis* in Pädagogik und Erziehungswissenschaft nicht mehr wissenschaftslogisch, sondern je nach Referenz geordnet (Oelkers/Tenorth 1991).

Aus der Vielfalt der Wissensformen und Referenzen, Statusambitionen und Funktionen kann auch bereits die *Binnendifferenzierung* verstanden werden, die Pädagogik und Erziehungswissenschaft seit dem ausgehenden 18. Jahrhundert zeigen. Zunächst konzentriert auf Schule und Unterricht, → Didaktik und Methodik, und parallel zu den Hierarchien im Lehramt, folgt die Binnendifferenzierung den Aufgaben und methodischen Erfindungen der Schulmänner. Neben der Pädagogik für das öffentliche Pflichtschulwesen und die gelehrten Schulen entsteht deshalb zuerst spezifisches Wissen für besondere pädagogische Aufgaben, sehr früh in der Pädagogik der Behinderten, für Blinde und Taubstumme schon im ausgehenden 18., für Geistigbehinderte im frühen 19. Jahrhundert (→ Geschichte der Behindertenpädagogik). Nach 1830/40 werden Aufgaben außerhalb der öffentlichen Schule thematisch, einerseits ausgelöst durch die Pädagogik bei → abweichendem Verhalten (Sozialpädagogik), andererseits inspiriert von den Erwartungen und Möglichkeiten lebenslangen Lernens (→ Erwachsenenbildung und Weiterbildung). Im 20. Jahrhundert greift pädagogisches Denken auf alle Lehrberufe, auf den gesamten Lebenslauf und die Lebenszeit bis zur Freizeit aus. Der aufgabenspezifischen Binnendifferenzierung folgt eine wissenschaftsimmanente Dynamik, in der sich Pädagogik und Erziehungswissenschaft nach Theorien und Methodenkonzepten intern gliedern, z. B. als Pädagogische Psychologie oder als Soziologie der Erziehung, als vergleichende oder historische Erziehungswissenschaft oder, konzeptionell etwa als psychoanalytische oder phänomenologische, thematisch als biographische oder frühkindliche Richtung von Pädagogik und Erziehungswissenschaft (etc.).

Die Vielfalt der Wissensformen und die starke Binnendifferenzierung, aber auch die unterschiedlichen Referenzen zwischen Profession und Adressat, Bildungssystem oder Gesellschaft werfen schon früh die Frage nach der *Einheit* und dem *System* von Pädagogik und Erziehungswissenschaft auf. Die Praxis der Erziehung mag einen Kern pädagogisch-professioneller Handlungsmuster und Organisationsformen gemeinsam haben, die Differenz der Aufgaben und Erwartungen und damit auch die Relevanz unterschiedlicher Wissensbestände, z. B. der Rechtswissenschaft innerhalb der Sozialpädagogik oder der → Medizin innerhalb der Behindertenpädagogik, ist unübersehbar. Auch theoretisch gilt *Einheit als die Gleichzeitigkeit von integrativen und differenzierenden Momenten*. Innerhalb der philosophischen Tradition sind entsprechend Schemata der Ordnung und Hierarchisierung des Wissens entworfen worden. Dabei steht die „Allgemeine Pädagogik" oder „Philosophie der Erziehung" im Zentrum, Erfahrungswissen, die Erziehungskunde der Praktiker oder die entfalteten Subdisziplinen als die beobachtenden bzw. orientierenden Wissensformen werden von hier aus unterschieden und verknüpft. Andere Einteilungen gehen von „grundlegender“ und „angewandter Wissenschaft“ aus, weitere von der Unterscheidung von Pädagogik und Erziehungswissenschaft einerseits, ihren „Hilfs-“ bzw. „Nachbardisziplinen“ andererseits. Die einheitsstiftende Funktion übernehmen in diesen Relationsmodellen neben den Schemata der Ordnung des Wissens die grundlegenden Begriffe, mit denen das Fach argumentiert.

Die *Leitbegriffe* von Pädagogik und Erziehungswissenschaft sind aber weder der Zahl noch dem Gewicht noch der Bestimmung nach im Konsens gegeben, sie variieren vielmehr, und zwar relativ zur Funktion, relativ zu den Aufgaben und relativ zu den Referenztheorien. In der Geschichte von Pädagogik und Erziehungswissenschaft gibt es insofern zwar einen kontinuierlichen Kern der begrifflichen Orientierung, aber zugleich auch ein offen-mannigfaltiges System von weiteren Begriffen und Leitkonzepten. Zum Kern rechnen „→ Erziehung“ und „→ Bildung“, innerhalb der schulzentrierten Tradition sicherlich auch noch „Unterricht“ und „→ Lernen“. Für Herbart war „Bildsamkeit“ der „Grundbegriff der Pädagogik“, also die Perspektive auf den Adressaten der Erziehung; er verstand ihn aber eher sozialphilosophisch, als „Bildsamkeit des Willens zur Sittlichkeit“, während er die empirische Seite des Problems der Psychologie überließ. Innerhalb der empirischen Tradition gibt es eine eigene Forschung zu diesem Grundbegriff, die schließlich in der Diskussion von Begabung mündet. Gekoppelt werden die empirischen und philosophischen Traditionen im Begriffspaar von „Bildsamkeit und Bestimmung“ des Menschen (Roth 1971). Sie werden schon in der Aufklärung als Aufgabe und Ziel von „Erziehung“ und „Bildung“ verstanden und bezeichnen insofern den universalen Anspruch von Theorie und Praxis der Erziehung: „Der Mensch ist das einzige Geschöpf, das erzogen werden muss. ... Der Mensch kann nur Mensch werden durch Erziehung. Er ist nichts, als was die Erziehung aus ihm macht“ (Kant 1803).

Sozialwissenschaftlich, gesellschaftskritisch-antipädagogisch wird dieser Erziehungsoptimismus und -anspruch problematisiert, u. a. im Verweis auf die Differenz von „intentionaler“ und „funktionaler Erziehung“, in der Unterscheidung von Erziehung (als Sozialmachung) und von → Sozialisation (als Sozialwerdung) sowie in der Erinnerung an die technischen, gesellschaftlichen und psychischen „Grenzen der Erziehung“. In der Ordnungsleistung problematisch wird die allgemeine Grundbegrifflichkeit, wenn sie zugleich die ausdifferenzierten Subdisziplinen mit umfassen soll. Die Begriffe Erziehung, Bildung, Sozialisation, Unterricht oder Lernen sind dann zwar notwendig, aber offenkundig nicht hinreichend, wenn nicht nur Einheit und Systembildung, sondern die Spezifikation der pädagogischen Aufgaben erreicht werden soll. In der Behindertenpädagogik z. B. sind Bildung und Erziehung zwar ebenfalls in Gebrauch, aber schon in der Tradition der → Heilpädagogik auch andere Grund- und Zielbegriffe bis hin zu „Anerkennung“; der Begriff der Bildsamkeit wiederum wird adressatenspezifisch dekomponiert, z. B. als „Bildbarkeit“, „Bildungsfähigkeit“ oder „praktische Bildbarkeit“; der erst spät genutzte Begriff der → Behinderung wiederum wird eher medizinisch oder psychologisch präzisiert, aber nicht erziehungstheoretisch oder gar anthropologisch (Bleidick 1999).

Das Problem der Einheit ist also aktuell so wenig gelöst wie die alte Frage nach der *Autonomie und Eigenständigkeit* von Pädagogik und Erziehungswissenschaft. Aktuell ist nicht nur strittig, ob es „einheimische Begriffe“ (Herbart) oder einen „pädagogischen Grundgedanken“ (W. Flitner) von Pädagogik und Erziehungswissenschaft überhaupt gibt, sondern auch, ob man ihn braucht und wer ihn bestimmen könnte. Parallel zur Verselbständigung der Subdisziplinen verliert die Allgemeine Pädagogik an Anerkennung und das Autonomieproblem wird sogar als obsolet erklärt (Krüger/Rauschenbach 1994). Unter dem Zeichen der Interdisziplinarität gewinnen disziplinübergreifende Leitbegriffe an Bedeutung, z. B. System, Funktion, → Kommunikation, auch Leben, → Entwicklung oder Differenz (etc.). Erziehungswissenschaft wird wie die Pädagogische → Anthropologie als Integrationswissenschaft konzipiert. Im Ergebnis bestätigt sich, dass die theoretische Einheit einer Disziplin wahrscheinlich nur noch in der Kommunikation besteht und im Verweisungszusammenhang, der dabei gestiftet wird. Die Einheitsform der Erziehungswissenschaft entspricht damit derjenigen der Pädagogik; denn auch sie ist allein als Praxis, d.h. in den Handlungsmustern und Organisationen des Erziehungssystems, in aller Differenz gegeben. Heinz-Elmar Tenorth

Literatur

Benner, D.: Hauptströmungen der Erziehungswissenschaft. Weinheim 3. Aufl. 1992.
Bleidick, U.: Behinderung als pädagogische Aufgabe. Behinderungsbegriff und behindertenpädagogische Theorie. Stuttgart 1999.
Böhm, W.: Pädagogik. In: Benner, D./Oelkers, J. (Hrsg.): Historisches Wörterbuch der Pädagogik. Weinheim 2003, 750–782.
Brezinka, W.: Metatheorie der Erziehung. München 1978.
Drewek, P./Lüth, C. (Hrsg.): History of Educational Studies. Geschichte der Erziehungswissenschaft. Histoire des Sciences de l'Education. Gent 1998 (Paed.Historica Suppl.Ser. III).
Krüger, H.-H./Rauschenbach, Th. (Hrsg.): Erziehungswissenschaft. Die Disziplin am Beginn einer neuen Epoche. Weinheim 1994.
Oelkers, J./Tenorth, H.-E. (Hrsg.): Pädagogisches Wissen. Weinheim 1991.
Roth, H.: Pädagogische Anthropologie. 2 Bände. Hannover 1966/1971.
Tenorth, H.-E.: Erziehungswissenschaft. In: Benner, D./Oelkers, J. (Hrsg.): Historisches Wörterbuch der Pädagogik. Weinheim 2003, 341–382.

Schulabsentismus

Seit Mitte der 90er Jahre hat die Auseinandersetzung mit *schulverweigernden, schuldistanzierten, schulabsenten, schulaversiven, schulschwänzenden* Schülerinnen und Schülern Hochkonjunktur (Herz/Puhr/Ricking 2004). Die Heterogenität und Komplexität des Phänomens spiegelt sich in einer unterschiedlichen Nomenklatur wieder. Einige Schüler scheinen die Schule zu meiden – man spricht dann von *„Schulvermeidung"*; andere hingegen haben diffus vor etwas Angst, die dann als *„Schulphobie"* auf den Begriff gebracht wird. Es existiert derzeit keine konsensfähige Terminologie; die Thematik ist Gegenstandsbereich unterschiedlicher Fachdisziplinen und Professionen (Thimm/Ricking 2004). Ein Blick in die Bibliografie des Deutschen Jugendinstituts macht deutlich, dass die Erziehungswissenschaft und hier insbesondere die Sozial- und Sonderpädagogik, aber auch die Kriminalistik, ein neues Forschungsfeld mit konkurrierenden wissenschaftstheoretischen Ansätzen besetzt haben. So ist beispielsweise *Schulverweigerung* auch Gegenstand der Kriminologischen Forschung im Rahmen von Studien zur Delinquenz, wo in Analogie zu anglo-amerikanischen Untersuchungen ein Zusammenhang zwischen *Schulpflichtverletzungen* und *Kriminalitätsbelastung* nachgewiesen wird (Stevens/Gladstone 2002). In der schulischen Praxis wird in der Regel nur unterschieden zwischen entschuldigtem, unentschuldigtem und krankheitsbedingtem Fehlen. Eine Fehlzeit gilt dann als entschuldigt, wenn eine mündliche oder schriftliche Mitteilung des Erziehungsberechtigten vorliegt.

Die gegenwärtige schulische Praxis zeigt, dass statt erforderlicher professioneller Problemlösekompetenzen der Schulen vielfach Hilflosigkeit, fehlende Interventionsinstrumentarien und – insbesondere bei den sogenannten Problemschülerinnen und -schülern – tendenziell auch Desinteresse den schulischen Alltag bestimmen. Schulpflichtverletzungen werden juristisch geahndet, etwa mit Geldstrafen oder polizeilich begleiteter Zwangszuführung des Schülers. Diese Maßnahmen erreichen ihren Zweck eher selten: Die Unterbindung der Versäumnisse gelingt nur kurz, die Fehlzeiten setzen oftmals nach einer kleinen Phase regelmäßigen Schulbesuchs wieder ein; unerwünschte Nebeneffekte (z. B. Zwangszuführung wirkt als Attraktion) sind kontraproduktiv.

Derzeit bietet eher die Kinder- und Jugendhilfe im außerschulischen/berufsvorbereitenden praktischen Bereich in Projekten lern- und leistungsbezogene reintegrative Maßnahmen im Kontext der Hilfen zur Erziehung (→ Erziehungshilfen) an. Solange die Allgemeinen Schulen unfähig sind, Schulverweigerung und Schulversagen im schulpflichtigen Alter zu verhindern bzw. eigene Alternativen anzubieten, steigt offensichtlich die Nachfrage nach Hilfe- und Unterstützungssystemen, die außerhalb der primären Bildungsinstitution liegen. Alternative Beschulungs- und Betreuungsangebote stellen derzeit eine neue Form von Ersatzschulen dar, auch wenn dies offiziell niemand so recht sagen will (Herz 2004). Dies bedeutet, dass mit dieser Form der Erfüllung der Schulpflicht – auch wenn damit möglicherweise das relativ Beste für diese Jugendlichen getan werden soll – ausgerechnet die Jugendhilfe eine der am stärksten ausgrenzende Formen der ‚Beschulung' betreibt (Ehmann/Rademacker 2003, 14). Alternative Beschulungsprojekte lassen sich aus der Perspektive der freien Träger der Kinder- und Jugendhilfe einerseits verstehen als Begründungszusammenhang zur Stabilisierung, Sicherung und Legitimierung von Budgetansprüchen. Dies ist ein wichtiger Verweisungszusammenhang, warum gegenwärtig eine derartige Heterogenität an unterschiedlichen, alternativen Beschulungsprojekten besteht (Deutsches Jugendinstitut 2004). Der finanzielle Bedarf an Hilfen zur Erziehung übersteigt jedoch gegenwärtig die Mittelzuweisung über die Sozialraumbudgetierung, was zu dem Dilemma führt, dass auf andere Leistungsträger, wie z. B. die Kinder- und Jugendpsychiatrie, zurückgegriffen wird. Der Paragraph 35a des KJHG (seelische Behinderung) entlastet die Ressourcen der Kinder- und Jugendhilfe, stattdessen sind die Krankenkassen willkommene „Ersatzfinanziers" – allerdings um den Preis einer neuen Etikettierung.

Die aktuelle Diskussion um *Schulabsentismus, Schulverweigerung, Schulschwänzen* macht deutlich, dass eine bestimmte Gruppe von Schülerinnen und Schülern an schulischen Angeboten nicht mehr partizipieren – oder aber durch Ordnungsmaßnahmen, wie z. B. Schulverweis, von der Institution Schule ausgegrenzt werden. Bei Schulverweigerung und Schulversagen wird unmissverständlich deutlich, dass der Anspruch auf Bildung längst nicht mehr für *alle* Schülerinnen und Schüler eingelöst wird. Insbesondere Risikoschülerinnen und -schüler zählen zu der Gruppe der Schulverweigerer, wie z. B.

- Jugendliche aus sozial schwachen Familien
- Jugendliche aus Zuwandererfamilien
- vom Schulbesuch zurückgestellte Kinder
- Klassenwiederholer
- Schüler, die von einer höheren Schulform in eine niedrigere abgestiegen sind
- Schülerinnen und Schüler in bestimmten Schulformen wie Haupt- und Sonderschule, weil sich hier Kinder und Jugendliche aus sozial schwachen Familien konzentrieren (Schreiber-Kittl/Schröpfer 2002).

Hierbei besteht ganz deutlich die Gefahr, dass insbesondere Haupt- und Sonderschüler an der Schwelle zur Ausbildung scheitern werden. Ein Grund liegt vor allem darin, dass eine ungesicherte berufliche Perspektive die Attraktivität eines regelmäßigen Schulbesuches reduziert. Schulverweigerung ist der Endpunkt einer demoralisierenden Schullaufbahn mit Leistungsmisserfolgen, Klassenwiederholung, Unterrichtsausschluss, Versagensängsten, demoralisierender Stigmatisierung. Gleichzeitig verschärft sich die Gesamtsituation für diese Gruppe, weil massive Verweigerung nicht nur die Schule betrifft, auch im differenzierten Angebot der Jugendhilfe steigt die Quote der Aussteiger erheblich an. Und auch die berufliche Eingliederung schulisch wenig erfolgreicher Jugendlicher verläuft in einem sehr komplexen Spannungsfeld von Berufswunsch, verfügbaren Ausbildungsangeboten, flankierenden Maßnahmen, Arbeitslosigkeit, Abbrüchen und Neuanfängen (Herz 2005). Kurz: Diese Klientel sind nicht nur „truants from school“, sondern oft auch „truants from life“ (Göppel 2000, 420). Gleichwohl bleibt der Schulabschluss Bestandteil der Lebensentwürfe junger Menschen, auch wenn ein Schulbesuch teilweise über mehrere Jahre nicht mehr stattfindet.

Hier ist eine neue Form der Zusammenarbeit zwischen der Schule und der Kinder- und Jugendhilfe gefordert. Kooperation und Vernetzung von Hilfesystemen müssen hinsichtlich einer erfolgreichen pädagogisch-therapeutischen Praxis mit Kindern und Jugendlichen in schwierigen Lebenslagen, die zu schwierigen Heranwachsenden geworden sind, deutlich intensiviert werden. Auch Prävention im Verständnis eines lokalen Sozialraum- und Schulraummanagements muss deutlich verbessert werden, um Etikettierungs- und Stigmatisierungsspiralen als „Einstieg in den (Schul)Ausstieg“ zu minimieren. Alle Erscheinungsformen des *Schulausstiegs* aufgrund emotional, sozial und/oder materiell belastender Sozialisationserfahrungen verweisen auf einen Bedarf an pädagogisch-therapeutischen Interventionen. Elternarbeit und eine spezifische Stärkung der elterlichen Erziehungskompetenz sind sowohl für die → *Prävention* als auch die *Intervention* unverzichtbar. Gelungene Beispiele zur Förderung von Kindern und Jugendlichen, die die Schule vermeiden, zeigen, dass sich diese Schulen viel mehr dem Leben öffnen. Verstärkte Praxisarbeit in der Schule, außerschulische Lernorte und Partner ergänzen dort die Bildungs- und Erziehungsarbeit. Kommunikations-, Erfahrungs- und Experimentierräume mit interessanten und für Kinder und Jugendliche attraktiven Lernangeboten stärken die Identifikation mit der Schule, weil das zu Lernende in eine sinnvolle Beziehung zum eigenen Leben gesetzt werden kann. Die Schule hat das Potential zu nutzen, eine zweite Chance zu ermöglichen, belastende Sozialisationserfahrungen mit den primären Bezugspersonen im sozialökologischen Lebensraum in einer fördernden Umwelt zu bearbeiten. Der problemorientierte Umgang von Schulverwaltung, Schulleitung, Lehrerinnen und Lehrern mit Schulpflichtverletzungen erfordert schulinterne und -externe Handlungsstrategien. Organisation und Qualität von Schule und Unterricht sind zentrale Vorbedingungen, Schulverweigerung zu minimieren. Eine solche Handlungsstrategie symbolisiert, dass es der Schule wichtig ist, dass jeder Schüler und jede Schülerin regelmäßig und kontinuierlich am Unterricht teilnimmt. Um diese Kinder und Jugendlichen erfolgreich für Lernangebote (wieder) zu begeistern, ist eine Vernetzung der Hilfe- und Unterstützungsstrategien unverzichtbar (Thimm 2000).

Birgit Herz

Literatur

Deutsches Jugendinstitut (Hrsg): Praxisprojekte im Handlungsfeld von Schulmüdigkeit & Schulverweigerung. München 2004.

Ehmann, Ch./Rademacker, H.: Schulversäumnisse und sozialer Ausschluss. Bielefeld 2003.

Göppel, R.: Truants from School – Truants from Life? In: Warzecha, B. (Hrsg): Institutionelle und soziale Desintegrationsprozesse bei schulpflichtigen Heranwachsenden. Münster 2000, 416–436.

Herz, B.: Alternative Beschulungsprojekte: ein neuer Sonderschultyp? In: Schnoor, H./Rohrmann, E. (Hrsg): Sonderpädagogik: Rückblicke – Bestandsaufnahmen – Perspektiven. Bad Heilbrunn 2004, 303–310.

Herz, B.: „… Du kannst nicht immer gewinnen!“ Das Projekt „Jugend mit Perspektive“. Ein Hamburger Modell zur Integration bildungsbenachteiligter junger Menschen in Arbeit. Münster 2005.

Herz, B./Puhr, K./Ricking, H. (Hrsg): Problem Schulabsentismus. Wege zurück in die Schule. Bad Heilbrunn 2004.

Schreiber-Kittl, M./Schröpfer, H.: Abgeschoben? Ergebnisse einer empirischen Untersuchung über Schulverweigerung. München 2002.
Stevens, A./Gladstone, B. (Eds.): Learning not offending. Kent 2002.
Thimm, K.: Schulverweigerung. Zur Begründung eines neuen Verhältnisses von Sozialpädagogik und Schule. Münster 2000.
Thimm, K./Ricking, H.: Begriffe und Wirkungsräume. In: Herz/ Puhr/Ricking 2004, 45–52.

Schule, Schultheorie, Schulversuche

Schulen sind Einrichtungen, in welchen die Vorbereitung von jungen Menschen auf das Erwachsenenalter und das hierzu erforderliche Lehren und Lernen systematisch organisiert sind. Die Entstehungsgeschichte solcher Einrichtungen verbindet sich mit der kontinuierlich zunehmenden Trennung zwischen ‚Schule' und ‚Leben'. Dies äußert sich in Merkmalen wie räumliche Trennung, soziale Separierung, Professionalisierung, inhaltliche Konzentration und schuleigene Kommunikationsstile (Diederich/ Tenorth 1997, 23).

Die *Geschichte der Schule* in unserer Kultur muss zweigeteilt als Geschichte des ‚Höheren Schulwesens' und als Geschichte des ‚Niederen Schulwesens' beschrieben werden. Den Institutionalisierungen des Lehrens und des Lernens von der Antike bis ins 18. Jahrhundert fehlten wesentliche Merkmale moderner Schule wie beispielsweise Klassenunterricht, Elementarunterricht, Schulpflicht, Lehrpläne. Dennoch ist insbesondere das ‚Höhere Schulwesen' davon wesentlich beeinflusst. Leitbild für das ‚Höhere Schulwesen' der Moderne war bis vor wenigen Jahrzehnten das ‚Humanistische Gymnasium'. Dieses war geprägt vom Rückgriff des Neuhumanismus am Ende des 18. Jahrhunderts auf das griechische und römische Bildungsideal. Diesem fehlt der Gedanke von Solidarität mit leistungsschwachen und lernbeeinträchtigten Menschen. Man bedenke, dass in der griechischen und römischen Kultur die Idee des Lebens- und → Bildungsrechts für Kinder mit Behinderungen nicht wirksam war. Ihre Tötung galt als moralisch richtig (Haeberlin 1996, 83 ff.). Das moderne ‚Höhere Schulwesen' basiert auf einer Kulturtradition, welche eine Bildung der Schwachen und Schwächsten als (sonder)pädagogische Aufgabe nicht kennt.

Ursprünge des ‚Niederen Schulwesens' sind mittelalterliche Schreib- und Leseschulen sowie die unter der Einwirkung von Reformation und Gegenreformation entstandenen Küsterschulen. In diesen hatte die Vermittlung von elementaren Lese- und Schreibfähigkeiten an Kinder aus dem ‚einfachen Volk' begonnen. An der Volksschule als Elementarschule für alle Kinder entwickelte sich im 18. und 19. Jahrhundert ein zunehmendes gesellschaftliches und wirtschaftliches Interesse (Beckmann 1976, 179 ff.). Die Tradition des ‚Niederen Schulwesens' beinhaltet den Gedanken der Schulpflicht und damit des Rechts zumindest auf elementare Bildung. Bis ins 20. Jahrhundert besuchten Kinder vermögender Eltern jedoch nicht die Elementarschule, sondern private ‚Vorschulen', welche auf das elitäre ‚Höhere Schulwesen' vorbereiteten. Die Elementarschule war die Schule für die sozial benachteiligte Bevölkerung und bildete in mehrdeutigem Sinne das ‚Niedere Schulwesen' (Diederich/Tenorth 1997, 49).

Die Zweiteilung des Schulwesens entsprach einer Zweiteilung der sozialen Schichtung. In den ersten drei Jahrzehnten des 20. Jahrhunderts wurde sie durch die Schaffung der für alle obligatorischen Grundschule für die ersten vier Schuljahre aufgehoben. Im anschließenden Sekundarbereich ist die Zweiteilung im Verlaufe des 20. Jahrhunderts zunächst von einer Dreiteilung in Volksschule sowie ‚mittleres' und ‚höheres' Schulwesen und dann von zunehmend differenzierteren Systemen abgelöst worden. Schule ist aber in allen differenzierteren Formen stets ein *Ort der sozialen Aufteilung* geblieben.

Entstehungsbereich der *Hilfsschule* als klassische sonderpädagogische Einrichtung ist das ‚Niedere Schulwesen'. Schulpflicht und karge Mittel bescherten den Volksschullehrern unvorstellbar große Klassen. Eine Erhöhung des Qualifikationsniveaus der Abgänger der allgemeinen Volksschule erwies sich im Laufe des 19. Jahrhunderts zunehmend als notwendig (Ellger-Rüttgardt 1997, 250). Die Idee einer Entlastung von lernschwachen und schwierigen Schülern durch Aussonderung in spezielle Schulen lag auf der Hand und wurde gegen Ende des 19. Jahrhunderts in der Form der Hilfsschule realisiert.

Aus der Geschichte der Schule allein wird nicht ersichtlich, welche Funktionen Schule für das gesamtgesellschaftliche System hat. Auf diese Frage richtet sich die moderne *Schultheorie*. Diese grenzt sich entschieden von den geisteswissenschaftlichen schultheoretischen Schriften in der ersten Hälfte unseres Jahrhunderts ab. Großen Einfluss auf die moderne deutschsprachige Schultheorie hatte die aus der Soziologie stammende These, dass eine Hauptfunktion von Schule die Reproduktion der Sozialstruktur einer Gesellschaft sei. An diese These knüpft die bisher umfassendste Schultheorie von Fend (1980) an. Darin werden drei *Reproduktionsfunktionen* voneinander unterschieden: Qualifikation, Selektion bzw. Allokation und Integration bzw. Legitimation. Die Qualifikationsfunktion erfüllt die Schule durch didaktisch aufbereitete Vermittlung von Wissen und Können, das für das Bestehen der zukünftigen Erwachsenen in den ihnen gesellschaftlich zugewiesenen Positionen notwendig ist. Die Selektionsfunktion erfüllt die Schule mit der Durchführung von Prüfungen, der Abgabe von Zeugnissen, der Verteilung von Zugangsberechtigungen zu Berufsausbildungen oder weiterführenden Schulen. Selektion bedeutet zugleich ‚Allokation', d. h. Platzierung im beruflichen und sozialen Gefüge. Die Integrationsfunktion erfüllt die Schule durch eine Vielzahl von oft informellen Vorgängen im Schulleben, welche im Schülerbewusstsein gesellschaftserhaltende Normen, Werte und Interpretationsmuster verankern. Die Integrationsfunktion zielt letztlich darauf ab, dass die Schule junge Erwachsene entlässt, welchen die ihnen zugewiesenen sozialen Positionen im gesellschaftlichen und beruflichen Gefüge als gerechtfertigt bzw. legitimiert erscheinen. Die Integrationsfunktion wird deshalb auch ‚Legitimationsfunktion' genannt.

Vor dem Hintergrund dieser allgemeinen Schultheorie wird die Funktion von *sonderpädagogischen Einrichtungen* erkennbar. In ihnen befinden sich überdurchschnittlich viele Kinder aus sozial benachteiligten Familien (→ Soziokulturelle Bedingungen). Schulentlassung mit einem Sonderschulzeugnis bedeutet mehrheitlich Fortsetzung sozialer Benachteiligung in der nächsten Generation. Zumindest die Schule für → Lernbehinderte erfüllt die Funktionen der Qualifikation, der sozialen Platzierung und der gesellschaftsschützenden Integration von beruflich und sozial Benachteiligten. Die Benachteiligung manifestiert sich zur Zeit sichtbar als Arbeitslosigkeit. Aus schultheoretischer Sicht lässt sich voraussagen, dass auch die schulorganisatorische Integration bisheriger Sonderschüler in Allgemeine Schulen an der Legitimation sozialer Benachteiligung nichts Grundsätzliches zu ändern vermag.

Schultheorie befasst sich auch mit der Frage nach dem Reformbedarf von Schule. *Schulreformen* sind im 20. Jahrhundert häufig mit der Einrichtung von Schulversuchen eingeleitet worden. Dies gilt insbesondere für die bildungsökonomisch motivierte Reformwelle in den 60er Jahren. Als Reaktion auf die Angst vor technischem und wirtschaftlichem Rückstand gegenüber den damaligen Ostblockländern zielten diese Schulreformen vorwiegend auf eine wirksamere Förderung der Leistungsfähigkeit von

Schülern im weiterführenden Schulwesen ab (Haeberlin 1996, 134 ff). Der weitaus größte Teil der zahlreichen Schulversuche der 60er und 70er Jahre bezog sich auf Versuche mit Gesamtschulmodellen in der Sekundarstufe I. Seit dieser Reformwelle ist die Forderung nach *wissenschaftlicher Begleitung von Schulversuchen* Standard geworden. Aber auch die Grenzen solcher Begleitforschung sind sichtbar geworden: Weil Schule Reproduktionsfunktion hat, haben Schulreformen und Schulversuche immer auch eine politische Dimension. Sie können als Instrument für eine Destabilisierung von bisherigen Strukturen der Verteilung sozialer Positionen benützt werden. Das sich damit durch Schulversuche bildende politische Konfliktpotential kann nicht durch empirische Begleitforschung harmonisiert werden.

Im Laufe der 70er Jahre ist die Schulversuchseuphorie im Sekundarbereich und die gesellschaftspolitische Debatte über Gesamtschulmodelle abgeflaut. Im Bereich des Sonderschulwesens hingegen ist seit den 70er Jahren eine kontinuierliche Zunahme von Versuchen mit *Integrationsmodellen* zu verzeichnen, in welchen auf die Separation von leistungsschwachen und behinderten Schülern verzichtet wird. Die Verengung der schultheoretischen Gesamtsicht auf die Frage der → Integration von bisherigen Sonderschülern birgt Gefahren in sich. Sie kann die Ausblendung der globalen Reproduktionsfunktion von Schule zur Folge haben und gesellschaftspolitische Kurzsichtigkeit mit Blick allein auf die Sonderschule als vermeintlichen moralischen Sündenfall erzeugen.

Integrationsversuche sind einerseits in vielen Erfahrungsberichten dokumentiert (z. B. Freiburger Projektgruppe 1993); andererseits liegen verschiedene *empirische Forschungsergebnisse* zu Wirkungen von Integration im Vergleich mit Separation vor. Eine Zusammenfassung der Ergebnisse empirischer Begleitforschung zu integrativen Schulversuchen ergibt folgendes Bild (Bless 1995; Haeberlin u. a. 1999; Kronig 2000; Riedo 2000): Lernbehinderte und verhaltensauffällige Kinder sind in Regelklassen oft sozial isoliert. Wenn es sich um Ausländerkinder handelt, verstärkt sich der soziale Ausschluss (→ Interkulturalität). Die soziale Akzeptanz für Kinder mit geistiger Behinderung, Körperbehinderung oder Sinnesschädigung ist in der Regel etwas besser. In Allgemeine Schulen integrierte → Lernbehinderte schätzen die eigene Begabung schlechter ein als in Sonderschulen Separierte. Lernbehinderte Schüler erreichen bei Integration in die Allgemeine Schule ebenso gute oder sogar bessere Lernfortschritte als bei Separation in die Sonderschule. Dies gilt auch für den Erwerb der deutschen Sprache durch lernbehinderte Ausländerkinder. Schulabgänger mit einem Sonderschulzeugnis scheinen bei der Zuteilung des beruflichen Status unabhängig von einem Vergleich der Schulleistungen mit andern Schulabgängern am stärksten benachteiligt zu sein. Trotzdem weisen sie eher einen höheren Zufriedenheitsgrad mit ihrer Situation auf als andere Schulabgänger in ähnlicher Situation.

Die Forschungsergebnisse sind aus den Reproduktionsfunktionen der Schule erklärbar: Die Tendenz zum sozialen Ausschluss von leistungsschwachen Kindern entspricht mehrheitlich dem sozialen Status ihrer Eltern und ihrem eigenen zukünftigen Status in der Gesellschaft. Dies trifft noch stärker auf Immigrantenkinder zu. Menschen mit → geistiger Behinderung und sichtbaren Schädigungen sind hingegen in die gesellschaftliche Hierarchie schwer einzuordnen; jede Familie könnte davon betroffen werden. Die negativere Selbsteinschätzung von Lernbehinderten in Regelklassen trotz besserer Lernfortschritte erklärt sich aus den Vergleichsmöglichkeiten, welche in Sonderschulen fehlen, aber Realität nach dem Schulaustritt sein werden. Die Zufriedenheit ehemaliger Sonderschüler mit ihrer beruflichen Benachteiligung ist ein Beleg dafür, dass die Sonderschule ihre Integrations- und Legitimationsfunktion wahrnimmt.

Urs Haeberlin

Literatur

Beckmann, H.-K.: Schule als pädagogische Institution. In: Speck, J. (Hrsg.): Problemgeschichte der neueren Pädagogik. I. Wissenschaft-Schule-Gesellschaft. Stuttgart 1976, 150–193.
Bless, G.: Zur Wirksamkeit der Integration. Forschungsüberblick, praktische Umsetzung einer integrativen Schulform, Untersuchungen zum Lernfortschrift. Bern 1995.
Diederich, J./Tenorth, H.-E.: Theorie der Schule. Ein Studienbuch zu Geschichte, Funktionen und Gestaltung. Berlin 1997.
Ellger-Rüttgardt, S.: Geschichte der sonderpädagogischen Institutionen. In: Harney, K./Krüger, H.-H. (Hrsg.): Einführung in die Geschichte von Erziehungswissenschaft und Erziehungswirklichkeit. Opladen 1997, 247–269.
Fend, H.: Theorie der Schule. München 1980.
Freiburger Projektgruppe: Heilpädagogische Begleitung in Kindergarten und Regelschule. Dokumentation eines Pilotprojektes zur Integration. Bern 1993.
Haeberlin, U.: Heilpädagogik als wertgeleitete Wissenschaft. Ein propädeutisches Einführungsbuch in Grundfragen einer Pädagogik für Benachteiligte und Ausgegrenzte. Bern 1996.
Haeberlin, U./Bless, G./Moser, U./Klaghofer, R.: Die Integration von Lernbehinderten. Versuche, Theorien, Forschungen, Enttäuschungen, Hoffnungen. 3. Aufl. Bern 1999.
Kronig, W.: Die Integration von Immigrantenkindern (Arbeitstitel). Bern 2000.
Riedo, D.: „Ich war früher ein sehr schlechter Schüler ...“. Schule, Beruf und Ausbildungswege aus der Sicht ehemals schulleistungsschwacher junger Erwachsener. Bern 2000.

Sozialisation

Sozialisation lässt sich am besten definieren, indem man diesen Begriff von → Erziehung abgrenzt: In beiden Fällen geht es um die Entwicklung des heranwachsenden Menschen, um den Erwerb von Kompetenzen und Verhaltensstandards, um die Ausbildung der → Identität. Erziehung findet statt, wenn Erwachsene gezielt und bewusst auf Heranwachsende einwirken, um bei diesen wünschenswerte Verhaltensweisen hervorzurufen. Der Begriff Sozialisation verweist demgegenüber darauf, dass die Prozesse, die für die Persönlichkeitsentwicklung von Heranwachsenden bedeutsam sind, weit über solche erzieherische Interaktionen hinausgehen; denn das Aufwachsen in der Gesellschaft produziert unablässig Erfahrungen, die von Heranwachsenden persönlichkeitswirksam verarbeitet werden: ob das Spielen in der Kindergruppe, der Konsum von Fernsehsendungen oder die Teilnahme am Straßenverkehr – die Erfahrungen, die dabei gesammelt werden, sind für die Persönlichkeitsentwicklung nicht weniger bedeutsam als die direkten erzieherischen Interaktionen in Familie und Schule. Angesprochen ist damit ein erziehungs- und sozialwissenschaftliches Forschungs- und Theorieprogramm, das die Gesamtheit der gesellschaftlichen Einflüsse auf die Persönlichkeitsentwicklung in den Blick nehmen will. Die inzwischen ‚klassische‘ *Definition* hierzu lautet: Sozialisation ist zu verstehen „als der Prozess der Entstehung und Entwicklung der Persönlichkeit in wechselseitiger Abhängigkeit von der gesellschaftlich vermittelten sozialen und materiellen Umwelt. Vorrangig thematisch ist dabei, wie sich der Mensch zu einem gesellschaftlich handlungsfähigen Subjekt bildet“ (Geulen/Hurrelmann 1980, 51). In einem solchen Verständnis ist Erziehung dann eine Teilmenge von Sozialisation.

Sozialisation ist ein interdisziplinäres Konzept, zu deren theoretischer wie empirischer Ausgestaltung vor allem die Soziologie und die Psychologie (und später dann auch die Erziehungswissenschaft) beigetragen haben (Geulen 1991). Von herausragender Bedeutung für die *frühe theoretische Entwicklung* ist der französische Soziologe Durkheim (1858–1917). Er hat als erster Sozialisation als den zentralen Mechanismus zur Integration des einzelnen in das gesellschaftliche System beschrieben: Das – ursprünglich – triebhafte, egoistische und asoziale Kind stelle eine Gefährdung für den gesellschaftlichen Zusammenhang dar. Deshalb sei es notwendig, dass die Heranwachsenden die Orientierungen und Verhaltensweisen verinnerlichen, durch die dann die gesellschaftliche Stabilität gesichert werden könne. Normenverinnerlichung und gesellschaftliche Integration sind damit die Hauptaufgaben, die in der frühen Theoriebildung dem Sozialisationsprozess zugeschrieben wurden (Durkheim 1923).

Diese funktionalistische Betrachtung des Verhältnisses von individuellem Lernen und gesellschaftlicher Stabilität stand am Anfang der sozialisationstheoretischen Entwicklung. Die weitere Theoriediskussion ist dann eng verflochten mit der allgemeinen Entwicklung von Psychologie und Soziologie im 20. Jahrhundert. Freuds (1856–1939) Persönlichkeitsmodell von Es, Ich und Über-Ich galt lange Zeit als ein besonders erklärungskräftiges Konzept für die Subjektseite des Sozialisationsprozesses, das Über-Ich wurde gleichsam als Einfallstor gesellschaftlicher Normenverinnerlichung angesehen. Für die gesellschaftliche Seite des Sozialisationsprozesses gewann in den 50er und 60er Jahren das *struktur-funktionale* Modell von Parsons (1902–1979) und das damit verbundene Verständnis von Sozialisation als → "Rollenlernen" eine herausragende Bedeutung.

Vor diesem Theoriehintergrund etablierte sich die Sozialisationsforschung als *empirische Wissenschaft* – und zwar zunächst im angloamerikanischen Raum, seit den 70er Jahren auch in der Bundesrepublik. Frühe Arbeiten in den USA befassten sich vor allem mit dem Erwerb der Geschlechterrolle, der Leistungsmotivation, dem aggressiven Verhalten; später kamen dann Arbeiten zum Spracherwerb und zum → abweichenden Verhalten in Jugendcliquen hinzu. Diese Auflistung macht bereits deutlich, dass sich mit einer sozialisationstheoretischen Perspektive ganz unterschiedliche soziale Felder, Altersgruppen, Persönlichkeitsaspekte analysieren lassen. Etwa seit Mitte der 60er Jahre wurde die US-amerikanische Sozialisationsforschung auch in der Bundesrepublik intensiv rezipiert (Rolff 1967; Fend 1969). Angestoßen wurde damit zum einen eine Sozialisationsforschung, die in der Bundesrepublik seit Beginn der 70er Jahre kontinuierlich an Breite und Qualität zugenommen hat und inzwischen als einer der wichtigsten empirischen Stränge der erziehungswissenschaftlichen Forschung gelten kann (zum aktuellen Forschungsstand: Hurrelmann/Ulich 1991; Schneewind 1994; Hurrelmann 2001). Zum anderen wurde eine kritische Theoriediskussion entfacht, die in den 70er Jahren zu einer durchgreifenden Revision der subjekt- und gesellschaftstheoretischen Prämissen des Sozialisationskonzepts führte.

Die frühen Theoriebildungen wurden in den 70er Jahren in der Bundesrepublik nicht nur intensiv rezipiert, sondern auch massiv kritisiert (insbesondere Habermas 1973). Dabei wurde vor allem bemängelt, dass das Subjekt zu passiv konstruiert sei, dass es ganz überwiegend oder gar völlig als abhängiger Faktor der sozialen Umstände betrachtet werde. In Absetzung von einem solchen *deterministischen (Miss-)verständnis* hat sich in der Sozialisationsforschung seit den 80er Jahren die Vorstellung von einem aktiven, von einem „produktiv realitätsverarbeitenden Subjekt“ durchgesetzt: In dieser Sichtweise verläuft Persönlichkeitsentwicklung „im Prozess einer Auseinandersetzung mit der ‚inneren‘ und der ‚äußeren‘ Realität, wobei jedes Individuum Fähigkeiten der Realitätsaneignung, -verarbeitung, -bewältigung und -veränderung“ besitzt, einsetzt und weiterentwickelt (Hurrelmann 1993, 63). Anders formuliert: Die Umwelt und die durch sie geschaffenen Lebensbedingungen stellen jeweils lediglich das ‚Material‘ dar, das die Subjekte sich dann in aktiver (und auch individuell unterschiedlicher) Weise aneignen; in diesem Aneignungsprozess bilden sie ihre Persönlichkeitsstrukturen aus. Im Kontext dieser kritischen Diskussion gewannen Theoriekonzepte an Boden (z. B. Symbolischer → Interaktionismus, kognitive Psychologie), die mit ihren Kategorien die Eigentätigkeit des Sozialisanden betonen.

Eine zweite Kritik bezog sich auf das *gesellschaftliche Erkenntnisinteresse* der Theoriebildung. Die Sozialisationstheorie sei zu stark darauf ausgerichtet, die Integration in das bestehende gesellschaftliche System zu erklären. Sie leiste damit einen Beitrag zur Systemstabilisierung und verteidige in affirmativer Weise den gesellschaftlichen Status quo. Diese Kritik führte dazu, dass die Sozialisationtheorie von einer einseitigen Integrations-Perspektive abrückte: Sozialisation führt nicht nur zur Vergesellschaftung, sondern zugleich auch zur Individuierung (Hurrelmann 1993, 71); denn die je einmalige Individualität des Subjekts ist genauso als Ergebnis einer gelungenen Sozialisation anzusehen wie die von allen geteilte Fähigkeit zur gesellschaftlichen Teilhabe (Tillmann 2004, 12). Dem entspricht es auch, dass nunmehr als Zielsetzung des Sozialisationsprozesses nicht mehr die möglichst reibungslose gesellschaftliche Integration, sondern die Ausbildung einer *individuellen Handlungskompetenz* angesehen wird: die Fähigkeit, sich innerhalb eines gegebenen gesellschaftlichen Kontextes bewusst und erfolgreich verhalten zu können (Hurrelmann 1993, 73 ff.). Dies schließt die Fähigkeit, sich mit gegebenen Bedingungen zu arrangieren, ebenso ein wie die Kompetenz, auf Veränderungen der sozialen Umwelt hinzuwirken. Ein solches Sozialisationsverständnis stützt nicht den Status quo, sondern stellt auch die Frage nach der Herausbildung solcher subjektiven Potentiale, die auf gesellschaftliche Änderungen hinwirken.

Weil der einzelne im Sozialisationsprozess nie der → Gesellschaft in ihrer Totalität und Komplexität gegenübertritt, bedarf es eines Modells, das diese gesellschaftliche Komplexität ordnet und für die Sozialisationsforschung handhabbar macht. Hier ist ein *Strukturmodell der Sozialisationsbedingungen* hilfreich. Es stellt dar, in welchen systematischen Beziehungen die verschiedenen gesellschaftlichen Einflussfaktoren stehen und wie sie – direkt oder indirekt – auf die Persönlichkeitsentwicklung wirken. In Anlehnung an Geulen/Hurrelmann (1980) hat Tillmann (2004, 18) hierzu das Vier-Ebenen-Modell entwickelt (s. Abb. 1).

Dabei werden die verschiedenen gesellschaftlichen Komponenten nach ihrer Nähe bzw. Ferne zum unmittelbaren Sozialisationsprozess – zur Subjektwerdung – geordnet. Damit ist die erste Ebene („Subjekt“) und zugleich die zentrale Betrachtungsperspektive der Sozialisationsforschung angesprochen. Die zweite Ebene („Interaktionen und Tätigkeiten“) beschreibt die unmittelbare sozialisatorische Umwelt, die kommunikativen und materiellen Bedingungen, mit denen sich Heranwachsende auseinandersetzen müssen. In unserer Gesellschaft sind solche sozialisatorischen Umwelten überwiegend eingebunden in „Institutionen“ (dritte Ebene), diese wiederum erfüllen ihre Funktionen für die „Gesamtgesellschaft“ (vierte Ebene). Dieses Modell macht deutlich, dass die gesellschaftlichen Bedingungen, die auf Subjektentwicklung Einfluss nehmen, in einem hierarchischen Verhältnis zueinander stehen. Die jeweils höhere setzt die Rahmenbedingungen für die Strukturen und Abläufe der nächst niedrigen. Damit ist jedoch kein deterministisches Verhältnis gemeint; denn Strukturen und Abläufe der unteren Ebene wirken immer auch auf die nächsthöhere zurück und können dort Veränderungen bewirken. Auf diese Weise sind Prozesse der gesellschaftlichen Makroebene (gesamtgesellschaftliche Strukturen, Institutionen) mit Prozessen der Mikroebene (Interaktion, Subjektentwicklung) verknüpft. Es ist Aufgabe der Sozialisationsforschung, diese Verknüpfungen zu analysieren. Dies geschieht z. B., wenn über Aggressionsbereitschaft (Ebene 1) und Gewaltverhalten (Ebene 2) von Jugendlichen geforscht wird, und dabei sowohl nach der Bedeutung von

Ebene	*Komponenten* (beispielhaft)
(4) Gesamtgesellschaft	ökonomische, soziale, kulturelle Struktur
(3) Institutionen	Betriebe, Massenmedien, Schulen, Universitäten, Militär, Kirchen
(2) Interaktionen und Tätigkeiten	Eltern-Kind-Beziehungen; schulischer Unterricht; Kommunikation zwischen Gleichaltrigen, Freunden, Verwandten
(1) Subjekt	Erfahrungsmuster, Einstellungen, Wissen, emotionale Strukturen, kognitive Fähigkeiten

Abbildung 1: Struktur der Sozialisationsbedingungen (Tillmann 2000, 12)

Schule und Jugendarbeit (Ebene 3) wie nach dem Einfluss des Arbeitsmarkts (Ebene 4) gefragt wird.

Diese Strukturierung des gesellschaftlichen Gefüges ist zu ergänzen durch eine *Aufgliederung des Sozialisationsprozesses in Phasen*; denn im Zentrum des Sozialisationsprozesses steht die Entwicklung des einzelnen im Zuge des Älterwerdens – steht also die Ontogenese. Dabei lassen sich vergangene Erfahrungen nicht ausradieren, sondern bilden den Horizont, vor dem neue Erfahrungen ihre Bedeutung gewinnen. Eine erste Berücksichtigung hat dieser Sachverhalt in der Unterscheidung von *primärer Sozialisation* (in der Familie), *sekundärer Sozialisation* (vor allem in Schule und Altersgruppe) und *tertiärer Sozialisation* (im Erwachsenenalter) gefunden. Differenziertere Modelle verweisen darauf, dass in entwickelten Gesellschaften (wie der unsrigen) Lebensläufe in hohem Maß sozial vorstrukturiert und institutionell eingekleidet sind. Daraus ergibt sich dann eine ‚Normalbiographie', zu der in unserer Gesellschaft das Durchlaufen von Kindergarten, Grundschule und Sekundarschule, der Schulabschluss und die Berufsausbildung (oder das Studium), der Berufseintritt und (wie verzögert auch immer) die Familiengründung gehört. Nicht alle, aber die übergroße Mehrheit der Heranwachsenden in unserer Gesellschaft durchlaufen diese Phasen in der vorgegeben Reihenfolge (Tillmann 2004, 21). An Sozialisationsforschung und -theorie ist damit die Anforderung gestellt aufzuzeigen, wie sich Kompetenzen und Persönlichkeitsstrukturen in der Genese der verschiedenen Phasen verändern und dabei die Erfahrungen der einen Phase die nächste beeinflussen.

Anfang der 70er Jahre wurden sozialisationstheoretische Konzepte auch in der *Behindertenpädagogik* rezipiert. Unter Bezug auf Theorieansätze zur schichtenspezifischen Sozialisation (Rolff 1967) wurde die Verknüpfung von Schulversagen, Sonderschulbesuch und soziokultureller Benachteiligung thematisiert (Begemann 1970). Die hierzu in den 70er Jahren durchgeführte empirische Forschung machte deutlich, dass etwa 90 % der Kinder in Lernbehindertenschulen aus unteren und untersten sozialen Schichten stammen. Viele von ihnen leben unter besonders deprivierten Bedingungen (z.B. Langzeitarbeitslosigkeit der Eltern, schlechte Wohnverhältnisse, Heimkinder). Dieser Forschungsstrang, der Lernbehinderung im Zusammenhang mit sozialen Benachteiligungen untersucht, wurde in den 80er Jahren kaum noch verfolgt. Erst in den 90er Jahren wurde er unter einer sozialökologischen Perspektive wieder aufgenommen, indem der Zusammenhang zwischen den Lebensbedingungen in bestimmten Wohnquartieren (Obdachlosensiedlungen, „soziale Brennpunkte", → soziokulturelle Bedingungen) und dem Sonderschulbesuch analysiert wird (Eberwein/Mand 1992).

Mit diesem Forschungsstrang ist eine zweite sozialisationstheoretische Perspektive verknüpft: In der Behindertenpädagogik sind die interaktionistischen Theorieansätze, die auf Goffman (1967) zurückgehen, vielfältig rezipiert worden. Auf diese Weise lassen sich Behinderten-Karrieren als Etikettierungsprozesse (labeling) beschreiben; dabei kommt der Sonderschule die Rolle einer machtvollen Definitions-Instanz zu (Homfeldt 1996). Das bedeutet zugleich, dass Schüler(innen) mit → stigmatisierenden Zuschreibungen (z.B. „Dummheit") umgehen und sich bei ihrem Identitätsentwurf darauf beziehen müssen (Ammann/Peters 1981). Insgesamt bleibt jedoch festzuhalten, dass sozialisationstheoretische Ansätze in der Behindertenpädagogik – anders als z.B. in der Vorschulerziehung, der allgemeinen Schulpädagogik, der Jugendforschung – erst relativ spät in ihrer Bedeutung erkannt wurden (Hurrelmann/Jaumann 1985; Cloerkes 1997) (→ Behinderung).

Klaus-Jürgen Tillmann

Literatur

Ammann, W./Peters, H.: Stigma Dummheit. Bewältigungsargumentationen von Sonderschülern. Rheinstetten 1981.

Begemann, E.: Die Erziehung der sozio-kulturell benachteiligten Schüler. Zur erziehungswissenschaftlichen Grundlegung der „Hilfsschulpädagogik". Hannover 1970.

Cloerkes, G.: Soziologie der Behinderten. Einführung. Heidelberg 1997.

Fend, H.: Sozialisierung und Erziehung. Weinheim 1969.

Freud, S.: Abriss der Psychoanalyse/Das Unbehagen in der Kultur. Frankfurt 1972.

Durkheim, E.: Education et Sociologie. Paris 1923.

Eberwein, H./Mand, J.: Deutungsmusteranalyse in der sonderpädagogischen Forschung. In: Chassé, K. A./Drygala, A./Schmidt-Noerr, A. (Hrsg.): Randgruppen 2000. Analysen zu Randgruppen und zur Randgruppenarbeit. Gerd Iben zum 60. Geburtstag gewidmet. Bielefeld 1992, 113–126.

Geulen, D.: Die historische Entwicklung sozialisationstheoretischer Ansätze. In: Hurrelmann, K./Ulich, D. (Hrsg.): Neues Handbuch der Sozialisationsforschung. Weinheim 1991, 21–24.

Geulen, D./Hurrelmann, K.: Zur Programmatik einer umfassenden Sozialisationstheorie. In: Hurrelmann, K./Ulich, D. (Hrsg.): Handbuch der Sozialisationsforschung, Weinheim 1980, 51–67.

Goffman, E.: Stigma. Über Techniken der Bewältigung beschädigter Identität. Frankfurt 1967.

Habermas, J.: Stichworte zu einer Theorie der Sozialisation. In: Habermas, J.: Kultur und Kritik. Frankfurt 1973, 118–194.

Homfeldt, H.G.: Die Schule für Lernbehinderte unter labelingtheoretischen Aspekten. In: Eberwein, H. (Hrsg.): Handbuch Lernen und Lern-Behinderungen. Weinheim 1996, 176–191.

Hurrelmann, K.: Einführung in die Sozialisationstheorie. Weinheim 4. Aufl. 1993.

Hurrelmann, K.: Sozialisation. In: Rost, D. H. (Hrsg.): Handwörterbuch Pädagogische Psychologie. Weinheim 2. Aufl. 2001.

Hurrelmann, K./Jaumann, O.: Sozialisations- und interaktionstheoretische Konzepte in der Behindertenpädagogik. In: Bleidick, U. (Hrsg.): Theorie der Behindertenpädagogik (Handbuch der Sonderpädagogik, Band 1). Berlin 1985, 295–321.

Hurrelmann, K./Ulich, D. (Hrsg.): Neues Handbuch der Sozialisationsforschung. Weinheim 1991.

Parsons, T.: Sozialstruktur und Persönlichkeit. Frankfurt 1968.

Rolff, H.G.: Sozialisation und Auslese durch die Schule. Heidelberg 1967.

Schneewind, K.A. (Hrsg.): Psychologie der Erziehung und Sozialisation (Enzyklopädie der Psychologie, Band DI3). Göttingen 1994.

Tillmann, K.J.: Sozialisationstheorien – eine Einführung in den Zusammenhang von Gesellschaft, Institution und Subjektwerdung. Reinbek 13. Aufl. 2004.

Allgemeine Behindertenpädagogik

Behindertenpädagogik

Behindertenpädagogik ist der Oberbegriff für die Pädagogik bei behinderten Menschen. Die Unterbegriffe für einzelne Fachrichtungen enthalten in Theorie und Praxis ebenfalls den Begriff der Behinderung: Pädagogik bei Körperbehinderten, Sehbehinderten, Hörbehinderten, Geistigbehinderten, Lernbehinderten, Sprachbehinderten. Als Synonyma werden Heilpädagogik, Sonderpädagogik und Rehabilitationspädagogik verwendet, meist jedoch ohne dass die unterschiedlichen sozialwissenschaftlichen Konnotationen Beachtung finden.

Der Begriff der Behindertenpädagogik wurde im deutschen Sprachgebiet nach dem Zweiten Weltkrieg eingeführt (Bleidick 1972, 5. Aufl. 1984; Jantzen 1987) (synonym: Pädagogik der Behinderten, Pädagogik bei Behinderung). Der Terminus stellt eine Ersatzbezeichnung für die medizinisch-therapeutisch missverständliche → Heilpädagogik dar, die meist einen unerfüllbaren Heilungsanspruch ausdrückt, sowie gegen die formale und oftmals mit Aussonderungstendenzen gleichgesetzte → Sonderpädagogik. Hervorgehobenes Motiv für den Namenswechsel sind ferner Allgemeinverständlichkeit und sozialrechtliche Verbreitung des Begriffs der → *Behinderung*, der seit Inkrafttreten des Bundessozialhilfegesetzes 1961 in das → Behindertenrecht übernommen wurde. Damit fügt sich die Behindertenpädagogik in den sozialpolitischen Gesamtrahmen der → Rehabilitation ein.

Bei einer *erziehungswissenschaftlichen Standortbestimmung* des Behinderungsbegriffs hat die Deckungsgleichheit mit der allgemeinen Sozialpolitik für benachteiligte Menschen Vor- und Nachteile, indem die semantische Fassung sowohl weit als auch eng ausgelegt werden kann. Behinderung selbst ist – mit dem Wort Herbarts – kein „einheimischer Begriff" der Pädagogik. Gegenüber dem medizinisch umgrenzten und sozialrechtlich definierten Terminus ist deshalb die Spezifizierung im Hinblick auf einen pädagogisch gemeinten Begriff der Behinderung unabdingbar. Behinderung wird dadurch pädagogisch relevant, dass sie den üblichen, ‚normalen' Ablauf der Bildung und Erziehung beeinträchtigt, hemmt, stört, variiert, unterbricht. Behinderung im erziehungswissenschaftlichen Verstande ist eine „intervenierende Variable" des Erziehungsvorgangs (Bleidick 1984, 196). Dieser Tatbestand ist wörtlich zu verstehen: Fehlende visuelle Orientierung verändert die Informationsaufnahme, der blinde Schüler muss zum Lesen Braille-Schrift lernen. Gehörlosigkeit legt eine sprachliche Kommunikationsform ohne akustische Rückkoppelung nahe, mittels Gebärdensprache und Mundablesen. Geistigbehinderte Menschen haben gegenüber dem allfälligen Fächerkanon einen anders akzentuierten Bildungsbedarf, der ein spezifisches Eingehen auf ihre Lernweise notwendig macht.

Eine nosologische Klassifikation der menschlichen Behinderungen mit medizinischen, psychologischen und soziologischen Einteilungskriterien ist insofern keine Voraussetzung für die erziehungswissenschaftliche Konstituierung der Behindertenpädagogik. Sie stellt allenfalls ihr Vorstadium dar. Nicht die Behinderung als solche ist interessant, als vielmehr ihre Auswirkung auf Bildung und Erziehung. Die Einsicht wurde in der Geschichte der behindertenpädagogischen Theoriebildung frühzeitig erreicht. Strümpell formulierte in „Die Pädagogische Pathologie oder Die Lehre von den Fehlern der Kinder" (zuerst 1890), dass ihr Grundbegriff die „Störung des Bildsamkeit" sei (1910, 27). In seinem „Versuch einer wissenschaftstheoretischen Grundlegung der Heilpädagogik" benennt Heinrichs den „Defekt am Erziehungsvollzug" als eine analytische Kategorie, von der aus die Aufgabe der Heilerziehung abzuleiten sei, nämlich den „in seiner Funktionstüchtigkeit beeinträchtigten Erziehungsvorgang" wiederherzustellen, „heil" zu machen (1931, 15, 19). Die Linie der Interpretation auf das „pädagogisch Bedeutsame" hin wird in der Wesensbeschreibung der Heilpädagogik durch Moor fortgesetzt: „Was heißt Erziehung angesichts der eingeschränkten Lebensmöglichkeiten eines entwicklungsgehemmten Kindes?" (1965, 269).

Auffällig bei allen diesen theoretischen Ableitungen ist, dass das ‚Materialobjekt' der Behindertenpädagogik, der behinderte Educandus, mit vielfältigen Austauschbegriffen benannt wird und somit an präziser Abgrenzung einbüßt. Der Deutsche Bildungsrat trug dem Sachverhalt durch eine weitmögliche Konsensus-Definition der „Beeinträchtigung" Rechnung: „Als behindert im erziehungswissenschaftlichen Sinne gelten alle Kinder, Jugendlichen und Erwachsenen, die in ihrem Lernen, im sozialen Verhalten, in der sprachlichen Kommunikation oder in den psychomotorischen Fähigkeiten so weit beeinträchtigt sind, dass ihre Teilhabe am Leben der Gesellschaft erschwert ist. Deshalb bedürfen sie besonderer pädagogischer Förderung" (1973, 32). Das gemeinsame Bezugssystem von Behinderung und Erziehung ergibt somit einen logischen Dreischritt: *Behinderung* als Folge von Schädigung oder funktioneller Beeinträchtigung – *Behinderung der Erziehung* als erschwertes Lernen und Störung der Bildsamkeit – *Erziehung der Behinderten* als ganzheitlicher Prozess der pädagogischen Förderung (Bleidick 1984, 196).

Der Terminus Behindertenpädagogik hat, ähnlich wie Heilpädagogik und Sonderpädagogik, Einwände auf sich gezogen, die sich gegen seine einseitige Verabsolutierung richten, weil der Begriff der Behinderung „in der übergangslosen Grenzsetzung ... von seinem Gegenstück, der Nicht-Behinderung, nicht klar zu trennen ist" (Speck 1996, 56, 261). Der versorgungsrechtlich relativ enge Behinderungsbegriff erscheint unter dem Signum der Behindertenpädagogik unzulässig ausgeweitet, zumal die Betroffenen – etwa die Lern-‚Behinderten' – dies als eine ungerechtfertigte Stigmatisierung empfinden. Es ist deshalb versucht worden, ‚weichere' Differenzierungen mit den Begriffen Störung, Hemmung, Schwierigkeit oder Beeinträchtigung einzuführen, ohne dass sich damit oberbegriffliche Verallgemeinerungen durchgesetzt hätten, die gleichfalls Abgrenzungsprobleme aufwerfen.

Die Behinderung der Erziehung – als Erschwerung des Lernens und der sozialen Eingliederung – ist paradoxerweise nicht an das Vorliegen einer Behinderung als nachweisbarer Schädigung gebunden. Das „Misslingen der Erziehung" entsteht bekanntlich, und gar nicht mal selten, auch aus „Normalauswirkungen" (Lindmeier 1993, 255, 59). Es ist eine Frage des erzieherischen Anspruchsniveaus und menschlicher Toleranz, ob diese Situation als ein Wesensmerkmal von Erziehung gelten darf, der das Risiko des Scheiterns inhärent ist, oder als Dramaturgie einer „Pädagogik der Notfälle" (Flitner 1953, XX), die Heilpädagogik, Sonderpädagogik oder Behindertenpädagogik auf den Plan ruft. Ein moderner Trend nach Eskamotierung des Behinderungsbegriffs, mit dem eine „Dekategorisierung" verfolgt wird (Benkmann 1994), kommt einer solchen Behindertenpädagogik ohne Behinderte entgegen.

Da Vor- und Nachteile kommunikativer Übereinkunft auf sozialwissenschaftliche Begriffe oftmals nur miteinander zu haben sind, muss der Fachbegriff Behindertenpädagogik weiterhin Geltung beanspruchen. Die scheinbare Trennungslinie zwischen ‚behindert' und ‚nichtbehindert' entspricht dem „strukturellen Defizit", das sich bei der Herauslösung der spezialisierten Behindertenpädagogik aus der Allgemeinen Pädgogik als „unvermeidbare Ausdifferenzierungsbedingung des Erziehungssystems" ergibt (Luhmann 1987, 63–64). Sein binärer Code ist sinnstiftend für die System-Umwelt-Differenz (Luhmann 1985, 404): im Rechtswesen als recht und unrecht; in der Medizin als gesund und krank; im Erziehungswesen als besser und schlechter; in der Behindertenpädagogik als behindert und nichtbehindert.

Der Tatbestand einer Behinderung im Konstitutionssystem der Behindertenpädagogik ist damit keine regulative Idee, wohl aber eine deskriptive Variable (Bleidick 1999). Sie begründet keine Autonomie der Behindertenpädagogik. Bildung und Erziehung behinderter Menschen ist Pädagogik „und nichts anderes" (Moor 1965, 273). Es gibt keine wesensmäßigen Unterschiede zwischen der ‚allgemeinen' und der ‚behindertengemäßen' Erziehung. Ob sich das Theoriegebäude der Behindertenpädagogik gegenüber konkurrierenden Wissensformen hält oder durchsetzt, hängt ab von der Verbreitung des populären Behinderungsbegriffs als „Sprachgewohnheit" (Speck 1996, 20), von der Beibehaltung der Unterbegriffe der Sehbehinderten-, Körperbehindertenpädagogik usw. sowie vom sozialpolitischen Impetus des Rehabilitationsgedankens für behinderte Menschen. Ulrich Bleidick

Literatur

Benkmann, R.: Dekategorisierung und Heterogenität – Aktuelle Probleme schulischer Integration von Lernschwierigkeiten in den Vereinigten Staaten und der Bundesrepublik Deutschland. In: Vierteljahreszeitschrift Sonderpädagogik 24 (1994) 4–13.

Bleidick, U.: Pädagogik der Behinderten. Grundzüge einer Theorie der Erziehung behinderter Kinder und Jugendlicher. Berlin 5. Aufl. 1984.

Bleidick, U.: Behinderung als pädagogische Aufgabe. Behinderungsbegriff und behindertenpädagogische Theorie. Stuttgart 1999.

Deutscher Bildungsrat, Empfehlungen der Bildungskommission: Zur pädagogischen Förderung behinderter und von Behinderung bedrohter Kinder und Jugendlicher. Bonn 1973.

Flitner, W.: Die Erziehung. Pädagogen und Philosophen über die Erziehung und ihre Probleme. Wiesbaden 1953.

Heinrichs, K.: Versuch einer wissenschaftstheoretischen Grundlegung der Heilpädagogik. Halle 1931.

Jantzen, W.: Allgemeine Behindertenpädagogik. Band 1: Sozialwissenschaftliche und psychologische Grundlagen. Ein Lehrbuch. Weinheim 1987.

Lindmeier, Ch.: Behinderung – Phänomen oder Faktum? Bad Heilbrunn 1993.

Luhmann, N.: Die Autopoiesis des Bewusstseins. In: Soziale Welt 36 (1985) 402–446.

Luhmann, N.: Strukturelle Defizite. Bemerkungen zur systemtheoretischen Analyse des Erziehungswesens. In: Oelkers, J./Tenorth, H.-E. (Hrsg.): Pädagogik, Erziehungswissenschaft und Systemtheorie. Weinheim 1987, 5–75.

Moor, P.: Heilpädagogik. Ein pädagogisches Lehrbuch. Bern 1965.

Speck, O.: System Heilpädagogik. Eine ökologisch reflexive Grundlegung. München 3. Aufl. 1996.

Strümpell, L.: Die Pädagogische Pathologie oder Die Lehre von den Fehlern der Kinder. Eine Grundlegung. Leipzig 4. Aufl. 1910.

Behinderung

Als behindert gelten Personen, die infolge einer Schädigung ihrer körperlichen, seelischen oder geistigen Funktionen soweit beeinträchtigt sind, dass ihre unmittelbaren Lebensverrichtungen oder ihre Teilnahme am Leben der Gesellschaft erschwert werden. Der Rehabilitation Codes Report der Weltgesundheitsorganisation (WHO) von 1957 (ICIDH 1 Fassung von 1980) unterschied drei Ebenen des Begriffs: 1. Schädigung (impairment) von Organen oder Funktionen des Menschen; 2. Beeinträchtigung (disability) des Menschen, der aufgrund seiner Schädigung in der Regel eingeschränkte Fähigkeiten im Vergleich zu nichtgeschädigten Menschen gleichen Alters besitzt; 3. Benachteiligung (handicap) des Menschen im körperlichen und psychosozialen Feld in familiärer, beruflicher und gesellschaftlicher Hinsicht aufgrund seiner Schädigung und Beeinträchtigung.

Mit der ICIDH 2 von 1997 hat die WHO eine neue Einteilung der „Dimensions of Disablement and Health" getroffen. In der Begründung heißt es, die Beachtung sozialer Konsequenzen habe ein verändertes Verständnis der Schädigungen von Menschen nahe gelegt. Die defektologische Orientierung wird zugunsten einer sozialaktiven Einstellung revidiert: 1. *impairments* (function and structure) betreffen organische Schädigungen und funktionelle Störungen; 2. *activity* (activity limitation) definiert das Maß der persönlichen Verwirklichung; 3. *participation* (participation restriction) beschreibt die Teilhabe am Leben der Gesellschaft. *Kontextfaktoren* (persönliche wie Alter, Umweltfaktoren wie Arbeitsplatz) beeinflussen alle drei Dimensionen.

Die Schädigungsarten liefern ein erstes Raster, das für die → Rehabilitation als einschlägig gilt, insbesondere für die Bemessung des Grades der Behinderung (GdB). Die Grobeinteilung umfasst: Anfallserkrankungen, Altersgebrechlichkeiten, Geisteskrankheiten, (Psychosen), Hörschädigungen, Intelligenzschädigungen, Körperbehinderungen, Langfristige Erkrankungen, Sehschädigungen, Sprachbehinderungen und Verhaltensstörungen. Das medizinische Modell einer kausalen Einteilung nach Behinderungsarten gilt jedoch als überholt. In weiten Teilen der Sozialpolitik hat sich ein *finaler Behinderungsbegriff* durchgesetzt, der als gesetzes- und verwaltungstechnischer Begriff zu verteilungspolitischen Zwecken dient. Damit unterliegt der sozialtechnologische Behinderungsbegriff einem handlungsleitenden Interesse: Es werden solche Personen als behindert definiert, die der sozialen Hilfe bedürfen, etwa nach dem Bundessozialhilfegesetz (→ Behindertenrecht).

Der sozialrechtliche Deutungsrahmen macht ferner deutlich, dass Behinderung nicht in erster Linie eine Eigenschaft des Individuums als vielmehr ein Etikett ist, das von kulturellen Erwartungshaltungen sowie von den Institutionen sozialer Kontrolle zugeschrieben wird: der Grad der Behinderung durch das Versorgungsamt, der sonderpädagogische → Förderbedarf durch die Schulverwaltung und der Status einer beruflichen Behinderung durch die Arbeitsverwaltung. Solcherart Attribuierungen werden von einer verantwortlichen → Anthropologie kritisiert. Menschliches Wesen ist durch vielerlei Teilmerkmale charakterisiert: Geschlecht, Rasse, Hautfarbe, Größe usw. und eben auch durch körperliche und seelische Abweichung von Normalitätsbildern. Wenn man von einem ‚Behinderten' spricht, hebt man einen Aspekt seines Menschseins als typisierende Eigenschaft mit totalitärem Anspruch heraus. Das Konstrukt ‚Behinderung' ist Resultat einer medizinisch-psychologischen Anthropologie, in der alltagsorientierte Überzeugungsmuster sich zu einer Theorie aus empirischen und normativen Bausteinen verdichten.

Als komplexer Oberbegriff für Schädigungen, Beeinträchtigungen und Benachteiligungen ist Behinderung relational und relativ. Behindertsein hängt ab von der Art der Behinderung, dem Ausmaß der Schädigung, den Gebieten, auf denen mit Folgewirkungen der Beeinträchtigung zu rechnen ist (familiär, schulisch, beruflich, öffentlich), sowie der subjektiven Verarbeitung und Kompensationsfähigkeit. Das Fehlen eines allgemein gültigen Begriffs von Behinderung bedingt erhebliche Unsicherheiten der statistischen Zählung. Wir wissen nicht genau, wie viel behinderte Menschen es ‚gibt', weil die Bezugssysteme der Messung nach Altersstufen, Gebieten (Schule, Berufs- und Arbeitswelt) und die Klassifikationen (medizinisch, sozialrechtlich usw.) nicht vergleichbar sind. Schätzungen belaufen sich auf eine Gesamtzahl von 6–7 Millionen behinderter Bürger in der Bundesrepublik Deutschland (→ Statistik von Behinderungen).

Der neuzeitliche medizinisch-sozialrechtliche Begriff der Behinderung ist zuerst im Zusammenhang der Krüppelfürsorge für Körperbehinderte verwendet worden (Biesalski 1911). Die Ausweitung zu einer universellen Kategorie wurde durch das Bundessozialhilfegesetz von 1961 festgeschrieben und in fast alle Leistungsgesetze übernommen. Im Wandel der Terminologie spiegelt sich als Konstruktion der Zeitgeist dessen wider, was für die ‚Wirklichkeit' der Behinderung gehalten wird: Krüppel – Behinderter – Rehabilitand (Bläsig 1967, 9). Jüngster sozialpolitischer Steuerungsversuch ist eine von Behindertenverbänden geforderte sprachliche Korrektur. An die Stelle der substantivierenden Bezeichnung ‚Behinderter' mit einem defizitären Persönlichkeitsmerkmal solle das akzeptierende Menschenbild treten: ‚Menschen mit Behinderung'. Die Relativität des Behindertseins und die Dynamik sozialer Definitionsprozesse drücken sich in der Ambivalenz des Behinderungsbegriffs aus: Der Status der Behinderung verleiht Schutz und Hilfe; zugleich aber bedroht er mit Stigmatisierung und Aussonderung. Der Gesetzgeber hat dem mit einem *Benachteiligungsverbot* entgegenzuwirken versucht. 1994 trat die Änderung des Grundgesetzes in Art. 3 Abs. 3 Satz 2 in Kraft: „Niemand darf wegen seiner Behinderung benachteiligt werden."

Ulrich Bleidick

Literatur

Biesalski, K.: Leitfaden der Krüppelfürsorge. Leipzig 1911. 3. Aufl. als: Grundriss der Krüppelfürsorge. 1926.

Bläsig, W.: Die Rehabilitation der Körperbehinderten. München 1967.

Bundesministerium für Arbeit und Sozialordnung: Vierter Bericht der Bundesregierung über die Lage der Behinderten und die Entwicklung der Rehabilitation. Bonn 1998.

ICIDH-2: International Classification of Functioning, Disability, and Health. Beta-2 draft. Geneva 1999.

Lindmeier, Ch.: Behinderung – Phänomen oder Faktum? Bad Heilbrunn 1993.

Thust, W./Trenk-Hinterberger, P.: Recht der Behinderten. Eine systematische Darstellung für Praxis und Studium. Weinheim 2. Aufl. 1989.

Empowerment

Der Begriff Empowerment stammt aus den USA. Seine Wurzeln reichen zurück ins 19. Jahrhundert der US-amerikanischen Sozialgeschichte. Zum ersten Mal begegnen wir dem Begriff Ende der 50er Jahre in Bürgerrechtsbewegungen (civil rights movement) der schwarzen Minderheitsbevölkerung (black empowerment). Diese Bewegungen waren in der nachfolgenden Zeit inspirierend für andere Gruppen in gesellschaftlich marginaler Position, so zum Beispiel für Eltern behinderter Kinder, für die Independent-Living-Bewegung von Menschen mit Körper- oder Sinnesbehinderungen sowie für Selbstvertretungsgruppen (People First) von Menschen mit Lernschwierigkeiten bzw. geistiger Behinderung (Theunissen/Plaute 2002).

Nicht selten wird Empowerment mit „Selbstbefähigung", „Selbstermächtigung" oder „Selbstbemächtigung" übersetzt. Solche Begriffsbestimmungen greifen jedoch zu kurz und werden dem Anliegen nicht gerecht, welches mit dem Empowerment-Konzept im Bereich der Sozialen Arbeit, Gesundheitsfürsorge, Behindertenhilfe und Heilpädagogik verbunden wird (Herriger 2002; Theunissen 2000). Dieses lässt sich durch vier Zugänge erfassen:

1. verweist Empowerment auf *individuelle Selbstverfügungskräfte*, vorhandene Stärken oder Ressourcen, die es dem Einzelnen ermöglichen, eigene Lebensumstände zu kontrollieren, Probleme, Krisen oder Belastungssituationen aus eigener Kraft zu be-

wältigen sowie ein relativ autonomes Leben zu führen;
2. wird Empowerment mit einer *politisch ausgerichteten Durchsetzungskraft* verbunden, indem sich zum Beispiel Gruppen behinderter Menschen oder Eltern behinderter Kinder für einen Abbau an Benachteiligungen und Vorurteilen, für „Barrierefreiheit“, rechtliche Gleichstellung und Gerechtigkeit engagieren;
3. steht Empowerment im *reflexiven Sinne* für einen selbstbestimmten Lern- und Handlungsprozess, in dem zum Beispiel behinderte Menschen oder Eltern behinderter Kinder ihre Angelegenheiten selbst in die Hand nehmen, sich dabei ihrer Kompetenzen bewusst werden, sich in eigener Regie Wissen und Fähigkeiten aneignen und soziale Ressourcen, u.a. auch selbstorganisierte Gruppenzusammenschlüsse, nutzen;
4. wird Empowerment auch im *transitiven Sinne* benutzt, indem zum Beispiel behinderte Menschen oder Angehörige angeregt, ermutigt und in die Lage versetzt werden, eigene (vielfach verschüttete) Stärken und Kompetenzen zur Selbstgestaltung und Kontrolle der Lebenswelt zu entdecken, zu entwickeln und zu nutzen. An dieser Stelle steht Empowerment für eine professionelle Praxis, die sich – kontrapunktisch zu paternalistischen Modellen – durch eine neue Kultur des Helfens auszeichnet.

Eine prominente Rolle spielt dabei die sog. *Stärken-Perspektive* (Saleebey 1997), der die Annahme zugrunde liegt, dass es fruchtbarer ist, an dem anzusetzen, was einer kann, als ihm (ständig) Probleme, Defizite, Fehlverhaltensweisen, Leistungsversagen o.ä. vor Augen zu führen (Lingg/Theunissen 2000). Die Stärken-Perspektive fokussiert als methodisches Instrument des Empowerment-Konzepts sowohl individuelle Stärken (Potentiale, Fähigkeiten, Talente) als auch soziale Ressourcen, die sich vor allem auf die Verfügbarkeit einer Vertrauensperson und auf die Schaffung und Nutzung von „Enabling Niches“ im Sinne schützender, haltgebender und entwicklungsfördernder Netzwerke (informeller Unterstützungssysteme) beziehen (Theunissen/Schirbort 2005).

Die Philosophie der Stärken hat im Empowerment-Konzept zu handlungsbestimmenden Grundeinsichten geführt, stichwortartig seien genannt:

- die Abkehr vom Defizit-Blickwinkel
- die unbedingte Annahme des Anderen und Akzeptanz seines So-Seins
- das Vertrauen in individuelle und soziale Ressourcen
- der Respekt vor der Sicht des Anderen und seinen Entscheidungen
- die Akzeptanz unkonventioneller Lebensentwürfe
- der Respekt vor der „eigenen“ Zeit und vor „eigenen“ Wegen des Anderen
- der Verzicht auf etikettierende, entmündigende und denunzierende Expertenurteile
- die Grundorientierung an der Rechte-Perspektive, der Bedürfnis- und Interessenlage sowie der Lebenszukunft des Betroffenen.

Diese Grundeinsichten verweisen auf den ethischen Werterahmen, der aus der Anfangszeit der Empowerment-Bewegungen resultiert und das Fundament der Empowerment-Praxis bildet.

Ein zentraler Grundwert ist die Selbstbestimmung des Menschen, die im Empowerment-Ansatz sozial vermessen wird (Theunissen 2000; Theunissen/Plaute 2002). Ein zweiter ethischer Grundpfeiler ist die „kollaborative und demokratische Partizipation” (Prilleltensky); er besagt, dass Menschen, die von Entscheidungen betroffen sind, ein Recht auf Anhörung, Mitsprache und Mitbestimmung haben. Der dritte ethische Bezugspunkt bezieht sich auf eine „faire und gerechte Verteilung von Ressourcen und Lasten in der Gesellschaft”. In seinem Fokus steht die Frage nach sozialer Benachteilung und Ausgrenzung gesellschaftlicher Gruppen sowie das Eintreten für soziale Gerechtigkeit, Chancengleichheit und Inklusion.

Die Wertebasis des Empowerment-Konzepts, das sich im Bereich der Behindertenhilfe vor allem auf behinderte Menschen im Erwachsenenalter und Eltern behinderter Kinder bezieht, kommt auf vier Handlungsebenen zum Tragen:

1. Die *subjektzentrierte Ebene* beschreibt in erster Linie Wege, die den Einzelnen zur Entdeckung individueller Stärke anstiften und zur Entwicklung neuer Lebenskräfte und Handlungskompetenzen (Bewältigungsmuster) verhelfen soll. Hierzu nutzt die Empowerment-Praxis Methoden und Angebote wie z. B. Einzelhilfe (persönliche Lebensstil- oder individuelle Hilfepläne), Beratung, stärkenorientierte Biographiearbeit, soziales Kompetenztraining, Unterstützungsmanagement (Case Management) und Unterstützerkreise (circle of supports; circle of friends).

2. Auf *gruppenbezogener Ebene* kommt es zu einer engen Verschränkung von sozialer Gruppenarbeit, Konsultation und sozialer Netzwerkarbeit. Ein Arbeitsschwerpunkt bezieht sich auf die (Wieder-)Herstellung von tragfähigen Beziehungen und Verbindungen privater Netzwerke (Familien, Freundeskreis, Nachbarschaften), so dass soziale Ressourcen und soziale Unterstützung im vertrauten Nahbereich verfügbar sein können. Ferner zielt die Empowerment-Praxis auf die Entwicklung, Förderung und Unterstützung von Selbsthilfe-Initiativen und Selbstvertretungsgruppen wie People First sowie auf die Vernetzung solcher Systeme auf überregionaler Ebene, so dass sich Menschen mit gleichgelagerten Anliegen und Interessen zusammenfinden und politisch einmischen können (policy making). Wertgeschätzt und unterstützt werden gleichfalls das Peer Counseling oder Projekte wie „Eltern beraten Eltern", die Betroffene als Experten in der Zusammenarbeit mit Professionals und Behörden ausweisen (Turnbull/Turnbull III 1997).

3. Da viele (geistig) behinderte Menschen in (großen) Einrichtungen leben, macht es für die Empowerment-Praxis Sinn, die *institutionelle Ebene* zu beleuchten, um gemeinsam mit den Betroffenen (bzw. stellvertretend im Interesse derer, die nicht für sich selber sprechen können) und ihren Bezugspersonen (Mitarbeitern) einen institutionellen Veränderungsbedarf (Organisationsentwicklung) zu erschließen. Dieser bezieht sich sowohl auf die Entlegitimierung und den Abbau von Hierarchien, Zentralinstanzen und Bürokratien zugunsten der Schaffung demokratischer Entscheidungsstrukturen und Partizipationsformen (z. B. Empowerment-Zirkel; Empowerment-Evaluation) als auch auf Möglichkeiten einer Deinstitutionalisierung durch gemeindeintegrierte, häusliche Wohnangebote in Verbindung mit sozialen Netzen, formellen und informellen Unterstützungssystemen.

4. Schließlich geht es auf der *Ebene der → Gemeinde und Sozialpolitik* um Möglichkeiten und Prozesse politischer Einmischung (policy making) und Einflussnahme durch Betroffene. Empowerment steht hier für Adressatenbeteiligung und wendet sich gegen die Gepflogenheit von Sozialverwaltungen und Wohlfahrtsverbänden, Konzepte (psycho-)sozialer und rehabilitativer Hilfen weitgehend unter Ausschluss Betroffener zu planen und umzusetzen.

Georg Theunissen

Literatur

Herriger, N.: Empowerment in der Sozialen Arbeit. Stuttgart 2. Aufl. 2002.

Linng, A./Theunissen, G.: Psychische Störungen und geistige Behinderung. Freiburg 2000.

Prilleltensky, I.: Empowerment in mainstream psychology. In: Canadian Psychology 4 (1994) 358–375.

Saleebey, D. (Ed.): The Strengths Perspective in Social Work Practise. New York 2. Ed. 1997.

Theunissen, G.: Wege aus der Hospitalisierung. Empowerment in der Arbeit mit schwerstbehinderten Menschen. Bonn 5. Aufl. 2000.

Theunissen, G./Plaute, W.: Handbuch Empowerment und Heilpädagogik. Freiburg 2002.

Theunissen, G./Schirbort, K. (Hrsg.): Inklusion von Menschen mit geistiger Behinderung. Zeitgemäße Wohnformen – Soziale Netze – Unterstützungsangebote. Stuttgart 2005.

Turnbull, A. P./Turnbull III, H. R.: Families, Professionals and Exceptionality: A special partnership. Upper Saddle River 3. Ed. 1997.

Fördern, Förderung, Förderbedarf

Die Programmatik der KMK-Empfehlungen von 1994 (Ständige Konferenz der Kultusminister 1994) erhebt den Sonderpädagogischen Förderbedarf und den Begriff der Förderung zu neuen Schlüsselkategorien der Behindertenpädagogik. Obgleich der Begriff der Förderung kein originär pädagogischer Fachbegriff ist (Speck 1995), sich auch nicht in den Schlagwortverzeichnissen von Standardwerken der Erziehungswissenschaft findet, wird ihm dennoch eine übergeordnete Bedeutung quer zu den erziehungswissenschaftlichen Grundbegriffen von → Erziehung, → Bildung und Unterricht zugeschrieben. So bezeichnen Speck (1996) und Brezinka (1978) Erziehung, Unterricht und Therapie als Methoden und Mittel der Förderung.

Auf diesem Hintergrund und unter dem Wandel von der institutionellen zur personalen Orientierung, einem an den sozialen Folgen orientierten, finalen → Behinderungsbegriff und der Einführung einer → lebensweltlichen Perspektive (Bleidick u.a 1995; Beck 1996) kann definiert werden: Der *Begriff der pädagogischen Förderung* bezeichnet pädagogische Handlungen bzw. Qualitäten, die gemäß eines impliziten oder expliziten Förderkonzepts auf die Anregung und Begleitung einer an Bildungszielen orientierten, für wertvoll gehaltenen Veränderung individueller Handlungsmöglichkeiten von Menschen in ihren Lebensgemeinschaften und an den sozialen Folgen von Benachteiligungen und Behinderungen ausgerichtet sind. *Pädagogischer Förderbedarf* ist dabei das, was ein Individuum in seinen Lern- und Lebensgemeinschaften an Unterstützung benötigt, um die intendierten Ziele zu erreichen. *Sonderpädagogische Förderung* und *Sonderpädagogischer Förderbedarf* sind nichts anderes. Denn alle heranwachsenden Menschen, auch Behinderte und Benachteiligte, bedürfen einer pädagogischen, institutionell übergreifenden Förderung bzw. Anregung und Begleitung ihrer Entwicklung (Bleidick 1999), gegebenenfalls unter erschwerten Bedingungen und unter einer notwendig werdenden Nutzung problemspezifisch unterschiedlicher Qualifikationen auf der Seite der Pädagoginnen und Pädagogen und unterschiedlicher institutioneller bzw. organisatorischer Arrangements. Jede Form der Förderung hat sich damit ihrer Ziele, ihrer Wege und ihrer institutionellen Verankerung zu vergewissern. Bildungstheorien, Erziehungstheorien und Theorien der Institutionen geben hierzu die erziehungswissenschaftlichen Entwicklungs- und Lerntheorien sowie die psychologischen Bezugspunkte ab, die in ihrer Interpretation unter ein pädagogisches Konzept zu stellen sind.

Speck (1995) verweist auf die etymologische Herkunft des Wortes ‚Förderung'. Gemeint ist, etwas voranbringen, etwas befördern. Entsprechend wird im schulischen Kontext unter dem Druck von Lehrplänen, Richtlinien und normativen Erwartungen oft eine extern induzierte Veränderung nach behavioristischen Denktraditionen favorisiert. Die Geförderten sind den Bemühungen der alles wissenden Personen und Institutionen um ihre Wissens- und Persönlichkeitsentwicklung ausgesetzt. Legitimiert wird eine solche Art der Förderung durch ein Verständnis, welches Erziehung als einen Vorgang der eher fremdbestimmten Einpassung der jungen Menschen in einen gesellschaftlichen Zusammenhang und als die Übernahme von Wissensbeständen und normativen Vorstellungen ansieht. Demgegenüber weist → Bildung über die unmittelbare Übernahme kultureller Erfahrungen, Normen und Werte hinaus und meint Prozesse der Stärkung der Reflexivität des Subjekts und seiner Möglichkeiten, ein aktives geistiges Verhältnis zu seinen gesellschaftlich entstandenen und determinierten Lebensbedingungen aufzunehmen, sie in ihrer Gewordenheit zu rekonstruieren und in ihrer Veränderbarkeit emanzipativ zu begreifen. Bildung ist die Unterstützung der Autonomie, Selbstbestimmung und gesellschaftlichen Teilhabe des Subjekts. Ein solches Bildungsverständnis korrespondiert mit der entwicklungspsychologischen Auffassung vom Menschen als autonomem und aktivem Gestalter seiner Entwicklung, der im Handeln sich selbst und seine Umgebung verändert (→ Entwicklung).

Die lebensweltliche Perspektive geht davon aus, dass Interaktions-, Kommunikations- und Kooperationsprozesse in Lebenswelten die Grundlage der Entwicklung, der → Sozialisation, der sozialen Integration und kulturellen Reproduktion sind. Auf diesem Hintergrund ist derzeit eine Wende zur finalen Sichtweise von Behinderung (Bleidick 1999) feststellbar. Das ätiologische Paradigma wird zugunsten der Feststellung *spezifischer und zielbezogener Förderbedürfnisse* verlassen. Wesentlich sind dabei schulsystemunabhängige Fragen nach individuellen Bedürfnislagen, nach behindernden Bedingungen beim Individuum und in seinen Lebenswelten sowie nach den sozialen Folgen von Beeinträchtigungen und Behinderungen. Die daraus abgeleiteten selbst- und fremdbestimmten → Hilfebedürfnisse sind danach über die Systemgrenzen hinweg durch die Koordination der verfügbaren Unterstützungssysteme zu erfüllen (Beck 1996).

In den KMK-Empfehlungen ist der *Förderbedarf als personale Kategorie* konzipiert und mutiert im gegenwärtigen schulischen Gebrauch unversehens zu einer institutionellen, verwaltungstechnischen Kategorie (Schuck 1994; 1998). Bach (1993) weist daraufhin, dass mit pädagogischem und vor allem schulischem Förderbedarf das bezeichnet wird, was Außenstehende für das Kind, seine Entwicklung und seine Zukunft für wesentlich halten. Das Kind selbst melde nicht an, was es lernen möchte und worin es gefördert werden will. Eine solche Botschaft gäbe die Bedürfnisse des Kindes zu erkennen, gewissermaßen die institutionsunabhängige Innenperspektive, die im Prozess der in der Regel institutionsgebundenen Förderung mit den Standpunkten der Außenstehenden und den Regeln des Systems Schule zu koordinieren wären, soll die Förderung überhaupt erfolgreich sein können. Was aber Bedürfnisse heranwachsender Menschen sind und wie sie den durch Förderung intendierten Veränderungsprozess bestimmen, ist ein der Theorienbildung und empirischen Forschung aufgegebenes Problem.

Psychologische Bedürfnistheorien haben dabei eine lange Tradition, wobei triebtheoretischen und klassisch-behavioristischen Deutungen von Bedürfnissen als Beseitigung von Mangelzuständen ein dynamischer Bedürfnisbegriff folgte (Schmieder 1998). Darin strebt der aktive Mensch nach Selbstverwirklichung und nach einer an kulturellen Werten ausgerichteten Sinnerfüllung seines Lebens. Holzkamp (1993) geht davon aus, dass jedes Subjekt das zentrale Bedürfnis hat, durch die Realisierung von gesellschaftlichen Handlungsmöglichkeiten Kontrolle über seine eigenen gesellschaftlich vermittelten Lebensbedingungen zu gewinnen und damit seine Lebensqualität zu erhöhen. Beck (1996) fasst die diesbezüglichen Ergebnisse der lebensweltlich orientierten Forschungsansätze mit dem Hinweis zusammen, dass es in lebensweltlichen Interaktions- und Kommunikationsprozessen für das Individuum um die Realisierung von Bedürfnissen nach Anerkennung, Teilhabe, Selbstverwirklichung, emotionaler Bindung, Identität und Persönlichkeitsentwicklung geht. Die so gefassten Bedürfnisse sind theoriegeleitete Annahmen, die zur Grundlage der Bestimmung des *bedürfnisbezogenen, individuellen Förderbedarfs* jenseits institutioneller Vorgaben werden können.

Definitionsversuche pädagogischer und sonderpädagogischer Förderbedarfe im schulischen Kontext tragen immer den *Institutionsbezug* in sich. Die KMK-Empfehlung definiert tautologisch (Bleidick u.a 1995): Sonderpädagogischer Förderbedarf liege vor, wenn Schülerinnen und Schüler sonderpädagogischer Förderung bedürfen. Auch ein Alternativvorschlag von Schuck (1994), nämlich Sonderpädagogischer Förderbedarf sei dann zu vermuten, wenn ein Kind am gegebenen Lernort durch das bisherige Arrangement von Lernbedingungen nicht hinreichend gefördert werden kann, bleibt innerhalb der Systembedingungen. Sie werden vollends aufgenommen in schulischen Definitionen, z. B. in einer niedersächsischen Verwaltungsvorschrift, nach der Sonderpädagogischer Förderbedarf dann zu vermuten ist, wenn die präventive schulische Förderung, die Zurückstellung und die Klassenwiederholung, nicht zum zielgleichen Lernen ausreichen (Schuck 1994). Das mutmaßliche Nichterreichen von Lernzielen einer Schulstufe und Schulform ist es letztlich, das im schulischen Geschehen die Bezugsgröße für die Einforderung eines allgemeinen pädagogischen und eines zusätzlichen, besonderen Förderbedarfs darstellt.

Solche in unterschiedlichem Ausmaß institutionell gebundenen Definitionen bedürfen weiterer Operationalisierungen, die in den KMK-Empfehlungen bereits durch das Konzept der *Förderschwerpunkte* angedeutet sind. Ein Operationalisierungsversuch von Berndt-Schmidt u. a (1995) macht die prinzipielle Schwierigkeit deutlich, den mit den KMK-Empfehlungen angezielten kategorialen Wandel hin zu einer personalen Orientierung auch umzusetzen. Dort werden nämlich die zunächst lebensweltlich gefassten Bedürfnisse zu Förderbedürfnissen und in verschiedene Förderbereiche wie die Sensorik, Motorik, die Kognition, die Kommunikation, das Sozialverhalten, die Emotionalität, die Motivation und das Lern- und Arbeitsverhalten eingeteilt. Daraus werden die individuellen Förderschwerpunkte und die Förderbedarfe abgeleitet und der weiteren Unterrichtsplanung zugrunde gelegt. Aus subjektwissenschaftlicher Perspektive bleibt zu fragen, warum die Lebensbedürfnisse von Menschen nach Teilhabe an der Verfügung über die eigenen Lebensbedingungen allein mit einer Sammlung von Detailfähigkeiten identifiziert werden (Koch u. a 1999). Das kann nur geschehen, weil entweder die Systembedingungen im Vordergrund stehen oder, wie bei Berndt-Schmidt u. a (1995), der operative Aspekt menschlicher Handlungsfähigkeit (Fertigkeiten und Kompetenzen) und nicht die menschlichen Handlungen selbst und ihre Begründungen (Holzkamp, 1993) in den Prozess der Förderung einbezogen werden.

So wie gegenwärtig im schulischen Rahmen Förderbedarfe bestimmt werden, tragen sie klassisches Denken in sich. In derzeitigen *sonderpädagogischen Gutachten* wird die Quantität von Ressourcen und weniger die Qualität pädagogischer Handlungen beschrieben (Ròsza/Langfeldt 1998) und menschliche Handlungsfähigkeit auf den operativen Aspekt verkürzt (→ Psychodiagnostik und Begutachtung).

Zuerkannter *zusätzlicher Förderbedarf* kann sich dabei, wie Bach (1993) ausführt, partiell auf bestimmte Lücken und Problembereiche beziehen, er kann aber ebenso umfänglich mehrere Leistungs- und Persönlichkeitsbereiche betreffen. Er kann ein kurzfristiges Phänomen oder eine langfristige Problemlage zum Gegenstand haben. Förderbedarf kann direkt dem Kind oder indirekt dem Umfeld zukommen. Bach (1993) vertritt den Standpunkt, dass Förderbedarf bei jedem Kind in Abhängigkeit von variierenden Problemlagen auftreten kann und auch nach Maßgabe der Systembedingungen bedient werden muss. Eine gleichmäßige Verteilung von Ressourcen – wie im Hamburger Konzept der Integrativen Grundschule praktiziert (Hinz u. a 1998) – sei sachlich unangemessen, den individuellen und systemischen, qualitativen und quantitativen Aspekt zusätzlicher Förderung und zusätzlicher Förderbedarfe wirklich zu berücksichtigen. Über allem steht aber die Bezahlbarkeit dessen, was sich Pädagoginnen und Pädagogen aus welchen theoretischen Zusammenhängen heraus ausgedacht haben. Wohlüberlegte Förderkonzepte scheitern zu oft an den Schulen zugebilligten materiellen und personellen Ressourcen, so dass die verfügbaren Ressourcen in aktuellen Verfahren zur Bestimmung des Förderbedarfs antizipiert werden und das Förderkonzept bereits in seiner Entstehung beeinflussen.

Intensiv wurde das Problem der Verknüpfung konzeptioneller und begrifflicher Weiterentwicklungen mit der Problematik der Etikettierung und der Verteilung von Ressourcen diskutiert. Pointiert stellt Wocken (1996) die *Zusammenhänge zwischen Bedarfsdiagnosen und Ressourcenangeboten,* die Inflationierung von Förderbedarfen als neue Formen der Etikettierung und die damit verknüpften Konsequenzen für die Entwicklung des integrativen Gedankens heraus und plädiert dafür, Förderbedarfe als Bedarfe von Systemen (Klassen, Schulen) zu betrachten und auf die Zuweisung von Bedarfen zu Personen zu verzichten. Das ist das Modell der → Integrativen Grundschule in Hamburg, welches über sechs Jahre lang wissenschaftlich begleitet wurde (Hinz u. a. 1998). Dort erhalten alle Klassen einer Integrativen Grundschule im sozialen Brennpunkt von den Problemlagen ihrer Schülerinnen und Schüler unabhängig eine halbe Pädagogenstelle. Die konzeptionelle Vorgabe ist das Verbot, Kinder als lernbehindert, sprachbehindert oder verhaltensgestört zu etikettieren und in eine dementsprechende Sonderschule zu überweisen. Die wissenschaftliche Begleitung des Schulversuchs hat jedoch angesichts ganz unterschiedlicher Problemlagen in einzelnen Klassen und Schulen empfohlen, am Prinzip der pauschalen Ressourcenzuweisung pro Schule zwar festzuhalten, die Zuweisung aber nach der Belastung der gesamten Schule durch förderbedürftige Kinder zu bemessen. Wie dieser Balanceakt zwischen schulangemessener Zuweisung von Ressourcen unter ausdrücklicher Nichtberücksichtigung individueller Förderbedarfe zu lösen sein wird, ist offen. Demgegenüber wird unter dem Erfordernis der gerechten Bearbeitung individueller und systemischer Problemlagen vor einem Verzicht auf die nicht kategorisierende und etikettierende Beschreibung individueller Problemlagen gewarnt (Bach 1993; Speck 1996; Bleidick 1999). Ressourcen braucht eine Schule, die sich der integrativen Idee verschreibt, sie müssen begründet, finanziert und dort wirksam werden, wo sie gebraucht werden. Dabei ist es nicht die Quantität von mehr Stunden, sondern die Qualität der pädagogischen Arbeit, die den erfolgreichen Ressourceneinsatz für förderbedürftige Kinder bestimmt.

„Der Begriff des Sonderpädagogischen Förderbedarfs ist das Musterbeispiel für eine nominalistische Beziehungsfalle. Damit ist gemeint: Gleich wie man den Terminus näher definiert, es ergeben sich immer genau so viele Nachteile wie Vorteile" (Bleidick 1999, 76). Das könnte ein bedrückendes Resümee zum Thema sein. Dennoch: Die Begrifflichkeit ist unter den dargestellten Bezugspunkten verändert und öffnet damit Freiräume für die Entwicklung neuer Qualitäten der Förderung Heranwachsender unter Einbezug ihrer Lebenskontexte. Freilich gilt es, diese Freiräume theoriegeleitet zu besetzen, und dabei müssen durch eine Akzentverschiebung immer mehr zuerst die Bedürfnisse und Perspektiven der von Schule und Förderung betroffenen Subjekte, der personale Aspekt eben, und erst dann die veränderbaren und zu verändernden Erfordernisse und Bedingungen des Systems Schule in den Blick genommen werden. Zur gedanklichen Klarheit wird vorgeschlagen, zukünftig die *individuellen Kategorien der Bedürfnisse* und des daraus abgeleiteten individuellen Förderbedarfs von der *institutionellen Kategorie des institutionellen Förderbedarfs* zu unterscheiden und davon wiederum abzuheben, welche Ressourcen in der Schule und in anderen sozialen Unterstützungssystemen verfügbar sind bzw. gewährt werden können (→ Psychodiagnostik).

Karl Dieter Schuck

Literatur

Bach, H.: Zusätzlicher Förderbedarf. Begriff und Begründung von zusätzlichem Förderbedarf eines Kindes in der Schule. In: Vierteljahresschrift für Heilpädagogik und ihre Nachbargebiete 62 (1993) 137–143.

Beck, I.: Behinderung – spezielle Erziehungsbedürfnisse – sonderpädagogischer Förderbedarf: Theoretische Begründungs- und Vermittlungsprobleme einer „lebensweltlich" und final orientierten Bestimmung des individuellen Be-

darfs an Hilfen. In: Die neue Sonderschule 41 (1996) 443–456.
Berndt-Schmidt, K./Diehm, R./Lackmann, R./ Müller, P.: Sonderpädagogischer Förderbedarf, Förderbereiche, Förderschwerpunkte. In: Zeitschrift für Heilpädagogik 46 (1995) 323–333.
Bleidick, U.: Behinderung als pädagogische Aufgabe. Behinderungsbegriff und behindertenpädagogische Theorie. Stuttgart 1999.
Bleidick, U./Rath, W./Schuck, K. D.: Die Empfehlungen der Kultusministerkonferenz zur sonderpädagogischen Förderung in den Schulen der Bundesrepublik Deutschland. In: Zeitschrift für Pädagogik 41 (1995) 247–264.
Brezinka, W.: Metatheorie der Erziehung. München 4. Aufl. 1978.
Hinz, A./Katzenbach, D./Rauer, W./Schuck, K. D./Wocken, H./Wudtke, H.: Die Integrative Grundschule im sozialen Brennpunkt. Ergebnisse eines Hamburger Schulversuchs. Hamburg 1998.
Holzkamp, K.: Lernen. Subjektwissenschaftliche Grundlegung. Frankfurt 1993.
Koch, K./Schwohl, J./Schuck, K. D./Kornmann, R.: Redefinitionsversuche der Begriffe ‚Diagnostik' und ‚Förderung' angesichts des subjektwissenschaftlichen Paradigmas. In: Funke, E. H./ Riehm, Th. (Hrsg.): Subjektsein in der Schule. Bad Heilbrunn 1999.
Ròsza, J./Langfeldt, H.P.: Welche Fördermaßnahmen empfehlen Sonderschullehrerinnen und -lehrer in ihrem Gutachten? In: Vierteljahresschrift Sonderpädagogik 28 (1998) 194–205.
Schmieder, A.: Bedürfnis. In: Grubitsch; S./Weber, K. (Hrsg.): Psychologische Grundbegriffe. Frankfurt 1998, 61–64.
Schuck, K. D.: Probleme der Diagnostik in einer sich wandelnden Schule. In: Sonderpädagogik in Niedersachsen 4 (1994) 430.
Schuck, K. D.: Sonderpädagogischer Förderbedarf Profilbildung sonderpädagogischer Einrichtungen in einer sich ändernden Schullandschaft. In: forum 6 (1998) 12–23.
Speck, O.: Aktuelle Fragen sonderpädagogischer Förderung. In: Die Sonderschule 40 (1995) 166–181.
Speck, O.: System Heilpädagogik. Eine ökologisch reflexive Grundlegung. München 3. Aufl. 1996.
Ständige Konferenz der Kultusminister der Länder in der Bundesrepublik Deutschland: Empfehlungen zur sonderpädagogischen Förderung in den Schulen in der Bundesrepublik Deutschland (Beschluss der Kultusministerkonferenz vom 6.5.1994). Nachdruck. In: Zeitschrift für Heilpädagogik 45 (1994) 484–494.
Wocken, H.: Sonderpädagogischer Förderbedarf als systemischer Begriff. In: Vierteljahreszeitschrift Sonderpädagogik 26 (1996) 34–38.

Geschichte der Behindertenpädagogik (Heilpädagogik)

Die Geschichte der Heilerziehung und der Behinderten ist im 19. Jahrhundert von Georgens und Deinhardt in der „*Heilpädagogik*" im XII. Vortrag (1861, 334–350) skizziert, aber in Monographien erst nach dem Zweiten Weltkrieg, zum Beispiel als Erziehungsgeschichte (Pritchard 1963; Solarová 1983; Möckel 1988; Safford/Safford 1996), Sozialgeschichte (Jantzen 1982), Kulturanthropologie (Müller 1996) bearbeitet worden. Ein von Kirmsse 1918 angekündigtes Werk erschien nie. Zur Geschichte sonderpädagogischer Fachrichtungen (Erziehung gehörloser, blinder, verhaltensgestörter, geistigbehinderter, körperbehinderter Kinder usw.) gibt es eine lange Tradition. Quellensammlungen und Monographien können über die genannten Darstellungen und über spezielle Handbücher erschlossen werden.

Die Geschichte der behinderten Kinder reicht bis ins Altertum zurück (Liedtke 1996), die Geschichte der Erziehung behinderter Kinder in Schulen und Heimen (Heilerziehung) begann dagegen erst im Zeitalter der Aufklärung und erreichte die Kinder je nach Behinderungsart in mehreren historischen Schüben. Heute erscheint es selbstverständlich, dass Menschen auch dann erzogen, gebildet und ausgebildet werden können, wenn sie nicht über alle Sinne verfügen. Im 18. Jahrhundert machte in Paris der Klassenunterricht für Taubstumme (Abbé de l'Epée) und für Blinde (Haüy) als ein Schritt zur Emanzipation großes Aufsehen.

Johann Heinrich Pestalozzi, auf den sich sowohl die → Heilpädagogik als auch die *Sozialpädagogik* berufen kann, steht am Anfang der *Rettungshausbewegung*, die Kinder und Jugendliche durch Erziehung vor Verwahrlosung bewahren wollte. → Straffällig gewordene Kinder saßen damals wie erwachsene Straftäter in Zuchthäusern ein; denn Verwahrlosungserscheinungen aller Art wurden im 18. Jahrhundert als ursächliche Folgen von Taubstummheit, Blindheit, Verstandesschwäche, sittlichem Mangel usw. gedeutet. Heilerziehung, damals noch nicht unter diesem Namen, brachte den Prozess der sich selbst überlassenen Verwahrlosung zum Stehen und setzte einen neuen Erziehungs- und Unterrichtsprozess in Gang. Sie heilte keine physischen Schädigungen, suchte und fand aber Auswege aus „Problematischen Erziehungssituationen" (ter Horst).

Der Psychiater Esquirol erkannte 1838, dass Idiotie, medizinisch gesehen, ein bleibender Zustand, keine → Krankheit ist. Damit öffnete sich für Séguin und andere ein Weg zur Erziehung verstandesschwacher Kinder. Heilerziehung trennte sich von der Irrenpflege und bewies, dass die Vorstellung von → geistiger Behinderung als einem Dauerzustand zwar für die Medizin, nicht aber für die Erziehung zutrifft. Für Saegert (1845) war der Idiotismus „eine weitere Entwicklung des Blödsinns nach der negativen Seite der Intelligenz" (Möckel u.a. 1997, 131). Geistige Behinderung meint ein komplexes Bedingungsgefüge und wird im Rahmen der individuellen Voraussetzungen eines Kindes durch Vernachlässigung verschlimmert, durch *Heilerziehung* gebessert.

Der Unterricht → körperbehinderter Kinder in eigens dafür bestimmten Schulen begann gegen Ende des 19. Jahrhunderts. Die Bezeichnung → Behinderung für alle heilpädagogisch relevanten Beeinträchtigungen hat durch das Bundessozialhilfegesetz (1961) eine weite Verbreitung gefunden (Bleidick 1972). Die sozialen Folgen physischer Beeinträchtigung eignen sich zu einer Erschließung der kulturanthropologischen Dimension von Behinderung (Müller 1996).

Von den älteren → *Sonderschulen* (Anstalten für gehörlose, blinde, verwahrloste, geistigbehinderte und körperbehinderte Kinder) lassen sich die jüngeren Sonderschulen unterscheiden (Hilfsschulen, seit 1880, nach der Jahrhundertwende Tagesschulen für schwerhörige, sprachbehinderte, sehbehinderte, Beobachtungsklassen für verhaltensgestörte Kinder, nach dem Zweiten Weltkrieg Schulen für praktisch bildbare oder geistigbehinderte Kinder und Krankenhausschulen). Die erste und größte ist die Hilfsschule (Schule für → Lernbehinderte, Förderschule). Sie ist ein Kind der stürmischen Industrialisierung und der Alphabetisierung im 19. Jahrhundert. Sie breitete sich in den großen Städten in Deutschland und in mehreren europäischen Nachbarstaaten rasch aus. Schulzwang und Anspruch auf Unterricht sind zwei Aspekte derselben Sache und Sonderschulen deren zeitbedingte Lösung. In der Hilfsschule lernten Kinder, denen man das nicht zugetraut hatte, unter günstigen Bedingungen (kleine Klassen, sorgfältig angepasster Unterricht, begleitende Maßnahmen) wichtige Unterrichtsinhalte der Volksschule. In mehr als zwei Jahrhunderten hat sich ein großes Erfahrungswissen angesammelt, und man kann fragen, ob ein Unterricht in Sonderschulen in jedem Fall besser ist als ein zweckmäßig organisierter heilpädagogischer Unterricht in Grund- und Hauptschulen, um die *speziellen Erziehungsbedürfnisse* (Warnock-Report in England 1978) der im Lernen zurückgebliebenen Kinder zu befriedigen. Bei der Überprüfung der pädagogischen Zweckmäßigkeit einer Besonderung setzte nach dem Zweiten Weltkrieg, ausgehend von den nordischen Ländern, die → Integrationsbewegung an und forderte einen gemeinsamen Unterricht von behinderten und nicht behinderten Kindern.

Der Unterricht in den Heilerziehungsanstalten des 19. Jahrhunderts bedeutete eine Verbesserung der Lebens- und Überlebenschancen behinderter Kinder. Das wurde in Deutschland in der ersten Hälfte des 20. Jahrhunderts in der Öffentlichkeit nicht mehr uneingeschränkt als große, humane Leistung anerkannt. Hilfe für behinderte Kinder galt unter den Gesichtspunkten volkswirtschaftlichen Nutzens und nationaler Größe entschlossenen *Sozialdarwinisten* als Nachteil. Die Gefahr des Ersatzes von Erziehung durch Züchtung kündigte sich schon um 1900 an, als Ellen Key „das Jahrhundert des Kindes" ausrief und in ihrem berühmten Buch, ohne allgemeine Ablehnung zu erfahren, die Tötung behinderter Kinder empfahl (1911, 43). Pädagogen und Heilpädagogen in Deutschland setzten den wissenschaftlichen Argumentationen der Erbbiologen und → Eugeniker, als es noch Zeit war, wenig Widerstand entgegen, einige übernahmen und vertraten sogar deren wissenschaftliche Positionen.

Das Gesetz zur Verhütung erbkranken Nachwuchses (1933) sah die Zwangssterilisation vor. Tausende, darunter viele ehemalige Sonderschüler und -schülerinnen, gerieten in die Mühlen der Erbgesundheitsgerichte. Die Reaktionen der Sonderschullehrerinnen und -lehrer bei Anfragen der Erbgesundheitsgerichte werfen Fragen des Berufsverständnisses und der Berufsethik auf. Während des Zweiten Weltkrieges organisierte die „Kanzlei des Führers" die massenweise Ermordung von behinderten und psychisch kranken Kindern und Erwachsenen, wobei sie die Öffentlichkeit täuschte und die Leitungen der Anstalten, sofern diese nicht willig mitmachten, unter Druck setzte (→ Euthanasie).

Die *Geschichte der Behindertenpädagogik nach dem Zweiten Weltkrieg* ist durch zwei gegenläufige Tendenzen gekennzeichnet. Die erste Tendenz kann mit den Stichwörtern → Rehabilitation, → Normalisierung, → Integration und Valorisation bezeichnet werden. Viele Staaten bauten das Sonderschulwesen aus, und außerdem entstanden neue Formen der Eingliederung Behinderter in die Gesellschaft. Die ersten Tagesschulen für Kinder mit geistiger Behinderung in Deutschland sind der Gründung der Bundesvereinigung Lebenshilfe für geistig Behinderte e.V. (1958) und ihrer Initiative zu danken. In der DDR garantierte die Verfassung jedem Bürger einen Arbeitsplatz, was die Aufgabe der → Rehabilitationspädagogik erheblich erleichterte. Die Sozialistische Einheitspartei duldete allerdings im Schulwesen keine Initiativen von unten und führte die Tradition des Königreichs Sachsen, das 1873 die Schulpflicht auch schwachsinniger Kinder in ein Volksschulgesetz aufgenommen hatte, nicht weiter, sondern überließ die „schulbildungsunfähigen" Kinder noch bis in die 80er Jahre der Wohlfahrt. Auch in den westlichen Ländern der Bundesrepublik blieb die Schulpflicht für geistigbehinderte Kinder bis in die 60er Jahre ungeklärt. Im großen und ganzen verlief die Geschichte der Sonderpädagogik in Ost und West weitgehend parallel, Unterschiede beruhen auf der Eingliederung in das jeweils andere politisch-gesellschaftliche System.

In der Bundesrepublik entstanden nach niederländischem Vorbild zunächst beschützende Werkstätten, später *Werkstätten für Behinderte* und *Berufsbildungs-* und *Berufsausbildungswerke*. Volkshochschulen und spezielle Einrichtungen boten → Erwachsenenbildung für Behinderte an. Die St. Georgs Pfadfinder nahmen als erste auch behinderte Kinder auf („Pfadfinder trotz allem"). Nach der Empfehlung des Deutschen Bildungsrates (1973) bauten einige Länder ein System von → Frühförderstellen auf. Seit den 70er Jahren berücksichtigten die Schulverwaltungen zum Teil auch schwer behinderte Kinder. Schul- und → Erziehungsberatung erhielten ein stärkeres Gewicht als vor dem Krieg. An Universitäten (zuerst in Zürich 1931) und an Pädagogischen Hochschulen richteten die Länder *Lehrstühle für Heilpädagogik* ein, von denen eine Reihe von Schulversuchen ausging, seit den 80er Jahren besonders zur schulischen → Integration. Einige Universitäten richteten einen Diplomstudiengang mit dem Schwerpunkt Heilpädagogik bzw. Sonderpädagogik ein. Die Erziehung behinderter Kinder fand nach dem Zweiten Weltkrieg weltweit einen höheren Grad an öffentlicher Beachtung als vorher. Die Vereinten Nationen deklarierten 1971 die Rechte der Geistigbehinderten.

Die zweite, gegenläufige Tendenz ist der Widerstand gegen die Akzeptanz und die Integration behinderter Kinder und Erwachsener in der Gesellschaft. In Deutschland fällten einige Gerichte Urteile, die Menschen mit Behinderungen diskriminierten. In den 80er Jahren stellte der Bioethiker Singer das Lebensrecht schwer behinderter Kinder in Frage. Seine Thesen riefen in Deutschland heftige Proteste bei Betroffenen und in der Fachöffentlichkeit hervor. Die Bioethik-Konvention des Europarates (1997) sieht medizinische Menschenversuche ohne Einwilligung der Betroffenen vor. Die Schutzklauseln lassen sich leicht umgehen, was für Behinderte in Anstalten lebensgefährlich werden kann. 1999 stellte der Philosoph Sloterdijk in einer Rede die spielerischen, inhumanen Züchtungsgedanken Platons ernsthaft zur Diskussion.

Am Ende des 20. Jahrhunderts hat sich die gesellschaftliche Situation von Menschen mit Behinderungen, verglichen mit der im 18. und 19. Jahrhundert, zwar erheblich gebessert. Anhaltende Reformbereitschaft in den Institutionen und die Wachsamkeit aller Verantwortlichen sind jedoch trotzdem dringend geboten, damit Katastrophen wie in der NS-Zeit verhindert und das Erreichte nicht nur erhalten, sondern Erziehung und Bildung behinderter Menschen weiter verbessert wird.

Andreas Möckel

Literatur

Bleidick, U.: Pädagogik der Behinderten. Grundzüge einer Theorie der Erziehung behinderter Kinder und Jugendlicher. Berlin 1972. 5. Aufl. 1984.

Bleidick, U. (Hrsg.): Heinrich Kielhorn und der Weg der Sonderschulen. 100 Jahre Hilfsschulen in Braunschweig. Braunschweig 1981.

Bundesvereinigung Lebenshilfe (Hrsg.): 25 Jahre Lebenshilfe für geistig Behinderte. Marburg o. J. (1973).

Ellger-Rüttgardt, S.: Frieda Stoppenbrink-Buchholz (1897–1993). Hilfsschulpädagogin, Anwältin der Schwachen, Soziale Demokratin. Weinheim 2. Aufl. 1997.

Georgens, J.D./Deinhardt, H. M.: Die Heilpädagogik mit besonderer Berücksichtigung der Idiotie und der Idiotenanstalten. 2 Bände. Leipzig 1861–1863.

Jantzen, W.: Sozialgeschichte des Behindertenbetreuungswesens. München 1982.

Key, E.: Das Jahrhundert des Kindes. Leipzig 15. Aufl. 1911.

Klee, E.: „Euthanasie“ im NS-Staat. Frankfurt 1983.

Liedtke, M. (Hrsg.): Behinderung als pädagogische und politische Herausforderung. Bad Heilbrunn 1996.

Möckel, A.: Geschichte der Heilpädagogik. Stuttgart 1988.

Möckel, A.. (Hrsg.): Erfolg, Niedergang, Neuanfang. 100 Jahre Verband Deutscher Sonderschulen – Fachverband für Behindertenpädagogik. München 1998.

Möckel, A./Adam, G./Adam, H.: Quellen zur Erziehung geistig behinderter Kinder. 2 Bände. Würzburg 1997 und 1999.

Müller, K.E.: Der Krüppel. Ethnologia passionis humanae. München 1996.

Pritchard, D.G.: Education and the Handicapped 1760–1960. London 1963.

Safford, Ph./Safford, E.: A History of Childhood and Disability. New York 1996.

Singer, P.: Praktische Ethik. Stuttgart 1984.

Solarová, S. (Hrsg.): Geschichte der Sonderpädagogik. Stuttgart 1983.

Warnock, M. (Hrsg.): Special Educational Needs (= Warnock-Report) London 1978.

Heilpädagogik

Unter Heilpädagogik wird der Theorie- und Praxisbereich verstanden, der sich auf die Erziehung, Unterrichtung und Therapie von Menschen bezieht, die wegen individueller und sozialer Lern- und Entwicklungshindernisse einer besonderen Unterstützung und Hilfe bedürfen, um ein menschenwürdiges Leben führen zu können. Insofern handelt es sich um ein Synonym für ansonsten verwendete Bezeichnungen wie → Behindertenpädagogik, → Sonderpädagogik oder → Rehabilitationspädagogik. Es bestehen aber auf Grund des geschichtlichen Wandels der Terminologie auch gewisse unterschiedliche Akzentuierungen der Begriffsinhalte, so dass die verschiedenen Bezeichnungen nicht einfach austauschbar sind und es nicht gleichgültig ist, welche von ihnen bevorzugt wird.

Heilpädagogik ist der älteste der genannten Begriffe. Er stammt aus dem pädagogischen Bereich. Seine erstmalige Verwendung wird den beiden Pädagogen Georgens und Deinhardt zugesprochen, die im Jahre 1861 den ersten Band ihres Hauptwerkes mit dem Titel „Die Heilpädagogik mit besonderer Berücksichtigung der Idiotie und der Idiotenanstalten“ herausgaben. Obwohl sie ihren neuen Begriff als Oberbegriff verstanden, der sich auf eine besondere Erziehung bei physisch, seelisch und sittlich „entarteten“ Kindern bezog, fand er zunächst keine weitere Verbreitung, und zwar vor allem deshalb, weil er allzu sehr mit der Erziehung einer bestimmten Gruppe von Kindern identifiziert wurde, nämlich den damals als „idiotisch“ bezeichneten. Taubstummen- und Blindenpädagogen lehnten ihn im Allgemeinen ab.

Schon die Pädagogik des 18. und 19. Jahrhunderts kannte eine *„heilende Erziehung“*. Sie sollte angewandt werden bei Kindern, die ein unpassendes Benehmen oder sonstige Auffälligkeiten zeigten. Man sprach von „Kinderfehlern“. Die für sie vorzusehenden Erziehungsmaßnahmen wurden als „Heilmittel“ bezeichnet.

Das Wort *„Heil“* geht etymologisch auf das Germanische zurück und bedeutet „ganz“ (engl. whole) im Sinne von „gesund“, „vollständig“, „gerettet“ oder „Glück“ (Heil). Ähnlichkeiten bestehen auch mit dem griechischen „holos“ (Ganzes). Erst später entwickelten sich die spezifischen Bedeutungen, und zwar im religiösen Sinne von „Heil“ (Seelenheil) und von „Heilung“ im medizinischen Sinne. Nur gelegentlich wurde in der Pädagogik zur Veranschaulichung einer heilenden Erziehung der bildhafte Vergleich mit der Tätigkeit des Arztes herangezogen.

Trotz der pädagogischen Wurzel des Begriffes „Heilpädagogik“ erfuhr er verschiedene Deutungen, so vor allem in Richtung eines mediko-pädagogischen Verständnisses, das eine Dominanz des ärztlichen Heilens und einer Medizinierung des Pädagogischen nach sich zog; einer religiös orientierten Heilserziehung, für die die theologische Anthropologie und die Orientierung an christlichen Werten bestimmend wurden; und einer Verengung auf den Teilbereich der Erziehungsschwierigkeiten.

Obwohl diese Teilsichten und Akzentuierungen heute weithin als überwunden gelten, hinterließen sie doch so viel terminologisches Unbehagen, dass der Begriff „Heilpädagogik“ als Oberbegriff sich – jedenfalls in Deutschland – nicht durchsetzen konnte. Er behauptete sich in der Schweiz und in Österreich, in Deutschland dagegen nur partiell, so in der „Zeitschrift für Heilpädagogik“, in Fakultätsbezeichnungen an Universitäten (NRW) und in der sog. außerschulischen Heilpädagogik.

Die entscheidende terminologische Abwendung bewirkte die deutsche Sonderpädagogik, die an einem nicht missverständlichen pädagogischen Oberbegriff interessiert war und sich insbesondere von einem medizinischen Verständnis zu lösen suchte, nach welchem „Heil“ einseitig im Sinne von „Heilung“ ausgelegt wurde. Schon Moor

(1965) hatte klargestellt, dass Heilpädagogik Pädagogik und nichts anderes sei, auch wenn es bei ihr nur am Rande und nur in einem übertragenen Sinne auch um Heilungsprozesse ging, wie etwa in der Sprachheil- und Erziehungsschwierigenpädagogik. Auch Hanselmann, erster Inhaber einer Professur für Heilpädagogik an einer Universität (Zürich), hatte trotz Bedenken an der alten Bezeichnung festgehalten und in ihr einen guten Sinn auch insofern gesehen, als sie der unverzichtbaren Zusammenarbeit von Ärzten und Pädagogen dienlich wäre. Sein Vorschlag einer „Sondererziehung" war im Sinne einer „speziellen Erziehung" zu verstehen, nicht im Sinne von „Sonderpädagogik" (1941).

Für diesen Oberbegriff entschied man sich in Deutschland Ende der sechziger Jahre. Die Gründe waren begriffslogischer, aber auch schulpädagogischer Art: Die deutsche → *Sonderpädagogik* orientierte sich primär an den Sonderschulen. Dadurch erhielt der von ihr favorisierte neue Oberbegriff ein eingeengtes Sinnverständnis: Zum einen von „Sonder*schul*pädagogik" und zum anderen das einer *Absonderungs*pädagogik, womit er in Widerspruch zur Integrationsprogrammatik geriet. Da im Übrigen die außerschulische Heilpädagogik diese Wendung nicht mitvollzog, entwickelte sich hier eine eigene Berufsbezeichnung, nämlich die der „Heilpädagogen", die zu einer begriffsverwirrenden Unterscheidung von Heil- und Sonderpädagogik führte.

Da auch der Ersatzbegriff der → *„Behindertenpädagogik"* einseitig, nämlich an der → Behinderung, orientiert ist und der in der ehemaligen DDR installierte Begriff der → *Rehabilitationspädagogik* vor allem aus historischen Gründen keine allgemeine Verbreitung gefunden hat, erhält die ursprüngliche Bezeichnung Heilpädagogik wiederum Bedeutung. Sie entspricht dem Zweck eines fach- und aufgabenadäquaten erziehungswissenschaftlichen Oberbegriffes: Der Inhalt von „Heilpädagogik" ist ausgesprochen pädagogisch bestimmt: Er weist auf eine pädagogisch-normative Aufgabenstellung und Zielsetzung hin, nämlich auf das, was werden soll und kann, und nicht auf das, was faktisch behindert ist (Behinderungspädagogik). Das Praefix „Heil" wird im Sinne eines ganzheitlichen, auf personales und soziales Ganzwerden (Integration) ausgerichteten Ansatzes verstanden. Das Behindernde erhält eine nachgeordnete deskriptive Position. „Heilpädagogik" stellt die Gemeinsamkeit von schulischem und nichtschulischem Arbeitsbereich wieder her, überwindet also die Einseitigkeit einer Sonderschulpädagogik; sie steht im Übrigen der integrativen Einbeziehung der Regelschulen nicht im Wege. „Heilpädagogik" ist ein nach außen offener und damit wissenschaftlich integrativer Begriff. Er begünstigt den interdisziplinären Austausch mit anderen Fächern, zumal mit der Medizin und einer therapeutisch orientierten Psychologie, da er – im Unterschied zu einer „Sonderpädagogik" – keine eigenen Erklärungen bezüglich seines „Sonder"-Inhalts erfordert. Eine „Sondermedizin" ist ebenso unspezifisch und undenkbar wie eine „Sonderpsychologie".

Otto Speck

Literatur

Georgens, J.D./Deinhardt, H.M.: Die Heilpädagogik mit besonderer Berücksichtigung der Idiotie und der Idiotenanstalten. Band 1, Leipzig 1861.

Gröschke, D.: Praxiskonzepte der Heilpädagogik. München 1989.

Haeberlin, U.: Allgemeine Heilpädagogik. Bern 1985.

Hanselmann, H.: Grundlinien zu einer Theorie der Sondererziehung. Zürich 1941.

Moor, P.: Heilpädagogik. Ein pädagogisches Lehrbuch. Bern 1965.

Speck, O.: System Heilpädagogik. Eine ökologisch reflexive Grundlegung. München 4. Aufl. 1998.

Historiographie der Behindertenpädagogik

Historiographie als das Nachdenken über Geschichte und Geschichtsschreibung (Simon 1996) kann in der Behindertenpädagogik nicht losgelöst von der methodologischen Diskussion der Geschichtswissenschaft und der Mutterdisziplin Allgemeine Pädagogik betrieben werden. Dieser über lange Zeit vernachlässigte Zusammenhang hat in den letzten zwei Jahrzehnten zunehmend an Bedeutung gewonnen und schlägt sich auch in jüngeren historiographischen Arbeiten der Behindertenpädagogik nieder.

Die *wissenschaftstheoretische Debatte* um das Fach Geschichte verlief im vergangenen Jahrhundert in zum Teil äußerst kontroversen Auseinandersetzungen um Selbstverständnis und Methodologie dieser Disziplin. So kam es spätestens in den Siebzigerjahren zu einem tiefen Bruch mit dem bis in die Nachkriegszeit wirksamen Traditionen des deutschen Historismus, der bei scharfer Trennung zwischen *nomothetischer* und *idiographischer Methode* postulierte, dass der Gegenstandsbereich historischen Erkenntnisbemühens dem Historiker unmittelbar vorgegeben sei und aus sich selbst heraus mit Hilfe der verstehenden Methode seinen Sinn erschließe. In methodologischer Hinsicht bedeutete die Abkehr vom *Historismus* eine Öffnung gegenüber den Sozialwissenschaften. Der Ruf nach mehr Theorie in der Geschichtsschreibung führte zu einer verstärkten Auseinandersetzung mit der in den Nachbardisziplinen geführten wissenschaftstheoretischen Diskussion, die in die weitgehend akzeptierte Neubestimmung der Geschichte als einer historischen Sozialwissenschaft mündete.

Analog der Annäherung zwischen Geschichte und Soziologie wuchs das Interesse an der *Sozialgeschichte*, die nicht selten als ein Bindeglied zwischen beiden Disziplinen gesehen wird. Gegenstand der Sozialgeschichte ist die Gesellschaft, wobei die vorherrschende Richtung Sozialgeschichte als eine integrale Aspektwissenschaft betrachtet wird. Für eine Verknüpfung von politischen, ökonomischen, sozialen, kulturellen und ideologischen Phänomenen plädieren Kocka und Wehler, die für den von ihnen anvisierten Typus von Geschichte den Begriff der *Gesellschaftsgeschichte* prägten.

Die Abwendung vom Historismus und die damit verbundene Anerkennung, dass es eine Rekonstruktion einer vermeintlich objektiv vorgegebenen Geschichte nicht geben kann, verweist auf die Standortgebundenheit und Perspektivität jeder historischen Forschung. In bewusster Distanzierung von der Tradition der national-konservativen deutschen Historie wurde Geschichte seit den Siebzigerjahren als ein Instrument der Aufklärung und kritischen Deutung von Vergangenheit und Gegenwart verstanden. Dabei öffnet sich die deutsche Geschichtswissenschaft in bewusster Abkehr von einer pointiert nationalen Geschichtsschreibung zunehmend dem internationalen Diskurs in der Geschichtswissenschaft (Eibach/Lottes 2002). Von einer Geschichte als kritischer Sozialwissenschaft wird gefordert, dass sie ihren Ausgang von den Problemen der Gegenwart nimmt und sich als ein Instrument der Aufklärung und Deutung von Vergangenheit versteht: „In Wahrheit hat es der Historiker nicht mit der Vergangenheit zu tun, sondern immer nur mit ihrer Interpretation. ... Es gibt keine Wirklichkeit ohne ihre Repräsentation. ... Historiker sind Anthropologen des Vergangenen. Sie versuchen, jenen Menschen, die in den Texten der Vergangenheit zu uns sprechen, eine Stimme zu verleihen und sie zu verstehen" (Baberowski 2005, 22).

Ungeachtet des grundsätzlichen Anspruchs, in dem Konzept einer umfassenden Gesellschaftsgeschichte alle relevanten Gegenstandsbereiche historischer Forschung miteinander zu verknüpfen, legte die sozialgeschichtliche Forschungspraxis nur allzu oft den Schwerpunkt auf strukturelle Aussagen und Verallgemeinerungen. Dies führte in den letzten beiden Jahrzehnten zu einer neuerlichen methodologischen Akzentsetzung, die nun als Gegenbewegung auf Subjektivität, Einmaligkeit und Narrativität setzt. Unter dem Signum *Kulturgeschichte und historische Anthropologie* werden verstärkt kulturanthropologische, sprach- und sozialphilosophische Konzepte beachtet, die in der Abgrenzung zu der Übermacht von Strukturen auf subjektives Erleben und Lebenswelt rekurrieren. Dabei ist der historische Blick vor allem auf jene gerichtet, die bislang unbeachtet blieben: der sogenannte kleine Mann aus dem Volk, Arbeiter, Frauen – und damit auch auf Behinderte.

Der *alltagsgeschichtliche Perspektivenwechsel* als notwendiges Korrektiv einer mehr auf Verallgemeinerung und Abstraktion angelegten Sozialgeschichte ist in seiner Berechtigung und Bedeutung unbestritten, denn das Aufzeigen lebensweltlicher Erfahrungen, alltäglicher Lebensgewohnheiten, spezifischer Wahrnehmungs- und Kommunikationsformen, kollektiver Mentalitäten lässt erst lebendig und anschaulich werden, was generalisierende Analysen von Lebensbedingungen nur in weitgehend abstrakter Weise darzulegen vermögen. Die kritische Auseinandersetzung mit der Alltagsgeschichte hat dem Prozess der wissenschaftstheoretischen Selbstvergewisserung der Historie deutlichere Konturen verliehen. Trotz aller Diversität der methodologischen Positionen besteht unter den Befürwortern einer Theoretisierung der Geschichte zunehmend Konsens hinsichtlich der Forderung nach Theorien, die der Besonderheit geschichtlichen Denkens und Forschens Rechnung tragen. Rüsen hat mit seiner Historik die Programmatik einer Theorie der Geschichtswissenschaft vorgelegt, deren Aufgabe in dem Abstecken eines Rahmens liegt, der die verschiedensten Ansätze in eine gemeinsame Problemstellung integrieren könnte. Die Besonderheit historischer Theorien liegt in der komplementären Verbindung narrativer und konstruktiver Aspekte, somit im „narrativen Konstrukt", das als konstitutives Moment des historischen Erkenntnisprozesses zu sehen ist (Rüsen 1979).

Über den Gegenstand der *pädagogischen Historiographie* herrscht Einvernehmen; er betrifft sowohl die Geschichte der pädagogischen Theorie als auch die der pädagogischen Praxis. Unterschiede bestehen hingegen im Hinblick auf das wissenschaftstheoretische Selbstverständnis pädagogischer Geschichtsschreibung, und zwar in Abhängigkeit von grundlegenden wissenschaftstheoretischen Auffassungen über die Wissenschaftsdisziplin Pädagogik. Als Reflex auf die Debatte in der Geschichtswissenschaft sowie der disziplineigenen Bestimmung der Erziehungswissenschaft als einer Sozialwissenschaft und damit der Erziehungsgeschichte als Teil einer historischen Sozialwissenschaft, wurde vornehmlich in den Siebzigerjahren historische Pädagogik als Sozialgeschichte verstanden. Damit einher ging eine stärkere Debatte um die Beziehung von Theorie und Geschichte. Als notwendig gilt eine methodische Reflexion der Untersuchungen sowie eine theoretische Absicherung der Interpretationsgrundlagen und Materialien, das Zurücktreten reiner Ideen- und Problemgeschichte zugunsten einer Darstellung der Erziehungswirklichkeit sowie der gesellschaftlichen Funktion von Erziehung, eine Erweiterung des Quellenmaterials und schließlich die Ergänzung der traditionellen Quellenbearbeitung durch stärker objektivierende Methoden.

Mit dem Konzept einer *historischen Sozialisationsforschung* legte Herrmann (1984) den programmatischen Entwurf für eine erziehungswissenschaftliche Historik vor, in der nicht nur der sozialgeschichtliche Ansatz, sondern zugleich die subjektive Seite des Educandus Berücksichtigung finden soll. Analog zur allgemeinen Historie lenkte Herrmann damit den Blick der pädagogischen Historiographie auf eine stärkere Fokussierung von Subjektivität. Ein neues Plädoyer für eine narrative Pädagogik und eine erfolgte Alltagswende auch in der Pädagogik fand ihren Niederschlag vor allem in einer Akzentuierung der historischen Anthropologie durch Biographie und Autobiographie.

Nicht anders als in der Fachhistorie herrscht auch in der Historiographie der Pädagogik weitgehend die Überzeugung von der Notwendigkeit einer *Methodenpluralität* vor, wozu in der Pädagogik eine Anerkennung von Ideen-, Sozial- und Theoriegeschichte sowie eine alltagsgeschichtliche Erforschung pädagogischer Praxis gehört. Nicht nur Standortgebundenheit und Perspektivität kennzeichnet auch die pädagogische Historiographie, sondern zugleich die Erkenntnis, dass es nicht nur eine Geschichte der Pädagogik geben kann. Eine narrative und zugleich theoriegeleitete pädagogische Geschichtsschreibung erfordert sehr unterschiedliche methodologische Zugehensweisen, deren jeweilige Rechtfertigung und Bedeutung zugleich auf ihre Komplementarität verweist: „Ein wichtiger Befund der Betrachtung von Historiographiegeschichte muss der sein, dass der Gegensatz zwischen theoriegeleiteter historischer Forschung und historischer Narration angesichts seiner langen Geschichte nicht länger als zwingend betrachtet werden kann, sondern dass die eine Form auf die andere gleichermaßen angewiesen ist und dass die Polarität nach einem vermittelnden Ansatz verlangt. Unter den existierenden Vermittlungsversuchen ist der der theoriegeleiteten Narrativität einer" (Lenzen 1993, 22).

Sonderpädagogische Geschichtsschreibung war bis in die Siebzigerjahre des vergangenen Jahrhunderts vor allem Ideen- und Institutionsgeschichte, wobei die Darstellungen nicht selten der Rechtfertigung eines besonderen Bildungssystems für behinderte Schüler dienten. Nicht zuletzt angestoßen durch eine viel beschworene Legitimationskrise manifestierte sich in den vergangenen drei Jahrzehnten in der behindertenpädagogischen Disziplin ein stärkeres Interesse an der historischen Dimension, und es erfolgten erste Versuche einer wissenschaftstheoretischen Standortbestimmung bzw. einer Vergewisserung des Gegenstandsbereiches (Ellger-Rüttgardt 1985; Möckel 1988; Moser 1995; Bleidick 2001; Hofer 2004). Einigkeit herrscht nicht nur über die Notwendigkeit verstärkter historischer Forschung, sondern auch – neben der Wahl ideen-, sozial- und institutionsgeschichtlicher Zugehensweisen – über eine stärkere Beachtung von Alltagsgeschichte und Biographieforschung. Es liegt auf der Hand, dass eine Alltagsgeschichte, der es um die Sicht der in der traditionellen Geschichtsschreibung bislang stumm gebliebenen Akteure geht, einen für die Behindertenpädagogik äußerst fruchtbaren Perspektivenwechsel verspricht. So konnte am Beispiel der Braunschweiger Hilfsschule gezeigt werden, wie durch die Artikulation der Interessen Betroffener ein Ausschnitt von Schulwirklichkeit lebendig wurde. In ähnliche Richtung weisen biographische Studien, die bekannte, aber auch weitgehend vergessene Personen in den Mittelpunkt rücken. Die in der Behindertenpädagogik beobachtbare stärkere Beachtung der Subjektivität der Betroffenen manifestiert sich zunehmend auch in historischen Arbeiten der Behindertenpädagogik.

Der noch vor wenigen Jahrzehnten berechtigte Vorwurf, dass Geschichtsschreibung in der Behindertenpädagogik vernachlässigt, weitgehend theorielos betrieben und in der Regel fernab von der Debatte in der Fachhistorie und der allgemeinen Pädagogik geführt wird, ist nicht mehr aufrecht zu erhalten. So ist für die letzten Jahre nicht nur eine Zunahme an historischen Arbeiten und Veröffentlichungen quellenkundlicher Literatur zu verzeichnen (Bleidick/Ellger-Rüttgardt 1999 ff.), sondern auch eine stärkere Einlösung der Forderung nach theoriegeleiteter Forschung, wobei in der Regel verschiedene methodologische Verfahren miteinander kombiniert sind. Die Historiographie der Behindertenpädagogik dokumentiert, dass sie den Anschluss an die Debatte in der Geschichte gefunden hat, wenn es heißt: „Geschichte als solche, als das tatsächliche Geschehen in der Zeitreihe, existiert nur als Abstraktum. ... Geschichte ist ... immer schon interpretierte Geschichte. ... Welchen Nutzen und welchen Nachteil wir ... aus der Kenntnis des Vergangenen ziehen, hängt von standortgebundenem Urteil ab" (Bleidick 2001, 19).

Sieglind Ellger-Rüttgardt

Literatur

Baberowski, J.: Der Sinn der Geschichte. Geschichtstheorien von Hegel bis Foucault. München 2005.
Benner, D./Oelkers, J.(Hrsg.): Historisches Wörterbuch der Pädagogik. Weinheim 2004.
Bleidick, U./Ellger-Rüttgardt, S. (Hrsg.): Studientexte zur Geschichte der Behindertenpädagogik. Neuwied und Weinheim 1999 ff.
Bleidick, U.: Vom Nutzen und vom Nachteil der Historie für das Leben behinderter Menschen – Ideengeschichtliche Betrachtungen zur Behindertenpädagogik. In: Wachtel, G./Dietze, S. (Hrsg.): Heil- und Sonderpädagogik – auch im 21. Jahrhundert eine Herausforderung. Aktuelle Denkansätze in der Heilpädagogik und ihre Wurzeln. Weinheim 2001, 11–23.
Eibach, J,/Lottes, G.: (Hrsg.): Kompass der Geschichtswissenschaft. Göttingen 2002.
Ellger-Rüttgardt, S.: Historiographie der Behindertenpädagogik. In: Bleidick, U.: (Hrsg.): Theorie der Behindertenpädagogik. (Handbuch der Sonderpädagogik, Band 1). Berlin 1985, 87–125.
Herrmann, U.: Neue Wege der Sozialgeschichte. Zur Forschungspraxis der Historischen Sozialisationsforschung und zur Bedeutung ihrer Ergebnisse für pädagogische Theoriebildung. In: Pädagogische Rundschau 38 (1984) 171–187.
Hofer, U.: Sonderpädagogik. In: Benner, D./Oelkers, J. (Hrsg.): Historisches Wörterbuch der Pädagogik. Weinheim 2004, 887–902.
Lenzen, D.: Zum Stand der Historiographiediskussion in Geschichtswissenschaft und Pädagogik. In: Lenzen, D. (Hrsg.): Pädagogik und Geschichte. Pädagogische Historiographie zwischen Wirklichkeit, Fiktion und Konstruktion. Weinheim 1993, 7–24.
Möckel, A.: Geschichte der Heilpädagogik. Stuttgart 1988.
Moser, V.: Die Ordnung des Schicksals. Zur ideengeschichtlichen Tradition der Sonderpädagogik. Butzbach-Griedel 1995.
Rüsen, J.: Wie kann man Geschichte vernünftig schreiben? Über das Verhältnis von Narrativität und Theoriegebrauch in der Geschichtswissenschaft. In: Kocka, J./Nipperdey, Th. (Hrsg.): Theorie und Erzählung in der Geschichte. München 1979, 300–333.
Simon, Chr.: Historiographie. Stuttgart 1996.

Inklusion

Der Begriff der Inklusion wird im englischsprachigen Raum bereits seit den 1980er Jahren in einem gewissen Spannungsverhältnis zur Integration diskutiert, in einigen Regionen wird ‚inclusive education' praktiziert (Hinz 2006). Seit wenigen Jahren hat der Inklusionsbegriff auch Eingang in den deutschsprachigen Diskurs gefunden (Sander 2003). Hintergrund für seine Einführung sind deutliche problematische Parallelen, die sich in der Entwicklung integrativer Praxis in verschiedenen Ländern finden (Hinz 2002).

Zum einen wird → Integration entgegen ihrem ursprünglichen Anspruch der Unteilbarkeit, verstärkt durch selektive institutionelle Strukturen, zu einem gestuften System umgeformt, das entsprechend den Unterstützungsbedürfnissen des Individuums unterschiedliche Organisationsformen zwischen Gemeinsamkeit und Isolation vorhält. Dies entspricht dem in den USA bereits in den 1940er Jahren entwickelten Kaskaden-Modell. Dessen Selektivität wird vor allem von Verbänden kritisiert, die sich für die Integration von Menschen mit schweren Behinderungen engagieren (etwa TASH in den USA und CACL in Kanada). Es entsteht ein Druck, sich für Integration in Regeleinrichtungen durch Mindestfähigkeiten und -verhaltensweisen qualifizieren zu müssen.

Zum anderen wird Integration schnell mit bestimmten Personengruppen verbunden, die integriert werden sollen: Meist werden „Behinderte" oder „Ausländer" durch zusätzliche Aufwendungen und Anstrengungen in unverändert bestehende Institutionen und Strukturen eingebracht. Durch problematische institutionelle Regelungen wie die personale Zuweisung eines sonderpädagogischen Förderbedarfs (Wocken 1996) und durch die Forderung nach einer spezifischen individuellen → Förderung wird ein solches Alltagsdenken und -handeln in zwei Gruppen zusätzlich verstärkt. Damit wird Integration schnell zu einer sonderpädagogischen bzw. ausländerpädagogischen Frage erklärt, die die Allgemeine Pädagogik nicht weiter betrifft.

Im Kontrast hierzu begreift sich der Ansatz der Inklusion als allgemeinpädagogischer Ansatz, der auf der Basis von Bürgerrechten argumentiert, sich gegen jede gesellschaftliche Marginalisierung wendet und somit allen Menschen das gleiche volle Recht auf individuelle Entwicklung und soziale Teilhabe ungeachtet ihrer persönlichen Unterstützungsbedürfnisse zugesichert sehen will. Für den Bildungsbereich bedeutet dies einen uneingeschränkten Zugang und die unbedingte Zugehörigkeit zu allgemeinen Kindergärten und Schulen des sozialen Umfeldes, die vor der Aufgabe stehen, den individuellen Bedürfnissen aller zu entsprechen – und damit wird dem Verständnis der Inklusion entsprechend jeder Mensch als selbstverständliches Mitglied der Gemeinschaft anerkannt.

Inklusion wird also nicht mit bestimmten kategorisierten, klar abgrenzbaren Personengruppen verbunden, sondern als generelles Prinzip in jeglicher Gruppierung verstanden, demzufolge die individuelle Unterschiedlichkeit der Gruppenmitglieder und damit die Heterogenität der Gruppe als anregend und bereichernd wahrgenommen wird. Hierbei wird nicht nur eine einzelne Heterogenitätsdimension – etwa die kulturelle Herkunft – betrachtet, vielmehr fließen alle Dimensionen von Verschiedenheit in die Betrachtung ein: Fähigkeiten, Geschlechterrollen, ethnische Herkünfte, Nationalitäten, Erstsprachen, Rassen, soziale Klassen bzw. Milieus, Religionen und Weltanschauungen, sexuelle Orientierungen, körperliche Bedingungen und anderes mehr. Menschen mit Behinderungen sind somit in diesem großen Rahmen enthalten, allerdings nicht mehr mit einem Verständnis funktioneller Eingeschränktheit, sondern als eine von diversen gesellschaftlichen Minderheiten.

Die deutsche Diskussion um Inklusion konzentriert sich bisher stark auf die Schule; als Beispiel für Inklusion kann die Integrative Grundschule Hamburg gelten, die auf eine administrative Etikettierung bestimmter Schüler verzichtet, unterstützende Ressourcen pauschal zuweist und auf die Entwicklung schuleigener Konzepte im Sinne integrativer Schule setzt (Wocken 1996). Als Anspruch an Schulentwicklung wird Inklusion konkret fassbar, indem mit einem „Index für Inklusion" ein breites Menü von Indikatoren und Fragen angeboten wird, mit dem sich Schulen selbst evaluieren können, die sich als „Schule für alle" verstehen (Boban/Hinz 2003). Inklusion geht als gesellschaftliche Leitvorstellung jedoch weit über den Rahmen von Schule hinaus und erstreckt sich auf alle Lebensbereiche, wo sie gestufte, differenzierte Strukturen als selektiv und damit problematisch kritisiert und volle Teilhabe für alle Menschen fordert (Hinz 2003).

Zudem hat Inklusion eine weltweite Bedeutung, indem z.B. inklusive Bildung und Erziehung insbesondere für Länder der „dritten Welt" eine realistische Entwicklungsperspektive angesichts verbreiteter Exklusion von Kindern und Jugendlichen aus dem Bildungssystem darstellt. Dort besteht schon aus finanziellen Gründen im Aufbau eines gegliederten und gesonderten Bildungswesens keine gangbare Perspektive. Unterschiedlich sind allerdings die jeweiligen Akzente des Bedarfs an inklusiver Bildung, die etwa in Indien besonders von Exklusion betroffene Mädchen, Angehörige der untersten Kasten sowie bestimmter Völker sowie Kinder auf dem Land und in Slums umfasst, während in Südafrika die Tradition der Apartheid und der hohe Anteil HIV-infizierter Kinder und Jugendlicher andere Profile bedingen (Heung/Ainscow 2004).

Die Frage, wie weit Inklusion theoretisch einen eigenen, neuen Ansatz darstellt, kann nur vorläufig und muss differenziert beantwortet werden (Hinz 2004). Beansprucht bereits die Theoriebildung der Integrationspädagogik, über den Rahmen der Integration Behinderter hinauszugehen, so geschieht dies mit der Inklusion eher systematisch und explizit, also quasi mit geschärftem Fokus – es handelt sich aber keineswegs um einen völlig neuen Ansatz. Die „Pädagogik der Vielfalt“ (Prengel, Hinz, Preuss-Lausitz) kann als deutsche Variante inklusiver Theorieentwicklung gelten, ebenso kann anderen Theorieansätzen der Integrationspädagogik inklusive Qualität zugesprochen werden. Wird dagegen Integration als eine Variante sonderpädagogischer Förderung unter anderen angesehen, bedeutet Inklusion eine massive Infragestellung und Veränderung des Bisherigen. Ob dies paradigmatische Qualität hat, wie in der englischen und amerikanischen Literatur behauptet wird, mag dahingestellt bleiben.

Andreas Hinz

Literatur

Boban, I./Hinz, A. (Hrsg.): Index für Inklusion. Lernen und Teilhabe in Schulen der Vielfalt entwickeln. (Übersetzte und adaptierte Fassung von Booth, T./Ainscow, M.: Index for Inclusion. Developing Learning and Participation in Schools. 2nd 2002.) Halle (Martin-Luther-Universität) 2003.

Heung, V./Ainscow, M. (Eds.): Inclusive Education: A Framework for Reform. Hong Kong (Institute of Education) 2004.

Hinz, A.: Von der Integration zur Inklusion – terminologisches Spiel oder konzeptionelle Weiterentwicklung? In: Zeitschrift für Heilpädagogik 53 (2002) 354–361.

Hinz, A.: Die Debatte um Integration und Inklusion – Grundlage für aktuelle Kontroversen in Behindertenpolitik und Sonderpädagogik? In: Sonderpädagogische Förderung 48 (2003) 330–347.

Hinz, A.: Vom sonderpädagogischen Verständnis der Integration zum integrationspädagogischen Verständnis der Inklusion!? In: Schnell, I./Sander, A. (Hrsg.): Inklusive Pädagogik. Bad Heilbrunn 2004, 41–74.

Hinz, A.: Kanada – ein ‚Nordstern‘ in Sachen Inklusion. In: Platte, A./Seitz, S./Terfloth, K. (Hrsg.): Inklusive Bildungsprozesse. Was ‚bewegt‘ pädagogische Forschung? Bad Heilbrunn 2006 (im Druck).

Sander, A.: Über die Integration zur Inklusion. St. Ingbert 2003.

Wocken, H.: Sonderpädagogischer Förderbedarf als systemischer Begriff. In: Vierteljahreszeitschrift Sonderpädagogik 26 (1996) 34–38.

Integration

Integration wird hier verstanden als gemeinsame Unterrichtung behinderter und nichtbehinderter Kinder in allgemeinen Schulen. Sie wird inhaltlich definiert als (1) allseitige Förderung (2) aller Kinder (3) durch gemeinsame Lernsituationen. Integrative Lernorte sind vielfältige Lebens- und Erfahrungsräume, die der „ganzheitlichen“ Entfaltung der kindlichen Persönlichkeit dienlich sind und dem Lernen „mit Kopf, Herz und Hand“ (Pestalozzi) Raum geben. Integration ist grundsätzlich „unteilbar“ (Feuser 1982); sie bezieht ausnahmslos Kinder aller Behinderungsarten und -grade ein. „Integrationsfähigkeit“ ist keine Eigenschaft von Personen, sondern bezeichnet ein Passungsverhältnis zwischen → Förderbedarfen und Förderressourcen. Integrative Erziehung ermöglicht das Miteinander- und Voneinanderlernen in heterogenen Gruppen, also gemeinsame Bildungsprozesse, „zu denen alle beitragen und die alle teilen können“ (Dewey). In diesem Sinne kann Integrative Erziehung als Auslegung und Konkretisierung von „Allgemeinbildung“ verstanden werden.

Etwa seit dem „Jahr der Behinderten“ 1981 haben namentlich Elterninitiativen die ersten Integrationsklassen gegen erhebliche Widerstände auch der etablierten Behindertenpädagogik erkämpft. Zur Jahrtausendwende sind in nahezu allen Ländern integrative Schulen und Klassen vorzufinden, mit deutlichem Schwerpunkt in der Grundschule. Der relative Anteil behinderter „Integrationskinder“ liegt allerdings derzeit nicht erheblich über 5 Prozent. Im europäischen Vergleich rangiert Deutschland auf den unteren Plätzen.

In der wissenschaftlichen Theoriebildung geht Integrationspädagogik über die Thematik der Integration Behinderter hinaus. Unterschiedlichkeit ist ein anthropologisches Konstituens: „Es ist normal, verschieden zu sein.“ „Tutti uguali, tutti diversi“, lautet die Losung der italienischen Integrationsbewegung. Die „Dialektik von Gleichheit und Verschiedenheit“ ist die axiomatische Grundlage der *Theorie integrativer Prozesse* (Deppe, Reiser). Die Differenz zwischen Kulturen, Geschlechtern und Begabungen wird theoretisch eingeholt und aufgehoben in einer umfassenden, allgemeinen *Pädagogik der Vielfalt* (Hinz, Prengel, Preuss-Lausitz). Integrative Pädagogik bricht ferner mit der Sonderanthropologie von Behinderung als defizitärem Anderssein und stellt eine subjekt- und kompetenzorientierte Sichtweise in den Vordergrund. In feinsinniger Unterscheidung ist von Menschen mit Behinderungen und nicht mehr von „Behinderten“ die Rede (→ Anthropologie).

Für Integration können *ethische*, *pädagogische* und *politische* Gründe angeführt werden. Integration ist zuvörderst eine ethische Maxime und ein fundamentales → Grundrecht. Die Integrationsforderung ist in der Gleichheit aller Menschen grundgelegt. Auch Menschen mit Behinderungen haben ein Recht, „ein Leben so normal wie möglich“ (Nirje) zu führen. Gleichberechtigte Teilhabe und ungeteilte Gemeinsamkeit sind normal; begründungs- und rechtfertigungspflichtig sind alle Ausnahmen, also Ausgrenzung und Aussonderung. Das Recht auf uneingeschränkte Teilhabe und gleiche Teilnahmechancen wird von der Verfassung nachdrücklich unterstrichen: „Niemand darf wegen seiner Behinderung benachteiligt werden“ (GG, Art. 3 Abs. 3 Satz 2) (→ Diskriminierungsverbot). Integration geht grundsätzlich vor Separation. Alle Sondereinrichtungen sind immer nur nachrangige Ersatzlösungen, Lernorte zweiter Priorität. Sonderschulen stehen zum allgemeinen Schulwesen in einem subsidiären Ergänzungsverhältnis, sie haben keine eigenständige Existenzberechtigung. Dem *Primat der Integration* entsprechend ist für behinderte Kinder „die am wenigsten einschränkende Umgebung“ (last restrictive enviroment) zu wählen.

Die *pädagogische Rechtfertigung von Integration* hebt auf den grundlegenden Auftrag aller Erziehung ab. Erziehung ist wesenhaft Annahme, nicht Auswahl (Buber). Erziehung ist nicht wählerisch, sondern nimmt alle Kinder an und auf, ohne Ansehen ihrer → Person. Die „Empfehlungen zur sonderpädagogischen Förderung in den Schulen der Bundesrepublik Deutschland“ der Kultusministerkonferenz (1994) bestimmen entsprechend die Bildung behinderter Kinder „als gemeinsame Aufgabe für grundsätzlich alle Schulen“ und verstehen Sonderpädagogik „als eine Ergänzung und Schwerpunktsetzung der allgemeinen Pädagogik“.

Eine integrative Schule ist der *politischen Idee einer demokratischen Gesellschaft* verpflichtet. Demokratie und Integration haben beide das „Miteinander der Verschiedenen“ (Adorno) zum Ziel. Die integrative Schule bricht mit der konservativen Tradition, unterschiedliche Kinder in unterschiedliche Schulen zu schicken und Unterschiedlichkeit zur Rechtfertigung eines gegliederten Schulsystems heranzuziehen. Integration zielt auf die „Bewältigung der Andernheit in der gelebten Einheit“ (Buber) ab und leistet damit einen Beitrag zur Friedenserziehung.

Schulische Integration kann in unterschiedlichen *Organisationsformen* stattfinden: Einzelintegration, Integrationsklassen,

Integrationsschulen. *Einzelintegration* dient dem Erhalt lebensweltlicher, sozialer Bezüge; sie hat neben dem Vorteil der Wohnortnähe den Charme einer natürlichen Inklusion. Je geringer Behinderungsquote und Besiedelungsdichte sind, desto eher ist eine Einzelintegration behinderter Kinder angezeigt. *Integrationsklassen* waren historisch das Einfallstor für die Durchsetzung und Erprobung integrativer Erziehung. Sie sind zumeist mit dem Prinzip der Freiwilligkeit, mit besonderen Aufnahmeverfahren und ihren jeweiligen Folgeproblemen verknüpft. Innerhalb eines gegliederten Schulwesens stellen sie ein paradoxes Kunstgebilde dar, sie sind das Alibi der Selektion. *Integrationsschulen* sind „Schulen für alle". Die gesamte Schule ist in das Konzept des gemeinsamen Lernens einbezogen. Die Schule ist eine gemeinwesenorientierte Nachbarschaftsschule; alle Kinder des Schulbezirks werden aufgenommen, die integrativen Klassen sind ein getreues Abbild der sozialen Umgebung. Die „Integrativen Regelklassen" in Hamburg sind mit einer „sonderpädagogischen Grundausstattung" versehen und nehmen alle Kinder mit Beeinträchtigungen des Lernens, des Verhaltens und der Sprache ohne eine vorgängige diagnostische Klassifizierung und Etikettierung als Behinderte auf („Dekategorisierung"). Sie heben damit die sog. *Zwei-Gruppen-Theorie*, also die Aufteilung der Kinder in „behindert" und „nicht-behindert", faktisch auf und haben so schon → Inklusion praktiziert, noch bevor dieser Terminus in der wissenschaftlichen Diskussion von sich reden machte.

Das Gelingen integrativer Erziehung ist an ein Bündel organisatorischer, didaktischer, professioneller und systemischer Bedingungen geknüpft. Bezüglich der *organisatorischen Rahmenbedingungen* steht die Reduzierung der Gruppenfrequenz im Vordergrund. Die Klassengrößen von Sonderschulen machen etwa die Hälfte bis ein Drittel der Klassenfrequenzen an allgemeinen Schulen aus. Entsprechend sind behinderte Kinder in integrativen Klassen doppelt oder dreifach zu zählen und von den üblichen Frequenzen in Abzug zu bringen. Die Klassengrößen variieren im Allgemeinen zwischen 15 und 20 Kindern mit 2 bis 4 behinderten Kindern.

Das *didaktische Grundproblem* eines integrativen Unterrichts ist die „Verschiedenheit der Köpfe" (Herbart). Die Verschiedenheit der Kinder erfordert einen vielgestaltigen und → differenzierenden Unterricht. Unverzichtbar sind die Prinzipien des zieldifferenten Lernens, der individualisierenden Lernhilfe und der intraindividuellen Leistungsbewertung. Inhalt und Niveau der Lernanforderungen, Art und Umfang der pädagogischen Hilfen, Maßstäbe und Formen der Leistungsbewertung müssen dem jeweiligen Vermögen der Kinder individuell angepasst werden. Im „Haus des Lernens" kommen die Urformen kindlicher Welterschließung und -begegnung „Spiel, Gespräch, Arbeit und Feier" (Petersen) in angemessenener Ausgewogenheit zur Geltung. Innerhalb einer vielgestaltigen unterrichtsmethodischen Landschaft haben auch besondere Fördermaßnahmen und therapeutische Angebote für behinderte Kinder einen legitimen Ort. In der „Theorie gemeinsamer Lernsituationen" (Wocken 1998) wird integrativer Unterricht als eine „Didaktik der Vielfalt" beschrieben, die sowohl der Verschiedenheit der Kinder als auch der Gemeinsamkeit der Gruppe zu ihrem Recht verhilft und eine ausgewogene Balance von gemeinsamen und individuellen Lernprozessen einfordert.

Als *professionelle Bedingung* erfordert Integration die Kooperation verschiedener pädagogischer Kompetenzen. Eine homogene Schülergruppe kann durch einen einzigen Lehrer unterrichtet werden, weil alle Schüler gleiche Voraussetzungen mitbringen und zu den gleichen Zielen gelangen sollen. Eine integrative Klasse ist eine Lerngruppe mit einer größeren Spannweite an Begabungen und Fähigkeiten. Eine integrative Klasse ist bejahte und gewollte *Heterogenität*. Für den Unterricht in einer heterogenen Schülergruppe ist die Mitarbeit eines zweiten Pädagogen erforderlich. Die Komplexität der Lerngruppe muss gleichsam durch die Komplexität der pädagogischen Kompetenzen wieder ausgeglichen werden. Eigenart und Umfang der besonderen Förderbedarfe bestimmen maßgebend, wie viel und welche zusätzlichen professionellen Ressourcen bereitzustellen sind.

In integrativen Klassen ist insbesondere die Rolle des Sonderpädagogen starken Veränderungen unterworfen. Der Sonderpädagoge hat keine eigene Klasse mehr und ist nur stundenweise anwesend. Obwohl der Sonderpädagoge in seinem Kern ein Pädagoge für besondere Aufgaben und für besondere Kinder ist, sollte er dies in integrativen Klassen nicht ausschließlich und nicht längerfristig sein. Eine starre Abgrenzung der unterschiedlichen Qualifikationen und die Etablierung spezieller Zuständigkeiten für einzelne Kinder, bestimmte Fächer und besondere Aufgaben sind konzeptwidrig. Sowohl die Aufspaltung der Kinder als auch die Aufspaltung der Aufgaben (Unterrichtsunterstützung versus Unterrichtsgestaltung) sind als problematische Rollenverteilungen zu charakterisieren. Die Kooperation in einem multiprofessionellem Team ist chancen- und konfliktreich zugleich. Die relative Unbestimmtheit der professionellen Rollen kann mit Verunsicherungen der beruflichen Identität und erheblichen Kooperationsproblemen verbunden sein.

Zuletzt ist unter den *systemischen Rahmenbedingungen* die Vernetzung integrativer Schulen mit dem „Ökosystem" (Sander) zu nennen: Elternhaus; soziale, therapeutische und medizinische Fachdienste; Tagesstätten und andere Unterstützungssysteme. Es ist gemeinhin nicht möglich, allen „special needs" behinderter Kinder durch schulinterne Ressourcen unmittelbar vor Ort zu entsprechen. Ein besonderer Stellenwert in „Integrationsnetzwerken" kommt sogenannten „Förderzentren" zu. Förderzentren sind dabei als Ressourcen- und Kompetenzzentren zu verstehen, die in ambulanter Form spezialisierte Hilfs- und Unterstützungsangebote vorhalten und dezentralisiert „zu den Kindern" bringen.

Integration ist eine Wertentscheidung und nicht empirisch zu erweisen. Gegenstand wissenschaftlicher Begleitung ist die Optimierung der Realisierungsbedingungen und die summative Evaluation der Ergebnisse. Als unstrittige wissenschaftliche Erkenntnis kann gelten, dass nichtbehinderte Kinder durch die Anwesenheit behinderter und leistungsschwacher Kinder in ihren schulischen Leistungen nicht beeinträchtigt werden und zugleich an sozialer Kompetenz und empathischem Verstehen gewinnen. Für die behinderten Kinder zeichnet sich eine teilweise ambivalente Ergebnislage ab. (Lern)behinderte Kinder machen in integrativen Schulen einerseits deutlich bessere Leistungsfortschritte. Andererseits sind aufgrund von Bezugsgruppeneffekten ein herabgesetztes Selbstwertgefühl und eine geringere soziale Integration möglich. Die künftige Entwicklung integrativer Erziehung sollte neben dem Ausbau des gemeinsamen Unterrichts die Ausweitung der Integrationsmaßnahmen auf die gesamte Lebensspanne und alle Lebensbereiche sowie deren Vernetzung anstreben. Hans Wocken

Literatur

Eberwein, H. (Hrsg.): Handbuch Integrationspädagogik. Kinder mit und ohne Behinderung lernen gemeinsam. Weinheim 5. Aufl. 1999.

Feuser, G.: Integration = die gemeinsame Tätigkeit (Spielen/Lernen/Arbeiten) am gemeinsamen Gegenstand/Produkt in Kooperation von behinderten und nichtbehinderten Menschen. In: Vierteljahresschrift Behindertenpädagogik 21 (1982) 86–105.

Hildeschmidt, A./Schnell, I. (Hrsg.): Integrationspädagogik. Auf dem Wege zu einer Schule für alle. Weinheim 1998.

Hinz, A.: Heterogenität in der Schule. Integration – Interkulturelle Erziehung – Koedukation. Hamburg 1993.

Reiser, H./Klein, G./Kreie, G./Kron, M.: Integration als Prozess. In: Vierteljahresschrift Sonderpädagogik 16 (1986) 115–122 und 154–160.

Rosenberger, M. (Hrsg.): Ratgeber gegen Aussonderung. Heidelberg 2. Aufl. 1998.

Wocken, H.: Stichworte „Effektivität", „Förderzentrum", „Integration", „Integrativer Unterricht", „Kooperation". In: Wocken, H. (Hrsg.): Sonderpädagogisches Lexikon (So-Lex). (http://www.erzwiss. uni-hamburg. de/soda) Hamburg 1998.

Leid, Leiden

Die Thematisierung von Leid und Leiden im Zusammenhang mit Behinderung stößt bei Menschen mit Behinderungen, → Selbsthilfegruppen und Fachleuten in der Regel auf schärfste Ablehnung. Dabei wird vor allem darauf verwiesen, dass in Begründungen und zur Legitimation von humangenetischen Forschungen und der Entwicklung von pränataldiagnostischen Methoden häufig → Behinderung mit Leid gleichgesetzt wird, das es durch die präventiv wirkende → Pränataldiagnostik zu vermeiden gelte. Wenn dann noch, wie in bestimmten bioethischen Positionen (z. B. im Präferenzutilitarismus bei Singer) und in politischen Programmen zur Durchsetzung der Gentechnologie (Programme des Europarates) mit deutlichen Tendenzen der Selektion nicht erwünschter genetischer Dispositionen, Behinderungen als vermeidbares ‚Leid' für Betroffene und Mitmenschen aufgefaßt wird, dessen Eliminierung zur pauschalen Glücksmaximierung beitrage, dann ist der Schritt zur Vernichtung allen geschädigten oder genauer: allen als in nicht erwünschter Weise abweichend definierten Lebens nicht mehr weit.

Im berechtigten Protest gegen solche Auffassungen von Behinderung ist auch das *Mitleid in Misskredit* geraten. ‚Mitleid – nein, danke!', so oder ähnlich lauten nicht selten Schlagworte aus Kreisen der betroffenen Behinderten, der Behindertenselbsthilfe und der Fachleute. Dabei wird, auf den oben genannten Horizont eines Begriffes von ‚Behinderung als Leid' bezogen, vom *„tödlichen Mitleid"* (Dörner 1988) gesprochen.

Proteste dieser Art, so notwendig sie sind, dürfen aber nicht selbst zur Fortschrittsfalle werden, indem die Rede von menschlichem Leiden und mitmenschlichem Mitleiden, mit dem offenbar ein spezifisches soziales Verhältnis zwischen Menschen angesprochen ist, im Zusammenhang mit Hilfen für behinderte Menschen pauschal abgelehnt wird.

Die Auffassungen vom menschlichen Leid, das angesichts wissenschaftlichen Fortschritts und einer ihm entsprechenden gesellschaftlichen Praxis (wie z. B. in der Humangenetik) als überwindbar erscheint, diese Auffassung von *Leiden als technologischem Problem* unterdrückt uralte, die Menschen seit eh und je bewegende Fragen nach der existentiellen Bedeutung von unerklärbarem individuellen und kollektiven Leiden. Offensichtlich kann der weit verbreitete Verlust kollektiver religiöser Sinndeutungssysteme von einer von Allmachtsphantasien gespeisten Fortschrittsgläubigkeit allein nicht aufgefangen werden. Es fehlt an tragfähigen Deutungen für individuell empfundenes Leid, für die Ohnmacht des Menschen, die wir tagtäglich erfahren müssen. Der moderne Mensch leidet an der *„Krankheit, nicht leiden zu können"* (Richter 1979, 31).

Wenn man mit „Leiden" „all die Vorgänge, Zustände, Ereignisse und Erfahrungen, die die menschliche Person in ihrer physischen, psychischen oder sozialen Integrität herabsetzen, mindern oder zerstören", bezeichnet (Brantschen 1980, 9), dann wird die sonderpädagogische Relevanz unmittelbar deutlich: Vermeidung von beschädigter → Identität und Hilfe auf dem Wege zur Identitätsfindung angesichts physischer, psychischer und sozialer Lebenserschwernisse ist eine durchaus geläufige, zutreffende Kennzeichnung von sonderpädagogischen Bemühungen.

Die Rede vom menschlichen Leiden in diesen Zusammenhängen verweist auf die „ontologische Schwäche und Hilfsbedürftigkeit des Menschen" (Schipperges 1980, 16). Eine Pädagogik, die sich nicht mehr der Kontingenz menschlicher Existenz stellt, wird zur Sozialtechnologie. Eine solche Pädagogik im Hinblick auf Behinderungstatbestände beteiligt sich systemkonform an den vielfältigen Formen der Leidensverleugnung und Leidensumwandlung in Hass, an der Eliminierung von möglichen Leidenserfahrungen aus dem Blickfeld einer Gesellschaft (Richter 1979). Eine solche Behindertenhilfe lässt den Menschen allein. Sie verleugnet die Tatsache, dass mit pädagogischen und sozialpolitischen Hilfen allein, und seien sie noch so optimal, aufkommende Fragen nach dem individuellen Sinn von körperlichen, geistigen und seelischen Beeinträchtigungen für ‚mein Leben' nicht automatisch beantwortet sind. „Der leidende Hiob geht durch die Jahrtausende" (Brantschen 1980, 8) und erinnert daran, dass die Frage nach dem Sinn menschlichen Leidens und Sterbens den Menschen immer wieder über das Erfahrbare und Machbare hinaus führt.

In der abendländischen Philosophie und Theologie mündet dieses Problem in die grundsätzliche Frage ein, wie es ein (guter) Schöpfergott zulassen kann, dass Menschen sinnlos, d.h. für sie nicht erkennbar sinnhaft, leiden müssen (*Theodizee-Frage*). Die Auffassung von Leiden als einem sozialtechnologischen Problem bedarf also dringend der Ergänzung durch die existentielle Perspektive von menschlichem Leid. Wir müssen eine ‚neue' Sprache suchen, die wissenschaftliche Bemühungen um die Identifizierung der gesellschaftlichen Dimension von Leiden und philosophisch-theologische Bemühungen um einen Sinnhorizont konkreter Leidenstatbestände miteinander versöhnt (Sölle 1973). Die Sonderpädagogik könnte dabei anknüpfen an Überlegungen in der älteren Schweizer → Heilpädagogik. Für Hanselmann und Montalta spielten Reflexionen um den Begriff des Leidens und zu dem mit ihm korrespondierenden Begriff des Mitleidens eine zentrale Rolle in einer Theorie der Heilpädagogik (Hanselmann 1941; Montalta 1967; Thimm 1985; umfassend: Reissel 2000).

Von daher könnte auch das Mitleid in heilpädagogischen Zusammenhängen eine Neubestimmung erfahren. Dabei sollte die schon bei Platon angelegte Unterscheidung zwischen *vernünftigem* und *unvernünftigem Mitleid* beachtet werden, die sich über Thomas von Aquin bis in unsere Zeit wiederfinden lässt (Samson 1980). Unvernünftiges Mitleid geht nicht über die „bloße Gefühlsansteckung" (Scheler) hinaus, die beim Anblick des Leidens eines anderen lediglich meinem Leiden, das es zu überwinden gilt, verhaftet bleibt. Erst in der höchsten Stufe ist Mitleid „leiden am Leiden des anderen als dieses anderen" (Scheler 1912, 48). Ein Mitmensch wird in seiner realen Existenz wahrgenommen. Er verliert seine „ichbezügliche Existenzform" (Scheler).
„Heilpädagogisches Helfen" ist dadurch gekennzeichnet, dass der behinderte Mensch zum Mitmenschen wird, indem er „meinem Ich entwunden" ist (Hanselmann 1941, 238). In neueren Diskussionen (insbesondere in der → Schwerstbehindertenpädagogik) ist ein Rückgriff auf *phänomenologische Ansätze* zur näheren Bestimmung unseres Kommunikationsverhältnisses zum Menschen mit schwersten Beeinträchtigungen oder zu Kindern mit geringer Lebenserwartung festzustellen (Fornefeld 1998; Stinkes 1993; Raupach/Rüther 1998). Unter Rückgriff u.a. auf den jüdischen Religionsphilosophen Lévinas kann dabei das „Herausgehen aus sich selbst" als die eigentliche Grundvoraussetzung gesehen werden, „die Annäherung an den Nächsten" zu leisten, „Differenz als Nicht-Indifferenz" zu gestalten (Lévinas 1985). Erinnert sei in diesem Zusammenhang an den Begriff der Empathie in neueren → Sozialisationstheorien (Lück 1977). Eine solchermaßen vernunftgeleitete mitleidsvolle Haltung führt zur Tugend der Barmherzigkeit. Diese ist ein wesentliches Element einer Moral, die sich als Korrektiv einer ausschließlich rational gesteuerten → Ethik versteht (Samson 1980). So verstandenes Mitleiden vermag unmittelbar Solidarität zu stiften. Walter Thimm

Literatur

Boenisch, J.: Hiobsbotschaft oder Hiobs Botschaft? Religionspädagogische Aspekte zum Umgang mit der Frage nach Leid, Schuld und Behinderung in der Schule für Körperbehinderte. In: Zeitschrift für Heilpädagogik 50 (1999) 120–126.

Brantschen, J.: Leiden. In: Christlicher Glaube in moderner Gesellschaft. Band. 10, Freiburg 1980.

Dörner, K.: Tödliches Mitleid. Zur Frage der Unerträglichkeit des Lebens oder: die Soziale Frage: Entstehung, Medizinisierung, NS-Endlösung heute, morgen. Gütersloh 1988.

Fornefeld, B.: Das schwerstbehinderte Kind und seine Erziehung. Beiträge zu einer Theorie der Erziehung. Heidelberg 2. Aufl. 1998.

Hanselmann, H.: Grundlinien zu einer Theorie der Sondererziehung (Heilpädagogik). Zürich 1941.

Kronauer, U. (Hrsg.): Vom Nutzen und Nachteil des Mitleids. Eine Anthologie. Frankfurt 1990.

Lévinas, E.: Wenn Gott ins Denken entfällt. Diskurse über Betroffenheit von Transzendenz. Freiburg 1985.

Lück, H.E. (Hrsg.): Mitleid – Vertrauen – Verantwortung. Ergebnisse der Erforschung prosozialen Verhaltens. Stuttgart 1977.

Montalta, E.: Grundlagen und systematische Ansätze zu einer Theorie der Heilerziehung (Heilpädagogik). In: Jussen, H. (Hrsg.): Handbuch der Heilpädagogik in Schule und Jugendhilfe. München 1967, 3–43.

Raupach, M./Rüther, M.: Im Dialog bleiben. Überlegungen im Kontext neurodegenerativer Erkrankungen. In: Sonderpädagogik in Niedersachsen 1998, 22–33.

Reissel, R.: Leiden, Erziehung und Behinderung. Eine phänomenologische Untersuchung und eine pädagogische Auseinandersetzung mit Hanselmann. Bern 2000.

Richter, H.E.: Der Gotteskomplex. Die Geburt und die Krise des Glaubens an die Allmacht des Menschen. Reinbek 1979.

Samson, L.: Stichwort ‚Mitleid'. In: Ritter, J./Gründer, K. (Hrsg.): Historisches Wörterbuch der Philosophie. Band 8. Basel 1980, 1410–1415.

Scheler, M.: Wesen und Formen der Sympathie. (1913) Studienausgabe Bern 1974.

Schipperges, H.: Leiden. In: Christlicher Glaube in moderner Gesellschaft. Band. 10. Freiburg 1980.

Sölle, D.: Leiden. Stuttgart 3. Aufl. 1976.

Stinkes, U.: Spuren eines Fremden in der Nähe. Das ‚geistig behinderte Kind' aus phänomenologischer Sicht. Würzburg 1993.

Thimm, W.: Leiden und Mitleiden. Ein unbewältigtes Problem der Behindertenpädagogik. In: Vierteljahresschrift für Heilpädagogik und ihre Nachbargebiete 54 (1985) 127–141.

Normalisierung

„Letting the mentally retarded obtain an existence as close to normal as possible“: so lautet die früheste, auf den dänischen Juristen Niels Erik Bank-Mikkelsen zurückgehende Formulierung einer sozialpolitischen Leitidee, die zum Ausgangspunkt des international wohl bedeutendsten Reformkonzeptes der Hilfen für behinderte Menschen, des Normalisierungsprinzips, wurde. Bank-Mikkelsen fasste damit die Ziele des *dänischen Gesetzes über die Fürsorge für geistig Behinderte und andere besonders Schwachbegabte* von 1959 zusammen (Thimm u. a. 1985, 5). Auf die kritikwürdigen Lebensbedingungen und Versorgungsstrukturen in den fünfziger und sechziger Jahren wirkte das Normalisierungsprinzip als Antidogma – so verstand es Bank-Mikkelsen –, das eine unmittelbar einleuchtende und in den grundlegenden Ableitungen direkt nachvollziehbare Alternative zu den herrschenden Verhältnissen darstellte und eindrucksvolle systemverändernde Kraft entfaltete. Der dringende Reformbedarf resultierte aus dem dominanten Dogma des Ver- und Bewahrens mit den korrespondierenden Elementen der Segregierung und Diskrimierung, zentralisierter Anstaltsunterbringung, einer erheblichen Belastung und Randstellung der Eltern sowie einem biologistischen Menschenbild, das keine pädagogische Perspektive bot (von Ferber 1986).

War es zu Beginn als Leitidee mit Blick auf Menschen mit → geistigen Behinderungen formuliert worden, so erlangte es durch die fachliche und wissenschaftliche Rezeption, wie sie von dem Schweden Bengt Nirje (1969; 1994; 1999), dem US-Amerikaner Wolf Wolfensberger (Kugel/Wolfensberger 1969; Wolfensberger/Thomas 1983; Wolfensberger 1999), in der BRD von Thimm (Thimm 1978; 1992; 1995, Thimm u.a. 1985; vgl. Beck 1994; Beck u.a. 1996) geleistet wurde, eine Begründung als handlungsleitende Konzeption und übergreifende Bedeutung für alle Gruppen behinderter und sozial benachteiligter Menschen. Über das Normalisierungsprinzip waren lange Zeit ideologische Auseinandersetzungen entbrannt; der Gehalt des Konzepts wurde (und wird) oft fälschlich als Anpassung interpretiert. Umsetzungsschritte erfolgen manchmal nur bezogen auf einzelne oder nicht weiter begründete Dimensionen; unterschiedlichste Konzeptionen firmieren unter dem Begriff. Zum Teil ist dies Widerständen gegenüber dem zugrunde liegenden entwicklungsorientierten Menschenbild oder Veränderungsängsten, zum Teil auch konzeptionellen Problemen geschuldet. Der Terminus gibt Anlass zu Missverständnissen; die normativen Prämissen müssen geklärt werden, die systematische Ableitung von Handlungsschritten bedarf einer theoretisch begründeten Konzeptualisierung.

Normalisierung meint im wörtlichen und deskriptiven Sinne den Prozess einer einheitlichen Gestaltung. Mit dem Wortstamm ‚Norm' ist die Verbindung mit Bewertungen gegeben: die *Herstellung ‚normaler' Zustände* kann als Anpassung an durchschnittlich vorfindbare (statistische Norm) oder aber als Herstellung sittlich oder rechtlich gebotener Zustände (Idealnorm) verstanden werden. Ist der Bezug zu Werten im Falle der Idealnorm ein expliziter, scheint die statistische Norm eine neutrale Kategorie zu sein. Sie drückt aber in quantitativen Maßen ein qualitatives Spektrum differierender Lebensbedingungen aus, deren Bedeutung sich nur evaluativ erschließt. Das durchschnittlich Vorfindbare muss an Vorstellungen über eine angestrebte → Lebensqualität gemessen werden. Darüber hinaus ist eine wichtige Frage der Soziologie angesprochen: Die sozialen → Integrationsprozesse als dynamische „Vereinigung einer Vielfalt von Personen, Gruppen oder Gesellschaften zu einer gemeinschaftlichen oder umfassenden gesellschaftlichen Ganzheit“ (Bonderer 1980, 57). Diesen Prozessen unterliegen Definitionen von Norm und Abweichung im Sinne zentraler Verhaltenserwartungen, die über Teilhabechancen gesellschaftlicher Gruppen entscheiden.

Im *Verständnis von Normalität*, das dem Normalisierungsprinzip unterliegt, geht es auf der Ebene der Lebensstandards um Lebensbedingungen, Rechte, Wahl- und Partizipationsmöglichkeiten, die denen der Nichtbehinderten entsprechen. Bank-Mikkelsen nahm hier nur eine grobe Ausdifferenzierung vor, indem er sich auf die Lebensbereiche Arbeit, Wohnen und Freizeit bezog und mit Blick auf die für westliche Gesellschaften typischen Bedingungen eine Trennung der Lebensbereiche, Möglichkeiten des gemeindeintegrierten und selbständigen → Wohnens, des Schulbesuchs, der Berufstätigkeit, von Freizeit und Ferien, Partnerschaft und sozialen Bindungen für behinderte Menschen forderte. Auf der individuellen Ebene misst sich ein „normaler Umgang“ an der Respektierung des Individuums (Subjekt- und Bedürfnisorientierung). Neben den rechtlichen, administrativen und strukturellen sind damit die pädagogischen Implikationen angesprochen: der paradigmatische Übergang von einer am Defekt orientierten Behandlung zur Persönlichkeitsentwicklung und sozialen Teilhabe durch Bildung und Erziehung.

Nirje nahm eine durch entwicklungs- und bedürfnistheoretische Bezüge gestützte systematische Entfaltung in *acht Bereiche* vor, die große handlungsleitende Bedeutung in der Praxis erlangte und als operationable Basis zahlreicher Evaluationsstudien diente: normaler Tagesrhythmus; Trennung von Arbeit, Freizeit und Wohnen; normaler Jahresrhythmus; normaler Lebenslauf; Respektierung von Bedürfnissen; angemessene Kontakte zwischen den Geschlechtern; normaler wirtschaftlicher Standard; Standards von Einrichtungen, wie sie auch für Nichtbehinderte gelten. Diese Ausdifferenzierung transportiert die soziale und pädagogische Bedeutung grundlegender Lebensrhythmen und Entwicklungsbedingungen zugleich in einer für unterschiedliche Personenkreise verständlichen und einsichtigen Weise.

Wolfensbergers Begründung im Rahmen von soziologischer → Rollen- und → Stigma-Theorie stellt eine erhebliche Ausweitung und Vertiefung dar. Normative Erwartungen, die nur einseitig an der Schädigung ansetzen, können die Abwertung des behinderten Menschen zur Folge haben. Seine biographische Einmaligkeit tritt hinter die auf die → Abweichung konzentrierte Perspektive zurück; solche diskreditierenden Prozesse sind gesellschaftlich, in den Handlungsroutinen von sozialen Diensten und im Alltag beobachtbar. Das *Konzept der Aufwertung der sozialen Rolle*, von Wolfensberger an Stelle von Normalisierung gesetzt, bezieht sich auf alle Ebenen und alle Gruppen von Abwertung bedrohter Menschen. Mit „PASSING" legte er ein international breit eingesetztes Verfahren zur → Qualitätsentwicklung und -beurteilung von sozialen Diensten vor.

Für Thimm war die dem Normalisierungsprinzip eigene konsequente Entwicklungsorientierung und die vorgelagerte kommunikationstheoretische Prämisse Ausgangspunkt seiner theoretischen Verortung: Im Rahmen des „kommunikativen Paradigmas" wird der binäre Code von Norm und Abweichung selbst in Frage gestellt und der Aufbau symmetrischer (gleichberechtigter) → Kommunikationsstrukturen als Basis → identitäts- und integrationsfördernder Prozesse gefordert. In den Mittelpunkt rücken Kommunikations- und Interaktionsprozesse behindernde oder fördernde Strukturen gegenüber einer primären Orientierung an der schädigungsbedingten Einschränkung.

Das Normalisierungsprinzip kann so als Leitformel für alle Bemühungen verstanden werden, die auf die *Stützung lebensweltlicher Funktionen* (→ Sozialisation, soziale → Integration, kulturelle Reproduktion) unter dem Primat „verständigungsorientierten Handelns" (Bächtold 1990, 96) gerichtet sind. Die strukturellen Konsequenzen für das System einer solchen → gemeindenahen Behindertenhilfe sind Deinstitutionalisierung, Dezentralisierung, Regionalisierung, Kooperation und Koordination. Zentrale Aufgaben auf der Handlungsebene sind die Förderung der Persönlichkeitsentwicklung und Kompetenzen der Selbstbestimmung, sozialen Integration und Partizipation, die Stützung und Entlastung sozialer Netzwerke.

Das Normalisierungsprinzip findet seine *normative Begründung* in den Werten der Gleichheit, Solidarität und Menschenwürde, in einem Verständnis von sozialer Politik und Dienstleistung als Gestaltung menschenwürdiger Lebensverhältnisse und der Respektierung und Würde des Individuums; bei allen originären Vertretern ist dies belegt. Durchschnittliche Lebensbedingungen müssen sich an ihrer Kompatibilität mit diesen Werten und ihrer Gültigkeit für alle Gruppen messen lassen. Diese ‚Normalität' impliziert selbstverständlich die Notwendigkeit spezieller Hilfen, gerade unter der Maßgabe der Herstellung gleichberechtigter Chancen und Entwicklungsbedingungen. → Integration ist als gleichberechtigte Teilhabe das Ziel und Normalisierung ein Mittel (Integration durch Normalisierung der Hilfen). Einseitige Anpassung oder schematische Umsetzungen sind dem Gehalt konträr. Von Vertretern des Normalisierungsprinzips vorgelegte Klärungen der Handlungsdimensionen und Zielaspekte erfahren mit dem Forschungskonzept der → Lebensqualität, das als Ergebnisoperationalisierung dient, eine breite Fundierung.

Als ein umfassendes Konzept für das politisch-rechtliche, administrative, pädagogische und soziale Handeln hat das Normalisierungsprinzip Reformen bewirkt, neuen Modellen, z. B. des gemeindenahen → Wohnens und → Arbeitens, von offenen Hilfen, der → Erwachsenenbildung, und Zielsetzungen wie z. B. Selbstbestimmung den Weg bereitet. Wichtige Dokumente zur Sozialpolitik für behinderte Menschen beziehen sich ausdrücklich auf den Normalisierungsgedanken (Bundesministerium für Arbeit und Sozialordnung 1998; Bundesministerium für

Jugend, Familie, Frauen und Gesundheit 1990; Vereinte Nationen 1993). Die Umsetzung der Forderung nach einem *Leben so normal wie möglich* bleibt eine Gestaltungsaufgabe, die ein kontingentes, nicht einseitiges, Verständnis von Normalität, in dem → Behinderung Anerkennung und Geltung erlangt, menschenwürdige Lebensumstände und das Gleichheitspostulat durchzusetzen bedeutet. Iris Beck

Literatur

Bächtold, A.: Gemeindenahe Hilfe für Behinderte. Ein Spannungsfeld zwischen System und Lebenswelt. In: Speck, O./Martin, K.-R. (Hrsg.): Sonderpädagogik und Sozialarbeit (Handbuch der Sonderpädagogik. Band 10). Berlin 1990, 87–106.

Beck, I.: Neuorientierung in der Organisation pädagogisch-sozialer Dienstleistungen für behinderte Menschen: Zielperspektiven und Bewertungsfragen. Frankfurt 1994.

Beck, I./Düe, W./Wieland, H. (Hrsg.): Normalisierung: Behindertenpädagogische und sozialpolitische Perspektiven eines Reformkonzeptes. Heidelberg 1996.

Bonderer, E.: Integrationsbegriffe in der Behindertenpädagogik. In: Vierteljahresschrift für Heilpädagogik und ihre Nachbargebiete 49 (1980) 57–66, 179–190.

Bundesministerium für Arbeit und Sozialordnung (Hrsg.): Die Lage der Behinderten und die Entwicklung der Rehabilitation. Vierter Bericht der Bundesregierung. Bonn 1998.

Bundesministerium für Jugend, Familie, Frauen und Gesundheit (Hrsg.): Achter Jugendbericht: Bericht über Bestrebungen und Leistungen der Jugendhilfe. Bonn 1990.

Bundesvereinigung Lebenshilfe für geistig Behinderte e.V. (Hrsg.): Normalisierung – eine Chance für Menschen mit geistiger Behinderung. Marburg 1986.

Ferber, Ch. von: Normalisierung als gesellschaftspolitische Leitidee. In: Bundesvereinigung Lebenshilfe 1986, 79–90.

Flynn, R.J./Lemay, R.A. (Hrsg.): A Quarter-Century of Normalization and Social Role Valorization: Evolution and Impact. Ottawa 1999.

Flynn, R.J./Nitsch, K.E. (Hrsg.): Normalization, social integration, and community services. Baltimore 1980.

Grunewald, K.: Der Abbau der Anstalten für Behinderte in Schweden. In: Geistige Behinderung 41 (2002) 243–254.

Hahn, M. u.a. (Hrsg.): Das Normalisierungsprinzip – vier Jahrzehnte danach. Veränderungsprozesse stationärer Einrichtungen für Menschen mit geistiger Behinderung. Reutlingen 1999.

Kugel, R./Wolfensberger, W. (Hrsg.): Changing patterns in residential services for the mentally retarded. Washington 1969.

Nirje, B.: The Normalization principle and its human mangement implications. In: Kugel/Wolfensberger 1969, 179–195.

Nirje, B.: Das Normalisierungsprinzip – 25 Jahre danach. In: Vierteljahresschrift für Heilpädagogik und ihre Nachbargebiete 63 (1994) 12–32.

Nirje, B.: How I came to formulate the Normalization principle. In: Flynn/Lemay 1999, 17–50.

Thimm, W.: Versuch einer Ortsbestimmung professsioneller Behindertenhilfe. In: BAG Werkstätten für Behinderte (Hrsg.): Dokumentation Werkstättentag '78. Osnabrück 1978, 299–313.

Thimm, W.: Normalisierung in der Bundesrepublik. Versuch einer Bestandsaufnahme. In: Geistige Behinderung 33 (1992) 283–291.

Thimm, W.: Das Normalisierungsprinzip – Eine Einführung. Marburg 1995.

Thimm, W./von Ferber, Ch./ Schiller, B./Wedekind, R.: Ein Leben so normal wie möglich führen... Zum Normalisierungskonzept in der Bundesrepublik Deutschland und in Dänemark. Marburg 1985.

Vereinte Nationen: Rahmenbedingungen für die Herstellung der Chancengleichheit für Behinderte. Resolution 48/96 der Generalversammlung der Vereinten Nationen vom 20.Dez.1993.

Wolfensberger, W.: A contribution to the history of Normalization, with primary emphasis on the establishment of Normalization in North America between 1967–1975. In: Flynn/Lemay 1999, 51–116.

Wolfensberger, W./Thomas, S.: PASSING: Program Analysis of Services Systems' Implementation of Normalization Goals. Downsview 1983.

Prävention

Der Kategorie ‚Prävention' werden unterschiedliche Konzepte zugeordnet: Früherfassung und → Frühförderung („früh" dabei meist auf das Lebensalter, in der Regel auf die Vorschulzeit bezogen: Speck 1977); Vorbeugung (um eine mit hoher Wahrscheinlichkeit drohende → Behinderung zu vermeiden: Hallstein/Voss 1993); Behandlung von Hochrisikogruppen (bei denen ein Problem noch nicht in vollem Umfang eingetreten ist, z. B. bei sozio-ökonomischer Benachteiligung); Programm- oder Behandlungspakete (z. B. das Head-Start-Programm in den USA: Goetze 1991b); curriculare Inhalte (die durch unterrichtliche Vermittlung Konsumenteneinsichten zur Vermeidung unerwünschter Zustände nach sich ziehen sollen: Julius/Goetze 1998). Diese Aspekte repräsentieren zwar geschichtliche und aktuelle Zugänge zur Präventionsproblematik, ergeben jedoch noch kein bündiges, einheitliches Konzept.

Geschichtlich gesehen ist Prävention ein junges Konzept der Erziehungswissenschaft. Prävention hat als ein jeder Erziehung innewohnendes Prinzip implizit schon immer bestanden. Heute wird explizit von Prävention dann gesprochen, wenn definierbare Prozeduren gezielt zur Vorbeugung und Verhütung bestimmter Risiken in die Wege geleitet werden. Eher sich zufällig einstellende Wirkungen aufgrund günstig strukturierter und umgesetzter Curricula oder Behandlungen gelten noch nicht als Prävention, obwohl so durchaus präventive Wirkungen erzielt werden können. Als derzeit aktuelles bündiges Konzept, Prävention zu kategorisieren, gilt die Einteilung in primäre, sekundäre und tertiäre Prävention.

Primäre Prävention wird bei Pianta (1990, 306) definiert als Reduktion des Vorkommens eines spezifizierbaren Problems bzw. als gezielte Stärkung der Psychohygiene breiter Bevölkerungskreise. Primärprävention richtet sich also an jene Schichten der Bevölkerung, die das Problem, dessen Auftreten verhütet werden soll, noch nicht manifestiert haben (Gewaltprävention in der Schule: Walter 1998). Cowen (1984) spricht vom „enhancement of the adjustment of target groups". Damit handelt es sich also um einen proaktiven, nicht um einen reaktiven Eingriff, der immer dann veranlasst wird, wenn es sich um Probleme bzw. Problemgruppen mit höheren Risiken handelt. Auf der Interventionsebene geht es um Zugriffe unterschiedlichen Komplexitätsgrades, die von Aufklärungskampagnen („Gib Aids keine Chance!"), über Trainings (z. B. des Konfliktlösungsverhaltens) bis zu komplexeren Präventionsprogrammen reichen können; unterrichtsbezogen können solche proaktiven Vorhaben als Curricula durchgeführt werden, die auf persönlich-affektive oder sozialrelevante Inhalte gerichtet sein können wie Drogenmissbrauch, Teenager-Schwangerschaften, Aids-Probleme, Selbsttötung, Gewaltausübung, Prädelinqenz. Es geht somit um direkte sowie indirekte Zugriffe in Form von Beratung und allgemeiner Unterstützung der Betroffenen bzw. der für die Erziehung Verantwortlichen.

Zusammenfassend ist Primärprävention dann angezeigt, wenn Zielgruppen noch unauffällig geblieben sind, obwohl sie Risiken der Fehlanpassung (z. B. aufgrund von Lebensereignissen) oder gar der Behinderung aufweisen, *bevor* das traumatische bzw. schädigende Ereignis eingetreten ist. Primärprävention hat intentional zu erfolgen als ein gezieltes Vorhaben, das auf einer empirisch gut abgesicherten Informationsbasis beruht, auf dem der primärpräventive Eingriff erfolgen soll. Damit ist auch impliziert, dass nicht alle möglichen pädagogischen Zugriffe darunter fallen können, denen es der gezielten Programmierung ermangelt. So kann ein vorbildlich gehaltener Mathematikunterricht Defizite im Rechnen minimieren, ohne als Präventionsprogramm zu gelten.

Sekundäre Prävention bezeichnet „services to a select group of the population who have the highest likelihood of experiencing the target outcome (of a high-risk group) to keep problems from becoming debilitating and to diminish the effects of early identified dysfunction" (Pianta 1990, 307). Im Gegensatz zur Primärprävention stellt die Sekundärprävention also einen *reaktiven* Eingriff dar, da auf ein Defizit pädagogisch reagiert wird: Es handelt sich einerseits um Personen, die bereits erste Risikosignale gezeigt haben, andererseits um solche, die einer Hoch-Risikogruppe angehören, wobei sichtbare Symptome noch nicht aufgetreten sein müssen. Um die Zielgruppen für Sekundärpräventionen identifizieren zu können, ist eine fundierte empirische Informationsbasis zu Risikosignalen und -faktoren bei den fraglichen Risikogruppen notwendig. So weisen z.B. → Schulabsentisten, bevor sie zu ‚drop-outs' werden, Risikosignale wie Klassenwiederholung, schlechte Lese- und Rechtschreibleistungen und unentschuldigtes Fernbleiben auf. Ein Beispiel für eine Sekundärprävention gegen Kindesmisshandlung wäre ein Beratungsangebot an Eltern, die aufgrund ihrer Vorgeschichte ein hohes Risiko einbringen, die eigenen Kinder zu misshandeln oder zu missbrauchen.

Tertiäre Prävention wird von Pianta definiert als „...intervention after a negative outcome..(which)..seeks to reduce the residual effects or adverse consequences of a disorder or failed outcome" (Pianta 1990, 308). Diese ist die verbreitetste Präventionsform, obwohl manche Autoren sie gar nicht zur Prävention zählen („a misnomer": Cowen 1984). Es geht also um reaktive Eingriffe, die vor allem eine *Verschlimmerung verhüten* bzw. die Besserung eines diagnostizierten Defizitzustandes, der bei einer manifesten Behinderung gegeben ist, anzielen sollen. In diese Kategorie fallen therapeutische Eingriffe und sonderpädagogische Bemühungen, die im deutschen Sprachgebrauch als ‚Rehabilitation', im Englischen auch unter ‚remediation' gefasst werden. Bis in die siebziger Jahre hinein verstand sich die Behindertenpädagogik in diesem Sinn als eine tertiär-präventive Unternehmung; rehabilitative, sonderpädagogische und therapeutische Maßnahmen wurden erst dann mobilisiert, wenn die Störung/Behinderung augenfällig, dokumentierbar und diagnostizierbar geworden war („... the documentation of failure is the mechanism by which individuals gain access to services": Pianta 1990, 308). Dieser Systemfehler wurde durch die fragwürdige Effektivität von Sondererziehung und Therapie noch verstärkt. Die Sorge um die Verankerung tertiärer Prävention als Dauereinrichtung führte in den letzten Jahrzehnten schließlich zu Tendenzen, Prävention und → Integration als systembestimmende Elemente einer alternativen Behindertenpädagogik zu formulieren und durchzusetzen.

Sämtliche Fachleute sind sich darin einig, dass medizinische, sozialpolitische und pädagogische Präventionen für alle Behinderungsarten unabdingbar sind. Am Beispiel der → Geistigbehinderten seien Präventionsmöglichkeiten spezifiziert: Bekanntlich lassen sich die Ursachen der geistigen Behinderung nach primärem Defekt und Sekundärschäden (im Sinne einer biosozialen Kumulation) unterscheiden. Primärursachen sind chromosomal, metabolisch-genetisch oder exogen (z.B. Rötelerkrankungen der Mutter, Blutunverträglichkeiten), ferner eine Vielzahl sich kumulierender, auch sozialer Einflüsse. Manifeste geistige Behinderungen sind auf dem Hintergrund der genannten Ätiologien tertiär nur mit Hilfe fachwissenschaftlich diskutierter Verfahren, Trainings, Maßnahmen zu prävenieren. Sekundärprävention beträfe Eingriffe bei Sichtbarwerden medizinischer Indikationen, z.B. durch Sterilisation (→ Eugenik). Primärprävention wäre aus biomedizinischer Sicht durch Immunisierung (Impfung) oder genetische Beratung zu betreiben, sozialpädagogisch mit Hilfe von Aufklärungsangeboten an werdende Mütter, z.B. bezogen auf den Gebrauch von Drogen, Alkohol und Zigaretten. Anders werden die Präventionsverhältnisse bei → Lernbehinderungen, → Verhaltensstörungen (Goetze 1991b) und

→ Sprachbehinderungen (Franke 1997) liegen (zur Präventionskonzeptproblematik: Goetze 1991a). Herbert Goetze

Literatur

Cowen, E.L.: A general structural model for primary prevention program development in mental health. In: Personnel and Guidance Journal 63 (1984) 485–490.

Franke, U.: Prävention von Kommunikationsstörungen. München 1997.

Goetze, H.: Ein Rahmenkonzept für Prävention bei Verhaltensstörungen. In: Neukäter 1991a, 35–43.

Goetze, H.: Zur Effektivität anglo-amerikanischer Präventionsstrategien für risikobelastete Kinder im Vorschul- und Schulalter. In: Neukäter 1991b, 162–179.

Hallstein, M./Voss, A.: Menschen mit Behinderungen. Berichte, Erfahrungen, Ideen zur Präventionsarbeit. Ruhnmark 1993.

Julius, H./Goetze, H.: Die Förderung adaptiver Ressourcen bei Risikokindern. In: Sonderpädagogik 28 (1998) 26–39.

Neukäter, H. (Hrsg.): Verhaltensstörungen verhindern – Präventionspädagogische Aufgabe. Oldenburg 1991.

Pianta, R.C.: Widening the debate in educational reform: Prevention as a viable alternative. In: Exceptional Children 56 (1990) 306–313.

Speck, O.: Frühförderung entwicklungsgefährdeter Kinder. München 1977.

Walter, D.C.: Kinder vor Gewalt schützen. Erkennen, vorbeugen, eingreifen. Stuttgart 1998.

Rehabilitation

Rehabilitation gilt im allgemeinen Verständnis als „Sammelbezeichnung für alle Maßnahmen, die darauf abzielen, körperliche, geistige oder psychische Behinderungen oder soziale Isolierung bzw. deren Folgen zu beseitigen oder zu mindern und die Betroffenen möglichst dauerhaft in die Gesellschaft (wieder) einzugliedern" (Meyers Großes Universallexikon 1984). Die in dieser Definition enthaltene Unterscheidung zwischen *medizinischer*, *beruflicher* und *sozialer Rehabilitation* und das *Aussparen des pädagogischen Bereiches* ist symptomatisch für das weitgehend ungeklärte Verhältnis von Rehabilitation und Pädagogik bzw. für die besondere Position, die dem Bildungsbereich im Gesamt der Rehabilitationsmaßnahmen zukommt. Diese Feststellung traf Bleidick bereits 1972, indem er schrieb: „Die systematische Klärung der Beziehungen und Abgrenzungen zwischen Rehabilitation und Behindertenpädagogik steht bislang aus" (1984, 65). Allgemeiner Konsens besteht allerdings, dass Rehabilitation als ein Prozess zu verstehen ist, an dem sehr unterschiedliche Disziplinen, und damit auch die Pädagogik, beteiligt sind, wobei es sich um ein Gesamtsystem von Eingliederungshilfen für behinderte oder von Behinderung bedrohte Menschen in die Gesellschaft handelt (Mühlum/Oppl 1992).

Rehabilitation als Gegenstand der Forschung ist in den letzten Jahren verstärkt thematisiert worden, ohne dass eine genaue Verständigung über das wissenschaftliche Selbstverständnis des Objektbereiches Rehabilitation bestünde. Gegenwärtig besteht Übereinkunft, Rehabilitationsforschung als ein *interdisziplinär und interprofessionell organisiertes Wissenschaftsfeld* zu definieren, das von den Disziplinen Medizin, Psychologie, Soziologie, Ökonomie, Jurisprudenz, Ingenieurwissenschaften u.a. bearbeitet wird, ohne dass eine „verbindende Klammer" (Bengel/Koch 2000, 13) zwischen den Subdisziplinen zu benennen wäre. Daraus folgt konsequenterweise der Vorschlag, in pragmatischer Weise lediglich in pluraler Form von Rehabilitationswissenschaften zu sprechen: „In den Bereichen der medizinischen, beruflichen und schulisch-pädagogischen Rehabilitation entwickeln sich die Rehabilitationswissenschaften auf dem Hintergrund der jeweiligen wissenschaftstheoretischen Grundannahmen und der jeweiligen Forschungstradition qualitativ und quantitativ unterschiedlich. Es ist offen, inwieweit hier künftig eine konvergierende Entwicklung hin zu einer gemeinsamen rehabilitationswissenschaftlichen Disziplin zu erwarten ist" (Bengel/Koch 2000, 13; vgl. auch Ahrbeck 2000).

Leitlinie der Rehabilitationspolitik in der Bundesrepublik Deutschland (→ Behindertenrecht) ist das „soziale Recht" nach § 10 des „Ersten Buches Sozialgesetzbuches", das ein jeder Bürger hat, „der körperlich, geistig oder seelisch behindert ist oder dem eine solche Behinderung droht", und zwar unabhängig von der Ursache der jeweiligen Beeinträchtigung. Dieser Anspruch auf Hilfe hat das Ziel,

- die Behinderung abzuwenden, zu beseitigen, zu bessern, ihre Verschlimmerung zu verhüten oder ihre Folgen zu mildern, und um
- ihm einen seinen Neigungen und Fähigkeiten entsprechenden Platz in der Gemeinschaft, insbesondere im Arbeitsleben, zu sichern (Bundesministerium für Arbeit und Sozialordnung 1998).

Die Grundsätze und Ziele der Rehabilitationspolitik in der Bundesrepublik Deutschland werden seit Verabschiedung des Sozialgesetzbuches von 1975 wie folgt beschrieben:

- Integration der Behinderten in die Gesellschaft;
- Grundsatz der Finalität, nach dem die notwendigen Hilfen jedem Behinderten und von Behinderung Bedrohten unabhängig von der Ursache der Behinderung geleistet werden müssen;
- Grundsatz einer möglichst frühzeitigen Intervention;
- Grundsatz der individuellen Hilfe (Bundesministerium für Arbeit und Sozialordnung 1998).

Das *Ziel der gesellschaftlichen Integration behinderter Menschen* sowie deren Rechtsanspruch auf umfassende Hilfe erfuhr eine Bestärkung und öffentliche Resonanz 1994 durch die Grundgesetzänderung von Artikel 3, in den der folgende Passus aufgenommen wurde: „Niemand darf wegen seiner Behinderung benachteiligt werden" (→ Diskriminierungsverbot). Das „Gesetz zur Gleichstellung behinderter Menschen" von 2002 verfolgt die Absicht, das Benachteiligungsverbot in verschiedenen gesellschaftlichen Bereichen umzusetzen, was allerdings die nach wie vor bestehende Forderung von Behindertenverbänden nach Verabschiedung eines umfassenden Antidiskriminierungsgesetzes nach europäischer Richtlinie nicht aufhebt.

Mit der Verabschiedung des Sozialgesetzbuches IX von 2001 erfolgte nicht nur eine stärkere Bündelung und Vernetzung der unterschiedlichen Dienstleistungen im Prozess der Rehabilitation – etwa zwischen medizinischer, beruflicher und sozialer Rehabilitation –, sondern auch eine stärkere Ausrichtung an den Grundprinzipien „Selbstbestimmung" und „gleichberechtigte Teilhabe". So heißt es im § 1: „Behinderte oder von Behinderung bedrohte Menschen erhalten Leistungen nach diesem Buch und den für die Rehabilitationsträger geltenden Leistungsgesetzen, um ihre Selbstbestimmung und gleichberechtigte Teilhabe am Leben der Gesellschaft zu fördern, Benachteiligungen zu vermeiden oder ihnen entgegen zu wirken. Dabei wird den besonderen Bedürfnissen behinderter und von Behinderung bedrohter Frauen und Kinder Rechnung getragen" (SGB IX 2001, 23). Das Ziel eines bürgernahen Rehabilitations- und Teilhaberechtes soll nach SGB IX gewährleistet werden durch die Einführung gemeinsamer Servicestellen aller Rehabilitationsträger, kurze Bearbeitungsfirsten, die Vermeidung von Mehrfachbegutachtungen, neue und klare Zuständigkeitsregelungen, Einführung eines Persönlichen Budgets und zielgerichtete Zusammenarbeit der unterschiedlichen Rehabilitationsträger (Bundesministerium für Gesundheit und soziale Sicherung 2004, 2).

Als *Gegenstandsbereiche der Rehabilitation* werden die *medizinische*, die *beruflich-soziale* und die *pädagogische Rehabilitation* unterschieden. Träger der Rehabilitation sind die Krankenversicherung, die Rentenversicherung, die Bundesanstalt für Arbeit, die gesetzliche Unfallversicherung, die Sozialhilfe und schließlich die öffentliche Jugendhilfe, wobei in jedem Einzelfall über die Zuständigkeit des jeweiligen Rehabilitationsträgers zu entscheiden ist.

Die *medizinische Rehabilitation* repräsentiert den ältesten Zweig der Rehabilitationsmaßnahmen und ihre Dominanz ist ungeachtet sozialwissenschaftlicher, pädagogischer, juristischer Betrachtung und Aufgabenbeschreibung bis in die Gegenwart wirksam. Entsprechend dem Grundsatz „Rehabilitation vor Rente" und „Rehabilitation vor Pflege" zählen die Maßnahmen der medizinischen Rehabilitation im Falle von Gesundheitsstörungen mit langfristigen Auswirkungen auf die Bereitstellung von Hilfen, „die erforderlich sind, um einer drohenden Behinderung vorzubeugen, eine Behinderung zu beseitigen, zu verbessern oder eine Verschlimmerung zu verhüten" (BMA 1998). Angesichts der Zunahme chronischer Erkrankungen muss sich aber auch die Medizin der Herausforderung stellen, wie Menschen zu helfen ist, die mit einer nicht aufhebbaren Behinderung leben müssen. Innovationen aufgrund einer neuen Akzentsetzung liegen in dem stärkeren Aufbau ambulanter und teilstationärer Versorgungssysteme sowie der verstärkten Zusammenarbeit mit Selbsthilfegruppen. Schließlich erfordert eine angemessene medizinische Versorgung chronisch kranker Kinder und Jugendlicher eine stärkere Berücksichtigung pädagogischer und psychosozialer Dienste im Bereich der medizinischen Rehabilitation.

Die *beruflich-soziale Rehabilitation* dient dem Ziel, behinderten und von Behinderung bedrohten Menschen die Hilfe zu geben, die sie benötigen, um möglichst dauerhaft in die Arbeitswelt und damit in die Gesellschaft eingegliedert zu werden. Dabei werden zwei Personengruppen unterschieden:

- Jugendliche mit einer Beeinträchtigung, die nach Verlassen der allgemeinen Schule besondere Unterstützung bei der Erstausbildung benötigen, und
- bereits berufstätige Arbeitnehmer, die aufgrund einer Erkrankung oder eines Unfalls in Arbeit und Gesellschaft wieder eingegliedert werden sollen.

Angestrebt wird für beide Personengruppen ein Höchstmaß an beruflicher Qualifizierung möglichst in anerkannten Ausbildungsberufen sowie eine Eingliederung in den allgemeinen Arbeitsmarkt. Sofern die bevorzugte Ausbildung bzw. Umschulung nicht auf dem allgemeinen Ausbildungsmarkt erfolgen kann, wird sie in speziellen Einrichtungen der beruflichen Rehabilitation durchgeführt.

Die wichtigsten Institutionen der beruflichen Rehabilitation sind Berufsbildungswerke als Stätten der Erstausbildung, Berufsförderungswerke als Orte der Umschulung und Fortbildung und schließlich die Werkstätten für behinderte Menschen, die neben einer qualifizierenden Aufgabe vor allem die Rolle eines Sonderarbeitsmarktes spielen. Orientiert am Grundsatz von Wirtschaftlichkeit und Sparsamkeit, ist die Voraussetzung für die Gewährung einer beruflichen Rehabilitationsmaßnahme an eine erfolgversprechende Prognose über den wahrscheinlichen Erfolg der betreffenden Maßnahme geknüpft. Um die Eingliederung auf dem allgemeinen Arbeitsmarkt zu fördern, können nach Abschluss der Rehabilitationsmaßnahme sowohl für den Behinderten als auch den Arbeitgeber Eingliederungshilfen von den jeweiligen Trägern übernommen werden. Die konkrete bundesrepublikanische Rehabilitationspolitik der letzten Jahre offenbart vor allem im Bereich der beruflichen Rehabilitation eine zunehmende Diskrepanz zwischen politischer Rhetorik und gesellschaftlicher Praxis. Auch wenn im § 4 des SGB IX unmissverständlich niedergelegt ist, dass Selbstbestimmung und Teilhabe am Leben in der Gesellschaft sich nicht in einer ausschließlich ökonomisch bestimmten Anpassungsleistung an den Arbeitsmarkt erschöpfen, so belegen die gegenwärtigen dramatischen Zuweisungszahlen vor allem bei den Berufsförderungswerken eine eindeutige Ausrichtung nach ausschließlich ökonomischen Kriterien. Dieses Phänomen trifft auch soziale Rehabilitationsmaßnahmen, wie etwa Individuelle Schwerstbehindertenbetreuung, familienentlastende Dienste, betreutes Wohnen und Frühförderung, die mit Finanzierungsengpässen und ungeklärter Kostenzuständigkeit zu kämpfen haben (Beck 1994).

Bei der *pädagogischen Rehabilitation oder Rehabilitationspädagogik* handelt es sich um Bildung und Erziehung behinderter und von Behinderung bedrohter Kinder und Jugendlicher. Die Vorgänge von Bilden und Erziehen verweisen unter wissenschaftssystematischem Aspekt auf die Erziehungswissenschaft als Referenzwissenschaft, die in ihrer Ausdifferenzierung auch jene spezielle Pädagogik beinhaltet, für die die Synonyma Heilpädagogik, Sonderpädagogik und Behindertenpädagogik geprägt wurden.

Der Begriff Rehabilitationspädagogik wurde in Anlehnung an die internationale Terminologie von dem DDR-Sonderpädagogen Becker eingeführt und war neben dem Begriff → Sonderpädagogik charakteristisch für die Wissenschaftssprache der DDR im Bereich der speziellen Pädagogik. Er wurde auch nach der Wende an einigen Ausbildungsstätten der neuen Bundesländer beibehalten und fand somit Eingang in die pädagogische Fachsprache. Der Terminus Rehabilitationspädagogik hat zweifellos mehrere Vorzüge: Er verweist auf das umfassende sozialstaatliche System der gesellschaftlichen Eingliederung von Behinderten und nötigt damit die Pädagogik, über die Grenzen der Schulpädagogik hinaus den Blick auf andere Aufgabenfelder zu lenken und zugleich mit anderen Disziplinen zu kooperieren, die am Prozess der gesellschaftlichen Eingliederung behinderter Menschen beteiligt sind. Er hat ferner den Vorzug, im Ausland geläufig zu sein und somit die internationale Kommunikation zu befördern. Bezogen auf die Pädagogik allerdings wird auch im internationalen Raum kaum von pedagogical rehabilitation, sondern stets von education gesprochen. Problematisch erscheint der Begriff Rehabilitationspädagogik, wenn er die Annahme evoziert, dass es sich bei der gesellschaftlichen Eingliederung behinderter Menschen lediglich um einen technokratischen Anpassungsprozess handelt, dass etwas an behinderten Menschen „gemacht wird". In der Pädagogik sprechen wir jedoch nicht von Anpassung, sondern von → Bildung als einem Prozess, dessen oberstes Ziel die Autonomie des einzelnen Menschen mit einer Behinderung ist. Der Begriff der Rehabilitationspädagogik ist also in der Gefahr, nicht das Typische pädagogischer Prozesse zu erfassen und erweist sich damit als kein einheimischer Begriff der Pädagogik.

Die von Becker vorgelegte Terminologie erscheint zwiespältig. Einerseits wird Rehabilitationspädagogik als Zweig der Pädagogik betrachtet, aber zugleich als ein sogenannter polysemer Terminus definiert, d.h. er gehört der Fachsprache verschiedener Wissenschaften an: „Rehabilitation ist die zweckgerichtete Tätigkeit eines Kollektivs in medizinischer, pädagogischer, sozialer und ökonomischer Hinsicht zur Entwicklung, Erhaltung und Wiederherstellung der Fähigkeiten des geschädigten Menschen, aktiv am produktiven/wirtschaftlichen, politischen, kulturellen und familiären Leben der Gesellschaft teilnehmen zu können" (Becker 1984, 236). Vermisst wird in dieser Definition der für die Pädagogik zentrale Grundbegriff der Bildsamkeit, der immer auch die Eigentätigkeit des Educandus beinhaltet. Insofern verwundert es nicht, dass auch in der DDR der Begriff der Rehabilitationspädagogik keineswegs unumstritten war: „Falsch ist es nach meiner Meinung, den Begriff der Rehabilitation auf den Bereich des Pädagogischen zu übertragen ... Erstens geht es der Sonderpädagogik tatsächlich nicht um eine ‚Wiedereingliederung', sondern um die Gewährleistung der Erziehung überhaupt. Zweitens muss die

Sonderpädagogik – wie jede Einzelwissenschaft – darauf bedacht sein, für ihre speziellen Belange eigene Termini zu prägen und zu benutzen" (Glawe 1968, 137 f.).

Nicht zu widerlegen ist der Vorwurf, dass der auf eine vordergründige Interdisziplinarität angelegte pädagogische Rehabilitationsbegriff zu wenig das Spezifische und Unverwechselbare pädagogischer Praxis widerspiegelt, die nach Benner durch eine relative Eigenständigkeit gekennzeichnet ist, deren Grundlage die Überzeugung ist, dass der Mensch ein Wesen ist, „welches gleichermaßen bildungsbedürftig und bildsam ist" (1992, 293) und deren Ziel die eigenverantwortliche Selbsttätigkeit des Educandus ist. Es dürfte schließlich kein Zufall sein, dass auch auf internationaler Ebene im Terminus special education oder inclusive education die Begriffe von Erziehung und Bildung vertreten sind und spezielle Pädagogik als ein eigenständiger Bereich in dem übergeordneten und umfassenden System der Rehabilitation nicht in Frage gestellt wird. Sieglind Ellger-Rüttgardt

Literatur

Ahrbeck, B.: Forschungsfragen der Pädagogischen Rehabilitation. In: Bengel, J./Koch, U. (Hrsg.): 2000, 69–83.

Beck, I.: Neuorientierung in der Organisation pädagogisch-sozialer Dienstleistungen für behinderte Menschen: Zielperspektiven und Bewertungsfragen. Frankfurt 1994.

Becker, K.-P. (Hrsg.): Rehabilitationspädagogik. Berlin 2. Aufl.1984.

Bengel, J./Koch, U. (Hrsg.): Grundlagen der Rehabilitationswissenschaften. Berlin 2000.

Benner, D.: Grundstrukturen pädagogischen Denkens und Handelns. In: Lenzen, D. (Hrsg.): Enzyklopädie Erziehungswissenschaft. Stuttgart 2. Aufl. 1992, 283–300.

Bleidick, U.: Pädagogik der Behinderten. Grundzüge einer Theorie der Erziehung behinderter Kinder und Jugendlicher. Berlin 5. Aufl. 1984.

Bundesministerium für Gesundheit und Soziale Sicherung: Die Lage der behinderten Menschen und die Entwicklung ihrer Teilhabe. Bericht der Bundesregierung. Bonn 2004.

Das Gesetz zur Gleichstellung behinderter Menschen vom 27.4.2002.

Der Bundesminister für Arbeit und Sozialordnung (BMA): Die Lage der Behinderten. Bonn 1998.

Glawe, H.: Zum Gegenstand der Sonderpädagogik. In: Die Sonderschule 13 (1968) 67–76; 129–138; 193–201.

Mühlum, A./ Oppl, H. (Hrsg.): Handbuch der Rehabilitation im Lebenslauf und wissenschaftliche Grundlagen der Rehabilitation. Neuwied 1992.

Sozialgesetzbuch – Neuntes Buch (SGB IX) vom 19.6.2001.

Trenk-Hinterberger, P. (Hrsg.): Die Rechte behinderter Menschen und ihrer Angehörigen. Bonn 1993.

Sonderpädagogik

Sonderpädagogik bezeichnet die Theorie und Praxis der Erziehung, Unterrichtung und Therapie von behinderten Menschen. Im deutschen Sprachraum werden → Heilpädagogik, → Behindertenpädagogik und teilweise Rehabilitationspädagogik als Synonyma verwendet, obwohl sich in der historischen Entwicklung der damit einhergehenden Begriffstheorien unterschiedliche Tendenzen der pädagogischen Förderung Behinderter abzeichnen. Der international gebräuchliche Terminus *special education* lässt sich als Sondererziehung, Sonderpädagogik oder Spezialpädagogik (Tschechien und Slowakei; Frankreich: éducation spécialisé) übersetzen. Er wird länderspezifisch jedoch in dreifachem Sinne gebraucht: als Oberbegriff für Behindertenpädagogik, für Sonderschulung im Gegensatz zur Regelschulung, als Terminus der besonderen Förderung bei special educational needs (Bürli 1997) (→ Förderbedarf). In angelsächsischen Ländern, vornehmlich in den USA, werden auch Kinder und Jugendliche mit → Hochbegabung als *exceptionals* und insofern der Sondererziehung bedürftig angesehen.

Historisch taucht der Gedanke der *besonderen Erziehung* erstmals Ende des 18. Jahrhunderts und darauf folgend sporadisch im 19. Jahrhundert auf. A. H. Niemeyer erwähnt in den „Grundsätzen der Erziehung und des Unterrichts" von 1796 die „Sonderung des Lehrmaterials nach dem verschiedenen Bedürfnis", die „Sonderung der Lehranstalten nach der Verschiedenheit ihrer Zwecke" und die „Absonderung der Kinder nach den Fähigkeiten und nach dem Geschlecht". Der Aphorismus von J. Fr. Herbart, nach dem die „Verschiedenheit der Köpfe" das „große Hindernis aller Schulbildung" sei (1809), führt zur „Vielförmigkeit des Schulwesens". Der Pädagogik müsse „an genauer Sonderung der Schüler gelegen sein", wie es im „Umriss pädagogischer Vorlesungen" von 1835 heißt. Mithin enthält die – von Herbart begründete – wissenschaftliche Pädagogik „besondere Zweige". Dazu gehören die sogenannten *Kinderfehler*, womit ausgangs des 18. und anfangs des 19. Jahrhunderts das spätere Gegenstandsgebiet der Heilpädagogik beschrieben wurde. Georgens und Deinhardt, die den Begriff der → Heilpädagogik in den Sprachgebrauch 1861 einführten, definierten die Heilpädagogik zweifach: als Zwischengebiet zwischen Medizin und Pädagogik einerseits, zum anderen jedoch als „Abzweigung und Besonderung" der Allgemeinen Pädagogik (Bleidick 1999).

Die → *Sonderschule* als Institution einer besonderen und abgesonderten Unterrichtung für behinderte Schülerinnen und Schüler entsteht zur gleichen Zeit im 19. Jahrhundert wie der wissenschaftliche Gedanke einer besonderen Pädagogik. Daher ist fortan die Sonderpädagogik der theoretische Überbau der *Sonderschulpädagogik*; eine Verengung des Aufgabenfeldes der Förderung behinderter Menschen, die erst in jüngster Zeit aufgebrochen wird. Mit der Einführung der Schulpflicht für alle Kinder ergab sich die Notwendigkeit der Spezialisierung pädagogischer Maßnahmen: „Mit dem Lehrplan hängt auch die Absonderung der Anfänger von den Geübten genau zusammen" (Niemeyer).

Die Begriffstheorie der Sonderpädagogik verdankt ihre Entstehung weniger der pädagogischen Intention einer Hilfe für behinderte Menschen. Es handelt sich eher um ein zwangsläufiges Nebenprodukt gesellschaftlicher Differenzierung. Größer werdende soziale Systeme reduzieren ihre Komplexität, indem sie sich in überschaubare Teileinheiten aufgliedern (Luhmann 1984). Das lässt sich an der Entwicklung der öffentlichen Verwaltung, im Gesundheitswesen sowie für das Schulwesen nachweisen. Insofern ist Sonderpädagogik die Spezialisierung des größeren Allgemeinen der Pädagogik auf besondere Teilgebiete, wie Unterricht und Erziehung für Schüler, die in den allgemeinen Institutionen nicht genügend gefördert werden können.

Die *systemtheoretische Erklärung* von Sonderpädagogik ist jedoch nur formaler Art. Sie sagt nichts über den gemeinten Inhalt aus. Auch Kindergartenerziehung und Mathematikdidaktik sind Spezialgebiete, besondere Abteilungen von Pädagogik. Der Begriff der Sondererziehung wurde von Hanselmann (1941) als bloße Ersatzbezeichnung vorgeschlagen, weil der Name Heilpädagogik einen ungerechtfertigten Heilungsanspruch suggerierte und zu Missverständnissen Anlass bot. Angesichts ihrer abstrakten Formalität hat sich die Namengebung Sonderpädagogik schon damals nicht vollständig gegen die Begriffstheorie der Heilpädagogik durchsetzen können.

Die inhaltliche Gleichsetzung von Sonderpädagogik und Behindertenpädagogik beruht auf Annahmen einer → *Anthropologie* des behinderten Menschen, die in ihrer Tragweite erst spät erkannt, selten klar ausgesprochen, aber implizit stets mitgegeben war. Die wissenschaftstheoretische Legitimation sowohl der Heilpädagogik (als vermeintlichem Übergangsbegriff) als auch der Sonderpädagogik wurde von Heinrichs (1931) ausgesprochen. In der Heilpädagogik gehe es um die Anerkennung „besonderer Menschenformen“, die einem „Gesetz der Seinsbesonderung“ unterlägen. Die Ambivalenz des Begriffs „Sonderkind“ wird vor allem in der amerikanischen Kategorie der exceptional children and youth sichtbar (Ross 1967).

Es gehört zum theoretischen Arsenal der heutigen Behindertenpädagogik, sich von jeglicher Sonderanthropologie zu distanzieren (Jakobs 1997). Die Kritik gegen den Namen Sonderpädagogik hat daher zwei Wurzeln, deren eine die Betonung des Gleichheitsgrundsatzes ist: Behinderte sind keine besonderen Menschen; Behinderung ist eine Ausprägungsform menschlichen Daseins wie andere Seinsweisen auch. Damit hängt die anderen Variante der Kritik zusammen. Sonderpädagogik steht für eine Tendenz zur Selektion, für *Aussonderung*. Die Ausgrenzung wird mit dem (unerkannten und ungewollten) Motiv der Sonderanthropologie gerechtfertigt, mit dem sich der Fetisch des Unversehrten vom Behindertsein als → abweichendem Verhalten trennt. Die etymologische Herkunft von „sonder“ verweist auf „abgesondert“ (Wasserzieher 1952). Dafür gibt es einen erschreckenden historischen Beleg. Die Euthanasieprogramme der Nationalsozialisten in Anstalten und Konzentrationslagern verstanden sich als Sondermaßnahme, als Sonderbehandlung und Sonderbetreuung. Ohne Zweifel hat es in der Nachkriegszeit Assoziationen gegeben, die Sonderschule und Sonderpädagogik in semantische und tatsächliche Beziehung zu den Verbrechen des Dritten Reichs brachten (Rudnick 1990).

Als Synonym für verwandte Oberbegriffe taucht die Sonderpädagogik sowohl als Gesamttitel für die Erziehung Behinderter auf wie als Teil differenzierter Namengebung. Institute für Heil- und Sonderpädagogik tragen dem älteren Argument Rechnung, nach dem es Gebiete der Erziehung Behinderter gibt, auf denen wirklich geheilt wird (Sprachheilpädagogik) und wo der zugrunde liegende Defekt nicht heilbar ist (Blindenpädagogik). Ein Vorteil der Bezeichnung Sonderpädagogik liegt darin, dass er sowohl die vorschnelle Zuschreibung des Attributs → Behinderung vermeidet, als auch dem missverständlichen Postulat der Heilpädagogik entgeht. Die Zukunft der Begriffstheorie Sonderpädagogik hängt mit davon ab, inwieweit sich formale systemsoziologische Spezifizierungsargumente oder aber inhaltliche Abwehrhaltungen gegen Aussonderungstendenzen sprachlich durchsetzen.

Ulrich Bleidick

Literatur

Bleidick, U.: Historische Theorien: Heilpädagogik, Sonderpädagogik, Pädagogik der Behinderten. In: Bleidick, U. (Hrsg.): Theorie der Behindertenpädagogik (Handbuch der Sonderpädagogik, Band 1). Berlin 1985, 253–272.

Bleidick, U. (Hrsg.): Allgemeine Behindertenpädagogik (Studientexte zur Geschichte der Behindertenpädagogik, Band 1). Neuwied 1999.

Bürli, A.: Sonderpädagogik international. Vergleiche, Tendenzen, Perspektiven. Luzern 1997.

Hanselmann, H.: Grundlinien zu einer Theorie der Sonderziehung (Heilpädagogik). Ein Versuch. Erlenbach-Zürich 1941.

Heinrichs, K.: Versuch einer wissenschaftstheoretischen Grundlegung der Heilpädagogik. Halle 1931.

Jakobs, H.: Heilpädagogik zwischen Anthropologie und Ethik. Eine Grundlagenreflexion aus kritisch-theoretischer Sicht. Bern 1997.

Luhmann, N.: Soziale Systeme. Grundriss einer allgemeinen Theorie. Frankfurt 1984.

Ross, A.O.: Das Sonderkind. Problemkinder in ihrer Umgebung. Stuttgart 1967.

Rudnick, M. (Hrsg.): Aussondern – Sterilisieren – Liquidieren. Die Verfolgung Behinderter im Nationalsozialismus. Berlin 1990.

Wasserzieher, E.: Woher? Ableitendes Wörterbuch der deutschen Sprache. Bonn 1952.

Sonderschule

„Schulen für behinderte Kinder und Jugendliche mit körperlicher, seelischer oder geistiger Behinderung tragen die Bezeichnung ‚Sonderschule'" (Abkommen der Länder der Bundesrepublik Deutschland 1964). Die Übereinkunft der deutschen Kultusminister regelte die bis dahin uneinheitliche Bezeichnung der Sonderschulen. In der Empfehlung zur Ordnung des Sonderschulwesens von 1972 werden zehn Typen von Sonderschulen aufgezählt: Schule für Blinde, Gehörlose, Geistigbehinderte, Körperbehinderte, Kranke und Hausunterricht, Lernbehinderte, Schwerhörige, Sehbehinderte, Sprachbehinderte, Verhaltensgestörte (→ Statistik von Behinderungen).

Die frühen Sonderschulen gehen auf karitative Initiativen einzelner Pädagogen zurück. Charles Michel de l'Epée gründete 1771 in Paris die erste Schule für Taubstumme; Valentin Haüy ebendort die erste Schule für Blinde. In der weiteren Entwicklung des 19. Jahrhunderts werden demgemäß *ältere und jüngere Sonderschulen* unterschieden (Möckel 1988, 162). Mit der Durchsetzung der allgemeinen Schulpflicht erfolgten zahlenmäßiger Ausbau und Differenzierung des heutigen Sonderschulwesens in Deutschland (→ Sonderpädagogik; → Geschichte der Behindertenpädagogik). Im „Handbuch für das deutsche Volksschulwesen" von 1820 verlangte Harnisch bereits „besondere Schulen" für körperlich behinderte, sittlich gefährdete und schwachbegabte Schüler.

Die Gleichsetzung von Sonderschulen und Sonderklassen mit Unterrichtsinstitutionen für behinderte Schüler ist, historisch gesehen, nicht selbstverständlich. Herbart empfahl im „Gutachten über Schulklassen" von 1818 eine „besondere Klasse" zur Übung für langsam lernende Gymnasialschüler. Das vom Schulrat Sickinger 1904 eingerichtete „Mannheimer Schulsystem" kannte Sonderklassen als Sammelbezeichnung für alle Klassen, die von den Hauptklassen nach unten und nach oben abwichen: Hilfsklassen, Wiederholungsklassen, Abschlussklassen und Vorbereitungsklassen für Höhere Schulen. In der Folgezeit diente der Name Sonderschule für mannigfache Spezialfälle wie Versuchsschulen der Arbeitsschulbewegung sowie Sonderklassen für geschlechtskranke Kinder, werdende Mütter oder Kinder von Aussiedlerfamilien, die nach dem Zweiten Weltkrieg in die Bundesrepublik übersiedelten.

Das Programm einer speziellen Förderung → hoch begabter Schüler in Sonderklassen bzw. Sonderschulen setzte sich in der Bundesrepublik Deutschland nicht durch; es blieb bei vereinzelten Schulversuchen (u. a. in Braunschweig). Die ehemals in den USA verbreitete Sonderbeschulung intellektuell begabter Kinder (Kirk/Gallagher 1983) beschränkt sich auch hier auf die privaten Schulsysteme einzelner Städte.

Sonderschulen sind schulrechtlich *besondere Bildungseinrichtungen* zur Ableistung der allgemeinbildenden und teilweise der berufsbildenden Schulpflicht für behinderte Kinder und Jugendliche. Die einschlägigen Schulgesetze der Länder regelten bislang die Verpflichtung zum Sonderunterricht bei körperlich, geistig oder seelisch behinderten Schülerinnen und Schülern, die aufgrund ihrer Behinderung in der allgemeinen Schule nicht hinreichend gefördert werden konnten. Ein → Aufnahme- und Überweisungsverfahren entschied hierbei über die „Sonderschulbedürftigkeit". Die jüngere schulpolitische Entwicklung unter der Leitvorstellung der → Integration setzt an die Stelle der institutionellen Zuweisung den Begriff des „*Sonderpädagogischen Förderbedarfs*", nach dem behinderten Schülerinnen und Schülern als Lernort grundsätzlich auch die allgemeine Schule offen steht (Empfehlungen 1994; → Fördern, Förderbedarf). Entsprechende schulgesetzliche Zusagen bestehen in mehreren deutschen Bundesländern, wobei die Verwirklichung des gemeinsamen

Unterrichts für behinderte und nichtbehinderte Schüler jedoch durch einen Haushaltsvorbehalt eingeschränkt wird (→ Schulrecht). Angesichts vielfacher Reformvorschläge steht die Sonderschule als vierte vertikale Säule des Bildungswesens – wie das Schulwesen insgesamt – zur Überprüfung an (→ Schule, Schultheorie, Schulversuche).

Ulrich Bleidick

Literatur

Abkommen zwischen den Ländern der Bundesrepublik Deutschland zur Vereinheitlichung auf dem Gebiet des Schulwesens vom 28. Oktober 1964. Bonn 1964.

Empfehlung zur Ordnung des Sonderschulwesens. Beschlossen von der Ständigen Konferenz der Kultusminister der Länder in der Bundesrepublik Deutschland am 16. März 1972. Nienburg 1972.

Empfehlungen zur sonderpädagogischen Förderung in den Schulen der Bundesrepublik Deutschland. Beschlossen von der Ständigen Konferenz der Kultusminister der Länder in der Bundesrepublik Deutschland am 6. Mai 1994. Bonn 1994.

Harnisch, Ch.W.: Handbuch für das deutsche Volksschulwesen. 1820. Neu herausgegeben von H. Bartels. Breslau 1893.

Kirk, S.A./Gallagher, J.J.: Educating Exceptional Children. Boston 1983.

Möckel, A.: Geschichte der Heilpädagogik. Stuttgart 1988.

Vergleichende Sonderpädagogik

Vergleichende Sonderpädagogik als Teildisziplin der Allgemeinen Behindertenpädagogik zeichnet sich dadurch aus, dass sie sich der *Methode des wissenschaftlichen Vergleichs* bedient. Vergleiche zur Sonderpädagogik können in dreifacher Hinsicht angestellt werden (Dupuis/Kerkhoff 1992, 694): Auf der vertikal-historischen Achse werden frühere Zustände mit heutigen Gegebenheiten verglichen, wie dies die sonderpädagogische Geschichtsschreibung tut. Beim horizontal-simultanen Vergleich treten geographisch-internationale Gesichtspunkte in den Vordergrund. Die funktionelle Analyse schließlich soll Beziehungen (z.B. zum Regelhaften, zur ‚Normalpädagogik') aufdecken. Vergleichende Sonderpädagogik wird in der Regel stark mit International-Vergleichender Sonderpädagogik assoziiert. Internationale Sonderpädagogik gibt es aber auch ohne das vergleichende Element. In diesem Fall werden verschiedene Länder gemeinsam als Einheit beschrieben (z.B. „Europäische Sonderpädagogik"), oder es wird deren länderübergreifende Zusammenarbeit und Gemeinsamkeit dargestellt und mittels Empfehlungen und Aktionsprogrammen zu fördern versucht.

Bei der Vergleichenden Sonderpädagogik geht es im Wesentlichen um *interkulturelle Vergleiche* als Mittel zur prospektiven Bildungsforschung, internationalen Planung und Verständigung, Weiterentwicklung des Sonderschulwesens im internationalen Vergleich und die Wahrnehmung Behinderter in kulturvergleichender Sicht. Nach Klauer/Mitter (1987, 11ff.) hat die International-Vergleichende Sonderpädagogik, wie die Vergleichende Erziehungswissenschaft generell, drei Aufgaben, nämlich einen Beitrag zur Erkenntniserweiterung, zur Politik- und Praxisberatung sowie zur internationalen Verständigung zu leisten.

Die primäre Aufgabe der Erkenntniserweiterung vermittelt Einsichten und erweitert Horizonte. Gleichzeitig werden erkenntnistheoretische und wissenschaftsmethodologische Fragen aufgeworfen. Einerseits kommt die ganzheitliche Methode des Verstehens und Deutens (Hermeneutik) zur Anwendung. Anderseits geht der analytisch-empirische Ansatz auf das Erkennen von Fakten und Trends aus, die sich quantifizieren lassen.

An die Aufgabe der Politik- und Praxisberatung International-Vergleichender Sonderpädagogik wurde früher die Hoffnung geknüpft, ihre Erkenntnisse und Befunde in Bildungspolitik und Schulpraxis unmittelbar verwerten zu können. Inzwischen hat sich aber gezeigt, dass die gefundenen Problemlösungen in ein räumlich-zeitlich sowie gesellschaftlich-kulturell einmaliges Geflecht von Beziehungen verwoben sind, dass nur wenige exportfähig erscheinen. Was als Nutzen aus der Beschäftigung mit fremden Bildungsansätzen bleibt, ist die Sensibilisierung für die eigenen Probleme und Lösungen, die Klärung des eigenen Standpunktes, die verbesserte Selbsterkenntnis im Spiegel des Auslandes.

Die Aufgabe der internationalen Verständigung hat angesichts zunehmender Globalisierung, Internationalisierung und Europäisierung an Bedeutung und Interesse gewonnen, da Bildungssysteme, Schulen, Lehrkräfte und Kinder zunehmend mit Erziehungssystemen und behinderten Schülern aus anderen Kulturen und Nationen konfrontiert sind.

Vergleichende Sonderpädagogik ist zwar eine deskriptive Disziplin; ihre verschiedenen Aufgaben und Zielsetzungen führen aber leicht zu qualitativen Aussagen: es werden ‚fortschrittliche' Länder eruiert, Rückständigkeiten und Lücken festgestellt; es wird zum Aufholen und Angleichen ermuntert. Die verschiedenen Gesichtspunkte und methodologischen Schwierigkeiten, wie sie sich beim vielschichtigen Prozess Vergleichender Sonderpädagogik ergeben, lassen sich in Abb. 2 veranschaulichen.

Bei der International-Vergleichenden Sonderpädagogik geht es darum, zwei oder mehr Länder mit einem *übergeordneten Vergleichsmerkmal* (tertium comparationis) in Beziehung zu setzen, um zu prüfen, ob sie diesbezüglich Gemeinsames bzw. Unterschiedliches aufweisen. Vergleichen beginnt also, beeinflusst von Fragestellungen, Hypothesen und Erwartungen, mit der Identifizierung der als relevant betrachteten Variablen und deren Einordnung in einen Zusammenhang. Dies kann auf unterschiedliche Weise geschehen, z. B. indem einerseits unmittelbar zur Sonderpädagogik gehörende Bereiche (wie Konzepte, Personenkreis, Personal, Methoden, Institutionen) unterschieden werden (schraffierte Felder in Abb. 2), andererseits auch Kontextdimensionen der Sonderpädagogik (z. B. Weltanschauung, Bildung, Gesundheit, Soziales, Wirtschaft, Politik, Gesellschaft, Bevölkerung) einbezogen werden (Bürli 1997). Vergleichende Studien können kaum je die ganze Sonderpädagogik (total analysis) verschiedener Länder als tertium comparationis verwenden, sondern es müssen einzelne Aspekte (problem approach) isoliert werden, obwohl sie alle miteinander eng verflochten sind. Dieser unvermeidliche Reduktionismus führt oft zu Fehlinterpretationen, steht doch die Sonderpädagogik jedes Landes in einer spezifischen Beziehung zu anderen Wissenschaften (z. B. zur Medizin) sowie zum jeweiligen strukturellen Umfeld (z. B. zum Bildungs-, Gesundheits- und Sozialsystem).

Weitere Faktoren, welche internationale Vergleiche erschweren, sind Fragen der *semantischen Äquivalenz* und der sprachlichen Übersetzung. Beispiele fraglicher Vergleichbarkeit sind die Termini *Special Education*, → Sonderpädagogik und Special Needs Education oder die vieldeutigen Ausdrücke → Integration bzw. → Inklusion, aber auch die Bezeichnungen für institutionelle Formen (Sonderklasse) oder für Behinderungsarten (→ Lernbehinderung).

Bei internationalen Vergleichen ist üblich, wenn auch nicht unproblematisch, die zu vergleichenden *Nationen als Einheiten* zu betrachten, die zudem von ihrer Größe, Geschichte und Struktur her nicht unbedingt vergleichbar sind. Merkmale lassen sich oft schlecht innerhalb geographischer Grenzen festlegen. Zudem gibt es in geographisch abgesteckten Räumen in der Regel nicht nur *eine* Tendenz, sondern gleichzeitig unterschiedliche und gegenläufige Tenden-

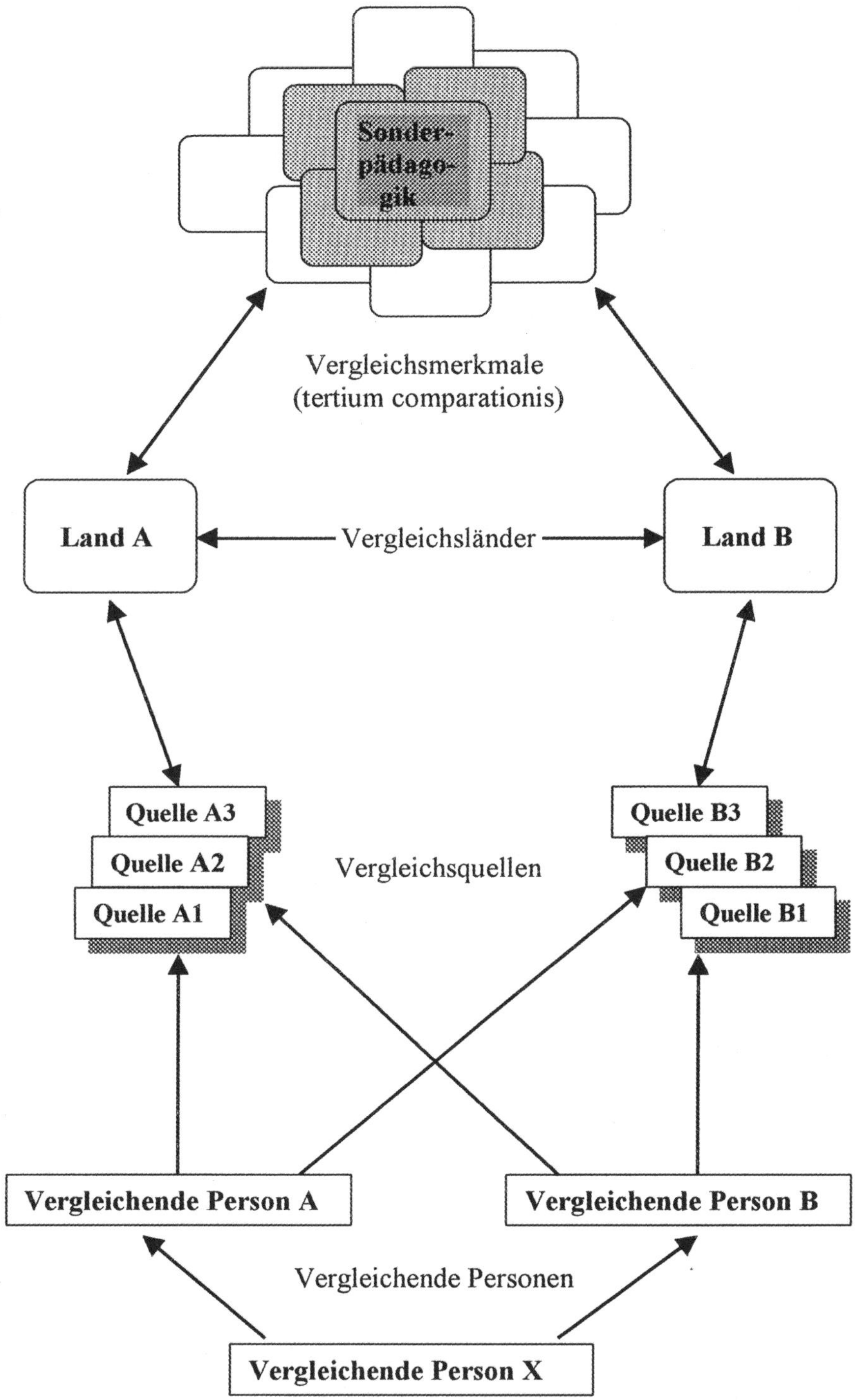

Abbildung 2: Aspekte und Probleme International-Vergleichender Sonderpädagogik

zen. Lassen sich in einem geographischen Raum genügend gemeinsame Merkmale finden, die sich von denjenigen anderer Regionen abheben, wird in typisierender Weise z. B. von einer ‚deutschen', einer ‚skandinavischen' Sonderpädagogik gesprochen.

Für internationale Vergleiche auf sonderpädagogischem Gebiet können sehr unterschiedliche *Informationsquellen* verwendet werden, so z. B. Literatur, Fallstudien, eigene Erhebungen, Gespräche mit Bildungspolitikern oder mit Praktikern, kurze Studienreisen oder jahrelange Aufenthalte in fremden Ländern. Es gilt zu beachten, dass die Art und die Anzahl der benutzten Quellen zu unterschiedlichen und zu unterschiedlich sicheren Aussagen führt. Ihre Zuverlässigkeit schwankt je nachdem zwischen Deskription und Proklamation, zwischen Repräsentativität und Zufälligkeit. Je nach Land ist das Material zugänglich oder (z. B. infolge sprachlicher Barrieren) nicht bzw. schwer zugänglich, aufgearbeitet oder nicht aufgearbeitet, die Information vorhanden oder nicht vorhanden; zudem beziehen sich die Angaben eher selten auf die genau gleichen Zeiträume. Die Angaben können bereits veraltet sein, bis die Ergebnisse publiziert werden. Gerade Vergleichsstudien internationaler Organisationen mit großer Beteiligung dauern mehrere Jahre.

Die Ergebnisse internationaler Vergleiche sind schließlich auch von den *vergleichenden Personen (Komparatisten)* und ihrem Vorgehen abhängig. Als Haupttypen des Vorgehens lassen sich die Selbstdarstellung und die Fremddarstellung unterscheiden. Beide haben ihre Vor- und Nachteile (u. a. profundes Insider-Wissen versus Unvoreingenommenheit). In einer weiteren Variante kann ein außenstehender Komparatist (Person «X» in Abb. 2) die eingegangenen Länderberichte nach einheitlichen Gesichtspunkten verarbeiten. Solche Quervergleiche sind vor allem bei internationalen Organisationen üblich.

Der Vergleich selbst ist ein differenzierter Prozess der Wahrnehmung und des Schlussfolgerns (Trommsdorff 1987), der infolge subjektiver Wertungen, Deutungsmuster und Erwartungen interpersonelle Variationen der Ergebnisse zulässt. Bei der interkulturellen Betrachtung von Behinderung sind weitere psychologisch-dynamische Prozesse (wie Projektion, Verfremdung, Macht) im Spiel (Trommsdorff 1987; Neubert/Cloerkes 1987; Reimann 1991). Ein weit verbreiteter Mechanismus ist zudem die Idealisierung ausländischer Verhältnisse. Aus Unzufriedenheit mit sich selbst und den eigenen Bedingungen wird oft aufgrund von Vermutungen, Kurzeindrücken, Missverständnissen und nicht verifizierten Berichterstattungen in einem fremden Land die Verwirklichung einer idealen Sonderpädagogik vermutet und sind, um dieses Bild aufrecht erhalten zu können, alle störenden Einflüsse ausgeblendet. Diese Vorstellungen mögen zwar im eigenen Land Reformimpulse auslösen, entsprechen aber oft nicht den Tatsachen.

Die methodische Unsicherheit in der Vergleichenden Sonderpädagogik ist so groß, dass eine rein empiristische, funktionalistische Betrachtung nicht ausreicht, sondern eine hermeneutische Interpretation und kontextbezogene Bewertung zahlreiche Widersprüche und Gegensätze von Eindrücken und Fakten überbrücken muss (Reimann 1991, 246 f.). Alois Bürli

Literatur

Bleidick, U./Rath, W.: Bedingungen für die Entstehung und die Weiterentwicklung der pädagogischen Förderung Behinderter im internationalen Vergleich. In: Klauer/Mitter 1987, 48–98.

Bürli, A.: Sonderpädagogik international. Vergleiche, Tendenzen, Perspektiven. Luzern 1997.

Dupuis, G./Kerkhoff, W. (Hrsg.): Enzyklopädie der Sonderpädagogik, der Heilpädagogik und ihrer Nachbargebiete. Berlin 1992.

Klauer, K.J./Mitter, W.: Grundfragen einer Vergleichenden Sonderpädagogik. In: Klauer/Mitter 1987, 3–22.

Klauer, K.J./Mitter, W. (Hrsg.): Vergleichende Sonderpädagogik (Handbuch der Sonderpädagogik. Band 11). Berlin 1987.

Neubert, D./Cloerkes, G.: Behinderung und Behinderte in verschiedenen Kulturen. Eine vergleichende Analyse ethnologischer Studien. Heidelberg 1987.

Reimann, C.: Denn sie wissen nicht, was sie tun – Fragen an die Spiegelfechter der „neuen Disziplin“ Vergleichende Sonderpädagogik. In: Vierteljahresschrift Behindertenpädagogik 3 (1991) 239–247.

Trommsdorff, G.: Behinderte in der Sicht verschiedener Kulturen. In: Klauer/Mitter 1987, 23–47.

Fachrichtungen der Behindertenpädagogik

Blindheit, Blinde, Blindenpädagogik

Der Gegenstandsbereich der Blindenpädagogik umfasst Theorie und Praxis des Lernens und der sozialen Eingliederung von Kindern und Jugendlichen mit Blindheit. *Blindheit* ist in diesem Zusammenhang das gemeinsame Merkmal aller Personen, die einer blindenpädagogischen Förderung bedürfen. Der Fokus der spezifischen Förderung richtet sich auf solche Fähigkeiten und Kompetenzen, die in einem engeren oder weiteren Zusammenhang mit der Blindheit stehen, d.h. auf einen begrenzten Bereich der Persönlichkeit des blinden Kindes oder Jugendlichen.

Um Individuum-Umwelt-Interaktionen unter der Bedingung der Blindheit verstehen, analysieren und verändern zu können, ist ein großes Maß an fachspezifischem und handlungsorientiertem Wissen erforderlich. Denn dem → Förderbedarf eines blinden Kindes oder Jugendlichen kann nicht nur mit der Anwendung spezieller Techniken und Hilfsmittel entsprochen werden; dem komplexen Zusammenwirken spezieller und allgemeiner pädagogischer Maßnahmen werden ganzheitliche, handlungsorientierte Ansätze am ehesten gerecht (Walthes 1999). Der Personenkreis, auf den sich Blindenpädagogik richtet, sind im engeren Sinne blinde und hochgradig sehbehinderte Kinder und Jugendliche, im weiteren Sinne jedoch auch betroffene Erwachsene jeden Alters.

Blindheit und hochgradige Sehbehinderung sind ebenso wie Sehbeeinträchtigungen geringeren Grades Unterbegriffe von *Sehschädigung*. Nach landläufiger Meinung ist derjenige blind, der kein Licht wahrnehmen kann und demzufolge gar nichts sieht. Auch in der medizinischen Wissenschaft wird Blindheit häufig so eng definiert. In der Praxis verschiedener Bereiche, wie zum Beispiel der Schule, des Berufs oder des Verkehrs, reicht eine so enge Bestimmung der Blindheit nicht aus. Personen, die sich in diesen Bereichen wie blinde Menschen verhalten müssen, obwohl sie noch ein geringes Sehvermögen besitzen, gelten ebenfalls als blind. Hochgradig sehbehinderte Kinder und Jugendliche werden dann zum Bereich der Blindenpädagogik gerechnet, wenn sie ganz oder überwiegend auf blindheitsgemäße Techniken und Hilfsmittel angewiesen sind (Rath 1998).

Unter pädagogischen Aspekt ist diese deskriptive Bestimmung des Personenkreises ausreichend. Formale Wichtigkeit gewinnen in der Augenheilkunde und im Sozialrecht verwendete, auf augenärztlichen Messwerten beruhende Abgrenzungen, z.B. zwischen Blindheit und *hochgradiger Sehbehinderung*. Der in Deutschland gültige Grenzwert für Blindheit liegt bei $1/50$ der Sehnorm, der obere Wert für hochgradige Sehbehinderung bei $1/20$.

Blindheit bzw. hochgradige Sehbehinderung bedeutet für die betroffene Person Aneignung von Wirklichkeit und Wirklichkeitsgestaltung ohne oder weitgehend ohne visuelle Wahrnehmung. Blinde Kinder und Jugendliche sind in der Lage, Bedeutungen über akustische, taktile, haptische, kinästhetische, gustatorische und olfaktorische Sinnessysteme zu bilden, und haben Strategien entwickelt, sich in einer überwiegend auf Visualität ausgerichteten Umwelt zu orientieren und mit dieser zu kommunizieren. Diese Strategien und Konzepte können durch günstige Lern- und Kommunikationsbedingungen unterstützt, erweitert und gegebenenfalls modifiziert werden (Walthes 1999; 2003).

Die Zuständigkeit für die Fragen der Ursachen von Blindheit liegt in erster Linie im Bereich der Medizin. Dennoch können Ursachen auch in pädagogischen Zusammenhängen bedeutsam werden. Zum Beispiel kann es für die längerfristige Planung von rehabilitativen oder therapeutischen Maßnahmen wichtig sein, sich rechtzeitig auf einschneidende Wandlungen der Ursachen von Sehschädigungen einzustellen, die sich über längere Zeiträume hinweg aufgrund medizinischer Fortschritte vollzogen haben. Für das Kindes- und Jugendalter gilt, dass früher Infektionen besonders häufig waren, während gegenwärtig Erb- und Entwicklungsstörungen an der Spitze der Häufigkeitsskala stehen; diese haben sowohl eine relative als auch eine absolute Zunahme erfahren.

Als die bedeutsamsten *Augenerkrankungen*, die in diesen Lebensabschnitten zu Blindheit oder Sehbehinderung führen können, werden hochgradige Kurzsichtigkeit, Fehlbildungen, kindlicher Grüner Star, Sehnervenschwund und Netzhautablösung herausgestellt. Für alle Altersstufen wird resümiert: Sehschädigungen entstehen mit zunehmender Häufigkeit durch erbliche und angeborene Veränderungen des Auges, Unfälle, Zivilisationsschäden und Altersleiden.

Den Wandel der Blindheitsursachen spiegeln die Häufigkeitsangaben der Blindheit wider. Angaben über den Rückgang der Blindheit im Kindesalter macht Schöffler bereits 1956. Beim Vergleich amtlicher Statistiken findet er zwischen 1880 und 1950 ein Absinken des Prozentsatzes blinder Kinder von 22 % auf 3 % aller Erblindungsfälle. Für Deutschland wird heute mit einem Anteil blinder Kinder und Jugendlicher an der Gesamtgruppe der Gleichaltrigen von 2 auf 10000 gerechnet (Kultusministerkonferenz 1999).

Nur 6 % der blinden Menschen sind heute im Alter von 0–17 Jahren, ganze 66 % sind älter als 65 Jahre (Demmel 1995). Diese Altersverteilung unterscheidet sich erheblich von der Altersstruktur der deutschen Gesamtbevölkerung; die Gruppe der 0–17jährigen beträgt hier 19,5 %, die der älteren Menschen über 65 Jahre 15,5 %. Die drei bedeutsamsten Folgen des Ursachenwandels sind die Abnahme der Gesamtzahl blinder Kinder und Jugendlicher, der hohe Anteil an → Mehrfachbehinderten in dieser Altersgruppe sowie Zunahme und hoher prozentualer Anteil von blinden Menschen im Alter von über 65 Jahren.

Didaktische und methodische Überlegungen werden in der neueren *Blindenpädagogik* nicht mehr ausschließlich auf schulisches Lernen, auf Unterricht, eingegrenzt. Lernen bei Kindern und Jugendlichen mit Blindheit und hochgradiger Sehbehinderung geschieht an vielen verschiedenen Förderorten. Es kann sich in der Familie, in der Nachbarschaft unter Gleichaltrigen, in Schulen aller Art, in Vereinen und privaten Lerngruppen oder in beruflichen Ausbildungsstätten vollziehen. Didaktik und Methodik werden von dem jeweiligen Lernort mitbestimmt. Aufgrund einer individuell begründeten Entscheidung ist prinzipiell derjenige Lernort zu wählen, an dem den → Förderbedürfnissen und der Persönlichkeitsentwicklung des blinden oder hochgradig sehbehinderten Kindes bzw. Jugendlichen auf bestmögliche Weise Rechnung getragen wird und an dem die soziale Eingliederung, die Vorbereitung auf die beruflichen Anforderungen und auf die Berufsausbildung gewährleistet sind (Rath 1999).

Seit der Gründung vor mehr als 200 Jahren nehmen sich Blindenschulen organisatorisch und in dem Anspruch auf Gültigkeit der Bildungs- und Erziehungsziele bzw. der Richtlinien und Lehrpläne das allgemeine Bildungswesen zum Vorbild. Das schließt durchgängige Bemühungen ein, die Schul- und Ausbildungsabschlüsse in der Blindenschule den Abschlüssen der allgemeinen Schulen vergleichbar und gleichwertig zu gestalten. Grundsätzlich kann daher von zielgleicher Unterrichtung und Ausbildung bei blinden und bei nichtblinden Kindern und Jugendlichen gesprochen werden (Rath 1996).

Gegenwärtig sind eigenständige *Schulen für Blinde* eher die Ausnahme. Ein Trend geht in Richtung kombinierter Bildungszentren für Kinder und Jugendliche mit Blindheit und Sehbehinderung, die überregional ein breit ausdifferenziertes Angebot bereithalten. In diesen Zentren finden Menschen mit Blindheit und → Sehbehinderung vom frühen Kindesalter an bis ins Erwachsenenalter hinein behinderungsspezifisch gestaltete allgemein- und berufsbildende Lernangebote auf verschiedenen Anforderungsstufen vor.

Daneben haben sich Schulen für Blinde und/oder Sehbehinderte entwickelt, die sich auf wenige Bereiche konzentrieren. Es gibt eine Spezialisierung auf bestimmte Altersstufen, auf unterschiedliche Lernanforderungen, auf den allgemein- oder den berufsbildenden Bereich, auf besondere Angebote für sehgeschädigte Kinder und Jugendliche mit Mehrfachbehinderung, zum Beispiel für → Taubblinde.

Die meisten dieser Schulen ermöglichen nicht nur Unterricht in der eigenen Schule, sondern beraten und unterstützen im Sinne regionaler oder überregionaler *Förderzentren* Kinder und Jugendliche mit Blindheit und Sehbehinderung und deren Eltern in der → Frühförderung, in Schulen anderer Schularten und beim Übergang von der Schule ins Arbeitsleben. Die Förderzentren bieten individuelle sonderpädagogische Förderung in der eigenen Schule an und arbeiten gegebenenfalls mit einem Internat beziehungsweise einer Wohngruppe zusammen. Sie laden Kinder und Jugendliche mit Sehschädigung aus allgemeinen Schulen und anderen Sonderschulen zu ein- oder mehrtägigen Seminaren und Kursen ein, deren Inhalte der sonderpädagogischen Förderung dienen.

Für Kinder und Jugendliche mit Sehschädigungen, einschließlich solcher mit zusätzlichen Behinderungen, werden grundsätzlich *Bildungspläne* zur Verfügung gestellt, die dem jeweiligen Bildungsgang vergleichbarer nichtsehgeschädigter Kinder und Jugendlicher entsprechen (→ Lehr- und Lernplanung). Einige Pädagoginnen und Pädagogen sind der Auffassung, dass es ausreiche, einem gemeinsam mit nichtbehinderten Kindern unterrichteten Kind mit einer Sehschädigung Zugang zu sämtlichen Unterrichtsmaterialien zu verschaffen, um ihm dieselben Ausgangschancen wie seinen sehenden Mitschülerinnen und Mitschülern zu eröffnen. Die meisten Fachleute sind jedoch davon überzeugt, dass für Kinder und Jugendliche mit einer Sehschädigung ein erweiterter Bildungsplan mit zusätzlichen Lernbereichen erforderlich ist.

Es gibt Erfahrungen und Begriffe, die sich Sehende durch Zufallslernen aneignen, die jedoch sehgeschädigten Kindern und Jugendlichen systematisch in Lernsequenzen vermittelt werden müssen. Sie sind Bestandteile des erweiterten Bildungsplans für Schülerinnen und Schüler mit Sehschädigung, der nicht mit dem Bildungsplan für Sehende übereinstimmt; er ist vielmehr erheblich umfassender und komplexer. Zu den Fähigkeiten und Fertigkeiten, die bei Kindern und Jugendlichen mit einer Sehschädigung eine besondere Rolle spielen, gehören unter anderem Begriffsbildung, Raumgefühl, Orientierungs- und Mobilitätstechniken, lebenspraktische Fertigkeiten, Lern- und Organisationsmethoden, sprachliche und auditive Fähigkeiten und notwendige Anpassungsleistungen, die zur Nutzung des allgemeinen Bildungsplans verhelfen.

Kommunikationsverfahren variieren in Abhängigkeit von dem Grad des verbliebenen Sehvermögens, dem Einwirken weiterer Behinderungen und den sich stellenden Aufgaben. Die Schülerinnen und Schüler können verschiedene Kommunikationsmedien nutzen: Blindenschrift, Großschrift, optische Lesehilfen, Druckschrift, tastbare Symbole, Zeichensprache oder Tonaufzeichnungen. In jedem Fall ist eine Einführung in die erforderlichen Techniken durch eine qualifizierte Lehrkraft notwendig. Die Vermittlung solcher Fähigkeiten und Techniken wird in den für alle Schülerinnen und Schüler geltenden allgemeinen Bildungsplänen nicht ausreichend beachtet.

Es ist nicht einfach, die Anforderungen des erweiterten Bildungsplans zu erfüllen. Die Vermittlung der zusätzlichen Inhalte, Techniken und Fähigkeiten ist sehr zeitaufwendig und bleibt auf allen Altersstufen bedeutsam. Blinden- und sehbehindertenpädagogisch qualifizierte Fachleute müssen die erforderlichen Lerninhalte festlegen, vermitteln und beurteilen beziehungsweise Festlegung, Vermittlung und Beurteilung geeigneten Personen übertragen. Zu ihren Aufgaben gehört es, darauf zu achten, dass den Erweiterungen des allgemeinen Bildungsplans dieselbe Aufmerksamkeit geschenkt wird wie den herkömmlichen fächerbezogenen Anforderungen des Plans. Probleme tauchen immer wieder auf in Bezug auf die Zeitzugaben, die durch die Erweiterungen nötig werden, und auf die Lernorte, an denen die speziellen Förderbedürfnisse von Kindern und Jugendlichen mit Sehbeschädigung Berücksichtigung finden sollen.

Waldtraut Rath

Literatur

Demmel, H.: Durch Nacht zum Licht. Geschichte des Bayerischen Blindenbundes. München 1995.

Kultusministerkonferenz: Sekretariat der Ständigen Konferenz der Kultusminister der Länder in der Bundesrepublik Deutschland (Hrsg.): Die Sonderschulen in der bundesdeutschen Schulstatistik 1988–1997. Bonn 1999.

Rath, W.: Didaktische und methodische Ansätze in der Blinden- und Sehbehindertenpädagogik. In: Die neue Sonderschule 41 (1996) 434–442.

Rath, W.: Blindenpädagogik. In: Bleidick, U./Hagemeister, U./Rath, W./Stadler, H./Wisotzki, K.H.: Einführung in die Behindertenpädagogik. Band 2. Stuttgart 5. Aufl. 1998, 9–30.

Rath, W.: Integrative Pädagogik bei Kindern und Jugendlichen mit Blindheit. In: Myschker, N./Ortmann, M. (Hrsg.): Integrative Schulpädagogik – Grundlagen, Theorie und Praxis. Stuttgart 1999, 37–59.

Schöffler, M.: Der Blinde im Leben des Volkes. Eine Soziologie der Blindheit. Leipzig 1956.

Walthes, R.: Förderschwerpunkt Sehen. In: Zeitschrift für Heilpädagogik 50 (1999) 165–170.

Walthes, R.: Einführung in die Blinden- und Sehbehindertenpädagogik. München 2003.

Gehörlosigkeit, Gehörlose, Gehörlosenpädagogik

Der Begriff Gehörlosenpädagogik ist relativ neu. Er etabliert sich erst in den 60er Jahren des vergangenen Jahrhunderts im deutschsprachigen Raum. Bis dahin wird allgemein der Ausdruck *Taubstummenpädagogik* gebraucht. Die Erziehung und Bildung Gehörloser beginnt bereits im 16. Jahrhundert. Die ersten Institutionen entstehen im Gefolge der Aufklärung im 18. Jahrhundert, und zwar 1771 in Paris und 1778 in Leipzig.

Als gehörlos werden im Allgemeinen diejenigen Menschen bezeichnet, die auf Grund einer hochgradigen *Hörschädigung*, die sie vor dem Eintritt in das Spracherwerbsalter erlitten haben, die Lautsprache auch mit bestmöglicher prothetischer Versorgung nicht auf natürlichem Wege erlernen können. Tritt der Hörverlust nach dem Abschluss des Lautspracherwerbs ein, werden sie als ertaubt bezeichnet. Die Abgrenzung der Gruppe der Gehörlosen von der Gruppe der → Schwerhörigen über das Hörvermögen ist schwierig und unscharf.

Die *Ursachen einer Hörschädigung* sind mannigfaltig. Pädagogisch ist die Kenntnis der Ursachen deswegen von Interesse, weil bei bestimmten Ursachen das Vorliegen einer Mehrfachbehinderung vermutet werden kann (Plath 1992). Pränatale Hörschädigungen sind entweder vererbt (ca. 10 %) oder durch eine Erkrankung der Mutter während der Schwangerschaft, Belastungen der Mutter durch Antibiotika oder Suchtmittel verursacht. Perinatale Ursachen können Schädelverletzungen, eine Neugeborenengelbsucht oder Sauerstoffmangel während der Geburt sein. Postnatale Ursachen sind meistens schwere Infektionskrankheiten im Säuglings- und Kleinkindalter. Im Erwachsenenalter entstehen Hörschädigungen häufig entweder als Presbyakusis (Altersschwerhörigkeit), deren Ursache nicht bekannt ist, oder als Lärmschwerhörigkeit, die durch Lärmbelastungen ab dem zweiten Lebensjahrzehnt hervorgerufen werden (Plath 1993, 159). Der Anteil der gehörlosen Kinder und Jugendlichen an der schulpflichtigen Bevölkerung wird mit 0,04 % angegeben. Die Gruppe der vor dem Abschluss des Spracherwerbs gehörlos gewordenen Personen umfasst etwa 80000. Die Gruppe der Altersschwerhörigen wird mit 14–20 Millionen und die der Spätertaubten mit zwei bis drei Millionen vermutet (Wisotzki 1996, 21–24). Die Geschlechterverteilung zeigt einen leichten Überhang des männlichen Geschlechts im Verhältnis 5 zu 4. Die untere soziale Schicht ist leicht überrepräsentiert. 90 % der Gehörlosen haben keine hörgeschädigten Familienmitglieder. 90 % haben einen gehörlosen Ehepartner, und 90 % aller Kinder aus Ehen Gehörloser sind hörend.

Über die *Psychologie der Gehörlosen* gibt es bislang nur relativ ungesicherte Erkenntnisse. Bisherige Untersuchungen werden immer wieder in Frage gestellt. Ungeklärt ist, welche Bedeutung die Sprache für die psychische Entwicklung eines Menschen hat und ob die auditive Wahrnehmung in der vorsprachlichen Phase die psychische Entwicklung beeinflusst. Auf ihre Bedeutung weist Löwe (1974, 54–60) hin. Ob ein Gehörloser sich der Gruppe der Hörenden oder der Gruppe der gehörlosen Menschen zuwendet und so entweder in der Lautsprache oder der Gebärdensprache kommuniziert, hat nach Albertini (1991, 98–104) Einfluss auf die → Identitätsentwicklung. Aus den Problemen lassen sich zwei Thesen formulieren, die Bedeutung für die psychische Entwicklung Gehörloser haben. Wenn für die psychische Entwicklung eines Menschen Sprache von Belang ist, dann sind die *Lautsprache* und die → *Gebärdensprache* geeignet, seine psychische Entwicklung positiv zu beeinflussen. Wenn die auditive Wahrnehmung für die psychische Entwicklung eines Menschen bedeutsam ist, dann ist die *akustische Stimulation* in der frühen Kindheit von besonderer Wichtigkeit (→ Wahrnehmung, Wahrnehmungsförderung). Der Gebrauch der Gebärdensprache in der → Frühförderung müsste dann zu Ausfallerscheinungen in der psychischen Entwicklung führen. Die Symbolfähigkeit soll sich im Hinblick auf das Durchlaufen der Stufen bei hörenden und gehörlosen Kindern in gleicher Weise entwickeln. Über die psychische Situation spätertaubter Erwachsener gibt es verschiedene Untersuchungen (Wisotzki 1996, 139–150).

Weil Normen und Werte über die Sprache vermittelt werden, hat die Sprache eine zentrale Bedeutung für die → Sozialisation des gehörlosen Menschen. Das führt zu einer Kontroverse zwischen den Befürwortern der lautsprachlichen bzw. der gebärdensprachlichen Erziehung Gehörloser. Die Befürworter der Lautspracherziehung führen an, dass eine → Integration in die hörende Umwelt für den Gehörlosen nur über die Lautsprache möglich ist. Die Befürworter der Gebärdensprache dagegen weisen darauf hin, dass den Gehörlosen die Integration in die Welt und in die Kulturgemeinschaft der Gehörlosen ermöglicht werden muss, weil nur so eine gute Identitätsfindung erreicht werden kann. Weil in beiden Konzepten die Eltern eine zentrale Stellung in der Erziehung der Kinder einnehmen, ist die Familiensituation von großer Bedeutung für die Entwicklung des gehörlosen Kindes (Wisotzki 1986). Wenn ein gehörloses Kind aus einer ausländischen Familie stammt, so verschärft sich häufig das Sprachproblem, wobei es aber zu einer guten Sozialisation kommt, wenn die Eltern aus einer Kulturgemeinschaft stammen, in der Behinderten gegenüber eine positivere Haltung eingenommen wird als in Deutschland (Wisotzki 1987). Wichtig für die Entwicklung des Kindes ist auch, dass die Eltern den häufig eintretenden Diagnoseschock schnell überwinden. Die intellektuell-psychische Konstitution des gehörlosen Kindes hat ebenfalls eine große Bedeutung für seine soziale Entwicklung. Unter dem Aspekt, dass viele gehörlose Kinder eine → Mehrfachbehinderung haben, ist die Sozialisation vieler gehörloser Kinder gefährdet. Nichtbehinderte zeigen Gehörlosen gegenüber tendenziell eine eher negative Einstellung. Oft resultiert das aus der Unsicherheit der Nichtbehinderten (Wisotzki 1998, 40).

Die Aufgaben und *Ziele der Erziehung und des Unterrichts* Gehörloser sind in den Voraussetzungen begründet, die auf der einen Seite in der Person des Gehörlosen liegen, auf der anderen Seite aber auch aus den Anforderungen und Ansprüchen seines sozialen Umfeldes erwachsen. Als allgemeines Ziel ist im Sinne von Bleidick Führung zur Mündigkeit, womit soziale Selbständigkeit und soziale Eingliederung gemeint sind, zu nennen (1984, 406 f.). Grundlegend sind der primäre Sinnesschaden und die daraus sich ergebenden wahrnehmungspsychologischen und psychomotorischen Probleme sowie eine gewisse affektiv-emotionale → Deprivation. Aufgabe der Erziehung und des Unterrichts Gehörloser ist die Beseitigung der sich aus den Voraussetzungen ergebenden Entwicklungsstörungen und der Abbau eines bestehenden Erfahrungsmangels. Zentrale Aufgabe der → Frühförderphase ist, dass diese Beziehungsstörungen und der Erfahrungsmangel erst gar nicht entstehen. Dabei ist zunächst wichtig, dass ein durch die Diagnose gestörtes Familienverhältnis wieder hergestellt wird. Durch die Anpassung von Hörgeräten sollen die Hörbahnen gereizt werden, so dass es nicht zu einer Verstummung und Vertaubung des gehörlosen Kleinkindes kommt. Ein Problem ist bis heute, dass die *Früherfassung* bis zum 24. Lebensmonat noch nicht immer erfolgt. Bei einem gebärdensprachlichen Frühförderkonzept müssen die Eltern möglichst schnell die Gebärdensprache der Gehörlosen erlernen, damit das Kind auf natürlichem Wege von seinen Eltern diese Sprache erlernt. Das ist allerdings schwierig, weil die Gebärdensprache den Stellenwert einer Fremdsprache hat. Besondere Probleme ergeben sich, wenn eine Mehrfachbehinderung vorliegt oder die Eltern aus einer nichtdeutschen oder nichteuropäischen Kultur stammen oder nicht deutschsprachig sind.

Unter methodisch-didaktischem Aspekt stehen bei der Erziehung und Unterrichtung gehörloser Kinder und Jugendlicher vier *sprachdidaktische Ansätze* in der Diskussion: der hörgerichtete Spracherwerb, der systematisch-interaktionale Spracherwerb, das Verfahren der „lautsprachbegleitenden Gebärden" und der Bilingualismus (Wisotzki 1998, 43). Obwohl gesehen wird, dass alle Verfahren in ihrem Mittelpunkt die → Kommunikationsbehinderung und die Kommunikationsproblematik der Zielgruppe haben, werden die übrigen Probleme nicht vernachlässigt, sondern im Zusammenhang mit diesen gesehen. Das Verfahren des hörgerichteten Spracherwerbs wird besonders von van Uden, Csanyi, Schmid-Giovannini und Diller vertreten. Löwe nimmt eine vermittelnde Position ein. Den systematisch-interaktionalen Spracherwerb haben Alich, Braun, Horsch, Jussen, Kreye, Lindner, Schulte und Schuy entwickelt. Das Verfahren der lautsprachbegleitenden Gebärde vertreten Prillwitz, Rammel, Ringli und Wisch. Den Bilingualismus wollen Prillwitz, Wudtke, List und Günther einführen.

Das *Erziehungs- und Bildungswesen* für gehörlose Kinder, Jugendliche und Erwachsene ist in Deutschland sehr differenziert ausgebaut. Es wird vom Staat, von Privatorganisationen und von → Selbsthilfegruppen getragen. Es erstreckt sich auf die Frühförderung, die Elementarerziehung, die schulische Bildung, die berufliche Ausbildung und das Studium sowie die Fort-, Weiterbildung und Umschulung. Es gibt auch Hilfen für den Privatbereich. Frühförderung findet im Elternhaus, in Wechselgruppen und in Krabbelgruppen statt. Die Elementarerziehung erfolgt in Sonderkindergärten, die bisweilen auch ein Internat haben. Im Schulbereich gibt es ausgebaute Gehörlosenschulen mit einer Primar- und einer Sekundarstufe. Bisweilen haben die Schulen eine Realschulstufe und auch Klassen für Lernbehinderte. Mehrfachbehinderte Kinder und Jugendliche werden in Sonderklassen und Sondereinrichtungen beschult. Es gibt auch selbstständige Realschulen für Gehörlose. Die Berufsausbildung findet entweder in Berufsbildungswerken oder in Betrieben und Verwaltungen statt, wobei dann eine Berufsschule für Gehörlose besucht wird. Für die

Weiterbildung und Umschulung gehörloser Erwachsener gibt es verschiedene Einrichtungen.

In den letzten zehn Jahren haben drei Entwicklungen zu grundlegend neuen Anforderungen an die Gehörlosenpädagogik geführt. Durch hochleistungsfähige Hörgeräte ist heute trotz einer schweren Hörschädigung die Erlernung der Lautsprache über das Hören oft möglich. Selbst bei einem Vollausfall des Innenohres kann mit dem *Cochlear-Implant* die Hörfähigkeit entwickelt werden. Die Verbesserung der medizinischen Diagnostik erlaubt eine Diagnose des Hörschadens bereits bei Säuglingen. Durch den verbesserten Hörstatus und die damit einhergehende Verbesserung des Lautspracherwerbs können diese Kinder in eine Schwerhörigenschule oder eine Allgemeine Schule integriert werden. Die Gehörlosenschule ist zu einer Schule für mehrfachbehinderte und ausländische Kinder und Jugendliche geworden. Als weitere Entwicklung ist die Emanzipationsbewegung der Gehörlosen zu nennen, die anstreben, dass die Gehörlosenkultur als eine *Minoritätenkultur* (→ Interkulturalität) anerkannt wird und die Gruppe der Gehörlosen den Status einer sprachlichen Minderheit erhält. Sie fordern außerdem die Einführung des *Bilingualismus* im Bildungs- und Erziehungssystem für Gehörlose. Die demographische Entwicklung in der Bundesrepublik Deutschland führt dazu, dass der Anteil älterer Menschen an der Gesamtbevölkerung zunimmt, wobei bei älteren Menschen die Zunahme von Hörschäden zu beobachten ist. Dabei sind die Spätertaubten in ihren Lebensvollzügen sehr schwer behindert. Alle vorgenannten Entwicklungen fordern von der Gehörlosenpädagogik neue Konzepte. Die Ausbildung von Integrationslehrern und die Schulung der angehenden Gehörlosenlehrer in Deutscher Gebärdensprache sowie die Ausbildung von Gebärdendolmetschern sind noch nicht geleistet. Ebenso wenig gibt es Rehabilitationsprogramme für Spätertaubte.

Karl Heinz Wisotzki

Literatur

Albertini, J.A.: Die Hörgeschädigten in der amerikanischen Gesellschaft. Identität im Wandel. In: Jussen, H./Claußen, W.H. (Hrsg.): Chancen für Hörgeschädigte. Hilfen aus internationaler Perspektive. München 1991, 98–104.

Bleidick, U.: Pädagogik der Behinderten. Grundzüge einer Theorie der Erziehung behinderter Kinder und Jugendlicher. Berlin 5. Aufl. 1984.

Löwe, A.: Gehörlose, ihre Bildung und Rehabilitation. In: Sonderpädagogik 2 (Deutscher Bildungsrat: Gutachten und Studien der Bildungskommission. Band 30). Stuttgart 1974.

Plath, P.: Das Hörorgan und seine Funktion. Berlin 1992.

Plath, P.: Lexikon der Hörschäden. Heidelberg 1993.

Wisotzki, K.H.: Situationen in der Familienerziehung. In: Hörgeschädigtenpädagogik 40 (1986) 10–23.

Wisotzki, K.H.: Eine Untersuchung zur Sozialisation, Enkulturation und Personalisation gehörloser Kinder mit ausländischen Eltern. In: Buchkremer, H./Emmerich, M. (Hrsg.): Ausländerkinder. Sonder- und sozialpädagogische Fragestellungen. Hamburg 1987, 170–177.

Wisotzki, K.H.: Altersschwerhörigkeit. Grundlagen – Symptome – Hilfen. Stuttgart 1996.

Wisotzki, K.H.: Gehörlosenpädagogik. In: Bleidick, U./Hagemeister, U./Rath, W./Stadler, H./Wisotzki, K.H.: Einführung in die Behindertenpädagogik. Band II. Stuttgart 5. Aufl. 1998, 31–56.

Geistige Behinderung, Geistigbehinderte, Geistigbehindertenpädagogik

Das mangelnde öffentliche und politische Interesse am Schicksal der ersten Nachkriegsgeneration geistigbehinderter Kinder führte 1958 zur Gründung der Elternvereinigung ‚Lebenshilfe für das geistig behinderte Kind e.V.' und, durch diese initiiert, zur Einführung der bis heute gebräuchlichen Termini ‚geistige Behinderung' und ‚geistigbehindert', die bereits 1961 in das Bundessozialhilfegesetz (BSHG) Eingang fanden. Nach dem Vorbild vergleichbarer Zusammenschlüsse in den USA, in Großbritannien, Schweden, Holland und in der Schweiz wollte auch die deutsche Elternvereinigung alle Maßnahmen und Einrichtungen fördern, die eine wirksame *Lebenshilfe* für geistigbehinderte Menschen aller Altersstufen bedeuteten. Hierzu zählte die ‚Lebenshilfe' in ihrer ersten Vereinssatzung insbesondere heilpädagogische Kindergärten, heilpädagogische Sonderklassen der Hilfsschule, Anlernwerkstätten und ‚Beschützende Werkstätten'.

Zur Bekräftigung ihrer Forderung nach schulischer Bildung veröffentlichte die Lebenshilfe 1960 eine ‚Denkschrift zur Lage der geistig behinderten Kinder, die noch bildungsfähig sind, aber nicht durch öffentliche Bildungseinrichtungen erfasst werden'. Sie war für alle Organe der Öffentlichkeit bestimmt, die diese unbefriedigende Lage beeinflussen konnten, und ging über die Forderung nach Sonder- bzw. Sammelklassen an Hilfsschulen, die es bereits in der Zeit der Weimarer Republik gegeben hatte, hinaus. In der Denkschrift wurden die Schulgesetze der Länder kritisiert, weil sie – wie das Reichschulpflichtgesetz von 1938 – die geistigbehinderten Kinder und Jugendlichen von schulischen Bildungsmaßnahmen ausschlossen.

Als sich Anfang der 1960er Jahre auf der rechtlichen Grundlage der Eingliederungshilfe nach BSHG vor allem die Sozialpolitik der Tagesbetreuung von geistigbehinderten Kindern im Schulalter anzunehmen begann, entstanden an Stelle der in der Denkschrift geforderten öffentlichen (Sonder-) Schulen zunächst die sog. *Tagesbildungsstätten*. Dies änderte sich allerdings im Laufe der 1960er Jahre, weil die schnell wachsende, föderalistisch organisierte Lebenshilfe in zahlreichen Bundesländern Vertreter der Kultusbehörden davon überzeugen konnte, dass für den Personenkreis der geistigbehinderten Kinder und Jugendlichen ein eigener Sonderschultyp aufgebaut werden müsse. Noch in den 1960er Jahren änderten daraufhin einige Bundesländer ihre Schulgesetze und führten auch für diese Kinder und Jugendlichen die Schulpflicht ein. Bereits 1965 veröffentlichte die Lebenshilfe eine Empfehlung zur pädagogischen und organisatorischen Ausgestaltung der *‚Schule für Geistigbehinderte (SfG)'*, die der Vereinheitlichung dieses neuen Sonderschultyps diente.

Durch die KMK-Empfehlung zur Ordnung des Sonderschulwesens von 1972 wurde die SfG endgültig bildungspolitisch bestätigt. Mit der Verabschiedung der KMK-Empfehlungen für den Unterricht in der Schule für Geistigbehinderte (Sonderschule) im Jahr 1979 hat sie einen Ausbaustand erreicht, der auch die schwer geistig und mehrfach behinderten Kinder und Jugendlichen in ihren Bildungsauftrag mit einschließt. Seit den 1970er Jahren entstanden außerdem tragfähige Konzepte für die pädagogische *Frühförderung*, die *berufliche Bildung* und die *Erwachsenenbildung* von Menschen mit geistiger Behinderung.

In dem Ringen um eine eigenständige Sonderschulform spielte die Abgrenzung gegenüber der Schule für Lernbehinderte (Hilfsschule) und dem Personenkreis der lernbehinderten Kinder und Jugendlichen eine wichtige Rolle. Dabei wurde der seit dem Reichschulpflichtgesetz gängigen Auffassung nicht widersprochen, dass ‚Geistigbehinderte' nur in Grenzfällen und in beschränktem Ausmaß sinnentnehmend lesen lernen können, Schrift nur abmalen und keine eigentlichen Rechenoperationen durchführen können. Als ‚Wesensmerkmal' geistigbehinderter Menschen wurde deshalb ihre ‚*lebenspraktische oder motorische Bildungsfähigkeit*' (Schomburg) bzw. ihre ‚*praktische Bildbarkeit*' (Bach) konstatiert. Die Legitimation des neuen Sonderschultyps der ‚Schule für Geistigbehinderte' basierte also auf einer Ausweitung des (schulischen) Begriffs der Bildbarkeit.

Bach (1974) räumte zwar ein, dass es zwischen ‚Lernbehinderten' und ‚Geistigbehinderten' unter differentialdiagnostischen Gesichtspunkten nur graduelle Übergänge gebe; trotzdem führte er weitreichende Anhaltspunkte zur Unterscheidung beider Gruppen ein, die nicht nur praktisch und politisch, sondern auch theoretisch zur Legitimation einer eigenständigen Geistigbehindertenpädagogik herangezogen wurden. Hauptkriterium dieser Unterscheidung war in dieser Aufbauphase der *Intelligenzquotient (IQ)*. In den Empfehlungen des deutschen Bildungsrates ‚Zur pädagogischen Förderung behinderter und von Behinderung bedrohter Kinder und Jugendlicher' (1973) wurde geistige Behinderung mit mindestens drei Standardabweichungen vom Mittelwert (IQ < 55) angegeben, während der in Sonderschulüberweisungsverfahren praktizierte Grenzwert zwischen Lernbehinderung und geistiger Behinderung bei 60/65 lag (Speck 2005). Bereits diese exemplarisch aufgezeigten Unterschiede in den Grenzwertangaben deuten darauf hin, dass es bei der Grenzziehung nach Intelligenzquotient nicht in erster Linie um eine wissenschaftlich verifizierbare klassifikatorische Abgrenzung, sondern um eine schulpolitisch handhabbare Groborientierung ging. Trotz der grundsätzlichen Kritik an dem den IQ-Tests zugrunde liegenden Intelligenzbegriff, die seit den 1980er Jahren vorgetragen wird, werden Klassifikationen nach IQ und die darauf basierenden Tests noch immer benutzt. In den internationalen Klassifikationssystemen ICD-10 (International Statistical Classification of Diseases and related Health Problems) und DSM-IV (Diagnostic and Statistical Manual of Mental Disorders) ist geistige Behinderung ebenfalls als *Minderung der Intelligenz* definiert, wird aber den psychischen Störungen (Verhaltensstörungen) zugeordnet. Diese psychopathologische Sicht der geistigen Behinderung wird von der geistigbehindertenpädagogischen Psychologie überwiegend abgelehnt (Eggert 2003).

Unter dem Gesichtspunkt des Lernverhaltens wurde geistige Behinderung von Bach (1974) als Resultat einer *besonderen Lernverhaltensdisposition* angesehen, „die durch die unvollständige Entwicklung kognitiver Strukturen zu beeinträchtigten Lernprozessen und in deren Folge zu nicht alters- und situationsangemessenem Verhalten führt" (Meyer 2003, 25). Zur Begründung dieser Auffassung wurde von der geistigbehindertenpädagogischen Psychologie das kognitive Entwicklungsmodell Piagets herangezogen. Ausgehend von der Annahme, dass die kognitive Entwicklung die fünf aufeinander aufbauenden Stufen der sensomotorischen Intelligenz (1), des symbolischen und vorbegrifflichen Denkens (2), des anschaulichen Denkens (3), der konkreten (4) und der formalen (5) Denkoperationen durchläuft, ist geistige Behinderung demnach „gekennzeichnet durch ein Verharren auf einer Zwischenstufe, wobei die Stufe des anschaulichen Denkens in der Regel nicht überschritten wird" (ebd.). Außerdem wurde behauptet, dass die bereits erreichten Stufen nur unvollständig ausgebildet werden, was seit den 1960er Jahren nicht nur auf ein geringeres Lernpotential geistigbehinderter Menschen, sondern auch auf Beeinträchtigungen spezieller lern- und verhaltensunterstützender Faktoren im Bereich der Wahrnehmungsorganisation, der Aufmerksamkeit, des Gedächtnisses oder der Verhaltenssteuerung zurückgeführt wird. Diese Auffassung beeinflusst bis heute die Theorie der Geistigbehindertenpädagogik und die schulpolitischen Maßgaben zur

Erziehung und Unterrichtung dieses Personenkreises, wie der Vergleich der Merkmalskataloge aus den KMK-Empfehlungen für den Unterricht in der Schule für Geistigbehinderte (1979) und zur pädagogischen Ausgangslage bei Beeinträchtigungen der geistigen Entwicklung aus den KMK-Empfehlungen zum Förderschwerpunkt geistige Entwicklung (1998) belegt, die fast ausschließlich das individuelle Lernvermögen thematisieren.

Seit Anfang der 1980er Jahre gibt es Kritik an dieser einseitig an den individuellen Dispositionen ausgerichteten Sicht von geistiger Behinderung. Diese Kritik resultiert zum einen aus der fortschreitenden *wissenschaftlichen Entwicklung der Geistigbehindertenpädagogik* und ihrer Auseinandersetzung mit internationalen und interdisziplinären Zugängen zum Phänomen der geistigen Behinderung und zum anderen aus der *Ausdifferenzierung der geistigbehindertenpädagogischen Handlungsfelder*. Außerdem erbringen die integrativen und kooperativen Schulversuche, die seit den 1980er Jahren auch geistigbehinderte Kinder und Jugendliche mit einbeziehen, neue Aufschlüsse über diesen Personenkreis (Mühl 1999).

Das veränderte Verständnis von (geistiger) Behinderung besteht darin, dass der Begriff der Behinderung keine Personen oder Personmerkmale, sondern *vorstrukturierte*, aber auch *veränderbare (Handlungs-)Situationen* beschreibt. Diese Auffassung fand Eingang in die 2001 veröffentlichte WHO-Klassifikation der Funktionsfähigkeit, Behinderung und Gesundheit (ICF), die großen Einfluss auf die internationale Verständigung hat (Lindmeier 2005b). Eine neue Definition von geistiger Behinderung, die die *Person-Umwelt-Transaktionen* in den Mittelpunkt rückt, hat die einflussreiche American Association of Mental Retardation (AAMR) 1992 vorgelegt. Sie sieht das *adaptive Verhalten im Kontext der Alltagssituation* als Schlüssel zur Beschreibung der Unterstützungs- und Bildungserfordernisse bei geistiger Behinderung. Die AAMR geht von der grundsätzlichen Berücksichtigung der Umgebung des betreffenden Menschen einschließlich seines kulturellen Hintergrundes aus, berücksichtigt neben den Einschränkungen auch individuelle Stärken und sieht die Beschreibung des Unterstützungsbedarfs als Grundlage für eine individuelle Unterstützung und damit als Voraussetzung für ein erfüllteres Leben. Die Kategorien adaptiven Verhaltens sind: Kommunikation, Selbstfürsorge, zu Hause zurecht kommen, sozialer Austausch, öffentliche Einrichtungen nutzen, eine Wahl treffen können, Gesundheit und Sicherheit, kognitive Fähigkeiten im Zusammenhang mit Schulleistungen, Freizeit, Arbeit. Die AAMR schlägt vor, von geistiger Behinderung auszugehen, wenn in mindestens zwei Kategorien adaptiven Verhaltens *dauerhaft Unterstützungsbedarf* vorliegt (Eggert 2003).

Diese Definition ist in Auseinandersetzung mit den internationalen Orientierungsprinzipien der Normalisierung, der Integration, des Selbstbestimmten Lebens, des → Empowerment und der Partizipation (Teilhabe) entwickelt worden, die auch in der deutschen Geistigbehindertenpädagogik ein neues Verständnis von geistiger Behinderung befördern. Ihnen ist es zu verdanken, dass die als ‚geistigbehindert' etikettierten Menschen zunehmend

- in zentralen Lebensbereichen ‚ein Leben, so normal wie möglich' (→ Normalisierung) führen können;
- als Bürger mit Rechten und Pflichten am öffentlichen Leben teilhaben können, rechtliche Gleichstellung und den Abbau natürlicher und sozialer Hindernisse und Barrieren erfahren;
- sich in ihrer Lebensführung und -planung als ‚Experten in eigener Sache' erleben können und trotz Einschränkungen hinsichtlich der Selbständigkeit ein selbstbestimmtes Leben führen können, wenn sie hierbei persönliche Unterstützung und Begleitung (‚persönliche Assistenz') erhalten;
- in eigenen Interessenverbänden wie ‚People First Deutschland' organisiert sind,

die eine andere Bezeichnung von geistiger Behinderung (‚Lernschwierigkeiten') und die Nutzung einfacher Sprache einfordern;
- in der wissenschaftlichen Geistigbehindertenpädagogik nicht mehr als ‚Objekte', sondern zunehmend als gleichberechtigte ‚Subjekte' im Forschungsprozess angesehen werden.

Im Rahmen dieser Entwicklung vollzog sich seit den 1980er Jahren auch ein Wandel der deutschen Geistigbehindertenpädagogik zu einer *integrativen Pädagogik* und zu einer *Pädagogik der gesamten Lebensspanne*. Als ‚Pädagogik bei geistiger Behinderung' integriert sie heute nicht nur medizinisch-biologische, psychologische, soziologische und rechtliche Sichtweisen und Definitionen in ihr eigenes (pädagogisches) Verständnis von geistiger Behinderung; sie ist mittlerweile auch eine Pädagogik der frühen Kindheit, eine Berufspädagogik, eine Erwachsenenpädagogik (Andragogik) und sogar eine Altenpädagogik (Geragogik) – was sich auch in den aktuellen Lehrbüchern widerspiegelt (z. B. Fornefeld 2004; Speck 2005).

Hinsichtlich der pädagogischen Aufgabenstellung ergibt sich aus diesen Entwicklungen, dass eine Theorie und Praxis (geistigbehinderten)pädagogischen Handelns ebenfalls die Person-Umwelt-Transaktionen in den Mittelpunkt erzieherischer und unterrichtlicher Maßnahmen stellen muss. Als subjektorientierte Pädagogik geht sie von einem dynamisch-offenen Begabungsbegriff aus und ersetzt das sonderanthropologische durch ein individual- und sozialethisches Denkmodell, das der individuellen Selbstbestimmung, der gesellschaftlichen Teilhabe und der rechtlichen Gleichstellung geistigbehinderter Menschen absolute Priorität einräumt. Für die *Praxis der schulischen Bildung* geistigbehinderter Kinder und Jugendlicher hat dieser Perspektivenwechsel weitreichende Konsequenzen für Diagnostik und Unterricht. In der Diagnostik wurde bereits in den 1980er Jahren die Kind-Umfeld-Analyse entwickelt, die erstmals das Umfeld mit einbezog und den Eltern eine wichtigere Rolle zusprach. Die individuelle Entwicklungsplanung (Eggert 2003) geht aus von den Stärken des Kindes, sieht das Kind im Kontext seines Bezugssystems und arbeitet mit Inventaren, die ein Spektrum offener Aufgaben enthalten, aus dem unter individuellen Gesichtspunkten und unter Bezug auf die mögliche Förderung ausgewählt wird. Die Umsetzung individueller Entwicklungspläne im Kontext unterrichtlicher Bedingungen, d. h. in Beziehung zu Rahmenplänen und Gruppengeschehen bleibt aber angesichts der großen Heterogenität der Schülerschaft eine Herausforderung für die unterrichtliche Arbeit in Integrationsklassen, Kooperationsklassen und in der Sonderschule mit dem Förderschwerpunkt geistige Entwicklung. Ihr kann am ehesten begegnet werden, indem die *Handlungs- und Situationsorientierung als didaktisches Prinzip* noch konsequenter umgesetzt wird. Für die Curriculumentwicklung hat das veränderte Verständnis von geistiger Behinderung einen ideologiefreien Umgang mit der Vermittlung der traditionellen und der neuen Kulturtechniken wie der Computertechnologie und den Verzicht auf prinzipielle Einschränkungen der Bildungsinhalte zur Folge.

Im Vergleich zum Pragmatismus und Eklektizismus der 1960er und 1970er Jahre hat auch in der *Theorie der wissenschaftlichen Geistigbehindertenpädagogik* der letzten 20 Jahre eine Selbstvergewisserung hinsichtlich der wissenschaftstheoretischen Fundierung stattgefunden. So lässt sich seit dem ‚Positivismusstreit' der frühen 1980er Jahre insbesondere die Herausbildung dezidierter quantitativ und qualitativ empirischer, geisteswissenschaftlicher (insbesondere phänomenologischer) und systemtheoretischer bzw. systemisch-konstruktivistischer Grundpositionen feststellen (Fischer 2003). Diese Positionierungen dienten vor allem der (Selbst-)Aufklärung und (Selbst-)Kritik hinsichtlich (vor-)wissenschaftlicher ‚Menschenbild-Annahmen' in der Geistigbehindertenpädagogik. Hierzu gehört auch die kritische Auseinandersetzung mit dem Begriff des ‚Geistigen', der aus anthropologischer wie aus klinisch-psychologischer Sicht nicht ohne weiteres mit den psychologischen Konstrukten der ‚Kognition' oder der ‚Intelligenz' gleichgesetzt werden kann (Greving/Gröschke 2000; Fornefeld 2002). Insgesamt beförderten sie vor allem die Erkenntnis, dass sich eine moderne und zukunftsträchtige Geistigbehindertenpädagogik nur noch *handlungstheoretisch* und nicht mehr (sonder-)anthropologisch oder -psychologisch konstituieren lässt (vgl. Lindmeier 2005a). Dabei haben sich insbesondere die phänomenologischen Ansätze als ertragreich erwiesen, weil sie auch für die Arbeit mit schwer geistig und mehrfach behinderten Menschen einen wissenschaftlich fundierten Handlungsansatz herausarbeiten konnten (z.B. Pfeffer 1988, Stinkes 1993).

Bettina Lindmeier/Christian Lindmeier

Literatur

Bach, H.: Geistigbehinderte unter pädagogischem Aspekt. In: Deutscher Bildungsrat (Hrsg.): Gutachten und Studien der Bildungskommission, Bd. 3. Stuttgart 1974, 19–115.

Eggert, D.: Die psychologische Diagnostik der geistigen Behinderung zwischen Klassifikation und Individualisierung. In: Irblich, D./Stahl, B. (Hrsg.): Menschen mit geistiger Behinderung. Göttingen 2003, 476–501.

Fischer, E. (Hrsg.): Pädagogik für Menschen mit geistiger Behinderung. Sichtweisen, Theorien, Aktuelle Herausforderungen. Oberhausen 2003.

Fornefeld, B.: Einführung in die Geistigbehindertenpädagogik. München 3. Aufl. 2004.

Greving, H./Gröschke, D. (Hrsg.): Geistige Behinderung – Reflexionen zu einem Phantom. Ein interdisziplinärer Diskurs um einen Problembegriff. Bad Heilbrunn 2000.

Lindmeier, Ch.: Geistigbehindertenpädagogik zwischen Selbstauflösung und Neukonstitution. In: Sonderpädagogische Förderung 50 (2005a) 50–59.

Lindmeier, Ch.: Die neue Internationale Klassifikation der Funktionsfähigkeit, Behinderung und Gesundheit (ICF) der WHO. Darstellung und Kritik. In: SVFK-Bulletin 2005b, 28–47.

Meyer, H.: Geistige Behinderung – Terminologie und Begriffsverständnis. In: Irblich, D./Stahl, B. (Hrsg.): Menschen mit geistiger Behinderung. Göttingen 2003, 4–30.

Mühl, H.: Integrative Pädagogik bei Kindern und Jugendlichen mit geistiger Behinderung. In: Myschker, N./Ortmann, M. (Hrsg.): Integrative Schulpädagogik. Grundlagen, Theorie und Praxis. Stuttgart 1999, 150–181.

Pfeffer, W.: Förderung schwer geistig behinderter. Eine Grundlegung. Würzburg 1988.

Speck, O.: Menschen mit geistiger Behinderung und ihre Erziehung. Ein Lehrbuch zur Erziehung und Bildung. München 10. Aufl. 2005.

Stinkes, U.: Spuren eines Fremden in der Nähe. Das „geistigbehinderte" Kind aus phänomenologischer Sicht. Würzburg 1993.

Körperbehinderung, Körperbehinderte, Körperbehindertenpädagogik

Nach dem Sozialgesetzbuch IX von 2001 sind Menschen behindert, „wenn ihre körperliche Funktion, geistige Fähigkeit oder seelische Gesundheit mit hoher Wahrscheinlichkeit länger als sechs Monate von dem für das Lebensalter typischen Zustand abweichen und daher ihre Teilhabe am Leben der Gesellschaft beeinträchtigt ist" (SGB IX, § 2). Zur ihrer Beschreibung soll künftig von einem bio-psycho-sozialen Modell ausgegangen werden, wie es der ICF (2004) als Internationaler Klassifikation der Funktionsfähigkeit, Behinderung und Gesundheit zugrunde liegt. Anstelle einer defizitorientierten und defektologischen Sichtweise soll nun eine Orientierung an sozialen Faktoren erfolgen. In der ICF wird zwar weiter von einer Schädigung (Impairment) körperlicher Strukturen und Funktionen ausgegangen. Der Begriff Disability wurde aber durch Activity und Handicap durch Participation ersetzt; es geht nun um mögliche Einschränkungen (Activity limitations) und Hindernisse bei der Selbstverwirklichung und sozialen Teilhabe (Participation restrictions).

In seiner jüngsten Definition beachtet Leyendecker (2005, 21) diesen Bezug der ICF zur Lebenswirklichkeit Betroffener; demnach liegt bei einer Person eine Körperbehinderung vor, wenn sie „infolge einer Schädigung des Stütz- und Bewegungssystems, einer anderen organischen Schädigung oder einer chronischen Krankheit so in ihren Verhaltensmöglichkeiten beeinträchtigt ist, dass die Selbstverwirklichung in sozialer Integration erschwert ist". Nicht jede Schädigung des Körpers und seiner Organe führt aber zu Beeinträchtigungen der Teilhabe und damit zu einem *sonderpädagogischen Förderbedarf*. Die Faktoren, die dafür bestimmend sind, wurden zuletzt in einer Empfehlung der Kultusministerkonferenz zum Förderschwerpunkt körperliche und motorische Entwicklung beschrieben (KMK 1998; Drave u.a. 2000, 97–117). Als Bezugsrahmen gilt der Unterricht mit nicht behinderten Kindern in allgemeinen Schulen. Wer ihm nicht ohne spezifische Unterstützung zu folgen vermag, weil seine körperliche und motorische Ausgangslage bezüglich der Entwicklungs- und Lernmöglichkeiten beeinträchtigt ist, bedarf der besonderen pädagogischen Förderung.

Der Personenkreis junger Menschen mit Körperbehinderung und chronischer Erkrankung gilt hinsichtlich der Ursachen und Auswirkungen als heterogen. Geht man von der *motorischen Beeinträchtigung* als dem zentralen Merkmal aus, so lassen sich folgende Erscheinungsformen unterscheiden: 1. Körperbehinderungen im engeren Sinne: Schädigung von Gehirn und Rückenmark, Schädigung der Muskulatur und des Knochengerüsts, Schädigung durch chronische Krankheiten oder Fehlfunktionen innerer Organe. 2. Andere Formen motorischer Auffälligkeiten und Störungen: Leichte cerebrale Bewegungsstörungen, Beeinträchtigungen der Grobmotorik und Körperkoordinationsschwächen, Beeinträchtigung der Feinmotorik, Bewegungsunruhe und Hyperaktivität, gehemmte Motorik, sensu- und psychomotorische Auffälligkeiten, Haltungsschwächen und -schäden.

Die körperliche und motorische Beeinträchtigung kann erhebliche Auswirkungen auf Erleben, Befindlichkeit, Selbstwertgefühl, Verhalten, Kommunikation, Kognition sowie auf die Gestaltung sozialer Beziehungen haben. Denn Motorik ist mehr als Beweglichkeit; vielmehr besteht ein Zusammenhang zwischen Bewegung und seelischem Erleben (Psychomotorik) und zwischen Bewegung und Sinneswahrnehmung (Sensumotorik). Die Motorik umfasst alle Bewegungsvorgänge des Organismus, sofern sie nicht vom vegetativen Nervensystem gesteuert werden. Motorisch autonom sind z.B. die Atmung durch die Lungenfunktion und der Kreislauf durch den Herzschlag. Bei vielen Betroffenen liegen zusätzlich Schädigungen im Bereich des Hörens und Sehens sowie Anfallsleiden vor.

Die medizinischen Schädigungs- und Krankheitsbilder haben in der Regel keine einfachen, sondern → *Schwerstbehinderungen* zur Folge. So etwa nach einer frühkindlichen Hirnschädigung: Sie kann nicht nur zu einer Bewegungsstörung führen, sondern auch das Sprechen, die Sprache und das Lernen beeinträchtigen. Übersichten zu den Erscheinungsformen (Arten, Ursachen und Auswirkungen) von Körperbehinderung und chronischer Erkrankung finden sich u.a. bei Stadler (1998, 14–16) und Leyendecker (2005, 90–93). Auch wenig bekannte Krankheitsbilder wie Mukoviszidose (Cystische Fibrose), Akute Leukämie und Tuberöse Sklerose wurden hinsichtlich ihrer medizinischen Aspekte, der psychosozialen Auswirkungen und der sonderpädagogischen Aufgaben beschrieben (Kallenbach 1998). Festzuhalten bleibt, dass die *medizinischen Klassifizierungen* zunächst nichts über Auswirkungen auf die intellektuelle Leistungsfähigkeit, die subjektiven Lebenserschwerungen und über Chancen und Risiken der Persönlichkeitsentwicklung aussagen.

Körperbehindertenpädagogik ist die Theorie und Praxis der Erziehung, Unterrichtung und Berufsbildung betroffener junger Menschen, die einen sonderpädagogischen Förderbedarf aufweisen. Sie ist eine erziehungswissenschaftliche Teildisziplin der Sonderpädagogik und erforscht den Erziehung- und Bildungsanspruch sowie die pädagogisch-therapeutischen Einwirkungsmöglichkeiten, um die individuelle Entwicklung junger Menschen zu unterstützen. Dabei geht es um die Förderung der Entwicklungs- und Lernprozesse, sofern erschwerende Bedingungen vorliegen. Wegen des erheblichen Anteils junger Körperbehinderter, die eine Mehrfachbehinderung aufweisen, gibt es in den Aufgabenstellungen Gemeinsamkeiten mit der Geistigbehinderten- und Lernbehindertenpädagogik sowie mit der Pädagogik bei Schwerstbehinderung. Zur Sicherstellung einer umfassenden Rehabilitation erschließt die Körperbehindertenpädagogik auch Erkenntnisse der Nachbarwissenschaften wie der Orthopädie und Neurologie, der Entwicklungs-, Lern- und Neuropsychologie sowie der Soziologie der Behinderten. Als Praxis realisiert sie sich in Frühförderstellen, Kindergärten, Schulen, Berufsbildungswerken, Werkstätten für behinderte Menschen, Tagesförderstätten, Heimen und Internaten. Als relativ junge Disziplin, die sich erst im Zuge der Ausbildung von Lehrkräften für die Schulen für Körperbehinderte an Pädagogischen Hochschulen und Universitäten nach dem Zweiten Weltkrieg etablierte, war die Körperbehindertenpädagogik zunächst stark auf die Praxis der Sonderschule bezogen (Stadler/Wilken 2004, 329–361).

Die Förderung junger Menschen mit schweren körperlichen Leiden, lebensbedrohlichen Erkrankungen, herabgesetzter Lebenserwartung und massiven Retardierungen im Lernen und Verhalten ist für Forschung und Lehre eine Herausforderung. Dabei gibt es Überschneidungen zur → *Krankenpädagogik*, die oft vor ähnlichen, die Erklärungs- und Handlungskonzepte der Schulpädagogik übersteigenden Aufgaben steht. Konzepte lassen sich häufig nur in Kooperation mit anderen wissenschaftlichen Disziplinen wie etwa der Theologie und der Philosophie entwickeln. Die *Theoriebildung* in der Körperbehindertenpädagogik dient dazu, wissenschaftliche Erkenntnisse zusammenzufassen und zu handlungsleitenden Aussagen für die Praxis zu verdichten (Bergeest/Hansen 1999). Sie orientiert sich dabei an der Theoriediskussion der Allgemeinen Sonderpädagogik. So wurde der Paradigmenwechsel von einer eher institutionenbezogenen zu einer personenbezogenen Sicht mit vollzogen. Während Anfang der achtziger Jahre noch die Schule für Körperbehinderte im Zentrum stand (Haupt/Jansen 1983), erfassen neuere Veröffentlichungen zu den Theorien der Förderung ein breites Spektrum von Aufgaben von der Frühförderung bis in das Erwachsenenleben (Stadler 1998; Bergeest 2002; Leyendecker 2005). Als *Erziehungsphilosophie* behandelt die Körperbehindertenpädagogik normative und präskriptive Aussagen zum „Sollen“ sowie Wertentscheidungen. Hierzu werden u. a. anthropologische und ethische Grundfragen zum Lebensrecht und zur Würde der Menschen mit Behinderung erörtert (Stadler 1998, 42–60). Als *Erziehungswissenschaft* sucht sie überwiegend deskriptiv aber auch empirisch die Erziehungswirklichkeit junger Menschen mit Körperbehinderung durch Erkennen und Erforschen aufzuklären. In den Institutionen der Rehabilitation erfolgt die didaktisch-methodische Umsetzung auf der Basis von *Erziehungs- und Unterrichtslehren* (Förder-, Therapie- und Ausbildungsprogramme) in Verantwortung des jeweiligen Erziehers, Lehrers, Therapeuten oder Ausbilders.

Die *Geschichte* des Umgangs mit Menschen, die sichtbare körperliche Beeinträchtigungen zeigen, ist Bestandteil der Historiographie für den gesamten Personenkreis der Behinderten (Stadler/Wilken 2004). Die ersten orthopädischen Anstalten entstanden im ausgehenden 18. Jahrhundert und führten zur Beschäftigung von Lehrkräften für körperbehinderte Kinder in stationärer Behandlung (Bettenunterricht). Die eigentlichen Anfänge der schulischen und berufsbildenden Einrichtungen (Anstalten, Heimschulen) liegen im 19. Jahrhundert. Erste Tagesschulen entstanden vor dem Ersten Weltkrieg. Während der Nazi-Diktatur kam es zur Ermordung von Menschen mit Erbkrankheiten und körperlichen Missbildungen. Nach einer Phase der Expansion in den siebziger Jahren veränderte sich die Schülerschaft durch Aufnahme der Mehrfach- und Schwerstbehinderten und damit auch die Aufgabenstellung der Schulen für Körperbehinderte.

Die *Bildungsgänge* der Schule für Körperbehinderte richten sich nach den Bezugslehrplänen der allgemeinen Schulen (Hauptschule, Realschule, Gymnasium), nach Bildungsplänen der (Förder-)Schule für Lernbehinderte und für Geistigbehinderte sowie nach spezifischen Richtlinien zur Förderung Schwerstbehinderter. In ihrer Schülerschaft bilden die Kinder und Jugendlichen mit Infantiler Cerebralparese (ICP) mit mehr als 50 % die größte Gruppe. Weitere Schädigungsformen sind: angeborene (z. B. Spina bifida, teilweise mit Hydrocephalus) und durch Unfall erworbene Querschnittslähmungen, Muskelerkrankungen (z. B. Muskeldystrophie vom Typ Duchenne), Kleinwuchs, unfallbedingte Hirnschäden (z. B. Schädel-Hirn-Trauma), Gliedmaßenfehlbildungen, Haltungsschäden (z. B. Skoliosen), Entstellungen, schwere Organfehler (z. B. Herzklappenfehler), Rheuma, Hämophilie, AIDS, Krebserkrankungen, Mukoviszidose, Adipositas, Hautkrankheiten; neuerdings vermehrt Kinder mit Minimaler Cerebraler Dysfunktion (MCD).

Die Beschulung Behinderter wurde 1994 durch die Empfehlungen der KMK „Zur sonderpädagogischen Förderung in den Schulen" (KMK 1994; Drave u. a. 2000, 25–39) auf eine neue Grundlage gestellt. Der Gemeinsame Unterricht von Kindern und Jugendlichen mit und ohne Behinderungen sollte nun Vorrang vor dem Unterricht in einer Sonderschule haben, wenn in der allgemeinen Schule die notwendigen Voraussetzungen dafür vorhanden sind. Nach der Statistik der KMK (2003, 5) sind im Förderschwerpunkt körperliche und motorische Entwicklung aber noch immer 83,8 % der Schüler in Sonderschulen und nur 16,2 % in allgemeinen Schulen. Vor der organisatorischen Zuordnung ist der Förderbedarf sowohl hinsichtlich der individuellen Bedingungen auf Seiten des Kindes oder Jugendlichen als auch hinsichtlich der Fördermöglichkeiten unter konkreten schulischen Rahmenbedingungen festzustellen. Er soll durch eine breit angelegte *interdisziplinäre Verlaufsdiagnostik* erhoben und in ein pädagogisches Förderkonzept eingearbeitet werden. Die diagnostischen Fragestellungen der Erhebung richten sich auf ein qualitatives und quantitatives Profil der Fördermaßnahmen und sollen in eine Empfehlung zu Art und Umfang des Bedarfs und zum *Förderort* münden. Im Einzelnen umfasst die Erhebung: das Auswerten der Befunde der medizinischen Anamnese und Diagnose; das Darstellen des bisherigen Entwicklungsverlaufs; das Erfassen des Entwicklungsstandes in Bezug auf Motorik, Sensorik, Kognition, Sprache und Kommunikation, Emotionalität und Sozialkompetenz sowie Lern- und Leistungsverhalten; die Kind-Umwelt-Analyse einschließlich des schulischen Umfeldes und dessen Veränderungsmöglichkeiten; den räumlichen Bedarf und die technisch-materielle Ausstattung; das Prüfen des physio-, ergo- und sprachtherapeutischen sowie des sozialpädagogischen Bedarfs und ergänzend des Bedarfs im Bereich der allgemeinen Pflege und der Behandlungspflege; eine Aussage zur Bewältigung des Schulwegs. Dabei ist vom Kind oder Jugendlichen als einem Handelnden und Gestalter seiner eigenen Entwicklung auszugehen und nicht nur auf seine Beeinträchtigungen abzuheben. Mit den Betroffenen – wobei das Lebensalter und der Entwicklungsstand zu berücksichtigen sind – und ihren Eltern sind die Erkenntnisse und Befunde zu besprechen.

Die KMK erfasst nun auch die Verteilung von Schülern mit sonderpädagogischem

Förderbedarf auf Sonderschulen und allgemeine Schulen; 2002 besuchten 22.186 Schüler mit Förderschwerpunkt körperliche und motorische Entwicklung Sonderschulen und 4.297 allgemeine Schulen. Die *Förderquote* (Anteile der Schüler in allgemeinen Schulen und in sonderschulischen Einrichtungen im Alter der Vollzeitschulpflicht) für diesen Schwerpunkt betrug 1994 noch 0,216 % und stieg bis 2002 auf 0,296 % deutlich an. Betrachtet man nur die Sonderschulbesuchsquote, so ist ebenfalls ein Anstieg von 0,216 % (1994) auf 0,248 % (2002) festzustellen. Zwischen den Bundesländern ist aber eine erhebliche Streuung zu beobachten: Brandenburg hatte 2002 mit 0,085 % die niedrigste, Baden-Württemberg mit 0,383 % die höchste Quote (KMK 2003, 4–7, 42; → Statistik von Behinderungen).

Die *Schulpädagogik* (Didaktik und Methodik) für Körperbehinderte (Stadler 1998, 91–120) basiert auf den Modellen und Konzepten der Allgemeinen Didaktik. Es gibt aber eine Reihe von Grundproblemen: Der Zugang zur Lebenswelt der Sachen und Personen kann durch Storung kognitiver Prozesse der → Wahrnehmung und Verarbeitung von Umweltreizen und Sinneseindrücken erheblich beeinträchtigt sein. Es kann zu Fehlentwicklungen und Retardierungen in der Kommunikation und im sozial-emotionalen Verhalten kommen. Mangelnde familiäre, vorschulische und schulische Förderung verstärken diese ungünstigen Entwicklungen. Besonderheiten des Unterrichts zeigen sich bezüglich der Intentionen, der Inhalte, der Methodik und der Medien (Lehr-, Lern- und Hilfsmittel). Die Frage nach einer eigenständigen Didaktik für die Schule für Körperbehinderte bewegte lange Zeit die Fachdiskussion. Die verschiedenen Ansätze dazu haben die Sichtweisen hinsichtlich des spezifischen Förderbedarfs und der Bildungsgänge erweitert. Die therapeutischen und pädagogischen Möglichkeiten der Förderung – u. a. hinsichtlich Diagnostik, Förderbedarf, Förderort, Unterricht, Beruf und Freizeit – wurden eingehend aufgezeigt (Bergeest 2002, 168–291; Leyendecker 2005, 124–244). Hans Stadler

Literatur

Bergeest, H.: Körperbehindertenpädagogik. Studium und Praxis. Bad Heilbrunn 2. Aufl. 2002.

Bergeest, H./Hansen, G. (Hrsg.): Theorien der Körperbehindertenpädagogik. Bad Heilbrunn 1999.

Drave, W./Rumpler, F./Wachtel , P. (Hrsg.): Empfehlungen zur sonderpädagogischen Förderung. Allgemeine Grundlagen und Förderschwerpunkte (KMK) mit Kommentaren. Würzburg 2000.

Haupt, U./Jansen, G.W. (Hrsg.): Pädagogik der Körperbehinderten (Handbuch der Sonderpädagogik, Band. 8). Berlin 1983.

ICF der WHO: Internationale Klassifikation der Funktionsfähigkeit, Behinderung und Gesundheit. Herausgegeben vom Deutschen Institut für Medizinische Dokumentation und Information, DIMDI, Köln 2004.

Kallenbach, K. (Hrsg.): Kinder mit besonderen Bedürfnissen. Ausgewählte Krankheitsbilder und Behinderungsformen. Heidelberg 1998.

KMK – Statistische Veröffentlichungen der Kultusministerkonferenz: Sonderpädagogische Förderung in den Schulen 1993 bis 2002. Dokumentation Nr. 170 – Dezember 2003.

Leyendecker, Ch.: Motorische Behinderungen. Grundlagen, Zusammenhänge und Fördermöglichkeiten. Stuttgart 2005.

Stadler, H.: Rehabilitation bei Körperbehinderung. Eine Einführung in schul-, sozial- und berufspädagogische Aufgaben. Stuttgart 1998.

Stadler, H./Wilken, U.: Pädagogik bei Körperbehinderung. Studientexte zur Geschichte der Behindertenpädagogik. Weinheim 2004.

Krankenpädagogik – Unterricht bei langer Krankheit

Kranke Schülerinnen und Schüler gibt es in jeder Schulform und auf allen Klassenstufen. Die Zahlen schwanken, z. B.: Krebserkrankungen um 0,06 %; Magersucht um 0,3 %; Asthma um 6 %; allergische Erkrankungen um 10 %; Angststörungen um 9,5–20 %; Störungen des Sozialverhaltens um 2–8 % aller schulpflichtigen Kinder und Jugendlichen der Klassen 1–10 (Harter-Meyer 2002). Eine somatische oder psychische Erkrankung kann die Persönlichkeit und Entwicklung eines Kindes oder Jugendlichen erheblich beeinträchtigen oder verändern, so dass Hilfen bei der schulischen Förderung vorübergehend, aber auch langfristig notwendig werden. Grundsätzlich ist ein besonderer pädagogischer oder sonderpädagogischer Förderbedarf anzunehmen, wenn Kinder und Jugendliche „lang andauernd oder wiederkehrend" erkrankt sind (Empfehlungen 2000, 145).

Der Unterricht kranker Schüler und Schülerinnen wird von den Bundesländern durch Erlasse und Ausführungsbestimmungen unterschiedlich geregelt. Grundlage sind die *„Empfehlungen zum Förderschwerpunkt Unterricht kranker Schülerinnen und Schüler"* der Kultusministerkonferenz von 1998 (Empfehlungen 2000). Während die Empfehlungen zu den Förderschwerpunkten ansonsten auf Entwicklungsbereiche wie z. B. Hören, Sehen usw. abheben, beziehen sie sich bei kranken Kindern und Jugendlichen auf den Unterricht. Zuvor gab es eine relativ klare Zuordnung: Bei ambulanter Behandlung erhielten kranke Schüler und Schülerinnen Unterricht in der Heimatschule, bei stationärer Unterbringung Unterricht in einer Klinikschule. Mit der Zunahme von niedergelassenen Fachkräften und Facheinrichtungen jedoch sowie durch die Entwicklung ambulanter, voll- und teilstationärer Behandlungsformen und durch restriktivere Vorgaben im Rahmen des Gesundheitswesens wurden die Beschulungsmöglichkeiten differenzierter. Unterricht findet heute nicht wie früher in der „Krankenhausschule", sondern an unterschiedlichen Orten statt: in Schulen für Kranke, in Tageskliniken, im Hausunterricht und in Allgemeinen Schulen. Ein Ländervergleich (Volk-Moser 1997; Grüter 2004; Burgert u. a. 2005) zeigt in Deutschland unterschiedliche Regelungen für den Unterricht bei langer Krankheit. *Schulen für Kranke* (SfK) existieren als Förder- bzw. Sonderschulen, als „Schule eigener Art" (NRW), im Verbund mit Förderzentren und anderen von den jeweiligen Schulämtern organisierten Formen (z. B. „Abordnungen") von *Krankenhaus-* oder *Hausunterricht*.

Der Besuch einer SfK kommt für einen kranken Patienten erst dann in Frage, wenn integrative, allgemeinpädagogische Fördermöglichkeiten krankheitsbedingt nicht angenommen werden können, nicht ausreichend sind oder nicht zur Verfügung stehen. In Deutschland werden jährlich etwa 10.000 kranke Schülerinnen und Schüler für einige Wochen und Monate an Schulen für Kranke unterrichtet, das sind etwa 0,1 % aller schulpflichtigen Kinder und Jugendlichen (Heidenreich 2005). Die Aufenthaltsdauer an der SfK liegt im Durchschnitt bei drei Monaten. Es gibt heute in Deutschland mehr als 140 Schulen für Kranke und ähnliche Einrichtungen. Eindeutig liegt deren Schwerpunkt im Bereich der Kinder- und Jugendpsychiatrie. Die Zahl der somatisch Erkrankten ist seit den 1990er Jahren und den Empfehlungen der KMK auf unter ein Drittel geschrumpft. Durch kurze Liegezeiten z. B. in der Orthopädie – einst ein „klassischer Bereich" – ist Krankenhausunterricht nur noch selten erforderlich.

Krankenpädagogik hat auf Veränderungen in den Behandlungsstrukturen und der Verweildauer in Kliniken reagiert. Klinikpatienten besuchen nicht automatisch eine SfK. Wenn die Lernfähigkeit durch die Krankheit nicht sonderlich eingeschränkt ist und die Belastungen einer Allgemeinen Schule zuzumuten sind, ist der Besuch der Heimatschule (manchmal mit Unterstützung durch Hausunterricht) sinnvoll. Andererseits können Schüler vor oder nach einem Klinikaufenthalt in der SfK unterrichtet werden, wenn integrative, allgemeinpädagogische Fördermöglichkeiten krankheitsbedingt nicht angenommen werden können, nicht ausreichen oder nicht zur Verfügung stehen. In den letzten zehn Jahren wurden im Sinne einer ortsnahen Psychiatrie vermehrt Therapie und Beschulung in Tageskliniken angeboten. Lang andauernde Erkrankungen wie z. B. Depressionen, Psychosen oder seelische Behinderungen beeinträchtigen die Lernfähigkeit erheblich, so dass sonderpädagogischer Förderbedarf besteht und Kinder und Jugendliche auch nach Klinikentlassung nur in der SfK beschult werden können. Die SfK erteilt Zeugnisse und bereitet auf alters- und begabungsgerechte Schulabschlüsse vor. Allerdings ist der nachstationäre Verbleib von Patienten schulrechtlich umstritten und als Einzelfallentscheidung auszuhandeln.

Förderziele haben „dem Aspekt der Ganzheitlichkeit von Krankheit und schulischem Lernen zu entsprechen. In jedem Unterricht ist die kranke Schülerin bzw. der kranke Schüler in der Ganzheit der Person zu berücksichtigen, auch wenn fächerorientierte Lernziele anzustreben sind" (Empfehlungen 2000). Unterricht in der SfK umfasst somit auch Hilfen zur Auseinandersetzung mit der Krankheit. Ziel ist die Befähigung zur aktiven, selbstbestimmten gesellschaftlichen Teilhabe. Grundlage einer ganzheitlichen (sonder)pädagogischen Förderung eines somatisch und/oder psychisch erkrankten Kindes oder Jugendlichen ist eine pädagogische Diagnostik durch die Lehrpersonen der Klinik. Sie erfasst die Erfahrungen und Ziele der Erziehungsberechtigten, der Lehrer der Heimatschule, der jungen Patientinnen und Patienten sowie Beobachtungen der therapeutischen Mitarbeiter. Lern- und Arbeitsziele orientieren sich an den Richtlinien der Herkunftsschule und zielen auf eine Fortsetzung der dortigen Bildungslaufbahn nach erfolgter Rückkehr. Erscheint eine Integration in die Herkunftsschule nicht möglich oder ratsam, beispielsweise wegen festgestellter Überforderung oder wegen unüberwindbarer sozialer Vorbelastetheit, bereitet die SfK einen Wechsel der Schule oder des Bildungsgangs vor.

Unter Berücksichtigung der körperlichen und seelischen Beeinträchtigungen werden Ziele und Aufgaben individuell abgestimmt. Im Vordergrund steht fast immer die Vermittlung von Erfolgserlebnissen zum Erhalt und Aufbau von Selbstvertrauen, Lern- und Lebensfreude. Lernmotivation der kranken Kinder und Jugendlichen aufzubauen, ihre Leistungsfähigkeit zu erhalten und zu verbessern und Belastbarkeit, Anforderungsbewältigung und Anstrengungsbereitschaft zu trainieren sind vorrangige Förderziele, neben Wissensvermittlung und Bearbeitung von Lernlücken. Hier ist ein variantenreiches Curriculum nötig, das kognitive Lernziele ebenso verfolgt wie emotionale, soziale und motorische.

Didaktische Grundsätze der Allgemeinen Pädagogik und Sonderpädagogik gelten auch und besonders für die Arbeit mit psychisch kranken Schülerinnen und Schülern (Ministerium für Schule, Jugend und Kinder 2002). Kenntnisse der Krankheitsbilder und ihrer besonderen Bedeutung für das Lernverhalten sind Voraussetzung, um den lernspezifischen Eigenarten der unterschiedlich erkrankten Schülerinnen und Schüler gerecht zu werden. Der Unterrichtsstoff wird Impulse zu einer kritischen Selbstreflexion bezüglich Ursachen und Folgen der Erkrankung einbeziehen. Unterricht und Bildung beinhalten im Idealfall Chancen zur Krisenbewältigung und → Prävention.

Da die Lerngruppen in einer SfK von Heterogenität und hoher Fluktuation geprägt sind, erweisen sich die Prinzipien Individualisierung, Veranschaulichung, Selbsttätigkeit und offene Unterrichtsformen wie freie Arbeit, Werkstattunterricht und Stationslernen als sinnvoll. Wichtig sind Partner- und Gruppenarbeit. Sozialkontakte in der Lerngruppe stärken die Lebens- und Lernmotivation und bereiten eine Integration vor. Auch bei schwersten Erkrankungen und Störungsbildern ist ein möglichst baldiges Arbeiten in Gruppen anzustreben. Kontakte zu Mitschülern bieten Hilfen bei der Krankheitsverarbeitung. Sie ermöglichen Korrekturen destruktiver und Erprobung konstruktiver Verhaltensweisen. Während eines Schulalltags spielt die Lernrhythmisierung, das Wechselspiel von abstrakten und praktischen Anforderungen eine besondere Rolle. Es ermöglicht einen differenzierten Umgang mit Stärken und Schwächen und hilft, individuelle kompensatorische Fähigkeiten und Fertigkeiten zu entdecken und einzuüben.

Unterrichtszeiten berücksichtigen die individuelle Belastbarkeit kranker Schüler und werden mit den Tagesstrukturen einer Klinik abgestimmt. Manchmal fallen Therapiestunden und notwendige Untersuchungen in die Schulzeit. Doch sollte nach einem Start mit womöglich nur einer Unterrichtsstunde nach und nach die Belastung bei Kindern auf vier, bei Jugendlichen auf fünf bis sechs Vormittagsstunden ausgedehnt werden. Qualitativ erfolgt eine behutsame Öffnung vom anfänglichen Klassenlehrerprinzip zur Unterrichtsteilnahme bei Fachlehrern. Für Angst- und Expansivgestörte wird die Teilnahme an offenen Pausensituationen oder an Arbeitsgemeinschaften zur Bewährungsprobe.

Die *Zusammenarbeit mit den Eltern* kranker junger Patienten und Patientinnen beinhaltet gegenseitige Informationen und Austausch von Wünschen und Zielen. Viele Familien brauchen Beratung, besonders wenn sich während einer Behandlung die Notwendigkeit zum Wechsel der Schullaufbahn herausstellt. Oft gilt es, die Ziele neu, meist bescheidener zu formulieren. Auch Eltern benötigen dann Zeit für eine Akzeptanz. Dies gelingt umso bereitwilliger, wenn die Lehrkräfte einer Klinikschule langfristige Perspektiven, alternative Weiterbildungswege aufzeigen können. Bei Eltern von lebensbedrohlich erkrankten Kindern hat die pädagogische Begleitung einen direkten Auftrag, indem sie mitunter eine Lernstoffauswahl treffen kann (z. B. in Deutsch, Religion, Gesellschaftswissenschaften), die die aktuelle Lebenskrise thematisiert und in kulturell tröstliche Kontexte stellt. Ihr indirekter Auftrag liegt in der Planung und Gestaltung von Unterricht selbst begründet. Denn Unterricht halten bedeutet, Hoffnungen auf Zukunft zu setzen.

Schulen für Kranke können nicht mit dem Maßstab anderer (Sonder-)Schulen gemessen werden, sie dürfen aber auch nicht wegen ihrer besonderen Stellung im Kanon der Schulen aus dem Diskussionsprozess ausgeklammert werden. Bedeutsame Bereiche der *Evaluation* im „Förderschwerpunkt Unterricht bei langer Krankheit“ sind die spezifischen Rahmenbedingungen für Unterricht und Schule, die Gestaltung der Lehr- und Lernprozesse und deren Ergebnisse sowie die Entwicklung und Fortschreibung individueller Förderplanung und die den Lernprozess begleitende Diagnostik. Die enge Kooperation mit medizinischen und therapeutischen Klinikmitarbeitern, außerschulischen Partnern von sozialen Diensten, Eltern und Lehrern der Heimatschule beinhaltet eine regelmäßige tägliche Überprüfung und Kontrolle der Vorgehensweisen, Unterrichtszeiten, Leistungsentwicklungen und Ergebnisse.

Rita Kollmar-Masuch/Wolfgang Oelsner

Literatur

Burgert, M. u. a.: Blick in die Bundesländer. In: SchuPs (Zeitung des Arbeitskreises Schule und Psychiatrie) 2005, H. 14, 10–18.

Empfehlungen zum Förderschwerpunkt Unterricht kranker Schülerinnen und Schüler. In: Drawe, W./Rumpler, F./Wachtel, P. (Hrsg.): Empfehlungen zur sonderpädagogischen Förderung. Allgemeine Grundlagen und Förderschwerpunkte (KMK) mit Kommentaren. Würzburg 2000, 143–175.

Harter-Meyer, R.: Prozente sind nicht alles. In: SchuPs (Zeitung des Arbeitskreise Schule und Psychiatrie) 2002, H. 11, 24–26.

Harter-Meyer, R./Schulte-Markwort, M./Riedesser, P. (Hrsg.): Hilfen für psychisch kranke Kin-

der und Jugendliche. Perspektiven einer Kooperation von Pädagogik und Kinder- und Jugendpsychiatrie. Hamburg 1999.
Harter-Meyer, R./Weidenbach, M. (Hrsg.): Bildung und Krankheit – Herausforderungen für Lehrkräfte. Münster 2002.
Heidenreich, R.: Schule eigener Art – Ist Unterricht mit kranken Schülerinnen und Schülern ein sonderpädagogischer Schwerpunkt? In: SchuPs (Zeitung des Arbeitskreises Schule und Psychiatrie) 2005, H. 14, 4–7.
Kollmar-Masuch, R. (Hrsg.): Ich male meine Gitter bunt. Bilder, Objekte, Gedichte und Geschichten von Kindern und Jugendlichen der SfK und KJP Viersen. Köln 2003.
Ministerium für Schule, Jugend und Kinder (NRW): Rahmenvorgabe und Richtlinien für die sonderpädagogische Förderung in Schulen des Landes Nordrhein-Westfalen, Dezember 2002.
Oelsner, W./Lehmkuhl, G.: Kinderpsychiatrie und Pädagogik – sich ergänzende oder widersprechende Sichtweisen?. In: Kretz, H. (Hrsg.): Lebendige Psychohygiene. München 1996, 167–184.
Thimm, K.: Kooperation als pädagogische Chance. In: SchuPs (Zeitung des Arbeitskreises Schule und Psychiatrie) 2004, H. 13, 18–22.
Volk-Moser, A.: Zum Status der Schule für Kranke in den Ländern der Bundesrepublik Deutschland. In: Vierteljahreszeitschrift Sonderpädagogik 27 (1997) 212–220.
Warzecha, B: Unterricht, Bildung und Erziehung in der Kinder- und Jugendpsychiatrie. In: vds Landesverband Hamburg, Mitteilungen 12/2002, 5–11.
Weidenbach, M.: Umgang mit psychisch erkrankten Kindern und Jugendlichen am Gymnasium. In: Harter-Meyer, R./Weidenbach, M. (Hrsg.): Bildung und Krankheit – Herausforderungen für Lehrkräfte. Münster 2001, 112–131.

Lernbehinderung, Lernbehinderte, Lernbehindertenpädagogik

Lernbehindertenpädagogik lässt sich heute umschreiben als Theorie und Praxis der Erziehung und pädagogisch-rehabilitativen Hilfe in Fällen besonderer Lern- und Entwicklungsschwierigkeiten, bezogen auf alle Lebensalter. Sie ist Teilgebiet der → Pädagogik/Erziehungswissenschaft allgemein und dem weiteren Bereich der → Sonderpädagogik zugeordnet.

Diese Definition und die damit verbundene Konzeption von Lernbehindertenpädagogik ist weit gefasst und sehr offen. Daher bedarf sie jeweils bereichsspezifischer Präzisierungen (z. B. bezüglich schulisch-institutioneller Lernhilfe). Generell jedoch sind die pädagogischen Reflexionen und Interventionen heute nicht (mehr) auf ein (fiktives) personbezogenes Merkmal *Lernbehinderung* (früher: Schwachbegabung) gerichtet, das es gilt, bei einem Kind, Jugendlichen oder Erwachsenen zu erfassen, zu analysieren und ggf. zu korrigieren, kompensieren oder therapieren. Vielmehr werden übergroße Lernschwierigkeiten in systemischer Sichtweise als Ausdruck beeinträchtigter einzelmenschlicher Entwicklung und gestörter sozialer Kommunikation erachtet, der eine Vielzahl von personinternen und –externen Bedingungen in interagierender Weise zu Grunde liegen kann. Diese sind als Merkmale einer Situation – nicht mehr nur der Person – aufzuklären (Person-Umfeld-Diagnose) und pädagogisch-rehabilitativ anzugehen.

Gegenüber einer fast hundertjährigen Tradition des Verständnisses von Lernbehinderung (früher Hilfsschulbedürftigkeit) als bloßes Synonym für Schwachbegabung hat sich damit ein Wandel vollzogen, der auch veränderte pädagogische Handlungskonzepte mit sich gebracht hat. Im *internationalen Sprachgebrauch* finden die Begriffe

Lernbehinderung und Lernbehindertenpädagogik keine direkte Entsprechung. Der Sache nach kennzeichnen sie eine Schnittmenge, die zum einen den Bereich leichter Minderbegabung im Sinne von Intelligenzschwäche (Mild Mental Retardation, Oligophrenie) nebst pädagogischen Interventionskonzepten abdeckt, zum anderen aber auch pädagogisch-rehabilitative Maßnahmen bei manchen Teilleistungs- und emotional-motivationalen Störungen (Learning Disabilities) betrifft.

Ihrer Entstehungsgeschichte nach hat sich die Lernbehindertenpädagogik aus dem enger gefassten Bereich der *Hilfsschulpädagogik* entwickelt. Ohne explizites Theoriemodell entstanden Mitte bis Ende des 19. Jahrhunderts aus schulpraktischen Notwendigkeiten heraus, zugleich verbunden mit heilpädagogischen Intentionen, verschiedene Nachhilfemaßnahmen für schulversagende Kinder und Jugendliche. Im Zuge der Durchsetzung der allgemeinen Schulpflicht hatten sich nämlich in den Gemeindeschulen zunehmend Kinder mit gravierenden Lern-, Leistungs- und Verhaltensproblemen eingefunden, mit denen das damalige öffentliche Bildungswesen bei dem üblichen Frontalunterricht und Klassenfrequenzen von ca. 80 Schülern nicht fertig wurde. Zum anderen sahen sich die Pädagogen in der Ausübung eines allfälligen Unterrichts durch diese schwachen Schüler so gehemmt, dass sie eine unterrichtsorganisatorische Entlastung einforderten. Die Einrichtung zunächst von separaten Nachhilfeklassen, dann von mehrklassigen und später vollausgebauten eigenständigen Hilfsschulen waren die zeitentsprechende bildungsorganisatorische, aber auch pädagogische Antwort auf diese Notlage. Der theoretische Überbau für die Erziehung und den Unterricht dieser als schwachsinnig/schwachbegabt definierten Schüler nannte sich entsprechend deren schulischem Förderort *„Hilfsschulpädagogik"*.

Verschiedene alternative pädagogische Initiativen, „schwachbefähigte Schüler" etwa in ihren Stammklassen zu belassen und gemeinsam mit den anderen Kindern zu unterrichten oder die Unterrichtsorganisation weiter auszudifferenzieren nach „Förderklassen für Schwachnormale" und „Hilfsschulklassen für Schwachsinnige" (Mannheimer System), ließen sich bei Lage der Dinge nicht durchsetzen. Das gilt auch für das bekannte Modell der Berliner Nebenklassen, in denen schwachbefähigte Kinder im Lesen, Schreiben und Rechnen in Kleingruppen bis zu 12 Schülern gesondert und im Zeichen-, Turn- und Musikunterricht gemeinsam mit den Regelschülern unterrichtet wurden. Es lief nach ca. zehnjähriger Dauer aus, nachdem sich die Leistungsdifferenzen zwischen Nebenklassenschülern und Regelklassenschülern trotz aller Bemühungen letztlich nicht überbrücken ließen.

In Anlehnung an medizinische Sichtweisen, wonach schulische Lern- und Leistungsschwächen im Wesentlichen durch angeborenen/familiären oder erworbenen Schwachsinn bedingt seien, etablierte sich Anfang des 20. Jahrhunderts die sogenannte *Schwachsinnigen-Pädagogik* als dominierendes Theoriemodell für den Bereich Hilfsschule. „Schwachsinnige Kinder, ihre sittlich-religiöse, intellektuelle und wirtschaftliche Rettung. Versuch einer Hilfsschulpädagogik" (Arno Fuchs, Halle 3. Aufl. 1922) hieß das damals wichtigste einschlägige Standardwerk. Schwachsinn, Schwachbefähigung, später geistige Schwäche, Schwachbegabung, Intelligenzschwäche – jeweils als Merkmal der Person – dienten als Ursachenerklärung und waren über viele Jahrzehnte die Schlüsselbegriffe für schulisches Lern- und Leistungsversagen.

Die Hilfsschule als Schule (nur) für Schwachsinnige entsprach jedoch zu keiner Zeit der Realität. Schon sehr früh (Chotzen 1912) wurde eindeutig nachgewiesen, dass Hilfsschulbedürftigkeit und medizinisch oder psychologisch definierter Schwachsinn (Debilität/Imbezillität) begrifflich keineswegs gleichzusetzen waren. Fast die Hälfte der damaligen Hilfsschüler fiel im engeren Sinne nicht unter dieses Kriterium. Diese Befunde wurden in nachfolgenden Erhebungen bis zur Gegenwart immer wieder bestätigt (Myschker 1983). Folgerichtig wurde auch immer wieder die Frage aufgegriffen, welche Schüler als „hilfsschulbedürftig" zu gelten haben und wie sie diagnostisch zu erfassen seien. *Sozio-kulturelle Benachteiligung* und ihre Folgewirkungen wurden anschließend an das Schwachbegabungskonzept längere Zeit als die eigentliche Ursache für Hilfsschulbedürftigkeit angesehen (Begemann 1970) und insgesamt mehr soziologisch orientierte Erklärungsmodelle im Sinne des labeling approach (→ Interaktionismus) bevorzugt. Die Ursachendiskussion für Lern- und Leistungsversagen rückte dabei immer mehr von der Annahme eines einzigen Verursachungsfaktors wie Schwachsinn/Intelligenzschwäche oder andere eindimensionale Begründungsversuche ab (Paradigmendiskussion) und führte zu multiplen Verursachungs- und Erklärungsmodellen. In der Tat wird (schulisches) Lern- und Leistungsversagen dementsprechend heute nirgends mehr als durch einen einzigen Faktor (monokausal) bedingt erachtet, sondern stets unter den verschiedensten Aspekten analysiert und sowohl individuum- als auch situationsbezogen anzugehen versucht.

Die Begriffe *Lernbehinderung* und *Lernbehindertenpädagogik* selbst sind erst in den 60er Jahren in die Fachsprache sowie Amtssprache eingeführt worden. Mit den neuen Begriffen sollte nicht nur einer geänderten Bezeichnungssystematik des öffentlichen Schulwesens Rechnung getragen (die meisten Schulen für Kinder mit besonderem Förderbedarf wurden damals begriffseinheitlich Schule für Xy...-behinderte umbenannt), sondern auch modifizierte pädagogische Zielsetzungen und ein verändertes Erziehungshandeln angezeigt werden. Der grundlegende Sachverhalt, der zu besonderen Fördermaßnahmen und schließlich zu einer eigenen Schulform geführt hat, nämlich lern- und leistungsversagenden Kindern und Jugendlichen intensivierte und gezielte pädagogische Hilfen, subsidiär zum allfälligen Unterricht, zu bieten, ist jedoch geblieben und muss auch heute, gegenwärtigem Kenntnis- und Erkenntnisstand entsprechend, einer Lösung zugeführt werden.

Nachdem sich für die Erziehung lern- und leistungsversagender Schüler das Theoriekonzept einer Pädagogik der Schwachsinnigen, Schwachbegabten, Intelligenzschwachen sowie auch alle anderen monokausal begründenden Modelle als nicht tragfähig erwiesen haben, wird heute, wie oben ausgeführt, allgemein von *multipel bedingtem Lern- und Leistungsversagen* ausgegangen. Dieses wird dem Einzelnen heute auch nicht mehr vorschnell als ein festes Persönlichkeitsmerkmal zugeschrieben. Vielmehr wird rein deskriptiv und situationsbezogen von Kindern und Jugendlichen mit *„besonderem pädagogischen → Förderbedarf"* gesprochen. „Sonderpädagogischer Förderbedarf" im engeren Sinne ist bei Kindern und Jugendlichen anzunehmen, die in ihren Bildungs-, Entwicklungs- und Lernmöglichkeiten so beeinträchtigt sind, dass sie im Unterricht der allgemeinen Schule ohne sonderpädagogische Unterstützung nicht hinreichend gefördert werden können" (Empfehlungen 1994, 1I, 2).

Lernbehindertenpädagogik ist dann folgerichtig, wie eingangs definiert, die Theorie und Praxis der Erziehung und pädagogisch-rehabilitativen Hilfe in Fällen besonderer Lern- und Entwicklungsschwierigkeiten. Lernbehinderung selbst kann in diesem Zusammenhang auch nicht mehr als festes Persönlichkeitsmerkmal gedeutet werden, sondern bezeichnet im Sinne eines *Arbeitsbegriffs* ein *aktuelles Verhaltens- und Leistungsbild* (vornehmlich gekennzeichnet durch erhebliches Lernversagen vor allem beim Erwerb kognitiv-verbaler und abstrakter Inhalte, ineffiziente Lernstrategien, Schwierigkeiten bei der Umsetzung und Anwendung des Erlernten, motivationale Hemmnisse). Wie Schmetz (1999, 136) aufzählt, können sich Lern- und Entwicklungsschwierigkeiten dabei „im sensorischen, motorischen, kognitiven, sprachlichen, emotionalen, motivationalen und sozialen Verhalten zeigen". Jedoch ist Lernbehinderung weder als ein spezifisch psychologisches, medizinisches, soziologisches oder sonst einzelwissenschaftliches Syndrom anzusehen, noch kann sie als ein bestimmter ursächlicher Faktor oder umschriebener Defektzustand definiert werden.

Speziell *schulische Lernbehinderung* meint das anhaltende Schulversagen (Nicht-Mitkommen im Regelunterricht des öffentlichen Bildungssystems trotz gezielter individueller Hilfen). Bezogen auf die Bildungsorganisation sowie auf jeweilige gesellschaftliche Lern- und Leistungsstandards spricht Schmetz (1999, 136) auch von einer „nicht gelungenen und fehlenden Passung zwischen den Lernmöglichkeiten des Kindes und der normativen Erwartungshaltung von Schule". Damit ist das, was Lernbehinderung genannt wird, sowohl eine *relative* (behindert je nach situativen Gegebenheiten) als auch eine *relationale* (behindert in Bezug auf schulische Erwartungsnormen, nicht schlechthin) Größe (vgl. Kanter/Speck 1980).

Sonderpädagogische Diagnostik und Beratung dienen in diesem Zusammenhang der Erarbeitung von individuellen Förderplänen, wobei die Erfassung des Entwicklungsstandes eines Kindes sowie die vergleichende Bestandsaufnahme des jeweiligen Lern- und Leistungsstandes nach Stärken und Schwächen die rehabilitationsbezogenen Daten zur Erstellung des Förderplans erbringen sollen. Es geht also nicht darum, im Sinne einer Statusdiagnostik Defizite oder Defekte auszumachen, die eine Sonderbeschulung begründen könnten, sondern darum, im Sinne einer begleitenden Prozessdiagnostik anhand des jeweiligen Persönlichkeitsprofils mögliche Förderstrategien auszuloten (→ Psychodiagnostik und Begutachtung).

Wie Sonderpädagogik allgemein, so hat auch Lernbehindertenpädagogik stets *subsidiären Charakter*. Sie setzt dort ein, wo konkreten Lern- und Entwicklungsschwierigkeiten mit den Mitteln und Maßnahmen des allgemeinen Bildungswesens nicht wirksam begegnet werden kann. Die sonderpädagogisch-rehabilitativen Hilfen gelten grundsätzlich in allen Lebensaltern, haben ihren traditionellen Schwerpunkt aber bislang im Schulbildungsbereich sowie in der Berufswahlvorbereitung und Berufshinführung. Sie umfassen im Einzelnen sowohl präventive als auch korrektiv pädagogisch-rehabilitative Maßnahmen. Dabei unterscheiden sich Erziehung und Unterrichtsgestaltung bei Kindern und Jugendlichen mit Beeinträchtigungen des Lernens nicht prinzipiell von allgemeinpädagogischer Arbeit (vgl. Empfehlungen 1994), wohl aber bedarf es einer sorgfältigen, auf die zu fördernden Personen abgestimmten, Auswahl und Gewichtung der didaktischen und unterrichtsmethodischen Inhalte und Prinzipien (etwa Lernen in Lebenszusammenhängen, betonte Verwendung reformpädagogischer Elemente wie Handlungsorientierung, Anschaulichkeit, Anregung der Eigenaktivität, Ansprechen aller Sinne, Wochenarbeitspläne, aber auch vermehrte Übungs- und Festigungsphasen und die konsequente Beachtung von Differenzierung und Individualisierung: Baier/Bleidick 1983).

Soweit in diesem Zusammenhang von einer eigenen *Lernbehindertendidaktik* gesprochen wird, ist heute eben diese sach- und fachgerechte Auswahl, Gewichtung und Modifizierung didaktisch-methodischer Inhalte und Prinzipien in Verbindung mit behinderungsspezifischen Maßnahmen gemeint, deren beider Konkretisierung hohe fachliche Kompetenzen sowie unterrichtspraktische Erfahrungen erfordern.

Nachdem es in der heutigen Lernbehindertenpädagogik tatsächlich im Wortsinne um Probleme der pädagogischen Hilfe im Falle von besonderen Lern- und Entwicklungsschwierigkeiten geht, kommt erprobten Förderstrategien, wie sie in neueren Werken (z.B. Borchert 1996; Masendorf 1997; Greisbach u.a. 1998; Klauer 1998) dargestellt werden, erhebliche Bedeutung zu. Die *Orte und Formen der sonderpädagogischen Förderung* sind dabei variabel. Sie müssen fallbezogen sowie den örtlichen Möglichkeiten entsprechend ausgewählt werden. Die Empfehlungen der KMK (1994) zählen auf: sonderpädagogische Förderung durch vorbeugende Maßnahmen, sonderpädagogische Förderung im gemeinsamen Unterricht und in der Sonderschule, Förderung in kooperativen Formen und im Rahmen von Förderzentren, schließlich im berufsbildenden Bereich sowie beim Übergang in die Arbeitswelt.

Die Quote von Kindern und Jugendlichen aller Behinderungsformen, die in eigenen Sonderschulen gefördert werden, beträgt seit einigen Jahrzehnten gleichbleibend über 4 %. 2002 waren das ca. 429.000 Schüler (→ Statistik von Behinderungen). In Schulen für Lernbehinderte/Förderschulen wird davon deutlich über die Hälfte der Kinder unterrichtet. Das waren 2002 etwa 231.000 Schüler. Die Quote liegt über die Jahre weg mit einigen Schwankungen bei ca. 2,4 %. Die sonderpädagogische Förderung im gemeinsamen Unterricht (→ Integration/→ Inklusion) sieht sich bei Kindern mit Lernbehinderungen vor einer besonderen Schwierigkeit. Sie sind zu Schulbeginn i.d.R. ja in die jeweiligen Klassen der örtlichen Grundschulen „integriert“ und werden dann erst, aufgrund ihrer Lernschwierigkeiten sowie fehlender adäquater Fördermöglichkeiten, aus den allgemeinen Schulen ausgegliedert. Jedenfalls werden z.Z. im Bundesdurchschnitt weit über 90 % der als förderbedürftig eingestuften Schüler den Sonderschulen überwiesen und nur wenige verbleiben im gemeinsamen Unterricht der allgemeinen Schule. Zudem ist durch den Anteil der im gemeinsamen Unterricht geförderten Schüler die Zahl der Sonderschüler bundesweit nur wenig zurückgegangen, und die Meldungen zu den Förderschulen sind bei insgesamt verstärkter Nachfrage nach Förderhilfen wieder deutlich angestiegen (Schröder 2005).

Mit Abschluss der allgemeinen Schulpflicht gelten Absolventen der Schulen für Lernbehinderte/Förderschulen formal nicht mehr als (lern)behindert bzw. förderbedürftig. Gleichwohl wirken bei vielen jungen Menschen die Beeinträchtigungen des Lern- und Leistungsverhaltens fort. Die große Mehrzahl von ihnen bedarf besonderer beruflicher Ausbildungs- und Eingliederungshilfen. Um Leistungen der beruflichen Rehabilitation zu erlangen, muss jedoch ein erneutes Feststellungsverfahren eingeleitet werden (→ Berufliche Bildung).

Unter Sonderpädagogen und in der Bildungsöffentlichkeit wurde in den letzten Jahren öfter diskutiert, ob man die Begriffe „Lernbehinderung“/“lernbehindert“ angesichts ihrer begrifflichen Unschärfe und ihrer oft als diskriminierend empfundenen Öffentlichkeitswirkung nicht besser entfallen lassen sollte. Dies ist eine reine Zweckmäßigkeits- und keine Grundsatzfrage. Die Bezeichnungen für die schulischen Fördereinrichtungen variieren im Bundesgebiet beträchtlich: Schule für Lernbehinderte, Sonderschule für Lernbehinderte, Förderschule, Allgemeine Förderschule, Schule zur individuellen Lernförderung u.ä. An den Sacherfordernissen selbst (Schüler mit übergroßen Lern- und Entwicklungsschwierigkeiten bedürfen besonderer pädagogischer Förderung) hat sich durch die Umbenennung nichts geändert. Förderhilfen und Fördermittel werden überall nur aufgrund von „amtlichen“ Feststellungs- und Bewilligungsverfahren gewährt, und diese Verfahren erfordern Zuweisungskriterien und begriffliche Festlegungen. Das gilt auch für Modelle von Globalzuweisungen, wie sie z.B. in Hamburg erprobt werden. Gleich, ob Benennungen und welcher Art: Aus pädagogischer Sicht wichtig ist allein, dass in allen „Notfällen der Erziehung“ angemessene und fachgerechte Hilfe, wo auch immer, geleistet wird. Gustav Kanter

Literatur

Baier, H./Bleidick, U. (Hrsg.): Handbuch der Lernbehindertendidaktik. Stuttgart 1983.

Begemann, E.: Die Erziehung der sozio-kulturell benachteiligten Schüler. Zur erziehungswissenschaftlichen Grundlegung der „Hilfsschulpädagogik“. Hannover 1970.

Borchert, J.: Pädagogisch-therapeutische Interventionen bei sonderpädagogischem Förderbedarf. Göttingen 1996.

Chotzen, F.: Die Bedeutung der Intelligenzprüfungs-Methode von Binet und Simon für die Hilfsschule. In: Die Hilfsschule 5 (1912) 153–162.

Empfehlungen zur sonderpädagogischen Förderung in den Ländern der Bundesrepublik

Deutschland. Beschluss der Kultusministerkonferenz vom 6. Mai 1994. Bonn.
Greisbach, M./Kullik, U./Souvignier, E. (Hrsg.): Von der Lernbehindertenpädagogik zur Praxis schulischer Lernförderung. Lengerich 1998.
Kanter, G.O./Speck, O. (Hrsg.): Pädagogik der Lernbehinderten (Handbuch der Sonderpädagogik, Band 4). Berlin 2. Aufl. 1980.
Klauer, K.J.: Förderung des Denkens und Lernens bei Lernbehinderten. In: Greisbach/Kullik/Souvignier 1998, 283–290.
Masendorf, F. (Hrsg.): Experimentelle Sonderpädagogik. Ein Lehrbuch zur angewandten Forschung. Weinheim 1997.
Myschker, N.: Lernbehindertenpädagogik. In: Solarová, S. (Hrsg.): Geschichte der Sonderpädagogik. Stuttgart 1983, 120–166.
Schmetz, D.: Förderschwerpunkt Lernen. In: Zeitschrift für Heilpädagogik 50 (1999) 134–143.
Schröder, U.: Lernbehindertenpädagogik. Grundlagen und Perspektiven sonderpädagogischer Lernhilfe. Stuttgart 2. Aufl. 2005.

Schwerhörigkeit, Schwerhörige, Schwerhörigenpädagogik

Mit dem Begriff Schwerhörigkeit wird üblicherweise eine quantitative Reduzierung der Hörfähigkeit verbunden: Man hört zwar alles, nur eben leiser. Tatsächlich aber sind Störungen der auditiven Wahrnehmung in den meisten Fällen zusätzlich durch qualitative Verluste des Höreindrucks bedingt. Diese resultieren bspw. aus geschädigten Haarzellen im Innenohr, gehen jedoch auch mit Durchblutungsproblemen des Innenohrs und/oder Verarbeitungs- und Wahrnehmungsstörungen im zentralen Bereich des Hörorgans einher. Der so eingeschränkte Höreindruck kann deshalb eher als verzerrtes oder verrauschtes Hören beschrieben werden. Die Inhalte auditiv nicht vollkommen diskriminierbarer Einheiten müssen demzufolge weitgehend aus dem situativen und sprachlichen Kontext erschlossen werden. Aus den genannten Gründen wäre der Terminus *Fehlhörigkeit* angemessener: Der betroffene Mensch hört nicht nur leiser, sondern diskriminiert Lautgestalten mindestens in einigen Anteilen falsch.

Schwer- und Fehlhörigkeit können demnach allgemein beschrieben werden als *auditive Minder- und Fehlleistungen des Hörorgans*. Um demnach lautsprachliche Gestalten verstehen zu können, bedarf es in der Regel medizinisch-technischer und pädagogischer Maßnahmen. Die frühestmögliche Erkennung der Hörstörung, die sich anschließende sofortige Versorgung mit Hörsystemen und eine konsequente hör- und lautsprachzentrierte Förderung sind unabdingbare Schritte in diesem Prozess.

Die *graduelle Abstufung des Störungsbildes* wird in der Literatur nicht einheitlich dargestellt. Zwei Beispiele aus der Vielzahl von unterschiedlichen Zuordnungsansätzen sollen dies verdeutlichen: Nach Ptok (1997) gelten *Hörverluste* bis 20 dB als leichte Hörminderung, Hörverluste von 20 bis 40 dB als geringgradige, von 40 bis 50 als mittelgradige, von 50 bis 60 als mittel- bis hochgradige, von 60 bis 90 dB als hochgradige Schwerhörigkeit. Bei Hörverlusten über 90 dB spricht Ptok von Hörresten. Breiner (1991) dagegen fokussiert die *Hörfähigkeiten* bezogen auf Frequenzverluste. Hörtyp F0 kennzeichnet hier die Wahrnehmung der Grundfrequenz bis 600 Hz, Hörtyp F1 bezieht sich auf Hörfähigkeiten bis 1000 Hz und deckt damit den Bereich der ersten Formanten vollständig ab, Hörtyp F3 orientiert sich an Hörfähigkeiten bis 3000 Hz und deckt damit ungefähr den Bereich der ersten drei Formanten ab. Bei durchgehender Hörschwellenlinie über 3000 Hz klassifiziert Breiner die Hörfähigkeit als Typ FS, was darauf hindeutet, dass die Mehrzahl der hohen Konsonanten wahrgenommen werden kann.

Für die Identitätskonstruktion von schwerhörenden Menschen ist jedoch nicht so sehr der objektivierbare Grad ihres Hörverlustes maßgeblich, sondern vielmehr ihre dominante Orientierung an einem kommunikativen System. In dem Maße, in dem Betroffene sich an Gebärdensystemen (lautsprachbegleitende Gebärden [LBG] und Deutsche → Gebärdensprache [DGS] orientieren, in dem Maße schreiben sie sich auch die Identität „gehörlos“ zu. Dagegen attribuieren sich schwerhörende Menschen, die Lautsprache verstehen und aktiv verwenden, eher die Identität „hörend“. Dies gilt in machen Fällen durchaus auch für gehörlose Menschen, deren Lautsprachkompetenz erheblich über ihrer Gebärdensprachkompetenz liegt. Sie verstehen sich als Hörende und bewegen sich trotz ihrer objektiven Hörschädigung in einem hörenden sozialen Umfeld. Definitionen, die Schwerhörigkeit auf quantitativ erfassbare Messwerte reduzieren, lassen diese psychosoziale Komponente unberücksichtigt. Nicht die Hörfähigkeit ist für die Identität bestimmend, sondern die lebensweltliche kommunikative Kompetenz.

Differenzierte diagnostische Verfahren lassen heute nicht erst beim Kleinkind, sondern bereits im Säuglingsalter eine Beurteilung zu, ob ein Hörverlust vorliegt oder nicht. Das sog. Neugeborenen-Hörscreening erlaubt derartige Aussagen schon wenige Tage nach der Geburt (s. u.). Neben der Möglichkeit, physiologische Erscheinungen in messbare Daten zu transformieren oder aus diesen zu erschließen, hat in den beiden letzten Jahrzehnten die Erkenntnis von der Beeinflussbarkeit zentralnervöser Prozesse durch konsequente Aufmerksamkeitslenkung wesentliche Bedeutung für die Bildung hörgeschädigter Menschen gewonnen. Primär zu beachten ist dabei der Zeitpunkt des Auftretens der Hörstörung. Kinder, die von Geburt an schwer- oder fehlhörend sind oder noch vor dem Spracherwerb (prälingual) auditiv geschädigt werden, bedürfen anderer pädagogischer, medizinischer und technischer Interventionen als Kinder, die nach dem Spracherwerb (postlingual) von einer Hörstörung betroffen werden, da zu dieser Zeit wesentliche sprachliche Strategien und kommunikative Kompetenzen bereits erworben sind.

Das *pathologische Erscheinungsbild* ermöglicht die Zuordnung der Störung zu definierbaren Bereichen des Hörorgans: Konduktive Störungen (Schallleitungsstörungen) beziehen sich vorwiegend auf Beeinträchtigungen des Schalltransports im Außen- und Mittelohr, sensorische Störungen (Schallempfindungsstörungen) auf Beeinträchtigungen der Schallaufnahme zwischen dem „Eingangstor“ zum Innenohr, der Steigbügelfußplatte, und dem ersten Neuron der Hörnerven. Beide Störungsbilder können in kombinierter Form auftreten. Bei Erscheinungen mit Syndrom-Charakter gehen Innenohrschäden mit chronischen Erkrankungen, Funktionsstörungen oder Anomalien einher. Auditive Verarbeitungs- und Wahrnehmungsstörungen (AVWS) dagegen zeichnen sich durch Ausfälle in den auf- und absteigenden Hörbahnen, den Nervenverbindungen zwischen Innenohr und Gehirn, oder in den verarbeitenden Zentren aus, die sich u. a. in Problemen bei der auditiven Aufmerksamkeit, der auditiven Gedächtnisspanne, der Lokalisation von akustischen Reizen, aber auch der Identifikation, der Analyse oder Synthese von sprachlichen Ereignissen äußern können (vgl. Lauer 1999; Nickisch u. a. 2000).

So wie Grad und Ausprägung von Hörstörungen nicht einheitlich definiert sind, so differieren auch statistische Angaben zur *Häufigkeit von Schwerhörigkeit.* Zurückzuführen ist dies auf unterschiedliche Zugangsweisen der relevanten Forschungsrichtungen, darauf, dass Neugeborene mit auditiven Auffälligkeiten bislang noch nicht in ihrer Gesamtheit erfasst werden können und ebenso auf die Problematik der Erfassung von Personen mit spät erworbenen

Hörstörungen. Nach Aussagen des Deutschen Schwerhörigenbundes (DSB) sind etwa 15 Mill. Menschen in Deutschland von Hörstörungen betroffen (Seidler 2000). Der Anteil von Kindern und Jugendlichen wird vom Deutschen Zentralregister für kindliche Hörstörungen in 1999 mit 20.000 bis 35.000 angegeben (Gross u.a. 1999).

Die *Früherfassung* aller Kinder mit Hörstörungen wurde noch bis vor einem Jahrzehnt als undurchführbar angesehen. Waren bis zu diesem Zeitpunkt vorwiegend Risikokinder audiometrisch untersucht worden, so wurde mit der 1998 in Mailand getroffenen Vereinbarung zum universellen Neugeborenen-Hörscreening ein wesentlicher Schritt hin zu einer flächendeckenden Erfassung geleistet. Neben solchen auf klinischer Ebene in einigen Bundesländern bereits flächendeckend geleisteten Maßnahmen bleiben jedoch Aufmerksamkeit und Sensibilität für inadäquate, einer normalen Hör- und Sprachentwicklung zuwiderlaufende Reaktionen unverzichtbar.

Früherfassung ermöglicht → *Frühförderung*. Nur in enger interdisziplinärer Zusammenarbeit von Ärzten, Beratungsstellen, Hörgeräte-Akustikern und Erziehenden können erfolgreiche individuelle Förderkonzepte entwickelt werden. Hierbei müssen neben der Ausbildung der Hörbahnen, deren sensible Phasen im Wesentlichen in den ersten 18 Lebensmonaten liegen, der Aufbau emotionaler und kognitiver Fähigkeiten sowie der psycho-sozialen Stabilität in Betracht gezogen werden. Pädagogisch-Audiologische Beratungsstellen, die heute nahezu jeder Einrichtung für Kinder mit Hörschäden angegliedert sind, übernehmen neben pädagogischen und psychologischen Aufgaben auch die Kontrolle der audiometrischen Daten. In Kooperation mit Hörgeräte-Akustikern wird in vielen Institutionen auch die kontinuierliche Überprüfung und Wartung der Hörsysteme durchgeführt (Renzelberg 2004).

Die Umsetzung der entwickelten Förderkonzepte im Rahmen der Früherziehung erfordert ein aktives Miteinander von Eltern und pädagogischen Fachkräften, in dessen Mittelpunkt die ganzheitliche → Förderung steht. Sogenannte *Wechselgruppen* (Wiechmann 1971), die in einigen Einrichtungen ergänzend als ein- oder mehrtägige Kurse angeboten werden, ermöglichen in vielen Fällen eine erste Kontakt- und Beziehungsaufnahme der betroffenen Eltern und Kinder. Etwa ab dem dritten Lebensjahr können schwer- oder fehlhörende Kinder in (Sonder-) → *Kindergärten* oder Kindertagesstätten aufgenommen werden. Ihre spezifischen Aufgabenbereiche bestehen in der gezielten Förderung von Hören, Sprechen und Sprache sowie der Vermittlung von sozialen Verhaltensweisen und der Stärkung der Lernmotivation. Kindergärten sind häufig in schulische Einrichtungen integriert. Vor der endgültigen Eingliederung in das schulische System ist letztlich noch die Förderung im *Sonderschulkindergarten* oder in Schulvorbereitenden Einrichtungen möglich.

Das *Schulsystem* für schwer- und fehlhörende Kinder und Jugendliche ist in Deutschland vielfältig gegliedert. Neben Schulen, die sich speziell an die angesprochene Gruppe richten und die teilweise von der Frühförderung bis hin zu berufsbildenden Maßnahmen nahezu alle Bildungsgänge berücksichtigen, bieten auch Schulzentren für Hör- und → Sprachbehinderte bei weitgehender Durchlässigkeit fächer- und leistungsbezogenen Unterricht an. Kinder mit Schwer- oder Fehlhörigkeit und einer oder mehreren zusätzlichen Behinderungen werden vorwiegend in eigenen Klassen an allgemeinbildenden Einrichtungen für Hörgeschädigte unterrichtet.

Die Beschulung auditiv beeinträchtigter Kinder orientiert sich grundsätzlich an dem individuellen Förderbedarf. Einheitliche Regelungen fehlen. Es erfolgt weitgehend eine Anlehnung an die Empfehlung des Deutschen Bildungsrats zur pädagogischen Förderung von 1973 sowie an die Empfehlungen der Kultusministerkonferenz zum Förderschwerpunkt Hören von 1996. Sie sehen eine grundsätzliche Eingliederung hörgeschädigter Schüler mit sonderpädagogischem Förderbedarf in allgemeine Schulen vor. Obgleich das System z. Zt. noch nicht bedarfsdeckend ausgebaut ist, reicht das Angebot bereits von der Einzelintegration in der Unterstufe bis zur Gruppenintegration in der gymnasialen Oberstufe. Auch Modelle zu einer reversen → Integration, der Förderung guthörender Kinder in Einrichtungen für Hörgeschädigte, werden zunehmend in Betracht gezogen.

Die → *Berufliche Bildung* von Hörgeschädigten besteht im Wesentlichen in drei Formen (Renzelberg/Freiwald 1998): In der allgemeinen dualen Ausbildung werden Jugendliche und junge Erwachsene in Betrieben ausgebildet und parallel dazu in Berufsschulen unterrichtet. Hier sind keine spezifischen sonderpädagogischen Maßnahmen vorgesehen. In einer Modifizierung des dualen Systems werden an einigen berufsbildenden Einrichtungen, die Schulen für Hörgeschädigte angeschlossen sind, spezielle Fördermaßnahmen ähnlich wie im schulischen Bereich berücksichtigt. In der betrieblichen Ausbildung wird im Regelfall keine weitere Unterstützung gewährt. Das integrierte duale System, das die Ausbildung in einem Berufsbildungswerk vorsieht, zielt im Gegensatz zu den anderen Modellen auf eine enge Verzahnung von Theorie und Praxis in Berufsschule und Ausbildungsstätte. Zusätzlich werden hier psychologische, audiologische und sozialpädagogische Dienste angeboten.

Das *pädagogisch-didaktische Konzept* für die schulische Bildung schwerhörender Kinder war historisch einem spannungsvollen Wechsel unterworfen. Seit der Gründung des ersten Taubstummeninstituts in Deutschland durch Heinicke im Jahre 1778 in Leipzig wurden gehörlose und schwerhörende Schüler weitgehend gemeinsam unterrichtet. Erst 1902 erfolgte durch Reinfelder die Einrichtung einer Schwerhörigenklasse in Berlin, der fünf Jahre später unter seiner Leitung die Gründung der ersten staatlichen Schule für Schwerhörige folgte (Heese 1953). Der bereits 1899 erhobenen Forderung der Deutschen Otologischen Gesellschaft nach einem speziell auf die Bedürfnisse von Schwerhörigen ausgerichteten Sonderunterricht versuchte Reinfelder mit einer Methode gerecht zu werden, in der primär Hören und Sehen als zentrale Voraussetzungen zum Erwerb der Lautsprache gefördert wurden (Schumann 1940).

In der Folgezeit lehnte sich die *Didaktik* in der Schwerhörigenbildung vorwiegend an die Modelle der → Gehörlosenpädagogik an. Unberücksichtigt blieb dabei weitgehend die Erkenntnis, dass beeinträchtigtes Hören ein Hören unter veränderten Bedingungen darstellt und nicht mit dem totalen Verlust der Anbindung an die akustische Umwelt gleichgesetzt werden darf. Vor allem die von Ding (1993) formulierten Grundkategorien didaktischer Entscheidungen führten zu einer differenzierteren Betrachtung anthropogener Voraussetzungen und soziokultureller Bedingungen sowie daraus abzuleitender Intentionen und Methoden. Heute werden zunehmend schülerzentriertes handelndes Lernen und Projektunterricht präferiert, in dem selbstgesteuerte und selbstentdeckende Lernprozesse als Chance zur Entfaltung von Fähigkeiten und zur Entwicklung von sozialen Strategien gesehen sind. Mittels der *Hörtaktik* wird die Bewältigung von Situationen im alltäglichen sozialen Umfeld erleichtert (Hase 1989).

In dem sich bedingenden Gefüge von Hören, Sprechen und Sprache ist vorrangig die Hinführung zur Verarbeitung quantitativ und qualitativ veränderter akustischer Reize das *grundlegende pädagogische Prinzip*. Die Notwendigkeit der Unterstützung durch nonvokale Mittel wird allerdings kontrovers diskutiert. Neben dem Absehen sowie mimischen und gestischen Elementen zur Unterstützung der retardierten Wahrnehmung ist der Einsatz von *Handzeichensystemen* akzeptiert. Das phonembestimmte Manualsystem (PMS) dient der Vermittlung diakritischer Merkmale von lautsprachlichen Äußerungen, während das graphembestimmte Manualsystem (GMS) zur Übermittlung von Eigennamen und Fremdwörtern herangezogen werden kann. Lautsprachunterstützende Gebärden (LUG), lautsprachbegleitende Gebärden (LBG) und die Deutsche → Gebärdensprache (DGS) werden mit unterschiedlichen Intentionen in das pädagogische Bemühen einbezogen. In der Schwerhörigenpädagogik kommen hauptsächlich LUG und LBG zum Einsatz, wenn Inhalte rein lautsprachlich nicht zugänglich sind oder nur schwer erfasst werden können. Die DGS dagegen wird nahezu ausschließlich in einigen Modellen zur Förderung gehörloser Menschen genutzt. Neben den visuellen Komponenten wird der *Schriftsprache* im Spracherwerbsprozess eine herausragende Stellung eingeräumt. Aufgrund der annähernd vergleichbaren syntaktischen, semantischen und lexikalischen Strukturen dient sie der Festigung und Ergänzung bereits verinnerlichter lautsprachlicher Muster → (Unterstützte Kommunikation).

Gegenwärtig wird die Schwerhörigenpädagogik von vielschichtigen Veränderungen bestimmt. Auslöser hierfür sind vordergründig die Umsetzung von Erkenntnissen aus der neurophysiologischen Forschung und die Perfektionierung von technischen Hörsystemen. Dadurch, dass kindliche Hörstörungen immer früher erfasst werden und die Kinder in der Folge immer früher mit Hörsystemen versorgt werden können, scheint der Erfolg geradezu programmiert. Die vor wenigen Jahren noch kaum vorstellbare bilaterale Versorgung mit Cochlea-Implantaten sei hier ergänzend als medizinisch-technische Innovation genannt (vgl. Hessel u. a. 2001; Sharma et al. 2002).

Die Renaissance der Nutzung verbliebener Höreindrücke, gefördert durch ein primär auf die Ausbildung von Hörbahnen gerichtetes pädagogisches Konzept, zeitigt bereits Konsequenzen in der Verschiebung der Schülerpopulation. Immer mehr gehörlose Schüler werden in die Schwerhörigenschule aufgenommen; immer mehr schwer- und fehlhörende Schüler finden den Weg in allgemeinpädagogische Einrichtungen. Dies darf jedoch nicht dazu verleiten, die Problematik der kommunikativen Behinderung zu verleugnen. Dass es gerade für hörgeschädigte Menschen in besonderem Maße wichtig ist, in der Art ihrer jeweiligen Kommunikationsform anerkannt, bestätigt und auch abgeholt zu werden, zeigt die zunehmende Zahl derer, die selbstbewusst zu ihrer Hörschädigung stehen gelernt haben. Diese aus pädagogischer Sicht wünschenswerte Haltung ist noch nicht von allen hörgeschädigten Menschen erworben. Ein großer Teil der betroffenen Erwachsenen und vor allem die betroffenen Kinder bedürfen deshalb auch künftig weit reichender Unterstützung für die gleichberechtigte Teilhabe am gesellschaftlichen Leben.

Gerlinde Renzelberg

Literatur

Breiner, H.L.: Hilfen für Hörgeschädigte in Orientierung an den sensorischen Bedingungen. In: Jussen, H./Claußen, W.H. (Hrsg.): Chancen für Hörgeschädigte. Hilfen aus internationaler Perspektive. München 1991, 230–249.

Ding, H.: Vorlesungen zur Schwerhörigenpädagogik. Heidelberg 1993.

Gross, M./Finckh-Krämer, U./Spormann-Lagodzinski, M.-E.: Deutsches Zentralregister für kindliche Hörstörungen. Bilanz nach den ersten zwei Jahren. In: Deutsches Ärzteblatt 96 (1999) A 45–50, B 32–35.

Hase, U.: Verständigung/Hörtaktik. In: Claußen, W.H./Schuck. K.D.: Pädagogische Hilfen für schwerhörige und ertaubte Erwachsene. Ein Forschungsbericht. Band 2: Inhalte und Methoden (Hrsg. Bundesminister für Arbeit und Sozialordnung: Gesundheitsforschung, Band 179). Bonn 1989, 11–32.

Heese, G.: Kurzer Abriss der geschichtlichen Entwicklung der Schwerhörigenbildung in Deutschland. Halle 1953.

Hessel, H .u.a.: Überlegungen zur bilateralen CI-Versorgung. In: HNO 2001, 883–887.

Lauer, N.: Zentral-auditive Verarbeitungsstörungen im Kindesalter. Grundlagen – Klinik – Diagnostik – Therapie. Stuttgart 1999.

Nickisch, A. u.a.: Auditive Verarbeitungs- und Wahrnehmungsstörungen bei Schulkindern. Diagnostik und Therapie. Dortmund 2000.

Ptok, M.: Das schwerhörige Kind. In: Deutsches Ärzteblatt 94 (1997) A 1932–1937.

Renzelberg, G./Freiwald, U.: Wege hörgeschädigter Jugendlicher zum Berufsziel Technischer Zeichner/Technische Zeichnerin in Norddeutschland. In: hörgeschädigte kinder (1998) Heft 2. Sonderbeilage.

Renzelberg, G.: Was ist eine Pädagogisch-Audiologische Beratungsstelle? Empirische Bestandsaufnahme einer hörgeschädigtenpädagogischen

Einrichtung. ebook: www.renzelberg.de/PAB. 2004.

Schumann, P.: Geschichte des Taubstummenwesens. Frankfurt 1940.

Seidler, H.: Warum landen viele Hörgeräte in der Schublade? Vortrag anlässlich des Beethovengesprächs 2000 in Bad Godesberg. SIEMENS Erlangen 2000, 10–19.

Sharma, A. et al.: A sensitive period for the development of the central auditory system in children with cochlear implants: Implication for age of implantation. Ear and Hearing 6/2002. 532–539.

Wiechmann, W: Die Wechselgruppe. Eine Form stationärer Untersuchung und Erziehung hörgeschädigter Kleinkinder. Berlin 1971.

Schwerstbehinderung, Mehrfachbehinderung, Schwerstbehinderte, Schwerstbehindertenpädagogik

Die Schwerstbehindertenpädagogik versteht sich als Theorie und Praxis der Erziehung, Förderung und Therapie von Menschen mit schwersten Behinderungen und thematisiert heute alle Lebensphasen und -bereiche. Der Begriff der Schwerstbehinderung stellt die äußerste Position auf der Skala: Behinderung – Schwerbehinderung – Schwerstbehinderung dar. Sie meint immer eine *schwere Form* der *Mehrfachbehinderung*, als Kumulierung verschiedener Behinderungsformen: Geistige und Körperbehinderung sowie Sinnesschädigung. Eine Differenzierung in Grund- und Folgebehinderungen bzw. -beeinträchtigungen ist in der Regel nicht möglich, obwohl eine Abgrenzung im pädagogischen Alltag ständig versucht wird, wenn es heißt „schwerstverhaltensgestört", „schwerstkörperbehindert" oder „schwerstgeistigbehindert". Gründe hierfür liegen u.a. in der unklaren Definition des Begriffs der Schwerstbehinderung. Der Superlativ *Schwerst-* besagt lediglich, dass eine → Behinderung vorliegt, die vom Benutzer der Bezeichnung als besonders gravierend angesehen wird.

Schwerstbehinderung ist eine formal-quantitative Klassifikation, die weder eindeutig ist, noch einen inhaltlich-qualitativen Aussagewert besitzt. Fröhlich versucht eine für die Pädagogik relevante Eingrenzung: „Schwerste Behinderung umfasst nach derzeitigem Sprachgebrauch Behinderungen, die die ganze Persönlichkeitsentwicklung in allen Bereichen nachhaltig und schwerwiegend beeinträchtigen. Es handelt sich also um Mehrfachbehinderungen, die vor allem auch die sogenannte geistige Entwicklung mit einbeziehen" (1994, 157). Verursacht wird die Schwerstbehinderung durch prä-, peri- oder postnatale Schädigungen wie z.B. genetische Störungen, Geburtstraumen, Infektionskrankheiten und vieles andere mehr. Sie wird international als PMD – *Profound Multiple Disabilities* – bezeichnet; ein Terminus, der durch seine landesspezifische Verwendung ebenfalls uneindeutig bleibt.

Die Schwerstbehindertenpädagogik hat die Aufgabe, dem Menschen mit schwersten Behinderungen Lern- und Entwicklungsmöglichkeiten und damit Lebensperspektiven zu eröffnen. Sie ist heute nicht mehr defizitorientiert, sondern versucht den Menschen mit Behinderung aus seiner je individuellen Lebenswirklichkeit heraus zu verstehen. Die Schwerstbehindertenpädagogik denkt vom Individuum, von seinen Interaktionen mit der materiellen und sozialen Umwelt aus und entwickelt von hier aus Hilfen zu größerer Selbstbestimmung und

Selbstverwirklichung. In ihrem Bildungsauftrag, den Menschen zu *„Selbstverwirklichung in sozialer Integration“* zu führen, unterscheidet sich die Schwerstbehindertenpädagogik nicht von den anderen sonderpädagogischen Fachrichtungen.

Insgesamt hat die Schwerstbehindertenpädagogik in den 20 Jahren ihres Bestehens zunehmend an Bedeutung gewonnen, insbesondere, weil die Zahl von Menschen mit schwersten Behinderungen stetig stieg. Die Zunahme, die auch in anderen europäischen und außereuropäischen Industriestaaten zu beobachten ist, liegt zum einen an den Fortschritten in der Pränatal- und Intensivmedizin, mit deren Hilfe Kinder mit schwersten Behinderungen kritische vor- und nachgeburtliche oder komatöse Phasen überleben. Andererseits nehmen beispielsweise Verkehrs- und Sportunfälle, die eine Schwerstbehinderung zur Folge haben, zu. Das führt dazu, dass sich die Schülerschaft in Schulen für Körper- und Geistigbehinderte im Hinblick auf die Schwere ihrer Behinderungen verändert hat.

Untersuchungen von Haupt (1982), Fischer (1992), Dittmann (1993), Wehr-Herbst (1997), Holtz/Nassal (1999) belegen, dass sich der Anteil schwerstbehinderter Schüler in den beiden Schulformen im Zeitraum von 15 Jahren nahezu verdoppelt hat und zwischen 25 und 50 % liegt. Die Ergebnisse der genannten Untersuchungen können aber nicht als abgesicherte quantitative Daten gewertet werden, weil ihnen eine z.T. ungenaue Definition von Schwerstbehinderung zugrunde liegt, sie die Länderspezifika in der Beschulung von Menschen mit schwersten Behinderungen zu wenig berücksichtigen, sich außerdem nur auf die Schule beziehen und andere Lebensbereiche wie Familie, Werkstätten, Wohn- und Pflegeheime unberücksichtigt lassen. Quantitative Angaben zur Gesamtpopulation der Menschen mit schwersten Behinderungen in der BRD existieren derzeit nicht, was von der Schwerstbehindertenpädagogik aktuell zu leisten wäre.

Sie sieht ihre vordringliche Aufgabe heute in der Erforschung der spezifischen Lebenssituation und Erziehungswirklichkeit ihrer Klientel und zwar im nationalen wie im internationalen Kontext. Da die Schwerst- oder schwere Mehrfachbehinderung keine Addition mehrerer Behinderungen ist, sondern immer als individuelles Gesamtphänomen, als Bedingungsgefüge einander wechselseitig beeinflussender Behinderungen betrachtet werden muss, reicht es nicht aus, die Erkenntnisse einzelner sonderpädagogischer Fachrichtungen zu addieren. Vielmehr ist die Synthese der Einzeldaten auf der Grundlage eines übergeordneten integrierenden Bewusstseins verlangt. Diese erfolgt vor dem Hintergrund systemtheoretischer, konstruktivistischer und phänomenologischer Erkenntnistheorie.

Die Schwerstbehindertenpädagogik ist somit ein *Teil der Erziehungswissenschaft*, der als besondere Aufgabe zukommt, das Bildungsrecht ihrer Klientel zu vertreten. Da → Bildungsrecht und Lebensrecht seit jeher in einem reziproken Verhältnis zueinander stehen, ist die Vertretung des Bildungsrechts nicht nur eine gesellschafts- und bildungspolitische Aufgabe, sondern eine ethische Notwendigkeit, der sich die Behindertenpädagogik zu stellen hatte, weil Kindern und Jugendlichen mit schwersten Behinderungen bis in die 70er Jahre des 20. Jahrhunderts ihr Recht auf Bildung abgesprochen wurde. Heute, unter wachsendem ökonomischen Druck und verbunden mit utilitaristischem Denken, steht es allerdings wieder zur Disposition.

In der Aufbauphase des Sonderschulwesens nach dem Zweiten Weltkrieg fanden Menschen mit schwersten Behinderungen sowohl in administrativer wie konzeptioneller Hinsicht keine Beachtung. Sie waren von der allgemeinen Schulpflicht entbunden und blieben ohne rechtlichen Anspruch auf geregelte pädagogische Förderung in den Familien oder wurden in Heimen und Anstalten untergebracht. Sie galten als „bildungsunfähige Pflegefälle“. Eine Änderung erfolgte 1978, als unter Anerkennung der *grundsätzlichen → Bildungsfähigkeit* eines jeden Menschen die Aufnahmebestimmungen für die Sonderschule in den meisten alten

Bundesländern revidiert und erweitert wurden.

Aufmerksam auf die Belange dieses Personenkreises wurde die → Behindertenpädagogik erst Mitte der 70er Jahre, als engagierte Eltern auf die wohnortnahe Unterbringung ihrer Kinder, die Anerkennung ihrer Bildungsfähigkeit und auf ihre pädagogische Förderung drängten. Man sah gerade in den Schulen für Geistigbehinderte einen angemessenen Bildungsort. Aber weder waren die Schulen institutionell noch konzeptionell auf die Aufnahme dieser Schülerschaft vorbereitet, noch war deren ‚besonderer Erziehungsbedarf' bekannt. Diese Schüler waren mit den ‚üblichen sonderpädagogischen Mitteln' nicht zu erziehen. Eigenständige Konzeptentwicklungen wurden notwendig, die von der individuellen Lebenssituation ausgehen, die verschiedenen Beeinträchtigungen in ihrer Gesamtheit betrachten und → basale Formen des Lernens verwirklichen sollten. Dazu war eine Erweiterung des tradierten Erziehungs- und Bildungsverständnisses notwendig, und zwar in der Hinsicht, dass es sowohl die basalen leiblichen Bedingungen des Lernens wie auch die des sozio-kulturellen Lebensraumes (Begemann 1977, 80) mit einbezog.

Diesem Anspruch tragen Konzepte wie die „Basale Stimulation" (Fröhlich), die „Basispädagogik" (Feuser), die „Basale Aktivierung" (Breitinger/Fischer), die „kooperative Pädagogik" (Praschak) oder die „leiborientierte Pädagogik" (Fornefeld) in unterschiedlicher Weise Rechnung. In den zurückliegenden 20 Jahren entstand eine Fülle verschiedenster Therapie- und Förderkonzepte in den unterschiedlichen Lebensräumen von Menschen mit schwersten Behinderungen (Frühfördereinrichtungen, Schulen, Heimen etc.). Sie sind von der → Geistig-, der → Körperbehinderten- und der → Blindenpädagogik beeinflusst und integrieren Forschungsergebnisse der aktuellen Medizin und Psychologie. Während in der Anfangszeit die Konzepte stark funktionalistisch ausgerichtet und von therapeutischer Art waren, rückte Mitte der 80er Jahre der Dialog mit den schwerstbehinderten Menschen ins Blickfeld, wodurch die Konzepte eine stärkere pädagogische Ausrichtung erfuhren.

Die Schwerstbehindertenpädagogik, die ihren Ursprung in der konkreten schulischen Erziehung von Kindern und Jugendlichen nahm und zunächst vorwiegend praxisnah argumentierte, hat in der Zwischenzeit ihr Forschungsinteresse auf alle Lebensbereiche ausgeweitet. Als jüngstes Teilgebiet der Behindertenpädagogik versucht sie sich derzeit, gerade zum Schutz und Erhalt des Bildungsrechtes für diese Menschen, stärker als bisher als *Erziehungs*wissenschaft zu fundieren. Sie nimmt aber weiterhin im Chor der verschiedenen sonderpädagogischen Fachrichtungen eine Sonderstellung ein. Erkennbar wird dies u.a. daran, dass sie von Vertretern unterschiedlicher sonderpädagogischer Disziplinen an deutschen Hochschulen gelehrt wird. Zwar ist die Schwerstbehindertenpädagogik heute wichtiger Lehrinhalt in den verschiedenen Studiengängen der Behindertenpädagogik, aber als eigenständige Fachrichtung z.B. im Rahmen des Lehramtsstudiums ist sie derzeit noch nicht studierbar.

Barbara Fornefeld

Literatur

Begemann, E.: Anthropologische Aspekte der Erziehung Schwerstbehinderter. In: Fröhlich, A./Tuckermann, M. (Hrsg.): Schwerstbehinderte. Rheinstetten 1977, 64–84.

Dittmann, W.: Epidemiologische Untersuchungen zur schweren geistigen Behinderung in Baden-Württemberg. In: Sonderschule in Baden-Württemberg 26 (1993) Heft 1, 71–77.

Fischer, E.: Die schulische Förderung mehrfachgeschädigter Kinder und Jugendlicher mit geistiger Behinderung in der Bundesrepublik Deutschland. Hamburg 1992.

Fornefeld, B.: Das schwerstbehinderte Kind und seine Erziehung – Beiträge zu einer Theorie der Erziehung. Heidelberg 2. Aufl. 1998.

Fröhlich, A.: Schwerste Behinderung. In: Hansen, G./Stein, R. (Hrsg.): Sonderpädagogik konkret – Ein praxisnahes Handbuch in Schlüsselbegriffen. Bad Heilbrunn 1994, 157–162.

Haupt, U.: Veränderungen der Schülerschaft in Körperbehindertenschulen – Notwendigkeit der Entwicklung von neuen Konzepten. In: Sonderpädagogik 12 (1982) 174–180.
Holtz, K. L./Nassal, A.: Epidemiologische Analysen zur Zusammensetzung der Schülerschaft an Schulen für Geistigbehinderte. In: Zeitschrift für Heilpädagogik 50 (1999) 90–98.
Wehr-Herbst, E.: Die heutige Schülerschaft in den Schulen für Körperbehinderte. In: Zeitschrift für Heilpädagogik 48 (1997) 316–322.

Sehbehinderung, Sehbehinderte, Sehbehindertenpädagogik

Der Gegenstandsbereich der Sehbehindertenpädagogik umfasst Praxis und Theorie der besonderen Bedingungen des Lernens und der sozialen Eingliederung von Kindern, Jugendlichen und Erwachsenen, die in ihren Sehfunktionen beeinträchtigt sind, deren verfügbares Sehvermögen jedoch zur Bewältigung von Lernprozessen eingesetzt werden kann.

Die Sehbehindertenpädagogik hat sich als eigenständige Fachrichtung mit vielfältigen Beziehungen zu Nachbardisziplinen etabliert. Sie korrespondiert besonders eng mit der wesentlich älteren Fachrichtung → Blindenpädagogik, aus der heraus sich in einem mehr als hundert Jahre währenden Prozess eine eigenständige sehbehindertenpädagogische Theorie und Praxis entwickelt haben (Mersi 1972).

Gemeinsam ist beiden Fachrichtungen, dass die jeweilige Zielgruppe Menschen mit *eingeschränktem Sehvermögen* sind, wobei idealtypisch zwischen einem Ausfall des Sehens im Fall der Blindenpädagogik und einem mehr oder weniger beeinträchtigten Sehvermögen im Fall der Sehbehindertenpädagogik unterschieden wird. In der Realität gelingt eine so deutliche Abgrenzung nicht; sie ist unter pädagogischem Aspekt auch nicht sinnvoll. Denn die Blindenpädagogik nimmt sich nicht nur völlig blinder Menschen an, sondern auch derjenigen, die sich in verschiedensten Situationen wie blinde Menschen verhalten müssen, obwohl sie noch ein geringes Sehvermögen haben; in der Sehbehindertenpädagogik schließen Individualprogramme, z. B. bei langsamer Erblindung, durchaus blindenpädagogische Maßnahmen ein (Rath 1987).

Aus der engen Korrespondenz zwischen Sehbehindertenpädagogik und Blindenpädagogik lässt sich auch Bedarf oder Notwendigkeit einer gemeinsamen Bezeichnung, eines Oberbegriffs, ableiten. Unter bestimmten Aspekten kann es pädagogisch sinnvoll sein, Blindheit und Sehbehinderung unter dem Oberbegriff *Sehschädigung* zusammenzufassen und die besonderen Bedingungen der Praxis und Theorie des Lernens und der sozialen Eingliederung von Menschen mit Blindheit und Sehbehinderung als Sehgeschädigtenpädagogik zu bezeichnen.

Vor diesem Hintergrund werden die Versuche verständlich, eine weit gefasste, formale *Definition der Sehbehinderung* festzulegen, mit deren Hilfe die Zielgruppe sehbehindertenpädagogischer Praxis und Theorie extensiv erfasst werden kann: Als sehbehindert gelten alle Personen, deren Sehvermögen zwischen Vollblindheit und Normalsichtigkeit liegt oder – in klinischen Funktionswerten ausgedrückt – deren Sehvermögen größer als 0 (Vollblindheit) und kleiner als 1 (Normalsichtigkeit) ist.

Unter pädagogischem Aspekt hat diese Festlegung Vorteile. Sie schließt grundsätzlich aus, dass ein minimales Sehvermögen ungeprüft, nur aufgrund einer engen Begriffsbestimmung oder einer Vorannahme, als ‚pädagogisch nicht verwertbar' eingestuft wird, und verhindert auch, dass Sehbeeinträchtigungen pädagogisch unberücksichtigt bleiben, die sich nur geringfügig oder unter Umständen gar nicht in einem subnormalen Funktionswert niederschlagen.

In vielen Bereichen, etwa in der Augenheilkunde und im Sozialrecht, werden die *Ausprägungsgrade der Sehschädigung* in fünf Gruppen unterteilt: Gruppe 1: Gröbere einseitige Einschränkung des Sehvermögens; Gruppe 2: Mäßige beidseitige Einschränkung des Sehvermögens; Gruppe 3: Sehbehinderung; Gruppe 4: Hochgradige Sehbehinderung; Gruppe 5: Blindheit oder der Blindheit gleichzustellende Beeinträchtigung des Sehvermögens.

Die oben genannte weite Definition von Sehbehinderung umfasst alle fünf Gruppen, wenn auch nicht in gleicher Intensität. Sie zielt zentral auf die Gruppe 3, weniger gewichtig auf die Gruppen 4 und 2, seltener auf die Randgruppen 5 und 1. Unter pädagogischem Aspekt können Beeinträchtigungen des Sehens aller Schweregrade sehbehinderungsspezifische Fördermaßnahmen nach sich ziehen.

Pädagogisch konsensfähig ist die Aussage, dass klinisch erhobene Messwerte nur als Orientierungsdaten dienen können und dass ihre schematische Handhabung zu vermeiden ist. Der Grund liegt darin, dass zwischen klinisch gemessenen Sehfunktionswerten und visuellem Leistungsvermögen keine eindeutige Relation besteht und damit eine Vorhersage über die Auswertbarkeit von visuellen Wahrnehmungen nur begrenzt möglich ist. Unter pädagogischem Aspekt ist zu beachten, dass grundsätzlich jede Funktionseinbuße die Chancen für eine reibungslose Bewältigung von Sehaufgaben herabsetzen kann, und zwar unabhängig von Schweregrad, Art und Ursache der zugrunde liegenden Sehschädigung.

Besonderes pädagogisches Interesse richtet sich auf die *Diagnostik des funktionalen Sehens*. Diese zielt darauf ab festzustellen, wie sehgeschädigte Kinder und Jugendliche mit ihrem vorhandenen Sehvermögen umgehen und welche Erschwerungen der visuellen und interaktiven Bewältigung von unterschiedlichen Alltagssituationen bei ihnen auftreten. Die Mitwirkung von individuellen Persönlichkeitsmerkmalen wie z. B. Erfahrung, Wissen, kognitive Verarbeitungsstrategien, emotionale Befindlichkeit, Motivationen und Einstellungen sowie psychomotorische Fertigkeiten findet dabei Berücksichtigung. Auch der Gebrauch der nichtvisuellen Wahrnehmungen spielt eine Rolle (Rath 1999).

Eingeschränktes Sehvermögen muss subjektiv nicht zu jeder Zeit und in jeder Situation als eine Behinderung erlebt werden. → Leidensdruck entsteht nicht durch das eingeschränkte Sehen an sich, sondern aufgrund von Erwartungen des sehgeschädigten Menschen selbst und dessen sozialen Umfelds. Beruf, kulturelle Gruppenzugehörigkeit sowie physische und psychische Konstitution spielen dabei eine wichtige Rolle (Rath 1998).

Neuerdings wird einmütig herausgestellt, dass jeder Fall von Sehbeeinträchtigung spezifische Charakteristika zeigt, z. B. in Bezug auf den Grad der Sehfunktionseinbuße, die Pathologie des Sehorgans oder die individuelle Anpassung an das subnormale Sehen. Hinzu kommt, dass in den meisten Fällen das Sehvermögen instabil ist. Die Betroffenen sind oft nicht in der Lage vorherzusagen, was sie in der nächsten Stunde, am nächsten Tag, in der nächsten Woche werden sehen können. Lichtwandel kann die Situation sogar von einer Minute zur anderen ändern.

Die Aussagen über Ursachen und Ursachenwandel, die für die → Blindenpädagogik gemacht wurden, gelten prinzipiell auch für die Sehbehindertenpädagogik. Allerdings zeigt ein Vergleich der nach Häufigkeit ihres Auftretens geordneten Ursachen von Sehschädigung bei Kindern und Jugendlichen in Schulen für Blinde und in Schulen für Sehbehinderte, dass es sich nicht einfach um verschieden schwere Ausprägungsgrade der gleichen Schädigungen handelt, sondern dass bestimmte Ursachen häufiger Blindheit, andere dagegen Sehbehinderung zur Folge haben.

Genaue *Häufigkeitsangaben* über Menschen mit Sehbehinderung zu erhalten, erweist sich für deutsche Verhältnisse als schwierig. Es findet sich wiederholt die Angabe von 0,4 % der Gesamtbevölkerung für wesentlich Sehbehinderte (entspricht den oben genannten Gruppen 3 und 4). Thimm (1985) führt ein funktionales Kriterium für Sehbehinderung ein, das er aus den USA übernommen hat: Lesenkönnen von normalem Zeitungsausdruck. Er errechnet auf dieser Grundlage für die Bundesrepublik Deutschland einen Prozentsatz von 0,52 %. Infolge der weiten Definition von Sehbehinderung können nur ungenaue Angaben über die Häufigkeit des Auftretens von Sehbehinderungen in verschiedenen Altersgruppen erwartet werden. Mit einem hohen Anteil an Sehbehinderungen unter den alten Menschen ist zu rechnen.

4300 Schülerinnen und Schüler bzw. 0,046 % der gesamten Schülerpopulation besuchen derzeit deutsche *Blinden- und Sehbehindertenschulen* (Kultusministerkonferenz 1999). Es ist aber nachgewiesen, dass es im Schulalter wesentlich mehr Sehbehinderte gibt, die in anderen Schularten behinderungsspezifische Beratung und Unterstützung erhalten oder gar nicht als sehbehindert erfasst sind. Drave/Schäfer (1985) geben 0,268 % als Quote für wesentliche Sehbehinderung an; die Häufigkeit von Sehauffälligkeit (entspricht etwa der oben genannten Gruppe 2) beträgt 4,17 % aller Kinder und Jugendlichen im Schulalter. In neueren Empfehlungen der Kultusministerkonferenz von 1994 und 1998 wird auf Angabe der Häufigkeiten von Blindheit und Sehbehinderung verzichtet.

Die Schulen für Sehbehinderte sahen sich immer wieder gezwungen, das Besondere ihres Konzeptes herauszustellen und die Anwendung *spezifischer Methoden und Medien* zu begründen. Sie können heute das über Jahrzehnte gewonnene Know-how ebenso in der Schule für Sehbehinderte nutzen als auch für die behinderungsspezifische → Förderung sehbehinderter Kinder und Jugendlicher, die gemeinsam mit nichtsehbehinderten unterrichtet werden (Mersi 1975). Folgende Spezifika wurden herausgestellt:

Unter *inhaltlichem Aspekt* ist beispielhaft zu nennen: Sehbehinderung hat häufig eine nicht aufhebbare Verlangsamung wichtiger Informationsprozesse und eine Verstärkung der mit ihnen verbundenen psychophysischen Belastung zur Folge. Dadurch stellt sich die Frage nach der Auswahl der Lerninhalte in verschärfter Form. Die Steigerung der visuellen Leistungsfähigkeit ist nicht nur Unterrichtsprinzip, sondern bildet in vielen Fällen auch einen zusätzlichen Arbeits- und Übungsbereich. Viele Unterrichtsbereiche setzen auf Seiten des Kindes oder Jugendlichen mit Sehbehinderung zusätzliche, kompensatorische Qualifikationen voraus wie die Beherrschung spezieller visueller Arbeitshilfen und besonderer Orientierungstechniken sowie den Umgang mit optischen und elektronischen Sehhilfen.

Unter *methodischem Aspekt* sind Maßnahmen wichtig, wie z. B.: Berücksichtigung des fächer- und stufenübergreifenden Prinzips der Seherziehung: Die Lernbedingungen sind so zu gestalten, dass viele Sehanreize gegeben werden, die die visuelle Effizienz erhöhen. Eine Grundregel für das Lernen von Kindern und Jugendlichen mit Sehbehinderung ist dabei: „besser öfter als zu lange visuell beanspruchen“; häufiger Wechsel der Arbeitsformen und -mittel, um damit auch einen Wechsel der Sehanforderungen zu erzielen; sparsamer und kontrollierter Gebrauch gestischer und mimischer Impulse bei Interaktionen im Unterricht, gegebenenfalls zusätzliche Verbalisierung der Eindeutigkeit wegen.

Zu den *medialen Aspekten* zählen z. B.: günstige natürliche und künstliche Beleuchtung für alle Schülerinnen und Schüler, gegebenenfalls besondere Regelungen für das Kind mit Sehbehinderung; angemessene Raumausstattung und nach ergonomischen Gesichtspunkten ausgesuchtes Mobiliar; spezielle Hilfsmittel, die folgenden Anforderungen genügen müssen: gut handhabbar sein, individuell optimiert oder optimierbar sein, zu jeder Zeit und an jedem Ort einsetzbar und so unauffällig wie möglich sein.

Die Sehbehindertenpädagogik muss ebenso wie die → Blindenpädagogik Unterricht ermöglichen, der auf individualisierenden und offenen Formen des Lernens basiert und eine Vielzahl unterschiedlicher Förderorte vorsieht. Waldtraut Rath

Literatur

Drave, W./Schäfer, W.D.: Ergebnisse einer Augenreihenuntersuchung an 24.000 Schülern in Unterfranken (Reihe: Integration. Band 1). Würzburg 1985.

Kultusministerkonferenz: Sekretariat der Ständigen Konferenz der Kultusminister der Länder in der Bundesrepublik Deutschland (Hrsg.): Empfehlungen zur sonderpädagogischen Förderung in den Schulen in der Bundesrepublik Deutschland. Bonn 1994.

Kultusministerkonferenz: Sekretariat der Ständigen Konferenz der Kultusminister der Länder in der Bundesrepublik Deutschland (Hrsg.): Empfehlungen zum Förderschwerpunkt Sehen. Bonn 1998.

Kultusministerkonferenz: Sekretariat der Ständigen Konferenz der Kultusminister in der Bundesrepublik Deutschland (Hrsg.): Die Sonderschulen in der bundesdeutschen Schulstatistik 1988 bis 1997. Bonn 1999.

Mersi, F.: Sehbehindertenpädagogik und Schwerhörigenpädagogik – Anmerkungen zur Verselbständigungsgeschichte zweier pädagogischer Spezialdisziplinen. In: Zeitschrift für Heilpädagogik 23 (1972) 35–44.

Mersi, F.: Erziehung Sehbehinderter. In: Deutscher Bildungsrat (Hrsg.): Sonderpädagogik 5 (Gutachten und Studien der Bildungskommission 52). Stuttgart 1975, 139–223.

Rath, W.: Sehbehindertenpädagogik. Stuttgart 1987.

Rath, W.: Sehbehindertenpädagogik. In: Myschker, N./Rath, W./Renzelberg, G./Welling, A.: Einführung in die Behindertenpädagogik. Band 3. Stuttgart 5. Aufl. 1999, 56–84.

Rath, W.: Integrative Schulpädagogik. In: Myschker, N./Ortmann, M. (Hrsg.): Integrative Schulpädagogik – Grundlagen, Theorie und Praxis. Stuttgart 1999, 37–59.

Thimm, W.: Soziologische Aspekte von Sehschädigungen. In: Rath, W./Hudelmayer, D. (Hrsg.): Pädagogik der Blinden und Sehbehinderten (Handbuch der Sonderpädagogik. Band 2). Berlin 1985, 535–568.

Walthes, R.: Einführung in die Blinden- und Sehbehindertenpädagogik. München 2003.

Sprachbehinderung, Sprachbehinderte, Sprachbehindertenpädagogik

Die Sprachbehindertenpädagogik (synonym: Sprachheilpädagogik) beschäftigt sich mit → Prävention und Diagnose, mit Beratung, Therapie und Rehabilitation, mit Erziehung und Unterrichtung bei Menschen mit Sprach-, Sprech-, Rede-, Stimm- und Schluckstörungen. Neben der sprachstörungsspezifischen Symptomatik stehen dabei die individuelle Lebensbedeutsamkeit, psychosoziale Relevanz und Veränderung der kommunikativen Situation im Vordergrund des Interesses.

International gesehen nimmt die Sprachbehindertenpädagogik auf Grund ihrer primär pädagogischen Ausrichtung eher eine Ausnahmestellung ein. Im angloamerikanischen Raum dominiert der Begriff Speech Pathology (synonym: Speech Correction, Communication Disorders) bei verhaltenswissenschaftlicher Ausrichtung (Grohnfeldt 1986). Im europäischen Ausland existieren unterschiedliche Richtungen der *Logopädie* (Frankreich: Orthophonie), die überwiegend medizinisch, in der Schweiz und in

Russland hingegen vorwiegend pädagogisch orientiert sind.

In Deutschland gibt es Systeme der Sprachheilpädagogik und der medizinisch ausgerichteten Logopädie nebeneinander, wobei regional unterschiedliche Formen der Realisierung zu beobachten sind. Dies ist Ausdruck der *geschichtlichen Entstehungsbedingungen* der einzelnen Fachdisziplinen. Dabei ist eine zweifache Wurzel zu verzeichnen. In Deutschland waren es zunächst (Hörgeschädigten-) Pädagogen und Mediziner, die sich mit Sprachstörungen beschäftigten. Insbesondere sind der Taubstummenlehrer Albert Gutzmann (1837–1910) und sein Sohn, der Arzt Hermann Gutzmann (1865–1922), zu nennen. Die pädagogische Richtung entwickelte sich über die Einrichtung von Sprachheilkursen (ab 1883), Sprachheilklassen (ab 1901) und Sprachheilschulen (ab 1910) zur heutigen Sprachbehindertenpädagogik, die ihr Aufgabengebiet unabhängig von der institutionellen Ausrichtung versteht und sich übergreifend in eine schulische (Lehramt: universitäre Ausbildung seit 1926) und außerschulische Richtung (Diplom: seit 1971) unterteilt. Die medizinische Richtung wurde zunächst durch Sprachärzte und Phoniater vertreten. Der Ausdruck Logopädie wurde im heute üblichen Sinne 1924 durch Fröschels geprägt. Seit 1962 wird eine Ausbildung von Logopäden auf Fachschulniveau durchgeführt, wobei die Tätigkeit auf Anweisung eines Arztes erfolgt (Dupuis 1983; Orthmann 1980).

Eng damit zusammen hängt das *Selbstverständnis* bzw. die Standortbestimmung der jeweiligen Fachdisziplin. Von der Sache her handelt es sich bei der Förderung und Therapie sprachgestörter Menschen um ein interdisziplinäres Aufgabengebiet, bei dem sich neben Pädagogen auch Linguisten, Mediziner, Psychologen, Soziologen usw. mit jeweils einem Teilgebiet gestörter Sprache und ihrer psychosozialen Auswirkungen beschäftigen. Für das konkrete pädagogisch-therapeutische Handeln in der Praxis ist es wiederum notwendig, über grundlegende Kenntnisse aus allen genannten Wissenschaftsbereichen zu verfügen. Von daher wurde die Sprachbehindertenpädagogik häufig auch als Integrationswissenschaft bezeichnet, obwohl sie sich andererseits als Teil in einem interdisziplinären Kontext versteht. Ihre pädagogische Ausrichtung erhält sie dabei durch die Bezugnahme auf Menschenbilder, die die Aktivität und Selbstlernfähigkeit des einzelnen betonen (Grohnfeldt 1989).

Während bis vor wenigen Jahrzehnten die *Aufgabenbereiche* der Sprachbehindertenpädagogik durch das Primat der Sprachheilschule gekennzeichnet waren, entspricht es ihrem heutigen Selbstverständnis, auf alle Erscheinungsformen an Sprach-, Sprech-, Rede-, Stimm- und Schluckstörungen in allen Altersstufen bei variierender Institutionalisierung einzugehen. Insbesondere bezieht sich dies auf folgende Erscheinungsformen, wobei in sich geschlossene Störungsbilder, aber auch vielfältige Überschneidungen auftreten können:

Die genannte Einteilung versteht sich nicht als starre Festlegung in sich geschlossener Störungsphänomene, sondern als Hilfe bei der Beschreibung des jeweils vorliegenden Erscheinungsbildes. Das Auftreten sowie Art und Ausmaß der möglichen Beeinträchtigungen sind dabei ebenso wie die kommunikativen Veränderungen individuell unterschiedlich. Von vorrangiger Bedeutung ist das Ausmaß an negativen Zuschreibungsprozessen durch die Umwelt. Sprachstörungen können dadurch eine hohe Lebensbedeutsamkeit und psychosoziale Relevanz erhalten.

Ein derartiges Selbstverständnis hat Einfluss auf die wissenschaftstheoretische Standortbestimmung einer einzelfallorientierten Sprachheilpädagogik. Dies äußert sich auch in den damit verbundenen Handlungsfeldern und Organisationsformen:

Prävention und Diagnose. Durch die Beachtung von Risikofaktoren und eine frühzeitige Erfassung ist es in vielen Fällen möglich, Sprachstörungen in ihrem Verlauf abzuschwächen bzw. frühzeitig zu kompensieren. Dabei erweist sich die Verbindung von Frühförderung und Elternarbeit als besonders effektives Feld sprachtherapeutischer Wirksamkeit. Erfolge sind dabei jedoch häufig an eine Konstellation günstiger Voraussetzungen gebunden, so dass zuweilen eine Diskrepanz von Anspruch und Wirklichkeit besteht.

Von wesentlicher Bedeutung ist in dem Zusammenhang die (Differential-)Diagnose. Dabei geht es nicht um eine vordergründige Klassifikation, sondern um eine Analyse der individuellen (Sprach-)Lernvoraussetzungen bei einer Markierung der vorhandenen Ressourcen. Das Ziel erstreckt sich darauf, die Sprachstörung an sich und die jeweiligen Kontextmerkmale zu erfassen, zu interpretieren und in einen pädagogischen Handlungsablauf einzubetten. Die Art des Vorgehens versteht sich als hypothesengeleitete Prozessdiagnostik, bei der Diagnose und Therapie aufeinander bezogen sind.

Beratung, Therapie und Rehabilitation. Zwischen Beratung und pädagogischer Sprachtherapie bestehen fließende Übergänge. In vielen Fällen kann durch Sachinformationen, Klärungshilfen und ein Gespräch im Rahmen der Eltern- und Angehörigenar-

Störungen der Sprachentwicklung	Vorwiegend im Kindesalter auftretend, zu den häufigsten Sprachstörungen überhaupt gehörend; Symptombilder: • Aussprachestörungen (Phonetik, Phonologie) • Störungen der Semantik (Semantik, Lexik) • Störungen des grammatischen Regelsystems (Syntax, Morphologie) Neben isolierten Störungsformen sind strukturelle Syndrombildungen und Verbindungen mit anderen Entwicklungsbeeinträchtigungen (z. B. der Kognition) zu beobachten; ebenso: Störungen des Lesens und Schreibens; Förderung und Unterstützung von Spracherwerbsprozessen bei Migration und Mehrsprachigkeit
Störungen der Rede	• Stottern: Unterbrechung des Redeflusses durch Laut-, Silben- oder Wortwiederholungen (klonisch) bzw. Blockaden und Muskelverspannungen (tonisch) • Poltern: Wiederholungen von Silben und Wörtern bei einem schnellen, überhasteten Sprechtempo • Mutismus: reaktive Sprach- und Sprechhemmung (selektiv oder total) • Sprechangst (Logophobie); Furcht, vor anderen zu sprechen
Zentrale Sprach- und Sprechstörungen	• Aphasie: zentralorganisch bedingte Störung des Sprachausdrucks und/oder Sprachverständnisses nach Abschluss des Spracherwerbs (z. B. nach einem Schlaganfall); häufig in Verbindung mit Hemiparesen, Apraxien usw. • Dysarthrophonie: Neurologische Störung der Sprechatmung, Stimmgebung und Artikulation • Apraxie: Beeinträchtigung der Planung und Durchführung des Bewegungsablaufs der Sprechorgane
Dysphonien	Störung des Stimmklangs und der stimmlichen Leistungsfähigkeit („Heiserkeit") bei organischer, funktioneller oder psychogener Verursachung
Rhinophonien	Störung des Stimmklangs und der Nasalität; Unterscheidung von „offenem Näseln" (z. B. bei Lippen-, Kiefer- und Gaumenspalten) und „geschlossenem Näseln"
Myofunktionelle Störungen	Veränderungen des Schluckvorgangs (z. B. durch eine fehlerhafte Zungenlage); häufig in Verbindung mit Artikulationsstörungen

Abbildung 3: Einteilung der Sprachbehinderungen

beit die Sprachtherapie an sich erheblich unterstützt bzw. zu einer Neubewertung der psychosozialen Situation beigetragen werden. Die Therapie selbst kann sich auf den Abbau der Störung, ein Ausnutzen der vorhandenen Fähigkeiten, aber auch auf die Notwendigkeit einer Einstellungsmodifikation zu nicht veränderbaren Lebenssituationen zentrieren. Die Art des Vorgehens richtet sich nach den Anforderungen des Einzelfalls, ist aber auch von dem zugrundegelegten Menschenbild und Therapiebegriff abhängig. Dementsprechend breit ist das Spektrum der Maßnahmen, das von der Symptomkorrektur einzeln ausgewiesener Störungsformen (z.B. bei der Lautanbildung) bis zu einer allgemeinen Aktivierung von Selbstlernaktivitäten reicht.

Vorwiegend bei Sprachstörungen im Erwachsenenalter werden darüber hinaus Aufgabengebiete der → Rehabilitation angesprochen, wobei die kommunikative, soziale und berufliche Wiedereingliederung des jeweiligen Personenkreises (z.B. bei einer Aphasie, Laryngektomie, Dysarthrophonie usw.) im Vordergrund steht. Neben einer Erweiterung der kommunikativen Fähigkeiten zielen die Maßnahmen auf eine Verbesserung der Lebenstüchtigkeit und Lebensqualität des Betroffenen, wobei psychosoziale Faktoren eine erhebliche Bedeutung gewinnen können.

Erziehung und Unterricht. Sprachheilpädagogisches Handeln bezieht sich auf die Schaffung von Sprachlernanlässen, die entwicklungsanregend und sprachspezifisch strukturiert sind, eine kommunikative Herausforderung darstellen und als lebensbedeutsam empfunden werden (Grohnfeldt 1999). Die übergeordnete Aufgabenstellung besteht darin, einerseits gezielt auf die spezifischen Lern- und Förderbedürfnisse des Einzelnen einzugehen, andererseits aber auch soziale Lernprozesse innerhalb der Gruppe zu stimulieren. Individualisierung und Sozialisierung sind aufeinander bezogen.

Unabhängig vom Lernort erweist sich die Verbindung von Unterricht und Sprachtherapie als permanente sprachheilpädagogische Herausforderung. Die seit Gründung der ersten Sprachheilschulen bekannte „Dualismusproblematik“ (Orthmann 1969) ist im Gefolge einer geänderten Schülerschaft immer mehr einer komplexen Aufgabe gewichen. Das Idealbild eines ausschließlich sprachgestörten Schülers ohne Intelligenzbeeinträchtigung oder Hörstörung erweist sich zunehmend als fiktiv. Überschneidungsbereiche sprachbezogener, kognitiver und psychosozialer Auffälligkeiten werden vermehrt beobachtet. Durch die Einrichtung von behinderungsübergreifenden *Förderzentren*, in denen Kinder der ehemaligen Schulen für Lernbehinderte, Verhaltensgestörte und Sprachbehinderte unterrichtet werden, soll auf den damit einhergehenden Strukturwandel eingegangen werden. Erste Erfahrungen sind jedoch eher zwiespältig und verweisen auf eine Kumulation der Schwierigkeiten (Bories u.a. 1998). Die außerordentlich divergierenden Voraussetzungen erschweren dabei verallgemeinernde Aussagen.

Letztlich gilt dies auch für die Unterrichtung sprachgestörter Kinder in unterschiedlichen Formen des Gemeinsamen Unterrichts und in *Ambulanzsystemen*. Durch eine vermehrte Kooperation von Lehrern der Sonderschule und der Allgemeinen Schule in additiven und integrativen Formen des Zwei-Lehrer-Systems wird eine Individualisierung der Maßnahmen angestrebt.

Übergreifend zeigt sich, dass jede Form der Institutionalisierung mit grundsätzlichen Vor- und Nachteilen verbunden ist. Entscheidungen für den Einzelfall sollten davon abhängig gemacht werden, inwieweit die Spezifität der sprachtherapeutischen Aufgabenstellung in der jeweiligen Einrichtung sichergestellt ist. Die generelle Weiterentwicklung scheint nicht nur von inhaltlichen Fragen, sondern auch von bildungspolitischen Präferenzen in den einzelnen Bundesländern bestimmt zu sein.

Vielfalt und Wandel der genannten Organisationsformen des Sprachheilwesens sind Ausdruck der Einbettung in die epochalen und gesellschaftlichen Rahmenbedingungen, die gerade in letzter Zeit zu erheblichen

Veränderungen geführt haben. Die Diskussion zur aktuellen Standortbestimmung der Sprachbehindertenpädagogik zentriert sich auf die Stellung zu den sonderpädagogischen Nachbardisziplinen, eine Schwerpunktverlagerung von schulischer zu außerschulischer Akzentuierung, Möglichkeiten der Kooperation mit der Logopädie. Die einzelnen Bereiche beeinflussen sich dabei gegenseitig. Die zukünftige Entwicklung hängt davon ab, inwieweit sich Vereinheitlichungs- bzw. Abgrenzungstendenzen durchsetzen können. Manfred Grohnfeldt

Literatur

Bories, E./Hagmann-Teiner, U./Möller, A./Tück, J.: Schulversuch Förderschule. In: Die Sprachheilarbeit 43 (1998) 283–284.

Dannenbauer, F. M.: Vom Leidensdruck des Ungenügens oder: Wer leistet die sprachheilpädagogische Arbeit? In: Behindertenpädagogik in Bayern 41 (1998) 46–57.

Dupuis, G.: Sprachbehindertenpädagogik. In: Solarová, S. (Hrsg.): Geschichte der Sonderpädagogik. Stuttgart 1983, 260–296.

Grohnfeldt, M.: Systeme der Sprachtherapie im internationalen Vergleich. In: Die Sprachheilarbeit 31 (1986) 179–189.

Grohnfeldt, M.: Merkmale der pädagogischen Sprachtherapie. In: Grohnfeldt, M. (Hrsg.): Grundlagen der Sprachtherapie (Handbuch der Sprachtherapie, Band 1). Berlin 1989, 13–31.

Grohnfeldt, M.: Förderschwerpunkt Sprache und Sprechen. In: Zeitschrift für Heilpädagogik 50 (1999) 152–155.

Orthmann, W.: Zur Struktur der Sprachgeschädigtenpädagogik. Berlin 1969.

Orthmann, W.: Geschichte der Sprachbehindertenpädagogik. In: Knura, G./Neumann, B. (Hrsg.): Pädagogik der Sprachbehinderten (Handbuch der Sonderpädagogik, Band 7). Berlin 1980, 67–91.

Straffälligkeit, Straffällige, Strafvollzugspädagogik

In demokratisch verfassten Gesellschaften bezeichnen Straftaten die Verletzung von elementaren Lebensgütern des Einzelnen sowie überragender Gemeinschaftswerte. Freiheitsentzug als mögliche Rechtsfolge von Straftaten bedeutet den Vollzug freiheitsentziehender Strafen sowie freiheitsentziehender Maßregeln. Die Verhängung erfolgt zumeist als *Freiheitsstrafe* gemäß § 38 Strafgesetzbuch StGB (für erwachsene Täter), als *Jugendstrafe* gemäß § 17 Jugendgerichtsgesetz JGG sowie in diversen Unterbringungsformen des *Maßregelvollzugs* (z. B. Sicherungsverwahrung).

In Deutschland gibt es 219 *geschlossene und offene Vollzugsanstalten*, davon 26 Jugend- und sechs Frauenanstalten (Statistisches Bundesamt 1999). Für beide Gruppen bestehen zudem Sonderabteilungen innerhalb von Erwachsenen- bzw. Männeranstalten. Psychisch schwer gestörte Straftäter werden in sozialtherapeutischen Anstalten und weiteren Sonderformen des Vollzugs untergebracht. Für Inhaftierte mit körperlichen Behinderungen, chronisch Kranke sowie Alterskranke sind Pflegeabteilungen bei ausgewählten Vollzugsanstalten eingerichtet.

Am 31.3.1998 gab es in Deutschland 56.661 Strafgefangene, darunter 54.365 Männer und 2.996 Frauen. Im *Jugendstrafvollzug* befanden sich 6.438, in der Sicherungsverwahrung 201 Personen (Statistisches Bundesamt 1999). Auszugehen ist von einer beträchtlichen Zahl psychisch und sozial erheblich auffälliger Inhaftierter, z. B. Alkoholkranken, Spielsüchtigen, Sexualdelinquenten oder hirnorganisch erkrankten

Menschen. Unter anderem wird ein Anteil von 30% → Drogenabhängigen angenommen (de Boor u.a. 1995).

Mit dem Fall des Eisernen Vorhangs und der Öffnung der europäischen Grenzen nach Osten erhöhte sich der Anteil der Strafgefangenen deutlich. Einige Strafanstalten beherbergen Gefangene aus über 50 Nationen, was nicht nur aufgrund der Kommunikationsschwierigkeiten, sondern auch hinsichtlich der individuellen Rehabilitationsperspektiven kaum zu lösende Probleme aufwirft, insbesondere, wenn von der Gewährung eines Bleiberechts angesichts einer restriktiven Ausländerpolitik nicht auszugehen ist.

Im Unterschied zur Strafhaft wird *Untersuchungshaft* wegen eines dringenden Tatverdachts in Verbindung mit Flucht-, Verdunkelungs- und Wiederholungsgefahr angeordnet. Aufgrund der Unschuldsvermutung des Inhaftierten beinhaltet diese am häufigsten angeordnete und praktizierte Haftart keinen eigenen Behandlungsansatz. 1996 befanden sich 20.440 Personen in Untersuchungshaft; 934 Gefangene unter 18 Jahren. Festzustellen ist hier eine Kulmination von Unterversorgung in fast jeder Hinsicht. Die katastrophale Situation hat zu Problemen in der U-Haft-Vermeidung geführt, gleichzeitig in der davon als Träger betroffenen Jugendhilfe die Diskussion um die als überholt angesehenen geschlossenen Heime neu entfacht (→ Heimerziehung).

Die *Geschichte des Strafvollzugs* im westlichen Kulturkreis lässt Entwicklungen von der reinen Vergeltungsstrafe über den Verwahrvollzug bis hin zu heutigen Ansätzen eines Erziehungs- und Behandlungsvollzugs erkennen. Zumindest ideell handlungsleitend sind die „Einheitlichen Mindestgrundsätze für die Behandlung von Gefangenen" der Vereinten Nationen von 1957, die Empfehlungen des Ministerkomitees des Europarats und die Europäischen Strafvollzugsgrundsätze von 1987, im internationalen Recht das Strafvollzugsgesetz StVollzG (1977) und das Jugendgerichtsgesetz JGG (1953) sowie die Verwaltungsvorschriften für den Jugendstrafvollzug (VVJug).

Als *Vollzugsziel des Strafvollzugs* wird die Befähigung des Gefangenen postuliert, „künftig in sozialer Verantwortung ein Leben ohne Straftaten zu führen" (§ 2 StVollzG); entsprechend für junge Inhaftierte die Erziehung zur künftigen Führung eines „rechtschaffenen und verantwortungsbewussten Lebenswandels" (§ 91 JGG). Dahinter steht die Annahme des Gesetzgebers, der dazu noch nicht fähige Gefangene könne diese Fähigkeiten in der Strafanstalt erwerben. Leitlinien hierzu sind die weitestmögliche Angleichung des Lebens im Vollzug an die allgemeinen Lebensverhältnisse, das Gegenwirken gegen die schädlichen Folgen des Freiheitsentzugs sowie die Hilfe zur Eingliederung in das Leben in Freiheit.

Orientierungsrahmen für diesen *sozialpräventiven* Anteil sowohl für den Jugend- als auch für den Erwachsenenvollzug ist der Vollzugsplan. Dieser wird aufgrund der mit Strafantritt grundsätzlich einzuleitenden Behandlungsuntersuchung erstellt und enthält Angaben über Unterbringung, Ausbildung, Weiterbildung, Arbeit, Vollzugslockerungen und Entlassungsvorbereitungen. Die Vollzugsanstalten bieten, in unterschiedlicher Schwerpunktsetzung und qualitativer Ausgestaltung, Fördermöglichkeiten in Form von internen Schulen, Berufsausbildungsgängen in Lehrwerkstätten sowie Arbeitsbetrieben an. Ein eigenes und dringend erforderliches Jugendstrafvollzugsgesetz wird seit 1976 diskutiert, ohne bislang erfolgte parlamentarische Umsetzung.

Pädagogisches Handeln im Strafvollzug ist ein Versuch bewusster und zielgerichteter Leitung von Entwicklungen im Sinne der Unterstützung sozial akzeptierten und der Reduzierung inakzeptablen Verhaltens. Es ist ein Handeln unter erschwerten Bedingungen, nicht nur aufgrund des institutionellen Rahmens mit der faktischen Vorrangstellung von Sicherheit und Ordnung nach außen und innen, sondern auch bezüglich der Ausgangssituation der Inhaftierten. Selbst wenn das gängige Klischee vom einfach strukturierten Räuber mit erheblichen

Sozialisationsdefiziten so sicherlich nicht zutrifft, ist nach wie vor sowohl bei deutschen als auch bei ausländischen Inhaftierten von einem erheblichen Anteil defizitär → sozialisierter junger und erwachsener Menschen mit zum Teil desolaten Lebenssituationen und erheblichem Förderbedarf in elementarer Bildung und Kulturtechniken, des Lern-, Arbeits- und Sozialverhaltens sowie beruflicher Qualifizierung auszugehen (→ Delinquenz). Dabei kann sich die Zielrichtung *sonderpädagogischer Intervention* im Sinne einer (re)integrationsorientierten Arbeit nicht allein auf die psychosoziale und kognitiv-rehabilitative Förderung der Inhaftierten und eine entsprechende Neuorientierung von Vollzugspersonal und Alltagsgestaltung konzentrieren, sondern muss im öffentlich-rechtlichen Raum wirksam werden, um eine (weithin nicht vorhandene) Akzeptanz für solche Bemühungen zu schaffen.

Pädagogisches Handeln ist nicht auf die besonderen Fachkräfte des Vollzugs (Psychologen, Lehrer, Sozialarbeiter, Geistliche) beschränkt, sondern kann von allen Mitarbeitern als Modell für konstruktives Sozialverhalten alltäglich realisiert werden. Dies ist möglich in der unspezifischen Form eines transparenten, normenorientierten Umgangs untereinander und mit Inhaftierten, aber auch durch Vermeidung überflüssiger und oft schikanöser Reglementierung; durch die Grundhaltung eines vorsichtigen Optimismus, realistischer Erwartungshaltungen, im Vorrang von Unterstützung und Ermutigung von sozialdienlichen Verhaltensweisen und Aktivitäten sowie in Einräumung von vertretbaren Entscheidungen. Ansätze eines Wohngruppenvollzugs bieten das dazu förderliche Feld. Hier kommt den Mitarbeitern des Allgemeinen Vollzugsdienstes (AVD), die anteilsmäßig die weitaus größte Mitarbeitergruppe stellen und faktisch vor allem Aufsichts- und Versorgungsfunktionen wahrnehmen, aufgrund ihrer räumlichen, aber auch sozialen Nähe zu den Inhaftierten eine zentrale Funktion zu. Die in vielen Bundesländern noch vor allem auf Rechtsnormenvermittlung abstellende Ausbildung des AVD weist gravierende curriculare und methodische Defizite auf.

Besondere *sonder- und sozialpädagogisch akzentuierte Aufgaben* liegen in der Entwicklung, Umsetzung und Überprüfung konkreter, inhaltlich spezifischer Lernangebote in den Bereichen schulischer Nachqualifikationen, beruflicher Ausbildungsgänge und Anlerntätigkeiten entlang den Marktgegebenheiten, konzeptionell begründeter Freizeitprogramme, Möglichkeiten des sozialen Lernens (Schuldaufarbeitung und Wiedergutmachung, Anti-Aggressions-Training, Wohngruppen-Vollzug) sowie in Beiträgen zu einem effizienten Sozialmanagement innerhalb der Vollzugs.

Pädagogisches Handeln in diesem Feld hat einen schweren Stand. Ein weitgehend behördlich hierarchisierter, erstarrter und verbürokratisierter Anstaltsalltag, geringe Möglichkeiten einer einrichtungsbezogenen pädagogischen Vollzugspraxis jenseits der Gruppeninteressen der Mitarbeiter, fehlende pädagogische Grundlegung der Bildungsprozesse, die Zufallsabhängigkeit von Angeboten gerade im von Langeweile und Passivität dominierten Freizeitbereich, teilweise Überbelegung, Überlastung der Fachdienste mit Verwaltungsarbeiten, die Dominanz kustodial-punitiver Orientierungen, fehlende Praxisberatung, der institutionalisierte und unlösbare Zielkonflikt zwischen → Erziehung und Behandlung tragen zu einer eher ernüchternden Einschätzung des Machbaren bei.

Ob und inwieweit Vollzugsbehandlung zur mittelfristigen *Reintegration* und *Resozialisation* erheblich belasteter und straffällig gewordener Menschen beiträgt oder nur zur Reduzierung von Haftschäden, ist empirisch schwer nachzuweisen. Zitierte Rückfallquoten zwischen 60 und 80 % erscheinen zu undifferenziert. Evaluationen zeigen tendenziell den negativen Einfluss längerer Vollzugsdauer auf die Rückfallraten, zum anderen die positive Auswirkung von angeleiteter Arbeitstätigkeit und berufsbildenden Maßnahmen. Schulische Förderung scheint dagegen das Legalverhalten eher mittelbar zu beeinflussen, wenn damit mittelfristig Statusverbesserungen erreicht werden. Insgesamt ist Freiheitsentzug aus Behandlungsgründen nicht zu rechtfertigen. Haft bedeutet weder Voraussetzung noch Erleichterung, sondern Erschwerung der Förderung (Walter 1999).

Sofern sich Sonderpädagogik grundsätzlich zuständig für die Förderung von Menschen mit besonderem Förderbedarf und in erschwerten Lebenslagen betrachtet, ist der Strafvollzug bei aller pädagogischen Ambivalenz ein von diesem Wissenschafts- und Praxiszweig zwar gröblichst vernachlässigtes, so doch genuines Forschungs- und Aktionsfeld (Myschker/Hoffmann 1984). Immer wieder auftauchende Ansätze einer eigenen Kriminalpädagogik (Klug 1930; Peters 1960; Kluge 1977) im Sinne einer Pädagogik des straffälligen Menschen bzw. des Strafvollzugs haben sich als eigener Wissenschaftszweig nicht durchsetzen können.

Philipp Walkenhorst

Literatur

Boor, W. de/Frisch, W./Rode, I. (Hrsg.): Resozialisierung – Utopie oder Chance? Köln 1995.

Klug, I.: Kriminalpädagogik. Paderborn 1930.

Kluge, K.-J. (Hrsg.): Kriminalpädagogik (3 Bände). Darmstadt 1977.

Myschker, N./Hoffmann, M.: Verhaltensgestörtenpädagogik im Strafvollzug. Hagen (FernUniversität Gesamthochschule) 1984.

Peters, K.: Grundprobleme der Kriminalpädagogik. Bern 1960.

Statistisches Bundesamt (Hrsg.): Statistisches Jahrbuch für die Bundesrepublik Deutschland. Stuttgart 1999.

Walter, M.: Strafvollzug. Stuttgart 1999.

Taubblindheit, Taubblinde, Taubblindenpädagogik

Der Gegenstandsbereich der Taubblindenpädagogik umfasst Praxis und Theorie der besonderen Bedingungen des Lernens und der sozialen Eingliederung von Kindern und Jugendlichen, deren Hör- und Sehfunktionen beeinträchtigt sind oder die gar nicht sehen und hören können. Für erwachsene Menschen, bei denen im Laufe ihres Lebens solche Beeinträchtigungen bzw. Ausfälle auftreten, sind spezifische Förder- und Rehabilitationsmaßnahmen entwickelt worden. Eine *doppelte Sinnesbehinderung*, die auf Schädigungen des Hörens und Sehens beruht, gilt als eine sehr gravierende Beeinträchtigung, da die beiden Fernsinne von zentraler Bedeutung für viele Lebensbezüge sind.

Für das Auftreten einer Seh- und Hörschädigung bei ein und derselben Person werden die Begriffe *Hörsehbehinderung* und *Taubblindheit* verwendet. Hörsehbehinderung wird häufig als Bezeichnung für leichtere Grade der Beeinträchtigung beider oder eines der beiden Sinnesorgane benutzt. Der Ausdruck Taubblindheit bezieht sich eher auf wesentliche Einschränkungen oder totale Ausfälle des Sehens und des Hörens eines Menschen. Als wesentliches Kriterium für die Zuordnung gilt die Wahrnehmungspräferenz: Hörsehbehinderte Kinder und Jugendliche erhalten dann eine taubblindenspezifische Förderung, wenn sie sich nicht auf ihre auditiven oder visuellen Eindrücke verlassen können und andere Sinne, insbesondere den taktil-kinästhetischen Sinn, als eindeutige Wahrnehmungsquelle einsetzen.

Hören und Sehen sind Fernsinne, die sich in vielen Wahrnehmungsakten gegenseitig ergänzen. Die wesentliche Einschränkung oder der Ausfall jedes einzelnen Sinnes führt zu massiven Behinderungen im Alltagsleben. Ist nur ein Sinn geschädigt, wird von den Betroffenen selbst ganz instinktiv der andere Fernsinn zu Hilfe genommen. Sowohl in der Sehgeschädigtenpädagogik als auch in der Hörgeschädigtenpädagogik werden gezielt Methoden und Hilfsmittel aus dem jeweils anderen Sinnesbereich herangezogen. Für Kinder und Jugendliche mit Hörsehbehinderung oder Taubheit können Methoden und Medien aus der → Blinden- oder → Sehbehindertenpädagogik bzw. aus der → Gehörlosen- oder → Schwerhörigenpädagogik in der Regel nicht unverändert übernommen werden; meistens müssen neue *taubblindheitsspezifische Hilfen* und Verfahrensweisen gefunden werden.

Menschen ohne bzw. mit eingeschränktem Hör- und Sehvermögen sind zum Aufbau ihrer Wirklichkeit und der Kommunikation wesentlich auf andere Sinnesbereiche angewiesen, insbesondere auf den taktil-kinästhetischen Sinn. Sie müssen mit ihrem Mund, ihren Füßen, ihrer Hautoberfläche, ihren Händen wahrnehmen, erkennen, identifizieren, wiedererkennen, explorieren, lokalisieren, Konzepte bilden, vergleichen, kommunizieren: Botschaften entschlüsseln und Botschaften senden, handeln (Pittroff 1998).

Zusätzlich wird die Situation dadurch kompliziert, dass Hörsehbehinderung und Taubblindheit mit jeder anderen Schädigung bzw. Behinderung gekoppelt in Erscheinung treten können. Infolgedessen entsteht in jedem Einzelfall ein ganz spezifischer sonderpädagogischer → Förderbedarf, der die Erstellung eines individuellen Förderplans nach sich zieht. Die Entscheidung über den jeweiligen Lernort, die Schulart, das Heim, die Lerngruppe hängt von dem diagnostizierten Bedarf und dem pädagogischen Förderplan ab, ist gegebenenfalls revidierbar und kann unterschiedlich ausfallen (Rath 1998).

Der Taubblindenpädagogik fallen schwerpunktmäßig zwei spezifische Aufgaben zu: die Entwicklung eines vorwiegend oder ausschließlich über taktil-kinästhetische Wahrnehmung gewonnenen Weltbildes; die Entwicklung von Interaktion und Kommunikation bei eingeschränktem Hör- und Sehvermögen oder bei Ausfall des Hörens und Sehens (Pittroff 1998).

Um diese Aufgaben lösen zu können, ist die Taubblindenpädagogik auf interdisziplinäre Zusammenarbeit mit pädagogischen und nichtpädagogischen Nachbardisziplinen angewiesen. Die Hirnforschung liefert z. B. neuere Ergebnisse, die für die Entwicklung der Wahrnehmung bei hörsehbehinderten und taubblinden Kindern und Jugendlichen pädagogisch relevant sind. Die Ergebnisse zeigen, dass durch die Schädigung der Seh- und Hörzentren nicht nur die entsprechenden Funktionen Sehen und Hören beeinträchtigt sind, sondern alle sensorischen Funktionen eine gewisse Irritation oder Einbuße erfahren. Mit einer Qualitätsveränderung des kompensatorisch so wichtigen taktil-kinästhetischen Sinnes muss gerechnet werden.

Die Erfahrung zeigt, dass viele taubblinde Kinder und Jugendliche ganz spezielle Vorlieben und Abneigungen bezüglich bestimmter Lagerungen, Körperhaltungen, des taktilen Kontakts oder motorischer Abläufe und Spiele entwickeln. Erkenntnisse über die Qualitätsveränderungen der taktil-kinästhetischen Wahrnehmung müssen immer wieder berücksichtigt werden, damit die Kontaktaufnahme mit der personalen und dinglichen Umgebung nicht behindert und gefährdet, sondern unterstützt und gefördert wird. Der Umgang mit Ergebnissen aus der Hirnforschung und mit Erfahrungen aus der taubblindenpädagogischen Praxis bildet eine Grundlage wahrnehmungstheoretischer Reflexionen in der Taubblindenpädagogik.

In der internationalen Forschung wird in der frühen – vorsymbolischen – Phase des Kindes übereinstimmend der interpersonale Austausch (interaction) innerhalb dyadischer und expandierender sozialer Beziehungen und Systeme als der Motor der Entwicklung betrachtet. Entwicklungsrisiken für geburtstaubblinde Menschen in diesem Bereich – und somit Herausforderungen für Theorie und Praxis der Taubblindenpädagogik – sind fehlende oder eingeschränkte Wechselseitigkeit der Interaktion (→ Interaktionismus) sowie fehlende oder eingeschränkte Grunderfahrungen wie Herausforderung, Orientierung im Raum, Interaktion mit Gleichaltrigen, Spiel.

Sobald ein Symbolverständnis angebahnt ist, treten Verständigungssysteme, die → Kommunikation ermöglichen, in den Vordergrund. Eine ‚natürliche' Sprache der Taubblinden gibt es nicht. Die unterschiedlichen *taktilen Kunstsprachen* müssen gebärdet, gelormt oder gefingert werden. Als tastbare Schrift wird die Punktschrift der Blinden verwendet (Pittroff 1996; 1998).

Waldtraut Rath

Literatur

Pittroff, H.: Schule für Taubblinde. In: Klostermann, B.: Hand in Hand – Unterricht, Erziehung, Förderung und Therapie mit mehrfachbehindert-sehgeschädigten Kindern. Würzburg 1996, 33–62.

Pittroff, H.: Der Förderbedarf hörsehbehinderter und taubblinder Kinder und Jugendlicher. In: Verband der Blinden- und Sehbehindertenpädagogen (Hrsg.): Lebensperspektiven: Bericht des 32. Kongresses der Blinden- und Sehbehindertenpädagogen. Würzburg 1998, 608–640.

Rath, W.: Ausgewählte Aspekte zur pädagogischen Förderung von hörgeschädigten Kindern und Jugendlichen mit Sehschädigungen. In: Leonhardt, A. (Hrsg.): Mehrfachbehinderte mit Hörschäden. Neuwied 1998, 153–161.

Verhaltensstörung, Verhaltensgestörte, Verhaltensgestörtenpädagogik

Gegenstand der Verhaltensgestörtenpädagogik sind misslingende und scheiternde Erziehungsprozesse, deren Ursache in unerwünschten, → abweichenden oder der erzieherischen Intention widerständigen Handlungen von Kindern und Jugendlichen gesehen werden. Die krisenhaften Erziehungssituationen werden in der Regel den Heranwachsenden attribuiert, indem ihre Handlung als Verhaltensstörung bezeichnet wird. Die als auffällig oder gestört definierten Verhaltensweisen von Kindern und Jugendlichen gelten damit als Ursache für einen erschwerten Erziehungsprozess. Der Terminus Verhaltensstörung stellt im pädagogischen Kontext jedoch keine empirisch-deskriptive Kategorie, sondern eine kommunikative Konstruktion dar, mit deren Hilfe sehr unterschiedliche, problematische Erziehungssituationen reflektiert und institutionelle Hilfen initiiert werden können (Hillenbrand 1996). Ein besonderes Problem bildet dabei die unvermeidbare Normgebundenheit des Begriffs.

Die Praxis der Erziehung bei Verhaltensstörungen, die *Erziehungshilfe*, versucht, den Auftrag und Prozess der Erziehung unter den erschwerenden Bedingungen in spezifischer Weise zu realisieren. Die Aufgabe der Erziehungshilfe stellt sich nicht nur der Schule für Erziehungshilfe (Sonderschule). In weit größerem Umfang beantwortet die Sozialpädagogik in institutioneller und methodischer Hinsicht die Problematik der Verhaltensstörungen, oftmals sind auch Gebiete psychologischer (Psychotherapie), medizinischer (Kinder- und Jugendpsychiatrie) und juristischer Praxis (Jugendstrafvollzug, → Strafvollzugspädagogik) involviert.

Die Verhaltensgestörtenpädagogik als *Wissenschaft* reflektiert solche problematischen Erziehungsprozesse, deren Ursache in auffälligen, abweichenden oder erschwerenden Verhaltensweisen der Kinder und Jugendlichen gesehen werden. Sie stellt sich die Aufgabe, die vorgängige Praxis der Erziehungshilfe zu reflektieren, wissenschaftsmethodisch angeleitet zu beschreiben, kritisch einzuordnen und Perspektiven zu entwickeln. Als eigenes wissenschaftliches Arbeitsgebiet innerhalb der Behindertenpädagogik bildete sie sich erst Ende der 1960er Jahre aus. Neben der Verhaltensgestörtenpädagogik behandeln insbesondere die Sozialpädagogik, zunehmend auch die Schulpädagogik und die allgemeine Pädagogik solche Problemkonstellationen. Mit wichtigen Nachbardisziplinen steht die Verhaltensgestörtenpädagogik im Austausch: mit der Psychologie (Entwicklungspsychopathologie), Medizin (Kinder- und Jugendpsychiatrie) und Rechtswissenschaft (Kriminologie). Die verschiedenen Zugangsweisen konstituieren das Problemfeld mit je unterschiedlichem Fokus: die gestörte sozial-emotionale Entwicklung, interne pathologische Prozesse, sozialisierte Regelverstöße oder der erschwerte Erziehungsprozess (Pädagogik) stehen im Zentrum.

Das Unterscheidende der Verhaltensgestörtenpädagogik bildet sich sprachlogisch im Begriff *Verhaltensstörung* als der differentia specifica ab. Der Terminus bezeichnet nach einer im deutschen Sprachraum verbreiteten Definition „ein von den zeit- und kulturspezifischen Erwartungen abweichendes maladaptives Verhalten, das organogen und/oder milieureaktiv bedingt ist, wegen der Mehrdimensionalität, der Häufigkeit und des Schweregrades die Entwicklungs-, Lern- und Arbeitsfähigkeit sowie das Interaktionsgeschehen in der Umwelt beeinträchtigt und ohne besondere pädagogisch-therapeutische Hilfe nicht oder nur unzureichend überwunden werden kann" (Myschker 1999, 41). Auf der Phänomen-Ebene geht es in der Erziehungspraxis bei Verhaltensstörungen insbesondere um Verhaltensweisen von Heranwachsenden, die im Vergleich zu geltenden Normen als aggressiv, ängstlich, hyperaktiv, entwicklungsverzögert oder delinquent bezeichnet werden. Als Ursachen kommen psychosoziale und/oder organisch-biologische Faktoren in Frage, wobei die erste Gruppe von hervorgehobener Bedeutung ist. Die Bedeutung der Emotionalität findet in jüngster Zeit stärkere Beachtung, wie sie auch in der aktuellen Begriffsfassung „Gefühls- und Verhaltensstörung" zum Ausdruck kommt (Opp 2003). Die soziokulturelle und historische Relativität von Normen lässt für manche Kritiker die Basis der Verhaltensgestörtenpädagogik fragwürdig erscheinen. Die Forderung nach ihrer Aufhebung, verbunden mit der idealisierenden Erwartung eines Verschwindens der praktischen Erziehungsprobleme, übersieht jedoch die in der Erziehungs- und gesellschaftlichen Lebenspraxis sehr rigide eingeforderten Verhaltensweisen mit entsprechenden Sanktionen bei Normabweichungen. Der Begriff Verhaltensstörung vermag zwar keine empirisch-exakten Ansprüche zu erfüllen, er verweist jedoch auf Notsituationen und zu initiierende Hilfen (Förderbedarf).

Auf der Basis empirischer Analysen lassen sich die im Konstrukt Verhaltensstörung zusammengefassten divergierenden Phänomene in folgendem Klassifikationsschema einordnen (s. Abb. 4).

Über die *Prävalenz* aller kindlichen Verhaltensstörungen liegen sehr divergierende Zahlen vor. Während der Deutsche Bildungsrat 1973 von 1 % aller Heranwachsenden ausgeht, kommen psychiatrische Untersuchungen auf Häufigkeiten bis zu 61 %. Die methodisch gut abgesicherte Untersuchung von Remschmidt/Walter (1990) ermittelt nach einer strengen Anwendung international gültiger Kriterien der Kinder- und Jugendpsychiatrie mindestens 12,7 % aller Schulkinder, die behandlungsbedürftige psychische Auffälligkeiten aufweisen. Verhaltensstörungen stellen folglich ein weit verbreitetes Phänomen dar. Allerdings erhielten nur gut ein Zehntel der betroffenen Kinder auch eine adäquate Behandlung. Das Risiko einer Verhaltensstörung hängt nach dieser Studie mit dem Alter, der sozialen Schicht, dem besuchten Schultyp und dem Ausländerstatus zusammen: Niedrigeres Alter, niedrige soziale Schicht, Besuch von Sonder-, Grund- oder

Externalisierende Störungen	Aggression, Hyperaktivität, Aufmerksamkeitsstörung, Impulsivität
Internalisierende Störungen	Angst, Minderwertigkeit, Trauer, Interesselosigkeit, Schlafstörungen, somatische Störungen
Sozial unreifes Verhalten	Konzentrationsschwäche, altersunangemessenes Verhalten, leicht ermüdbar, leistungsschwach, nicht belastbar
Sozialisiert delinquentes Verhalten	Gewalttätigkeit, Reizbarkeit, Verantwortungslosigkeit, leichte Erregbarkeit und Frustration, Beziehungsstörungen, niedrige Hemmschwellen
Die größte Häufigkeit kommt den externalisierenden Störungen zu, gefolgt von internalisierenden Auffälligkeiten. Die beiden verbleibenden Klassen sind empirisch weniger abgesichert.	

Abbildung 4: Einteilung der Verhaltensstörungen

Hauptschule und Ausländerstatus kovariieren eng mit einem vermehrten Auftreten von Verhaltensstörungen. Pädagogische Schätzungen gehen von einer Häufigkeit von 15 bis 20 % (Myschker 1999) aus, für ca. 3,5 % der Schüler werden besondere schulische Hilfen (Schule für Erziehungshilfe, ambulante Hilfen) für notwendig gehalten (Goetze 2001).

In der *Geschichte* lassen sich erzieherische Bemühungen bei Verhaltensstörungen seit Beginn der Moderne nachweisen (Myschker 1999; Göppel 1989). Problematische Erziehungssituationen werden seitdem als Herausforderung für die Erziehungspraxis und ebenso für pädagogische Reflexionen begriffen. Pestalozzis Erziehungsversuche und seine pädagogisch-anthropologischen Schriften stehen exemplarisch für diese Bemühungen, die bis heute große Wirkungen auf die → Heimerziehung haben. Er erkannte bereits, dass die ‚Verwahrlosung' von Kindern häufig auf benachteiligenden soziokulturellen Lebensverhältnissen beruht und letztlich nur durch die Ansprache der Selbstgestaltungskräfte eines Kindes überwunden werden kann. Einrichtungen der Kinder- und Jugendpsychiatrie bestehen seit Mitte des 19. Jahrhunderts, und ein eigenständiger Jugendstrafvollzug setzte erst mit der Gründung der Anstalt in Wittlich (Mosel) 1911 ein. Erste schulische Bemühungen erfolgten 1926 in den Beobachtungsklassen in Zürich und ab 1928 in den Erziehungsklassen unter Leitung des Schulrats Arno Fuchs in Berlin. Der Aufbau von Sonderschulen für Schüler mit Verhaltensstörungen erfolgte nach dem 2. Weltkrieg eher zögerlich und traf in den 1970er Jahren auf massive Kritik.

Zur Frage der Entstehung und erzieherischen Behandlung von Verhaltensstörungen existieren sechs unterschiedliche *Theoriemodelle* (Benkmann 1993). Das biophysische Modell betont physiologisch-organische Ursachen, z. B. die These der Neurotransmitterstörung als Ursache für Hyperaktivität, die eine medikamentöse Behandlung rechtfertigt. Das psychodynamische Modell sieht in der mangelnden Befriedigung emotionaler, frühkindlicher Bedürfnisse die Ursache von Verhaltensstörungen und fordert eine tiefenpsychologisch ausgerichtete Erziehung (→ psychoanalytisch/→

individualpsychologisch), z. B. Redls Prinzip der Ich-Stärkung bei delinquenten Jugendlichen. Das verhaltensmodifikatorische Modell erklärt und behandelt Verhaltensstörungen auf der Basis behavioristischer Lerntheorien, etwa der kooperativen Verhaltensmodifikation (Redlich/Schley) für den Unterricht bei externalisierenden Verhaltensstörungen. Das soziologische Modell erkennt in sozialen Prozessen der Etikettierung und Stigmatisierung die entscheidenden Faktoren, z. B. die Bedeutung sozialer Zuschreibungsprozesse für die Entwicklung delinquenter Jugendlicher (→ Delinquenz). Das polit-ökonomische Modell macht die kapitalistischen Produktionsverhältnisse für Verhaltensstörungen verantwortlich; → Aggression gilt als individuelle Verarbeitung deprivierender Lebensverhältnisse (Wohnen, Familie, Berufschancen). Das ökologische Modell versteht das Verhalten von Heranwachsenden als Funktion innerhalb des sozialen Systems, in dem das Kind lebt. Verhaltensstörungen lassen sich als Ausdruck entkoppelter Gesellschaftssysteme (Speck) analysieren.

Die verschiedenen Theorieansätze entwickeln unterschiedliche *Handlungsmodelle* und *Erziehungsmethoden*. Drei basale Ansatzpunkte (Beziehung, Gespräch, Lebensraum) werden durch pädagogisch-therapeutische Verfahren ergänzt (Hillenbrand 2003b).

Die Beziehung von Erzieher und Heranwachsendem steht an erster Stelle: Aufbau, Stabilität und altersgemäße Gestaltung bilden die Basis erzieherischen Handelns bei Verhaltensstörungen. Das Gespräch besitzt ebenfalls herausragende Bedeutung. Redl entwickelte aus tiefenpsychologischer Perspektive das Verfahren des Life-Space-Interviews. Häufig wird auch auf die Gesprächspsychotherapie von Carl Rogers verwiesen: Empathie, Kongruenz (Echtheit) und emotionale Wärme (Wertschätzung) gelten als wesentliche Gestaltungsprinzipien. Die Strukturierung des Lebensraums zu einem therapeutischen Milieu, sei es im Heim oder in der Schule, ist der dritte grundlegende Ansatz der Erziehung und Förderung bei Verhaltensstörungen. Beziehung, Gespräch und therapeutisches Milieu stellen unverzichtbare Handlungsformen dar. Des Weiteren finden sogenannte pädagogisch-therapeutische Verfahren große Beachtung: Spiel-, Moto-, Kunst- und Musiktherapie in erzieherisch-modifizierten Formen, die Durchführung einer Verhaltensmodifikation, die Nutzung von Entspannungs- und Meditationsverfahren und der reflektierte Einsatz einer Kombination von Interventionstechniken (Hillenbrand 2003b).

Für die Didaktik bei Verhaltensstörungen (Hillenbrand 2003a) liegen einige Vorschläge vor, die auf den genannten Theoriemodellen beruhen. Cruickshank sah aufgrund der biophysischen Annahme einer minimalen Hirnschädigung in einer reizreduzierten Lernumgebung bei gleichzeitiger Reizverstärkung der Aufgaben und Lernmaterialien die adäquate Form der Förderung hyperaktiver Kinder. Die Technik der Verhaltensmodifikation (→ Verhaltenstherapie) fand großes Interesse im Unterricht und stellt in ihren Weiterentwicklungen der kooperativen und kognitiven Verhaltensmodifikation (Redlich/Schley; Lauth) weiterhin wichtige Handlungsformen bereit. Am Entwicklungsgedanken orientiert sich die Konzeption von Mary Wood, die inzwischen als Entwicklungstherapeutisches Modell auch in Deutschland praktiziert wird (Bergsson): Verhaltensstörungen gelten als Entwicklungsrückstände, die durch intensive Lernprozesse auf einen altersadäquaten Stand gebracht werden können.

Institutionen der Erziehungshilfe lassen sich in sozialpädagogische, schulpädagogische, kriminalpädagogische und kinder- und jugendpsychiatrische Einrichtungen einordnen. Die Heime als sozialpädagogische Einrichtungen nehmen Heranwachsende aus familiären Not- und Krisensituationen auf. Gezielte sozialpädagogische (Spiel, Gruppenarbeit, Freizeitgestaltung) bis zu therapeutischen Maßnahmen dienen der Rehabilitation. Inzwischen bieten viele Heime dezentrale Wohnmöglichkeiten an, die den Übergang in die Selbständigkeit erleichtern und Stigmatisierungen vermeiden sollen. Weiterhin bestehen in einigen Einrichtungen geschlossene Abteilungen für besondere Problemsituationen. Der Ausbau ambulanter Hilfsangebote soll frühzeitig die Eskalation der Situation und die häufige Zuweisung in Pflegefamilien die soziale Isolierung verhindern. Schulische Hilfen bestehen nicht nur im entsprechenden Typus der Sonderschulen (Schule für Erziehungshilfe/Verhaltensgestörte), sondern in vielfältigen Formen der Förderung von der ambulanten Einzelfallhilfe über die Arbeit in Fördergruppen bis hin zum Unterricht in psychiatrischen Kliniken und im Jugendstrafvollzug. Aufgrund ihrer historischen Entwicklung ist die Schule für Erziehungshilfe nur marginal ausgebaut: Im Kontrast zu den hohen Prävalenzraten existieren gerade einmal für 0,3 % aller Schulkinder Plätze in speziellen Schulen zur Erziehungshilfe. Die schulische Betreuung von Kindern und Jugendlichen mit Verhaltensstörungen findet folglich zumeist in Grund- und Hauptschulen statt, ohne dass sie gezielte sonderpädagogische Hilfen erhielten, und sozialpädagogische Hilfen fehlen häufig völlig. Die schulische Integration bei Verhaltensstörungen erweist sich nach internationalen Untersuchungen als besonders erschwert (Goetze 1990): Verhaltensstörungen führen zur sozialen Isolation, benötigt werden gezielte Hilfen für alle Beteiligten. Kriminalpädagogische Maßnahmen setzen nach der Verurteilung eines Jugendlichen ein (→ Strafvollzugspädagogik). Als weniger massive Strafen vor der Verhängung des Freiheitsentzugs können Erziehungsmaßregeln oder Zuchtmittel eingesetzt werden: die Teilnahme an sozialen Trainingsmaßnahmen, Erbringung einer Arbeitsleistung in sozialen Einrichtungen und insbesondere der Täter-Opfer-Ausgleich. Im Strafvollzug stehen drei Erziehungsaufgaben im Vordergrund: Aktivierung schulischer Bildungsprozesse, Aufbau beruflicher Qualifikationen und Vermittlung von Kompetenzen der Freizeitgestaltung. In medizinischen Einrichtungen dominiert häufig die medizinisch-psychologische Therapie. In solchen Einrichtungen leistet die Erziehung bei Verhaltensstörungen wertvolle Beiträge in sozialpädagogischen (analog der Heimerziehung) oder schulpädagogischen Formen (Gefängnisschule, Klinikschule).

Die wissenschaftliche Diskussion der Pädagogik bei Verhaltensstörungen bezieht seit dem Ende der 1990er Jahre besondere Impulse aus der Resilienzforschung (Göppel 1997; Opp u.a. 1999). Die Aufdeckung protektiver Faktoren in der kindlichen Entwicklung verheißt neue Hoffnungen für die Erziehungshilfe. Die mit dem Terminus Verhaltensstörung bezeichneten Erziehungsprobleme erweisen sich dennoch als komplexe Beeinträchtigungen der Persongenese, die professioneller, multipler und flexibler Hilfestellungen bedürfen. Die Reflexion in der Verhaltensgestörtenpädagogik stellt daher ein multidisziplinäres und spannungsreiches Wissenschaftsgebiet dar.

Clemens Hillenbrand

Literatur

Benkmann, K.-H.: Pädagogische Erklärungs- und Handlungsansätze bei Verhaltensstörungen in der Schule. In: Goetze, H./Neukäter, H. (Hrsg.): Pädagogik bei Verhaltensstörungen (Handbuch der Sonderpädagogik, Band 6). Berlin 2. Aufl. 1993, 71–119.

Göppel, R.: „Der Friederich, der Friederich...“. Das Bild des „schwierigen Kindes“ in der Pädagogik des 19. und 20. Jahrhunderts. Würzburg 1989.

Göppel, R.: Urspünge der seelischen Gesundheit. Risiko- und Schutzfaktoren in der kindlichen Entwicklung. Würzburg 1997.

Goetze, H.: Verhaltensgestörte in Integrationsklassen – Fiktionen und Fakten. In: Zeitschrift für Heilpädagogik 41 (1990) 832–840.

Goetze, H.: Grundriß der Verhaltensgestörtenpädagogik. Berlin 2001.

Hillenbrand, C.: Deskription und Programm – zur Problematik des Begriffs „Verhaltensstörung“. In: Vierteljahreszeitschrift Sonderpädagogik 26 (1996) 194 – 207.

Hillenbrand, C.: Didaktik bei Unterrichts- und Verhaltensstörungen. München 2. Aufl. 2003a.

Hillenbrand, C.: Pädagogische Interventionen bei Gefühls- und Verhaltensstörungen. In: Leonhardt, A./Wember, F. B. (Hrsg.): Grundfragen der Sonderpädagogik. Bildung – Erziehung –

Behinderung. Ein Handbuch. Weinheim 2003b, 518 – 544.
Hillenbrand, C.: Einführung in die Pädagogik bei Verhaltensstörungen. München 3. Aufl. 2006.
Myschker, N.: Verhaltensstörungen bei Kindern und Jugendlichen. Erscheinungsformen – Ursachen – Hilfreiche Maßnahmen. Stuttgart 3. Aufl. 1999.
Opp, G.: Symptomatik, Ätiologie und Diagnostik bei Gefühls- und Verhaltensstörungen. In: Leonhardt/Wember 2003, 504–517.
Opp, G./Fingerle, M./Freytag, A.: Was Kinder stärkt. Erziehung zwischen Risiko und Resilienz. München 1999.
Remschmidt, H./Walter, R.: Psychische Auffälligkeiten bei Schulkindern. Göttingen 1990.

Philosophie der Behindertenpädagogik

Anthropologie

Anthropologie, die »Lehre vom Menschen«, ist als Reflexion seiner Körper-Geist- bzw. Trieb-Vernunft-Polarität so alt wie die abendländische Philosophie selbst, wurde jedoch nicht als eigenständige Disziplin, sondern bis ins 19. Jahrhundert im Rahmen der metaphysischen Gesamtdeutung des Seins (Ontologie) behandelt. Der Wandel vom Gott-Mensch- zum Mensch-Tier-Vergleich, die Abgrenzung vom Tier wurde schließlich für Anthropologien konstitutiv: „Mit seiner Unvernunft beweisen sie die Menschenwürde" (Horkheimer/Adorno 1986, 262). Das stellt → Behindertenpädagogik vor Legitimationsprobleme (→ geistige Behinderung = ‚Unvernunft'?). Umgekehrt wird aus behindertenpädagogischer Sicht → schwer(st)e Behinderung als ‚Extremfall des Menschseins' zum Prüfstein der Tragfähigkeit anthropologischer Konzepte und Menschenbilder.

Die *Philosophische Anthropologie* (Habermas 1977) im engeren Sinn entstand zwischen den Weltkriegen in Deutschland. Ihre Begründer und Hauptvertreter (M. Scheler; H. Plessner; A. Gehlen) erhoben die vierte Kantische Frage „*Was* ist der Mensch?" zum Programm und versuchten in Anknüpfung an Biologie, Lebensphilosophie und Phänomenologie das „*Wesen*" des Menschen und seine „*Stellung in der Welt*" zu ergründen. Zentrale Leitbegriffe sind Geist, Sprache, Handlung etc. Durch sie hat sich das „Mängelwesen" Mensch von der naturhaften Umweltbindung der Pflanzen und Tiere zur „Weltoffenheit" emanzipiert, ist → Person und als solche nicht objektivierbar.

Demgegenüber macht bzw. hat anthropologische Forschung (Leitfrage: *Wie* ist der Mensch?) den Menschen zum Objekt – und zwar aus der jeweiligen Perspektive empirischer Einzelwissenschaften: z. B. als *Naturwissenschaftliche Anthropologie* (Biologie, Ethologie, Genetik, Medizin, Neurowissenschaften), die Daten über den Organismus sammelt und die phylogenetischen Zusammenhänge mit den übrigen Lebewesen aufzeigt (Evolutionstheorie), oder als *Sozial-* und *Kulturanthropologie*, die die Wechselwirkung zwischen jeweiliger Gesellschaft und Individuum untersucht (Kulturvergleich, ethnologische Forschung).

Pädagogische Anthropologie (Kamper 1989) versucht den philosophisch-personalistischen mit dem empirisch-datensammelnden Ansatz zu verbinden und ist teleologisch angelegt. D. h. sie fragt noch akzentuierter als die philosophische Anthropologie nach der Bestimmung des Menschen (Erziehungsziele), wodurch sie stets mit → Ethik verknüpft ist. Bei aller Heterogenität der Ansätze kann als durchgängiges Thema seit Kant und Herbart die „Menschwerdung des Menschen durch Erziehung" gelten. Wichtige Leitbegriffe sind dementsprechend *Erziehungsbedürftigkeit* bzw. die Dialektik von „Bildsamkeit und Bestimmung" (Roth 1976) und *Autonomie/Mündigkeit* bzw. die Anleitung zur Selbsttätigkeit. Dies gilt auch für die Behindertenpädagogik als „Erziehung unter erschwerten Bedingungen" (Moor), auch wenn sie an Vielfalt und Bedeutung anthropologischer Entwürfe kaum je mit der Allgemeinen Pädagogik Vergleichbares hervorgebracht hat.

In den 1950er und 60er Jahren wurde pädagogische Anthropologie zum Fundament oder gar Synonym für die Allgemeine Pädagogik und beanspruchte zeitweise den Status einer „Integrationswissenschaft" (Roth), die alle relevanten humanwissenschaftlichen Befunde im Blick auf die Erziehung zusammenfasst und interpretiert. Aufgrund der Unabschließbarkeit eines solchen integralen Ansatzes, vor allem aber wegen der Gefahr, Idealbilder dogmatisch zu fixieren und konservativ statt emanzipatorisch zu wirken, geriet die pädagogische Anthropologie unter Ideologieverdacht und wurde zunehmend von gesellschaftstheoretischen Ansätzen verdrängt (Kamper 1989). Heute findet sich die Forderung, pädagogische Anthropologie nur noch als kritische und historische zu betreiben und Menschenbilder als Bezugsrahmen für Erziehung und Bildung zu ‚dekonstruieren' (Wulf 1994; für die Behindertenpädagogik: Jakobs 1997).

Dennoch erfahren seit den 80er Jahren – noch forciert durch die sog. Singer- oder → Euthanasie-Debatte – gerade in der Behindertenpädagogik Anthropologie und die Frage nach dem „Menschenbild für die Heilpädagogik" (Haeberlin 1985*)* eine Renaissance. Dies mag verwundern, da vor allem → geistige bzw. schwere Behinderung in der Anthropologie nicht vorkommt, ja deren Kategorien vielmehr zur Ausgrenzung der Betroffenen aus dem Menschlichen missbraucht werden und die *Verschiedenheit* der Menschen nicht auf den Begriff bringen können. Auch das Bemühen um einen integralen Ansatz mit dem Ziel einer Grundlegung der Behindertenpädagogik (Speck 1988) muss wie in der Allgemeinen Pädagogik naturgemäß fragmentarisch und widersprüchlich bleiben. Zudem haben sich frühere, als Verstehensbemühung durchaus gut gemeinte, phänomenologische Versuche einer *Sonderanthropologie* als Grundlage von → Sonderpädagogik (z.B. Langeveld: „Der Schwachsinnige lebt in einer schwachsinnigen Welt") durch die Überbetonung des ‚Andersseins' als gefährlicher Irrweg erwiesen. In den philosophischen Grundlegungsbemühungen einer → Schwer(st)behindertenpädagogik wird gegenwärtig erneut vor allem der phänomenologische Ansatz aufgegriffen (Pfeffer 1988 u.a.), jedoch nicht i.S. einer Sonderanthropologie, sondern insofern er von der grundlegenden Bedeutung der ‚Intentionalität' (Gerichtetheit) und ‚Leiblichkeit' allen menschlichen Lebens ausgeht.

Meist handelt es sich jedoch in der Behindertenpädagogik um mehr oder weniger geklärte anthropologische Implikationen bzw. Adaptionen anthropologischer Modelle aus Biologie, Philosophie, Psychologie und Soziologie – also um ‚Menschenbilder'. Als *Menschenbild* bezeichnet man das Gesamt der bewussten wie vorbewussten Auffassungen einer Person oder Gruppe über das, was *den* Menschen ausmacht bzw. ausmachen *soll*. Es kann sowohl als Alltagstheorie wie als wissenschaftliches Modell, als Bestandteil einer Weltanschauung oder Religion wie als philosophische Reflexion auftreten. Meist handelt es sich um eine Mischung von rationalen und irrationalen Elementen mit normativer Funktion. Dabei ist zum einen ein Zusammenhang mit dem je subjektiven Selbstbild (Persönlichkeitsideal), zum anderen ein mehr oder weniger starker Einfluss auf das soziale Handeln feststellbar.

Deshalb wird in der Behindertenpädagogik mit Nachdruck die Forderung erhoben, das einer Erziehungstheorie oder -praxis zugrunde liegende Menschenbild aufzudecken und für die Bewertung des jeweiligen Konzepts sowie die Aufstellung von Erziehungszielen heranzuziehen (Haeberlin 1985). Manche Autoren gehen noch weiter und fordern für die (Meta-)Theorie-Ebene ein ‚Bilderverbot', um unzulässige Verallgemeinerungen, dogmatisch-weltanschauliche Verkürzungen oder Normierungen von Gesundheit, Leistungsvermögen, Bildung etc. auszuschließen, die behinderte Menschen nicht erfüllen können (Bleidick 1990, unter Berufung auf Bollnow; Jakobs 1997, im Anschluss an die Kritische Theorie).

Eine typische Weltanschauungs- oder Menschenbild-Pädagogik stellt z.B. die auf der *Anthroposophie* („Menschen-Weisheit") Rudolf Steiners basierende Waldorf- und Heilpädagogik/Sozialtherapie dar. Ihre bemerkenswerte reformpädagogische Praxis und die Verbreitung anthroposophischer Behinderteneinrichtungen ist Anlass, dieses Menschenbild hier eigens zu erwähnen, obwohl es in der Anthropologie eine eher fragwürdige Sonderstellung einnimmt. Steiner unterscheidet vier „Wesensglieder": „physischer Leib", „Ätherleib" (vegetatives Leben), „Astralleib" (animalische Seele) und „Ich" (Geist). Diesen Aufbau verknüpft er mit einer Reinkarnations- und Karma-Lehre: „Der sich verkörpernde Geist bringt ...

aus seinen vorigen Verkörperungen sein Schicksal mit ... die Seele unterliegt dem selbstgeschaffenen Schicksal" (Hemleben 1975, 90f.). Das „Geistige" als individueller Wesenskern (Entelechie) des Menschen kann nicht defekt sein, sondern nur seine Inkarnation, das äußere „Gefäß", der Körper, oder die Seele als das zwischen Körper und Geist vermittelnde Dritte. Die Anthroposophie will zwar den Blick für den wertvollen, „gesunden Wesenskern" jedes sog. behinderten Menschen schärfen, doch sind eine implizite Abwertung des Sinnlich-Körperlichen und die Auffassung von Behinderung als „selbstgeschaffenes Schicksal" anthropologisch wie pädagogisch prekär. Trotz gegenteiliger Absicht Steiners wirkt diese selbsternannte „Geisteswissenschaft", die eine „Erkenntnis höherer Welten" für sich in Anspruch nimmt, insgesamt heute eher esoterisch-mystifizierend und schließt sich aus dem philosophischen und sozialwissenschaftlichen Diskurs der Moderne weitgehend selbst aus.

Entgegen solchen Hypostasierungen des menschlichen ‚Wesens', die ein ‚wahres Menschenbild' als Richtschnur und Ziel des Handelns aufstellen wollen, wäre mit der Kritischen Theorie aufzuzeigen, dass philosophisch- und pädagogisch-anthropologische Aussagen nicht absolut und zeitlos gültig, sondern Ergebnis geschichtlich-gesellschaftlicher Prozesse sind. Die ‚Natur' des Menschen ist nicht mehr als eine spezifische Substanz denkbar, sondern stellt eine soziale Bestimmung dar und kann als soziale Relation, als „Ensemble der gesellschaftlichen Verhältnisse" (Marx) oder als „praktische Intersubjektivität" (Mead) reformuliert werden (Jakobs 1997). Statt „sich der eminent anthropologischen Frage zu entheben, wie eine Wirklichkeit, die als unmenschlich erscheint, weil alle menschlichen Fähigkeiten, die wir lieben, in ihr verkommen und ersticken, zu überwinden sei" (Horkheimer 1988, 259), bezieht sich eine kritisch-materialistische Theorie auf die realen Lebensverhältnisse und Bedürfnisse der konkreten Menschen. Anthropologische Aussagen müssen auf gemeinsame Erfahrungen der Solidarität und ‚Koexistenz' beziehbar sein, ja aus diesen erst entwickelt werden. Eine solche anthropologie- und gesellschaftskritische Herangehensweise, die die Verschiedenheit wie die Gleichwertigkeit der Menschen achtet und *mikrologisch* orientiert ist (Jakobs 2004), bleibt gerade auch für eine Behindertenpädagogik in integrativer Absicht von erheblicher Relevanz.

Hajo Jakobs

Literatur

Bleidick, U.: Die Behinderung im Menschenbild und hinderliche Menschenbilder in der Erziehung von Behinderten. In: Zeitschrift für Heilpädagogik 41 (1990), 514–534.

Habermas, J.: Philosophische Anthropologie. In: ders.: Kultur und Kritik. Verstreute Aufsätze. Frankfurt 1977, 89–111.

Haeberlin, U.: Das Menschenbild für die Heilpädagogik. Bern 1985. 5. Aufl. 2003.

Hemleben, J.: Rudolf Steiner. Reinbek 1975.

Horkheimer, M. (1935): Bemerkungen zur philosophischen Anthropologie. Ges. Schriften, Bd. 3. Frankfurt 1988, 249–276.

Horkheimer, M.; Adorno, Th.W. (1944): Dialektik der Aufklärung. Frankfurt 1986.

Jakobs, H.: Heilpädagogik zwischen Anthropologie und Ethik. Eine Grundlagenreflexion aus kritisch-theoretischer Sicht. Bern 1997.

Jakobs, H.: Mikrologische Heilpädagogik – heilpädagogische Mikrologie? In: Greving, H./Mürner, Ch./Rödler, P. (Hrsg.): Zeichen und Gesten – Heilpädagogik als Kulturthema. Gießen 2004, 29–47.

Kamper, D.: Anthropologie, pädagogische. In: Lenzen, D. (Hrsg.): Pädagogische Grundbegriffe. Bd. 1. Reinbek 1989, 82–88. 7. Aufl. 2004.

Pfeffer, W.: Förderung schwer geistig Behinderter. Eine Grundlegung. Würzburg 1988.

Roth, H.: Pädagogische Anthropologie. Bd. 1 u. 2. Hannover 1976.

Speck, O.: System Heilpädagogik. Eine ökologisch reflexive Grundlegung. München 1988. 5. Aufl. 2003.

Wulf, Chr. (Hrsg.): Einführung in die pädagogische Anthropologie. Weinheim 1994.

Arbeit und Beruf

Mit Arbeit und Beruf sind Schlüsselbegriffe zum Verständnis moderner Gesellschaften benannt, die Arendt (1987) schon in den 50er Jahren dazu veranlaßt haben, von modernen Gesellschaften als *Arbeitsgesellschaften* zu sprechen.

In einem umfassenden, emphatischen Sinne kann man unter *Arbeit* ganz allgemein „die Auseinandersetzung des Menschen mit seiner natürlichen und sozialen Umgebung" verstehen (Daheim/Schönbauer 1993, 9), alle Formen der tätigen Auseinandersetzung mit der Welt. Sozialhistorisch (Gil 1997) und soziologisch (Beck u.a. 1980; Daheim/Schönbauer 1993) betrachtet besitzen allerdings nicht alle Formen des tätigen Weltbezugs eine vergleichbar sozialstrukturbildende Qualität und stehen nicht gleichermaßen im Zentrum gesellschaftlicher Anerkennung. Obwohl auch die industriegesellschaftliche Moderne der Erziehungs-, Familien- und Eigenarbeit, der Pflege sozialer Netzwerke, ehrenamtlicher Tätigkeiten und bürgerschaftlichen Engagements unabdingbar bedarf, um sich zu reproduzieren, verkürzt sich das Verständnis von Arbeit primär auf jene Kraft, Zeit und Qualifikation, die Menschen zum Zwecke ihres Lebensunterhalts verkaufen, kurz: auf Lohn- oder Erwerbsarbeit.

Um die quantitative und qualitative Abstimmung zwischen Arbeitskräftenachfrage und -angebot zu gewährleisten, organisiert sich das arbeitsmarktrelevante Arbeitsvermögen in Form von Berufen bzw. in berufsförmigen Strukturen. *Berufe* sind in diesem Sinne zu verstehen als „relativ tätigkeitsunabhängige, gleichwohl tätigkeitsbezogene Zusammensetzung und Abgrenzung von spezialisierten, standardisierten und institutionell fixierten Mustern von Arbeitskraft, die u.a. als Ware am Arbeitsmarkt gehandelt und gegen Bezahlung in fremdbestimmten, kooperativ-betrieblich organisierten Arbeits- und Produktionszusammenhängen eingesetzt werden" (Beck u.a. 1980, 20). Berufe sind, anders ausgedrückt, marktförmig zugeschnittene Muster von Arbeitsvermögen, die als Entwicklungsschablonen Orientierungsmuster für gesellschaftlich organisierte funktionale und extrafunktionale berufliche Qualifizierungsprozesse dienen.

Die Entäußerung der Arbeitskraft auf dem Arbeitsmarkt wird in modernen Gesellschaften zum zentralen Medium materieller Sicherung und sozialer → Integration, der lohnarbeitszentrierte Lebensentwurf wird zum biographischen Fahrplan: „Denn für Erwerbsgesellschaften ‚normal' ist, dass die einzelnen ihren Lebensunterhalt nach Möglichkeit mittels einer abhängigen Beschäftigung bestreiten; andere Existenzformen werden ökonomisch wie sozial als nachgeordnet bzw. als Ausnahmefall wahrgenommen" (Bonß 2000, 334).

Die zentrale gesellschaftliche Bedeutung und Stellung von Arbeit und Beruf sind *historisch* betrachtet ein Produkt der Neuzeit. Ob bei Platon, Aristoteles oder im traditionellen christlichen Verständnis: Bis ins Mittelalter hinein dominierte ein Begriff von Arbeit als notwendigem Übel, als Last der körperlichen Auseinandersetzung mit der Welt zum Zwecke des Überlebens (Gil 1997). Erst im Mittelalter beginnt das Projekt der Umwertung der Arbeit „vom Makel, vom Ausschlusskriterium zur unersetzbaren Sinnmitte der Gesellschaft" (Beck 2000, 35). Die Geschichte der Neuzeit kann mit Max Weber und Norbert Elias gelesen werden als die Geschichte der Durchsetzung eines durch disziplinierte Lebensführung gekennzeichneten Arbeitsbürgers, als Durchsetzung der *Lohnarbeit* als Standardmuster gesellschaftlicher Teilhabe und Integration. Es war ein „sehr langer, viele Generationen übergreifender Prozess nötig, bis die für die jüngere Neuzeit schließlich kennzeichnende Arbeitsauffassung – das Arbeits- und Leistungsethos, aber auch die streng geregelte methodische Lebensführung – die ganze Gesellschaft durchdringen konnte" (Meier 2000,

72), auch wenn der Gedanke der Arbeit als Mühsal von den frühen Gesellschaftsutopien bei Thomas Morus und Tommaso Campanella an immer virulent blieb.

Erst ein lange währender Umgestaltungs-, Disziplinierungs- und Erziehungsprozess der sozialen Strukturen wie auch der Innenwelten und Subjektausstattungen der Menschen ließ die Erwerbsarbeit zu jenem „Identitätsgehäuse" werden (Keupp), das es für die Menschen der modernen Industrie- und Dienstleistungsgesellschaft am Beginn des 21. Jahrhunderts (immer noch) zu sein scheint: „Der biblische Fluch, nur wer arbeitet, *isst* – darf essen, ist zur Arbeitsmoral geworden, die das Menschsein begründet, nur wer arbeitet, *ist* – ein Mensch" (Beck 1999, 19). Der lange Weg vom mittelalterlichen Menschen zum *disziplinierten Arbeitsbürger* der Neuzeit mit seinem säkularisierten Arbeitsethos führte über Fabrikinspektoren und Fabrikordnungen, über neue Organisationsformen der Produktion, aber auch über Bettelverbote und Bettelordnungen, Industrieschulen und Arbeitshäuser, über die sukzessive Entstehung und Ausdifferenzierung eines Systems sozialer (Ver-)Sicherung, über die allgemeine Schulpflicht schließlich bis zur Institutionalisierung von Jugend- und Behindertenhilfe. Die „Erwerbsarbeit erzeugt nicht nur Güter, Reichtum, materiellen Wohlstand, sondern auch ‚Seele', bestimmte mentale, psychische oder geistige Haltungen, Motivationen und Dispositionen, die die Reproduktion eines konkreten Gesellschaftsmusters allererst möglich machen. (...) Die objektiven Merkmale einer Gesellschaft müssen in subjektive ‚Seele', in individuelle Habitusformen übersetzt werden, damit die Gesellschaft sich erhalten kann" (Gil 1997, 58). Die erzieherisch miterzeugte individuelle Genese eines arbeitszentrierten Lebensmodells ist immer ein doppeltes: die Übersetzung gesellschaftlicher Strukturen in „Seele", in individuelle Habitusformen einerseits, zugleich aber auch der stetige „Neubau der gesamtgesellschaftlichen Ordnung" andererseits. Alle Maßnahmen gegen Arbeitslosigkeit und für die berufliche Integration tragen deshalb für Schelsky „sozialordnerischen Charakter in dem tiefen Sinne, dass sie, ob sie es wollen oder nicht, die Grundbezüge der Gesellschaft formen und Rückwirkungen auf die Ordnung und Entwicklung der sozialen Gesamtheit haben" (1952, 275).

Diese neue *arbeitszentrierte Lebens- und Geisteshaltung* war und ist mehr als die technologische Entwicklung die Grundlage einer Erfolgsgeschichte, die ihren Ausdruck in einer entfesselten Reichtumsproduktion findet: „Nicht die Techniken, sondern die neuen Ideologien waren es, die unsere modernen Gesellschaften schufen" (Thurow 1996, 393). Aus dieser Perspektive erweist sich die arbeitsgesellschaftliche Moderne als durch und durch pädagogisches Projekt, nämlich als Erzeugung der funktionalen und vor allem extrafunktionalen Grundlagen einer „produktiven" Lebenshaltung.

Der Zusammenhang von *Arbeit und Erziehung* erschließt sich in modernen Gesellschaften infolgedessen nicht nur dort, wo etwa Schule oder Jugendhilfe direkt, explizit und unmittelbar in Form von Beratung, Berufsvorbereitung, Berufsausbildung und Beschäftigung an der Schwelle vom Bildungs- zum Beschäftigungssystem tätig werden, wie etwa in der berufskundlichen Unterweisung in allgemeinen Bildungsgängen, im Rahmen der → Berufsausbildung im dualen System oder in vollzeitschulischen Ausbildungsgängen, in der beruflichen Fort- und Weiterbildung, in der beruflichen Rehabilitation oder der Jugendsozialarbeit. Virulent ist er vielmehr in allen erzieherischen Arrangements. Begreift man die Angebote und Organisationen des Erziehungssystems aus wohlfahrtsstaatlicher Perspektive als Institutionen der sozialpolitischen Regulation und → Normalisierung von Lebensläufen und formuliert man die Aufgabe der Pädagogik mit Thiersch (1998, 36) als Normenrepräsentation vor den Heranwachsenden, so „dass sie mit ihren Möglichkeiten in sie hineinwachsen können", so konkretisiert sich das Normalitätsmodell und Biographiemuster moderner Gesellschaften, das Pädagogik zu repräsentieren hat, als im Kern (lohn-)arbeitszentriert. Brater (1997, 157) verdeutlicht dies am Beispiel der Schule: „Alle Bildungs- und Erziehungsbemühungen von Schule, alle ihre Lerninhalte, alle Verhaltensnormen, die sie in der Vergangenheit auch gegen die Schüler durchsetzen konnte, lebten traditionell von dem Verweis auf die Notwendigkeit und Anforderungen des ‚späteren Lebens'. Schule konnte nie Selbstzweck sein, sondern war immer Mittel zum Zweck und nur dadurch allen Beteiligten plausibel zu machen" (für die Jugendsozialarbeit: Galuske 1993; 1998). Die Notwendigkeit, dass die historische Genese eines arbeitszentrierten Lebensmusters gleichsam in jedem einzelnen Erziehungsprozess nachvollzogen und reproduziert werden muss, die Notwendigkeit des „individuellen Zivilisationsprozesses" (Elias) ist zugleich die Grundbedingung eines qualitativ und quantitativ expandierenden Sektors vergesellschafteter Bildung, Erziehung und Sozialisation (Rauschenbach 1999).

Das Verhältnis von Arbeit und Beruf im Horizont der Erziehung kann an der Schwelle zum 21. Jahrhundert nicht angemessen beschrieben werden ohne einen Hinweis auf gesellschaftliche Veränderungen, die seit Mitte der 70er Jahre unter Stichworten wie „Krise", „Ende" oder „Modernisierung" der Arbeitsgesellschaft diskutiert werden. In der neueren Debatte wird hervorgehoben, dass im Zuge arbeitsorganisatorischer und technologischer Entwicklungen das Ende des Normalarbeitsverhältnisses als Grundlage der Vollbeschäftigungsgesellschaft gekommen ist, einer „Gesellschaft, deren zentrale Institutionen auf Vollbeschäftigung in Form von Normalarbeit aufbauen und in der das Muster individueller Normalbiographie auf abhängiger Arbeit beruht" (Beck 2000, 8). In der Tat lässt sich auch für die Bundesrepublik anhand wachsender Zahlen von befristet Beschäftigten, Scheinselbständigen, Leiharbeitnehmern, gering entlohnten Dienstbotentätigkeiten sowie insgesamt einer Ausweitung marginaler Formen der Beschäftigung (Beck 1999; 2000) eine Flexibilisierung des Arbeitsmarktes und der Beschäftigungsstrukturen belegen, die die Idee des Normalarbeitsverhältnisses – dauerhaft, vollzeitlich, ausreichend bezahlt, sozialrechtlich geschützt – als Basis der Lebensführung zunehmend aushöhlt. Nach Berechnungen von Beck u.a. (1999) ist der Anteil der im klassischen Sinne Vollbeschäftigten in Deutschland von über 80 % in den 70er Jahren auf knapp über 60 % in den 90er Jahren zurückgegangen; in England vollzog sich die Entwicklung von einem ähnlichen Ausgangssockel noch rapider. Dort sind nur noch ca. ein Drittel „normalbeschäftigt".

Das *Ende der Vollbeschäftigungsgesellschaft* ist auch das Ende ihrer Sicherheiten und Selbstverständlichkeiten und damit in letzter Konsequenz das Ende eines (lohn-) arbeitszentrierten Biographiemusters. Oder, wie es Gorz ausdrückt: „Wir erleben das Verschwinden einer spezifischen Weise, der Gesellschaft anzugehören" (2000, 79). An seine Stelle treten individualisierte Biographien, Puzzle- und Bastelbiographien, die sich einer Normierung und Standardisierung mehr und mehr entziehen und in denen Lohnarbeit in je spezifischer Weise in das fragile Gebäude der eigenen Lebensplanung integriert wird. Die Kehrseite des Zugewinns an Entscheidungsfreiheit über das „eigene Leben" sind allerdings die sozialen und psychischen „Kosten" einer zunehmenden Flexibilisierung und Entstandardisierung von Lebensmustern, der zunehmenden Durchsetzung des „Unschärfe-Prinzips" (Beck 1999, 73) als Strukturmerkmal der individualisierten und flexibilisierten Arbeitsgesellschaft, stellt sich doch die Frage: „Wie kann ein Mensch in einer Gesellschaft, die aus Episoden und Fragmenten besteht, seine → Identität und Lebensgeschichte zu einer Erzählung bündeln? Die Bedingungen der neuen Wirtschaftsordnung befördern vielmehr eine Erfahrung, die in der Zeit, von Ort zu Ort und von Tätigkeit zu Tätigkeit driftet" (Sennett 1998, 31). Anders ausgedrückt: Flexibilität „liefert keine Anleitung, wie ein Leben zu führen sei, kann sie nicht liefern" (ebenda, 203).

Mit der Modernisierung der Arbeitsgesellschaft werden die alten, im „Modell der

Erreichbarkeit" (Böhnisch 1994) verdichteten Leitbilder und Orientierungsmuster eines durchschnittlichen, lohnarbeitszentrierten Lebensentwurfs zunehmend brüchig und dysfunktional im Hinblick auf die Gestaltung der Zukunft und verlieren damit ihre Funktion als mehr oder minder unhinterfragte Zielperspektive von Bildungs- und Hilfeprozessen. Mehr noch: Ein Festhalten an entsprechenden Leitbildern dürfte nicht nur die Schule der Gefahr aussetzen, „zur Scheinwelt zu werden, anachronistisch zu sein, in Gesellschaften einzuführen, die es gar nicht mehr gibt oder die nur noch für kleine Subkulturen Bedeutung haben" (Brater 1997, 158).

Die Veränderungen der Arbeitsgesellschaft müssen folgerichtig auch zu einer neuen Runde der *pädagogischen Selbstverständigung* führen, die zwingend einer wissenschaftlich reflektierten Begleitung und Beratung bedarf. In jedem Falle dürfte die Bewegung, in die das Verhältnis von Arbeit, Beruf und Erziehung in den letzten Jahren aufgrund der Veränderungen im Feld der Lohnarbeit geraten ist, auch absehbar ihre Fortsetzung finden. Im Horizont der Debatte um Bürgerarbeit und Bürgergesellschaft, die derzeit eher als ‚Gedankenexperiment' die Diskussion um mögliche Alternativen zur Ausbuchstabierung einer radikalen Marktgesellschaft bestimmt, deutet sich überdies eine Erweiterung des Arbeitsbegriffs an sowie eine Aufwertung bislang eher sekundär assoziierter Felder wie der Haus- und Reproduktionsarbeit, der Eigenarbeit, der → Selbsthilfe, der ehrenamtlichen Tätigkeit usw. (Rauschenbach 1999) und damit eine Aufwertung der bislang vergessenen Seite der Arbeitsgesellschaft, die aber immer schon die stillschweigende Voraussetzung ihres Funktionierens war.

Eine solche *Ausweitung des Arbeitsbegriffs* über die engen Grenzen der bisherigen Lohnarbeit hinaus, bei gleichzeitiger Neujustierung der Formen materieller Absicherung sowie gesellschaftlicher Reichtumsverteilung, könnte für die pädagogischen Prozesse – neben allen im Prozess des Übergangs zwangsläufig entstehenden Belastungen – auch entlastende Wirkungen mit sich bringen. Eine Befreiung vom Normalitätsdruck eines ausschließlich arbeits- bzw. lohnarbeitszentrierten Lebensmodells könnte etwa bedeuten, dass z. B. in der pädagogischen Arbeit in der Jugendberufshilfe und mit Arbeitslosen die Auseinandersetzung mit den mehr oder minder tragfähigen Modellen der Lebensbewältigung innerhalb diskontinuierlicher und prekärer Berufsbiographien neu in den Mittelpunkt gerückt wird; dass nicht mehr der einseitig fixierte Blick auf die Übergangsquoten in den ersten Arbeitsmarkt, die per se eher von der Aufnahmefähigkeit des Arbeitsmarktes als von der Qualität der pädagogischen Angebote abhängen, das alleinige Maß aller Dinge ist (Galuske 1993; 1998) (→ Lebenslauf und pädagogische Begleitung).

Aber auch für diejenigen, deren Perspektive nicht bzw. nicht mehr in der (Re-)Integration in den ersten Arbeitsmarkt besteht, etwa für → Schwerst- und Mehrfachbehinderte oder für dauerhaft *Arbeitsunfähige*, könnte eine solche Veränderung und Erweiterung des Arbeitsbegriffs eine befreiende Potenz entfalten, eröffnet doch die Pluralisierung der Lebensformen und die Individualisierung der Lebensstile in der pädagogischen Begleitung bei der Suche nach einem tragfähigen und sinnerfüllten Leben jenseits der ausgetretenen Pfade von ‚Arbeitsersatz' und ‚Lohnarbeitssimulation' eine neue Dynamik und neue Perspektiven. Das „Leben ohne Beruf" (Butzke/Bordel (1989) ist als eine realistische Alternative der Behindertenpädagogik bislang noch nicht hinreichend in den Diskurszusammenhang aufgenommen worden.

Michael Galuske/Thomas Rauschenbach

Literatur

Arendt, H.: Vita Activa oder Vom tätigen Leben. München 5. Aufl. 1987.

Beck, U.: Schöne neue Arbeitswelt. Vision: Weltbürgergesellschaft. Frankfurt 1999.

Beck, U. (Hrsg.): Die Zukunft von Arbeit und Demokratie. Frankfurt 2000.

Beck, U./Brater, M./Daheim, H.: Soziologie der Arbeit und der Berufe. Reinbek 1980.
Böhnisch, L.: Gespaltene Normalität. Weinheim 1994.
Bonß, W.: Was wird aus der Erwerbsgesellschaft? In: Beck 2000, 327–415.
Brater, M.: Schule und Ausbildung im Zeichen der Individualisierung. In: Beck, U. (Hrsg.): Kinder der Freiheit. Frankfurt 1997, 149–174.
Butzke, F./Bordel, R. (Hrsg.): Leben ohne Beruf? Alternative Lebensgestaltung junger Behinderter ohne berufliche Perspektive. Heidelberg 1989.
Daheim, H./Schönbauer, G.: Soziologie der Arbeitsgesellschaft. Grundzüge und Wandlungstendenzen der Erwerbsarbeit. Weinheim 1993.
Galuske, M.: Das Orientierungsdilemma. Bielefeld 1993.
Galuske, M.: Jugend ohne Arbeit. Das Dilemma der Jugendberufshilfe. In: Zeitschrift für Erziehungswissenschaft 1 (1998) 535–560.
Gil, Th.: Sozialphilosophie der Arbeit. Stuttgart 1997.
Gorz, A.: Arbeit zwischen Misere und Utopie. Frankfurt 2000.
Meier, Ch.: Das Problem der Arbeit in seinen Zusammenhängen. In: Beck 2000, 67–84.
Rauschenbach, Th.: Das sozialpädagogische Jahrhundert. Analysen zur Entwicklung Sozialer Arbeit in der Moderne. Weinheim 1999.
Schelsky, H.: Die Jugend der industriellen Gesellschaft und die Arbeitslosigkeit. In: DGB/Schelsky, H.: Arbeitslosigkeit und Berufsnot der Jugend. Köln 1952, 269–314.
Sennett, R.: Der flexible Mensch. Die Kultur des neuen Kapitalismus. Berlin 1998.
Thiersch, H.: Kinderkriminalität. Zur Frage nach Normen und Abweichungen. In: Müller, S./Peter, H. (Hrsg.): Kinderkriminalität. Opladen 1998, 27–50.
Thurow, L.: Die Zukunft des Kapitalismus. München 1996.

Ethik

Ethik ist der Name für die philosophische Lehre vom guten Tun (griech.: ethos = Sitte). Sie erhebt den grundsätzlichen Anspruch auf Subjektunabhängigkeit und Allgemeingültigkeit ihrer Aussagen – im Unterschied zu dem meist synonym gebrauchten Moralbegriff, der eher individuelles konkretes Handeln moralisch anleitet, auch partikulare, zeitgebundene Wertvorstellungen bezeichnet.

Die Rede von einer Ethik des Faches taucht erstmals im Buchtitel „Ethik in der Sonderpädagogik“ (Blickenstorfer u.a. 1988) auf; sie löste die → Anthropologie als jahrzehntelang gültiges normatives Bezugssystem ab. Seither signalisiert sie ein wachsendes Interesse für die Frage, was sittlich gut ist für Behinderte. Der Verlust an inhaltlich gemeinsamen Wertvorstellungen in der Gegenwart fordert die Pädagogik insgesamt heraus (Zirfas 1999). Spezifisch für die Situation in der Behindertenpädagogik und nachhaltig verunsichernd ist aber die Wirkung der Provokation Singers (1994) geblieben, Schwerstbehinderten ein Lebensrecht streitig zu machen.

Eine behindertenpädagogische Ethik fragt nach der *Legitimierbarkeit* von Prinzipien und Formen des (pädagogischen) Umgangs mit Behinderten. Das kann unter zwei sich teilweise überschneidenden Aspekten geschehen: (1) *individualethisch* als Rechtfertigung grundlegender Ansprüche auf Leben und Bildung; sie können als Minimaldefinition eines allgemeinen und rechtlich verbrieften Achtungsanspruchs namens Menschenwürde gelten; (2) *sozialethisch* als Rechtfertigung von Hilfen bei der schulischen/gesellschaftlichen Umsetzung solcher Achtungsgebote, nach Maßgabe von Leitbildern wie Gerechtigkeit (→ Kommunitarismus) und → Normalisierung. Im Umkreis einer Ethik der Fürsorge (Care-Ethik) bemüht man sich, einen allgmein verpflichtenden Charakter von Hilfen zu begründen, obschon sie in vielen Fällen nicht erzwungen werden können (Graumann 2006). Das geschieht in Abgrenzung von eher autonomieorientierten Ethiken wie etwa der Diskursethik (Conradi 2001).

Viele neueren Versuche einer behindertenpädagogischen Ethik sind aus der Auseinandersetzung mit der Philosophie Singers hervorgegangen, obschon sein Name von Anfang an stellvertretend für eine gesellschaftliche Strömung stand: Unter der Bedingung „radikal gewachsener technischer Möglichkeiten und radikal geschrumpfter metaphysischer Fundamente“ (Barkhaus u.a. 1996, 215) ist die traditionelle Ethik der Unantastbarkeit menschlichen Lebens in Frage gestellt. Zu dieser Entwicklung steuert Singer seine *präferenzutilitaristische* Rechtfertigung bei. Sie läuft auf ein abgestuftes Achtungsverständnis hinaus, je nachdem, ob jemand als → Person gilt – vorausgesetzt wird eine wenigstens minimale kognitive und kommunikative Befähigung – oder nicht. Depersonalisierung Schwerstbehinderter, der Entzug ihrer Menschenwürde wäre die Folge. Holistischen Bioethiken wie derjenigen Singers geht es um mehr als eine Reflexion ethischer Fragen im Zusammenhang mit dem molekularbiologischen Fortschritt; sie reklamieren eine Verantwortung für die gesamte Schöpfung. Darüber geht verloren, dass Menschen in ihren unterschiedlichsten Ausprägungen moralisch weiterhin als Einheit anzusehen sind. Eine behindertenpädagogische Ethik steht konträr zu jeder Art von *anthropologischem Reduktionismus*: Ohne die Entscheidung für ein Lebens- und Bildungsrecht aller Menschen – maßgebend für ein auf Weiterentwicklung angelegtes Leben – ist sie nicht denkbar, mag der wissenschaftstheoretische Status auch strittig sein (Bleidick 1996, 336).

Die philosophische Frage nach der moralischen Schutzwürdigkeit von Personen wird in der *Europäischen Menschenrechtskonvention zur Biomedizin* von 1997 konkret, ohne dass deren Antwort befriedigen kann. Nichteinwilligungsfähige Demenzkranke, wenn auch nur ausnahmsweise, in der medizinischen Forschung als ‚Mittel‘ für den therapeutischen Fortschritt z.B. in der Alzheimer-Erkrankung einzusetzen, verstößt gegen ein absolutes Verständnis von Kants kategorischem Imperativ: „Handle so, dass du die Menschheit, sowohl in deiner Person als auch in der Person jedes anderen, jederzeit als Zweck, niemals bloß als Mittel brauchst“ (Metaphysik der Sitten 1797). Das präventive Bemühen, Behinderung nicht erst entstehen zu lassen, gerät leicht in Gegensatz zum Anliegen einer Gleichwertigkeit allen menschlichen Lebens. Eine wichtige Verstärkerrolle kommt der Art der → Prävention (medizinische Versuche, → Euthanasie) zu, der Verallgemeinerung des präventiven Anliegens auf sämtliche Störungen, auch der Gleichsetzung von → Leid und Behinderung. Die integrationsförderlichen bzw. -abträglichen Folgen medizinischen Handelns sind der Grund für eine ethische Reflexion in der Behindertenpädagogik.

Entstehungsgeschichte sowie fortgesetzte Aktualität der beschriebenen Veränderungen erklären das besondere Interesse behindertenpädagogischer Ethik an grundlegenden Fragen. Dazu zählt auch die Frage nach der *Legitimität praktizierter Stellvertretung* in den Hilfen für Behinderte. Die Behindertenpädagogik sieht sich immer wieder mit der Frage konfrontiert, inwieweit sie überhaupt ein Mandat habe, angesichts der Selbstvertretungsansprüche Behinderter für sie zu sprechen, also Macht auszuüben (Antor/Bleidick 2000).

In existentiellen und vielfach irreversiblen medizinischen *Entscheidungssituationen zwischen Leben und Tod* kann Stellvertretung grundsätzlich keine legitime Handlungsgrundlage sein: „Leben lässt sich als Wert nur bestimmen, wenn man es selber lebt“ (Radtke 1990, 275). Hier ist die Selbstrechtfertigung alternativlos, folglich das Legitimationsdefizit etwa bei der Früheuthanasie offensichtlich, wenn die Außenperspektive einer *advokatorischen Ethik* (Brumlik 1992) der Maßstab sein muss.

Pädagogisch betrachtet trifft das Prinzip der Stellvertretung Behinderter auf eine widersprüchliche Ausgangslage. Die unterschiedlichen Entwicklungsmöglichkeiten von Kindern und Jugendlichen mit Behinderung machen beides erforderlich: Hilfen zu einem selbstbestimmten Leben, auch wenn dafür zunächst alle Voraussetzungen zu fehlen scheinen; zugleich in manchen Fällen → schwerster Behinderung eine Bereitschaft, sich ungeachtet jeder erdenklichen → basalen Förderung autonomer Entwicklungsschritte auf eine dauerhafte Anwaltschaft einzustellen. Entsprechend uneinheitlich ist, metaethisch, die Grundlage sonderpädagogischen Handelns. Sie schwankt zwischen einer *Ethik der Gleichheit* von Ansprüchen und Verpflichtungen – sie hat kontrafaktisch immer auch pädagogische, also ungleiche Beziehungen zu regulieren (→ Bildung, Bildungsrecht) – und einer letztlich unaufhebbaren *Asymmetrie* von Starken und Schwachen, wie sie etwa im Zentrum der Philosophie von Lévinas steht.

Für eine *professionsmoralische* Qualifizierung von Pädagogen ginge es darum, diese Prinzipien einer behindertenpädagogischen Ethik in pädagogische Haltungen zu transformieren: Tugenden einer „wertgeleiteten Heilpädagogik" wie die „Anerkennung der Abhängigkeit" (im Anschluss an MacIntyre: Haeberlin 2005, 330 ff.) und ‚Achtung' als vorbildhafte pädagogische Haltung und als Ziel einer moralischen Erziehung (Speck 1996); gelegentlich wird gar eine Art authentischer Betroffenheit als Exklusivvoraussetzung für den pädagogischen Umgang mit Behinderten gefordert, (dadurch dass der Sonderpädagoge gleichfalls, und möglichst gleich, behindert ist). In einer Zeit der Diffusion und Konkurrenz von Wertorientierungen haben es konkrete Sollensforderungen nicht leicht, sich Gehör zu verschaffen, zumal die geisteswissenschaftliche Tradition idealisierender Postulate heute kein Vorbild mehr sein kann (→ Lehrer, Lehrerbildung). Moralische Maßstäbe für den zwischenmenschlichen Umgang lassen sich grundsätzlich danach unterscheiden, ob eine Gleichheit der Lage gegeben ist, dann gilt *Gerechtigkeit* als geboten, oder Ungleichheit, dann ist *Wohlwollen* das Regulativ (Herzog 1991, 48 ff.). Das Problem einer zeitgemäßen Professionsmoral ist neben Fragen der Disposition und Vermittelbarkeit solcher Haltungen in der Ausbildung der Konflikt zwischen ihnen: Wann ist Gerechtigkeit der Beurteilung und wann ist Wohlwollen pädagogisch angezeigt?

Für die kommenden Jahre zeichnet sich ein stärkerer Anwendungsbezug in der ethischen Reflexion und eine Ausweitung des betroffenen Personenkreises über Geistigbehinderte hinaus ab. Die Grundgesetzergänzung des Art. 3 Abs. 3 Satz 2 (→ Diskriminierungsverbot) formuliert ein Gleichheitsgebot für alle Behinderten, das unter erschwerten finanzpolitischen Bedingungen in unterschiedlichen Lebensbereichen zu verwirklichen ist. Alle Versuche, Institutionen und pädagogische Unterstützung am Maßstab ‚Menschenwürde' auszurichten, geraten in Widerstreit zum Wirtschaftlichkeitsgebot, ablesbar an der zum 1.1.1999 in Kraft getretenen Neuregelung der §§ 93 ff. BSHG. Dazu kommt, dass Fragen der Reichweite und der Absicherung von Menschenwürde rechtlich in hohem Maße offen sind.

Strittig ist im Fach, ob mit der Anerkennung von Lebens- und Bildungsrecht zugleich die Festschreibung eines gemeinsamen Lernorts als eine Art Grundrecht verbunden ist. Aus Sicht des Kritischen Rationalismus haben Fragen der zweckmäßigen Schulorganisation einen anderen → wissenschaftstheoretischen Status: nicht absolute Gewissheit gilt, sondern der Vorbehalt einer Überprüfung an der Wirklichkeit. Dem entspricht der Tenor des Urteils des Bundesverfassungsgerichts vom 8.10.1997 (→ Schulrecht). Es bindet, bei aller prinzipiellen Wertschätzung, den → integrativen Unterricht an die Bedingung mutmaßlich erfolgreicher → Förderung. Konkret kann das Ergebnis einer Einzelfallentscheidung, bei strenger Begründungspflicht, auch Sonderschulbesuch heißen.

Verschiedentlich erfolgt eine Einteilung von Verfahren zur Rechtfertigung moralischer Entscheidungen nach deontologischen, utilitaristischen und diskursethischen Ableitungen (Bleidick 1996, 333). Nach der *deontologischen* Position kommt Personwürde allen Menschen zu, und sind grundlegende Rechte auf Leben und Bildung aus sich heraus, ohne eine weitergehende Begründung, legitim. So gilt für das Lebensrecht der „Grundsatz der Lebenswertindifferenz" (Lübbe 1998, 19). Von einer *utilitaristischen* Gegenposition aus wird die moralische Qualität einer Handlung empirisch, nach den Folgen für die von ihr Betroffenen beurteilt. Man fragt in einer hedonistischen Nutzenkalkulation, inwieweit sich Leiden verringern und so die Summe des Glücks steigern lässt durch eine Legalisierung von Euthanasie, etwa der Früheuthanasie an schwerstbehinderten Säuglingen. Im Zuge der Fortentwicklung vom Klassischen zum Präferenzutilitarismus kommt es zur tödlichen Aberkennung des Personseins in Fällen, in denen die Befähigung (Selbstbewusstsein, Zukunftswissen, Kommunikationsfähigkeit) verneint wird, eine Lebenspräferenz äußern zu können.

Die vorstehende Argumentation zum integrativen Unterricht folgt einem zweistufigen, *diskursethischen* Muster der Rechtfertigung (Apel, Böhler): Prinzipienebene (Verpflichtung auf das verfassungsrechtliche Gleichheitsgebot) und Anwendungsebene (verantwortliche Prüfung der Folgen einer Handlung im Konsens mit den Betroffenen; gewissenhafte Begründung vor allem bei Abweichung von dem, was deontologisch geboten ist). In der Argumentationslogik von Toulmin (Günther 1988, 40–44) heißt das: Kenntnisnahme der jeweiligen Situation und Anwendung einer grundsätzlich geltenden Regel, die aber etwas anderes ist als bloße Ableitung. So ein Versuch, das Allgemeine und das Partikulare bzw. Individuelle zu vermitteln, steckt auch in dem Bemühen um einen „Konsens zwischen rationaler und emotionaler Vernunft" bei Lernortentscheidungen (Bleidick 1994, 15). Moralische Konflikte im Umgang mit Behinderung – ob es sich um → Pränatale Diagnostik, um Sterilisation oder eben um die Frage nach dem richtigen Lernort handelt – können vielfach nur auf diese widersprüchliche Weise bewältigt werden. Die deontologische Anerkennung der Personwürde jedes Menschen bleibt davon unberührt. Unter den vier Typen der Personbestimmung (Bleidick 2003, 26 f.) – empirisch-psychologischer Personbegriff, Leibphänomenologie, relational-kommunikativer Personbegriff, normativ-theologisch abgeleitete Personwürde – kann nur die Entscheidung für einen normativen, gattungsspezifisch zugeschriebenen Personbegriff bei ausnahmslos allen Menschen die Gewähr dafür liefern, dass moralisches Handeln behinderten Menschen zugute kommt.

Georg Antor/Ulrich Bleidick

Literatur

Antor, G./Bleidick, U.: Behindertenpädagogik als angewandte Ethik. Stuttgart 2000.

Antor, G./Bleidick, U.: Zur Ethik der Behindertenpädagogik – Grundlagen und Anwendung. In: Leonhardt, A./Wember, F. B. (Hrsg.): Grundfragen der Sonderpädagogik. Bildung – Erziehung – Behinderung. Ein Handbuch. Weinheim 2003, 101–127.

Barkhaus, A./Mayer, M./Roughley, N./Thürnau, D. (Hrsg.): Identität, Leiblichkeit, Normativität. Neue Horizonte anthropologischen Denkens. Frankfurt 1996.

Bleidick, U.: Pädagogik der Behinderten auf dem Weg in die Postmoderne. In: Die Sonderschule 39 (1994) 2–17.

Bleidick, U.: Ethik für die Behindertenpädagogik. In: Die neue Sonderschule 41 (1996) 330–344.

Bleidick, U.: Der Personbegriff in der Behindertenpädagogik. In: Dederich, M. (Hrsg.): Bioethik und Behinderung. Bad Heilbrunn 2003, 20–48.

Blickenstorfer, J./Dohrenbusch, H./Klein, F. (Hrsg.): Ethik in der Sonderpädagogik. Festschrift zum 65. Geburtstag von Prof. Dr. Heinz Bach. Berlin 1988.

Brumlik, M.: Advokatorische Ethik. Zur Legitimation pädagogischer Eingriffe. Bielefeld 1992.

Conradi, E.: Take Care. Grundlagen einer Ethik der Achtsamkeit. Frankfurt 2001.

Dederich, M.: Behinderung – Medizin – Ethik. Behindertenpädagogische Reflexionen zu Grenzsituationen am Anfang und Ende des Lebens. Bad Heilbrunn 2000.

Dederich, M. (Hrsg.): Bioethik und Behinderung. Bad Heilbrunn 2003.
Graumann, S.: Sind wir dazu verpflichtet, für das Wohlergehen anderer zu sorgen? Eine Kritik traditioneller Ethikkonzeptionen und ein Plädoyer für eine „Care-Ethik", die verbindliche Verpflichtungen aufweist. In: Sonderpädagogische Förderung 51 (2006) 5–22.
Günther, K.: Der Sinn für Angemessenheit. Anwendungsdiskurse in Moral und Recht. Frankfurt 1988.
Haeberlin, U.: Grundlagen der Heilpädagogik. Einführung in eine wertgeleitete erziehungswissenschaftliche Disziplin. Bern 2005.
Herzog, W.: Die Banalität des Guten. Zur Begründung der moralischen Erziehung. In: Zeitschrift für Pädagogik 37 (1991) 41–64.
Lübbe, H.: Anfang und Ende des Lebens. Normative Aspekte. In: Lübbe, H./Schölmerich, P./Zippelius, R./Müller, G./Funke, G.: Anfang und Ende des Lebens als normatives Problem. Mainz 1988, 5–26.
Radtke, P.: Wir lassen nicht über uns diskutieren. Zur Lebensrechtsdebatte behinderter Menschen. In: Geistige Behinderung 29 (1990) 275–279.
Singer, P.: Praktische Ethik. Stuttgart 1984. Neuausgabe: 2. Aufl. 1994.
Speck, O.: Erziehung und Achtung vor dem Anderen. Zur moralischen Dimension der Erziehung. München 1996.
Zirfas, J.: Die Lehre der Ethik. Zur moralischen Begründung Pädagogischen Denkens und Handelns. Weinheim 1999.

Eugenik

Unter Eugenik (von griech. eugenes = edel geboren) wird die Erbgesundheitslehre, die Verhütung von Erbschäden und die Bekämpfung der Weiterverbreitung von Erbkrankheiten verstanden (synonym: Eugenetik, Erbhygiene, Humangenetik).

Die Pflege des Erbgutes hat eine Tradition, die bis in die Antike zurückreicht (Platon, Aristoteles: Bleidick 1999). Francis Galton prägte 1883 den Begriff der Eugenik (Inquiries into Human Faculty and its Development). Der *Sozialdarwinismus* des 19. Jahrhunderts schrieb den niederen Volksschichten, die sich zahlenmäßig stärker fortpflanzten, geringere Intelligenz und erhöhte soziale Auffälligkeit zu, weshalb die Auslese zugunsten höherwertiger Menschen erfolgen müsse (Vogt 1997). 1907 erließ der US-Bundesstaat Indiana ein Gesetz zur Sterilisierung Geisteskranker, Krimineller und Nichtsesshafter, dem sich mehrere Bundesstaaten anschlossen. Das Dritte Reich nutzte den Gedanken der *Rassenhygiene* (Gründung einer gleichnamigen Gesellschaft durch Ploetz, 1904). Die Nationalsozialisten konnten sich eine Zeit lang der Zustimmung wichtiger Vertreter einer internationalen eugenischen Bewegung aus nordamerikanischen und europäischen Ländern sicher sein (Kühl 1997, 125–145). Das „Gesetz zur Verhütung erbkranken Nachwuchses" vom 14. Juli 1933 und der 1939 installierte „Reichsausschuss zur wissenschaftlichen Erfassung aller erb- und anlagebedingten schweren Leiden" hatten zum Gefolge, dass etwa 350.000 Menschen zwangssterilisiert wurden, wobei die Hälfte der Diagnosen angeborenen Schwachsinn, rund ein Viertel Schizophrenie als Begründung anführten (Reyer 1991, 165).

1911 wurde durch Haeckel in Dresden die erste eugenische Beratung eingerichtet, nach dem Zweiten Weltkrieg 1972 als Modellprojekt in Marburg die erste *Humangenetische Beratungsstelle*. Inzwischen existieren in Deutschland 50 solcher Beratungsstellen. Sie haben zwei Aufgaben:

(1) Nachforschung der möglichen erblichen Belastung mittels Familienanamnese und molekularbiologischer Tests, um im Falle einer Vorbelastung und bei Einschätzung von Risikofaktoren eine Entscheidung

über den Kinderwunsch zu beeinflussen; (2) → Pränatale Diagnostik zur Früherkennung von Schäden des Embryos, etwa bei anomalem Chromosomensatz (Langdon-Down-Syndrom), wobei in den weitaus meisten Fällen eine Abtreibung geschieht (Straffreiheit bei medizinischer Indikation nach § 218a, Abs. 2).

Die Tätigkeit der Humangenetischen Beratungsstellen ist umstritten. Gegenüber früheren erbbiologischen Annahmen gilt es als erwiesen, dass nur etwa 1,5 % aller Behinderungen aufgrund genetisch bedingter Erbkrankheiten zustande kommen. Bei der Fortpflanzung treten regelmäßig Mutationen (Erbänderungen) auf, so dass sich an der Weitergabe von krankmachenden Genen oder an der Neuentstehung von Entwicklungsstörungen durch Sterilisation und Abtreibung nichts wesentlich ändern lässt. Auch die überproportionale Zunahme der ‚sozial Schwachen' durch genetische Fortpflanzung – bei aller ethischen Fragwürdigkeit dieses Werturteils – ist unwahrscheinlich. Nach dem Gesetz der Populationsgenetik (Hardy und Weinberg, 1908) bleibt die Genverteilung von einer Generation zur nächsten konstant.

„Die Frage, was die vollständige Ausschaltung (Sterilisierung) aller Merkmalsträger einer mit der Häufigkeit von 1:10 000 vorkommenden Anomalie (Erkrankung), wie der Phenylketonurie, populationsgenetisch ergeben würde, lässt sich dahin beantworten, dass eine Herabdrückung auf die Hälfte erst in 100 Generationen zu erwarten wäre. Selbst wenn es in vierfacher Häufigkeit vorkäme, würden 50 Generationen vergehen, bis die Anomalie auf die Hälfte zurückgedrückt wäre ... Über Sterilisierung ist also kaum ein populationsgenetischer Effekt im Sinne der Eugenik zu erwarten. Wohl aber sollte sie als genhygienische Maßnahme möglich sein, wenn eine unzumutbar hohe Erwartung dafür besteht, dass ein aus einer bestimmten Ehe zu erwartendes Kind durch eine erbliche Anomalie in seinem Wohlbefinden und in seiner Gesundheit beeinträchtigt würde" (Loeffler 1969, 3688–3689).

Insofern ist der Vorwurf einer rassenhygienischen Kontinuität „vom Erbgesundheitsgericht zur Humangenetischen Beratung" (Sierck/Radtke 1989) nicht ganz abwegig. Unverhüllte eugenische Tendenzen fordern immer wieder Kritik heraus (so gegen die Bundesärztekammer 1980); auch wenn man heute, aufs Ganze gesehen, die aktiven Eugeniker, weil politisch diskreditiert, auf dem Rückzug sehen mag. Die in konkreten Situationen für betroffene Eltern hilfreiche → Beratung sollte, schon wegen ihrer geringen Prognosesicherheit, prinzipiell *einzelfallorientiert* erfolgen (Antor/Bleidick 2000), um „die Risiken einer Schwangerschaft abwägen und gewichten zu können" (Bundesministerium für Arbeit und Sozialordnung 1998, 12). Die Beratungsstrategie muss zugleich darauf abgestellt sein, der Abwertung von krankem und behindertem Leben und der Diskriminierung behinderter Menschen zu begegnen. Ihre Bedeutung wird noch zunehmen, wenn an die Stelle überholter und staatlich erzwungener ‚Erbvorsorge' eine zeitgemäße Eugenik im Namen von Wahlfreiheit und Selbstverwirklichung tritt (Kühl 1997, 238).

So eine neue, „*liberale*" Eugenik ist dank des Fortschritts der molekularen Medizin denkbar geworden – auch wenn die Prognose ihrer Umsetzung noch vage ausfällt. Sie ginge einher mit einer Akzentverschiebung: vom Ausschluss unerwünschter zu einer vorgeburtlichen Verbesserung erwünschter Erbanlagen. Eltern bekämen die Möglichkeit, ihre Kinder nach eigenen Vorstellungen (etwa hinsichtlich Gesundheit und Intelligenz) genetisch verändern zu lassen. Doch für eine solche Entscheidung könnten sie schwerlich eine Zustimmung der davon Betroffenen – die ja „aktuell nicht eingeholt werden kann" (Habermas 2005, 79) – einfach unterstellen, angesichts von Relativität und Relationalität des Behindertseins. Dieses Problem mag sich ihnen z. B. bei der Frage stellen, ob „eine leichtere körperliche Behinderung ihrem Kinde nicht am Ende zum Vorteil" gereichen würde (142). Das aber hieße, Eltern müssten, sollten sie sich für

„einseitig“ vorgenommene *„Genmanipulationen“* entscheiden, Verantwortung übernehmen für deren kaum kalkulierbaren und zudem irreversiblen Folgen (111).

Georg Antor/Ulrich Bleidick

Literatur

Antor, G./Bleidick, U.: Behindertenpädagogik als angewandte Ethik. Stuttgart 2000.

Bleidick, U. (Hrsg.): Allgemeine Behindertenpädagogik (Band 1 der „Studientexte zur Geschichte der Behindertenpädagogik“). Berlin 1999.

Bundesärztekammer: Genetische Beratung und pränatale Diagnostik in der Bundesrepublik Deutschland (Kurzinformation für den Arzt). In: Deutsches Ärzteblatt 77 (1980) Heft 4, 183–192.

Bundesministerium für Arbeit und Sozialordnung (Hrsg.): Vierter Bericht der Bundesregierung über die Lage der Behinderten und die Zukunft der Rehabilitation. Bonn 1998.

Habermas, J.: Die Zukunft der menschlichen Natur. Auf dem Weg zu einer liberalen Eugenik? Frankfurt 2005.

Loeffler, L.: Vererbung und Erbkrankheiten. In: Heese, G./Wegener, H. (Hrsg.): Enzyklopädisches Handbuch der Sonderpädagogik und ihrer Grenzgebiete. Band 3. Berlin 3. Aufl. 1969, 3653–3691.

Kühl, St.: Die Internationale der Rassisten. Aufstieg und Niedergang der internationalen Bewegung für Eugenik und Rassenhygiene im 20. Jahrhundert. Frankfurt 1997.

Reyer, J.: Alte Eugenik und Wohlfahrtspflege. Entwertung und Funktionalisierung der Fürsorge vom Ende des 19. Jahrhunderts bis zur Gegenwart. Freiburg 1991.

Sierck, U./Radtke, N.: Die Wohl-Täter-Mafia. Vom Erbgesundheitsgericht zur Humangenetischen Beratung. Hamburg 5. Aufl. 1989.

Speck, O.: Soll der Mensch biotechnisch machbar werden? Eugenik, Behinderung und Pädagogik. München 2005.

Vogt, M.: Sozialdarwinismus. Wissenschaftstheorie, politische und theologisch-ethische Aspekte der Evolutionstheorie. Freiburg 1997.

Euthanasie

Euthanasie ist (nach der griech. Herleitung von eu thanatos = guter Tod) die Lehre vom schönen, leichten Tod (synonym: Sterbehilfe).

Vorstellungen von der gewollten Abkürzung eines von unheilbarer Krankheit belasteten, ‚unerträglichen‘ Daseins besitzen eine geschichtliche Kontinuität vom Altertum (Plutarch, Seneca) bis in die Gegenwart (Bleidick 1999). In Luthers, quellenkritisch allerdings nicht gesicherten, Tischreden wird vom *Wechselbalg* gesprochen. Danach ist das missgebildete Kind nicht das wahre Kind der Mutter, sondern vom Teufel untergeschoben; es ist nur eine „massa carnis und in der Mulde zu ersäufen“ (Bachmann 1979). Die Schrift von Binding/Hoche, „Die Freigabe der Vernichtung lebensunwerten Lebens“ (1922), gilt als Wegbereitung der nationalsozialistischen Vernichtungsmaschinerie, in deren Verlauf von 1939 bis 1942 etwa 200.000 Patienten in Heil- und Pflegeanstalten ermordet wurden („Aktion T 4“; Klee 1989). Durch den Auftritt des australischen Bioethikers Singer (1984; 1994), der sich für die Tötung schwerstbehinderter Säuglinge ausspricht, entstand in Europa eine kontroverse Diskussion, mit dem Hinweis auf legalisierte Sterbehilfe-Praxis in den Niederlanden (zuletzt: Reuter 2002) und medizinischen Stellungnahmen zu den *Grenzen ärztlicher Behandlungspflicht bei schwerstgeschädigten Neugeborenen* (Einbecker Empfehlungen 1992).

Die *ideologische Kontinuität* einer Rechtfertigung von Sterbehilfe hängt einerseits mit gesundheitsfetischistischen Normen zusammen, die die Antike mit der Lehre von der Kalokagathie (griech. kalos = schön, agathos = gut), der körperlichen und geistigen

Vollkommenheit, grundgelegt hat. Zum anderen ist sie der Preis der Industrialisierung der letzten 200 Jahre, die mit der Aufspaltung der Gesellschaft in einen wirtschaftlich brauchbaren, produktiven und einen sozial unbrauchbaren Teil (Kinder, Alte, Kranke, Behinderte) eine Medizinisierung und sozialfürsorgerische „Endlösung der sozialen Frage" provoziert (Dörner 1988). Die Beseitigung der „Ballastexistenzen" und „nutzlosen Esser" (Binding/Hoche) ist Ausdruck der entsolidarisierten Leistungsethik. Ihre Pressionen drohen in Anbetracht der medizinischen und demographischen Entwicklung zuzunehmen; früher kaum lebensfähige Frühgeburten werden ebenso am Leben erhalten wie eine steigende Zahl alter, gebrechlicher und pflegebedürftiger Menschen (‚Gesundheitsfalle'). Palliativstationen, Hospize und Pflegeheime stehen unter einem allgegenwärtigen Kostendruck (Tolmein 2006).

Euthanasie ist, wie die Verbrechen der Nationalsozialisten in schreckenerregender Weise gezeigt haben, eine Fortsetzung der → Eugenik mit anderen Mitteln. Bereits Binding/Hoche haben die ideologische Verwandtschaft von Erbhygiene und Sterbehilfe betont. Letztere sei deshalb notwendig, weil es bis jetzt nicht möglich sei, „diese Defektmenschen von der Fortpflanzung auszuschließen" (1922, 55).

In der *rechtlichen Beurteilung* wird unterschieden: (1) aktive Euthanasie: bewusste Tötung zur Leidensverminderung; (2) passive Euthanasie: Unterlassung der lebensrettenden und lebensverlängernden Hilfeleistung; (3) freiwillige Euthanasie: Sterbehilfe auf Verlangen; (4) indirekte Euthanasie: Verabreichung von hohen Medikamentendosen zur Schmerzlinderung, die zum Tod führen können. Aktive Euthanasie erfüllt den Tatbestand des Mordes nach § 211 Abs. 1 StGB. Da die Grenzen zur passiven und freiwilligen Sterbehilfe fließend sind, hat die tatsächliche Rechtsprechung in Einzelfällen mitunter auf einen strafrechtlich minderen Fall von Totschlag mit Bewährungsstrafe erkannt (Antor/Bleidick 2000).

Das sogenannte Liegenlassen schwerstbehinderter und kaum lebensfähiger Säuglinge ist ein Fall von *Früheuthanasie* (Einbecker Empfehlungen 1992). Sie bringt eine *Advokatorische Ethik* ins Spiel, nach der Eltern und Ärzte für ihre nicht einwilligungsfähigen Patienten über Leben und Tod entscheiden müssen (Brumlik 1992). Alle Probleme einer behindertenpädagogischen → Ethik sind in der Früheuthanasie beschlossen: die Unterscheidung einer Innenperspektive der Betroffenen gegenüber der Außenperspektive, die mit dem → Recht auf Leben und der Frage des Lebenswertes zusammenhängt; die nicht statthafte Gleichsetzung von Behinderung und → Leiden; schließlich das *Dammbruch-Argument*, weil jegliche Billigung aktiver Tötung zu einem Rechtfertigungsmittel für eine kaum noch kontrollierbare Sterbehilfe und eine nicht zu stoppende Bedrohung lebender behinderter Menschen würde (Leist 1990, 148).

Gegenüber dem Versuch einer psychologisierenden empirischen ‚Messung', ob schwerstbehinderten, neugeborenen und im Koma liegenden Menschen die Würde der → Person zukommt (Singer 1994), hat das Bundesverfassungsgericht im Zusammenhang mit der Revision des Abtreibungsparagraphen 218 am 28. Mai 1993 klargestellt, dass *„Menschenwürde und somit Lebensrecht"* unabdingbare Grundrechte des zuschreibenden Rechts darstellen.

Georg Antor/Ulrich Bleidick

Literatur

Antor, G./Bleidick, U.: Behindertenpädagogik als angewandte Ethik. Stuttgart 2000.

Bachmann, W.: Das unselige Erbe des Christentums: Die Wechselbälge. Zur Geschichte der Heilpädagogik. Gießen 1985.

Binding, K./Hoche, A.: Die Freigabe der Vernichtung lebensunwerten Lebens. Ihr Maß und ihre Form. Leipzig 2. Aufl. 1922.

Bleidick, U.: Allgemeine Behindertenpädagogik (Band 1 der Studientexte zur Geschichte der Behindertenpädagogik). Berlin 1999.

Brumlik, M.: Advokatorische Ethik. Zur Legitimation pädagogischer Eingriffe. Bielefeld 1992.

Dörner, K.: Tödliches Mitleid. Zur Frage der Unerträglichkeit des Lebens oder: die soziale Frage: Entstehung, Medizinisierung, NS-Endlösung heute, morgen. Gütersloh 1988.

Grenzen ärztlicher Behandlungspflicht bei schwerstgeschädigten Neugeborenen. Einbecker Empfehlungen. Revidierte Fassung 1992. Abdruck in: Zeitschrift für Heilpädagogik 44 (1993) 183–184.
Klee, E.: „Euthanasie" im NS-Staat. Die „Vernichtung lebensunwerten Lebens". Frankfurt 14.–16. Tsd. 1989.
Leist, A. (Hrsg.): Um Leben und Tod. Moralische Probleme bei Abtreibung, künstlicher Befruchtung, Euthanasie und Selbstmord. Frankfurt 1990.
Reuter, B.: Die gesetzliche Regelung der aktiven ärztlichen Sterbehilfe des Königreichs der Niederlande – ein Modell für die Bundesrepublik Deutschland? Frankfurt 2002.
Singer, P.: Praktische Ethik. Stuttgart 1984. 2. Aufl. 1994.
Tolmein, O.: Keiner stirbt für sich allein. Sterbehilfe, Pflegenotstand und das Recht auf Selbstbestimmung. München 2006.

Person, Persönlichkeit

Die ursprüngliche Wortbedeutung von *Person* wird unter Bezugnahme auf den maskentragenden etruskischen Gott Phersu und das antike Maskentheater (personare = hindurchtönen) in ‚Maske' vermutet, im erweiterten Sinne auch bereits in ‚Rolle', ‚Eigenart'. Die spätere Begriffsgeschichte entfernt sich dann aber über theologische, anthropologische, rechtliche und psychologische Wortnutzung von diesem Inhalt (Kobi 1986).

Der für die abendländische Pädagogik bestimmende Person-Begriff gründet in der christlichen Lehre der *Gottebenbildlichkeit* (imago dei) des Menschen (Gen. 1, 26) sowie in jener der Dreifaltigkeit (Trinität) der göttlichen Person (Vater, Sohn und Heiliger Geist): „Nur wo Gott als Person erkannt und erfahren ist, kann auch der Mensch als Person erfahren werden. ... Die Unverfügbarkeit Gottes als Person begründet die Unverfügbarkeit des Menschen als Person" (Küenzelen 1994). Gotteskindschaft und Gottebenbildlichkeit sind Gabe und Aufgabe zugleich. Caritative Zuwendung zu Meinesgleichen und Menschenbildung entsprechen der Erfüllung eines göttlichen Auftrages, sind Gottesdienst in geschwisterlicher Verpflichtung.

Hochgehalten wird der Person-Status des Menschen, wenngleich nun in säkularisierter Form, auch in der modernen Rechtsprechung: Mit der Geburt erhält ein Mensch, unabhängig von sozialer Herkunft und individuellen Mängeln, den Person-Status und damit auch die volle Rechtsfähigkeit als Eigentümer, Erbe etc. Diese personale Rechtsfähigkeit erlischt erst mit dem Tod. Nach Alter, Entwicklungsstand sowie psychisch-geistiger Verfassung können hingegen die Geschafts-, Handlungs- und Zurechnungsfähigkeit eingeschränkt werden.

Diese bedingungslose, unaufhebbare, an den Person-Status gebundene säkulare Rechtsfähigkeit ist eine Errungenschaft der Neuzeit. So galten nach dem justinianischen Corpus iuris (6. Jh.) z. B. Sklaven nicht als Rechtspersonen. Nach römischem und germanischem Recht entschied das männliche Familienoberhaupt über die rechtliche Anerkennung und Aufzucht bzw. Beseitigung eines (behinderten) Kindes. Oder ein neugeborenes Kind musste zumindest einen menschenähnlichen Kopf aufweisen, damit es als Menschenwesen (und nicht als Monster, Wechselbalg, Alb) betrachtet wurde. Desgleichen konnte ein Mensch nach mittelalterlicher Rechtsprechung für rechtlos („vogelfrei") erklärt werden und des Personseins verlustig gehen. Die in Verfassungspräambeln und Gesetzestexten vorfindlichen Hinweise auf die unantastbare Würde der Person sind daher keine leeren Floskeln der Beliebigkeit, obschon in praxi Verstöße dagegen an der Tagesunordnung sind (Wetz 1998).

In gegenwärtiger Kulturlage werden existentieller Wert und prinzipielle Unverfügbarkeit des Menschen als Person allerdings von verschiedenen Seiten in Frage gestellt: So gehört es zum Bestreben parareligiöser und esoterischer Programmatiken, den personalen Wesenkern zu „überwinden“ und in dessen Auflösung das Heil zu suchen. Dazu treten bioethische, utilitaristische, sozialpolitische und ökonomische Erwägungen, aufgrund derer noch nicht bzw. nicht mehr zur Selbstreflexion fähigen Individuen ein Personstatus vorenthalten bzw. abgesprochen wird (Singer 1984). Durch eine derartige Versächlichung der Person und deren Reduktion auf ihren Material-, Tausch-, Markt- und Produktionswert drohen Schwerstbehinderte aus personaler *Umsorgung der Entsorgung* als unwesentliches Zeug anheim zu fallen. Die Heilpädagogik – diesbezüglich hoch sensibilisiert durch → Euthanasiepraktiken im Dritten Reich – pflegt daher skeptisch bis rigoros ablehnend auf entsprechende Thesen zu reagieren (Mürner 1991).

Umgangssprachlich findet das Wort Person heute vor allem Verwendung als geschlechts- und wertneutrale Bezeichnung für (erwachsene) menschliche Individuen. Person bezeichnet somit die artspezifisch menschliche Individualität, wiewohl auch diese Einschränkung, z. B. von tierethischer Seite, angezweifelt wird (Singer 1984).

Im Unterschied bzw. in Erweiterung des existentiellen Person-Begriffs bezeichnet der essentielle Begriff *Persönlichkeit* die entwickelte, empirisch fassbare sowie nach allgemeinen (nomothetisch) oder speziellen, differenzierenden Merkmalen (idiographisch) beschreibbare Erscheinungsform eines Menschen (Fisseni 1998). Sie kennzeichnet ihn kontinuierlich als einzigartiges, unverwechselbares Individuum. Persönlichkeit ist essentiell entwicklungsabhängig und auszeugungsbedürftig. Sie präsentiert sich in ihrer Entfaltung als integrales Gefüge von Erlebens-, Denk-, Handlungs- und Präsentationsweisen. Als lebensgeschichtliches Gebilde unterliegt sie zwar Veränderungsprozessen, deren identitätsbestätigende Selbsterneuerung jedoch Gewähr bietet für Kontinuität im Wandel. Wo dieses autopoietische Integral sich selbst nicht mehr erreicht, findet Persönlichkeitsveränderung im pathologischen Sinne der Desintegration (der Depersonalisation, des Persönlichkeitszerfalls) statt.

Sozialpsychologisch bezeichnet Persönlichkeit desweiteren einen Menschen mit ausgeprägten Charaktermerkmalen, Überzeugungskraft und Durchsetzungsvermögen und (in tradierter Tendenz meist männliche) in Rang und Würden stehende Personen mit hohem Sozialprestige. Persönlichkeit ist insofern ein Prädikat, das besondernde, hierarchisierende, offizielle Wertschätzung zum Ausdruck bringt.

Persönlichkeit ist somit in verschiedener Hinsicht ein relatives und relationales Bedingungsgefüge, das in seinem Werden und Vergehen in schwankender Werthaltigkeit stark kontextabhängig ist. Persönlichkeit ist stets auch Erzeugnis sozialer Figur-Grund-Effekte und insgesamt mehr Erscheinung (nach außen) als Erleben (nach innen). Den *„existentiellen Kern“* (Bollnow 1959) der Person vermag dieses sozial-empirische Gewoge allerdings nicht aufzuheben. Dieser entzieht sich bleibender Formung und erfährt seine Respektierung unter dem Aspekt auch pädagogischer Zurückhaltung (Moor 1960).

Emil E. Kobi

Literatur

Bollnow, O. F.: Existenzphilosophie und Pädagogik. Stuttgart 1959.

Fisseni, H.-J.: Persönlichkeitspsychologie. Göttingen 4. Aufl. 1998.

Kobi, E.E.: Personorientierte Modelle der Heilpädagogik. In: Bleidick, U. (Hrsg.): Theorie der Behindertenpädagogik. (Handbuch der Sonderpädagogik. Band 1). Berlin 1985, 273–294.

Kobi, E.E.: Grundfragen der Heilpädagogik. Bern 5. Aufl. 1993.

Küenzelen, G.: Person. In: Gasper, H. u. a.: Lexikon der Sekten, Sondergruppen und Weltanschauungen. Freiburg 1994.

Moor, P.: Heilpädagogische Psychologie. Band. I und II. Bern 2. Aufl. 1960.

Mürner, Ch. (Hrsg.): Ethik, Genetik, Behinderung. Kritische Beiträge aus der Schweiz. Luzern 1991.
Singer, P.: Praktische Ethik. Stuttgart 1984.
Spaemann, R.: Personen. Versuche über den Unterschied zwischen ‚etwas' und ‚jemand'. Stuttgart 1996.
Wetz, J.: Die Würde der Menschen ist antastbar. Stuttgart 1998.

Wissenschaftstheorie

Wissenschaftstheorie befasst sich mit den Grundlagen und Methoden der Wissenschaft. Unter *Wissenschaft* wird das Gesamt der im Forschungsprozess gewonnenen Aussagen verstanden, als „ein nach Prinzipien geordnetes Ganzes der Erkenntnis" (Kant). Wissenschaft enthält das selbstverständliche, evidente Wissen (Entdeckungszusammenhang) sowie das überdachte, geläuterte Wissen (Begründungszusammenhang). Es bezieht sich sowohl auf Fakten und das tatsächliche *Handeln* (Praxis, von griech. praxis = Tat) als auch auf die praxisenthobene *Theorie* (von griech. theoria – Anschauen, Betrachten). Das Erkenntnis- und Lehrgebäude der Wissenschaft beruht auf dem Wahrheitskriterium des ‚richtigen' Erkennens (Epistemologie, von griech. episteme = Fürwahrhalten).

Hier setzt die Wissenschaftstheorie an, indem sie prüft, wie wir zu gesichertem Wissen kommen. Insofern ist die Wissenschaftstheorie eine wissenschaftliche *Methodenlehre* (Methodologie, Logik des Forschungsprozesses). Sie geht über den Objektbereich der wissenschaftlichen Inhalte hinaus, indem sie als *Metatheorie* (griech. meta = nach, hinter) nach den Bedingungen der Möglichkeit wissenschaftlichen Erkennens fragt.

Wissenschaftliche Aussagesysteme und wissenschaftstheoretische Prüfverfahren folgen der aufsteigenden Logik des H-O-Schemas (Hempel/Oppenheim). Danach bilden These, Hypothese, Theorie und System die *Inhaltsstruktur* der wissenschaftlichen Aussage; Erklärung, Prognose und Kontrolle stellen ihre *Prozessstruktur* dar (Bleidick/Hagemeister 1998, 82–83). These: In Grundschulen versagende Schüler fühlen sich in Sonderschulen wohler. Hypothese: Sie fühlen sich wohler, weil sie unter sich sind und nicht ständig mit leistungsstärkeren Schülern verglichen werden. Theorie: Erklärungszusammenhang der ‚Bezugsgruppe'. System: Bezugsgruppentheorie als genetische und systematische Einordnung des Legitimationssystems ‚Sonderschule'.

Erklärung: warum sich Sonderschüler wohler fühlen. Prognose: dass sie sich auch künftig nach Überweisung in eine Sonderschule wohl fühlen. Kontrolle: ob sie sich auch tatsächlich immer und unter allen Bedingungen wohl fühlen oder eben nicht.

Es ist umstritten, auf welche Weise *wirkliches Wissen* zustandekommt. Darin erfahren auch wissenschaftliche Inhalte nur einen relativen und begrenzten Vorzug vor Glauben, bloßem Fürwahrhalten und ungeprüften Vorurteilen. Zunächst erscheint evident, dass es so etwas wie eine selbstverständliche praktische Vernunft des Erkennens gibt (Alltagswissen). Ob sich die Ratio jedoch nur auf die Oberfläche der Erscheinungen oder auf das Wesen der Dinge bezieht, das unterliegt widersprüchlichen erkenntnistheoretischen Deutungen. Die unmittelbare Evidenz („Die Sonne scheint") wird zum *Empirismus*, wenn die Quelle unseres Wissens allein in den anschaulichen Sinnen gesehen wird; zum naturwissenschaftlichen *Positivismus*, wenn ausschließlich sichtbare, durch Erfahrung bestätigte und benennbare

Tatsachen gelten. Der *Rationalismus* betont demgegenüber die Rolle der vorgefassten Kategorien erkennender Vernunft („Das Zentralgestirn Sonne ist ein glühender Gasball"). Die materialistische *Abbildtheorie* definiert Erkenntnis als Widerspiegelung einer objektiven Realität im Bewusstsein des Menschen. Der *Konstruktivismus* wiederum relativiert das Wahrheitskriterium, indem er auf die sprachliche Konstruktion von Wirklichkeit verweist („Sonnenstrahlen sind beglückend").

Diese Standpunktbezogenheit wissenschaftlicher Erkenntnis erschwert eine *Überprüfung von theoretischen Aussagen* nach dem Kriterium ‚richtig' oder ‚falsch'. Empirische Prüfung misst die Übereinstimmung mit tatsächlichen Verhältnissen (Erkundung des Wohlfühlens durch soziometrische Tests). Logische Überprüfbarkeit heißt Konsistenz der rationalen Begründung (Stimmigkeit der Bezugsgruppen-Theorie im Gegensatz zur Stigma-Theorie). Gegenüber der *Begründung* wissenschaftlicher Aussagemengen auf zweckrationaler Basis enthalten Aussagen von Wissenschaft oft emotional gefärbte Werturteile (Integration ist ein demokratisches Grundrecht), die eine *Rechtfertigung* verlangen. Diese Legitimationsbasis von Theorien ist zwar von rationaler Begründung zu unterscheiden, andererseits aber auf Rationalität ihrer Argumentation im wissenschaftlichen Diskurs angewiesen (Brückenprinzip).

Die Entscheidung, Wertableitungen und moralische Legitimation wissenschaftlich zu behandeln oder aber das Normproblem aus der Wissenschaft auszuklammern, ist Gegenstand des *Werturteilsstreites*. Historische Erfahrung und der Pluralismus gegenwärtiger Zeitströmungen mit dem Verlust traditioneller Wertbindungen lehren, dass es keine wissenschaftliche Übereinkunft über die Rangordnung von Werten und Normen gibt. Wissenschaften sind immer wieder missbraucht worden, um politische Entscheidungen mit dem scheinbaren Gütesiegel der Richtigkeit zu immunisieren, wie etwa die → eugenische Biologie der Nationalsozialisten. In dieser Situation, so hatte der Soziologe Max Weber 1904 vorgeschlagen, gäbe es nur eine vernünftige Lösung: Wissenschaften sind aus der Politik herauszuhalten. Wissenschaft soll wertfrei sein; erst soziales Handeln ist von konkreten Normen geleitet. Die Wissensformen der Gesellschaft erfahren somit eine Zweiteilung: die wertfreien, verhältnismäßig objektiven *empirischen Wissenschaften* und die wertbestimmten Basisentscheidungen subjektiven sozialen und politischen Handelns. Letztere sind Gegenstand der *Philosophie*, wenn es um die rationale Rechtfertigung unseres Handelns geht.

Dieser enge, empiristische Begriff von Wissenschaft findet seine letzte Entfaltung im *Kritischen Rationalismus* (Popper). Sein kritizistischer Unterton besagt, dass es keine absolute Richtigkeit gibt, weder im Erkennen, noch in wissenschaftlichen Theorien, noch in der Politik. Unser Richtigkeitsbewusstsein ist indirekt gegeben, in der Anwendung der kritischen Methode von trial and error, mit der wir Fehler vermeiden und bessere von schlechteren Theorien zu unterscheiden suchen (Falsifikationsprinzip). Soziale Handlungsvorgänge sind in dem Sinne zweckmäßige Stückwerk-Sozialtechnologie (Popper).

Gegen die Verengung des Wissenschaftsbegriffs hat namentlich die Frankfurter *Kritische Theorie* Einwände erhoben (Horkheimer, Adorno). Ein solcher „positivistisch halbierter Rationalismus" (Habermas) begebe sich der Möglichkeit, gesellschaftliche Zustände und ihre Normierungen unter die Kontrolle der Wissenschaftlichkeit zu bringen. Der daraus entstandene *Positivismusstreit* von 1972 ist in seinen Frontstellungen bis heute nie ganz begradigt worden (im Hinblick auf die Pädagogik: König/Zedler 1998). Darüber hinaus wird inzwischen eine kritische Weiterentwicklung des Kritischen Rationalismus auch von seinen Befürwortern als dringlich angemahnt: angesichts der Herausforderung durch alternative Wissenschaftsmodelle wie Konstruktivismus und Kontextualismus und, in der Pädagogik, durch einen Begriff von → Erziehung, für den Unsicherheit konstitutiv und folglich nomologisches „Gesetzeswissen“ nicht zu erbringen ist (Kammerl/Pollak 1999, 51, 55 f.).

Erziehung hat es mit *Sein* und *Sollen* zu tun, mit Tatsachen der Erziehung und mit Werturteilen über ihre normative Bestimmung. Bei jeder stattfindenden Erziehung wird, mehr oder minder, gestraft. Empirische Wissenschaft kann dazu Wenn-dann-Aussagen machen und die psychischen Auswirkungen des Strafverhaltens erforschen. Damit wird aber eine wichtige Seite des Erzieherischen ausgeklammert: Welche Bedeutung hat persönliche Bestrafung für die Würde und Unverletzlichkeit einer Person, und darf sie deshalb überhaupt angewandt werden? Integrative Unterrichtung behinderter Schülerinnen und Schüler in allgemeinen Schulen kann auf ihre Erfolgsaussicht erfahrungswissenschaftlich überprüft werden (→ Schule, Schultheorie, Schulversuche), und sie lässt sich zum anderen normativ, als politisches Gebot mit humaner Verpflichtung postulieren.

Die Pädagogik spiegelt auf ihrem Weg zur Wissenschaftlichkeit die Duplizität des erzieherischen Grundsachverhaltes wie seine theoretische Überhöhung wider. So heißt es in Schleiermachers Vorlesungen von 1826, die Pädagogik sei „eine von der Sittenlehre ausgehende Disziplin, von dieser abhängig auf der einen Seite, ihre Realität selbst begründend auf der anderen“. Herbarts zweigleisige Lösung im „Umriss pädagogischer Vorlesungen“ von 1835 lautet: „Die Pädagogik als Wissenschaft hängt ab von der praktischen Philosophie (Ethik) und der Psychologie; jene zeigt das Ziel der Bildung, diese den Weg, die Mittel und die Hindernisse“. Die Grundlinien der normativen Pädagogik (insbesondere der christlichen Erziehungslehren) sowie die geisteswissenschaftliche Pädagogik (Dilthey, Spranger, Nohl, Litt, W. Flitner) in der ersten Hälfte des vergangenen Jahrhunderts legen das Gewicht auf die spekulative Ableitung von Bildungsidealen, allerdings ohne die empirisch-psychologische Seite des Erziehungsgeschäfts zu vernachlässigen. Die experimentelle und empirische Pädagogik (Meumann, Al. Fischer, Petersen, Lochner) zeichnet sich durch streng deskriptive und versuchsweise wertfreie Methodologie aus; in der „realistischen Wende“ der Erziehungswissenschaft (H. Roth) erlangt sie nach dem Zweiten Weltkrieg eine erneute Blüte. Die Zeit der Bildungsreform und der 68er Studentenrebellion ist durch den auf die Erziehungswissenschaft übergreifenden Positivismusstreit gekennzeichnet. Dem Versuch einer orthodox-marxistischen oder im Gefolge der Frankfurter Schule dialektisch argumentierenden Erziehungs- und Gesellschaftstheorie steht die Pädagogik des Kritischen Rationalismus gegenüber, die an der Trennung von Erziehungswissenschaft und Erziehungsphilosophie festhält (Brezinka).

Das *Konstitutionsproblem der Behindertenpädagogik* – die Begründung einer Theorie der Erziehung und Bildung behinderter Menschen – folgt typologisch den unterschiedlichen Stellungnahmen zur Werturteilsfrage (Bleidick 1985, 69 ff.). Im Laufe der jüngeren geschichtlichen Entwicklung lassen sich unterscheiden: (1) normative → Heilpädagogik (Bopp, Montalta) sowie die geisteswissenschaftliche Ausprägung der Schweizer Schule (Hanselmann, Moor); (2) empirische → Sonderpädagogik (Kanter, Klauer); (3) dialektische → Behindertenpädagogik (Becker, Jantzen); (4) rationalistische Behindertenpädagogik (Bleidick).

In der Anwendung wissenschaftstheoretischer Kriterien auf die Behindertenpädagogik werden Problemgebiete von hoher Aktualität sichtbar. Der Begriff der → Behinderung selbst erscheint unter konstruktivistischer Perspektive als ein paradigmatisches Geflecht von medizinischem Modell, interaktionaler Zuschreibung und gesellschaftlichen Systemprozessen (Bleidick 1999). Der Systemgedanke (Luhmann, Schorr) hat für die Reformulierung einer ‚ganzheitlichen‘ → Heilpädagogik eine zusätzliche → ökologische Relevanz erhalten (Speck 2003). Es erscheint auch nach dem wechselvollen Durchgang durch Werturteilsstreit, Kritische Theorie (als ‚Kritische‘ Sonderpädagogik) und Positivismus-Vorwürfen zwingend, dass die Behindertenpädagogik ihr Verhältnis zur → Ethik klärt. Rationalistische Klärungen entheben nicht der Notwendigkeit, das sonderpädagogische Handeln von seinen Wertvorstellungen her – etwa der Zuerkennung des → Personwertes unterschiedslos für alle Menschen – erziehungsphilosophisch zu legitimieren (Antor 1985), schon weil „Sollen und Können im Prozess der Modernisierung" neu zu bestimmen sind (Vossenkuhl 1997). Ob Heilpädagogik sich als eine „wertbestimmte Wissenschaft" versteht (Haeberlin 2005) oder ob Behindertenpädagogik selbst „angewandte Ethik" ist (Antor/Bleidick 2000): Die Anerkennung behinderter Menschen als gleichberechtigte Bürger und die Sicherung ihres Lebens- und Bildungsrechts ist ebenso praktisches und politisches Anliegen wie Auftrag wissenschaftlicher Bemühung.

Georg Antor/Ulrich Bleidick

Literatur

Antor, G.: Legitimationsprobleme sonderpädagogischen Handelns. In: Bleidick 1985, 235–250.

Antor, G./Bleidick, U.: Behindertenpädagogik als angewandte Ethik. Stuttgart 2000.

Bleidick, U. (Hrsg.): Theorie der Behindertenpädagogik (Handbuch der Sonderpädagogik, Band 1). Berlin 1985.

Bleidick, U.: Wissenschaftssystematik der Behindertenpädagogik. In: Bleidick 1985, 48–86.

Bleidick, U.: Behinderung als pädagogische Aufgabe. Behinderungsbegriff und behindertenpädagogische Theorie. Stuttgart 1999.

Bleidick, U./Hagemeister, U.: Allgemeine Theorie der Behindertenpädagogik. Stuttgart 6. Aufl. 1998.

Haeberlin, U.: Grundlagen der Heilpädagogik. Einführung in eine wertgeleitete erziehungswissenschaftliche Disziplin. Bern 2005.

Kammerl, R./Pollak, G.: Wie rational ist „Kritik" und wie kritisch ist „Rationalität"? Anmerkungen zu einem kritisch-rationalen Erziehungsbegriff. In: Pollak, G./Prim, R. (Hrsg.): Erziehungswissenschaft und Pädagogik zwischen Kritischer Reflexion und Dienstleistung. Festschrift zum 65. Geburtstag von Helmut Heid. Weinheim 1999, 46–57.

König, E./Zedler, P.: Theorien der Erziehungswissenschaft. Einführung in Grundlagen, Methoden und praktische Konsequenzen. Weinheim 1998.

Kron, F.W.: Wissenschaftstheorie für Pädagogen. München 1999.

Seiffert, H./Radnitzky, G. (Hrsg.): Handlexikon zur Wissenschaftstheorie. München 2. Aufl. 1994.

Speck, O.: System Heilpädagogik. Eine ökologisch reflexive Grundlegung. München 5. Aufl. 2003.

Tschamler, H.: Wissenschaftstheorie. Eine Einführung für Pädagogen. Bad Heilbrunn 3. Aufl. 1996.

Vossenkuhl, W.: Über Sollen und Können im Prozess der Modernisierung. In: Amrein, Ch./Bless, G. (Hrsg.): Heilpädagogik und ihre Nachbargebiete im wissenschaftstheoretischen Diskurs. Versuche zur Verknüpfung von parteinehmender Sichtweise mit strukturierten Erkenntnisprozessen. Bern 1997, 70–88.

Soziologie der Behinderten

Abweichendes Verhalten

Als ‚abweichend' gilt ein Verhalten, das gegen anerkannte und verbreitete gesellschaftliche Normen verstößt. Die *Devianz* (lat. deviare = vom Weg abweichen, abirren) betrifft die verschiedensten Lebensbereiche. Sie kann sich ferner auf ein Kontinuum abgestufter Missbilligung erstrecken: von Kriminalität (→ Delinquenz), → Drogenabhängigkeit, Gewalttätigkeit und Rebellion bis zur Zugehörigkeit zu ethnischen Minoritäten, → Armut, Außenseitertum, sozialer → Randständigkeit, political incorrectness, religiöser Sektiererei oder auffälligem Sexualverhalten.

Eine klassische soziologische Erklärung abweichenden Verhaltens lieferte 1897 Durkheims Schilderung des Selbstmords (deutsch 1983). Die Schwächung des Wertsystems der Gesellschaft kann zur Orientierungslosigkeit des Menschen führen (Anomie, Gesetzlosigkeit), die im Extremfall beim Suizid endet. Deviantes Verhalten ist ein Spiegelbild gesellschaftlicher Verhältnisse, allerdings nicht in der Weise, dass die sozialen Bedingungen ursächliche Faktoren für das Verhalten des einzelnen Menschen abgeben. Die Devianz ist keine Qualität des betroffenen Individuums. Sie wird vielmehr in das *Medium der Interaktion* verlagert, dadurch, dass gesellschaftliche Gruppen „Regeln aufstellen, deren Verfolgung abweichendes Verhalten konstituiert, und dass sie diese Regeln auf bestimmte Menschen anwenden, die sie zu Außenseitern abstempeln" (Becker 1973, 8).

Theorien abweichenden Verhaltens (Lamnek 1990) beschäftigen sich mit den strukturellen sozialen Normen, die Abweichung bedingen (struktur-funktionaler Ansatz nach Parsons) sowie mit dem eigentlichen Zuschreibungsprozess (Ansatz des Symbolischen → Interaktionismus nach Mead). Der Definierer oder die definierende Instanz (öffentliche Meinung, Polizei, Justiz, Psychiatrie, Schule) hängen dem Definierten symbolisch das Etikett des abweichenden Verhaltens um (Etikettierungsansatz; labeling approach, von engl. label = Etikett). Der Verlauf der Zuschreibung (synonym: Attribution = Beifügung einer Eigenschaft) vollzieht sich meist als Aufschaukelungsprozess, mit dem eine primäre Devianz aus unscheinbarem Anlass zur dramatisch verfestigten sekundären Devianz wird: Wer einmal lügt, dem glaubt man nicht. Anfängliches Lernversagen wird durch Sitzenbleiben, diagnostische Feststellung von → Lernbehinderung und Überweisung in eine Sonderschule bestätigt. Als ungerecht empfundene Bestrafung leichterer Delikte und die Opposition gegen zu harte Sanktionen können zu einer devianten (oftmals: kriminellen) Karriere führen, zu einer Laufbahn, deren Resultat mit einem dauerhaften → Stigma abweichenden Verhaltens belegt ist. Der Stigmatisierte seinerseits wiederum übernimmt – fatalistisch – die → Rolle devianten Verhaltens, die ihm von der Gesellschaft zugeschrieben wird, so jedenfalls nach der gängigen deterministischen Spielart des Etikettierungsansatzes.

Die *Ursachen normativer Zuschreibung* von abweichenden Rollen werden, je nach strukturell-funktionaler versus interaktionistischer Sicht, unterschiedlich gesehen. Übereinstimmung besteht in der pauschalen Aussage, dass die Definition abweichenden Verhaltens allemal eine „gesellschaftliche" ist (Keckeisen 1974). Die Diffusität des Begriffs → Gesellschaft gestattet allerdings diverse Auslegungen. Was als ‚Normalität' gilt, bestimmt sich durch die Abweichung von der Norm als Subnormalität, Abnormität oder Anomalität: unterhalb der Norm, außerhalb des Wertmaßstabes und jenseits des Bezugssystems (von griech. nomos = Gesetz). Damit unterliegt die wissenschaftstheoretische Standortbestimmung einem Zirkelschluss: Abweichendes Verhalten ist durch Vorstellungen von ‚Normalität' definiert, und gesellschaftliche Rollenerwartungen werden durch deviante Verhaltensformen befestigt. Der Vorgang findet seinen Ausdruck in der Sündenbock-Theorie: Jede gesellschaftliche Gruppe ‚braucht' Hassobjekte zur Bestätigung von → Vorurteilen und zur Stärkung ihres Selbstbildes. Damit hängt zusammen, dass Devianz zuvörderst Minoritäten zugeschrieben wird (Marefka 1995): nicht nur soziale → Randständigkeit, sondern auch → Armut, Arbeitslosigkeit, insbesondere ethnische Minderheiten, wie Sinti und Roma. Erikson (1978) hat in einer faszinierenden ethnologisch-historischen Studie die These Durkheims bestätigt, dass Verbrechen eine ‚normale' Erscheinung jeder gesunden Gesellschaft ist. Nachdem die puritanischen Siedler 1630 an der Küste Massachusetts landeten, breiteten sich in Neuengland eben jene Kriminalitätsformen aus, die als abweichende Reaktion gegen die Wertewelt des rigiden Puritanismus zu verstehen sind; in der Rangfolge: Verstöße gegen die Kirche, Autoritätsmissachtung, Unzucht, Störung der öffentlichen Ordnung, Eigentumsdelikte. Abweichler markieren die Grenzen der Gruppenerfahrung und liefern Kontrastpunkte, die die Reichweite der Norm austesten und so die Stabilität des Gemeinwesens über seinen normativen Zusammenhalt mitgarantieren.

Die Feststellung, dass jede *Zeitepoche* ihre typischen Belastungen, Degenerationen und pathologischen Symptome hat, meint somit keine historisch zufällige Koinzidenz als vielmehr einen korrelativen Zusammenhang. Eine Leistungsgesellschaft produziert durch ihren Leistungsterror mehr Lernbehinderte; Verhaltensstörungen sind reziproker Ausdruck von Normgrenzen, die zu überschreiten Identität jenseits starrer konformistischer Ordnungen sichert; Lese-Rechtschreibschwäche ist nur in einer schriftkulturellen Gesellschaft virulent. Darum gilt abweichendes Verhalten immer nur im Kontext eines makrosozialen historischen Gesamts von Wertmaßstäben wie eines mikrosozialen Umfeldes. Sexuelle Abweichung von der Regel kann dann durchaus mit dem Anspruch exorbitanter Bedürfnisbefriedigung auftreten: Homosexualität ist normal.

Die Inszenierung eines ‚Krüppeltribunals' will die → Normalisierung des Zustandes von Versehrtsein durch seine provokative Dekuvrierung erreichen. Die Soziologie hat den Sachverhalt bisweilen als *Kontrollparadigma* angesehen, mit dem gegenüber dem ätiologischen Paradigma die Handlungsinitiative zurückgewonnen werden soll (Kuhnekath 1989, 971). In der Neutralisierung des abweichenden Verhaltens versucht die Sprachgemeinschaft, gesellschaftliche Normmaßstäbe zu unterlaufen, um der möglichen Diskriminierung zu entgehen. Wenn Devianz letztlich als „gesellschaftliche Produktion abweichenden Verhaltens" entpönalisiert wird, dann ist sogar Kriminalität „normal" (Haferkamp 1972).

Negative Zuschreibungen werden in gesellschaftskritischer Sicht den sozialen *Kontrollmechanismen* geschuldet (Grohall 1992). Hoheitliche Instanzen, insbesondere Justiz- und Schulsystem, üben Macht und Kontrolle aus. Gegen die Repräsentanten struktureller Gewalt galt es, vornehmlich in der 68er Bewegung, irrationale Herrschaft zu bekämpfen (Radikalen-Erlass als Antwort). Die Sozialkritik gipfelte in dem Vorwurf, dass die kontrollierenden Institutionen den Gegenstand ihrer Praxis selbst erzeugen: „Ohne Strafrecht und Gericht gäbe es keine Kriminellen, ohne Jugendrecht und Erziehungsheime keine Fürsorgezöglinge" (Keckeisen 1974, 10). Ohne Sonderschulen gäbe es keine Lernbehinderten und Verhaltensgestörten.

Behinderte Menschen stellen einen Sonderfall des Minoritäten-Problems als Vehikel zur Definition abweichenden Verhaltens dar. Der Behinderte ist „in unerwünschter Weise anders ... als wir antizipiert hatten" (Goffman 1967, 13). Er entspricht nicht unseren Vorstellungen von Normalität, Unversehrtheit und → Gesundheit. Mit der kommunikativen und amtlichen Feststellung von Abweichung wird dem benachteiligten Menschen die → Rolle des Behinderten zugewiesen. Je schwerwiegender die Normabweichung ist, umso größer ist die Wahrscheinlichkeit seiner → Sozialisation in der Behindertenrolle. Ihre Position ist jedoch von extremer Ambivalenz. Die Behindertenrolle bedeutet zwar oftmals Ausgrenzung und → Diskriminierung, zugleich aber auch Schonraum der Entlastung von unerfüllbaren Rollenerwartungen.

Die Entlastungsfunktion hat vornehmlich in der Pädagogik der → *Verhaltensstörungen* Schule gemacht. Bisweilen werden „Psychische Störungen als abweichendes Verhalten" gleichgesetzt (Keupp 1972). Die Theorie der Devianz liefert einen Gegenentwurf zum medizinischen Modell, nach dem Abweichung endogen bedingt sei (etwa Verhaltensstörung als hirnorganisches Syndrom). Die individuumzentrierte Sichtweise trifft auch auf das kulpative (selbstverschuldete) Stigma der Lernbehinderten und Verhaltensgestörten zu, in Abhebung vom defektiven Stigma bei Körper- und Sinnesgeschädigten (Lipp 1975, 31).

Die neue Verortung von Behinderung als einer ‚sozialen Kategorie' ist aus der Kriminalsoziologie übernommen. Die Kriminalitätstheorie, mit Lombrosos Diktum vom „geborenen Verbrecher", wurde durch eine Kriminalisierungstheorie ersetzt, mit der Minderheiten und zufällig Deliktbehaftete als Menschen angesehen werden, die auf eine kriminelle Karriere abgedrängt worden sind. An die Stelle der *Behindertentheorie* mit einem an der Person lokalisierten und substanzialisierten Verhalten tritt analog der Definitionsaspekt der *Behinderungstheorie*, mit dem problematisiert ist, dass Behinderung erst durch soziale und gesellschaftliche Mechanismen und Attribuierungen produziert wird (Bleidick 1999, 29).

Das Theorem des abweichenden Verhaltens ist in der gegenwärtigen Legitimationskrise eines gesellschaftlichen Wertewandels – Verlust vieler tradierter Ordnungen – zwei Tendenzen ausgesetzt. Ihre Affinität enthält zugleich Widersprüche, die den Zwiespalt der postmodernen Welt ausmachen. Die erste Tendenz: Es gibt immer mehr Abweichler; der zweite Trend: Wir machen uns die Beurteilung zu einfach.

Problemfälle, wie massive Lern- und Verhaltensschwierigkeiten, drohen überhand zu nehmen. Ein hoher und angeblich steigender Prozentsatz der Schülerinnen und Schüler ist davon betroffen (→ Statistik von Behinderungen). Der kulturkritischen Dramatisierung einer willkürlichen Epidemiologie ist nur so zu begegnen, dass die scheinbare empirische Bestätigung theoriegeleitet durchbrochen wird. So haben Shepherd u.a. (1973, 162) die überwuchernde Zahl von Verhaltensstörungen mit einem Index *statistischer Normalität* dadurch eingegrenzt, dass abweichendes Verhalten nur dann den „Auffälligkeitsscore" erfülle, wenn es bei nicht mehr als 10 % der Population auftrete. Somit wehrt man einem normativen medizinischen Eingriff in die Kultur, der im verbreiteten Sinne „Krankheit als Erfindung" tolerieren würde (Lenzen 1993) und unserer hypochondrischen Selbstbemitleidung Nahrung gibt.

Zugleich enthält der allfällige Gebrauch des Terminus abweichendes Verhalten die Versuchung einer moralischen Indifferenz: „Jedes schädigende Verhalten kann dann im Prinzip als ‚sinnvoll' angesehen werden" (Speck 1996, 199). Der labeling approach hat seinerzeit neben der Herrschaft der Systemzwänge den verantwortlichen Spielraum der Interaktionspartner – der Lehrer als ‚Zuschreibungspezialisten' zumal – überschätzt. Immerhin war die interaktionistische Kritik am endogenistischen Behinderungsbegriff „von der Hoffnung getragen, durch eine Änderung des Lehrerverhaltens Lernbehinderung abwenden oder doch wenigstens nachhaltig abbauen zu können" (Antor 1976, 91). Jetzt scheint eher eine Kehrtwende der Betrachtung angezeigt. Auch kann nicht jedes abweichende Verhalten entschuldigt werden. Aber die Beurteilung von Verschiedenheit transzendiert zur wünschenswerten Toleranz gegenüber devianten Minderheiten: „Normal ist es, verschieden zu sein" (Dybwad). Zwischen Konformismus und Außenseitertum bleibt als Forderung die Anerkenntnis der menschlichen Subjektivität (→ Erziehung).

Ulrich Bleidick

Literatur

Antor, G.: „Labeling approach" und Behindertenpädagogik. Ein Beitrag zur Rezeption eines sozialwissenschaftlichen Theorieansatzes. In: Zeitschrift für Heilpädagogik 27 (1976) 89–107.

Becker, H.S.: Außenseiter. Zur Soziologie abweichenden Verhaltens. Frankfurt 1973.

Bleidick, U.: Behinderung als pädagogische Aufgabe. Behinderungsbegriff und behindertenpädagogische Theorie. Stuttgart 1999.

Durkheim, E.: Der Selbstmord (französ. 1897). Frankfurt 1983.

Erikson, K.T.: Die widerspenstigen Puritaner. Zur Soziologie abweichenden Verhaltens. Stuttgart 1978.

Forster, R. (Hrsg.): Soziologie im Kontext von Behinderungen. Theoriebildung, Theorieansätze und singuläre Phänomene. Bad Heilbrunn 2004.

Goffman, E.: Stigma. Techniken zur Bewältigung beschädigter Identität. Frankfurt 1967.

Grohall, K.-H.: Soziologie abweichenden Verhaltens und der sozialen Kontrolle. In: Biermann, B./Bock-Rosenthal, E./Doehlemann, M./Grohall, K.-H./Kühn, D.: Soziologie. Gesellschaftliche Probleme und sozialberufliches Handeln. Neuwied 1992, 133–172.

Haferkamp, H.: Kriminalität ist normal. Zur gesellschaftlichen Produktion abweichenden Verhaltens. Stuttgart 1972.

Keckeisen, W.: Die gesellschaftliche Definition abweichenden Verhaltens. Perspektiven und Grenzen des labeling approach. München 1974.

Keupp, H.: Psychische Störungen als abweichendes Verhalten. München 1972.

Kuhnekath, K.D.: Soziologische Aspekte der Verhaltensstörung. In: Goetze, H./Neukäter, H. (Hrsg.): Pädagogik bei Verhaltensstörungen (Handbuch der Sonderpädagogik, Band 6). Berlin 2. Aufl. 1993, 967–1006.

Lamnek, S.: Theorien abweichenden Verhaltens. Eine Einführung für Soziologen, Psychologen, Pädagogen, Juristen, Politologen, Kommunikationswissenschaftler und Sozialarbeiter. München 4. Aufl. 1990.

Lenzen, D.: Krankheit als Erfindung. Medizinische Eingriffe in die Kultur. Frankfurt 5.–6. Tsd. 1993.

Lipp, W.: Selbststigmatisierung. In: Brusten, M./Hohmeier, J. (Hrsg.): Stigmatisierung. Zur Produktion gesellschaftlicher Randgruppen. Band 1. Neuwied 1975, 25–53.

Marefka, M.: Vorurteile – Minderheiten – Diskriminierungen. Ein Beitrag zum Verständnis sozialer Gegensätze. Neuwied 7. Aufl. 1995.

Shepherd, M./Oppenheim, B./Mitchell, S.: Auffälliges Verhalten bei Kindern. Verbreitung und Verlauf. Eine epidemiologische Untersuchung. Göttingen 1973.

Speck, O.: Erziehung und Achtung vor dem Anderen. Zur moralischen Dimension der Erziehung. München 1996.

Armut

Während buchstäblich Existenz bedrohende Armut *(absolute Armut)* nach wie vor ein Massenphänomen in vielen ‚Dritte-Welt-Ländern' darstellt, ist Armut in Ländern der ‚Ersten Welt' als ein – bezüglich der ökonomischen, sozialen und kulturellen Standards einer → Gesellschaft – *relationales* und *relatives* Phänomen zu betrachten. Sie bezeichnet einen individuell und sozial relevanten Zustand der als (erheblich) eingeschränkt erachteten Verfügbarkeit über (inter-)subjektiv als essentiell geltende materielle und nichtmaterielle Lebensgrundlagen und Lebenschancen (Dietz 1997, 111). Diesem mehrdimensionalen Verständnis von Armut – über die monetäre Situation hinausgehend – entspricht das in der neueren deutschen Armutsforschung vor allem verwendete *Lebenslagenkonzept.* Lebenslagen beziehen sich auf materielle und immaterielle, objektive und subjektive Aspekte der Lebenssituation von Menschen und auf ihre damit verbundenen Handlungsspielräume (Glatzer/Hübinger 1990, 36). Armut nach diesem Konzept wird verstanden als materielle Unterversorgung, die zu gravierenden Einschränkungen der subjektiven Handlungsspielräume und Entfaltungsmöglichkeiten „in den zentralen Bereichen der Lebenserhaltung, Arbeit, Bildung, Kommunikation, Regeneration, Partizipation und der Sozialisationsbedingungen" führt (Chassé 2000, 15). Insbesondere mit dem Einschluss der Bereiche Sozialisation, Bildung, Kommunikation und Partizipation hat dieses Armutskonzept auch für erziehungswissenschaftliche Fragestellungen eine hohe Relevanz.

Ein derart weit gefasstes Konzept mehrdimensionaler und oftmals kumulativer *Unterversorgung* wirft normative Fragen und empirische Operationalisierungsprobleme auf: Welcher Grad an Einschränkung der zu definierenden essentiellen Lebensgrundlagen und -chancen gilt in einer Gesellschaft noch als tolerabel und mit welchen Kriterien werden diese → Deprivationen erfasst? Obwohl sich das *Einkommen* nur auf eine – allerdings zentrale – Dimension der Lebenssituation bezieht, wird es auch in der lebenslagenbezogenen Armutsforschung als Hauptkriterium zur Bestimmung von Armut verwendet, weil seine Höhe Spielräume in weiteren Bereichen der Daseinsgestaltung eröffnet oder verschließt. Aber auch hier bedarf es normativer Entscheidungen, um Armutsgrenzen festzulegen. In einer solchen Konvention wurden lange Zeit auf nationaler und internationaler Ebene (z.B. OECD und EU) 50 % des durchschnittlichen, hinsichtlich Haushaltsgröße und -zusammensetzung bedarfsgewichteten Haushaltsnettoeinkommens (Nettoäquivalenzeinkommen) eines Landes als Armutsgrenze festgelegt. Inzwischen werden 60 % des Nettoäquivalenzeinkommens als Grenze behandelt, unterhalb derer relative Einkommensarmut beginnt; ab 40 % wird von „strenger Armut" gesprochen (BMGS 2005). Als weiteres Kriterium für Einkommensarmut gelten in Deutschland die Regelsätze der Sozialhilfe („Laufende Hilfe zum Lebensunterhalt" bzw. Sozialgeld).

Einem besonders hohen Armutsrisiko sind → *Familien* mit drei und mehr Kindern, Ein-Eltern-Familien sowie Migrantenfamilien ausgesetzt. Nach der UNICEF-Studie zur „Kinderarmut in reichen Ländern" lebten in Deutschland 2001 – errechnet nach der 50 %-Grenze – 10,2 % aller Kinder und Jugendlichen unter 18 Jahren in Einkommensarmut, davon 9,8 % in West- und 12,6 % in Ostdeutschland (Corak u.a. 2005, 5). Auch aus der Sozialhilfestatistik lässt sich erkennen, dass heute besonders Kinder und Jugendliche von Armut betroffen sind. Je jünger sie sind, desto höher steigt ihr Armutsrisiko. So war 1998 der prozentuale Anteil der Kinder unter 3 Jahren, die „Laufende Hilfe zum Lebensunterhalt" erhielten, rund 2,5mal so hoch wie der Anteil aller Altersgruppen (Hock u.a. 2000, 39, Tab. 3).

Die Brisanz dieser oftmals mit dem sprachlich schiefen Bild einer *Infantilisierung der Armut* bezeichneten Entwicklung darf weder gesellschaftspolitisch noch im (sonder-)pädagogischen Kontext unterschätzt werden. Gleichwohl waren noch bis in die 1990er-Jahre in der deutschen Armutsforschung arme Kinder und Jugendliche keine eigenständige Zielgruppe, sondern wurden als Haushaltsmitglieder in den Statistiken einfach ‚mitgezählt'. Erst seitdem hat sich in Deutschland eine eigene Kinderarmutsforschung etabliert und Anschluss an die internationale Entwicklung gefunden. Ein wichtiges Beispiel hierfür ist die bundesweite AWO-ISS-Studie, die Kinder in Armutslagen vom Vorschulalter bis zum Ende der Grundschulzeit in ihrer Entwicklung erfasst hat (Hock u.a. 2000; Skoluda/Holz 2003; Holz/Puhlmann 2005). Orientiert an der Kindheits- und der Resilienzforschung, richtet sich das Interesse der Kinderarmutsforschung nicht nur auf die objektiven Folgen von Armutslagen für Kinder, sondern auch auf die subjektiven Strategien der Bewältigung ihrer Situation (Zander 2005).

Schon wegen ihrer Vielgestaltigkeit kann von (Einkommens-)Armut nicht pauschal und einlinear auf kindliche Entwicklungsgefährdungen geschlossen werden. Das Gewicht von Armut als Risikopotential für betroffene Kinder hängt vielmehr von verschiedenen in Zusammenhang stehenden Bedingungen ab:

- *Intensität und Komplexität:* Eine multidimensionale und schwerwiegende Unterversorgung in zentralen Lebensbereichen wie Einkommen, Arbeit, Wohnen, Ernährung, Bildung, Gesundheit und psychischem Wohlergehen beschneidet die Gestaltungsspielräume der Familienmitglieder einschließlich der Kinder erheblich.
- *Zeitpunkt und Dauer:* Die ersten Lebensjahre sind eine besonders kritische Zeitspanne für deprivierende Einflüsse auf die kindliche Entwicklung. Langzeitarmut hat nach Studien in den USA (z.B. Duncan/Brooks-Gunn 1997) gravierendere Folgen besonders für die kognitive Entwicklung als kürzere Armutsperioden. Auch in der AWO-ISS-Studie wiesen die Kinder bei fortdauernder Armut ungünstigere Entwicklungschancen auf als die Kinder relevanter Vergleichsgruppen (Skoluda/Holz 2003, 114).
- *familiale Belastung und Bewältigung:* Ungünstige Belastungsreaktionen der Eltern wie steigende Reizbarkeit, depressive Verstimmungen, willkürliches Strafverhalten, Inkompetenzgefühle und Beeinträchtigungen der Familienkohäsion (Walper 1995, 199) wirken risikoverstärkend. Verfügbare Ressourcen, z.B. das kulturelle Kapital der Eltern, die Stabilität ihrer Beziehungen und die Unterstützung durch soziale Netzwerke (→ Gemeindeorientierung), üben hingegen einen moderierenden Einfluss aus (203).

Die Folgen von Armut können durch zusätzliche Risikofaktoren, die zwar auch unabhängig, jedoch häufig gemeinsam mit ihr auftreten, verstärkt werden. Zu denken ist an gravierende Störungen der Mutter-Kind-Interaktion, Vernachlässigungssituationen (Schone u.a. 1997) sowie biologische Risiken und Schädigungen, z.B. vorzeitige Geburt, niedriges Geburtsgewicht, prä-, peri- und postnatale Komplikationen und Fehlernährung (Zimmermann u.a. 2000). Vor diesem sozialmedizinisch bedeutsamen Hintergrund ist zu erklären, dass nicht nur Lern- und Verhaltensprobleme bis hin zu Schulversagen und → Lernbehinderung im Kontext von armutsbedingter → Deprivation eindeutig überrepräsentiert auftreten (→ Soziokulturelle Bedingungen), sondern offensichtlich auch, wenngleich in geringerem Ausmaß, körperliche, geistige und sinnesspezifische Behinderungen (BMFSFJ 2002, 222).

Zwar kann gesellschaftlich-strukturell bedingten Prozessen der Armutsgenese nicht primär im sozial-, sonder- und allgemeinpädagogischen Handlungsrahmen, sondern muss auf der politischen Ebene begegnet werden. Bezogen auf kindliche Entwicklungsrisiken im Kontext von Armut kommt der Behindertenpädagogik gleichwohl eine Verantwortung in verschiedener Hinsicht zu. Auf der Forschungsebene wird es vor allem auf einen engen Austausch mit einer stärker interdisziplinär auszurichtenden Kinderarmutsforschung (Zander 2005, 117) ankommen (Beispiel: Müller 2005). So gibt es im deutschsprachigen Raum offenbar keine Untersuchungen zum Komplex Armut, Entwicklungsgefährdung und → Behinderung, in denen materielle Restriktionen neben anderen Deprivationsdimensionen als eigenständige Variable systematisch kontrolliert werden.

Bedingt durch die Zersplitterung und die nicht hinreichend zielgruppenspezifische, niedrigschwellige Gestaltung der bestehenden Unterstützungs- und Fördersysteme erhalten entwicklungsgefährdete Kinder aus sozioökonomisch deprivierenden → Lebenswelten und deren Familien, wenn überhaupt, dann oftmals nur verspätet und ihren Bedürfnissen nicht hinreichend entsprechende Hilfen (Skoluda/Holz 2003; Klein 2002). Auf präventiver Ebene ist daher – in Kooperation mit der Jugendhilfe – der vielfach geforderte Aufbau einer systematischen Förderkette vor Ort mit fachlich angemessenen entwicklungsanregenden Angeboten, beginnend mit der → Frühförderung über den Elementar- bis zum Schulbereich, sowie eine vernetzte, zielgruppenadäquate und lebensphasenorientierte Unterstützung ihrer Familien notwendig.

Hans Weiß

Literatur

BMFSFJ (Hrsg.): Elfter Kinder- und Jugendbericht. Bonn 2002.

BMGS (Hrsg.): Lebenslagen in Deutschland. Der 2. Armuts- und Reichtumsbericht der Bundesregierung. Berlin 2005.

Chassé, K. A.: Armut in einer reichen Gesellschaft. Begrifflich-konzeptionelle, empirische, theoretische und regionale Aspekte. In: Weiß, H. (Hrsg.): Frühförderung mit Kindern und Familien in Armutslagen. München 2000, 12–32.

Corak, M./Fertig, M./Tamm, M.: A Portrait of Child Poverty in Germany. Innocenti Working Paper No. 2005–03. Florence (UNICEF Innocenti Research Centre) 2005. Internet: www. unicef. de [09.12. 2005].

Dietz, B.: Soziologie der Armut. Eine Einführung. Frankfurt 1997.

Duncan, G. J./Brooks-Gunn, J. (eds.): Consequences of growing up poor. New York 1997.

Glatzer, W./Hübinger, W.: Lebenslagen und Armut. In: Döring, D./Hanesch, W./Huster, E.-U. (Hrsg.): Armut im Wohlstand. Frankfurt 1990, 31–55.

Hock, B./Holz, G./Simmedinger, R./Wüstendörfer, W.: Gute Kindheit – Schlechte Kindheit? Armut und Zukunftschancen von Kindern und Jugendlichen in Deutschland. Frankfurt 2000.

Holz, B./Puhlmann, A.: Alles schon entschieden? Wege und Lebenssituation armer und nicht-armer Kinder zwischen Kindergarten und weiterführender Schule. Frankfurt 2005.

Klein, G.: Frühförderung für Kinder mit psychosozialen Risiken. Stuttgart 2002.

Müller, Th.: Armut von Kindern an Förderschulen. Beschreibung und Analyse des Phänomens der Armut von Kindern an Förderschulen sowie empirische Untersuchung seiner Wahrnehmung bei Förderschülern. Hamburg 2005.

Schone, R./Gintzel, U./Jordan, E./Kalscheuer, M./Münder, J.: Kinder in Not. Vernachlässigung im frühen Kindesalter und Perspektiven sozialer Arbeit. Münster 1997.

Skoluda, S./Holz, G.: Armut im frühen Kindesalter – Lebenssituation und Ressourcen der Kinder. In: Frühförderung interdisziplinär 22 (2003) 111–120.

Walper, S.: Kinder und Jugendliche in Armut. In: Bieback, K.-J./Milz, H. (Hrsg.): Neue Armut. Frankfurt 1995, 181–219.

Zander, M.: Kindliche Bewältigungsstrategien von Armut im Grundschulalter – Ein Forschungsbericht. In: Zander, M. (Hrsg.): Kinderarmut. Einführendes Handbuch für Forschung und soziale Praxis. Wiesbaden 2005, 110–141.

Zimmermann, I./Korte, W./Freigang, M.: Kinder, Gesundheit und Armut aus Sicht der Gesundheitsberichterstattung in Hamburg. In: Altgeld, Th./Hofrichter, P. (Hrsg.): Reiches Land – kranke Kinder? Gesundheitliche Folgen von Armut bei Kindern und Jugendlichen. Frankfurt 2000, 109–125.

Delinquenz

Strafgesetze legen fest, was nach mehrheitlicher Ansicht sozialschädlich, strafwürdig sowie strafbedürftig ist und so einen Straftatbestand erfüllt. Kriminalpolitik und Strafrechtsreformen sind im demokratischen Staat Mittel der Anpassung des Strafrechts an gesellschaftliche Deutungsmuster und Verhältnisse. Kriminalität als Verstoß gegen rechtlich normierte Straftatbestände ist in diesem Sinne keine unabhängige Variable, sondern bezeichnet zeitgeschichtlich bedingte Definitionsprozesse bzw. handlungsleitende Normenkonstruktionen, die auch für Pädagogen prinzipielle Verbindlichkeit besitzen. Das Konstrukt der *Kinder- und Jugenddelinquenz* meint die Verletzung des Strafgesetzes, das Tun oder Lassen von Kindern und Jugendlichen, welches als Kriminalität angesehen würde, wenn es von Erwachsenen begangen worden wäre. Im engeren Sinne werden in Deutschland damit die Übertretungen strafrechtlicher Normen der 8- bis unter 14-jährigen Kinder, der 14- bis unter 18-jährigen Jugendlichen sowie der 18- bis unter 21-jährigen Heranwachsenden benannt.

Im Unterschied zum Begriff der *Kinder- und Jugendkriminalität*, der vor allem am Tatbestand der Straftatbegehung im Sinne des Strafgesetzbuches (StGB) anknüpft, berücksichtigt der Delinquenzbegriff eher die persönliche Situation und den Entwicklungsstand des jungen Menschen. Ebenso werden weitere im Umfeld der Straffälligkeit liegende Phänomene → abweichenden, aber noch nicht strafbaren Verhaltens (Alkoholismus, Vagabundieren, Schuleschwänzen) mit einbezogen. Während der Kriminalitätsbegriff mehr schwerwiegende, auch vorsätzlich begangene Delikte und Wiederholungstaten im späteren Stadium einer ‚kriminellen Karriere' bezeichnen soll, meint Kinder- und Jugenddelinquenz sowohl erste, singuläre, eher spontane, unüberlegte und weniger gravierende Straftaten und Entwicklungskrisen, oft allerdings als Frühstadium einer kriminellen Entwicklung (Schneider 1987; Seitz 1995).

Die als Datenbasis meistens verwendete polizeiliche *Kriminalstatistik* (PKS) erfasst bekannt gewordene und registrierte Straftaten und Tatverdächtige. Die Strafverfolgungsstatistiken enthalten nur die Entscheidungen von Staatsanwaltschaft und Gericht, während Dunkelfeldstudien den Bereich nicht bekannt gewordener Delikte untersuchen. Die Darstellung der in der PKS registrierten Kriminalität wird bestimmt durch die Strafbegehung selbst, die Aktivitäten sozialer Kontrolle oder die Anzeigebereitschaft der Bevölkerung sowie die Verfolgungsintensität der Instanzen formeller Sozialkontrolle, also der Polizei und Justiz. Ein objektives Bild tatsächlicher Straftatbegehung ist aufgrund dieser begrenzten Zugänge nicht zu zeichnen (Lamnek 1998).

Sichtbar wird in der PKS ein langfristig deutlicher Kriminalitätsanstieg in den 60er und 70er Jahren, eine gewisse Stabilisierung um 1980 sowie wieder ein erheblicher Zuwachs nach 1990, besonders in den neuen Bundesländern. 1998 wurden für das Bundesgebiet 2.319.895 Personen als tatverdächtig ausgewiesen. 76,8 % aller Tatverdächtigen waren männlich (BKA 1999). Junge Menschen erscheinen schon seit langem als kriminell unverhältnismäßig hoch belastet. 2,4 % der Kinder ab 8 Jahren, 7,3 % der Jugendlichen und ebenfalls 7,3 % der Heranwachsenden galten als tatverdächtig. Die bagatellhaften Straftaten Jugendlicher konzentrieren sich auf Diebstähle mit meist geringen Schadensmittelwerten, Straßenverkehrsdelikte und, mit einigem Abstand, auf Gewaltkriminalität. Bei einer Minderheit männlicher Jugendlicher kommt Diebstahl unter erschwerenden Umständen (Einbruch) hinzu, weiterhin schwerere Straßenverkehrsvergehen und Sachbeschädigungen an öffentlichen Einrichtungen. Bei weiblichen Jugendlichen sind verschiedene Formen des Betrugs häufiger. Männliche Jugendliche sind etwa dreimal so hoch durch Straftaten belastet wie weibliche. Situationsgebundenheit, teilweise Alkohol- und zunehmend → Drogeneinfluss sowie Tatbegehung im Kontext loser Gruppierungen (Gangs) kennzeichnen die Begleitumstände besonders bei Gewalt und schweren Eigentumsdelikten.

Kinder- und Jugenddelinquenz ist in der Regel episodenhaft, temporär und passager. Sie ist kein Indikator gravierender → Sozialisationsmängel und Erziehungsdefizite, sondern oft Ausdruck von Probierverhalten und normalen Konflikten des Hineinwachsens in die Sozial- und Rechtsordnung. Ein großer Teil der Delinquenz leichterer Art bleibt unentdeckt und bildet sich spontan zurück. Erststrafen sind normalerweise kein Start in die ‚kriminelle Karriere'. Etwa 95 % aller registrierten jugendlichen Tatverdächtigen treten nur ein- bis zweimal strafrechtlich in Erscheinung. Selbst bei mehrfachen Straftaten ist Jugendkriminalität von heute nicht die Erwachsenenkriminalität von morgen. Delinquentes Handeln ist nicht gleichverteilt. Auf der einen Seite eines Kontinuums stehen junge Menschen, die leichte Delikte und diese nur selten begehen, auf der anderen Seite eine kleine Minderheit von 5–7 % der Tatverdächtigen, deren Vergehen häufig und schwer sind; auf sie entfallen bis zu 50 % der gesamten Jugenddelinquenz (Lösel u.a. 1998). Diese Jugendlichen befinden sich in der Gefahr des

Abgleitens in eine kriminelle Laufbahn. Merkmale einer solchen (zumindest statistischen) Gefährdung sind unterschiedliche, dabei aggressiv geprägte → Verhaltensauffälligkeiten in Verbindung mit frühen Erziehungsproblemen, überdauernden Sozialisationsbelastungen wie feindseligem Familienklima, zerrütteter Ehe, Straffälligkeit in der Familie, sozioökonomischen Belastungen, ungenügender Wohnsituation, Langzeitarbeitslosigkeit, → Stigmatisierungen, Unzufriedenheit bei der Freizeitgestaltung und Anbindung an delinquente Altersgenossen und Cliquen (→ Soziokulturelle Bedingungen, → Randständigkeit). Es gibt Hinweise auf eine überdurchschnittliche Gefährdung von Schülern aus Schulen für → Lernbehinderte und → Verhaltensgestörte (Göppinger 1983; Pongratz/Jürgensen 1990; Moffitt 1993).

Eine große, teilweise verzerrende öffentliche Beachtung finden die vergleichsweise seltenen, jedoch qualitativ schwerwiegenden und zahlenmäßig zunehmenden *Gewalttaten* junger Menschen. Der im Gefolge solcher Ereignisse lautwerdende Ruf nach Gesetzesverschärfungen verkennt die geringe generalpräventive Wirksamkeit gerade angesichts der Typik jugendlicher Straftaten wie die ohnehin im Verhältnis zum Erwachsenenstrafrecht erheblich größeren Sanktionsspielräume des Jugendgerichtsgesetzes (JGG). Weitgehende Einigkeit, aber auch Besorgnis besteht darüber, dass die Kriminalität junger Menschen langfristig, insbesondere seit Ende der 80er Jahre, bei den Gewaltdelikten wie ebenso die Zahl ihrer Opfer ansteigt (Kerner/Sonnen 1997).

Während unter juristischer Perspektive bei jungen Menschen die begangenen Straftaten Jugendlicher nach dem StGB klassifiziert werden, gilt für die *Sanktionen* und das Verfahren das JGG (Fassung 1998). Maßgeblich für das Verfahren ist das Alter zur Tatzeit. Kinder unter 14 Jahren sind strafrechtlich nicht verantwortlich. Für sie sind die Jugendhilfe und das Kinder- und Jugendhilfegesetz (KJHG) zuständig (→ Straffälligkeit, → Jugendrecht). Für Jugendliche von 14 bis unter 18 Jahren gilt bedingte *Strafmündigkeit*; die *Schuldfähigkeit* ist jeweils festzustellen. 18 bis 21jährige werden als im Prinzip strafmündig und somit verantwortlich für ihre Taten angesehen. Ziel jugendstrafrechtlicher Interventionen ist die Individual- bzw. Sozialprävention im Sinne der Abhaltung des Täters von erneuten Straftaten (Ostendorf 1998).

Zur *ursächlichen Erklärung* von Straftaten trägt eine Vielzahl von Faktoren bei, die in einem komplexen Wirkungsgefüge stehen. Zu unterscheiden sind im Laufe einer langfristigen Entwicklung zur Straffälligkeit die Phase einer Primär-Delinquenz als Begehung der Straftaten selbst sowie die sekundäre Kriminalisierung durch Etikettierung und den Einfluss von Instanzen sozialer Kontrolle wie Justiz, Polizei und Sozialarbeit. Weitgehender Konsens besteht darin, dass Straftaten junger Menschen als überwiegend entwicklungsbedingt zu betrachten sind, im Zusammenhang mit Prozessen der Ablösung aus dem Elternhaus, der Verführbarkeit durch aggressive Werbung, situativ bedingte Tatgelegenheiten und Beeinflussungen durch andere (→ Soziokulturelle Bedingungen). Nicht zuletzt kann Delinquenz auch als Seismograph gesellschaftlicher Entwicklungen, z.B. von Armut oder politischen Beteiligungsdefiziten, gewertet werden, aus der sich Handlungsnotwendigkeiten auf makrostruktureller Ebene ableiten lassen.

Inwieweit der in diesem Kontext gebrauchte Begriff einer *Bekämpfung der Jugendkriminalität* angemessen ist, bleibt dahingestellt. Verharmlosung und Bagatellisierung sind nicht angezeigt. Junge Menschen haben ein Recht auf Normverdeutlichung, wenn sie gegen zivilisatorische Mindestbestände verstoßen. Umstritten ist jedoch, inwieweit das Jugendstrafrecht und seine Institutionen sich dazu eignen. In jugendstrafrechtlicher Hinsicht stehen als Interventionsmöglichkeiten des JGG mit jeweils zunehmender Schärfe zur Verfügung: *Weisungen, Zuchtmittel* und *Jugendstrafe.*

Innerhalb der Jugendstrafrechtspflege bemüht man sich auf der Grundlage vor allem stigmatisierungstheoretischer Überlegungen unter dem Stichwort ‚Diversion' bei Straftaten im Geltungsbereich des JGG soweit als möglich, formelle Verfahren zu vermeiden und auf dem Wege der Verfahrenseinstellung entkriminalisierend zu wirken. Ein nach wie vor großes Problem der Wirksamkeit justizieller Sanktionen stellt der große Zeitabstand zwischen Straftat, Verhandlung und Beginn der Sanktion dar, so dass viele jugendliche Täter ihre Vergehen schon wieder vergessen oder für sich neutralisiert haben.

Professionelles *pädagogisches Handeln* steht sowohl für die Förderung des jungen Menschen beim Hineinwachsen in die Gesellschaft, das öffentliche Interesse an mehr Sicherheit, für die Wahrung der Rechtsordnung als zu schützendes Gut als auch für das Recht des einzelnen Bürgers auf eine gesicherte Lebensumgebung. Neben präventiven Maßnahmen ist es bei der Episodenkriminalität wesentlich, zwar geltende Normen durch Unterstützung sozial akzeptierten Verhaltens sowie Wahrnehmung, Thematisierung und auch Konfrontation nicht akzeptablen bzw. delinquenten Verhaltens zu verdeutlichen, nicht jedoch durch stigmatisierende Aktionen und unproduktive Strafen Fehlentwicklungen festzuschreiben. Ermahnungen, Weisungen, Soziale Trainingskurse, Täter-Opfer-Ausgleich, Wiedergutmachung und gemeinnützige Arbeit stehen für konstruktive Interventionsmöglichkeiten. Die Verhinderung einer beginnenden kriminellen Karriere erfordert konzentrierte pädagogische und sozialtherapeutische Anstrengungen im Zusammenwirken von Elternhaus, Schule und Jugendarbeit.

Philipp Walkenhorst

Literatur

Bundeskriminalamt (Hrsg.): Polizeiliche Kriminalstatistik 1998. Wiesbaden 1999.

Göppinger, H.: Der Täter in seinen sozialen Bezügen. Berlin 1983.

Kerner, H.-J./Sonnen, B.-R.: Jugendkriminalität und Jugendstrafrecht – Eine Anregung zur Besonnenheit bei Veränderungsplänen. In: Deutsche Vereinigung für Jugendgerichte und Jugendgerichtshilfen, DVJJ-Journal 8 (1997) 339–345.

Lamnek, S.: Jugendkriminalität. Erscheinungen – Entwicklungen – Erklärungen. In: Gegenwartskunde 45 (1998) 379–412.

Lösel, F./Bliesener, Th./Averbeck, M.: Hat die Delinquenz von Schülern zugenommen? Ein Vergleich im Dunkelfeld nach 22 Jahren. In: Deutsche Vereinigung für Jugendgerichte und Jugendgerichtshilfen, DVJJ-Journal 9 (1998) 115–125.

Moffitt, T.E.: Adolescence-limited and life-course-persistent antisocial behavior: A developmental taxonomy. In: Psychological Review 100 (1993) 674–701.

Ostendorf, H.: Das Jugendstrafverfahren. Köln 1998.

Pongratz, L./Jürgensen, P.: Kinderdelinquenz und kriminelle Karrieren. Pfaffenweiler 1990.

Seitz, W.: Jugendkriminalität. In: Bienemann, G./Hasebrink, M./Nikles, B.W. (Hrsg.): Handbuch des Kinder- und Jugendschutzes. Münster 1995, 222–224.

Schneider, H.-J.: Kriminologie. Berlin 1987.

Deprivation

Deprivation bedeutet Unterbindung bzw. Vorenthaltung sinnlicher und sozialer Kontakte, die für die Aufrechterhaltung der Autonomie des Subjekts in einer gattungsnormalen Entwicklung notwendig sind. Sie kann durch biotische Noxen (Gehörlosigkeit; Schäden des ZNS) initiiert werden oder durch die Außerkraftsetzung notwendiger sozialer Kontakte (Hospitalismus).

Die heutigen Auffassungen zur Deprivation resultieren aus verschiedenen Quellen. Historisch von besonderer Bedeutung sind die Forschungen von Spitz zur frühen Mutterentbehrung bei Heimkindern. Als erste

Stufe der Reaktionen auf Beziehungsdeprivation tritt die *anaklitische Depression* auf (Lethargie und sozialer Rückzug), als zweite Stufe der *Hospitalismus*. Ein Drittel der Kinder in der untersuchten Stichprobe starb auf Grund rapiden Kräfteverfalls, für die Überlebenden resultierten schwere Entwicklungsrückstände. U.a. hieran anknüpfend entwickelt Bowlby im Rahmen eines Berichts für die WHO 1951 den Begriff der *maternalen Deprivation*, der wesentlich zum Verständnis gesunder kindlicher Entwicklung beitrug. So wird heute „sichere Bindung" als Kern kognitiv adäquater und psychisch stabiler kindlicher Entwicklung angenommen (Schmalohr 1975).

Tierexperimente, insbesondere bei Säugetieren, unterstreichen die Bedeutung früher sozialer Bindung und reichhaltiger Umwelten. Unter Bedingungen sensorischer Deprivation erfolgt eine reduzierte Ausbildung entsprechender Hirnbereiche, kortikale Karten organisieren sich in anderer Form.

Noch gravierender ist der Einfluss der *Triebdeprivation*. Insbesondere wird der „sekundäre Trieb" zum Kontakt mit der Mutter gestört (Bronfenbrenner 1971). Da dieser Trieb die Grundlage für Spielaktivitäten und das Erlernen von adäquatem innerartlichem Verhalten bildet, verwundert nicht, dass schwere soziale Störungen folgen. Feststellbar sind (1) hohes Angstniveau, verbunden mit Hyperaktivität, (2) Hemmung explorativer Aktivitäten, (3) repetitive, sich selbst stimulierende Bewegungen, (4) anfängliche hohe Furcht, Zurückweisung und Aggressivität gegenüber anderen sozialen Objekten, einschließlich Mutterersatz, bei später sehr starker, abhängiger Bindung.

Ab den 50er Jahren zeigen soziologische Arbeiten, dass eine Reihe von Verhaltenseigentümlichkeiten, die bis dahin als unmittelbare Effekte psychischer Erkrankung bzw. geistiger Behinderung gedeutet wurden, Resultate von Deprivation in Heimen und Großeinrichtungen sind, u.a. Mutismus, depressiver Rückzug, Aggressivität. Dechiffriert man Goffmans (1972) Begriff „totale Institution" als Spezialfall der Kräfteverteilung in einem „Feld der Macht" (Bourdieu), so bewirken totale Institutionen durch die Konzentration der Insassen am Pol der Ohnmacht deren schwere Deprivation (Diskulturation), verbunden mit tiefgreifenden Persönlichkeitsveränderungen. Entsprechend können, so das heutige Verständnis, auch kleine soziale Einheiten, insbesondere Familien, als „totale Institutionen" wirken und zur Hospitalisierung ihrer Mitglieder beitragen.

Eine weitere Quelle der Deprivationsforschung sind das Vordringen der Menschen in Extremsituationen (Raumfahrt, Antarktis u.a.m.), die Erforschung von Mechanismen der Gehirnwäsche (nach dem Koreakrieg) und die Entwicklung moderner Folterstrategien.

Auf der Basis des Standes der Deprivationsforschung formuliert Haggard (1964) ein Modell der Auswirkungen von *Isolation* auf die Persönlichkeit, in das er die Situation (sinnes- und körper-)behinderter Menschen als Quelle von Isolation miteinbezieht. Unter langfristig wirkenden Bedingungen sozialer Isolation kommt es bei völlig unterschiedlichen Quellen dieser Isolation zu vergleichbaren Umformungen kognitiver Systeme. Bei sehr schweren, insbesondere traumatischen Erfahrungen formen sich auch affektive Basissysteme um. In gewisser Hinsicht nimmt Haggard hier die Diskussion um das Postraumatische Stress-Syndrom (PTSD) vorweg, unterdessen als anerkannte Klassifikation in das Diagnostische und statistische Manual psychischer Störungen (DSM) IV aufgenommen.

Im Zentrum der Debatte um das PTSD stehen neuropsychologische Veränderungen, psychische Bewältigungsprozesse und Rehabilitationsstrategien bei Gewaltopfern. Die Forschung bezieht sich neben den Überlebenden von KZ-Haft auf Kriegsveteranen sowie auf Frauen und Kinder als Opfer von (häufig sexueller) Gewalt. Als Folge dieser Gewalt wird eine Trias von Hyperaktivität, Intrusion (plötzliches Einschießen von Erinnerungen) und Konstriktion (Abspaltung, Verdrängung, Dissoziation) herausgestellt. In der Diskussion des PTSD wird darüber hinaus ein Typ II bei häufig wiederholten Gewalterfahrungen postuliert, bei dem schwere Depressionen im Vordergrund stehen (Herman 1993). In neurologischer Hinsicht korrespondieren Veränderungen von Neuronenzahl und Dendritendichte im Hippocampus mit dem PTSD.

Entsprechend Haggards Überlegung, dass die Schwere und nicht die Quelle der Isolation der relevante Faktor für psychische Umbildungen ist, werden von verschiedenen Autoren auch scheinbare Folgen biotischer Noxen als Folgen von Isolation betrachtet, also als psychische Kompensationen des Subjekts unter den Bedingungen von durch die Noxe tiefgreifend veränderten Beziehungen zu den Menschen und zur Welt. Eine derartige Betrachtungsweise findet sich (ursprünglich angeregt durch Adlers Gedanken zur Kompensation organischer Minderwertigkeit) bereits 1932 in Wygotskijs (1993) methodologischen Überlegungen zum Problem der geistigen Behinderung. Kern der Retardation ist nicht der Defekt, sondern die durch diesen radikal veränderte soziale Entwicklungssituation. In ähnliche Richtung zielt Jantzens (1987; 1990) Grundlegung einer allgemeinen Behindertenpädagogik, in deren Zentrum das Faktum der Isolation steht.

Unterstützung gewinnen derartige Auffassungen durch neuere neurowissenschaftliche Arbeiten, die zeigen, dass zahlreiche Eigenschaften von syndrombezogenen Subgruppen von Behinderung nicht unmittelbare Resultate eines biotischen Defektes, sondern bereits Resultat einer Kompensation sind (Langsamkeit bei Trisomie 21; Rigidität und Bradykinesie beim Parkinson-Syndrom; Latash 1993). Es überrascht daher nicht, bei schwer geistig behinderten Menschen eine vergleichbare exponentielle Zunahme von Aggressionen, zerstörendem Verhalten und Selbstverletzungen zu finden wie bei Opfern schwerer Gewalt (insbesondere bei Kindern). Geistig behinderte Menschen sind nicht nur in sehr viel höherem Maße verwundbar, sondern unterliegen zudem Auswirkungen unbewusster kollektiver Ablehnungsstrategien bzw. Tötungsphantasien (Niedecken 1998), die ihrerseits zu sozial deprivierendem Handeln gegenüber diesen Menschen führen. Wolfgang Jantzen

Literatur

Bronfenbrenner, U.: Isolation in Mammals. In: Newton, G./Levine, S. (Eds.): Early Experience and Behavior. Springfield 2. Aufl. 1971, 627–764.

Goffman, E.: Asyle. Frankfurt 1972.

Haggard, E.A.: Isolation and Personality. In: Worchel, P./Byrne, D. (Eds.): Personality Change. New York 1964, 433–469.

Herman, J.: Die Narben der Gewalt. München 1993.

Jantzen, W.: Allgemeine Behindertenpädagogik Band 1 und 2. Weinheim 1987; 1990.

Latash, M.L.: Control of Human Movement. Leeds 1993.

Niedecken, D.: Namenlos – geistig Behinderte verstehen. Neuwied 3. Aufl. 1998.

Schmahlohr, E.: Frühe Mutterentbehrung bei Mensch und Tier. München 2. Aufl. 1975.

Wygotskij, L.S.: The Diagnostics of Development and the Pedological Clinic for Difficult Children. In: Collected Works. Vol. 2. New York 1993, 241–291.

Frauenforschung

Die Frauenforschung in der Behindertenpädagogik untersucht alle wesentlichen Fragen der Behindertenpädagogik auf ein relevantes soziales Strukturmerkmal hin, auf das *Verhältnis zwischen den Geschlechtern*. Angesprochen sind dabei unterschiedliche Personengruppen: die von Behinderung betroffenen Menschen selbst, d.h. behinderte Mädchen und Jungen, behinderte Frauen und Männer, aber auch deren Eltern und Geschwister, d.h. Mütter und Väter, Schwestern und Brüder, sowie die in der Behindertenpädagogik vertretenen Berufsgruppen. Analysiert werden die hierarchischen Verhältnisse innerhalb der Gruppen sowie zwischen ihnen; gefragt wird nach deren Einfluss auf Erziehung und Förderung der Betroffenen. Und schließlich: Wie ist eine geschlechterbewusste Pädagogik zu gestalten, in ihrer Theorie und ihrer Praxis? Hierbei richtet das Fach seinen Blick nicht nur auf die Seite der von → Behinderung Betroffenen, sondern ebenfalls auf die der Nichtbehinderten und auf das Verhältnis zwischen beiden. So gerät hier schwerpunktmäßig das Verhältnis zwischen Normalität und Behinderung in den geschlechterspezifischen Blickwinkel.

Ihren Ausgangspunkt nahm die Frauenforschung in der Behindertenpädagogik Ende der 70er Jahre mit dem thematischen Schwerpunkt der *Lebenssituation behinderter Frauen*, beeinflusst durch die Diskussionen der Frauenbewegung. Die ersten Aktivitäten waren ein Volkshochschulkurs zur sozialen Lage behinderter und nichtbehinderter Frauen, Berlin 1978; eine Arbeitsgruppe zur Lebenssituation behinderter Frauen im Rahmen des „Frauenforums im Revier", Dortmund 1978; das COURAGE-Schwerpunktheft „Behinderte Frauen", 1980; eine Arbeitsgruppe zur beruflichen Arbeit von Frauen in der Behindertenpädagogik im Rahmen der 5. Sommeruniversität für Frauen, Berlin 1980; schließlich der Beginn der „Krüppelfrauengruppen" im Internationalen Jahr der Behinderten 1981.

Die erste wissenschaftliche Monographie zur gesellschaftlichen Situation behinderter Frauen mit einem feministischen Ansatz erschien Anfang der 80er Jahre (Schildmann 1983), die erste Aufsatzsammlung – ausschließlich aus der Sicht selbst betroffener Frauen – kurze Zeit später (Boll u.a. 1985). Erste Ansätze zur Sozialisation von Mädchen im Zusammenhang mit Behinderung und Sonderpädagogik (Prengel 1984), zum Zusammenhang von weiblichem Geschlecht und pädagogischer Berufstätigkeit in der Sonderpädagogik (Rohr 1984) sowie zur Geschlechterspezifik der Arbeit und der psychischen Bewältigungsprozesse von Müttern behinderter Kinder (Jonas 1988) rundeten die wissenschaftlichen Bemühungen um die Einbindung behindertenpädagogischer Fragen in die *feministische Frauenforschung* ab. Die Zeit von 1978 bis ca. 1988 kann als Initiativphase der Frauenforschung in der Behindertenpädagogik bezeichnet werden.

Die zweite Phase (Ende der 80er bis Mitte der 90er Jahre) ist als Phase der Ausdifferenzierung und Etablierung zu charakterisieren. Thematische sowie methodische Ausdifferenzierungen fanden auf allen genannten Teilgebieten statt, am deutlichsten aber auf dem Gebiet der *sozialen Lage behinderter Frauen* (vor allem Differenzierung nach körperlich und geistig behinderten Frauen; Erweiterung des Spektrums der Forschungsmethoden: quantitative und qualitative Studien, darunter auch biographisch-narrative Interviews). Behinderte Frauen stellen eine insgesamt heterogene Gruppe dar. Zwar beträgt ihr Anteil an der weiblichen Bevölkerung in der Bundesrepublik Deutschland ca. 10 Prozent und an den ca. 7 Millionen behinderten Menschen annähernd 50 Prozent, aber differenziert nach Schädigungsarten und Altersgruppen entstehen Untergruppen, deren

Spezifika sowohl auf der wissenschaftlichen als auch der sozialpolitischen Ebene zu berücksichtigen sind.

Die soziale Problematik behinderter Frauen bezieht sich auf beide gesellschaftlich relevanten Arbeitsbereiche, den Erwerbsarbeitsmarkt und die familiale Reproduktionsarbeit (Hausarbeit), und ist durch verschärfte gesellschaftliche Kontrolle und ggf. Ausgrenzung gekennzeichnet. Sozialisation und Ausbildung behinderter Mädchen und Frauen orientieren sich im Allgemeinen – wie auch bei nichtbehinderten Mädchen und Frauen – an der Reproduktion der Arbeitskraft und der gesellschaftlich notwendigen Reproduktionsarbeit in der Familie und im öffentlichen Arbeitssektor. Gemessen an männlicher (Erwerbs-)Arbeitsnorm und Produktivität findet hier die erste fundamentale *Abwertung der weiblichen Arbeit* statt: Ihr wird der Charakter der ergänzenden Arbeit zugesprochen, und statt Gleichwertigkeit entsteht Zweitrangigkeit. Auf dieser gesellschaftlichen Grundlage werden Frauen mit Einschränkungen körperlicher, intellektueller, psychischer Art daran gemessen, ob sie in der Lage sind, die gesellschaftlich notwendige Reproduktionsarbeit so wie nichtbehinderte Frauen zu leisten. Hier findet die zweite Abwertung von Arbeitskraft statt: Behinderte Frauen werden daran gemessen, ob ihre Leistung von der – männlich orientierten – Gesellschaft individuell und/oder öffentlich nachgefragt und akzeptiert wird.

Waren-Ästhetik und verdeckte → Eugenik definieren für behinderte Frauen eine *gesellschaftliche Sonderstellung* (einschließlich der Sozialisation), die nicht oder nur bedingt auf Partnerschaft/Ehe, Familie/Kindererziehung und reproduktionsbezogene Erwerbsarbeit abzielt. Frauen mit → geistiger Behinderung sind besonders schwerwiegenden Problemen ausgesetzt: Erziehung zu Über-Anpassung und Asexualität ist vorherrschend, geeignete Sozialisationsvorbilder fehlen. Die Sozialisation am Rande oder außerhalb der Normalität zieht schwerwiegende Probleme nach sich, wie zum Beispiel (Zwangs-)Sterilisation und sexuellen Missbrauch. Beide richten sich gegen die betroffenen Frauen und charakterisieren Behinderung im umfassenden Sinn.

Durch die Gründung landes- und bundesweiter „Netzwerke für behinderte Frauen“ Anfang der 90er Jahre erhielten die Betroffenen eine neue Aufmerksamkeit und die Frauenforschung in der Behindertenpädagogik einen weiteren Anschub zu ihrer Etablierung. Parallel dazu gab es weitere behindertenpolitische Aktivitäten: die Einrichtung des Bildungs- und Forschungsinstituts zum selbstbestimmten Leben behinderter Menschen (bifos); die Durchführung von Fachtagungen für behinderte und nichtbehinderte Frauen seit 1991; einen Forschungsauftrag des Bundesministeriums für Familie, Senioren, Frauen und Jugend zur Lebenssituation von Frauen mit Behinderung (1996). Auf wissenschaftspolitischer Ebene sind vor allem zwei Fachtagungen zur Geschlechterproblematik in der Behindertenpädagogik zu nennen: Bremen 1996 (Jantzen 1997) und Hamburg 1997 (Warzecha 1997), außerdem die Einrichtung einer Professur für „Frauenforschung in der Behindertenpädagogik“ im Rahmen des Netzwerks Frauenforschung des Landes Nordrhein-Westfalen an der Universität Dortmund (1996).

Seit Ende der 90er Jahre befindet sich das Fachgebiet in einer dritten Entwicklungsphase, die vor allem durch theoretische Vertiefungen gekennzeichnet ist. Beispielhaft dafür stehen a) die vergleichende Auseinandersetzung mit den Strukturkategorien Behinderung und Geschlecht sowie b) die Normalismusforschung in der Behindertenpädagogik (Schildmann 2004).

Ulrike Schildmann

Literatur

Boll, S./Degener, Th./Ewinkel, C./Hermes, G./ Kroll, B./Lübbers, S./Schnartendorf, S. (Hrsg.): Geschlecht: behindert – besonderes Merkmal: Frau. München 1985.

Jantzen, W. (Hrsg.): Geschlechterverhältnisse in der Behindertenpädagogik. Subjekt/Objekt-Verhältnisse in Wissenschaft und Praxis. Luzern 1997.

Jonas, M.: Trauer und Autonomie bei Müttern schwerstbehinderter Kinder. Ein feministischer Beitrag. Mainz 1988.
Prengel, A.: Schulversagerinnen. Versuch über diskursive, sozialhistorische und pädagogische Ausgrenzungen des Weiblichen. Gießen 1984.
Rohr, B.: Mädchen – Frau – Pädagogin. Köln 1984.
Schildmann, U.: Lebensbedingungen behinderter Frauen. Gießen 1983.
Schildmann, U.: Frauen- und Geschlechterforschung in der Behindertenpädagogik. In: Janshen, D. (Hrsg.): Frauen über Wissenschaften. München 1999, 118–134.
Schildmann, U.: Normalismusforschung über Behinderung und Geschlecht. Opladen 2004.
Warzecha, B. (Hrsg.): Geschlechterdifferenz in der Sonderpädagogik. Forschung – Praxis – Perspektiven. Hamburg 1997.

Freizeiterziehung und Freizeitbildung

Vor dem Hintergrund zunehmender Lebenserwartung bekommt der arbeitsfreie Teil des Lebens eine immer größere Bedeutung für Erziehung und Bildung. Dabei werden in der Fachdiskussion begriffliche Umschreibungen wie *Pädagogik der freien Lebenszeit*, *Freizeiterziehung* oder kurz *Freizeitpädagogik* weitgehend synonym verwendet. Immer ist die positive Wortbedeutung von Freizeit im Sinne von freiverfügbarer Zeit bzw. freier Lebenszeit anzunehmen. Dies gilt auch für das erweiterte Selbstverständnis einer Pädagogischen Freizeitforschung als Querschnittsdisziplin und integrativer Lebenswissenschaft.

Der von Fritz Klatt zur Zeit der Jugendbewegung geprägte Begriff „Freizeitpädagogik" (1929) kann den Struktur- und Wertewandel von Arbeit und Freizeit an der Schwelle zum 21. Jahrhundert nicht mehr ausreichend widerspiegeln. Genauso wie andere Begriffe aus der Zeit der Jugendbewegung heute überholt erscheinen (z. B. wird „musische Bildung" durch „sozial-kulturelle Bildung" ersetzt), müssen auch freizeitpädagogische Ziele und Konzepte überdacht werden.

Die aktuelle Fachdiskussion um → Erziehung und → Bildung in der Freizeit ist kontrovers. So ist von „Perspektivenwechsel" (Giesecke 1983), von „Kurskorrekturen" (Pöggeler 1995) sowie von der „Metamorphose der Freizeitpädagogik" (Nahrstedt 1995) die Rede. „Vernetzt angelegte freizeitwissenschaftliche Argumentationen" (Popp 1995) werden angemahnt, die Öffnung „für andere notwendige Forschungsbereiche (Psychologie, Soziologie, Ökonomie, Ökologie, Tourismus, Ethik) ..." (Zellmann/Wagner 1995) wird gefordert. Das freizeitpädagogische Handeln soll nicht mehr von der Arbeit, sondern „vom Lernen her" (Fromme 1985) begründet werden. Und weil das Leben heute und in Zukunft nicht mehr unter dem Diktat der Erwerbsarbeit steht, müssen auch *neue Bildungsziele jenseits des Erwerbs* stärker im Blickpunkt stehen: Eine „Pädagogik der freien Lebenszeit" (Opaschowski 1996) soll mehr Fähigkeiten zur Gestaltung des eigenen Lebens entwickeln helfen.

Die Erkenntnisse der Freizeiterziehung werden in einer wachsenden Zahl von Handlungsfeldern und Handlungssituationen gezielt angewandt (Medien, Kultur, Sport, Spiel, Unterhaltung, Tourismus). Die Freizeiterziehung setzt sich mit pädagogischen Implikationen des gesellschaftlichen Wandels, insbesondere des Struktur- und Wertewandels von Arbeit und Freizeit auseinander.

Die Freizeiterziehung entspricht einem dringenden *gesellschaftlichen Bedarf* nach einer Pädagogik, in der Spiel, Spaß, Geselligkeit und Erlebnisorientierung eine anregende, genussvolle und produktive Verbindung mit Wissenserwerb, sozialem Engagement, kultureller Entfaltung und kritischer Reflexion eingehen. Im übrigen versteht sie sich auch als Aufforderung an die übrigen Teildisziplinen der Erziehungswissenschaft, auch und gerade der Behindertenpädagogik, der Erforschung der komplexen Bezüge zwischen Freizeit, Erziehung und Bildung mehr Beachtung zu schenken. Sie wird damit zu einem wichtigen Bestandteil allgemeiner Lebenszeitberatung. Besonders aktuell ist in diesem Zusammenhang ihre bildungspolitische Relevanz.

Der Anspruch auf Freizeiterleben und Freizeitbildung als → Bildung durch Freizeit macht grundsätzlich keinen Unterschied zwischen behinderten und nichtbehinderten Menschen. In Anbetracht der beträchtlichen Schwierigkeiten, für Schwerbehinderte eine dauerhafte berufliche Beschäftigung sicherzustellen, kommt dem Anteil freier Zeit im Lebenslauf bei behinderten Menschen erhöhte Bedeutung zu (Butzke/Bordel 1989). Die vielfältigen Betätigungs- und Organisationsweisen von Freizeit sind besonders erfolgreich in *Clubs für Behinderte* versammelt, in denen meist behinderungsspezifische Gesellungsformen unter Gehörlosen, Sehgeschädigten und Körperbehinderten anzutreffen sind (→ Erwachsenenbildung). Wo sie, wenn auch seltener vertreten, gemeinsame Veranstaltungen für Behinderte und Nichtbehinderte umfassen, bieten sie eine hohe Chance für eine verbesserte gesellschaftliche → Integration behinderter Menschen.

Freizeit, Erziehung und Bildung stehen auf dem Prüfstand. Das bisher in der Schule und im außerschulischen Bereich vermittelte „Grundwissen" (einschließlich der Kulturtechniken) bedarf einer Erneuerung und Erweiterung. *Bildung wird zum lebenszeitbegleitenden Lernen.* Wer nicht weiterlernt, kommt auch im Leben nicht weiter – oder gibt gar sein Leben auf.

Die Neigung wächst, die Freizeit ohne Einschränkung zu genießen. Die Bereitschaft sinkt, soziale Verantwortung zu übernehmen. Die Menschen machen sich zunehmend von gegenseitiger Hilfeleistung unabhängig: Der Zusammenhalt in der Familie geht zurück, die Beziehungen zur Verwandtschaft werden weniger intensiv, echte Freundschaften seltener und Partnerschaftsbeziehungen weniger stabil und dauerhaft sein. Aus dem ‚Bund für's Leben' wird immer mehr ein Zusammenleben auf Zeit. Im Freizeitkonsum wird immer mehr der Sozialcharakter von Pflichten negiert. Soziale Verpflichtungen werden einfach ‚wegindividualisiert': Es gibt nur mehr die Pflicht gegenüber sich selbst – alles andere gilt als Rücksichtnahme im Sinne von lästiger Pflicht, der man sich möglichst schnell entledigen will.

Mitmenschlicher Kontakt wird immer mehr gesucht und immer weniger gefunden. Die Gefahr einer *Entpolitisierung des Freizeitlebens* zeichnet sich für die Zukunft ab. Wer angesichts dieser Probleme und Perspektiven die Freizeit weiterhin zur ausschließlichen Privatsache erklärt, die soziale Brisanz der Freizeitentwicklung negiert und die politische Relevanz einer Pädagogik der freien Lebenszeit verkennt, plant mit Sicherheit an der Zukunft vorbei. Mit der Entwicklung und Expansion der Freizeit sind neue Möglichkeiten einer Intensivierung des Gemeinschaftslebens verbunden, aber auch neue psychische und soziale Probleme.

Freizeitpädagogik und Pädagogische Freizeitforschung müssen in Zukunft die Gesellschafts- und Bildungspolitik davon überzeugen, dass die freie Zeit nicht nur individualistische Privatsphäre und beliebige Konsumzeit bleiben kann, weil sie sonst Kontaktarmut und Vereinsamung, Passivität und Langeweile weiter fördert. Zu ihrem gesellschaftlichen Auftrag gehört auch, auf die öffentliche, insbesondere soziale und kulturelle Dimension der Freizeit bei Menschen mit unterschiedlichen Fähigkeiten und Bedürfnissen hinzuweisen, über Chancen für das Gemeinschaftsleben zu informieren und über Möglichkeiten für mehr Eigeninitiative jedes einzelnen aufzuklären.

Der Paradigmenwechsel von einer *Arbeitsgesellschaft* (die lebte, um zu arbeiten) zu einer *Lebensgesellschaft* (die arbeitet, um zu leben) stellt alle Gesellschafts- und Bildungstheorien infrage, die seit Marx um den Begriff der → Arbeit zentriert waren. Dieser Wandel kann auch eine Chance für die Zukunft sein. Die Pädagogik darf die Menschen mit ihrem wachsenden Wunsch nach Lebensoptimierung nicht allein lassen.

Im 21. Jahrhundert muss der aus den zwanziger Jahren des vorigen Jahrhunderts stammende Begriff „Freizeitpädagogik" um die Dimension „Pädagogische Freizeitforschung" erweitert werden. Dieser programmatische Signalbegriff wendet sich gegen die Verengung auf Handlungsfelder und Berufsbilder und zielt mehr auf wissenschaftlich-reflektierende Betrachtungsweisen im Spannungsfeld von Freizeit und Pädagogik, Wissenschaft und Forschung.

Horst W. Opaschowski

Literatur

Butzke, F./Bordel, R. (Hrsg.): Leben ohne Beruf? Alternative Lebensgestaltung junger Behinderter ohne berufliche Perspektive. Heidelberg 1989.

Fromme, J.: Freizeit als Lernzeit. Lernen durch Arbeit in und an der Freizeit. Köln 1985.

Giesecke, H.: Leben nach der Arbeit. Ursprünge und Perspektiven der Freizeitpädagogik. München 1983.

Klatt, F.: Freizeitgestaltung. Grundsätze und Erfahrungen zur Erziehung des berufsgebundenen Menschen (Schriften zur Erwachsenenbildung. Band 2). Stuttgart 1929.

Nahrstedt, W.: Freizeitpädagogik – Kulturarbeit – Reisepädagogik. Zur Metamorphose einer neuen erziehungswissenschaftlichen Teildisziplin. In: Freizeitpädagogik 17 (1995) 8–23.

Opaschowski, H.W.: Pädagogik der freien Lebenszeit. Opladen 3. Aufl. 1996.

Pöggeler, F.: Warum überhaupt Freizeitpädagogik? Antworten als Resultat von drei Jahrzehnten. In: Freizeitpädagogik 17 (1995) 33–40.

Popp, R.: Freizeitpädagogik – vom „Mega-Konzept" zur „neuen Bescheidenheit". In: Freizeitpädagogik 17 (1995) 41–47.

Popp, R.: Zukunft: Freizeit. Wissenschaft. Münster 2006.

Popp, R./Schwab, M. (Hrsg.): Pädagogik der Freizeit. Baltmannsweiler 2003.

Zellmann, P./Wagner, Ch.: Freizeitwissenschaft an der Pädagogischen Akademie Wien Bund. Hrsg. v. L. Boltzmann-Institut für angewandte Sportpsychologie und Freizeitpädagogik. Wien 1995.

Gesellschaft

Ob Erziehung eine bloße Funktion der Gesellschaft sei (so bei Dilthey) oder ob Erziehung die Funktion hat, gesellschaftliche Erneuerung herbeizuführen (so bei Fichte): beide Positionen aus den zurückliegenden Jahrhunderten kennzeichnen das gesamte Spannungsfeld, in dem die Beziehungen zwischen Gesellschaft und → Erziehung beschrieben werden können. Dahinter stecken je unterschiedliche Auffassungen von ‚Gesellschaft' und ‚Erziehung', die auch davon beeinflusst werden, welche Auffassung dem jeweils anderen Begriff zugrundegelegt wird. Letztlich verweisen die unterschiedlichen Positionen auf die untrennbare Tatsache, dass der empirisch erfahrbare Mensch immer schon durch soziale Strukturen geprägt erscheint, andererseits aber auch Gestalter der sozialen Beziehungen ist. In einem analogen dialektischen Verhältnis müssen Beziehungen zwischen → *Behinderung und Gesellschaft* diskutiert werden.

Mit der Rede von ‚der Gesellschaft', die Behinderungen produziere oder doch zumindest an der Entstehung von Behinderung beteiligt ist, aber auch mit der globalen Zielbestimmung, dass behinderte Menschen in die Gesellschaft zu integrieren seien, ist zunächst nichts gewonnen. Zu unbestimmt, ja beliebig vieldeutig ist das mit dem Begriff ‚Gesellschaft' gemeinte.

Die vielfältigen Bezugnahmen auf ‚Gesellschaft' in der Behindertenpädagogik könnten danach unterschieden und hinsichtlich ihrer Aussagekraft und Handlungsperspektiven überprüft werden, welche soziologische Perspektive ihnen zugrundeliegt: „Man kann das Soziale einmal vom Standpunkt der Individuen, zum anderen vom Standpunkt des Ganzen" (in unserem Falle: der Gesellschaft) „aus betrachten" (Beck/Beck-Gernsheim 1994, 26).

Eine auf das ‚Ganze' ausgerichtete soziologische Analyse unterliegt der Gefahr der „Doktrinenbildung" (König 1973): historisch, philosophisch oder weltanschaulich abgeleitete globale Deutungssysteme („Theorien der Gesellschaft" nach König) geben den Rahmen für empirische Forschungen, die illustrativ, unsystematisch eingesetzt werden, um die jeweilige Theorie zu stützen. Primäre Funktion von *Gesellschaftstheorien* ist es, „starke Anreize für das Handeln", z.B. im Sinne einer revolutionären Praxis zu liefern oder „kritische Energien", z.B. in unterschiedlichen Formen „resignierter" oder „desillusionierter" „Kulturkritik" auszulösen (König 1973, 12). Die Sonderpädagogik stand zwischen etwa 1965 und 1989 stark unter dem Einfluss einer solchermaßen auf ‚das Ganze' ausgerichteten Gesellschaftstheorie.

Unter Berufung auf Kategorien und Methoden marxistischer Gesellschaftstheorie erfuhren Behinderungen und die Interventionssysteme, einschließlich der → Sonderschulen, durch die selbsternannte *„Kritische" Behindertenpädagogik* eine einheitliche Deutung: Sie wurden (allerdings nur im Hinblick auf die westlichen, kapitalistischen Gesellschaften) als direkter Ausfluss eines unterdrückenden und ausbeuterischen kapitalistischen Gesellschaftssystems aufgefasst. Die soziale Lage als behindert ‚ausgegrenzter' Menschen ist aus dieser Sicht nur durch eine revolutionäre Umwandlung der gesamten Gesellschaft zu ändern.

Eine anders geartete Deutung gesellschaftlicher Verfasstheit liegt in *systemtheoretischen Ansätzen* vor. In ihrer Perspektive lassen sich Definitionen von Behinderungen und die Überantwortung der Probleme an eigene Institutionen als die Notwendigkeit moderner Gesellschaftssysteme interpretieren, Komplexität zu reduzieren, indem sich neu herausbildende Teilsysteme mit der Lösung eines bestimmten Problems befassen. Über weite Strecken hin besitzt dieser Ansatz durchaus hohen Erklärungswert für die Herausbildung der → Sonderschulen aus dem allgemeinen Schulwesen und der etablierten wissenschaftlichen → Sonderpädagogik (Bleidick 1999, 52 ff.). Aber auch hier sind, wie beim polit-ökonomischen Ansatz, kaum Handlungskonsequenzen für den alltäglichen Umgang zwischen behinderten und nichtbehinderten Menschen in Institutionen der Behindertenhilfe auszumachen. Vielmehr verleitet die in der Systemtheorie selbst konstatierte ‚Autopoesis' (Selbsterhaltung) einmal etablierter sozialer Systeme eher zur „resignierten Kulturkritik" (König).

Neben diesen aus globalen gesellschaftstheoretischen Ansätzen resultierenden Bemühungen, Behinderung unter gesellschaftlicher Perspektive zu begreifen, wurden gesellschaftliche Einflüsse auf die Konstituierung von Behinderung und sonderpädagogischen Institutionen aus der Perspektive des Individuums mit → *interaktionistischen Ansätzen* thematisiert und analysiert. In Anlehnung vor allem an Goffman (1967) erfuhren Behinderungen eine Deutung als → Stigmata, die in konkreten Situationen und Interaktionen erzeugt werden und sich als Gefährdung für die nur aus Interaktionen zu gewinnende → Identität auswirken können. Stigmatheoretische und identitätsorientierte Konzepte haben im Gesamtsystem der Behindertenhilfe zu einer erhöhten Sensibilisierung bezüglich der Kategorisierung von Behinderungen und im Hinblick auf stigmatisierende Tendenzen im alltäglichen beruflichen Umgang von Sonderpädagogen mit ihren Klienten geführt (Thimm 1975; Bleidick 1999).

Die unterschiedlichen gesellschaftstheoretischen Ansätze in der Sonderpädagogik haben ihren Niederschlag in einer insgesamt fruchtbaren Diskussion gefunden, die als *Paradigmendiskussion* in die jüngere sonderpädagogische Theoriegeschichte eingegangen ist (zusammenfassend: Bleidick 1999).

Auf einer pragmatischen, interventionsorientierten Ebene haben Diskussionen um das Verhältnis von Behinderung und Gesellschaft zu einer bemerkenswerten Bestimmung der sozialen Dimensionen des Behinderungsbegriffes der Weltgesundheitsorganisation (WHO) geführt. Ferner liegt dem handlungsorientierten → Normalisierungskonzept ein interaktionistisch geprägtes Verständnis von gesellschaftlichen Institutionen und ihrer Veränderbarkeit zugrunde (Wolfensberger: Aufwertung der sozialen Rolle des Behinderten; Thimm: Leben in Nachbarschaften).

In jüngster Zeit versucht die Sonderpädagogik Anschluss zu finden an die sogenannte Modernitäts-Diskussion über den Zustand der *postindustriellen (postmodernen) Gesellschaft*. In rascher Folge erscheinen immer wieder neue Globalaussagen (u.a. Ego-Gesellschaft; Risikogesellschaft; Multioptionsgesellschaft; Freizeitgesellschaft) (Kneer u.a. 1997). Es wäre gefährlich, einen dieser Aspekte zur alleinigen Kennzeichnung unserer Gesellschaft heranzuziehen (die jeweiligen Autoren tun dies zumeist nicht). Die Perspektivenvielfalt gesellschaftstheoretischer Begriffe verweist vielmehr selbst auf zentrale Merkmale unserer Gesellschaft: Moderne demokratische Gesellschaften sichern grundrechtlich individuelle Freiheitsrechte und Gerechtigkeit. Damit sind erhöhte Chancen zu selbstbestimmten Lebensentwürfen gegeben. Die ‚Entstandardisierung von Lebensläufen' erhöht freilich auch die *Risiken des Scheiterns*. In überschaubaren Sozialräumen entwickelt sich eine bunte Vielfalt individuellen Lebens, verbunden mit neuen Formen des sozialen Miteinander. Dieses alles folgt nicht mehr einem einheitlichen gesellschaftstheoretischen Muster. Das zwingt die Soziologie, das „Soziale vom Standpunkt der Individuen ... aus zu betrachten" (Beck/Beck-Gernsheim 1994). Eine gesellschaftspolitische Entsprechung könnte dann in der „Wiederentdeckung des Gemeinwesens" (Etzioni 1995) liegen. Empowermentbewegung, Gemeinwesenorientierung (→ Kommunitarismus), Forderungen nach Partizipationsmöglichkeiten Betroffener und Einbeziehung bürgerlichen Engagements signalisieren zukunftsorientierte Schritte der Sonderpädagogik und der Behindertenhilfe unter diesen gesellschaftlichen Bedingungen (Thimm 1999). Walter Thimm

Literatur

Beck, U./Beck-Gernsheim, E. (Hrsg.): Riskante Freiheiten. Individualisierung in modernen Gesellschaften. Frankfurt 1994.

Bleidick, U.: Behinderung als pädagogische Aufgabe. Behinderungsbegriff und behindertenpädagogische Theorie. Stuttgart 1999.

Etzioni, A.: Die Entdeckung des Gemeinwesens: Ansprüche, Verantwortlichkeiten und das Programm des Kommunitarismus. Stuttgart 1995.

Goffman, E.: Stigma. Über Techniken der Bewältigung beschädigter Identität. Frankfurt 1967.

Kneer, G./Nasseki, A./Schroer, M. (Hrsg.): Soziologische Gesellschaftsbegriffe. Konzepte moderner Zeitdiagnosen. München 1997.

König, R. (Hrsg.): Handbuch der empirischen Sozialforschung. Band 1. Stuttgart 3. Aufl. 1973.

Thimm, W.: Behinderung als Stigma. Überlegungen zu einer Paradigma-Alternative. In: Vierteljahresschrift Sonderpädagogik 5 (1975) 149–157.

Thimm, W.: Leben in Nachbarschaften. Hilfen für Menschen mit Behinderungen. Freiburg 1994.

Thimm, W.: Zur Lebenssituation behinderter Kinder und Jugendlicher morgen: gesellschaftspolitische und behindertenpädagogische Perspektiven. In: Zeitschrift für Heilpädagogik 50 (1999) 377–385.

Identität

Unter pädagogischer Perspektive bezeichnet Identität unsere Möglichkeit, die eigene Person und das eigene Leben als sinnvoll zusammenhängendes Ganzes zu erfahren und zu gestalten. Das pädagogische Interesse an Identitätstheorie hat drei Schwerpunkte: Erklärung von Verhalten als Umgang mit Identitätserschwernissen wie insbesondere Stigmatisierungen; Reflexionsrahmen für die Entscheidungsfindung bezüglich pädagogisch und ethisch anzustrebender Menschenbilder; Beschreibung kindlicher Entwicklung unter dem Aspekt von sozial-emotionalen Beziehungen.

In der *Philosophie* bezieht sich der Identitätsbegriff seit dem aufklärerischen Utilitarismus im 17./18. Jahrhundert auf die Frage, welche Merkmale eine *Person* ausmachen und warum ein Mensch sich selbst über verschiedene Zeitpunkte hinweg als ein und dieselbe Person erkennen und von andern erkannt werden kann. Sie verweist direkt auf die etymologische Bedeutung des Substantivs ‚Identität' und des Adjektivs ‚identisch'; diese gehen auf das lateinische ‚idem, eadem, idem' zurück, was auf Deutsch ‚ein und derselbe' meint (Haußer 1995, 3). Eine klassische Lösung des Identitätsproblems stellt in der Philosophiegeschichte der Verweis auf die menschliche Denkfähigkeit und das dadurch mögliche Selbstbewusstsein dar. Die Zentrierung auf die menschliche Denkfähigkeit findet sich auch in der modernen Philosophie zum Thema ‚*Personale Identität*' (Quante 1999). Die kognitivistische Sicht der Person hat für die vom Präferenzutilitarismus neu entfachte Lebenswertdiskussion unmittelbar praktische Bedeutung. Sie kann ethische Argumente für die Abtreibung von Feten mit voraussichtlich nicht erreichbarem → Personstatus und für die Tötung von schwerbehinderten Säuglingen oder kranken Menschen ohne Personstatus liefern.

Auch in der *Psychologie* wird die Identitätsfrage häufig auf die kognitivistische Dimension reduziert. Psychologische Forschung zu dieser Frage ist meist ‚Selbstkonzeptforschung'. Mit der Definition als generalisierte Selbstwahrnehmung (Haußer 1995, 26) befindet sich der psychologische Begriff des Selbstkonzepts in der Nähe des philosophischen Begriffs des Selbstbewusstseins.

Pädagogik und *Sonderpädagogik* haben den Identitätsbegriff ab den 60er Jahren aus der Tradition des Symbolischen → Interaktionismus übernommen. Dieser geht von den Grundannahmen aus, dass sich Identität in der Interaktion, d.h. im Umgang zwischen Menschen mittels Symbolen bildet. Interaktionistische Identitätstheorie stellt dar, wie sich Menschen im Kontakt mit und in Abgrenzung zu anderen Menschen als etwas Einheitliches wahrnehmen, erfahren und empfinden.

Innerhalb der Sonderpädagogik hat insbesondere die Stigmatheorie der → interaktionistischen Sozialpsychologie (Goffman 1967) Beachtung gefunden. Sie vermag viele Verhaltensweisen als Folge von belastenden Merkmalen wie beispielsweise körperlichen Entstellungen, Behinderungen oder Schulversagen zu erklären. Identität wird von Goffman unter den Aspekten der sozialen, der persönlichen und der Ich-Identität dargestellt (Haeberlin 1998, 34 ff.). ‚*Aktuale soziale Identität*' bezieht sich auf Typisierungen durch die soziale Umwelt aufgrund von nachgewiesenen Merkmalen. Beispielsweise ist eine körperliche Entstellung oft ein Merkmal, das von Betroffenen kaum verborgen werden kann. Menschen mit Entstellungen sind in unserer Kultur oft als ‚böse', ‚hinterhältig' u. a. m. typisiert worden. ‚*Virtuale soziale Identität*' ist Typisierung aufgrund von lediglich vermuteten, möglicherweise fälschlich unterstellten Merkmalen. Beispielsweise kann einem Menschen, wie im Theaterstück ‚Andorra' von Max Frisch, fälschlicherweise das Merkmal ‚Jude' zugeschrieben werden; er wird dann aufgrund der den ‚Juden' → vorurteilshaft zugeschriebenen Eigenschaften typisiert. ‚*Persönliche Identität*' verweist darauf, dass sich ein Mensch aufgrund seiner einmaligen Biographie innerhalb einer sozialen Gruppe als einmalig und unverwechselbar erfahren kann. ‚*Ich-Identität*' bezieht sich auf den Aspekt des subjektiven Identitätsempfindens. Ein entweder nachgewiesenes oder vermutetes Merkmal kann dann zu einem → *Stigma* werden, wenn es in der sozialen Bezugsgruppe negativ gewertet wird, was auf die genannten Beispiele ‚Entstellung' oder ‚Jude' in unserer Gesellschaft weitgehend zutrifft. Verhalten wird als ‚Identitätspolitik' und ‚Stigmamanagement', d.h. als strategischer Umgang mit erfolgter oder drohender Stigmatisierung erklärt. ‚Identitätspolitik' kann das Verbergen oder Vertuschen von stigmatisierenden Merkmalen zum Ziel haben; man denke beispielsweise an das Verbergen einer → Schwerhörigkeit, einer Leseschwäche, einer psychischen Erkrankung u.a.m. ‚Stigmamanagement' zeigt sich im Umgang mit einem nicht versteckbaren Stigma; man denke etwa an das Beispiel der beinamputierten Frau, die mit der Standardbemerkung auf fragende Blicke reagierte, dass sie ihr Bein im Pfandhaus habe versetzen müssen, als sie knapp bei Kasse gewesen sei (Goffman 1967, 168).

Stigmatheoretisch wird Identität sozial determiniert gesehen. Diese Sicht hat in der sonderpädagogischen Praxis große Bedeutung für das Verstehen und Erklären auffälligen Verhaltens. Sie darf aber keine normative Bedeutung erhalten und die ethische Entscheidung für das pädagogische Ziel der persönlichen Freiheit und Subjekthaftigkeit verhindern. Die normative Frage wird als Frage nach *gelungener Identität* im Sinne eines Ziels pädagogischer Bemühungen diskutiert. ‚Identität' wird hierbei mit dem Begriff ‚Menschenbild' verknüpft (Haeberlin 1999). Eine derartige normativ-anthropologische Wende im Umgang mit der Identitätsfrage zeigt sich nicht nur in der Sonderpädagogik, sondern auch in der Philosophie (Barkhaus u.a. 1996). Die *normative Identitätsfrage* kann in die Auseinandersetzung mit der Dialektik von pädagogischer Fremdbestimmung und angestrebter Selbstbestimmung eingeordnet werden. Identitätstheoretisch hat sich hierbei der Rückgriff auf die interaktionistische Sozialphilosophie von Mead als fruchtbar erwiesen. Auf die Frage, ob Identität verinnerlichte soziale Erwartungen oder Ausdruck eines personalen Kerns darstelle, hat Mead eine dialektisch verknüpfende Antwort in seiner Unterscheidung zwischen dem ‚me' und dem ‚I' gefunden. Das ‚me' bezeichnet jenen Teil der Identität, der von sozial vermittelten Konventionen und Gewohnheiten gelenkt ist; das ‚I' meint jenen Teil, welcher Selbstbestimmung und Freiheit ermöglicht (Haeberlin 1999, 42).

Für entwicklungspsychologisch orientierte Pädagogik hat die von Erikson begründete psychoanalytische Identitätspsychologie Bedeutung. Er definierte Identität als „die unmittelbare Wahrnehmung der eigenen Gleichheit und Kontinuität in der Zeit, und damit verbundene Wahrnehmung, dass auch andere diese Gleichheit und Kontinuität erkennen" (zit. nach Haußer 1995, 75). Seine besondere Leistung ist die Phasenlehre von der psychozialen Identitätsentwicklung beim Kinde (Erikson 1998). Vor dem Hintergrund psychoanalytischer Identitätstheorie wird für die Pädagogik insbesondere das Verhältnis zwischen kindlicher Identität und Bindung an die Erwachsenen und die Entwicklung von emotionalen Beziehungen in Familie, Schule und Gesellschaft darstellbar (Garlichs/Leuzinger-Bohleber 1999).

Urs Haeberlin

Literatur

Barkhaus, A./Mayer, M./Roughley, N./Thürmann, D. (Hrsg.): Identität, Leiblichkeit, Normativität. Neue Horizonte anthropologischen Denkens. Frankfurt 1996.

Erikson, E.H.: Identität und Lebenszyklus. Frankfurt 17. Aufl. 1998.

Garlichs, A./Leuzinger-Bohleber, M.: Identität und Bindung. Die Entwicklung von Beziehungen in Familie, Schule und Gesellschaft. Weinheim 1999.

Goffman, E.: Stigma. Über Techniken der Bewältigung beschädigter Identität. Frankfurt 1967.
Haeberlin, U.: Das Menschenbild für die Heilpädagogik. Bern 4. Aufl. 1999.
Haeberlin, U.: Allgemeine Heilpädagogik. Bern 5. Aufl. 1998.
Haeberlin, U./Niklaus, E.: Identitätskrisen. Theorie und Anwendung am Beispiel des sozialen Aufstiegs durch Bildung. Bern 1978.
Haußer, K.: Identitätspsychologie. Berlin 1995.
Mead, G.H.: Geist, Identität und Gesellschaft aus der Sicht des Sozialbehaviorismus. Frankfurt 1973.
Quante, M. (Hrsg.): Personale Identität. Paderborn 1999.

Interaktionismus

Der Begriff der *Interaktion* bezeichnet eine *Wechselbeziehung* (lat. inter = zwischen). In Psychologie und Soziologie ist damit ein zwischenmenschliches Verhalten gemeint, das einen Austauschprozess zwischen Personen, ihren Haltungen, Einstellungen und Aktionen beinhaltet. Interaktion ist eine Form wechselseitiger → Kommunikation. Unter *Interaktionismus* wird die Theorie der Wechselbeziehung zwischen Personen verstanden. In der spezifischen Fassung des Symbolischen Interaktionismus hat die Lehre sowohl für die Definition der → Behinderung als einer sozialen Zuschreibung wie für die Interaktionsformen zwischen behinderten und nichtbehinderten Menschen in den letzten Jahrzehnten große Bedeutung erlangt.

Der Begriff des *Symbolischen Interaktionismus* wurde von Mead (1863–1931) geprägt, der – vor dem Hintergrund des um die Jahrhundertwende entstehenden US-amerikanischen Pragmatismus – eine Theorie des Sozialbehaviorismus entfaltete, die unter Verzicht auf Introspektion das kommunikative Geschehen zwischen Menschen analytisch erschloss und empirisch zugänglich machte (Brumlik 1984; Mead 1968).

Mead setzt bei einem allgemeinen Begriff des Handelns an, das er als die wirkende Beziehung eines Lebewesens zu seiner Umwelt, vor allem zu seinen Gattungsgenossen, versteht. Der Bezug der Gattungsgenossen untereinander, ihre dem gemeinsamen Überleben dienliche Koordination, wird durch Gesten gesteuert, die einem zunächst angeborenen Repertoire entstammen. Bei Angehörigen der Gattung Mensch wird die Koordination von Handlungen durch vokale Gesten gesteuert. Menschen sind mit ihrer Fähigkeit zur lautlichen Symbolisierung in der Lage, sich über *signifikante Symbole* zu verständigen. Signifikante Symbole ermöglichen es im Unterschied zu anderen Gesten, etwa haptisch-optischen, im Zeichengeber die gleichen Reaktionen auszulösen wie im Zeichenempfänger. Damit verfügt die Gattung über die Fähigkeit zur Antizipation, zur Perspektivenübernahme, d.h. zu einer bewussten Stellungnahme zum eigenen Handeln aus der Sicht der anderen. Dabei gilt, dass der Begriff der Sprache hier nicht im Sinne einer voll ausgebildeten und entfalteten Hochsprache gedeutet wird. Auch die Laute Neugeborener gelten im Sinn dieser Theorie als Sprache.

Zu sich selbst Stellung nehmen zu können, ist eine zwingende Funktion gesellschaftlicher Koordination der Gattung. Ihre Angehörigen sind durch eine innere Struktur, ein Zusammenspiel biologisch spontaner Impulse mit antizipierten gesellschaftlichen Reaktionen anderer auf das eigene Handeln geprägt. Das individuelle Verhältnis von Spontaneität und Antizipation sozialer Reaktionen anderer bezeichnet Mead als „Selbst“ – wir sprechen heute von → Identität.

Der Mensch als das Wesen, das sich in *symbolischer Interaktion* bildet, erfährt den

Prozess seines Heranwachsens als einen Prozess der immer differenzierteren Übernahme von → Rollen und Perspektiven anderer. Zwei Formen der Verallgemeinerung wichtiger Bezugspersonen – signifikanter Anderer – werden in zwei aufeinander folgenden Interaktionsmustern herausgebildet. Orientiert sich das Kind zunächst an den Rollen ihm bekannter und vertrauter, einzelner Nächster, der *signifikanten Anderen*, so lernt es später – auf der Basis der Übernahme ihrer Perspektiven – allgemeine gesellschaftliche Haltungen zu übernehmen, d.h. sich an einem „generalisierten Anderen" zu orientieren. Den spielerischen Interaktionsmodus, in dem das Kind lernt, die Rollen der signifikanten Anderen zu übernehmen, nennt Mead „play" (Schauspiel). Jene Interaktionsweisen hingegen, in denen Kinder auf der Basis bestimmter Rollen deren Entsprechungen bzw. das Regelwerk aufeinanderbezogener Verhaltenserwartungen, in Meads Worten: „den *generalisierten Anderen*" zu übernehmen lernen, werden als „game" (Regelspiel) bezeichnet. Diesen beiden Stufen zunehmender Verallgemeinerung und Abstraktion konkreter Haltungen und Verhaltensweisen kann eine dritte Entwicklungsstufe folgen, nämlich die Stufe des „universe of discours". Das ist die Stufe derjenigen Einstellungen, die sich weder auf die Übernahme konkreter Rollen noch gegebener Rollenensembles bezieht, sondern auf eine Haltung, welche die allgemeinsten Belange eines jeden und aller Menschen angeht.

Im Rahmen einer behavioristischen, an der *Beobachterperspektive* orientierten Theorie sozialen Handelns werden Interaktionen als strategisch geplante bzw. reiz-reaktionsgelenkte Teile von Austauschprozessen begriffen, in denen sich die Interaktionspartner als Mittel zum Erreichen beliebiger Zwecke gegenüberstehen (Homans 1969). Aus einer dem entgegengesetzten *teilnehmerorientierten Perspektive* erscheinen Interaktionen als wechselseitige Teilnahme von Menschen an der Erlebens- und Erfahrungssphäre anderer Menschen bzw. als Handlungen, die stets deutungsbedürftig sind (Berger/Luckmann 1970). Daraus resultiert, über → sozialisationstheoretische Annahmen hinaus, das Programm einer sinnverstehenden Soziologie (Blumer 1973). Sie begreift sowohl das Selbstverständnis von Personen als auch die Strukturen von Institutionen als Ergebnis von durch verzerrte Machtverhältnisse stets eingeschränkten, situationsgebundenen Interpretations- und Inszenierungsleistungen der Individuen (Blumer 1973; Goffman 1977).

Hier lag ein entscheidender Anstoß zu einer *Revision paradigmatischer Annahmen* in der *Behindertenpädagogik*; sie gilt unverändert, trotz modischer Konjunkturbewegung wissenschaftlicher Theorien (Bleidick 1999, 25 ff.): Abkehr von einem medizinischen und statisch gedachten Behinderungsbegriff; statt dessen: → Behinderung als ein Ergebnis sprachlich vermittelter und machtgestützter Zuschreibung (→ Stigma) sowie als Prozess gefährdeter Identitätsbildung.

Für eine *erziehungswissenschaftliche Perspektive* steht darüber hinaus die Entwicklung sozialer Identität im Zentrum. Kognitivistische Entwicklungstheorien in der Tradition Piagets und interpretierende Interaktionstheorien in der Folge Meads verbinden einen teilnehmerorientierten Ansatz aus der Binnensicht sozialer Akteure mit der entwicklungspsychologischen Erkenntnis, dass soziale Wahrnehmungsschemata sich ebenso wie soziale Handlungsformen strukturiert herausbilden. In diesem Sinn hat die kognitivistische Entwicklungspsychologie die Genese des moralischen Bewusstseins (Kohlberg 1994), die Entwicklung von Stadien der Rollenübernahme (Flavell 1975) sowie die Entwicklung der Perspektivenübernahme (Youniss 1994) untersucht. Dabei zeigt sich, dass die wechselseitige Übernahme von Perspektiven, d.h. die sich in symbolischen Interaktionen vollziehende zunehmende Strukturierung von Erfahrungsantizipationen, gleichermaßen die Bedingung für das Entstehen moralischen Urteilsvermögens wie sozialer Gefühle ist.

Die Interaktion zwischen Gleichaltrigen, der in den neueren Interaktionstheorien immer größere Bedeutung zugemessen wird, übergeht freilich die noch immer zentrale

Thematik der sozialisatorischen *Interaktion zwischen Kindern und Erwachsenen*, zumal zwischen Kindern und Eltern (Fend 1998). Daß diese Art der Interaktion vorrangig ist, geht schon aus Meads eigener Systematik hervor. Interaktionen mit signifikanten Anderen bzw. die Interaktionsweisen von „play“ und „game“ setzen Interaktionen voraus, in denen die Last ihrer Bewahrung nicht gänzlich auf den Sozialisanden ruht.

Entsprechend hat Oevermann eine weniger handlungs- denn strukturtheoretisch begründete Theorie sozialisatorischer, sinnhafter Interaktionen vorgelegt (Sutter 1997). Sie funktionieren weitgehend unabhängig von den Motiven, Dispositionen und Intentionen der beteiligten Personen als objektive Struktur eines Sinnzusammenhanges. Oevermann bemüht sich im Rahmen dieser Theorie, sozialisatorische Interaktionen in der Familie nach Maßgabe der Freudschen Lehre von der ödipalen Krise als eine den Individuen nicht jederzeit zugängliche Handlungsmatrix zu entschlüsseln, die die Funktion vorgreifender Deutung gesellschaftlicher Sachverhalte gegenüber den Sozialisanden erfüllt. Die Asymmetrie der Eltern-Kind-Beziehung erzeugt auf der Basis affektiver Bindung und einer im Prinzip nicht aufkündbaren Beziehung das *Paradox sozialisatorischer Interaktion*, nämlich dass durch antizipierende Interaktionen Älterer ein autonomes Handlungssubjekt entsteht (Oevermann 1993). Das so postulierte autonom handlungsfähige Subjekt verweist nicht nur auf eine Theorie der Interaktionskompetenz (Edelstein/Habermas 1984), sondern darüber hinaus auf eine normative Theorie der moralischen Person. Moralische Personen aber sind nicht nur dazu in der Lage, Fragen nach Recht und Gerechtigkeit reflexiv zu klären, sondern auch handelnd und praktisch zu beantworten. Das gegenwärtige Interesse empirisch arbeitender, auf Entwicklungsprozesse bezogener Interaktionstheorien zielt auf genau jene Bedingungen, die Individuen dazu bringen, moralische Motivationen auszubilden (Nunner-Winkler 1998). Moralische Motivation aber und die Fähigkeit, sich kompetent und autonom gegenüber anderen Menschen und strukturell verzerrten Interaktionsbezügen zu verhalten, ergänzen einander (Edelstein u.a. 1993).

Micha Brumlik

Literatur

Berger, P./Luckmann, Th.: Die gesellschaftliche Konstruktion der Wirklichkeit. Eine Theorie der Wissenssoziologie. Frankfurt 1970.

Bleidick, U.: Behinderung als pädagogische Aufgabe. Behinderungsbegriff und behindertenpädagogische Theorie. Stuttgart 1999.

Blumer, H.: Der methodologische Standort des Symbolischen Interaktionismus. In: Arbeitsgruppe Bielefelder Soziologen (Hrsg.): Alltagswissen, Interaktion und gesellschaftliche Wirklichkeit. Band I. Reinbek 1973, 80–146.

Brumlik, M.: Interaktionismus, Symbolischer. In: Lenzen, D. (Hrsg.): Pädagogische Grundbegriffe 1. Reinbek 1989, 764–781.

Edelstein, W./Habermas, J. (Hrsg.): Soziale Interaktion und soziales Verstehen – Beiträge zur Entwicklung der Interaktionskompetenz. Frankfurt 1984.

Edelstein, W./Nunner-Winkler, G./Noam, G. (Hrsg.): Moral und Person. Frankfurt 1993.

Fend, H.: Eltern und Freunde. Bern 1998.

Flavell, J.: Rollenübernahme und Kommunikation bei Kindern. Weinheim 1975.

Goffman, E.: Wir alle spielen Theater. München 1983.

Homans, G.C.: Theorie der sozialen Gruppe. Opladen 1969.

Keller, M.: Zur Entwicklung moralischer Reflexion. In: Knopf, M./Schneider, W. (Hrsg.): Entwicklung. Festschrift für Franz Emanuel Weinert. Göttingen 1990, 19–44.

Kohlberg, L.: Die Psychologie der Moralentwicklung. Frankfurt 1995.

Mead, G.H.: Identität und Gesellschaft. Frankfurt 1968.

Nunner-Winkler, G.: Zum Verständnis von Moral – Entwicklungen in der Kindheit. In: Weinert, F.: Entwicklung im Kindesalter. Weinheim 1998, 133–152.

Oevermann, U.: Die objektive Hermeneutik als unverzichtbare methodologische Grundlage für die Analyse von Subjektivität. In: Jung, T./Müller-Dohm, S. (Hrsg.): „Wirklichkeit“ im Deutungsprozess. Frankfurt 1993, 106–189.

Sutter, H.: Bildungsprozesse des Subjekts. Opladen 1997.

Youniss, J.: Soziale Konstruktion und psychische Entwicklung. Frankfurt 1994.

Interkulturalität

Der Begriff Interkulturalität taucht im Bildungs- und Erziehungszusammenhang im deutschsprachigen Raum erstmals in den 70er Jahren auf. Er wird adaptiert aus dem Französischen und geht zurück auf internationale Kooperationen im Bildungsbereich, vor allem initiiert vom Europarat, die die Intention verfolgten, angemessene Reaktionen auf die seit den 50er Jahren in den nord- und westeuropäischen Staaten beobachtbare Einwanderung zu entwickeln (Hohmann/Reich 1989). Die Bildungssysteme dieser Staaten hatten anfänglich vor allem mit ‚Notmaßnahmen' auf die zunehmende Zahl zuwandernder Schülerinnen und Schüler reagiert; angeboten wurden vor allem kurzfristig angelegte Eingliederungshilfen, die dem Hauptzweck dienten, die Sprache des Einwanderungslandes rasch zu vermitteln und ‚Defizite' – so der seinerzeit übliche Sprachgebrauch – zu verringern, die die Kinder und Jugendlichen gegenüber den Bildungsanforderungen der aufnehmenden Schulen hätten.

Gegenüber dieser Sichtweise setzte sich seit den beginnenden 70er Jahren allmählich die Erkenntnis durch, dass die *defizitorientierte Sichtweise* auf Zuwandernde unangemessen ist. Übersehen wird, dass diese Menschen zwar möglicherweise nicht exakt diejenigen sprachlichen und kulturellen Vorerfahrungen in die Gesellschaft und das Bildungssystem des Einwanderungslandes einbringen, die dort für ‚normal' gehalten werden; dass sie sehr wohl aber andere Erfahrungen und Kompetenzen mitbringen, die für sie selbst als Ressourcen fungieren und das für die umgebende Gesellschaft gleichfalls könnten, sofern sie denn als solche akzeptiert würden. Besonders augenfällig ist dies in sprachlicher Hinsicht: Man kann die Tatsache, dass Zuwandernde die Sprache der Majorität – hier also: Deutsch – nicht oder nicht in gleichem Maße, in gleicher Weise beherrschen wie die Angehörigen der Mehrheit selbst, zum alleinigen Maßstab für ein Urteil über Sprachfähigkeiten Zugewanderter nehmen; so gemessen, ist ihr Sprachvermögen ‚defizitär'. Wird aber mitbedacht, dass Zuwandernde neben dem Deutschen eine, nicht selten sogar mehr als eine andere Sprache pflegen, so wird deutlich, dass ihr Sprachvermögen sich durch spezifische Kompetenzen auszeichnet – freilich solche, die sich von dem der Nichtgewanderten mehr oder weniger deutlich unterscheiden lassen. Das Abrücken von der ‚Defizitperspektive' einerseits, andererseits die Erkenntnis, dass die *sprachliche und kulturelle Pluralisierung* in der Schülerschaft, die durch Zuwandernde entsteht, nicht allein Konsequenzen für diejenigen hat, die selbst neu in ein Land einwandern, fand seinen Ausdruck im Begriff des *Interkulturellen.* Er bürgert sich seither im erziehungswissenschaftlichen Diskurs ein.

Nach wie vor geschieht die Weiterentwicklung des theoretischen und praktischen Verständnisses von Interkulturalität im internationalen Kontext; der internationale Sprachgebrauch hat sich jedoch nicht völlig einheitlich entwickelt. Die im deutschen Sprachraum übliche Begrifflichkeit „interkulturelle Erziehung und Bildung" in dem Verständnis, wie es dieser Beitrag vertritt, wird im englischsprachigen, vor allem US-amerikanischen Kontext als „multicultural education" bezeichnet (Willett 1998). Im Unterschied dazu gibt es im hiesigen Fachdiskurs einen Konsens, den Begriff *multikulturell* nur für die Deskription der gesellschaftlichen Lage zu verwenden, die durch Zuwanderung unwiderruflich in den europäischen Staaten entstanden ist: dass nämlich Menschen mit unterschiedlichen sprachlichen und kulturellen Traditionen und Kompetenzen, unterschiedlichen Pässen, unterschiedlichen Lebenspraktiken und Zukunftsorientierungen auf einem staatlichen Territorium leben und dies als gemeinsame Lebenserfahrung teilen.

Die Erkenntnis, dass Zuwanderung nicht allein für die Gewanderten einschneidende

Folgen hat, sondern gesamtgesellschaftliche Konsequenzen, auch für das Bildungssystem, bestimmt das Selbstverständnis der interkulturellen Pädagogik. Es besteht im Kern darin, kritische Anfragen an grundlegende Maßstäbe und Setzungen zu stellen, die aus Sicht der sich selbst als ‚Allgemeine' verstehenden Pädagogik unhinterfragt gültig sind (Krüger-Potratz 1994). Illustrieren lässt sich dies z. B. am verbreiteten Verständnis vom ‚allgemeinen Kind', auf das Bildungs- und Erziehungsanstrengungen gerichtet sind. In einer interkulturellen Perspektive stellt sich dieses Kind als einsprachig, sesshaft und mit dem kollektiven Gedächtnis ausgestattet heraus, das sich vorgeblich einstellt, wenn man Staatsbürger der Nation ist, auf deren Territorium man lebt. In den Strukturen und Formen des Bildungs- und Erziehungswesens wird diese Normalvorstellung manifest. Dies zeigt sich zum Beispiel darin, dass im Schulwesen unterstellt wird, die Entfaltung und Vervollkommnung der deutschen Sprache sei gleichsam zu den natürlichen Bildungsvoraussetzungen aller Schülerinnen und Schüler zu rechnen, die man im Unterricht nur aufgreifen müsse; dass sich das fachliche Lernen grundsätzlich im Medium des Deutschen vollziehen müsse; dass das Lernen fremder Sprachen erst einsetzen solle, wenn ein gutes muttersprachliches Fundament gelegt sei – wobei mit ‚fremd' jede andere, mit ‚Muttersprache' die deutsche Sprache gemeint ist –, und dass ein staatliches Bildungswesen selbstverständlich die Nationalsprache zentral stellt.

Diese Grundmerkmale des Bildungssystems, wie auch die ihnen entsprechenden Grundüberzeugungen der Pädagogik, verdanken sich dem Umstand, dass beide – Pädagogik und institutionalisierte pädagogische Praxis nach heutigem Verständnis – in ihrer Entwicklung mit der Entstehung des bürgerlichen Nationalstaats seit dem Ende des 18. Jahrhunderts einhergehen. Bildung und Erziehung sowie Pädagogik als ihre theoretische Legitimation zählen zu jenen gesellschaftlichen Institutionen, in denen die Grundgedanken der bürgerlichen Nation ihren praktischen Ausdruck finden. Zugleich stellen sie ein Instrumentarium dar (neben anderen, etwa der Justiz, dem Militär), mit dessen Hilfe sich das Selbstkonzept, Angehörige eines Nationalstaats zu sein, unter den Menschen verbreitet, die auf seinem Gebiet leben (Gogolin 1994). Diese Tradition bildet – jenseits aller praktischen Veränderungen, die es etwa in der Organisation des Schulwesens gegeben hat – bis heute das Fundament des Bildungs- und Erziehungssystems.

Entsprechend dieser Tradition wurde auch in der interkulturellen Pädagogik der Begriffsbestandteil *Kultur* zunächst im Sinne von ‚Nationalkultur' aufgefasst: Er wurde verwendet, um damit auf Überlieferungen, Handlungspraxis, Sicht- und Ausdrucksweisen jener zu verweisen, die eingewandert waren, also als ‚fremd' galten. Diese Merkmale wurden aufgefasst als rückbindbar an den Staat der Herkunft; überdies wurde angenommen, dass sich die Merkmale des Nationalen gleichsam ungebrochen in jedem Individuum abbilden. In der Praxis geschieht nach dieser Auffassung zumeist ein unreflektiertes Aufgreifen folkloristischer oder alltagsweltlicher Praktiken und Klischeebildungen, die den aus einem Staat Zugewanderten als gemeinsam zugeschrieben werden. Dieser Ansatz ist inzwischen obsolet, wenngleich in der Praxis nach wie vor weit verbreitet. Die interkulturelle Pädagogik hat einen reflexiven Ansatz auf der Basis gesellschaftstheoretischer Grundlagen entwickelt (Krüger-Potratz 1999). Anknüpfungspunkt ist das Faktum *gesellschaftlicher Ungleichberechtigung*. Das Interesse gilt dem Problem, ob bzw. in welcher Weise Kultur oder Ethnizität als Anlass oder Mittel der Benachteiligung fungieren. Im Zusammenhang von Bildung und Erziehung geht es darum, die Ursachenkomplexe zu erhellen, denen zuzuschreiben ist, dass sie zur Bildungsbenachteiligung für jene führen, die seinen ethnisch-nationalkulturell begründeten Bestimmungsmomenten nicht bzw. nicht genug entsprechen (zur Bildungsbeteiligung Zugewanderter: Nauck u. a. 1998; schulische Aspekte: Gogolin/Neumann 1997, sozialpädagogische Aspekte: Hamburger 1994). Der Kulturbegriff wird aufgegriffen, um zu analysieren, zu welchen Anlässen und Zwecken von ihm Gebrauch gemacht wird. Er hat die Funktion, überindividuelle Unterschiede in den Erfahrungen, Weltanschauungen und Lebenspraktiken von Menschen kenntlich zu machen, die für ihr Lernen, ihre Bildung, die Orientierung in der Welt von Belang sind. Nicht der Migrant ist Objekt der Betrachtung, sondern die Konstellationen und Interaktionen sind es, in denen Gewanderte und Nichtgewanderte interagieren. Erziehungs- und Bildungsanstrengungen in dieser Lage sollen dem Ziel dienen, allen Angehörigen der – heute und künftig – sprachlich und kulturell pluralen Gesellschaften zu den Fähigkeiten zu verhelfen, die sie benötigen, um diese Lage kompetent, selbstbestimmt und unter Achtung des Anderen zu bewältigen.

In der Behindertenpädagogik ist die Befassung mit Interkulturalität noch nicht sehr verbreitet. Dies steht im Gegensatz dazu, dass die Benachteiligung der Bildung von Kindern und Jugendlichen, die nach Deutschland zugewandert sind, sich besonders deutlich in ihrer Überrepräsentation im Sonderschulwesen ausdrückt. Seit langem ist zu beobachten, dass der Anteil der Schüler ohne deutschen Pass in den Schulen für → Lernbehinderte steigt. Das Land Baden-Württemberg weist die höchsten Überweisungsquoten zugewanderter Schüler auf. Sie sind in den Schulen für Lernbehinderte etwa doppelt so oft vertreten, wie es ihrem Anteil an der Schülerschaft insgesamt entspricht (Kornmann u. a. 1999).

Dessen ungeachtet sind einschlägige behindertenpädagogische Ansätze rar. Sie sind zudem mit dem Manko behaftet, dass oft noch immer eine Defizitperspektive oder kulturalisierende Sichtweise eingenommen wird. Der im übrigen interkulturellen Diskurs erfolgte Perspektivenwechsel wurde noch nicht breit mitvollzogen. Vermutlich mitverantwortlich für die Überrepräsentanz in Schulen für Behinderte ist der Mangel an tauglichen diagnostischen Verfahren, die die spezifischen sprachlich-kulturellen Bildungsvoraussetzungen zugewanderter Kinder angemessen berücksichtigen. Eine Ausnahme von diesem Befund bilden erste Ansätze in der Sprachbehinderten- und Gehörlosenpädagogik. Hier ist sowohl ein Bemühen um adäquate Diagnoseverfahren erkennbar als auch Interesse daran, interkulturelle Ansätze in Bezug auf die Zwei- oder Mehrsprachigkeit der zugewanderten Kinder zu entwickeln (Kracht 2000).

Ingrid Gogolin

Literatur

Gogolin, I.: Der monolinguale Habitus der multilingualen Schule. Münster 1994.

Gogolin, I./Neumann, U. (Hrsg.): Großstadt Grundschule. Eine Fallstudie über sprachlich-kulturelle Pluralität als Bedingung der Grundschularbeit. Münster 1997.

Hamburger, F.: Pädagogik in der Einwanderungsgesellschaft. Frankfurt 1994.

Hohmann, M./ Reich, H.H. (Hrsg.): Ein Europa für Mehrheiten und Minderheiten. Diskussion um interkulturelle Erziehung. Münster 1989.

Kornmann, R./Burghard, P./Eichling, H.-M.: Zur Überrepräsentation von ausländischen Kindern und Jugendlichen in Schulen für Lernbehinderte. In: Zeitschrift für Heilpädagogik 50 (1999) 106–109.

Kracht, A.: Migration und kindliche Zweisprachigkeit. Interdisziplinarität und Professionalität sprachpädagogischer und sprachbehindertenpädagogischer Praxis. Münster 2000.

Krüger-Potratz, M.: Interkulturelle Pädagogik als Kritik der ‚gegebenen Pädagogik'. Eine disziplintheoretische Skizze am Beispiel der Historischen Pädagogik. In: Luchtenberg, S./Nieke, W. (Hrsg.): Interkulturelle Pädagogik und Europäische Dimension. Herausforderungen für Bildungssystem und Erziehungswissenschaft. Münster 1994, 199–208.

Krüger-Potratz, M.: Erziehungswissenschaft und kulturelle Differenz. In: Zeitschrift für Erziehungswissenschaft 2 (1999) 149-165.

Nauck, B./Diefenbach, H./Petri, K.: Intergenerationelle Transmission von kulturellem Kapital unter Migrationsbedingungen: Zum Bildungserfolg von Kindern und Jugendlichen aus Migrantenfamilien in Deutschland. In: Zeitschrift für Pädagogik 44 (1998) 701–722.

Willett, C. (Ed.): Theorizing Multiculturalism. A Guide to the Current Debate. Oxford (Mass.) 1998.

Kommunikation

Kommunikation ist (1) Austausch von Nachrichten und (2) Vermittlung mit einem Gemeinwesen. Sie ist eine Tätigkeitsform, innerhalb derer die Vermittlung von Sinn und Bedeutungen zwischen Subjekten erfolgt. Diese Vermittlung setzt bei den (mindestens zwei) Teilnehmern einer Kommunikation innere logische Räume (Wittgenstein; vgl. Bezzel 1993) voraus, die ihrerseits in subjektive Wertungen, Sinnstrukturen eingebettet sind. Um diese verschiedenen Aspekte kommunikativer Akte getrennt zu behandeln, ist es nützlich, *Dialog* und *Kooperation* als individuelle Aspekte der Kommunikation zu unterscheiden. Dialog wäre als sinngerichteter, wechselseitiger Anerkennungsakt im Sinne Bubers zu begreifen, Kooperation bezöge sich auf die Abbildrelation der Bedeutungen zu den Verhältnissen in der sozialen und natürlichen Welt.

Kommunikation setzt Räume geteilter Bedeutungen voraus, innerhalb derer sich die Kommunikationsteilnehmer verständigen können. Lotman (1989) hat zur Kennzeichnung derartiger Räume den Begriff der *Semiosphäre* eingeführt. Diesen Begriff gewinnt er in Analogie zum Begriff der Biosphäre. Voraussetzung einer (sprachlichen) Kommunikation der Menschen untereinander ist die Existenz von Räumen, innerhalb derer gleicher Zeichengebrauch die Abbildrelation der verwendeten Sprache zu Strukturen und Prozessen der natürlichen und sozialen Welt sichert. In sozialer Hinsicht bedarf daher der Begriff der Kommunikation einer Einbettung in die Analyse des sozialen Verkehrs (Leont'ev 1982) als Teil einer gesellschaftstheoretischen Analyse.

Semiosphären sind durch Grenzen zu allosemiotischen Räumen (z.B. eine andere Sprache, ein anderer Dialekt) und zu nichtsemiotischen Räumen (z.B. Naturbearbeitung, künstlerische Produktion usw.) gekennzeichnet. Genau genommen sind letzteres keine nicht-semiotischen Räume, da sie Zeichen beinhalten, die für den jeweiligen Beobachter auf Bedeutungen verweisen. Sie kennzeichnen den Grenzfall, dass eine Semiosphäre nur für das Individuum existiert, jedoch nicht kommunikabel ist, da die bedeutungstragenden Zeichen von der jeweiligen Umgebung nicht dechiffriert werden können. Kommunikationstheoretisch und psychiatrisch gesehen bedeuten sie eine Kommunikationsstörung.

Innerhalb der jeweiligen Semiosphären regeln Grammatiken, welche als „metastrukturelle Selbstbeschreibung" der Semiosphäre (also durch Beschreibungshandlungen) entstehen, den Zeichengebrauch: Die Semiosphäre (in Form der Sprache; franz.: langue) muss ebenso über einen logisch (d.h. grammatikalisch) gegliederten Raum der Repräsentation von Bedeutungen in Zeichenform verfügen wie das kommunizierende Subjekt als Basis seiner sprachlichen Äußerungen, seiner Rede (franz.: parole).

Bezogen auf universelle Voraussetzungen fur alle naturlichen Sprachen am individuellen Pol des von Saussure in die Linguistik eingeführten Gegensatzes von ‚langue' und ‚parole' hat Chomsky (1981) ein angeborenes kognitives Subsystem einer *Universalgrammatik* (language acquisition device = LAD) postuliert, auf dessen Grundlage für alle natürlichen Sprachen gleichartige Transformationsgrammatiken entstehen. Sie ermöglichen es, die Oberflächenstruktur einer Rede mittels einer grammatikalischen Tiefenstruktur zu dechiffrieren. Durch diese Grammatiken und eine begrenzte Anzahl von Zeichen (Phonem-Graphem-Gebrauch der natürlichen Sprachen) kann im logischen Raum der Sprache eine unbegrenzte Anzahl von Inhalten enkodiert bzw. dekodiert werden.

Arbeiten zur Biokommunikation verweisen darauf, dass Sprachgrammatiken eine spezifische Form von Handlungsgrammatiken darstellen, die erst beim Menschen und dann reflexiv auf den inneren Ereignisraum (logischen Raum) angewendet werden.

Ebenso wie die Naturgeschichte der Sprachgrammatik mit einer Naturgeschichte der Handlungsgrammatiken in der natürlichen und sozialen Umwelt zu beginnen hat, so setzt auch Lotmans Annahme einer Organisation der Kommunikation in Form von Semiosphären die Existenz einer entsprechenden Naturgeschichte voraus.

Biokommunikation findet bereits auf elementaren Ebenen des Lebens (Einzeller mit und ohne Zellkern) statt. Im Verlauf der Evolution werden zahlreiche unterschiedliche Kanäle der Wahrnehmung und Signalisation benutzt (z.B. Tast-, Geruchs- und Geschmacksrezeptoren im Nahbereich, elektromagnetische, Schallwellen, Lichtwellen im Fernbereich). Die jeweiligen Kanäle der Signalisation stehen im Dienste der inner- und zwischenartlichen Distanz- und Näheregulation (Tembrock 1975). Auf elementaren Niveaus ist diese durch erbkoordinierte Signalreize in Verbindung mit inneren Triebstrukturen (Erbkoordinationen) verbunden. Spätestens ab dem Evolutionsniveau von Vögeln und Säugetieren treten an die Stelle unbedingter Reize bedingte Reize (Prozesse von Prägung und Fehlprägung). Dieser Prozess führt zur Individualisierung der Kommunikationspartner und zur Etablierung von Bindungsprozessen einer neuen Qualität.

Erst in der Primatenevolution finden sich erste Anfänge einer inhaltlichen Überlagerung der Kommunikation durch *soziale Bedeutungen*, so z.B. in Form unterschiedlicher Laute beim Auftauchen unterschiedlicher Feinde. Ersichtlich verfügen rezente subhumane Primaten bereits über Handlungsgrammatiken, die in bestimmten experimentellen Situationen (Spracherwerbsexperimente mit Gebärdensprachen) die Funktion echter Sprachgrammatiken übernehmen können. Soziale Bedeutungsstrukturen bilden die Grundlage für eine Differenzierung menschlicher Kommunikationsformen in eine verbale, ‚digitale', inhaltliche Botschaft und einen (meist) nonverbalen, ‚analogen' Beziehungsaspekt. Tiefgreifende Widersprüche zwischen den beiden kommunikativen Kanälen können zu Kommunikationsstörungen, im Extremfall zur Schizophrenie führen (Watzlawick u.a. 1996).

Die Entwicklung der grammatikalischen Strukturen der Kommunikation wäre folglich ein Problem kognitiver Entwicklung im Sinne der von Piaget aufgezeigten Niveaus. Erst sekundär würden diese Grammatiken dann als reflexive Hilfsmittel zur Analyse von durch Sprache realisierten kognitiven Räumen verwendet, wie dies das Chomskysche Modell beschreibt (Jantzen 1987, 234–242).

Die reflexive Verwendung derartiger Grammatiken setzt ihre Existenz im Bereich sozialer Sprachverwendung voraus. Nur auf der Basis reichhaltiger Ereigniskommunikation kann eine Relationskommunikation (in einem inneren Sprachraum) im Rahmen abstrakter und von den unmittelbar gegebenen Dingen abgelöster Denkvorgänge erfolgen. Erst auf diesem Niveau erfolgt die Rekonstruktion von Oberflächenstrukturen der Sprache, die grammatikalisch von den Ereignisabfolgen abweichen (z.B. „Den Hans haut der Fritz") oder sich auf „Ultradinge" (Wallon) wie die Begriffe von Leben, Tod, Himmel, Wind usw. beziehen, durch die Anwendung von Transformationsgrammatiken im Rahmen der inneren Sprache. Dies wird sichtbar am verzögerten Aufbau des operativen Denkens (Piaget) sowohl unter Bedingungen von Behinderung als auch bei jenen Kindern in nichtindustriellen Gesellschaften, die nicht oder verzögert eine Schule besuchen.

Neben dem Bedeutungsaspekt der Kommunikation (Austausch von Nachrichten) ist der Sinnaspekt (im Sinne der motiv- und wertgeleiteten Vermittlung mit einem Gemeinwesen) zu untersuchen und erneut nach der ontogenetischen Konstruktion entsprechender Mechanismen zu fragen. In einer nichtcartesianischen (d.h. spinozanischen) Analyse der Naturgeschichte des Psychischen erweist sich das Leben als von Anfang an mit Sinn ausgestattet. Sinn beinhaltet die Gerichtetheit lebender Materie auf ihr angemessene, gattungsnormale Lebensbedingungen. Diese werden in Form der Emotionen jeweils im individuell Psychischen signalisiert. Insofern kann Leben als „vorbereitete Beziehung“ (Portmann) verstanden werden (Jantzen 1987, Kap. 6; 1994)

Moderne *psychoanalytische Theorien* gehen von erbkoordinierten Erwartungsmustern aus, welche eine soziale Entsprechung und Beantwortung verlangen. Für das Gelingen der Übergänge zwischen biologischen Mechanismen und früher sozialer Interaktion einerseits sowie zwischen sozial bestimmten Interaktionsformen und dem „System der Sprachfiguren“ andererseits ist ein „Gefühl des Sinnhaften, Stimmigen ... so unverzichtbar wie die biologische Wurzel, auf der es gründet“ (Niedecken 1997, 250). Diese Auffassung wird durch (human-)ethologische Befunde zum frühen Bindungsverhalten gestützt. Aus neurobiologischer Sicht existiert ein angeborenes Motivationssystem, welches auf einen freundlichen Begleiter zielt (Trevarthen/Aitken 1994). Misslingende Übergänge in der Konstruktion des Psychischen zwischen Biotischem und Sozialem realisieren sich zwangsläufig als Probleme der → Identitätsbildung (→ Deprivation).

Hier wäre auf die Theorie von Wallon zurückzugreifen, dem großen wissenschaftlichen Gegenspieler von Piaget (Voyat 1984). Psychisches entsteht auf der Basis individueller Konstruktionen, zwischen Tonus und Bewegung, Haltung und Geste, Propriozeption und Interozeption, deren vermittelnde Einheit die Emotionen darstellen. In der frühen Entwicklung entäußern sie sich über emotionale Ausdrucksgesten, die ihrerseits kulturell gebundene, soziale Entsprechungen hervorrufen. Insofern sind die Emotionen die Grundlage des Bewusstseins. Sprache entsteht auf der Basis der Imitation in Form der Entwicklung diskursiver Intelligenz, während die bloße sensomotorische Intelligenz nicht jenen Sprung zur Selbstreflexivität sichert, den Piaget im Übergang zum präoperationalen Denken annimmt.

Eine Anerkennung des Antlitzes des anderen (Lévinas) im Sinne einer vor jeder Ontologie gelegenen → Ethik wäre so betrachtet die Grundlage jeglicher Kommunikation. Hierfür spricht auch die Wirkweise alternativer und argumentativer Formen der Kommunikation in der Behindertenpädagogik, deren Gelingen neben der technischen Seite der Beherrschung des linguistischen Codes durch die Pädagogen jeweils die dialogische Anerkennung des anderen als unabdingbare Voraussetzung benötigt. Entsprechende Kommunikationshilfen bei erschwerter Kommunikation verwendet deshalb die Pädagogik der → Körperbehinderten und der → Sprachbehinderten in Form einer → *unterstützten Kommunikation* (etwa Bliss-Symbolsprache) (Adam 1993). Die → Gehörlosenpädagogik kennt vielfache Methoden der nonverbalen Kommunikation durch eine selbstständige → Gebärdensprache oder sprachbegleitende Gebärden. In der Pädagogik der → Blinden und Sehbehinderten wird die fehlende Signalfunktion des Blickkontaktes durch verstärkte sprachliche Vermittlung ersetzt.

Basis jeder Kommunikation – insbesondere auch mit heute noch nicht sprechenden Menschen – wären demnach (1) dialogische, reziproke Bestätigungen der (emotionalen) Ausdrucksformen des je anderen (Anerkennung), (2) diskrete Überlagerungen durch auf ein drittes hinweisende Gesten/Repräsentationen (Abbildrelation) sowie (3) Konventionalisierung der entsprechenden Gesten und Repräsentationen (System der jeweils genutzten natürlichen Sprache). Wolfgang Jantzen

Literatur

Adam, H.: Mit Gebärden und Bildsymbolen kommunizieren. Würzburg 1993.

Bezzel, C.: Wittgenstein zur Einführung. Hamburg 1993.

Chomsky, N.: Regeln und Repräsentationen. Frankfurt 1981.

Jantzen, W.: Allgemeine Behindertenpädagogik Band 1. Weinheim 1987.

Jantzen, W.: Am Anfang war der Sinn. Zur Naturgeschichte, Psychologie und Philosophie von Tätigkeit, Sinn und Dialog. Marburg 1994.

Leont'ev, A.A.: Psychologie des sprachlichen Verkehrs. Weinheim 1982.

Lotman, Y./Lotman, M.: The Semiosphere. In: Soviet Psychology 27 (1989) 1, 40–61.
Niedecken, D.: Introjektion als Beschädigung des symbolischen Raumes. In: Forum der Psychoanalyse 13 (1997) 241–262.
Tembrock, G.: Biokommunikation. Braunschweig 1975.
Trevarthen, C./Aitken, K.J.: Brain Development, Infant Communication, and Empathy Disorders: Intrinsic Factors in Child Mental Health. In: Development and Psychopathology 6 (1994) 597–633.
Voyat, G.: The World of Henri Wallon. New York 1984.
Watzlawick, P./Beavin, J.H./Jackson, D.D.: Menschliche Kommunikation. Formen, Störungen, Paradoxien. Bern 9. Aufl. 1996.

Lebenswelt

Bei dem Geflecht unterschiedlicher Bedeutungen fällt eine Definition der Lebenswelt schwer. Selbst die Frage, ob Lebenswelt überhaupt als ein wissenschaftlicher Begriff gelten könne, wird gelegentlich verneint: Lebenswelt sei eigentlich alles, daher fehle es dem Begriff an der Fähigkeit, unterscheiden zu können; auch die Wissenschaft finde schließlich in der Lebenswelt statt; alles, „was ist, ist in der Lebenswelt aufweisbar“ (Luhmann 1995, 177). „Nur Engel“, so Schütz in einem Brief, „haben keine Lebenswelt“.

Offenbar konnte die Unbestimmtheit des Begriffs seiner Verbreitung wenig anhaben. Lebenswelt erfährt seit den 80er Jahren des vergangenen Jahrhunderts unter verschiedenen Namen (darunter Alltag, Ökologie, Gemeinde) und Bezugstheorien (etwa Phänomenologie und Systemtheorie) eine bis heute kaum nachlassende Renaissance. Nachdem sie schon Husserl in den Mittelpunkt seiner Phänomenologie – einer Art „Lebenswissenschaft“ im weitesten Sinne (Seiffert) – gestellt hat, behält sie die Bedeutung auch in der kritischen Weiterentwicklung zu einer nachhusserlschen Leib-Phänomenologie sensu Merleau-Ponty bei. In dieser Traditionslinie ist selbst noch der Leib so etwas wie eine Lebenswelt, Lebenswelt im engsten Sinne des Wortes verstanden (Fuchs 2000). Eine genauere Vorstellung von dem, was Lebenswelt bedeutet, bekommt man, wenn man sich klar macht, wogegen sie sich richtet. Entstehungsgeschichte und zeitgenössische Verwendung, auch im Kontext postmoderner Vernunftkritik und Ethik, weisen den Begriff als Korrektiv bzw. Ergänzung zum neuzeitlichen Rationalitätsideal aus. Dem Unbehagen an der Kultur korrespondiert ein mal mehr, mal weniger deutlich artikuliertes Unbehagen in der Pädagogik. Verwissenschaftlichung, Entsinnlichung des Lernens und (Sozial-)Bürokratisierung sind, wenn man sie modifiziert, auch (behinderten-)pädagogisch ernst zu nehmende Vorhaltungen gegenüber moderner Zivilisation. Insofern sind sie Anlass für eine Art Rehabilitierung: von vorwissenschaftlicher Erfahrung, von elementarem und leibnahem Lernen, von Selbsthilfe und informeller Hilfe. Die Vielfalt thematischer Bezüge entspricht der Vieldeutigkeit des Lebensweltbegriffs.

Wissenschaftskritik, verstanden als Kritik an der Disparität von Theorie und Praxis, von Wahrheit und Verwendbarkeit wissenschaftlicher Aussagen, ist in der Pädagogik ein Dauerthema. Auch der Leib-Phänomenologie in der (Behinderten-)Pädagogik (Lippitz, Meyer-Drawe; Fornefeld, Stinkes) geht es darum, den Erkenntnisanspruch (erfahrungs-)wissenschaftlicher Pädagogik einzugrenzen. Kritisch gegenüber Husserls Suche nach absoluter Gewissheit, hebt sie die Geschichtlichkeit und Zeitlichkeit menschlicher Existenz hervor und folgert eine Endlichkeit der Vernunft und *lebensweltliche Begrenztheit jeglicher Rationalität.* Phänomenologen wollen so die lebensweltlichen, das meint hier: die *vorwissenschaftlichen Erfahrungen* und Wissensformen, aufwerten (programmatisch: Lippitz 1993, 61 ff.). Sie wollen sie aber nicht von der Wissenschaft (und wissenschaftlicher Rationalität) abkoppeln. Gedacht ist vielmehr an ein Verhältnis der kritischen Kooperation mit der Wissenschaft. Einerseits gibt es Grund genug, misstrauisch zu sein gegenüber Erfahrungen im Alltag, wenn man sieht, was für Vorurteile und Dogmen ihn bestimmen können. Flucht in die Esoterik, als seien zwischenmenschliche Phänomene grundsätzlich rational nicht zugänglich, bleibt zudem immer eine ernst zu nehmende Gefahr. Andererseits sehen Phänomenologen ihre Aufgabe darin, auch die „Verlustseite ... einzuklagen", würden solche lebensweltlichen Erfahrungen, die in ihrer Vieldeutigkeit ja auch fruchtbar sein können, einem wissenschaftlichen Exaktheitsideal einfach zum Opfer fallen.

So erklärt sich die Vorliebe phänomenologischer Forschung für methodisch weichere, qualitativ-deskriptive Verfahren. Dass sich dabei der Forscher (und Pädagoge) einer ganz bestimmten Lebenswelt zugehörig fühlt, dass sie ihm „zur zweiten Natur" geworden ist, das ist mitsamt den darin erworbenen Fähigkeiten des Verstehens zunächst einmal unerlässlich, um überhaupt einen Zugang zu fremden Lebenswelten zu finden. Freilich kann dies auch eine schwer zu überwindende Verstehensgrenze bedeuten, wie sich am pädagogischen Umgang mit schwer geistig Behinderten zeigen lässt. Es ist dieser Verstehensvorbehalt, dem es der andere im Gegenzug zu verdanken hat, dass er „unverfügbar" bleibt (Pfeffer 1988, 63). Auch die Anthropologiekritik sensu Kamper in der Behindertenpädagogik liefert dafür eine Bestätigung: „Der Mensch, der den Menschen zum Objekt seiner Betrachtung ausersieht, tut dies als Subjekt, das sein eigenes Objekt ist" (Bleidick 1981, 123).

Leibnahes Lernen – beispielhaft für Lernen in phänomenologischer Perspektive – kommt dem Trend einer zivilisationskritischen Zeitdiagnose entgegen. Danach sind die spezifischen Leistungen gegenwärtiger Zivilisation, ob in der Arbeitswelt oder im Sport, in einer Ausschaltung des Körpers und seiner Bedürfnisse begründet. Für die Zukunft meint mancher gar einen dramatischen Bedeutungsverlust des menschlichen Körpers zu erkennen, wenn immer mehr Technik als Ersatz für den Körper und seine Organe in den Menschen Eingang findet, vom Herzschrittmacher zur Implantation eines Mikrochips – eine Anthropologie „im Zeichen der Wiederkehr des leiblosen Geistes" (Schnell 2002, 162).

Wichtiger für das Anliegen einer Rehabilitierung leibnahen Lernens ist freilich eine pädagogische Einsicht: Kinder wachsen von früh an, unterstützt von Erziehungspersonen, in die jeweils gegebene Kultur hinein. Das geschieht nicht nur, weil sie bereits auf eine elementare, leibliche Weise zu ihrer Welt in Beziehung treten können, sondern weil die Wurzeln jeder Kultur selbst leiblich sind, sublimierte Formung natürlicher Bedürfnisse (Schultheis 1998). Wenn man Kultur nicht mit literarischer Produktion und bildender Kunst gleichsetzt, dann kann schon die „Kultivierung des ... Alltäglichen" – beim Essen, Trinken oder Ankleiden – einen großen Schritt in die menschliche Kultur bedeuten (Jetter 1986, 139, 140). Diese *Elementarisierung* der → Bildungsidee ist – neben ihrer Erweiterung um eine ästhetische Bildungskomponente – ein Anliegen der Behindertenpädagogik. Hoffnungen gehen z. B. dahin, sie könnte gleichermaßen Schwerstbehinderten (Jetter 1986) wie Nichtbehinderten in Kindergärten und Grundschulen (Schultheis 1998) zugute kommen – trotz des Zivilisationstrends zunehmender Leibferne und verschulten Lernens. Eine phänomenologisch geprägte Anthropologie der Leiblichkeit und Sozialität gibt dazu Anregungen (Meyer-Drawe 1984).

Dass Lebenswelt – synonym für ein auf Verständigung zielendes Handeln, im Weiteren: für alles Persönliche und seinen

Schutz – etwas ist, das durch den Systemcharakter moderner Gesellschaften (Verrechtlichung, Ökonomie, staatliche Bürokratie) bedroht werden kann, ist auch heute noch eine eingängige These. Ihr ist Habermas (1981) im Rahmen einer Theorie der sozial-evolutionären Ausdifferenzierung der Gesellschaft nachgegangen. Größtenteils in dieser Funktion der Abwehr gesellschaftlicher Ansprüche, weil sie die Betroffenen entmündigten, hat der Begriff seinerzeit auch in die Behindertenpädagogik Eingang gefunden. Lebenswelt steht dann für die transzendentalen kommunikativen Voraussetzungen, über die Menschen immer schon verfügen müssen, um sich im Alltag mit anderen verständigen zu können: Hintergrundwissen, Solidarität und Ich-Stärke. Für diese *Ressourcenfunktion von Lebenswelt* kennt die Behindertenpädagogik mehrere Anknüpfungspunkte: so die empirisch gut begründete Annahme, dass Kinder und Jugendliche mit einer Art Invulnerabilität, zumindest mit einer gewissen Widerständigkeit (Resilienz) gegenüber den Risiken ihres Lebens ausgestattet sind; sie verfügen in ihrer Person bzw. natürlichen Umwelt von Familie und Gleichaltrigen über Ressourcen, die sie schützen können (Opp u. a. 1999).

Ende der 1980er Jahre avancierte ‚Lebenswelt' zu einem der Schlüsselbegriffe, mit denen das Fach auf die neuen Herausforderungen der Integrations- und Selbsthilfebewegung reagiert hat (Speck 1988; Antor 1986). In Modellprojekten z. B. mit dem Ziel, „Wege der Unterstützung von Familien mit behinderten Kindern zu beschreiben und Impulse zur Weiterentwicklung regionaler Hilfesysteme" zu geben, ist ein empirisches sowie normatives Begriffsverständnis zugrundegelegt (Thimm/Wachtel 2002, 17). Damit besteht auch zu weiteren zentralen Reformmotiven eine Affinität, insbesondere zur → Normalisierung. Gemeint ist eine inhaltliche Nähe zu den individuellen (Lern-) Bedürfnissen und Selbsthilfemöglichkeiten Behinderter unter drei Aspekten: (a) → Behinderungsbegriff: Seine Finalität besagt, behindert ist, wer in seinem jeweiligen Lebenskreis auf Dauer spezifischer Hilfen bedarf; (b) Institution: Sie bedürfnisorientierter zu gestalten, z. B. durch Dezentralisierung von Schule und → Wohnen für Behinderte, ist ein Anliegen pädagogischer → Qualitätsentwicklung; (c) Helfen: Professionelle Hilfen benötigen, als Bedingung für ihren Erfolg, einen am Klienten orientierten, subjektiven Qualitätsmaßstab und die Mitwirkung der Betroffenen (→ Selbsthilfe).

Der Begriff der Lebenswelt meint hier einen akzentuierenden Ausschnitt, er steht, gemessen an dem Kategorienverständnis bei Habermas, nicht für das Ganze des Normalisierungsprinzips. Zwar suggerieren die Begriffe Lebenswelt und System, sie könnten auch empirisch voneinander abgrenzbare pädagogische Sachverhalte, vor allem Institutionen benennen. Doch Schulen sowie Heime für Behinderte erschöpfen sich im ganzen so wenig in der Befolgung systemischer Imperative (ausgenommen im Modell der totalen Institution), wie sie als reine Lebenswelten, ohne gesetzliche Regelung und Professionalität, existieren könnten, so wichtig es sein mag, sie bedürfnisnäher zu gestalten (Speck 2003, 337 f.). In der pädagogischen und sozialpolitischen Wirklichkeit dominieren Verbindungen aus lebensweltlichen und systemischen Anteilen. Nur so wird verständlich, dass es darin immer wieder zu Spannungen kommt, etwa zwischen dem Bemühen um eine lebensweltliche Dekategorisierung von Behinderung und dem Rechtsanspruch auf angemessene sonderpädagogische Hilfen. Aus der integrativen Förderung Behinderter ist dieses Problem als Etikettierungs-Ressourcen-Dilemma bekannt (Füssel/Kretschmann 1993, 43 ff.).

‚System' bezeichnet hier etwas, das um des Erfolgs sonderpädagogischer Arbeit willen im Grundsatz ohne Alternative ist – ungeachtet pragmatischer Lösungen im Einzelnen. Doch die allgemein gestiegenen gesellschaftlichen Erwartungen an die Effizienz sozialstaatlicher Hilfen könnten auch die Behindertenpädagogik unter einen Rationalisierungsdruck der Kostenersparnis setzen, der diesen Erfolg gefährdet. Denkbar, dass dann der Lebenswelt nur noch eine *Ersatzfunktion* verbliebe für dringender benötigte systemisch-fachliche Hilfen, die man aber einsparen möchte. Auch die Behindertenpädagogik könnte sich daher mit der Frage konfrontiert sehen, was für sie zum Kernbereich nur professionell zu leistender sonderpädagogischer Hilfen zählt und was deshalb durch lebensweltliche Hilfen (etwa die Mitwirkung von Eltern im Unterricht) nicht substituierbar sein darf – es sei denn um den Preis eines Qualitätsverlusts (Rauschenbach 1999). Georg Antor

Literatur

Antor, G.: Hamburger Integrationsklassen: ein Schulversuch zwischen System und Lebenswelt. In: Zeitschrift für Heilpädagogik 37 (1986) 335–346.

Bleidick, U.: Sonderpädagogische Grundlegungsprobleme IV. Kurseinheit 1: Anthropologische Aspekte der Erziehung von Behinderten. Fern-Universität-Gesamthochschule Hagen 1981.

Fuchs, Th.: Leib, Raum, Person. Entwurf einer phänomenologischen Anthropologie. Stuttgart 2000.

Füssel, H.-P./Kretschmann, R.: Gemeinsamer Unterricht für behinderte und nichtbehinderte Kinder. Pädagogische und juristische Voraussetzungen. Witterschlick/Bonn 1993.

Habermas, J.: Theorie des kommunikativen Handelns. Band 2: Zur Kritik der funktionalistischen Vernunft. Frankfurt 1981.

Jetter, K.: Wie „alt“ sind sie eigentlich? Bleiben sie lebenslang Kinder? – Grundprobleme der Lebensgestaltung mit heranwachsenden und erwachsenen Schwerbehinderten. In: Vierteljahresschrift für Heilpädagogik und ihre Nachbargebiete 55 (1986) 130–140.

Lippitz, W.: Phänomenologische Studien in der Pädagogik. Weinheim 1993.

Luhmann, N.: Intersubjektivität oder Kommunikation – Unterschiedliche Ausgangspunkte soziologischer Theoriebildung. In: Luhmann, N.: Soziologische Aufklärung. Band 6. Die Soziologie und der Mensch. Opladen 1995, 169–188.

Meyer-Drawe, K.: Leiblichkeit und Sozialität. Phänomenologische Beiträge zu einer pädagogischen Theorie der Inter-Subjektivität. München 1984.

Opp, G./Fingerle, M./Freytag, A. (Hrsg.): Was Kinder stärkt. Erziehung zwischen Risiko und Resilienz. München 1999.

Pfeffer, W.: Förderung schwer geistig Behinderter. Eine Grundlegung. Würzburg 1988.

Rauschenbach, Th.: Grenzen der Lebensweltorientierung – Sozialpädagogik auf dem Weg zu „systemischer Effizienz“. Überlegungen zu den Folgen der Ökonomisierung Sozialer Arbeit. In: Fatke, R./Hornstein, W./Lüders, Ch./Winkler, M. (Hrsg.): Erziehung und sozialer Wandel. Brennpunkte sozialpädagogischer Forschung, Theoriebildung und Praxis. 39. Beiheft der Zeitschrift für Pädagogik. Weinheim 1999, 223–244.

Schnell, Martin W.: Ideologie und Anthropologie – Zur Wiederkehr des leiblosen Geistes. In: Greving, H./Gröschke, D. (Hrsg.): Das Sisyphos-Prinzip. Gesellschaftsanalytische und gesellschaftskritische Dimensionen der Heilpädagogik. Bad Heilbrunn/Obb. 2002, 161–173.

Schultheis, K.: Leiblichkeit – Kultur – Erziehung. Zur Theorie der elementaren Erziehung. Weinheim 1998.

Speck, O.: System Heilpädagogik. Eine ökologisch reflexive Grundlegung. München 5. Aufl. 2003. (1. Aufl. 1988).

Thimm, W./Wachtel, G.: Familien mit behinderten Kindern. Wege der Unterstützung und Impulse zur Weiterentwicklung regionaler Hilfesysteme. Weinheim 2002.

Medien

Der Begriff Medium hat seine Wurzeln im Lateinischen und bedeutet *Mitte, vermittelndes Element*. Er wird in verschiedenen Disziplinen unterschiedlich gebraucht. Physik: Die Luft als Medium zur Ausbreitung von Schallwellen; Kommunikationswissenschaft: Technische Systeme als Medien zur Speicherung und Übermittlung von Informationen. Im pädagogischen Kontext ist der Medienbegriff in zweierlei Hinsicht von Bedeutung. Einerseits Medien als Informationsträger im Rahmen von Lehr-Lernprozessen: Der Lehrer mit seiner Sprache, Mimik und Gestik (*personale Medien*) sowie Texte, Bilder, Tonkonserven, Filme, Fernsehsendungen, Computerprogramme (*apersonale Medien*) als Hilfen im didaktischen Handlungsprozess. Andererseits Medien in ihrer gesellschaftlichen Bedeutung als Massenkommunikationsmittel und Sozialisationsfaktoren: Buch, Zeitung und Zeitschrift, Bilder, Rundfunk, Film und Fernsehen sowie Computer mit ihren vielfältigen Anwendungen und Vernetzungen (→ Öffentlichkeit). Man spricht von der Mediatisierung der kindlichen Lebenswelt. Einschlägige Untersuchungen zeigen, dass Kinder und Jugendliche während ihrer Schulzeit durchschnittlich länger vor einem Bildschirm als auf der Schulbank zubringen (Dichanz 1998).

Von den Anfängen der Fotographie (Niepce 1826) über die Telegraphie (Henry 1831) und die erste Rundfunkübertragung (1920) bis zur Entwicklung des Fernsehens zu einem Massenmedium vergingen nur gut 100 Jahre. Parallel lief die Entwicklung von der Lochkartentechnologie als Datenverarbeitungssystem (Hollerith 1889) bis zum Home Computer. Schon in den 20er Jahren betrachteten Pädagogen mit Sorge die ‚verderbliche' Wirkung von Kino und Groschenromanen, heute beklagt man den *Verlust von Primärerfahrungen* zugunsten medial vermittelter Realität. Zu den befürchteten, jedoch empirisch zum größten Teil nicht belegten Folgen gehören z. B. die zunehmende → Aggressivität und Gewaltbereitschaft bei Kindern und Jugendlichen. Sehr oft wird allerdings bei diesen Zuschreibungen nicht berücksichtigt, dass etwa die Gewaltbereitschaft in erster Linie ein gesellschaftliches Problem ist, das allenfalls von den Medien tendenziell unterstützt wird. Bei der Betrachtung der Lebenswelten von Kindern und Jugendlichen dürfen die Folgen, die sich aus dem Medienkonsum ergeben, nicht bagatellisiert werden und sollten als wichtige Sozialisationserfahrungen in pädagogische Handlungskonzepte einbezogen werden. Häufig wird zudem nicht gesehen, dass die Massenmedien ein enormes Bildungspotential enthalten, das für Lehr-Lernprozesse nur unzureichend genutzt wird.

Für Menschen mit Behinderungen bieten die Medien erweiterte Möglichkeiten, am gesellschaftlichen Leben teilzunehmen und bei der *Kompensation* von behinderungsspezifischen Schwierigkeiten zu helfen: Bildinformationen für Hörgeschädigte, Audioprogramme für Blinde, Computer mit Braille-Schrift, interaktive Lernsoftware und Netzzugänge.

Das Feld der Auseinandersetzung mit Medien im pädagogischen Kontext wird als *Medienpädagogik* bezeichnet. Wo es um Probleme der Massenkommunikation geht, hat sich der Begriff *Medienerziehung* durchgesetzt. Von *Mediendidaktik* spricht man dort, wo es um den Einsatz von Medien zur effektiveren Umsetzung bestimmter Ziele in Lehr- Lernprozessen geht.

Nach der Bewahrpädagogik der 50er Jahre lag in den 60er Jahren des vergangenen Jahrhunderts der Schwerpunkt auf der Aufklärung über Medien und Medienwirkungen. Im Zuge zunehmender Politisierung der Pädagogik traten später Medienanalyse und Ideologiekritik in den Vordergrund. In den 80er Jahren konzentrierte man sich vielerorts auf den aktiv handelnden Umgang mit Medien. Heute bestimmen unterschiedliche integrative Ansätze die Diskussion. Die zentrale, aber in der Literatur durchaus nicht einheitlich verwendete Zielbestimmung der Medienpädagogik ist *Medienkompetenz* (Schell u.a. 1999), wobei sowohl kognitive und affektive als auch handlungsbezogene Aspekte integriert sind.

Die Mediendidaktik wird heute als ein Teil der allgemeinen → Didaktik gesehen. Die pädagogischen Prinzipien, die für die allgemeine ebenso wie für die Behindertendidaktik gelten, wie die Berücksichtigung lebensweltlicher Erfahrungen (z.B. Sozialisation durch Massenmedien), von offenen Unterrichtsformen sowie von Handlungsorientierung, bestimmen die Diskussion über den Stellenwert von Medien in Bildungsprozessen (Leonhardt 1996). Medien werden nicht nur als Übermittler, sondern auch als mögliche Träger eigenständiger Bildungsprozesse betrachtet. Dennoch spielen auch in neueren Publikationen der Behindertenpädagogik medienpädagogische Überlegungen nur eine marginale Rolle. Wenn Medien reflektiert werden, so meist nur in ihrer Funktion als technische Hilfsmittel (Hillenbrand 1999). Der differenzierte Einsatz von Medien unter Berücksichtigung allgemeinpädagogischer, behindertenspezifischer, medienerzieherischer und fachbezogener Ziele unter der Berücksichtigung von Kompensation und Substitution (Kröhnert/Rath 1985) bietet gerade auch Schülerinnen und Schülern mit Behinderungen besondere Lernmöglichkeiten. Der selbsttätige handelnde Umgang mit audiovisuellen Geräten (z.B. Ton, Video, Foto) kann ebenso für diese Gruppe nicht nur eine Wissenserweiterung darstellen, sondern dient auch der Förderung von Kreativität, Selbstvertrauen, Selbstständigkeit, Motivation und Kooperationsfähigkeit. Der Computer als Unterrichtsgegenstand, als therapeutische Hilfe, → Kommunikationshilfe und Werkzeug wird in der Behindertendidaktik in seiner Spezifität für die einzelnen Bereiche erst neuerdings intensiv diskutiert (Degenhardt u.a. 1996; Schönweiss 1997). Der Einsatz interaktiver Lernsoftware für die unterschiedlichen Bedürfnisse in der Behindertenpädagogik befindet sich in der Entwicklung.

Sibylla Leutner-Ramme/Ernst Schaack

Literatur

Bleidick, U./Baier, H. (Hrsg.): Handbuch der Lernbehindertendidaktik. Stuttgart 1983.

Degenhardt, S./Kalina, U./ Rytlewski, D.: Der Einsatz des Computers bei blinden und sehbehinderten Schülern. Hamburg 1996.

Dichanz, W. (Hrsg.): Handbuch Medien: Medienforschung. Bonn 1998.

Hillenbrand, C.: Didaktik bei Unterrichts- und Verhaltensstörungen. München 1999.

Kröhnert, O./Rath, W.: Medien im Unterricht. In: Otto, G./Schulz, W. (Hrsg.): Enzyklopädie Erziehungswissenschaft. Band 4, Stuttgart 1985, 108–117.

Leonhardt, A.: Didaktik des Unterrichts für Gehörlose und Schwerhörige. Neuwied 1996.

Maier, W.: Grundkurs Medienpädagogik, Mediendidaktik. Weinheim 1998.

Schell, F./Stolzenburg, E./Theunert, H. (Hrsg.): Medienkompetenz. Grundlagen und pädagogisches Handeln. München 1999.

Schönweiss, F. (Hrsg.): Jugend und Neue Medien (CD-ROM). Nürnberg 1997.

Tulodziecki, G.: Medien in Erziehung und Bildung. Bad Heilbrunn 1997.

Öffentlichkeit

Unter Öffentlichkeit versteht man eine mehr oder minder große Anzahl von Personen – im Extremfall die Gesamtheit der Gesellschaft –, die aktiv oder passiv an einem Ereignis teilnimmt. Damit steht der Begriff in Gegensatz zum Bereich des Privaten. Der Versuch, meinungsbildend auf die Öffentlichkeit einzuwirken, wird *Öffentlichkeitsarbeit* oder *Public Relations* (PR) genannt. Die Adressaten der Öffentlichkeitsarbeit wie auch die anzuwendenden Mittel richten sich nach dem jeweils angestrebten Ziel. Es wird differenziert zwischen *interner* (die eigene Gruppe, Vereinigung betreffend) und *externer Öffentlichkeit.*

Aufgrund des im Alltag verhältnismäßig seltenen persönlichen Umgangs zwischen behinderten und nichtbehinderten Bürgern kommt der Öffentlichkeitsarbeit gesteigerte Bedeutung zu. Was das Gros der Bevölkerung über Menschen mit einer → Behinderung weiß, wird in der Regel über die *Massenmedien* (Presse, Hörfunk, Fernsehen) verbreitet. Hieraus resultiert die Forderung nach effektiver Präsenz in den → Medien, um Maßnahmen für behinderte Personen dauerhaft abzusichern und fortzuentwickeln. Gleich wichtig ist die Anbahnung direkter Begegnungen zwischen behinderten und nichtbehinderten Bürgern durch Aktionen wie Straßenfeste, „Tage der offenen Tür" oder öffentlichkeitswirksame Veranstaltungen.

Im strengsten Sinn ist Öffentlichkeitsarbeit ihrem Wesen nach immateriell. Dennoch wird in der Regel auch das Einholen von Geldern (direkt durch Spendenwerbung und Sammlungen, indirekt durch Gewinnung von Fördermitgliedern oder Sponsoren) diesem Bereich zugerechnet (Brenner 1996). Unbeschadet der Bedeutung der Mittelbeschaffung für die praktische Arbeit von Einrichtungen und Vereinen bleibt es die eigentliche Aufgabe der Öffentlichkeitsarbeit, auf das Bild behinderter Menschen in der Gesellschaft positiv einzuwirken, eine Funktion, die auch die Massenmedien nicht immer befriedigend erfüllen.

Wenn ein Träger der Behindertenarbeit materielle und immaterielle Ziele gleichzeitig erreichen möchte, können die unterschiedlichen Botschaften seiner Öffentlichkeitsarbeit in Widerspruch zueinander geraten. So entwertet ein der Spendenakquisition förderliches Betonen der Hilfsbedürftigkeit umgekehrt die Forderung nach Selbstbestimmung und nach Abkehr vom medizinischen Konzept des behinderten Menschen als einem defizitären Wesen. Exemplarisch für dieses Dilemma ist das Wirken von *Aktion Sorgenkind* in den zurückliegenden Jahrzehnten. Durch eine Fernsehlotterie und diverse weitere Aktivitäten brachte diese Institution mehrere Milliarden Mark auf. Doch entstand dabei auch das Klischee des hilflosen, dankbaren ‚Musterkrüppelchens', das nach Meinung vieler Betroffener dem Ansehen behinderter Menschen überaus geschadet hat. Inwieweit die nunmehr umbenannte, stärker auf gesellschaftspolitische Fragen hin ausgerichtete *Aktion Mensch* die gleichen finanziellen Erfolge aufweisen wird wie ihre Vorgängerin, bleibt abzuwarten.

Doch auch eine zu exzessive Imagepflege kann sich ihrer Wirkung nach ins Gegenteil kehren. Die Vereinten Nationen erklärten 1981 zum *Internationalen Jahr der Behinderten* (Holtz 1982). Trotz partieller Erfolge steht fest, dass in der darauffolgenden Dekade die Berichterstattung zu Behindertenthemen einen ungewöhnlichen Tiefpunkt erreichte. Grund hierfür war nach Aussage der Fachleute eine angebliche Übersättigung des Publikums. Erst in den letzten Jahren scheinen sich die Medien wieder verstärkt ihrer Verantwortung gegenüber behinderten Menschen bewusst zu werden.

Die Bedeutung der Öffentlichkeitsarbeit hat im Behindertenbereich in den letzten Jahren zu einer erfreulichen *Professionalisierung* geführt. Große Einrichtungen und

Verbände unterhalten immer häufiger haupt- oder nebenamtliche Presseabteilungen oder bedienen sich sogar kommerzieller PR-Agenturen, um ihr Wirken einer breiten Öffentlichkeit vorzustellen (Luthe 1995). Doch auch in kleineren Vereinigungen sollten sich Betroffene und ihre Angehörigen in Medienfragen fortbilden. Entsprechende Kurse werden insbesondere von den Landes- und Bundesverbänden der Selbsthilfeorganisationen angeboten oder von Dachverbänden wie der *Bundesarbeitsgemeinschaft Hilfe für Behinderte* oder von der *Interessenvertretung Selbstbestimmt Leben.* Nur dort, wo sich persönliche Erfahrung mit fachlicher Kenntnis paart, werden Professionelle bereit sein, auf die Stimme der Betroffenen zu hören.

Der Mangel an Wissen um journalistische Grundregeln führt häufig zu Fehlern, die das Verhältnis → Medien zu → Selbsthilfeorganisationen und -vereinen belasten. So differenzieren Personen aus dem Behindertenbereich oft zu wenig zwischen interner und externer Öffentlichkeit. Sie verkennen, dass manche ihnen wichtig erscheinenden Mitteilungen aus dem Vereinsleben für Außenstehende keinesfalls die gleiche Relevanz besitzen wie für sie selbst. Umgekehrt werden Vorgänge und Informationen des Alltagsgeschehens, die ihnen belanglos erscheinen, in ihrer Bedeutung für eine nichtkundige Öffentlichkeit unterschätzt (Wie findet sich z. B. ein Blinder in einer Stadt zurecht, und wie kann ein Körperbehinderter Auto fahren?). Auch wird auf den Charakter des Mediums, in dem eine Nachricht verbreitet werden soll, häufig zu wenig Rücksicht genommen. Die Boulevardpresse interessiert sich beispielsweise kaum für gesellschaftspolitische Forderungen, während politisch ausgerichtete Fernsehmagazine nur wenig mit herzergreifenden Einzelporträts anfangen können. Die richtige adressatendifferenzierte Information ist ausschlaggebend für eine gute Öffentlichkeitsarbeit. Selbst belanglos erscheinende Details wie die Form einer Meldung oder die Terminfestsetzung einer Pressekonferenz können für den Erfolg oder Misserfolg der Öffentlichkeitsarbeit eines Verbandes ausschlaggebend sein.

Für den Bereich der audio-visuellen Medien gibt es seit 1984 die *Arbeitsgemeinschaft Behinderte in den Medien.* Sie ist ein Zusammenschluss von knapp zwanzig Behindertenorganisationen und Selbsthilfevereinigungen mit dem Ziel, die Perspektive der Betroffenen in Funk und Fernsehen authentisch zu vertreten. Neben eigenen Fernsehsendungen in privaten und öffentlich-rechtlichen Programmen und dem Verleih behindertenspezifischer Videos unterhält die Arbeitsgemeinschaft eine Beratungsstelle für Medienfragen im Behindertenbereich. Hier erhalten Selbsthilfevereinigungen und Einzelpersonen Auskünfte über behindertenrelevante Spiel- und Dokumentarfilme, Unterstützung bei der Erarbeitung von audio-visuellen Begleitprogrammen für Ausstellungen und Veranstaltungen und Hilfe in der Produktion eigener Filme und Videos. Peter Radtke

Literatur

Brenner, G.: Öffentlichkeitsarbeit und Mittelbeschaffung. Grundlagen, methodische Bausteine und Ideen. München 1966.

Holtz, K.-L.: War's das? Eine Bilanz zum Jahr der Behinderten. Heidelberg 1982.

Luthe, D.: Öffentlichkeitsarbeit für Nonprofit-Organisationen. Eine Arbeitshilfe. Augsburg 1995.

Randständigkeit

Randständigkeit wird in der sozialwissenschaftlichen Literatur meist zusammen mit dem Begriff ‚*Randgruppen*' verwendet. Beide Begriffe setzen im Unterschied z.B. zum deskriptiv-quantitativen Terminus ‚*Minderheit*' (‚Minorität') ein theoretisches Vorverständnis gesellschaftlicher → Integration voraus, nach dem Menschen oder Gruppen besser oder schlechter integriert sein können. Gilt z.B. Erwerbsarbeit als Integrationskriterium, wären alle Kinder und alte Menschen als randständig zu bezeichnen. Eine inflationäre Verwendung und inhaltliche Diffusion der Begriffe bestünde auch darin, sie schlichtweg mit ‚*sozialer Benachteiligung*' gleichzusetzen. Präzisere Definitionen (Kögler 1976, V) müssten drei Kriterien einschließen, die als kennzeichnend für Randständigkeit und Randgruppen gelten (Sidler 1989, 159–161): (1) *kumulierende Benachteiligung* in der Zuteilung politisch definierter relevanter Güter, Lebenschancen und Rechte sowie damit verbunden die Einschränkung der „Chancen zur Artikulation und Durchsetzung von Interessen" (Kögler 1976, V); (2) → Stigmatisierung und Diskriminierung (z.B. durch Meidung, Ächtung, Ghettoisierung) und dadurch bedingte soziale *Isolation*; (3) *Abweichungen* von gesellschaftlich dominanten soziokulturellen Verhaltensorientierungen (→ Abweichendes Verhalten).

Gesellschaftlichen Exklusionsprozessen ausgesetzte und ‚am Rande' stehende Menschen wie jene in chronischer → Armut entwickeln, begünstigt durch informelle und sozialadministrative Stigmatisierungsprozesse und Formen symbolischer Gewalt (Weiß u.a. 2005, 450), oftmals erst im Verlauf ihrer Armutskarrieren deutlicher ausgeprägte subkulturelle Verhaltens- und Bewältigungsmuster (unter dem Aspekt der gravierenden sozialen Unsicherheit und des Beschneidens von Zukunftsperspektiven von Castel 2005, 38f. und Bourdieu 2001, 283ff. eindrücklich beschrieben). Bei ethnischen Randgruppen hingegen sind ihre spezifischen kulturellen Werte, Normen und Handlungsorientierungen oftmals von vornherein kollektiven negativen Zuschreibungen unterworfen, die sie als ‚abweichend' einstufen. Diese bilden den Nährboden für weitere gesellschaftliche Diskriminierung, häufig gekoppelt mit geographischer Marginalisierung, und konflikthafte Interaktionen der Randgruppenangehörigen mit den Mitgliedern, Institutionen und dem Rechtssystem der Mehrheitsgesellschaft. Im Verlauf und als Ergebnis dieser generationenübergreifenden Erfahrungen entwickeln und verfestigen sich spezifische, habituell verankerte Verhaltensmuster als subkulturelle Varianten der diskriminierten ‚Primärkultur'. Sie erschweren es den Betroffenen, ihre jeweiligen kulturspezifischen Traditionen den veränderten ökonomischen und sozialen Bedingungen sinnvoll anzupassen, vielmehr unterminieren sie deren kulturspezifischen Erwerbs- und Reproduktionsformen. Dies hat z.B. bei sozioökonomisch deklassierten Sinti und Roma, deren frühere Selbstversorgungsmöglichkeiten als fahrende Händler und Hausierer im Zuge wirtschaftlicher Veränderungen weitgehend weggebrochen sind, zu einer Internalisierung dauerhafter Abhängigkeitserfahrungen von sozialstaatlichen Hilfen geführt.

Karstedt (1975, 185f.) stellt aus konflikttheoretischer Perspektive den „Produktionsprozess" von Randgruppen als „‚circulus vitiosus' von Ausschluss, Problemlösungsstrategien der Randgruppen und Bestätigung des Ausschlusses durch die Instanzen sozialer Kontrolle" dar. Sie unterscheidet dabei *individuelle* (z.B. bei Menschen mit → Körperbehinderungen) und *kollektive Problemlösungsstrategien.*

Bei Randgruppen bestehen nicht nur große Unterschiede zwischen den einzelnen Gruppen, z.B. zwischen behinderten Menschen und psychisch Kranken, Obdachlosen, Straffälligen, Sinti und Roma, sondern

– entgegen dem Alltags- sowie soziologischen Verständnis von ‚Gruppe' – auch innerhalb dieser. Dies gilt selbst dann, wenn kollektive subkulturelle Deutungs- und Handlungsmuster entwickelt werden. Das oftmals mangelnde Zusammengehörigkeitsgefühl erschwert die gemeinsame Artikulation und Durchsetzung von Interessen auf der Ebene der Selbstorganisation (→ Selbsthilfegruppen).

Nicht nur weil Randgruppen, statistisch gesehen, kein Randphänomen darstellen, ist auch das Bestimmungswort ‚Rand' fragwürdig. ‚Rand' setzt einen – quasi festen – gesellschaftlichen ‚Kern' voraus. So spricht Fürstenberg (1966, 236 f.), der die vor allem in den 1960er und 70er Jahren in der Bundesrepublik intensiv geführte Randgruppendiskussion mit angestoßen hat, von „Kerngesellschaft". Ihr stehen „Randpersönlichkeiten" und „Randgruppen" gegenüber, „die sich mit der Gesellschaft nicht oder nur peripher verbunden fühlen und dies durch abweichendes Verhalten zeigen".

Zu fragen ist, ob das eher *dichotomische Verständnis* von ‚Kern' und ‚Rand' soziale Wirklichkeit angemessen beschreibt; denn die Metapher vom Kern unterstellt relative Homogenität in seinem Inneren. Zum einen jedoch expandieren im Zuge ökonomischer Umbrüche und Verwerfungen und des sog. Umbaus des Sozialstaates die Zonen der Verunsicherung, Instabilität, Desintegration und Brüchigkeit bisher stabiler Lebenslagen in der Mitte der Gesellschaft (Heitmeyer 2005; Vogel 2005, 38). Zum anderen wachsen nicht nur die materiellen und sozialen Unterschiede innerhalb der Gesellschaft, sondern auch die Unterschiede in den (kulturellen) Wertvorstellungen und Lebensstilen scheinen größer zu werden, was sich in der These einer zunehmenden Pluralisierung von Lebensformen, Werten und Normen widerspiegelt. Tragen damit aber die Begriffe ‚Randständigkeit' und ‚Randgruppen' selbst nicht dazu bei, das in gesellschaftlichen Teilbereichen empirisch vielleicht zunehmend fragwürdige Bild von ‚Kern' und ‚Rand' aufrechtzuerhalten und dadurch bestimmten Minderheiten einen Randgruppen-Status anzuheften?

In den Entwicklungen zu größerer gesamtgesellschaftlicher Pluralität könnte ein Hoffnungspotential dergestalt liegen, dass divergente kulturelle Orientierungs-, Bewertungs- und Gestaltungsmuster künftig weniger in einem hierarchischen Verhältnis von dominanter Kultur im Kern und davon abweichenden (Sub-)Kulturen am Rande zueinander stehen, sondern – entsprechend dem vor allem in der Integrationspädagogik favorisierten Motto: ‚es ist normal, verschieden zu sein' – zumindest in einem diskriminierungsärmeren Nebeneinander einer weit gefassten → *Interkulturalität.* Ob die Behindertenpädagogik dieses Potential im Sinne eines radikalen Pluralitätskonzepts konsequent aufnimmt, ist zweifelhaft. Erinnert sei an die provokante Schul- und Didaktikkritik von Hiller, man wolle Kinder und Jugendliche aus dem sog. „Bildungskeller" durch ein „kultur-imperialistisches Programm" „in eine bürgerliche Welt vermeintlich universaler Normalität" zwangsintegrieren (1991, 66). Ist andererseits ein radikaler *Pluralitätsmaßstab* empirisch fundiert, oder wird er nicht doch Utopie bleiben? Vor allem aber: Läuft er nicht Gefahr, ‚unterhalb' einer scheinbaren Gleich-Gültigkeit des Verschiedenen gesellschaftliche Machtverhältnisse und sich zuspitzende ökonomische Verteilungsfragen auszublenden? Es ist zum einen nicht zu übersehen, dass sich im Zuge wachsender sozialer Ungleichheit, einer sich vergrößernden Kluft zwischen ‚oben' und ‚unten', „zwischen drinnen und draußen" (Büchel u.a. 2000) durch massive Exklusionsprozesse eine ‚am Rande' stehende ‚Unterschicht' der sog. ‚Überflüssigen' bildet (Kronauer 2002). Zum anderen zeigt sich, dass mit der Zunahme der „Desintegrationsgefahren bei der Mehrheit und in der Mitte" die Akzeptanz „schwacher Gruppen" abnimmt und der Druck auf sie wächst (Heitmeyer 2005).

Neben ökonomischen und gesellschaftspolitischen Bedingungen, welche die Kohäsion der Gesellschaft insgesamt stärken, wird viel davon abhängen, ob es (bisher) als

Randgruppen apostrophierten Minderheiten, hier Menschen mit Behinderungen, im Rahmen ihrer sehr unterschiedlichen Selbstorganisationspotentiale gelingt, ein Mehr an Chancen zur Artikulation und Durchsetzung von Interessen und Rechten zu entwickeln, aber auch inwieweit sie dabei assistierende und advokatorische Mitstreiter aus der „sonderpädagogischen Professionsgemeinschaft“ und darüber hinaus finden (Thimm 1999). Hans Weiß

Literatur

Bourdieu, P.: Meditationen. Zur Kritik der scholastischen Vernunft. Frankfurt/Main 2001.

Büchel, F./Diewald, M./Krause; P. (Hrsg.): Zwischen drinnen und draußen. Arbeitsmarktchancen und soziale Ausgrenzungen in Deutschland. Opladen 2000.

Castel, R.: Die Stärkung des Sozialen. Leben im neuen Wohlfahrtsstaat. Hamburg 2005.

Fürstenberg, F.: Randgruppen in der modernen Gesellschaft. In: Soziale Welt 16 (1965) 236–245.

Heitmeyer, W.: Die verstörte Gesellschaft. In weiten Teilen der Bevölkerung wächst die Orientierungslosigkeit – und mit ihr der Druck auf Minderheiten. In: Die Zeit, Nr. 51, 15.12.2005, 24.

Hiller, G. G.: Ausbruch aus dem Bildungskeller. Pädagogische Provokationen. Langenau-Ulm 2. Aufl. 1991.

Karstedt, S.: Soziale Randgruppen und soziologische Theorie. In: Brusten, M./Hohmeier, J. (Hrsg.): Stigmatisierung 1. Zur Produktion gesellschaftlicher Randgruppen. Neuwied 1975, 169–196.

Kögler, A.: Die Entwicklung von „Randgruppen“ in der BRD. Literaturstudie zur Entwicklung randständiger Bevölkerungsgruppen. Göttingen 1976.

Kronauer, M.: Exklusion. Die Gefährdung des Sozialen im hoch entwickelten Kapitalismus. Frankfurt 2002.

Sidler, N.: am Rande leben abweichen arm sein. Konzepte und Theorien zu sozialen Problemen. Freiburg 1989.

Thimm, W.: Zur Lebenssituation behinderter Kinder und Jugendlicher morgen: gesellschaftspolitische und behindertenpädagogische Perspektiven. In: Zeitschrift für Heilpädagogik 50 (1999) 377–385.

Vogel, B.: Ende der Aufstiegsgeschichte: Die neue Prekarität der Erwerbsarbeit. In: Schultheis, F./Schulz, K. (Hrsg.): Gesellschaft mit begrenzter Haftung. Zumutungen und Leiden im deutschen Alltag. Konstanz 2005, 37–40.

Weiß, A./Pellizari, A./Mau, K.: Am Rande. In: Schultheis, F./Schulz, K. (Hrsg.): Gesellschaft mit begrenzter Haftung. Zumutungen und Leiden im deutschen Alltag. Konstanz 2005, 449–455.

Rolle, Rollentheorie

Rolle ist ein theoretischer Zentralbegriff der Soziologie als Wissenschaft vom Zusammenleben der Menschen. Menschliches Handeln ist im Wesentlichen Rollenhandeln, d.h. es ist ausgerichtet an der Summe der Erwartungen anderer. Diese Erwartungen haben eine gewisse Verbindlichkeit: Man hat sich „rollenkonform“ als Mutter, Student, Verkehrsteilnehmer, Patient usw. zu verhalten, andernfalls sind Sanktionen wahrscheinlich. Man spricht auch von (zugeschriebenen oder erworbenen) sozialen Positionen, die Menschen nacheinander oder zur gleichen Zeit einnehmen: „Soziale Rollen bezeichnen Ansprüche der Gesellschaft an die Träger von Positionen“ (Dahrendorf 1969, 33).

Der Rollenbegriff vereinigt folgende Aspekte: Steuerung des Verhaltens eines Menschen in einer sozialen Position durch die *Rollenerwartungen*; die Wahrnehmung und Interpretation solcher Erwartungen durch den *Rollenträger*; die Umsetzung der Rollenerwartungen in konkretes *Rollenverhalten*; die Verinnerlichung von Rollenerwartungen; der langfristige Einfluss von

Rollenerwartungen auf den Prozess der Persönlichkeitsbildung des Rollenträgers (Fuchs u.a. 1978, 651).

Rollentheorien sind praktisch kaum zu trennen von den soziologischen Theorien sozialen Handelns. Wichtige Theoretiker sind u.a. Dahrendorf (1969), Merton (1973), Parsons (1976). Strukturfunktionalistische Rollentheorien unterstellen eine relative Zwangsläufigkeit des Rollenhandelns. Spätere Beiträge tragen besser der Tatsache Rechnung, dass moderne Gesellschaftssysteme von den Individuen in erster Linie Flexibilität erwarten. Damit finden die subjektive Interpretation der Rollenerwartungen sowie der Deutungs- und Gestaltungsspielraum der Rollenspieler eine angemessenere Beachtung (Boudon 1980).

Ein gewisses Maß an Rollenkonformität ist Voraussetzung für die Akzeptanz als handlungsfähiges Mitglied der Gesellschaft. → *Abweichendes Verhalten* führt in der Regel zur → Sozialisation in die Rolle eines „Devianten“; das Verhalten wird damit wieder rollenkonform. Der gemeinsame Nenner aller Formen abweichenden Verhaltens ist die Verletzung sozialer Normen als allgemein bekannte und (überwiegend) akzeptierte Regeln des Zusammenlebens. Normen sind generalisierte Verhaltenserwartungen von unterschiedlicher Verbindlichkeit. Sie dienen der wechselseitigen Orientierung des (Rollen)handelns von Menschen.

→ Behinderung wird allgemein als eine Form abweichenden Verhaltens verstanden. Der Zusammenhang zwischen Behinderung und Abweichung liegt darin, dass der behinderte Mensch „anders“ ist, als man erwartet. In seinem So-sein entspricht er nicht den gesellschaftlichen Erwartungen (→ Stigma). Zur Erklärung der Devianz von Menschen mit Behinderungen sind vor allem zwei konkurrierende soziologische Sichtweisen wichtig (Cloerkes 2001, 126–134). Beim *strukturellen Ansatz* geht man davon aus, dass die Normverletzung zweifelsfrei und objektiv feststellbar ist. Auf behinderte Menschen bezogen: Die Abweichung ist durch Diagnostik objektivierbar. Beim *prozessualen Ansatz* wird dagegen davon ausgegangen, dass Devianz im Wesentlichen das Resultat sozialer Reaktionen ist. Abweichung ist alles, was in diesem Sinne interpretiert wird (Symbolischer → Interaktionismus). Behinderung stellt keine objektive Normverletzung dar, sondern ist immer relativ. Ihre erfolgreiche Zuschreibung stellt eine → Stigmatisierung dar.

Für Vertreter beider Ansätze konstituiert die Normabweichung in der Regel eine neue Rolle, die *Krankenrolle* bzw. *Behindertenrolle*. Nach dem Krankenrollenkonzept von Parsons (1958) ist → Krankheit aus *struktureller Sicht* grundsätzlich dysfunktional und eine besondere Form abweichenden Verhaltens. Der Kranke wird nicht für seinen Zustand verantwortlich gemacht, diese zeitlich befristete Entbindung von normalen Rollenverpflichtungen ist allerdings an Bedingungen geknüpft, z.B. das Bemühen um rasche Gesundung in Kooperation mit dem Arzt. Bei der Behindertenrolle unterstellen Vertreter des strukturellen Ansatzes eine generelle und dauerhafte Umdefinition der Person mit Zuweisung einer neuen Rolle und einer neuen Identität (Haber/Smith 1971). Die Behindertenrolle ist danach Ausdruck einer Anpassung des Betroffenen an Rollenerwartungen, die seinem Zustand angemessen sind. Sie normalisiert und legalisiert seine deviante Stellung in der Gesellschaft und ist insgesamt funktional für alle Beteiligten.

Der *prozessuale Ansatz* sieht dies völlig anders. Er kritisiert, die gesellschaftlichen Normen wie die Behinderung selbst würden in der strukturellen Analyse absolut gesetzt und nicht hinterfragt. Die Einordnung von Behinderung in das Spektrum der Formen abweichenden Verhalten ergibt zudem, dass ein Individuum bei ‚Kriminalität‘ (→ Delinquenz) verantwortlich gemacht wird, bei → ‚Krankheit‘ nicht verantwortlich gemacht wird (bedingte oder manchmal uneingeschränkte Legitimität), aber bei ‚Behinderung‘ eine ambivalente soziale Reaktion erfolgt, die lediglich vorgibt, der Behinderte sei nicht verantwortlich für sein So-sein, letzten Endes jedoch seine Stigmatisierung bewirkt (Freidson 1970). Die soziale Situation behinderter Menschen ist also gekennzeichnet durch einen elementaren Widerspruch zwischen offizieller Entlastung für ihre Abweichung von der Norm einerseits und tatsächlicher → Diskriminierung mit Zuweisung einer besonderen, abweichenden Rolle andererseits. Dies trifft auch für einige stigmatisierende ‚Krankheiten' wie → Aids zu.

Aus der Tatsache einer spezifischen, devianten Rolle für behinderte Menschen ergeben sich wichtige Forschungsfragen: Wie werden Betroffene mit der stigmatisierenden Zuschreibung fertig? Ist die Behindertenrolle zwangsläufig oder im Wesentlichen ein Ergebnis des professionellen Handelns der Behindertenexperten (erlernte Hilflosigkeit)? Welche Behindertenbilder haben die → Helfer und sind sie in der Lage, ihre Berufsrolle kritisch zu hinterfragen? Wie können Menschen mit Behinderungen darin unterstützt werden, die negativen Konsequenzen der Behindertenrolle zu überwinden (→ Selbsthilfe, → Empowerment)? Und wie werden die professionellen Helfer damit fertig, dass sich ihre Berufsrolle dann wahrscheinlich stark relativiert in Richtung einer abrufbaren Dienstleistung für behinderte Menschen (persönliche Assistenz)?

Günther Cloerkes

Literatur

Boudon, R.: Die Logik des gesellschaftlichen Handelns. Eine Einführung in die soziologische Denk- und Arbeitsweise. Neuwied 1980.

Cloerkes, G.: Soziologie der Behinderten. Eine Einführung. Heidelberg 2. Aufl. 2001.

Dahrendorf, R.: Homo sociologicus. Ein Versuch zur Geschichte, Bedeutung und Kritik der Kategorie der sozialen Rolle. Köln 8. Aufl. 1969.

Freidson, E.: Professions of medicine. A study of the sociology of applied knowledge. New York 1970.

Fuchs, W./Klima, R./Lautmann, R./Rammstedt, O./Wienold, H. (Hrsg.): Lexikon zur Soziologie. Opladen 2. Aufl. 1978.

Haber, L.D./Smith, R.T.: Disability and deviance: Normative adaptations of role behavior. In: American Sociological Review 36 (1971) 87–97.

Merton, R.K.: Der Rollen-Set. Probleme der soziologischen Theorie. In: Hartmann, H. (Hrsg.): Moderne amerikanische Soziologie. Neuere Beiträge zur soziologischen Theorie. Stuttgart 2. Aufl. 1973, 316–333.

Parsons, T.: Struktur und Funktion der modernen Medizin. In: König, R./Tönnesmann, M. (Hrsg.): Probleme der Medizinsoziologie. Sonderheft 3 der Kölner Zeitschrift für Soziologie und Sozialpsychologie. Köln 1958, 10–57.

Parsons, T.: Zur Theorie sozialer Systeme. Opladen 1976.

Soziokulturelle Bedingungen kindlicher Entwicklung

Das Hineinwachsen des Neugeborenen in eine Gesellschaft wird als → *Sozialisation* bezeichnet. Den Prozess der Sozialisierung bestimmen die sozialen Beziehungen, gruppenspezifische Normen und Werte sowie die jeweiligen ökonomischen und kulturellen Gegebenheiten, in die ein Kind hineingeboren wird. Unter dem Begriff der *soziokulturellen Benachteiligung* wurden früher schichtspezifische Ausprägungen des Sprachgebrauchs, der Erziehungsstile, der Motivations- und Leistungserziehung sowie der Zeitperspektive in Familien der sozialen Unterschicht als Determinanten der kindlichen Entwicklung beschrieben. Kinder unterer sozialer Schichten werden dadurch in ihrer kognitiven Entwicklung beeinträchtigt und sind im Unterricht einer an Mittelschichtsnormen orientierten Grundschule benachteiligt. Da Schüler mit Lernbehinderungen und Verhaltensstörungen mehrheitlich aus sozial schwachen und randständigen Familien kommen, werden Ursachen ihrer Behinderungen und Störungen z.T. in diesen soziokulturellen Determinanten gesehen (Begemann 1970; Klein 1977). Die so verstandene soziokulturelle Benachteiligung wirkt sich eher im Alter von 3 bis 6 Jahren aus, während die kulturübergreifenden psycho-sozialen Risikofaktoren vor allem in den ersten Lebensjahren die kindliche Entwicklung beeinträchtigen können.

Neuere Forschungen, vor allem Längsschnittstudien, haben gezeigt, dass die Beeinträchtigung der frühkindlichen Entwicklung durch psychosoziale Risiken wesentlich gravierendere und dauerhaftere Störungen und Schädigungen verursachen können als Sprachgebrauch, Erziehungsstil oder Zeitperspektive. Die frühe Mutter-Kind-Interaktion erwies sich durchgehend von entscheidender Bedeutung für eine positive oder gehemmte Entwicklung eines Kindes. Einfühlsam responsives Verhalten, sprachliche Zuwendung, häufiger Blickkontakt und das Lächeln kennzeichnen positiv wirkende Interaktionen, während die Verminderung oder gar das Fehlen solcher Interaktionen langfristig die Entwicklung eines Kindes beeinträchtigen. Die Mutter-Kind-Interaktion wiederum wird entscheidend bestimmt durch die jeweilige Lebenslage der Eltern. Materielle Notlage, psychische Probleme der Eltern (z.B. Depression, Sucht) und instabile Partnerschaft sind Risikofaktoren, welche die Mutter-Kind-Interaktion beeinträchtigen (Laucht/Esser/Schmidt 1998).

Eltern, deren Lebenssituation durch eine Häufung solcher Risiken gekennzeichnet ist, verhalten sich ihren Kindern gegenüber eher ablehnend. Im einzelnen manifestiert sich diese ablehnende Haltung durch harte erzieherische Praktiken, wenig Körperkontakt und Zärtlichkeit, wenig erkennbare Freude im Umgang mit dem Kind. Als Kriterien der Vernachlässigung werden mangelnde Anregungen für das Kind, mangelnde Pflege und Aufsicht und fehlende Beachtung der Gesundheit des Kindes genannt (→ Deprivation). Ein einheitliches Ergebnis aller, auch weltweit durchgeführter, Längsschnittstudien ist: Kinder mit biologische Risiken (z.B. Mangelgeburt) entwickeln sich relativ positiv, wenn sie auf günstige Erziehungsbedingungen treffen. Psychosoziale Risiken dagegen wirken sich mit zunehmendem Alter des Kindes entwicklungshemmend aus. „Die soziale Schichtung, der Bildungsgrad und die Intelligenz der Mutter erwiesen sich für den Entwicklungsstand mit fünf und mehr Jahren ... als die bedeutsamsten Prognoseindikatoren aus der Neugeborenenzeit“ (Rauh 1984, 16). Vor allem sind es Beeinträchtigungen der kognitiven und der motorischen Entwicklung sowie Verhaltensauffälligkeiten, die sich bei einer Häufung von psychosozialen Risiken finden.

Der Einwand, man dürfe hier nicht zu schnell kausale Zusammenhänge konstruieren, wo es sich nur um *Kovarianzen* handle, ist ebenso berechtigt, wie der Hinweis auf die Komplexität der Zusammenhänge und die Unmöglichkeit, eindeutig lineare Kausalitäten nachzuweisen. Eines haben die vielen Untersuchungen zu diesem Problembereich auf jeden Fall belegt: Das Aufwachsen eines Kindes bei den leiblichen Eltern bietet keine Garantie für zureichende Entwicklungsbedingungen. Die Formen der Pflege und der Interaktion zwischen Mutter und Kind sind zwar durch intuitive Verhaltensweisen (rudimentäre Brutpflegeinstinkte) geleitet, jedoch keineswegs gesichert. Die frühen Interaktionen zwischen Erwachsenem und Kleinkind sind störanfällig und können durch ungünstige Lebensbedingungen der Eltern erheblich beeinträchtigt werden.

Die Annahme eines ursächlichen Zusammenhangs von Entwicklungsverzögerungen, Verhaltensstörungen und Lernbehinderungen mit ungünstigen soziokulturellen Bedingungen gewinnt an Plausibilität durch Erkenntnisse der Neurophysiologie, der Humanethologie und der Forschungen zum Bindungsverhalten. Die *neurophysiolo-*

gische Forschung hat gezeigt, dass der junge Mensch in den ersten Lebensmonaten und -jahren durch die tätige Auseinandersetzung mit seiner Umwelt eine funktionelle und strukturelle Anpassung seines Nervensystems vollbringt. Diese Phase der Plastizität ist zeitlich begrenzt. Von besonderer Bedeutung ist dabei die Wechselwirkung mit der jeweiligen Umwelt für die Ausbildung von kognitiven Funktionen. Gebrauch und Nichtgebrauch entscheiden über Art und Dichte der späteren funktionalen Verknüpfungen und den Untergang anderer Potentialitäten (Dichgans 1994).

Die Untersuchungen zum *Bindungsverhalten* (Grossmann u.a. 1997) haben gezeigt, dass die aktive Auseinandersetzung des Kleinkindes mit seiner Umwelt emotionale Annahme und Sicherheit bei einer erwachsenen Person zur Voraussetzung hat. Das Kind, das aktiv seine Welt erkunden soll, braucht eine sichere Basis, von der aus es dies tun kann. Die Bindungsqualität zwischen Mutter und Kind kann sehr unterschiedlich sein. Auswirkungen der Bindungsqualität zeigen sich z.B. im → Spielverhalten des Kindes. Kinder mit sicherer Bindung haben mehr Freude am Spiel und sind eher in der Lage, sich den Besonderheiten des Spielzeugs anzupassen. Unsicher gebundene Kinder kommen nicht zum intensiven Spiel und vergewissern sich ständig der Nähe ihrer Mutter. Fehlt die Möglichkeit zur Bindung an eine Bezugsperson ganz, so kann dies zur völligen Passivität und Apathie führen (Hospitalismus).

Evolutionsbiologische Forschungen wiederum haben gezeigt, wie der Aufbau einer sicheren Bindung von der sozialen Lage der Eltern abhängt (Keller 1997; 1998). So erwies sich das intuitive Elternverhalten, mit dem die Eltern auf kindliche Signale wie Schauen, Lächeln oder Vokalisieren reagieren und das die Beziehungsentwicklung bestimmt, als ein umweltlabiles System. Eltern, die in ungesicherter und sozioökonomisch ungünstiger Situation leben, investieren weniger in ihre Kinder als Eltern in sozial und ökonomisch gesicherter Lebenslage. Eltern, die nur über geringe materielle und personelle Ressourcen verfügen, reagieren weniger prompt auf Signale des Säuglings, missachten die kindliche Autonomie und pflegen nur wenige und kurze Blickkontakte, während das Verhalten von Eltern in gesicherter Lebenslage durch häufige Blickkontakte, akzeptierende, reagierende und echte Interaktionen gekennzeichnet ist. Untersuchungen von Keller u.a. machen Zusammenhänge zwischen dem frühen Blickkontaktverhalten mit dem manipulativen Explorationsverhalten im Alter von zwei Jahren, mit der Sprachentwicklung und mit der Entstehung von Verhaltensauffälligkeiten und Entwicklungsverzögerungen deutlich.

Halten wir fest, dass Säuglinge und Kleinkinder ihre Fähigkeiten und Fertigkeiten nur in der aktiven Auseinandersetzung mit ihrer Umwelt ausbilden können, dann ist klar, dass diese Entwicklung sowohl durch (1) die Isolation von der Umwelt als auch durch (2) die Einschränkung, Unterdrückung oder Lähmung der Eigenaktivität des Kindes beeinträchtigt, gehemmt oder geschädigt werden kann. Die *Isolation* von der Umwelt kann graduell abgestuft sein und sich in geringen oder fehlenden Anregungen für die Wahrnehmung, in einer spracharmen oder sprachlosen Umwelt sowie in eingeschränkten oder fehlenden Handlungsmöglichkeiten zeigen.

Die Ausbildung der Gehirnstrukturen und -funktionen kann dadurch beeinträchtigt werden und dauerhafte Schwächen zur Folge haben. Ebenso und wohl häufiger als durch eine anregungsarme Umwelt wird die kindliche Entwicklung beeinträchtigt durch Einschränkung und Unterdrückung der kindlichen Eigenaktivität oder deren Reduzierung bis zur Passivität. Dies kann auf sehr unterschiedliche Weise geschehen: Das Kind kann häufig eingesperrt, festgebunden oder tagelang ins Bett gesteckt werden. Die Eigenaktivität des Kindes kann gehemmt oder gestört sein, weil dem Kind eine sichere Bindung bei einer Bezugsperson fehlt. Ohne die sichere Basis, von der aus das Kind die Welt erkundet, kann sich das explorierende Spiel kaum entfalten. Graduelle Abstufungen der

Bindung spiegeln sich in graduellen Unterschieden des Neugier- und Explorationsverhaltens. Ähnliches gilt für die *Befriedigung der Grundbedürfnisse.* Ein Kind, das Hunger oder Durst hat, ein Kind, das stundenlang weint, alleingelassen wird oder in ständiger Angst lebt, spielt nicht, tritt nicht in aktiven Austausch mit seiner Umwelt und kann so grundlegende Fähigkeiten nicht oder nur ungenügend ausbilden.

Schüler, die in unserem Schulsystem als lernbehindert oder verhaltensgestört gelten, kommen mehrheitlich aus sozial schwachen Familien. Die Rekonstruktion der Biographien dieser Schüler spiegelt eine *Kumulation soziokultureller bzw. psychosozialer Faktoren* wider, die deren Entwicklung von der Geburt bis zum Schulalter beeinträchtigt, gehemmt oder gar geschädigt haben (Klein 1985). Als Konsequenz aus diesen Zusammenhängen legt es sich nahe, für diese Population → Frühförderung mit präventiver Zielsetzung ökologisch zu konzipieren (Klein 1999; 2002). Die Realisierung solcher Frühförderung blieb bisher auf einzelne Projekte beschränkt, da es kaum eine Lobby und nur wenige politische Kräfte gibt, die sich für diese Kinder engagieren.

Gerhard Klein

Literatur

Begemann, E.: Die Erziehung der sozio-kulturell benachteiligten Schüler. Hannover 1970.

Dichgans, J.: Die Plastizität des Nervensystems. Konsequenzen für die Pädagogik. In: Zeitschrift für Pädagogik 40 (1994) 229–246.

Grossmann, K.E./Becker-Stoll, F./Grossmann, K./Kindler, H./Schieche, M./Spangler, G./ Wensauer, M./Zimmermann, P.: Die Bindungstheorie. In: Keller, H. (Hrsg.): Handbuch der Kleinkindforschung. Bern 2. Aufl. 1997, 51–95.

Keller, H.: Eine evolutionsbiologische Betrachtung der Frühentwicklung. In: Zeitschrift für Pädagogik 43 (1997) 113–128.

Keller, H.: Die Rolle der Eltern für die Interaktionsregulation in der frühen Kindheit. In: Vierteljahresschrift für Heilpädagogik und ihre Nachbargebiete 67 (1998) 1–11.

Klein, G.: Spezielle Fragen soziokultureller Determinanten bei Lernbehinderung. In: Kanter, G.O./Speck, O. (Hrsg.): Pädagogik der Lernbehinderten (Handbuch der Sonderpädagogik, Band 4). Berlin 1977, 65–75.

Klein, G.: Lernbehinderte Kinder und Jugendliche. Lebenslauf und Erziehung. Stuttgart 1985.

Klein, G.: Soziale Benachteiligung – eine Herausforderung an die Sonderpädagogik in der Frühförderung. In: Vierteljahresschrift für Heilpädagogik und ihre Nachbargebiete 68 (1999) 1–12.

Klein, G.: Frühförderung für Kinder mit psychosozialen Risiken. Stuttgart 2002.

Laucht, M./Esser, G./Schmidt, M.H.: Frühe Mutter-Kind-Beziehung: Risiko- und Schutzfaktor für die Entwicklung von Kindern mit organischen und psychosozialen Belastungen – Ergebnisse einer prospektiven Studie von der Geburt bis zum Schulalter. In: Vierteljahresschrift für Heilpädagogik und ihre Nachbargebiete 67 (1998), 381–391.

Rauh, H.: Frühgeborene Kinder. In: Steinhausen, H.-Ch. (Hrsg.): Risikokinder. Stuttgart 1984, 11–35.

Statistik von Behinderungen

Von Statistiken wird allgemein erwartet, dass sie auf eindeutiger Klassifikation und Kategorisierung eines Phänomens beruhen und dadurch verlässliche Aussagen über die Häufigkeiten ermöglichen. Diese Erwartungen werden bei einer Statistik von Behinderungen nur unvollständig erfüllt. Eindeutige Operationalisierungen werden durch die Komplexität, Relativität und Mehrdimensionalität von Behinderungen grundsätzlich erschwert. Konsensfähige Parameter müssen daher entwickelt und dargelegt werden, um Statistiken für Nutzer interpretierbar und verständlich zu machen.

Die World Health Organization (WHO) hat 2001 beispielhaft ein im internationalen

Konsens erarbeitetes mehrdimensionales, bio-psychosoziales Modell von Behinderung vorgelegt, das Funktionsfähigkeit und Teilhabe als essentielle klassifikatorische Begriffe benutzt (IFC – International Classification of Functioning, Disability and Health). Wesentliche Aspekte der IFC entsprechen den definitorischen Festlegungen des SGB IX (Neuntes Buch des Bundessozialgesetzbuches), das für deutsche Verhältnisse die amtliche Anerkennung von Behinderungen regelt.

Der Mikrozensus 2003 – die EU-weit größte Haushaltsbefragung – liefert ausführliche Informationen über die wirtschaftliche und soziale Lage der Bevölkerung (Pfaff 2004). Neben der Darstellung der wichtigen Grunddaten zu den Menschen mit Behinderungen befasst sich die Befragung auch mit der Teilhabe an Ausbildung, am Erwerbsleben, an Einkommensstruktur und Gesundheit. Für Deutschland vermeldet der Mikrozensus 2003 8,4 Millionen Menschen mit einer amtlich anerkannten Behinderung; 6,7 Millionen sind schwerbehindert, 1,7 Millionen leichter behindert. Diese Häufigkeitsangaben schließen einige Personengruppen mit Behinderungen aus. Statistisch nicht miterfasst sind z. B. diejenigen Menschen, bei denen ein Grad der Behinderung von weniger als 50 % festgestellt wurde, und ebenso solche, die zu ihrer Eingliederung in die Gesellschaft keine besonderen, behinderungsspezifischen Hilfen (mehr) benötigen und daher auch nicht eine Anerkennung als Schwerbehinderte beantragen (Bundesministerium für Arbeit und Sozialordnung 1998).

Das Statistische Bundesamt und die jeweils zuständigen Behörden stellen verschiedenste Arten spezieller Statistiken zu Verfügung, die u. a. Häufigkeitsangaben über Arten von Behinderungen, Prävalenz einzelner Krankheiten und Ursachen von Behinderungen enthalten. Vergleiche mit nichtbehinderten Menschen und Ländervergleiche werden ermöglicht.

Unter den in der IFC präferierten Aspekten Funktionsfähigkeit und Teilhabe werden Fragestellungen statistisch aufbereitet wie Behinderung und Arbeitsmarkt, Pflegegeldbezug, Sozialentschädigung. Grundsätzlich ist zu beachten, dass ein gewisses Hintergrundwissen erforderlich ist, um die meist mitangebotenen Interpretationen beurteilen und gegebenenfalls für eine aktuelle Fragestellung sinnvoll nutzbar machen zu können.

Seitdem die Kultusministerkonferenz (KMK) ihre „Empfehlungen der Kultusministerkonferenz zur Sonderpädagogischen Förderung in den Schulen in der Bundesrepublik Deutschland" am 6. Mai 1994 in Kraft gesetzt hat, gibt sie in regelmäßigen Abständen aktuelle Daten zum Schulbesuch von Kindern und Jugendlichen mit festgestelltem *Sonderpädagogischen Förderbedarf* heraus. Diese Angaben ersetzen die früheren Statistiken, die Kinder und Jugendliche nach Behinderungsarten einteilten (in Blinde, Gehörlose, Geistigbehinderte, Lernbehinderte usw.).

Die Anzahl der Schülerinnen und Schüler mit Sonderpädagogischem Förderbedarf in Deutschland wird nach *Förderschwerpunkten* (FS) geordnet dargestellt. Sodann wird jeweils die *Förderquote* des entsprechenden FS benannt. Für Deutschland ergibt sich für das Jahr 2002 insgesamt eine Anzahl von 495.244 (5,539 %); davon besuchen 429.440 (4,803 %) Sonderschulen und 65.804 (0,736 %) allgemeine Schulen (2002). Auf die einzelnen in den Empfehlungen genannten Förderschwerpunkte (FS) entfallen sehr unterschiedliche Anteile, auf den FS *Lernen* allein z. B. 53 %, auf alle anderen FS zusammen 47 %. Für die einzelnen FS ergibt sich anteilig nach Anzahl und Förderquote folgendes Bild:

FS Lernen	262 389	2,934 %
FS Sehen	6 613	0,074 %
FS Hören	14 518	0,162 %
FS Sprache	44 891	0,502 %
FS Körperliche und motorische Entwicklung	26 483	0,296 %
FS Geistige Entwicklung	70 451	0,788 %
FS Emotionale und soziale Entwicklung	41 012	0,459 %
FS übergreifend bzw. ohne Zuordnung	19 295	0,216 %
FS Kranke	9 592	0,107 %

Spezielle Statistiken zeigen für jeden FS, wie viele Schüler und Schülerinnen in Sonderschulen beschult werden und wie viele allgemeine Schulen besuchen. Auch hier sind die Ergebnisse unterschiedlich: So werden die Schülerinnen und Schüler mit dem FS Geistige Entwicklung nur verhältnismäßig selten in allgemeinen Schulen unterrichtet. In diesem Bereich wird weiter auf die spezielle Förderung in Sonderschulen gesetzt. Einen deutlich höheren Anteil von Schülern und Schülerinnen in allgemeinen Schulen als in Sonderschulen zeigen die FS Sprache (14,7 % gegenüber 8,2 % in Sonderschulen), FS Emotionale und soziale Entwicklung (17,9 % gegenüber 6,8 % in Sonderschulen), FS Hören (5,2 % gegenüber 2,6 % in Sonderschulen) und FS Sehen (2,8 % gegenüber 1,1 % in Sonderschulen).

Der Wandel von der Feststellung der *Sonderschulbedürftigkeit* zur Festlegung eines *Sonderpädagogischen Förderbedarfs* erleichtert internationale Ländervergleiche. Hier wird in besonderem Maße die oben bereits angesprochene Professionalität erforderlich. Das Literaturverzeichnis enthält Angaben über einschlägige Internetzugänge.

Waldtraut Rath

Literatur

Bundesministerium für Arbeit und Sozialordnung (Hrsg.): Die Lage der Behinderten und die Entwicklung der Rehabilitation. Bonn 1998.

Kultusministerkonferenz: Sekretariat der Ständigen Konferenz der Kultusminister der Länder in der Bundesrepublik Deutschland (Hrsg.): Empfehlungen der Kultusministerkonferenz zur Sonderpädagogischen Förderung in den Schulen in der Bundesrepublik Deutschland. Bonn 1994.

Pfaff, H. u.a.: Lebenslagen der behinderten Menschen – Ergebnis des Mikrozensus 2003. In: Statistisches Bundesamt. Wirtschaft und Statistik 10/2004,1181–1194; im Internet: www.destatis.de.

Statistische Angaben zur Sonderpädagogischen Förderung im Internet:www.kmk.org; www.eurydice.org; www.european-agency.org.

World Health Organization (Ed.): International Classification of Functioning, Disability and Health – ICF. Geneva/Switzerland 2001.

Stigma, Stigmatisierung

Den Begriff Stigma hat Goffman (1967) in die soziologische Diskussion eingeführt. Mit Stigma bezeichnet man eine Eigenschaft einer Person, „die zutiefst diskreditierend ist“ (Goffman 1967, 11). Goffman führt weiter aus: „Ein Individuum, das leicht in gewöhnlichen sozialen Verkehr hätte aufgenommen werden können, besitzt ein Merkmal, das sich der Aufmerksamkeit aufdrängen und bewirken kann, dass wir uns bei der Begegnung mit diesem Individuum von ihm abwenden ... Es hat ein Stigma, das heißt, es ist *in unerwünschter Weise anders*, als wir es antizipiert hatten“ (13). Ein Mensch mit einem Stigma entspricht in seiner „aktualen sozialen → Identität“ nicht den normativen Erwartungen seiner Umwelt als antizipierte Vorstellungen („virtuale soziale Identität“) von einem ‚Normalen‘ (10). Ein Stigma ist immer relativ und kann sich erst in sozialen Beziehungen darstellen. Es geht also nicht um das Merkmal selbst, sondern um die „negative Definition des Merkmals bzw. dessen Zuschreibung“ (Hohmeier 1975, 7). Folgerichtig ist für Goffman Stigma auch „die Situation des Individuums, das von vollständiger sozialer Akzeptierung ausgeschlossen ist“ (1967, 7).

Für Stigmata gelten im Übrigen die gleichen Definitionskriterien wie für → Vorurteile: Immer negativ, komplexer Inhalt, affektive Geladenheit, interkulturelle und historische Variabilität, Tendenz zur Generalisierung des Merkmals auf die ganze Person. Man kann den Begriff deshalb mit Hohmeier (1975, 7) auch so definieren: „Ein Stigma ist ... der Sonderfall eines sozialen Vorurteils gegenüber bestimmten Personen, durch das diesen negative Eigenschaften zugeschrieben werden". Eigenschaften oder Verhaltensweisen der Betroffenen können dabei durchaus eine wichtige Rolle spielen, weil an derartigen Merkmalen leichter anzuknüpfen ist. Sie haben Stimulusqualität, sie drängen sich der Aufmerksamkeit in negativer Weise auf und werden als „Andersartigkeit" bewertet. Der Begriff Vorurteil ist etwas weiter und abstrakter, weil Stigma sich immer auf Merkmale von Personen bezieht.

Stigmata wie Vorurteile wirken auf der Ebene der Einstellungen, d.h. es geht noch nicht um tatsächliches Verhalten. Anders als bei Vorurteil gibt es aber bei Stigma eine begriffliche Erweiterung für die Verhaltensebene: *Stigmatisierung* ist das Verhalten aufgrund eines zueigen gemachten Stigmas. Stigma und Stigmatisierung können in einem engen Zusammenhang stehen, sie müssen es aber nicht in jedem Fall.

Man kann davon ausgehen, dass eine → Behinderung in der Regel ein Stigma darstellt. Die → Diskriminierung von Menschen mit einem Stigma erfolgt sehr wirksam – wenn auch oft gedankenlos – über die Konstruktion einer *Stigma-Theorie*, „eine Ideologie, die ihre Inferiorität erklären und die Gefährdung durch den Stigmatisierten nachweisen soll" (Goffman 1967, 14). Die Merkmale, an denen Stigmatisierungen anknüpfen, können sichtbar oder unsichtbar sein. Die Visibilität erleichtert das Stigmatisieren. Stigmatisierten werden meistens noch weitere Unvollkommenheiten und negative Eigenschaften unterstellt. Über derartige Generalisierungen wird das Stigma zum beherrschenden ‚master status'. Die Zuschreibung wird durch die Verwendung spezifischer Stigmatermini (z.B. Krüppel, Bastard, Idiot etc.) noch unterstrichen. Von entscheidender Bedeutung für die Durchsetzung von Stigmatisierungen ist die Macht, über die Stigmatisierer und Stigmatisierte verfügen.

Stigmata haben wichtige Funktionen für den einzelnen wie für die Gesellschaft (Hohmeier 1975, 10ff.). Auf der individuellen Ebene erleichtern Stigmata die Orientierung in sozialen Situationen und entlasten u.a. durch selektive, verzerrte Wahrnehmung. Außerdem stellt die betonte Abgrenzung eine *Identitätsstrategie* dar. Auf der gesamtgesellschaftlichen Ebene dienen Stigmata in verschiedener Hinsicht der Systemstabilisierung. Diese Interessengleichheit sorgt dafür, dass Stigmatisierungsprozesse allgegenwärtig und außerordentlich schwer reduzierbar sind. Grundsätzlich stehen alle ständig in der Gefahr, erfolgreich stigmatisiert zu werden. Die Folgen von Stigmatisierungen sind für Betroffene tiefgreifend: Kontaktverlust und Isolation, Interaktionsprobleme, Identitätsstörungen. Die Sozialisation in die → Rolle eines Stigmatisierten geschieht in der primären Kindheitssozialisation, sofern das Stigma bereits vorhanden ist, fortlaufend in den Interaktionen mit den ‚Normalen' und besonders nachdrücklich als Klient spezieller Organisationen (auch Einrichtungen für behinderte Menschen), in denen eine neue soziale Identität konstruiert wird.

In der Behindertenforschung hat der Stigma-Ansatz beachtliche Aufmerksamkeit gefunden. Anstelle eines Eigenschaftspotentials wird Behinderung hier als das Ergebnis von Zuschreibungsprozessen angesehen. Vor allem aber ging es um die *Stigma-Identitäts-These*: Stigmatisierende Zuschreibungen führen danach geradezu zwangsläufig zu einer massiven Gefährdung bzw. Veränderung der Identität stigmatisierter (behinderter) Menschen (Ding 1981; Grohnfeldt 1976; Thimm 1975, 1985). Nach dem gegenwärtigen Forschungsstand kann die klassische Stigma-Identitäts-These nicht unwidersprochen bleiben: Stigmatisierungsfolgen sind weder zwangsläufig noch einheitlich, weil stigmatisierte (behinderte) Menschen entgegen einem gängigen Experten-Vorurteil durchaus in der Lage sind, dem Stigmatisierungsdruck zu begegnen (Neubert u.a. 1991; Cloerkes 2001).

Günther Cloerkes

Literatur

Cloerkes, G.: Soziologie der Behinderten. Eine Einführung. Heidelberg 2. Aufl. 2001.

Ding, H.: Bemerkungen zum Erziehungsziel Ich-Identität. In: Hörgeschädigtenpädagogik 35 (1981), 319–327.

Goffman, E.: Stigma. Über Techniken der Bewältigung beschädigter Identität. Frankfurt 1967.

Grohnfeldt, M.: Stigmatisierung bei Hör- und Sprachbehinderten. In: Zeitschrift für Heilpädagogik 27 (1976) 724–735.

Hohmeier, J.: Stigmatisierung als sozialer Definitionsprozess. In: Brusten, M./Hohmeier, J. (Hrsg.): Stigmatisierung 1. Zur Produktion gesellschaftlicher Randgruppen. Neuwied 1975, 5–25.

Neubert, D./Billich, P./Cloerkes, G.: Stigmatisierung und Identität. Zur Rezeption und Weiterführung des Stigma-Ansatzes in der Behindertenforschung. In: Zeitschrift für Heilpädagogik 42 (1991) 673–688.

Thimm, W.: Behinderung als Stigma. In: Vierteljahresschrift Sonderpädagogik 5 (1975), 149–157.

Thimm, W.: Soziologische Aspekte von Sehschädigungen. In: Rath, W./Hudelmayer, D.: Pädagogik der Blinden und Sehbehinderten (Handbuch der Sonderpädagogik, Band 2). Berlin 1985, 535–568.

Verbände für Behinderte

Als Verbände für Behinderte verstehen sich Organisationen, die bei vereinsrechtlicher Betrachtungsweise als Vereinigung, eingetragener *Verein, Verband, Selbsthilfegruppe oder -organisation* oder als *Wohlfahrtsverband* einzuordnen sind (Radtke 1990). Eine typologische Einteilung ist schwierig, da sich die Arbeitsfelder oft überlappen und sich den aktuellen politischen Handlungserfordernissen anpassen. Hinzu kommt, dass Gewerkschaften und Standesorganisationen der Lehrer und anderer im Behindertenbereich tätiger Berufsgruppen Fachabteilungen führen, die geltend machen, die Interessen behinderter Menschen zu vertreten.

Die Wurzeln des Verbandsgedankens reichen bis in das Mittelalter zurück und waren für Menschen mit Behinderungen meist vom Gedanken der Fürsorge geprägt. Oftmals waren sie in die Kirche eingebunden oder von ihr entscheidend mitgetragen und geprägt. Nachdem der Staat erkannt hatte, dass die → Selbsthilfe der sozial Benachteiligten durchaus zur Entlastung seiner eigenen Aufgaben führt, förderte er die Verbandsbildung. Ein Beispiel ist das Hilfskassengesetz von 1849 (Bauer 1992).

Mit der Verbreitung der Volksschulpflicht für alle Kinder gründeten bereits am Ende des 19. Jahrhunderts Lehrer und Schulverwaltungsbeamte neben den Lehrergewerkschaften Verbände, die am Anfang ausschließlich die Förderung einer besonderen Hilfsschulpädagogik und die Gründung entsprechender Einrichtungen zur Aufgabe hatten, sehr rasch aber die soziale Eingliederung dieser behinderten Kinder verfolgten. Eine Vorreiterrolle hatten dabei Zusammenschlüsse, die sich um die Belange Blinder oder Gehörloser kümmerten. Daneben wurden in immer mehr Städten in Deutschland Probleme mit schwachbefähigten oder geistigbehinderten Kindern in den Schulen berichtet. Zur besonderen Förderung dieser Gruppe außerhalb von Idiotenanstalten gründeten 1898 Hilfsschullehrer den ‚Verband der Hilfsschulen Deutschlands', dessen wechselvolle Geschichte und Arbeitsspektrum einen beispielhaften Überblick über die gesellschaftlichen Strömungen der letzten einhundert Jahre, die Arbeitsfelder von Verbänden und ihre wechselvollen Beziehungen zu politischen Strömungen gibt (Möckel 1998).

Der *Nationalsozialismus* ließ in seinem Totalitätsanspruch keine oder nur gleichgeschaltete Verbände zu. Dies führte zur zwangsweisen Auflösung der Verbände. Nach dem Zweiten Weltkrieg gründeten sich die während des Dritten Reiches aufgelösten oder verbotenen Verbände in Deutschland, ausgenommen war bis 1990 die ehemalige DDR, wieder neu. Zum Teil haben sie ihre Namen den veränderten pädagogischen Begriffen und Arbeitsfeldern angepasst. Als bundesweit *behindertenpädagogisch tätige Fachverbände* sind der Berufsverband Deutscher Hörgeschädigtenpädagogen (BDH), die Deutsche Gesellschaft für Sprachheilpädagogik (dgs), der Verband der Blinden- und Sehbehindertenpädagogen (VBS) und der Verband Sonderpädagogik (vds) zu nennen. Hinzu kamen die Fachgruppen der Lehrergewerkschaften (Gemeinschaft Evangelischer Erzieher, Gewerkschaft Erziehung und Wissenschaft, Katholische Erziehergemeinschaft, Verband Bildung und Erziehung).

Bereits ab 1945 haben sich Verbände gegründet, in denen sich in erster Linie durch Kriegsereignisse behindert gewordene Erwachsene (Kriegsversehrte) zusammengeschlossen hatten. Diese Entwicklung wurde durch die parlamentarische Demokratie begünstigt und geschützt. Sahen faschistisch oder kommunistisch geprägte Regime in Verbänden eine Bedrohung, so kam diesen nun in allen demokratisch verfassten Staaten eine wichtige außerparlamentarische Rolle zu. Der zunehmende politische Einfluss wie auch die drängenden sozialen Probleme ließen z.B. den ‚Reichsbund der Kriegs- und Wehrdienstopfer, Behinderten, Sozialrentner und Hinterbliebenen' und den ‚Verband der Kriegs- und Wehrdienstopfer, Behinderten und Sozialrentner Deutschlands' zu großen Organisationen werden, die das Schwerbehindertenrecht maßgeblich mit durchgesetzt haben. Schwer zu verstehen ist im nachhinein, dass über lange Jahre die Kriegsversehrten auf der einen und die Zivilbehinderten auf der anderen Seite ihre Ansprüche an die Gesellschaft über unterschiedliche Organisationen vertreten haben. Darin ist mit der Grund zu sehen, weshalb vor allem → *Eltern behinderter Kinder* deren Anliegen über eigene Organisationen einfordern wollten. Standen am Anfang der Erfahrungsaustausch und private Hilfe im Vordergrund, so kamen rasch weitere Ansprüche hinzu, die zu insgesamt verbesserten Rahmenbedingungen für behinderte Kinder und Jugendliche führen sollten. Eine der großen Organisationen aus dieser Bewegung ist die ‚Bundesvereinigung Lebenshilfe für Menschen mit geistiger Behinderung e.V.'. Sie ist 1958 in Marburg als Selbsthilfeorganisation von Eltern und Angehörigen geistigbehinderter Kinder und Fachleuten gegründet worden. Heute hat die Lebenshilfe in Deutschland in 16 Landesverbänden und 542 Ortsvereinen über 125.000 Mitglieder. In ähnlicher Weise haben sich auch Verbände für Menschen mit anderen Behinderungen gebildet, wobei ein Kriterium des Zusammenschlusses regelmäßig die spezifische Art der Behinderung geblieben ist. Diese Verbände haben sich nicht allein auf die Fürsorge des Staates verlassen und in Abstimmung auf die jeweiligen Behinderungsarten vorschulische und schulische Einrichtungen, Tagesstätten, Heime und Werkstätten geschaffen.

Zeitlich versetzt und begünstigt durch die Ausbreitung der Elterninitiativen entwickelten sich bundesweit Selbsthilfeorganisationen und -verbände, die, wie die Krüppelbewegung, auch jegliche Mitwirkung von nichtbehinderten Menschen ausschlossen. Bundesweite Bedeutung erreichten diese Organisationen durch die Bildung von *Dachverbänden.* Herauszuheben ist dabei die Bundesarbeitsgemeinschaft Selbsthilfe für Behinderte BAGH, gegründet 1966 und heute mit über 90 Mitgliedsverbänden und mehr als einer Million Mitgliedern die größte Vereinigung.

Verbände für Behinderte stellen eine einflussreiche und wirksame politische Kraft dar, die durch Eingaben und Stellungnahmen, Kongresse und Veröffentlichungen alle Bereiche der Politik und auch der Verwaltung beeinflussen, um die gesellschaftliche Integration von Menschen mit Behinderungen zu erreichen. Einen Überblick über die Vielzahl der Verbände für Behinderte kann man sich über Adressen-Handbücher (Oeckl 2005) oder entsprechende Datenbanken im Internet verschaffen. Dort präsentieren sich viele dieser Organisationen mit ihren aktuellen Arbeitsschwerpunkten. Franz Rumpler

Literatur

Bauer, R. (Hrsg.): Lexikon des Sozial- und Gesundheitswesens. München 1992.

Dupuis, G./Kerkhoff W. (Hrsg.): Enzyklopädie der Sonderpädagogik, der Heilpädagogik und ihrer Nachbargebiete. Berlin 1992.

Kreft, D./Mielenz, I. (Hrsg.): Wörterbuch soziale Arbeit. Weinheim 1996.

Möckel, A. (Hrsg.): Erfolg-Niedergang-Neuanfang. 100 Jahre Verband Deutscher Sonderschulen – Fachverband für Behindertenpädagogik. München 1998.

Oeckl, A. (Hrsg.): Taschenbuch des öffentlichen Lebens. Bonn 2005.

Radtke, P.: Selbsthilfegruppen. In: Speck, O./Martin, K. (Hrsg.): Sonderpädagogik und Sozialarbeit (Handbuch der Sonderpädagogik, Band 10). Berlin 1990, 252–266.

Vorurteile

Die Auseinandersetzung mit Vorurteilen gegenüber behinderten Menschen gehört mit zu den wichtigsten Aufgaben der → Behindertenpädagogik. Vorurteile sind extrem starre, negative Einstellungen, die sich weitgehend einer Beeinflussung widersetzen. *Einstellung* ist also der neutrale Grundbegriff. Unter einer Einstellung verstehen wir ein stabiles System von positiven oder negativen Bewertungen (kognitive Komponente), gefühlsmäßigen Haltungen (affektive Komponente) und Handlungstendenzen (konative Komponente) in Bezug auf ein soziales Objekt. Am wichtigsten, gerade was Menschen mit → Behinderungen betrifft, ist die affektive Komponente als Kern einer sozialen Einstellung. Einstellungen zu symbolischen oder abstrakten Konzepten (z. B. „Gesundheit" oder „körperliche Integrität") bezeichnet man als *Werte*. Verwandte Begriffe sind Meinung bzw. Überzeugung, wo der kognitive Aspekt überwiegt. → Stigma ist der Sonderfall eines sozialen Vorurteils. ‚Positive' Vorurteile sind soziale Einstellungen. Der Begriff ‚Soziale Reaktion' bezeichnet die Gesamtheit der Einstellungen und Verhaltensweisen gegenüber einem sozialen Objekt.

Die Vorurteils- oder Einstellungsforschung hat eine lange Tradition seit etwa 1930 (Thurstone 1931), mit einem Höhepunkt der Forschungsaktivität in den 50er Jahren (Allport 1954). Zwischen 1960 und 1980 hat man sich dann auf die Einstellungen gegenüber Menschen mit Behinderungen konzentriert (zusammenfassend: Cloerkes 1985); der heutige Erkenntnisstand erscheint weitgehend gesichert. In der theoretischen Diskussion überwiegen zwei Positionen. Nach der *Konsistenz-Konzeption*, basierend auf Annahmen der Theorien kognitiver Konsistenz/Dissonanz, sind die Individuen bemüht, die drei Komponenten ihrer Einstellungen in Übereinstimmung zu bringen, mit dem Ergebnis einer einheitlichen Reaktion auf das jeweilige Einstellungsobjekt, die sich auch im tatsächlichen Verhalten niederschlägt. Die Vertreter der Gegenposition bevorzugen ein eindimensionales Konzept mit Beschränkung auf die *affektiv-evaluative Ebene*. Dies gelte insbesondere für sozial konfliktgeladene Einstellungsobjekte, zu denen auch behinderte Menschen zählen. Ein deutlicher Zusammenhang zwischen Einstellung bzw. Vorurteil und tatsächlich beobachtbarem Verhalten wird bezweifelt.

Bis heute wurden Hunderte von mehr oder weniger anspruchsvollen *empirischen Untersuchungen* zu den Einstellungen und Vorurteilen gegenüber Behinderten vorgelegt. Sie zeigen im Wesentlichen, dass es mit Ausnahme der Behinderungsart und der kulturellen Bedingtheit kaum eindeutige Bestimmungsgründe für ihre Existenz gibt: Es handelt sich also offensichtlich um bemerkenswert starre und grundlegende Haltungen. Der Nutzen derartiger Studien ist allerdings außerordentlich kritisch zu bewerten. Ihre Beliebtheit resultiert wohl vor allem aus der Tatsache, dass es ungleich aufwendiger wäre, das reale Verhalten zu erfassen. Die wichtigsten Kritikpunkte sind: gravierende methodische Schwächen in Stichprobenauswahl und Messinstrumenten, Verfälschungstendenzen angesichts der Sensibilität des Themas, Überschätzung von ‚Wissen' als Indikator für eine positive Haltung, Verkennung der Problematik, dass das Einstellungsobjekt oftmals kognitiv überhaupt nicht präsent ist, fehlende Trennung zwischen der Bewertung einer Behinderung und der Einstellung zum behinderten Menschen (Cloerkes 2001, 82).

Der unterstellte direkte *Zusammenhang zwischen gemessenen Einstellungen und dem tatsächlichen Verhalten* konnte nirgendwo nachgewiesen werden. Die Bedeutung der Einstellungsforschung basiert ja auf der allgemein bekannten und selten hinterfragten Annahme, dass das Denken und Empfinden eines Individuums seinem Handeln vorausgeht und es verursacht. Übersehen wird dabei: Was wir denken und sagen und was wir schließlich tatsächlich tun, unterliegt nicht dem gleichen Einfluss gesellschaftlicher Vorschriften. Die Tendenz, sich selbst in sozial erwünschter Weise darzustellen, ist gerade bei der Erfassung der Reaktion auf behinderte Menschen eine Fehlerquelle ersten Ranges; schließlich ist die gesellschaftlich offiziell erwünschte Haltung zu Kranken und Behinderten positiv und nicht negativ – Vorurteile hat es nicht zu geben. Von den gemessenen Einstellungen sind also bestenfalls gewisse Rückschlüsse auf das tatsächliche Verhalten möglich, mehr nicht. Die Erforschung der Einstellungen bzw. Vorurteile sollte daher immer durch zusätzliche Erfassung der Verhaltensdimension ergänzt werden, und zwar auch über qualitative Verfahren (Symbolischer → Interaktionismus).

Grundsätzlich muss festgehalten werden: Was sich in den Köpfen der Menschen abspielt, ist die *Einstellungsebene* (Einstellung, Vorurteil, Wert, Stigma). Streng davon zu trennen ist immer die *Ebene des tatsächlichen Verhaltens*. Zwischen beiden Ebenen besteht nur ein begrenzter Zusammenhang, der keine eindeutigen Vorhersagen erlaubt. Im übrigen ist die Bewertung einer Behinderung zu trennen von der Reaktion auf den Menschen mit einer Behinderung. Der einzelne Behinderte wird zudem im Allgemeinen positiver gesehen als seine Behindertengruppe. Dieser Personalisierungseffekt (Cloerkes 2001, 82 f.) sollte sowohl bei der Interpretation von Forschungsergebnissen als auch für die Praxis möglicher Strategien zur Veränderung von Einstellung und Verhalten gegenüber behinderten Menschen besondere Beachtung finden.

Der Ausgangspunkt für eine erfolgreiche Einflussnahme auf die nach wie vor beachtlichen Vorurteile in der Bevölkerung ist insgesamt nicht günstig. Das liegt vor allem daran, dass die soziale Reaktion auf Menschen mit Behinderungen wegen ihrer irrationalen und affektiven Basis eine erhebliche Änderungsresistenz hat. Ein ganz entscheidender Punkt scheint auch ihre kulturelle Bedingtheit zu sein. Aus dem → *Interkulturellen Vergleich* kennen wir zwar die außerordentlich große Variabilität in der Reaktion auf Menschen, die als behindert gelten, bei → schwersten Behinderungen sind aber universell ungünstige Reaktionstendenzen zu beobachten (Neubert/Cloerkes 1994). Die Widersprüchlichkeit der gesellschaftlichen Normen in Bezug auf die soziale → Rolle Behinderter führt im Übrigen zu schwerwiegenden Ambivalenzkonflikten, psychischen Abwehrstrategien und auf bloßer Scheinakzeptanz basierenden Reaktionsformen (Cloerkes 1984).

In der Literatur wird unterschieden zwischen Informationsstrategien, Kontakt, Simulation des Behindertseins bzw. Rollenspiel, Einwirkung auf persönlichkeitsspezifische Merkmale, Kombinationen verschiedener Strategien und Veränderung des normativen, gesellschaftlichen Kontextes. Eine Analyse der einschlägigen Forschungsergebnisse zeigt, dass es eine gezielt einsetzbare und erfolgssichere Vorgehensweise zur *Bekämpfung der Vorurteile* gegenüber behinderten Menschen noch nicht gibt. Allen Strategien im mikrosozialen Bereich gemeinsam sind zwei ganz wesentliche Einschränkungen: Ihr Erfolg hängt von der Bereitschaft der Adressaten ab, ihre Haltung überhaupt ändern zu wollen, und vorhandene ungünstige Haltungen können unter Umständen noch verstärkt werden. Der Wert massenmedialer Informationskampagnen wird allgemein überschätzt. Der Erfolg von Kontaktprogrammen steht und fällt mit der Beachtung zahlreicher qualitativer Bedingungen, deren Realisierung oft enge Grenzen gesetzt sind (→ Öffentlichkeit). Die anderen Strategien haben bestenfalls ergänzende Bedeutung (Cloerkes 2001, 106–123). In dieser Situation scheint es ratsam, das Forschungsinteresse verstärkt auf die Rahmenbedingungen der sozialen Reaktion auf Menschen mit Behinderungen zu lenken. Weil Vorurteile bereits in der frühesten Kindheit erlernt werden, dürften sich langfristig die besten Möglichkeiten aus der konsequent und sorgfältig vom Vorschulalter an geförderten sozialen → Integration behinderter Menschen ergeben.

Günther Cloerkes

Literatur

Allport, G.W.: The nature of prejudice. Cambridge (Mass.) 1954.

Cloerkes, G.: Die Problematik widersprüchlicher Normen in der sozialen Reaktion auf Behinderte. In: Vierteljahresschrift für Heilpädagogik und ihre Nachbargebiete 53 (1984) 25–40.

Cloerkes, G.: Einstellung und Verhalten gegenüber Behinderten. Eine kritische Bestandsaufnahme der Ergebnisse internationaler Forschung. Berlin 3. Aufl. 1985.

Cloerkes, G.: Soziologie der Behinderten. Eine Einführung. Heidelberg 2. Aufl. 2001.

Neubert, D./Cloerkes, G.: Behinderung und Behinderte in verschiedenen Kulturen. Eine vergleichende Analyse ethnologischer Studien. Heidelberg 2. Aufl. 1994.

Thurstone, L.L.: The measurement of social attitudes. In: Journal of Abnormal und Social Psychology 26 (1931) 249–269.

Psychologie der Behinderten

Aggressivität

Die wissenschaftlichen Definitionen von Aggressivität sind vielfältig und uneinheitlich. In allgemeinster Form wird unter Aggressivität ein „körperliches oder verbales Handeln [verstanden], das mit der Absicht ausgeführt wird, zu verletzen oder zu zerstören" (Zimbardo 1995, 425). Die zugrundeliegende Intention kann in eine direkte Aktion umgesetzt werden oder in sublimer Form erfolgen. Fast durchgängig ist der Begriff mit einer negativen Konnotation versehen. Dazu mag beitragen, dass häufig nicht zwischen Aggressivität und Destruktivität differenziert wird. Eine Unterscheidung zwischen ‚bösartiger', auf Zerstörung ausgerichteter, und ‚gutartiger', der Lebenserhaltung dienender Aggressivität unternimmt Fromm (1996). Damit wird der ursprünglich weiteren Wortbedeutung Rechnung getragen, die Dinge in Angriff nehmen, lateinisch: aggredi.

Als wichtigste *Erklärungsansätze* aggressiven Erlebens und Verhaltens gelten:

(1) Theorien, die von einer ererbten, von Lebensbeginn an existierenden Aggressivität ausgehen. Sie entstammen unterschiedlichen Quellen, der Verhaltensforschung und der → Psychoanalyse. Ethologische Forschungen führen zur Annahme einer instinktgesteuerten Aggressivität, die aus biologischen Gründen benötigt wird, um die eigene Art zu erhalten. K. Lorenz ist ein beispielhafter Vertreter dieses Theorieansatzes. Auch die psychoanalytische Triebtheorie, von Freud (1989) als Hypothese formuliert, nimmt ein *primäres Aggressionspotential* an. Sie weist damit auf eine gefährliche Seite des Menschen hin. Häufig wird sie missverstanden oder falsch interpretiert: Es geht hier nicht um einen Fatalismus gegenüber vermeintlich unbeherrschbaren destruktiven Kräften, sondern um die Notwendigkeit, aggressiv-destruktive Impulse zu entschärfen und zu kanalisieren. Aggressive und libidinöse Impulse müssen sich mischen, gegenseitig neutralisieren, damit ein friedliches Zusammenleben möglich wird (Mitscherlich 1993).

(2) Die *Frustrations-Aggressions-Hypothese*. Sie besagt, dass Aggressivität immer dann mit einer gewissen Wahrscheinlichkeit auftritt, wenn eine zielgerichtete Aktivität auf unangenehme Weise unterbrochen oder gestört wird. Entscheidend ist dabei, wie der Betroffene die Situation subjektiv wahrnimmt und ob eine gewisse Frustrationsschwelle überschritten wird. Aggressivität entsteht dieser Theorie zufolge nicht durch eine innere Reizquelle, sondern aufgrund äußerer Vorgaben (Dollard u.a. 1994).

(3) Die *Lerntheorien*. Aus lerntheoretischer Sicht kann sich aggressives Verhalten auch ohne Frustrationen oder destruktive innere Motivation einstellen. Aggressivität wird, wie jedes andere Verhalten auch, als Folge von Lernprozessen verstanden. Das Verstärkungslernen spielt dabei eine wichtige Rolle, zum Beispiel, indem aggressives Verhalten materiell belohnt oder sozial bekräftigt wird. Die weithin anerkannte sozialkognitive Lerntheorie betont den Einfluss des Imitations- und Modell-Lernens (Bandura 1979).

Keine der Theorien allein kann die Vielfalt aggressiver Phänomene vollständig erklären. Es ist von einem Ergänzungsverhältnis auszugehen. Gleichwohl stellt die Aggressivität ein zentrales Grundelement menschlichen Erlebens und Verhaltens dar, unabhängig davon, ob sie angeboren oder erworben ist.

Aggressivität kann in vielfältiger Weise vom ursprünglichen Ziel ab- und umgelenkt, verfeinert und sublimiert werden. Eine *Wendung aggressiver Impulse nach innen* findet sich in vielen Krankheitsbildern, besonders deutlich bei manifester Autoaggression, bei Depressionen und Suizid. Um eine aggressive Thematik rankt sich auch die innere Konflikthaftigkeit vieler Persönlichkeitsstörungen, insbesondere von Borderline-Erkrankungen, und ebenso von sexuellen

Perversionen (Kernberg 1998). Nach außen gerichtet zeigt sich eine weithin ungebremste Aggressivität in diversen Gewaltdelikten sowie in einer Vielzahl externalisierter, ausagierender Verhaltensstörungen.

Ob sich die aggressive Motivation eines einzelnen in eine Tat umsetzt, hängt vom sozialen Kontext wie auch von situativen Bedingungen ab (Wilson/Kelling 1996). Gewalttätig delinquentes Verhalten von Jugendlichen wird häufig aus einer aufgeheizten Gruppenatmosphäre heraus begangen. Dabei geht es nicht nur um die Befriedigung aggressiver Bedürfnisse. Gesucht werden auch narzisstische Gratifikationen, die Stärkung des Selbstwertes durch die Bewunderung und Anerkennung anderer.

Behindertenpädagogisch spielt der Umgang mit aggressiv → verhaltensauffälligen und -gestörten Kindern und Jugendlichen eine wichtige Rolle. Hinzu kommt die Rehabilitation → straffälliger Jugendlicher und Heranwachsender. Die pädagogischen Antworten auf diese Problematik variieren je nach der zugrundeliegenden Verursachungs- und Veränderungstheorie.

Aus psychoanalytischer Sicht reicht eine äußerlich bleibende *Modifikation aggressiven Verhaltens* nicht aus. Nachhaltige Veränderungen werden erst dann erwartet, wenn sich die innere Erlebenswelt aggressiver Kinder und Jugendlicher entspannt. Dazu bedarf es Beziehungserfahrungen, die es ermöglichen, dass aggressiv-destruktive Impulse psychisch integriert werden (Heinemann u.a. 2003). Lerntheoretisch bieten sich Trainingsprogramme an, die Verhaltensübungen beinhalten und kognitive Bewertungs- und Steuerungsprozesse korrigieren, die das Problemverhalten begleiten (Petermann/Petermann 2001). Der Frustrations-Aggressions-Hypothese zufolge sollen unnötig frustrierende, aggressionsfördernde situative Anregungsfaktoren in der engeren und weiteren Umwelt reduziert werden.

Bernd Ahrbeck

Literatur

Bandura, A.: Aggression: eine sozial-lerntheoretische Analyse. Stuttgart 1979.

Dollard, J./Leonhard, W./Doob, N. E. (Hrsg.): Frustration und Aggression. Reprint. Weinheim 1994.

Freud, S.: Jenseits des Lustprinzips. Studienausgabe Band 3. Frankfurt 1989, 213–272 (zuerst: 1920).

Fromm, E.: Anatomie der menschlichen Destruktivität. Reinbek 1996.

Heinemann, E./Rauchfleisch, U./Grüttner, T.: Gewalttätige Kinder. Düsseldorf/Zürich 2003.

Kernberg, O.: Wut und Haß. Stuttgart 1998.

Mitscherlich, A.: Die Idee des Friedens und die menschliche Aggressivität. Frankfurt 1993.

Petermann, F./Petermann, U.: Training mit aggressiven Kindern. Weinheim 2001.

Wilson, J./Kelling, G.: Polizei und Nachbarschaftssicherheit: Zerbrochene Fenster. In: Kriminologisches Journal 28 (1996) 121–137.

Zimbardo, P.: Psychologie. Berlin 1995.

Anlage und Umwelt

Vor 40 Jahren hatte Anastasi (1958) empfohlen, sich dem *Wie des Zusammenwirkens* von Anlage und Umwelt zuzuwenden, statt unergiebige Antworten nach ihrem relativen Gewicht (‚Erblichkeit' = h^2) zu suchen. Erst heute wird diese Empfehlung ernsthafter aufgegriffen (Plomin/McClearn 1993). Die Fixierung auf *genetische Determination* der menschlichen Entwicklung bestand seit Galton (1869). Er prägte das Begriffspaar „nature – nurture" und verquickte die wissenschaftliche Frage für die folgenden hundert Jahre mit politischen Implikationen: Die soziale Rangordnung sei wissenschaftlich gerechtfertigt, weil an ihrer Spitze die von ihrer Anlage her intellektuell Besten stehen.

So spitzte sich die Debatte auf „Anlage *gegen* Umwelt" zu und lieferte Argumente für die Erhaltung des gesellschaftlichen Status quo. Sir Cyril Burt, dem postum die Fälschung von Daten zur Erblichkeit der Intelligenz nachgewiesen wurde, formulierte 1960: „Unter Intelligenz versteht der Psychologe die angeborene, allgemeine intellektuelle Leistungsfähigkeit ... ererbt und nicht in Unterricht oder Training erworben ... unbeeinflusst von Fleiß oder Streben" (zit. n. Ceci 1991, 705). Ähnliche Positionen finden wir in der Kritik der US-Vorschulerziehung (Jensen 1969; Skowronek 1973) oder bei neueren Autoren wieder: „Für viele Leute gibt es nichts zu lernen, was die Kosten ihrer Erziehung einspielen könnte" (Murray/Murray 1994, 520). In Deutschland hatte seinerzeit der Philologenverband den ähnlich tönenden Soziologen K.V. Müller mobilisiert: „... der Sozialpyramide entspricht ... eine biologische Begabungspyramide" (zit. n. Raapke 1972, 107). Allgemeiner: Individuelle Präferenzen von Sozialwissenschaftlern für Anlage- oder Umwelt-Interpretationen hängen von ihrer Position auf dem Konservativ-Liberal-Kontinuum politischer Einstellungen und ihrer sozialen Herkunft ab. In Deutschland ist mindestens eine Unterschätzung von Umwelteinflüssen verbreitet (Roth 1968).

Wie sehr hingegen Intelligenzentwicklung von schulischen und anderen *Umweltbedingungen* bestimmt wird, zeigen kumulierte Befunde aus vielen Jahrzehnten (Ceci 1991). So ist inzwischen aus dem „Anlage *gegen* Umwelt" ein breiter Konsens des „Anlage *und* Umwelt" geworden (Plomin/McClearn 1993) – und die sozialpolitischen Implikationen sind umweltbezogen und differenziert. Wir stehen damit erst am Anfang einer wissenschaftlich befriedigenderen Entwicklung. Was hat die in der quantitativen Genetik gepflegte Berechnung von ‚Erblichkeit' (h^2), verstanden als Anteil der Anlage an der Varianz eines Merkmals, erbracht? Eine Fülle derartiger statischer und relativer Indizes – zu Intelligenz, Persönlichkeit und Psychopathologie –, darunter auch Überschätzungen (Lewontin u.a. 1988). Inzwischen rechnet man mit Größen zwischen 0.2 und 0.5. Der *genetische Einfluss* ist also mäßig bis beachtlich, in keinem Falle überwältigend. Hinweise zu pädagogischen oder therapeutischen Maßnahmen, ausgenommen Gentherapie, sind daraus nicht zu gewinnen. Zudem sind charakteristische Schwächen zu vermerken. Früher neigten selbst Genetiker zu Fehlschlüssen (Block 1995; Rutter 1997). So wurde fälschlicherweise angenommen, dass je höher die Erblichkeit, desto geringer der Spielraum für Umwelteinflüsse sei. Der zweite Fehlschluss betraf mittlere Unterschiede zwischen sozialen Gruppen, etwa den Intelligenzunterschied zwischen Schwarz und Weiß in den USA (Jensen 1969): Da die Varianz des Merkmals Intelligenz *innerhalb* der Gruppen genetisch beeinflusst sei, sei auch der Unterschied *zwischen* den Gruppen genetisch determiniert. Zieht man diese immer noch populären Missdeutungen ab und vergegenwärtigt sich zudem, dass Erblichkeiten immer relativ, d.h. an die untersuchte Population und bestehende sozial-kulturelle Randbedingungen gebunden sind, wird ihr begrenzter Wert offenkundig.

Die schwerste Belastung liegt jedoch in der *begrifflichen Trennung* von Anlage und Umwelt als additiv und unabhängig wirkende Ursachen: „Im Lichte dessen, was heute über Genwirkungen und die Interdependenz von Anlage- und Umwelteinflüssen bekannt ist, ist diese Annahme biologisch unrealistisch" (Wahlsten/Gottlieb 1997, 163). Die Verhaltensgenetik betrachtet bislang Ergebnisse der menschlichen → Entwicklung statisch und versäumt, das *Wie* der Mechanismen und Prozesse, in denen Gene, besser Organismen, und Umwelt zusammenwirken, zu analysieren. Der Weg vom Gen bis zum menschlichen Verhalten ist höchst komplex und vermittelt. *Direkte* Wirkungen hat ein Gen nur auf bestimmte Proteinprodukte, die den Aufbau von Nervenzellen steuern. Dann tritt die Umwelt ein, mit komplexen Anreizen, Chancen, Risiken und Restriktionen.

Zu unterscheiden im Zusammenwirken sind *Kovarianz* und *Interaktion* (Rutter 1997). Eine ‚passive‘ Kovariation ist z. B. gegeben, wenn Eltern hoher Intelligenz neben guter genetischer Ausstattung ihren Kindern eine anregende Umwelt bieten. ‚Evokativ‘ ist die Korrelation, wenn etwa das schwierige Temperament des Neugeborenen abwehrende Reaktionen der Mutter hervorruft. In einer ‚aktiven‘ Kovariation schafft sich etwa ein Kind mit (genetisch beeinflussten) hohen sprachlichen Fähigkeiten durch intensives Lesen und Schreiben seine besondere literarische Umwelt. Eine Interaktion liegt vor, wenn die genetische Ausstattung ein Kind anfällig für bestimmte Belastungen aus seiner sozialen oder physischen Umwelt macht (Rutter/Pickles 1985). Um dem schon intrauterin stattfindenden, kontinuierlichen *Ineinandergreifen von Anlage und Umwelt* also gerecht zu werden, ist eine „evolutionspsychologisch“ orientierte Kooperation von Verhaltensgenetik und Entwicklungspsychologie notwendig (Wachs 1993).

Für Psychopathologie und *Behindertenpädagogik* dürfte die differenzierte Berücksichtigung neuerer Forschung zum Anlage-Umwelt-Problem von hoher Relevanz sein. Gegenüber der Zeit des Nationalsozialismus, in der aufgrund des „Gesetzes zur Verhütung erbkranken Nachwuchses“ von 1933 etwa 350.000 Menschen zwangssterilisiert wurden (→ Eugenik), könnte der kopernikanische Wandel in der Einschätzung von Behinderungsursachen kaum größer sein. Es wird angenommen, dass lediglich 1,5 % der Behinderungen aufgrund genetisch bedingter Erbfaktoren zustande kommen (Antor/Bleidick 1995, 182 f.). Der nomothetischen Aussage steht jedoch die Beurteilung des Einzelfalles entgegen, in der aufgrund familiärer genetischer Belastung auf die Wahrscheinlichkeit eines als behindert geborenen Kindes geschlossen werden kann (→ Pränatale Diagnostik). Die „pädagogische Verantwortung“ bleibt in jedem Fall „unverändert“ (Skowronek 1973, 237): in der Ausnutzung der Lernmöglichkeiten und der Chancen, die eine bedürfnisgerechte Gestaltung der Umgebung bei den jeweils in die Wiege gelegten Fähigkeiten abfordert. Helmut Skowronek

Literatur

Anastasi, A.: Heredity, environment and the question ‚how‘. In: Psychological Review 65 (1958) 197–208.

Antor, G./Bleidick, U.: Recht auf Leben – Recht auf Bildung. Aktuelle Fragen der Behindertenpädagogik. Heidelberg 1995.

Block, N.: How heritability misleads about race. In: Cognition 56 (1995) 99–128.

Ceci, St.J.: How much does schooling influence general intelligence and its cognitive components? In: Developmental Psychology 27 (1991) 703–722.

Jensen, A.: How much can we boost IQ and scholastic achievement. In: Harvard Educational Review 39 (1969) 1–123.

Lewontin, R.C./Rose, St./Kamin, L.J.: Not in our genes. New York 1984.

Murray, R.J./Murray, Ch.: The Bell Curve. New York 1994.

Plomin, R./McClearn, G.E. (eds.): Nature, nurture and psychology. Washington 1993.

Raapke, H.D. Vorurteilsbegünstigende Faktoren in Pädagogik und Schulpolitik. In: Strzelewicz, W. (Hrsg.): Das Vorurteil als Bildungsbarriere. Göttingen 3. Aufl. 1972, 97–129, 305.

Roth, H. (Hrsg.): Begabung und Lernen. Ergebnisse und Folgerungen neuer Forschungen. Stuttgart 1968.

Rutter, M./Pickles, A.: Person-environment-interactions: concepts, mechanisms and implications for data-analysis. In: Wachs, T.D./Plomin, R. (eds.): Conceptualization and measurement of organism-environment interaction. Washington 1991, 105–141.

Rutter, M.: Nature-nurture integration. In: American Psychologist 52 (1997) 390–398.

Sarimski, K.: Entwicklungspsychologie genetischer Syndrome. Göttingen 1997.

Skowronek, H. (Hrsg.): Umwelt und Begabung. Stuttgart 1973.

Wachs, T.D.: The nature-nurture-gap: what we have here is a failure to collaborate. In: Plomin, R./McClearn, G.E., 253–269.

Wahlsten, D./Gottlieb, G.: The invalid separation of effects of nature and nurture: Lessons from animal experimentation. In: Sternberg, R.J./Grigorenko, E. (eds.): Intelligence, heredity and environment. Cambridge 1997, 163–192.

Aufmerksamkeit

Wenn man von Aufmerksamkeit spricht, meint man im Allgemeinen die *selektive oder gerichtete Aufmerksamkeit.* Darunter wird die Tatsache verstanden, dass Menschen Informationen gezielt auswählen, ihre geistige Anstrengung unter einer Zielsetzung bündeln und nicht Dazugehöriges außer Acht lassen. Diese Form der Aufmerksamkeit bezeichnet die Fähigkeit, stetig und zielgerichtet einer Aufgabe nachzugehen und konkurrierende Handlungstendenzen (z.B. Tagträumen, eine neue Tätigkeit aufnehmen) zu unterlassen. Eine andere, jedoch vorläufigere, Form der Aufmerksamkeit ist die Vigilanz (tonische Wachheit). Sie bezeichnet einen Zustand der Reaktionsbereitschaft, der sehr stark von der Aktivierung des Körpers (Müdigkeit, Anspannung) aber auch von dem Anregungsgehalt der Umwelt (Eintönigkeit, Reizarmut) abhängt. Diese Wachheit wird in den alten Systemen des Gehirns (Kleinhirn, retikuläres System) gesteuert, hängt aber auch von der Motivation des Handelnden ab. *Konzentration* ist ein Begriff, der eng mit dem der Aufmerksamkeit verknüpft ist, aber einen Spezialfall der Aufmerksamkeit, nämlich die Fokussierung der geistigen Energie auf einen Inhaltsbereich, bezeichnet.

Bei der Aufmerksamkeit handelt es sich um eine komplexe Leistung, die im funktionellen Zusammenwirken verschiedener Hirnzentren gesteuert wird. Dabei kooperieren Gehirnzentren miteinander, die für zentrale Steuerungsprozesse und willentliche Planungen (präfrontaler Kortex), für die Aktivierung (Kleinhirn und retikuläres System) und für die Informationsaufnahme und -bewertung (Assoziationskortex, limbisches System) zuständig sind (Birbaumer/Schmidt 2002). In diesem Sinne bezeichnet Aufmerksamkeit also einen Prozess der Informationsbeachtung und Informationsbewertung. Ferner wird daraus deutlich, wie sehr dieser Prozess auch von Lernen und Vorerfahrungen abhängt sowie mit Absichten, Entscheidungen und Situationswahrnehmungen verbunden ist.

Die psychologischen *Aufmerksamkeitstheorien* klären im Wesentlichen die Frage, was ein Mensch tut, der sich aufmerksam verhält. In dieser Forschung kommt man zu dem Ergebnis, dass sich ein aufmerksamer Mensch strategisch verhält und Aufmerksamkeit eine kognitive Strategie ist. Diese Strategie beinhaltet, dass der Handelnde ein klares Ziel verfolgt, er seine Aktivitäten auf dieses Ziel hin koordiniert und trotz Schwierigkeiten bei der Sache bleibt (und nicht beispielsweise das Ziel ändert). Hierzu sind sowohl Vorerfahrungen als auch eine hinreichende Sicherheit bei der Ausführung der Handlung notwendig. In diesem Zusammenhang spielt auch die Frage eine Rolle, warum sich in der Evolution des Menschen eine solchermaßen geartete Aufmerksamkeit als (überlebens)wichtig erwiesen hat (Neumann 1992). Die Antwort ist, dass der Mensch von seiner Kapazität her zwar ganz verschiedene Tätigkeiten ausführen kann. Wenn er diese verschiedenen Tätigkeiten aber zu gleicher Zeit ausführen würde, würden sich die einzelnen Tätigkeiten stören und beeinträchtigen. Insofern – so die These – hat es sich in der Evolution als nützlich erwiesen, Tätigkeiten nacheinander auszuführen, um die einzelne Tätigkeit wirksam zu machen und störungsfrei zu halten. Der Sinn von Aufmerksamkeit besteht also darin, sich *einer* Sache intensiv und ausdauernd widmen zu können und konkurrierende, andere Dinge unbeachtet zu lassen. Das bedeutet, dass die Aufmerksamkeitsleistung zwingend voraussetzt, dass der Handelnde konkurrierende Tätigkeiten hemmt, sein Aktivierungsniveau steuert und optimal hält (etwa durch Selbstanweisungen, Vorstellungen) und er prinzipiell geplant und selbstgesteuert vorgeht (etwa Ziel bilden, einem Ziel folgen, sich Rechenschaft über den zurückgelegten Weg geben). Hinzukommt, dass eine hinreichende Beherrschung der Sache, um die es geht, notwendig ist: Diese Handlungssicherheit führt zu einer größeren Störungsfreiheit bei der Ausführung des beabsichtigten Verhaltens.

Motivationstheorien betonen, dass zur Aufmerksamkeit auch Anstrengungsbereitschaft (effort control) dazugehört. Gerade weil es um eine stetige, zielbezogene Auseinandersetzung mit oft nur mäßig interessierenden Sachverhalten geht, ist die Selbstmotivierung (beispielsweise über Selbstanweisungen, Veranschaulichung der Zielerreichung) wesentlich. Aufmerksamkeit wird dabei auch als Folge einer Ressourcenallokation gedeutet, wobei Aufmerksamkeit gleichsam als vertiefte Auseinandersetzung mit erwartungswidrigen und informationsreichen Inhalten interpretiert wird. Inhalten, die sich nicht gleichsam auf den ersten Blick beurteilen und bewerten lassen, sondern vermehrte Ressourcen (Zeit, Energie) erfordern.

Aufmerksamkeitsstörungen treten in drei verschiedenen Formen auf: Als subklinische Schwierigkeiten, die wir meistens als Konzentrationsstörungen oder Konzentrationsschwächen bezeichnen; als begrenzte Störung der Aufmerksamkeitsfähigkeit (z. B. Störung der selektiven Aufmerksamkeit, Störung der geteilten Aufmerksamkeit, Störung der Aktivierung), die wir in der Regel als → Teilleistungsstörung bezeichnen und als übergeordnete psychische Erkrankung (Aufmerksamkeitsdefizit- und Hyperaktivitätsstörung bzw. Hyperkinetische Störung).

Konzentrationsstörungen werden bei einem größeren Teil vor allem der Kinder und Jugendlichen beklagt. Nach Angaben von Lehrern und Erziehern gelten etwa 18,8 Prozent (Bach u. a. 1984) als konzentrationsgestört. Da es aber kein Kriterium für diese Bewertung gibt, muss man diesen Zahlenangaben mit Vorsicht begegnen und sie eher als Ausdruck einer allgemeinen Unzufriedenheit mit dem (kindlichen) Leistungsverhalten deuten. In der Regel gilt es bei diesen Kindern, die Leistungsfähigkeit diagnostisch abzuklären und Überlegungen zur Gestaltung von Lern- und Leistungssituationen anzustellen (etwa Planung und Aufbau des Unterrichts).

Teilleistungsstörungen (*funktionelle Aufmerksamkeitsstörungen*) liegen dann vor, wenn innerhalb des Leistungsspektrums einer Person die Aufmerksamkeitsfunktion deutlich beeinträchtigt ist. Dies ist in aller Regel dann der Fall, wenn die Aufmerksamkeitsleistungen eine Standardabweichung unter dem sonstigen Leistungsspektrum dieser Person liegen. Auf diese Weise können die selektive und die geteilte Aufmerksamkeit, aber auch die Vigilanz (tonische Wachheit) beeinträchtigt sein. Eine solche Funktionsstörung muss allerdings sehr präzise anhand von standardisierten und altersnormierten Testverfahren (etwa d2 zur Feststellung der selektiven Aufmerksamkeitsleistung: Brickenkamp 1994) oder apparativen Messverfahren (etwa Continuous Performance Test: Knye u. a. 1996) nachgewiesen werden.

Teilleistungsstörungen werden in einer rehabilitativen Übungsbehandlung therapiert. Dazu werden Aufgaben zusammengestellt, die die jeweilige Aufmerksamkeitsfunktion gezielt trainieren. Beispielsweise wird bei einer Störung der geteilten Aufmerksamkeit das rasche „Umschalten" zwischen verschiedenen Leistungsanforderungen eingeübt, etwa eine Konzentrationsaufgabe erledigen und auf ein Klingelzeichen hin sofort eine Rechenaufgabe lösen. Diese Übungsbehandlung beginnt mit mittelschweren Aufgaben, die sich allmählich in ihrer Schwierigkeit und ihrer Komplexität steigern (etwa immer rascheres und weniger kalkulierbares Umschalten, schwierigere Rechenaufgaben). Die Übungsfortschritte des Kindes werden fortlaufend festgehalten und mit sogenannten Tauschverstärkern belohnt. Ferner werden die Leistungen immer stärker auf den Alltag übertragen (etwa die Eltern führen das Übungsprogramm zu Hause nach Anleitung durch, es werden Alltagsaktivitäten als Aufgaben genommen).

Beim → *Aufmerksamkeits-Defizit-Hyperaktivitäts-Syndrom* handelt es sich um eine komplexere psychische Störung (sogenanntes Syndrom), dessen Kernsymptomatik gestörte Aufmerksamkeitsleistungen sind. Etwa 3 bis 5 % der Grundschulkinder leiden darunter. Die Störung wird nach standardisierten Kriterien (→ Diagnostisches und Statistisches Manual psychischer Störungen – DSM IV TR) diagnostiziert. Als Kriterien, die auf eine solche Störung verweisen, gelten Symptome der Unaufmerksamkeit (etwa erhöhte Ablenkbarkeit, Vergesslichkeit), der Impulsivität (unbedachtes, risikoreiches Verhalten) und der Hyperaktivität (motorische Unruhe), die in charakteristischer Ausprägung und in einem entwicklungsalterinadäquaten Ausmaß vorhanden sein müssen. Auf diese Störung wird allerdings nur dann erkannt, wenn diese Symptome länger als sechs Monate bestehen, sie vor dem Schuleintritt schon vorlagen und eine Reihe von Ausschlusskriterien (etwa reaktive Verursachung) nicht zutreffen. Diese Störungen werden nach feststehenden Behandlungsstandards (Arbeitsgemeinschaft der deutschen Gesellschaft für Kinder- und Jugendpsychiatrie und -psychotherapie 2000; Lauth u.a. 2002) therapiert. Dazu gehört vor allem eine angemessene Aufklärung des Kindes und seiner Bezugspersonen (Eltern, Lehrer), eine medikamentöse Therapie mit Psychostimulantien, die psychotherapeutische Unterstützung des Kindes (etwa Erlernen von Aufmerksamkeitsprozessen, Behandlung einer depressiven Teilsymptomatik) und die Anleitung der Eltern bzw. Lehrer (Elterntraining, Beratung des Lehrers). Hierzu gibt es auch praktikable Therapieprogramme (Barkley 1997; Lauth/Schlottke 2002; Döpfner u.a. 2002; Lehner/Eich 1990). Gerhard W. Lauth

Literatur

Arbeitsgemeinschaft der deutschen Gesellschaft für Kinder- und Jugendpsychiatrie und -psychotherapie: Leitlinien zur Diagnose und Behandlung von hyperkinetischen Störungen (F 90): Internetseite: http://www.uni-duesseldorf.de/WWW/AWMF/II/kjpp-019.htp 2000.

Bach, H./Knöbel, R./Arenz-Morek, A./Rosner, M. (Hrsg.): Verhaltensauffälligkeiten in der Schule. Statistik, Hintergründe, Folgerungen. Mainz 1984.

Barkley, R. A.: ADHD in the classroom. Program manual. New York 1995.

Barkley, R. A.: ADHD and the nature of self control. New York 1997.

Birbaumer, N./Schmidt, R. F.: Biologische Psychologie. Berlin 4. Aufl. 2002.

Brickenkamp, R.: Test d2. Aufmerksamkeits-Belastungs-Test. Göttingen 1994.

Döpfner, M./Schürmann, S./Fröhlich, J.: Training für Kinder mit hyperaktivem und oppositionellem Trotzverhalten (THOP). Weinheim 2002.

Knye, M./Roth, N./Westhus, W./Heine, A.: Continuous Performance Test (CPT). In: Lauth, G.W./Hänsgen, K. D. (Hrsg.): Kinderdiagnostisches System. Göttingen 1996.

Lauth, G. W./Schlottke, P. F.: Training mit aufmerksamkeitsgestörten Kindern. Weinheim 6. Aufl. 2002.

Lauth, G. W./Schlottke, P. F./Naumann, K.: Rastlose Kinder – ratlose Eltern. München 6. Aufl. 2002.

Lehner, B./Eich, X.: Neuropsychologisches Funktionstraining für hirnverletzte Patienten. München 1990.

Neumann, O.: Theorien der Aufmerksamkeit – von Metaphern zu Mechanismen. In: Psychologische Rundschau 43 (1992) 83–101.

Sass, H./Wittchen, H. U./Zaudig, M./Houben, I. (Hrsg.): Diagnostisches und Statistisches Manual psychischer Störungen (DSM – IV TR). Göttingen 2003.

Aufmerksamkeits-Defizit-Hyperaktivitäts-Syndrom

Seit Beginn der 1980er Jahre finden sich Hinweise, dass Kinder zunehmend Verhaltensprobleme wie einen Überschuss an motorischen Bewegungen und Aufmerksamkeitsstörungen zeigen. Während zunächst diese Auffälligkeiten unter dem Begriff des „Hyperkinetischen Syndroms" (HKS) zusammengefasst wurden, hat sich inzwischen die erweiterte Bezeichnung, das „Aufmerksamkeitsdefizit-Hyperaktivitäts-Syndrom" (ADD oder ADHD, im Deutschen ADHS), eingebürgert.

Im *„Diagnostischen und Statistischen Manual Psychischer Störungen"* (DSM-IV) werden als diagnostisches Kriterium aufgezählt:

„(a) beachtet häufig Einzelheiten nicht oder macht Flüchtigkeitsfehler bei den Schularbeiten, bei der Arbeit oder bei anderen Tätigkeiten,
(b) hat oft Schwierigkeiten, längere Zeit die Aufmerksamkeit bei Aufgaben oder beim Spielen aufrechtzuerhalten,
(c) scheint häufig nicht zuzuhören, wenn andere ihn/sie ansprechen,
(d) führt häufig Anweisungen anderer nicht vollständig aus und kann Schularbeiten, andere Arbeiten oder Pflichten am Arbeitsplatz nicht zu Ende bringen (nicht aufgrund oppositionellen Verhaltens oder Verständnisschwierigkeiten),
(e) hat häufig Schwierigkeiten, Aufgaben und Aktivitäten zu organisieren,
(f) vermeidet häufig, hat eine Abneigung gegen oder beschäftigt sich häufig nur widerwillig mit Aufgaben, die länger andauernde geistige Anstrengungen erfordern (wie Mitarbeit im Unterricht oder Hausaufgaben)" (DSM-IV 1998, 122 ff.).

Als weitere Kriterien werden „Störungen mit oppositionellem Trotzverhalten" genannt, die sich primär im „Ungehorsam und Widerstand gegen Autoritätspersonen" äußerten. Zudem wird auf der Beschreibungsebene unterschieden in:

- Aufmerksamkeitsstörung mit Hyperaktivität/Impulsivität (vorwiegend unaufmerksam und hyperaktiv/impulsiv),
- Aufmerksamkeitsstörung ohne Hyperaktivität (vorwiegend unaufmerksam),
- Hyperaktivitäts-, Impulsivitätsstörung ohne Aufmerksamkeitsstörung (vorwiegend hyperaktiv/impulsiv).

Die herrschende Lehrmeinung in der Medizin geht von der Annahme einer *hirnfunktionellen Mitwirkung* bei der Entstehung von ADHS aus. In den USA werden daher ca. 4 Millionen Schulkinder und 1,5 % der Kleinkinder mit dem Metylphenidat Ritalin® behandelt. In Deutschland hat sich die Verordnungshäufigkeit von 1999 auf 2001 verdoppelt und beträgt jetzt gegenüber 1990 mehr als das 60-fache. Die Rede ist davon, dass 1 % eines Jahrganges dringend behandlungsbedürftig seien (Amft u. a. 2004).

Man geht von einer homogenen Gruppe betroffener ADHS-Kinder aus, deren Verhaltensauffälligkeiten monokausal auf eine hirnorganische Verursachungsursache bezogen werden. Vorsichtige Mediziner kommen dagegen zu dem Schluss, dass ADHS keine Krankheit, sondern die behaviorale *Beschreibung eines sozial unerwünschten Verhaltens* sei. Sie wenden sich gegen die These, bei der Medikamentierung gehe es um den Ausgleich eines organischen Mangels, vergleichbar etwa der Insulin-Behandlung. Damit kann nicht begründet werden, warum sechzig mal so viele Kinder Ritalin® benötigen wie noch vor 10 Jahren. Genetisch bedingte Krankheiten weisen eine relativ konstante Größe auf. Insofern müsste die Zahl der betroffenen Kinder gleich bleiben oder bei einem Geburtenrückgang gar sinken. Keine einzige Studie liefert Hinweise darauf, dass die Anzahl der Kinder mit hirnfunktionell (mit)bedingten Störungen der zentralnervösen Informationsverarbeitung, die sich in Form von ADHS zeigen sollen, gestiegen ist.

Im Gegenteil häufen sich die Hinweise, dass bei differenzierter Bewertung von Ergebnissen der Neurowissenschaften dem *psychosozialen Kontext* eine entscheidende Bedeutung zukommt. Hirnstoffwechselprozesse verändern sich ständig, und zwar in Abhängigkeit von Umwelteinflüssen. Es existiert keine Linearität, sondern eine gegenseitige Wechselseitigkeit (von Lüpke 2005a, 2). Das Modell eines generell genetisch bedingten Mangels an Botenstoffen wie etwa dem Neurotransmitter Dopamin weist vor dem Hintergrund der neueren Erkenntnisse über die Komplexität von Hirnfunktionsvorgängen gravierende Mängel auf. Die cerebralen Prozesse verlaufen nicht gleichförmig, sondern über chaotische Phasen mit nachfolgender Neuorganisation des gesamten Systems (von Lüpke 2005b, 1 f).

Bezüglich der Diagnose ADHS gilt es daher zu fragen,

1. ob wir nicht zunächst Kriterien für die diagnostische Feststellung brauchen,
2. ob es für die Vielfalt der Auffälligkeiten tatsächlich eine einzige Ursache gibt,
3. ob organische, also anatomische und biochemische Abweichungen die Ursache sind,
4. ob nicht psychodynamische Faktoren und in welchem Ausmaß mitbestimmend sind,
5. ob nicht die normativen Erwartungen und der jeweilige Toleranzrahmen des institutionellen Rahmens (der Schule) ausschlaggebend sind,
6. ob nicht die veränderten gesellschaftlichen Lebens- und Sozialisationsbedingungen (Mit-)Verursacher kindlicher Auffälligkeiten sind.

Manfred Gerspach

Literatur

Amft, H./Gerspach, M./Mattner, D.: Kinder mit gestörter Aufmerksamkeit. ADS als Herausforderung für Pädagogik und Therapie. Stuttgart 2. Aufl. 2004.

Diagnostisches und Statistisches Manual Psychischer Störungen: DSM-IV. Göttingen 1998.

Lüpke, H. von: AD(H)S als medizinisches Modell: auf der Suche nach Halt. In: http://bidko.uibk.ac.at/library/luepke-ads.html. 2005a.

Lüpke, H. von: Neuere Erkenntnisse zur Sprachentwicklung auf dem Hintergrund von Forschungen über Neurobiologie und frühe Kindheit. Mögliche Folgen für eine bilinguale Erziehung. In: http://bidko.uibk.ac.at/library/luepke-sprachentwicklung.html. 2005b.

Autismus

Autismus bedeutet etymologisch: *Ich-Bezogenheit*, Zurückgezogenheit auf sich selbst. Abgeleitet vom griechischen ‚autós‘ (selbst, eigen, persönlich) wurde der Begriff von Bleuler 1911 in seiner Schizophreniemonographie zur Bezeichnung einer besonderen Form des Verhältnisses zur Wirklichkeit herangezogen, die er als die „Loslösung von der Wirklichkeit zusammen mit dem relativen und absoluten Überwiegen des Binnenlebens“ verstand. Er diente in seiner Ausweitung zur Kennzeichnung von „autistischen Haltungen“, die den Typ des Sonderlings, des „disharmonischen Psychopathen“ oder des versponnenen, spezialisierten Gelehrten umschreiben. In der Psychopathologie des Kindes- und Jugendalters wird der Begriff dann erstmals von

Kanner 1943 zur Kennzeichnung von Kindern herangezogen, die er seit 1938 beobachtete und deren Krankheitsbild er als „early infantile autism“ (frühkindlicher Autismus) bezeichnete (Kanner 1968). Er schreibt: „The outstanding, ‚pathognomic‘, fundamental disorder is the children's inability to relate themselves in the ordinary way to people and situations from beginning of life.“ Und er stellt in Bezug auf diese Kinder fest: „an extreme autistic aloneness ...“, „the children‘s failure to assume at any time an anticipatory posture ...“ und „an anxiously obsessive desire for the maintenance of sameness ...“. Gleichzeitig, aber unabhängig von ihm, beschreibt Asperger 1944 eine Population von Kindern mit vergleichbaren Grundstörungen, wenngleich hinsichtlich der Momente der Sprachentwicklung und der sog. Veränderungsangst wesentliche Unterschiede bestehen. Er nennt sie „Autistische Psychopathen“ (Asperger 1952; Attwood 1998).

Heute gilt Autismus als *tiefgreifende Entwicklungsstörung*, die z.T. anhaltend und massiv schwere Beeinträchtigungen mehrerer Entwicklungsbereiche umfasst. Betroffen sind auch Blickkontakt, Mimik und Gestik, der soziale und emotionale Austausch und die nonverbale und verbale → Kommunikation. Andere Personen können ignoriert werden, und oft dominieren stereotype, auch schwere selbstverletzende, aggressive und destruktive Handlungen das Erscheinungsbild. In zögerlicher Überwindung von ‚Merkmalslisten‘ erfolgt die Diagnose heute neben neuropädiatrischen Untersuchungen anhand der DSM-IV und ICD 10 (299.00/F 84) in Abgrenzung von der Asperger-Störung (bei fehlendem Sprachentwicklungsrückstand), dem Rett-Syndrom, den desintegrativen Störungen des Kindesalters, der Schizophrenie und – trotz oft feststellbarer schwerer kognitiver Beeinträchtigungen – von der geistigen Behinderung. Die Diagnose „Kinder mit autistischen Zügen“ ist in der Behindertenpädagogik gebräuchlich aber inflationär und pädagogisch-therapeutisch wenig hilfreich. In Deutschland dürften bis zum 21. Lebensjahr rund 15.000 Kinder und Jugendliche einen entsprechenden Bedarf an pädagogischen und therapeutischen Hilfen haben; drei Viertel der Betroffenen lebenslang. Mit Bezug auf die DSM-III-R kann ein Verhältnis von 2,5 zu 1 (Jungen zu Mädchen) angenommen werden. Hinsichtlich der Schichtzugehörigkeit besteht keine Präferenz höherer Schichten (Bundesverband 1993).

Heilung im medizinischen Sinne ist bei Autismus nicht möglich. Der Entwicklungsverlauf ist oft nicht sehr günstig. Das ist allerdings überwiegend auch heute noch fehlenden, unzureichenden und auch inadäquaten Erziehungs-, Unterrichts-, Therapie- und Eingliederungsmaßnahmen geschuldet. Nur wenige Pädagogen und Therapeuten sind heute so qualifiziert, dass sie den Erziehungs-, Bildungs- und Therapiebedürfnissen autistischer Kinder und Jugendlicher entsprechend Rechnung zu tragen vermögen. Als Erwachsene leben Betroffene fast ausschließlich in Heimen oder psychiatrischen Einrichtungen. Dies meist nur zusammen mit in gleicher Weise Betroffenen, was zu fortgesetzter und verstärkter Isolation und z.T. schweren psycho-sozialen Problemen führt.

Die *Geschichte der Erforschung* des kindlichen Autismus führte zu einer Theoriebildung, die sehr stark von den ‚Besonderheiten‘ der Kinder ausging, am medizinischen Denkmodell orientiert und auf die ‚Pathologie‘, entwicklungsmäßige Devianz und Behinderung fokussiert ist. Eine widerspruchsfreie Erklärung des Syndroms gelang bis Mitte der 70er Jahre nicht; frühe Ansätze einer Psychologie autistischer Kinder und die Betrachtung ihrer Gesamtsituation blieben unbeachtet. Das klassische und tradierte Verständnis von Autismus, wie der Begriff selbst, sind wenig geeignet, autistische Menschen zu verstehen und Möglichkeiten einer ihnen adäquaten Pädagogik zu realisieren (Feuser 1979). Eine Revision der tradierten Einstellungen wird heute sichtbar. Aber auch die hoch favorisierten neuro- und kognitionspsychologischen Erklärungsversuche der Central Coherence, Executive Functions und der Theory of Mind (z.B.:

Baron-Cohen/Lesli/Frith 1985; Frith 1992; Ozonoff 1995), die Autismus als Folge der Beeinträchtigung meta-kognitiver und empathischer Funktionen sehen, leisten keine konsistente Erklärung, können keine Aussagen zu den Ursachen machen und finden heute fundierte Kritik (Smukler 2005). Gemeinsam ist diesen Modellen die Annahme, dass bei Autismus Probleme im Erwerb eines adäquaten Abbildes der äußeren Wirklichkeit bestehen und Probleme beim adäquaten Handeln auf der Grundlage eines solchen inneren Abbildes. Weiterführend erscheinen die bindungstheoretisch und neurowissenschaftlich fundierten Annahmen von Problemen des Aufbaus eines „emotional-motorischen Ausdruckssystems (EMS)“ und einer „intrinsic motiv formation (IMF)“ schon in der frühen embryonalen Zeit der 5. bis 8. Woche, mit Folgeproblemen u.a. im ‚switching‘ zwischen verschiedenen inneren Zuständen, der Regulation von Erregungszuständen und Stress bei sehr erhöhter Vulnerabilität (Trevarthen/Aitken 2001; Schore 1994; 2003).

Aus systemtheoretischer und neurowissenschaftlicher Sicht muss von einer erheblichen Beeinträchtigung der → Wahrnehmungstätigkeit mit Wirkung auf den Austausch der Betroffenen mit der Welt und deren Konstruktion im Innern ausgegangen werden; dies bis auf die Ebene der bio-sozialen Realisierung ‚angeborener Auslösemechanismen (AAM)‘ (Schopler u.a. 1987). Denken und Handeln, Empfinden und Erleben autistischer Menschen sind ‚entwicklungslogische‘ Produkte ihrer Entwicklung unter hochgradigen Bedingungen der ‚Isolation‘; die Verhaltensbesonderheiten kompetente Versuche der Kompensation schwerer *informationeller Deprivation* und der Vermeidung des Zusammenbruchs innerpsychischer Funktionen und Regulationen. Mithin handelt es sich bei Autismus um eine typisch menschliche, hoch individuelle psycho-soziale Handlungskompetenz und Dynamik der Aneignung der Welt unter der Bedingung hochgradiger Beeinträchtigung der Absicherung des Dialogs in und durch die gattungsspezifische Referenz; der Widerspiegelung seiner selbst im anderen (Feuser 1988; 2000).

Autistische Kinder bedürfen vom frühestmöglichen Zeitpunkt an, auch wenn nur eine ‚Verdachtsdiagnose‘ vorliegt, eines regulären, sozial und bildungsinhaltlich nicht reduzierten Lernfeldes, das durch hohe Strukturierung raum-zeitlicher Art und hinsichtlich der Gliederung und Klarheit der Inhalte und Kommunikation transparent ist – d.h. sie bedürfen eines konsistenten ‚freundlichen Begleiters‘. Um dieses zu gewährleisten, bedarf es einer fundierten Orientierung an lernpsychologischen Erkenntnissen und der Realisierung entsprechender Lernbedingungen. Autistische Menschen bedürfen eindeutiger, klarer und gestisch, mimisch und intonativ unterstützter Interaktions- und Kommunikationsangebote, hoch strukturierter Lern-/Unterrichtssituationen, exakter Strukturanalysen der zu vermittelnden Inhalte, differenzierter Hilfen – auch zur Vermeidung von Misserfolgen – und konsequenter Rückmeldung über die richtige oder falsche Ausführung einer Handlung. Dass es für Menschen mit Autismus-Syndrom besonders ‚behinderungsspezifisch‘ wäre, sie in Gruppen und Klassen (oder gar Schulen) eigens für sie zusammenzufassen, erweist sich als lern- und entwicklungshemmender Irrweg. Die vielfältigen therapeutischen Angebote sollten hinsichtlich ihrer Fundierung und Praxis äußerst kritisch überprüft werden. Eine Empfehlung für den Besuch einer bestimmten Schulform oder eines bestimmten Sonderschultyps kann nur fallbezogen erfolgen. Eltern sollten den Anspruch auf eine integrierte Förderung ihrer autistischen Kinder nicht mehr unterschreiten und für die Schaffung entsprechender Rahmenbedingungen und Qualifikationen des Fachpersonals eintreten.

Georg Feuser

Literatur

Asperger, H.: Heilpädagogik. Einführung in die Psychopathologie des Kindes für Ärzte, Lehrer, Psychologen, Richter und Fürsorgerinnen. Wien 1952.

Attwood, T.: Asperger's Syndrome. London 1998.
Baron-Cohen, S./Lesli, A./Frith, U.: Does the autistic child have a „theory of mind"? In: Cognition 21 (1985) 37–46.
Bundesverband Hilfe für das autistische Kind (Hrsg.): Denkschrift. Zur Situation autistischer Menschen in der Bundesrepublik Deutschland. Hamburg 1993.
Feuser, G.: Grundlagen zur Pädagogik autistischer Kinder. Weinheim 1979.
Feuser, G.: Grundlegende Aspekte eines Verständnisses des ‚kindlichen Autismus'. In: Musiktherapeutische Umschau 9 (1988) 29–54.
Feuser, G.: Autistische Kinder. Solms-Oberbiel 2. Aufl. 2000.
Frith, U.: Autismus. Heidelberg 1992.
Kanner, L.: Autistic Disturbances of Affective Contakt. In: Acta Paedopsychiatrica 35 (1968) 98–136.
Kusch, M./Petermann, F.: Entwicklung autistischer Störungen. Bern 1990.
Ozonoff, S.: Executive Functions in Autism. In: Schopler, E./Mesibov, G. (Hrsg.): Learning and Cognition in Autism. New York 1995, 199–219.
Schopler, E. u.a. (Hrsg.): Neurobiological Issues In Autism. New York 1987 ff.
Schore, S.N.: Affect Regulation and the Origin of the Self. Hillsday 1994.
Schore, S.N.: Affect Disregulation and Disorders of the Self. New York 2003.
Smukler, D.: Unauthorized Minds: How „Theory of Mind" Theory Misrepresents Autism. In: Mental Retardation 43 (2005) 11–24.
Trevarthen, C./Aitken, K.J.: Infant Intersubjekticity: Research, Theory and Clinical Applications. In: J. Child Psychiat. 42 (2001) 3–48.

Bewegung, Bewegungsförderung

Bewegung, Motorik (engl. motor behavior) bezeichnet das Gesamt des Bewegungsverhaltens und seiner Bedeutung. Bewegung umfasst sowohl die Motorik im Sinne der willkürlichen, aktiven Bewegung als auch die Motilität der unwillkürlichen (d.h. der reflektorischen und vegetativen) Muskelbewegungen.

„Motorik ist mehr als Bewegung" (van den Hoven/Speth 1979); sie ist Grund, Phänomen und Ausdruck des Lebens schlechthin. Auf der Basis neurophysiologischer Ausstattung (der sensorischen Bewegungsempfindungen, Reflexe und Bewegungsmuster), der *Neuromotorik,* akzentuiert sich Bewegung in allen wichtigen Dimensionen menschlichen Erlebens und Verhaltens: → Wahrnehmung, Emotion, Kognition und → Kommunikation. Der Zusammenhang von Wahrnehmung und Bewegung stellt sich in der *Sensumotorik* dar. Die Beziehung der Motorik zu emotionalen und kognitiven Prozessen wird allgemein unter dem Begriff der *Psychomotorik* gefasst; schließlich wird Bewegung als Mittel der sozialen Kommunikation mit *Soziomotorik* bezeichnet (Leyendecker 2005, 13–17).

In der *Sensumotorik* bilden → Wahrnehmung und Bewegung eine Einheit: Die Wahrnehmung ändert sich unter der Bewegung, und Bewegung ermöglicht die Wahrnehmung. Dieser Zusammenhang wurde in der „Gestaltkreistheorie" durch von Weizsäcker (1972) aufgewiesen. Unter kybernetischem Aspekt wird der Zusammenhang als Regelkreis verstanden; in diesem stehen Input (Wahrnehmung durch die Sinne), zentrale Verarbeitung und Output (motorische Reaktion) in ständiger Rückkoppelung (Reafferenzprinzip: von Holst/Mittelstaedt 1950). Nach Piaget (1973) bilden sensumotorische Handlungen die Grundlage der kognitiven Entwicklung. Im Laufe der Entwicklung werden motorische Handlungen zu verinnerlichten Denkhandlungen.

Für intelligentes Handeln und Denken sind somit Bewegungserfahrungen von grundlegender Bedeutung. Die Bewegungen unseres Körpers vermitteln über die Körpersprache (Mimik, Gestik und Pantomimik) den emotionalen Ausdruck. Der Zusammenhang beider Prozesse – der Kognition wie der Emotion – mit der Motorik kann unter dem Begriff der *Psychomotorik* zusammengefasst werden. Allerdings stellt die Psychomotorik in der Fachliteratur einen schillernden Begriff dar. Dieser wird im Französischen allumfassend, ‚pleonastisch' gebraucht, während er im Amerikanischen oft eng auf die motorische Geschicklichkeit eingegrenzt wird.

Soziomotorik schließlich ist ein in der Behindertenpädagogik vergleichsweise wenig beachteter Bereich. Gleichwohl ist dies hinsichtlich der zwischenmenschlichen Interaktion (körpersprachlicher Ausdruck und Wahrnehmung körpersprachlicher Zeichen) ein bedeutsames Feld, insofern durch motorische Beeinträchtigungen sowohl die Ausdrucksprozesse als auch die Wahrnehmung von Ausdruckszeichen in der soziomotorischen Interaktion beeinträchtigt oder eingeschränkt sein können.

Insgesamt entspricht das Wesen menschlicher Bewegung einer ursprünglichen leiblichen Intentionalität, die Erleben und Zugang zur Welt eröffnet. Diese können durch motorische Behinderung eingeschränkt oder verändert sein. Unter Behinderung sind zunächst anatomische Schädigungen und funktionelle Einschränkungen oder Veränderungen des Stütz- und Bewegungsapparates sowie anderer Organe zu verstehen, die den Zugang zur Welt, d.h. die Selbstverwirklichung in sozialer Interaktion, behindern. Im Sinne von → Körperbehinderung sind zuvorderst Schädigungen der bewegungssteuernden Systeme des Gehirns und Rückenmarks gemeint, die zu verspannten oder schlaffen Lähmungen sowie Einschränkungen und Veränderungen der Bewegungskoordination und des Gleichgewichts führen. Weiter sind darunter Schädigungen der Muskulatur (z.B. progressive Muskeldystrophie) und des Knochengerüstes (z.B. Gliedmaßenfehlbildung/Dysmelie) oder Fehlstellungen der Wirbelsäule und Gelenke zu verstehen. Schließlich können chronische Krankheiten (z.B. Rheuma, Hämophilie) und Fehlfunktionen innerer Organe (z.B. Herzkrankheiten, Nierenleiden) die Bewegungsfähigkeit beeinträchtigen.

Leichte Formen einer motorischen Beeinträchtigung sind: Umschriebene Entwicklungsstörungen motorischer Funktionen, Haltungsschwächen, Gehemmte Motorik, Dissoziative Störungen, Hyperkinese, Tics und Stereotypien (Leyendecker 2005).

Voraussetzung einer *pädagogischen Förderung* ist das Beobachten, Erkennen und Verstehen von Bewegung, ihrer möglichen Behinderung und den daraus folgenden Veränderungen. Dies mag bei Körperschädigungen i.e.S. leicht sein, da sie zu sichtbaren Behinderungen im körperlichen Erscheinungsbild und der Bewegungsmöglichkeiten (vornehmlich der Greiffunktion, der Lokomotion und Bewegungskoordination) führen. Allerdings sagt die Schwere der körperlichen Schädigung noch nichts über die Notwendigkeit pädagogischer Förderung aus. Schwere der motorischen Behinderung und pädagogische Problemstellung entsprechen sich nicht linear. Oft finden sich bei Kindern mit leichten Beeinträchtigungen schwere psychosoziale Probleme und damit eine größere Förderbedürftigkeit als bei Kindern mit schweren körperlichen Schädigungen (Leyendecker 2005, 22).

Leichte motorische Beeinträchtigungen lassen sich an der Haltung des Körpers, der Stellung der Gliedmaßen und Gelenke, den Tonusverhältnissen sowie der Qualität der Bewegungsausführung beobachten. Sie werden hinsichtlich der *Grobmotorik* an einfachen Bewegungen wie Stehen, Gehen, Laufen, Hüpfen sowie den Gleichgewichtsreaktionen beim Balancieren, Einbeinstand, Fuß-vor-Fuß-Stand, Fuß-vor-Fuß-Gang (Seiltänzergang), vorwärts und rückwärts, Zehenspitzengang etc. geprüft. Hinsichtlich der *Feinmotorik* wird die Koordination z.B. im Finger-Daumen-Versuch oder bei schnell aufeinander folgenden Handdrehbewegungen (Diadochokinese) beobachtet.

Systematische Diagnostik wird mit Hilfe von *Motoskopie* und *Motometrie* angestellt. Unter motoskopischen Verfahren werden die freie und die strukturierte Bewegungsbeobachtung verstanden: Dazu gibt es verschiedene allgemeine Checklisten und Screenings, so z. B. die Denver-Entwicklungsskalen (DDST). Motometrische Verfahren sind altersnormierte und standardisierte Tests wie z. B. der Körperkoordinationstest für Kinder (KTK).

Ziel der *Bewegungsförderung* ist keine Normangleichung der Bewegungsentwicklung; vielmehr sollen über motorische Anregungen Lernprozesse in Gang gesetzt und die individuelle, selbständige Persönlichkeitsentwicklung des Kindes gefördert werden. Dazu dienen bei motorischen Behinderungen bewegungstherapeutische Methoden wie z. B. die neuromotorische Entwicklungstherapie nach Castillo-Morales, die neurophysiologische Entwicklungsbehandlung nach Bobath und die neurophysiologische Behandlung nach Vojta (Überblick in Feldkamp 1996).

Bei allen anderen Förderbedürfnissen, die sich aus individuellen Veränderungen und leichten Beeinträchtigungen der Bewegung ergeben, sind pädagogische Maßnahmen im Sinne motopädagogischer oder psychomotorischer Hilfen und Methoden angezeigt. Sie dienen dazu, über die elementare Funktion der Bewegung und die natürliche Bewegungsfreude des Kindes die Entwicklung zu eigenständigem und sozialverantwortlichem Handeln zu fördern. Im einzelnen unterstützen sie die Entwicklung der Ich-Kompetenz (durch Körpererfahrung und Bewegungshandeln), der Sach-Kompetenz (durch Anpassung der motorischen Handlungen an Gegenstände der Umwelt sowie Anpassung der Umwelt an die Handlungsziele) und der Sozial-Kompetenz (Selbstverwirklichung im motorischen Handeln unter Berücksichtigung der Ziele anderer Personen) (Kiphard 1994, Zimmer 1999).

Die Wirkungen *motopädischer Förderung* sind vornehmlich im allgemeinen Bereich der Persönlichkeits- und Motivationsförderung zu finden. Methodenspezifische oder gar spezielle Transfereffekte auf andere Entwicklungsbereiche sind kaum nachgewiesen. Die Wirkungen sind wie bei vielen pädagogischen und therapeutischen Einwirkungsformen vor allem in der Art der Vermittlung begründet (Eggert/Lütje-Klose 1994).

Motopädagogische Vorgehensweisen zeigen sich differentiell auch in verschiedenen Angeboten wie Sportförderunterricht (früher auch Schulsonderturnen genannt), der Bewegungserziehung durch Gymnastik, Rhythmik, Spiel, Musik und Tanz. Allgemein ist angesichts der eingeschränkten und veränderten Bewegungserfahrungen vieler Kinder eine verstärkte Integration der Bewegung in den Prozess der Erziehung wichtig.

Christoph Leyendecker

Literatur

Eggert, D./Lütje-Klose, B.: Theorie und Praxis der Psychomotorischen Förderung. Dortmund 1994.

Feldkamp, M.: Das zerebralparetische Kind. Konzepte therapeutischer Förderung. München 1996.

Holst, E. von/Mittelstaedt, H.: Das Reafferenzprinzip. In: Naturwissenschaften 37 (1950) 464–476.

Hoven, M. van den/Speth, L.: Motorik ist mehr als Bewegung. Psychomotorische Übungen für gesunde und behinderte Kinder. Berlin 3. Aufl. 1979.

Kiphard, E.J.: Motopädagogik. Psychomotorische Entwicklungsförderung. Dortmund 4. Aufl. 1994.

Leyendecker, Ch.: Motorische Behinderungen. Grundlagen, Zusammenhänge und Förderungsmöglichkeiten. Stuttgart 2005.

Piaget, J.: Das Erwachen der Intelligenz beim Kinde. Stuttgart 2. Aufl. 1973.

Weizsäcker, V. von: Der Gestaltkreis. Theorie der Einheit von Wahrnehmen und Bewegen. Frankfurt 1972.

Zimmer, R.: Handbuch der Psychomotorik. Freiburg 1999.

Denken und Intelligenz

Während das *Denken* einen vielschichtigen kognitiven Prozess bezeichnet, werden unter *Intelligenz* vorwiegend die diesem zugrundeliegenden kognitiven Voraussetzungen des Individuums verstanden.

Das Denken gestattet es uns, über die sinnliche Auffassung der Welt hinaus zur Erkenntnis von Beziehungen und zur Verallgemeinerung zu gelangen. Grundprozesse sind *induktives* und *deduktives* Denken. Letzteres beinhaltet das Ableiten von Schlussfolgerungen aus Prämissen unter Anwendung logischer Regeln, während das induktive Denken das abstrahierende Vergleichen betrifft, das die Ableitung von Regeln, Mustern, Konzepten oder Gesetzmäßigkeiten aus der spezifischen Erfahrung ermöglicht, wie dieses z. B. bei der Begriffsbildung, aber auch bei der Lösung komplexerer Probleme erfolgt (Waldmann/Weinert 1990; Klauer 1993). Die Lösung von Problemen, also von nicht allein durch Wissen und Erfahrung unmittelbar lösbaren Aufgaben, stellt einen wesentlichen Zielinhalt des Denkens dar. Die heute verwendeten Verlaufsmodelle des Problemlösens haben ihren Ursprung bereits bei Dewey (1910) und lassen sich auch als allgemeine Strategie für den Aufbau von *Trainingsprogrammen* (→ Kognitives Training) nutzen. Sie umfassen folgende Stufen (mit Rückkoppelungs- und Wiederholungsmöglichkeiten): 1. Problemstellung und Orientierung, 2. Problemidentifizierung: Situations- und Zielanalyse, 3. Hypothesenentwicklung und Bewertung, 4. Entscheidung und Durchführung, 5. Kontrolle und Bewertung (Abschluss oder Wiederholung von Stufen).

Als ein Kernstück des Prozesses ist die heuristische Methode des Bildens und Prüfens von Hypothesen (Heuristik griech.: Erfindungskunst) bezüglich des Weges zum Ziel anzusehen („Lösungsstammbaum“: Duncker 1966). Das Modell bezieht metakognitive Komponenten mit ein (Metakognition: Wissen und Kontrolle über die eigenen kognitiven Funktionen und Aktivitäten: Flavell 1984). Der idealtypische Ablauf kann aber infolge beeinträchtigter kognitiver Prozesse erheblich verändert sein (→ Lernbehindertenpädagogik).

Die komplexen Fähigkeiten, die das Denken ermöglichen, werden als *Intelligenz* bezeichnet. Schon die klassische Definition von W. Stern (erweiterte Fassung 1935) bezieht bereits das Problemlösen mit ein: Intelligenz als „die allgemeine Fähigkeit, das Denken unter zweckmäßiger Verwendung der Denkmittel auf neue Forderungen einzustellen“ und „die allgemeine geistige Anpassungsfähigkeit an neue Aufgaben und Bedingungen des Lebens“. Bei aller z.T. methoden- und stichprobenabhängigen Vielfalt der Ergebnisse der faktorenanalytischen (auf Analysen von Korrelationen beruhenden) Intelligenzforschung sind aber dennoch Gemeinsamkeiten vorhanden, wie sie z. B. durch die Definition von Groffmann (1983) zusammengefasst werden, wonach Intelligenz „die Fähigkeit des Individuums ist, anschaulich oder abstrakt in sprachlichen, numerischen oder raum-zeitlichen Beziehungen zu denken; sie ermöglicht die erfolgreiche Bewältigung vieler komplexer und mit Hilfe jeweils besonderer Fähigkeitsgruppen auch ganz spezifischer Situationen und Aufgaben“, oder in der Formulierung von Guthke (1974) „die hierarchisch strukturierte Gesamtheit jener Fähigkeiten, die das Niveau und die Qualität der Denkprozesse einer Persönlichkeit charakterisieren“.

Die *faktorenanalytischen Intelligenztheorien* (Amelang/Bartussek 2001) gehen entweder 1. von einem hierarchischen Zweifaktoren-Modell (mit Generalfaktor, Spearman 1927), 2. einem multiplen Faktorenmodell (Thurstone 1938) oder 3. einem Strukturmodell aus. Die erste Gruppe wird vor allem durch das Modell von Cattell (1963) repräsentiert, bei dem zwischen der *fluiden Intelligenz* als allgemeiner Voraussetzung für das rasche Erfassen von Beziehungen und Problemstrukturen und der *kristallisierten Intelligenz*, die sich auf spezielle Leistungsbereiche bezieht (sprachliches Verständnis, Umgang mit Zahlen, räumliche Orientierung), unterschieden wird. Letztere ist eher an kulturabhängiges → Lernen und Erfahrung gebunden. Der zweiten Gruppe ist in der Gegenwart vor allem Gardner (1991) mit seinem „multiplen Intelligenzmodell" zuzurechnen, das sieben relativ autonome intellektuelle Kompetenzen („skills") unterscheidet, nämlich sprachliche, logisch-mathematische, räumliche, körperlich-ästhetische, musikalische, intrapersonale und interpersonale Intelligenz. Gardners Auffassung nähert sich damit weitgehend dem Begriff der Begabung. Zu den Strukturmodellen gehört insbesondere das Würfelmodell von Guilford (1964), das mit seinen drei Hauptdimensionen 150 (hypothetische) Intelligenzfaktoren bestimmt, wobei die Faktoren der divergenten Produktion eine Basis der Kreativität (→ Hochbegabung) bilden. Bei dem Berliner Intelligenzstrukturmodell von Jäger (1984) werden die Denkleistungen durch das Zusammenwirken von zwei „Modalitäten", nämlich den Operationen (Verarbeitungskapazität, Bearbeitungsgeschwindigkeit, Merkfähigkeit und Einfallsreichtum) und den Inhalten (verbal, numerisch, figural-bildhaft) bestimmt. Die allgemeine Intelligenz ist hier übergeordnet als Integral aller Komponenten enthalten. Einige Modelle (z.B. von Cattell, Jäger, Thurstone) sind auch theoretische Grundlage heute gebräuchlicher diagnostischer Verfahren (→ Psychodiagnostik).

In der *Triarchischen Intelligenztheorie* von Sternberg (1985) wird eine gewisse Synthese der Ergebnisse von Denkprozessanalysen und Intelligenzstrukturforschung verwirklicht. Ihre Bestandteile werden als Stütztheorien aufgefasst: Zusammenwirken der Informationsprozesse (componential); Erfahrung (experiental); Bezug zum soziokulturellen Umfeld (contextual). Auch wenn kaum erwartet werden kann, dass ein so umfassender theoretischer Ansatz sich als Ganzes unmittelbar empirisch bestätigen läßt, so traf dieses für Anteile der Komponenten-Subtheorie durch die Hochbegabtenforschung zu, ähnlich wie auch die Triarchische Theorie insgesamt ein besseres Verständnis der geistigen Leistungsbeeinträchtigung ermöglicht (Sternberg/Spear 1985; Kurth 1994).

Denken und Intelligenz sind psychologische Hauptbegriffe einer Psychologie der → Geistigbehinderten und → Lernbehinderten. Die Erschwerung der kognitiven Aneignung und Verarbeitung gilt gemeinhin als zuverlässige und valide Kennzeichnung einer verminderten Kapazität des → Lernens. Gegenüber dem früheren Defizitmodell der Hilfsschulpädagogik (Psychologie der Intelligenzdefekte: Busemann 1959), das einer endogenetischen Erklärung mentaler Fähigkeiten folgte, hat sich inzwischen in der Lernbehindertenpädagogik ein entwicklungs- und lerntheoretisch fundiertes Theorem durchgesetzt (Kanter 1998, 44f.). Entwicklungen und Lernabläufe kommen zwar innengesteuert in Gang, sind aber zusätzlich wesentlich von Lernbegleitung und Lernförderung abhängig, so dass die Höhe der → Entwicklung von Denken und Intelligenz immer auch das Defizit bzw. der positive Ertrag vorheriger Lernprozesse ist.

Erich Kurth

Literatur

Amelang, M./Bartussek, D.: Differentielle Psychologie und Persönlichkeitsforschung. Stuttgart 4. Aufl. 2001.

Busemann, A.: Psychologie der Intelligenzdefekte mit besonderer Berücksichtigung der hilfsschulbedürftigen Debilität. München 1959.

Dewey, J.: How we think. New York 1910.

Duncker, K.: Zur Psychologie des produktiven Denkens. Berlin 1935; 1966.

Flavell, J.H.: Annahmen zum Begriff Metakognition sowie zur Entwicklung von Metakognition. In: Weinert, F.E./Kluwe, R.H. (Hrsg.): Metakognition, Motivation und Lernen. Stuttgart 1984, 23–31.

Gardner, H.: Abschied vom IQ. Die Rahmentheorie der vielfachen Intelligenzen. Stuttgart 1991.

Groffmann, K.J.: Die Entwicklung der Intelligenzmessung. In: Groffmann, K.J./Michel, L.

(Hrsg.): Intelligenz- und Leistungsdiagnostik (Enzyklopädie der Psychologie, B II, Band 2). Göttingen 1983, 1–103.
Guthke, J.: Zur Diagnostik der intellektuellen Lernfähigkeit. Berlin 2. Aufl. 1974.
Jäger, A.O.: Intelligenzstrukturforschung: Konkurrierende Modelle, neue Entwicklungen, Perspektiven. In: Psychologische Rundschau 35 (1984) 21–35.
Kanter, G.: Weiterentwicklungen im Bereich der Lernbehindertenpädagogik. Hagen (FernUniversität – Gesamthochschule) 1998.
Klauer, K.J.: Problemlösestrategien im experimentellen Vergleich – Effekte einer allgemeinen und einer spezifischen Strategie. In: Mandl, H./Friedrich, H.F. (Hrsg.): Lern- und Denkstrategien. Göttingen 1992, 57–76.
Kurth, E.: Diagnostische Konzepte auf der Grundlage der Sternbergschen Intelligenztheorie. In: Die neue Sonderschule 39 (1994) 30–37.
Stern, W.: Allgemeine Psychologie auf personalistischer Grundlage. Den Haag 1935.
Sternberg, R.J.: Beyond IQ: A triarchic theory of human intelligence. Cambridge 1985.
Sternberg, R.J./Spear, L.: A triarchic theory of mental retardation. In: International Review of Research in Mental Retardation. 13 (1985) 301–326.
Waldmann, M./Weinert, F.E.: Intelligenz und Denken. Göttingen 1990.

Entwicklung

Die Geschichte der Entwicklungspsychologie hat enge bzw. traditionelle und weite bzw. moderne Entwicklungsbegriffe hervorgebracht (Montada 1998). Traditionelle Entwicklungsbegriffe umfassen in unterschiedlicher Gewichtung folgende Aspekte: Entwicklung ist eine mehrschrittige, unumkehrbare, auf einer Zeitachse darstellbare *Veränderungsreihe in Richtung auf einen höherwertigen Endzustand*. Die Entwicklung ist universell und nicht kulturgebunden. Sie ist keine temporäre, keine passagere oder zufällige Veränderung, sondern eine naturgegebene, nachhaltige und geordnete Transformation der Gesamtpersönlichkeit oder von Teilbereichen der Persönlichkeit, bei der die Glieder der Veränderungsreihe bis zu einem Zustand der Stabilität auseinander hervorgehen. Entwicklung ist die Entfaltung eines inneren Plans, eine qualitativ-strukturelle Transformation und nicht ein Vorgang quantitativen Wachstums. Entwicklung unterscheidet sich dabei in der Berücksichtigung des Lebensalters als Zeitachse von anderen Veränderungsreihen (z.B. Lernen und Vergessen).

Die traditionelle Entwicklungspsychologie folgt einem *endogenistischen Paradigma* und beschreibt die Wirkung innerer Entwicklungsantriebe, die im Zusammenwirken mit äußeren Gegebenheiten die Regelhaftigkeit des Ablaufs des Lebens erzeugen. Unter traditioneller Perspektive entstanden Stufenmodelle (z.B. Kroh), die die Entwicklung als unumkehrbares Fortschreiten von Stufe zu Stufe konzeptionieren, oder in der Entwicklung ein spiralenförmiges Geschehen, d.h. die fortlaufende Wiederkehr von Entwicklungsphasen auf immer höherem Niveau (z.B. Gesell) erkennen, oder die Entwicklung als Vorgang zunehmender Differenzierung einzelner Funktionsbereiche (z.B. Werner) oder der Gesamtpersönlichkeit betrachten. Die traditionelle Entwicklungspsychologie ist statisch und deskriptiv orientiert, sucht nach allgemeinen, zeitunabhängigen Gesetzlichkeiten, ist unhistorisch und vernachlässigt kulturelle und interindividuelle Unterschiede und die durch die Eigenaktivität der Individuen und die Umwelt bestimmte Dynamik des Entwicklungsgeschehens. Ihr ist der Blick auf die gesellschaftliche Dimension der Entwicklung weitgehend verstellt.

Demgegenüber versteht sich die *moderne Entwicklungspsychologie* als eine differenzielle Psychologie, die interindividuelle Unterschiede und den intraindividuellen Wandel über die Lebensspanne hinweg untersucht, dabei die im Wandel und in Phasen der Kontinuität gleichzeitig vorhandenen Bedingungen der genetischen Ausstattung, der kulturgebundenen Entwicklungsumwelt und der in bisherigen Lebenskontexten entwickelten Erfahrungen und Handlungsstrukturen begrifflich fasst. Es kommen andere Postulate über die Bedingungen, Ursachen und den Verlauf der Entwicklung zur Geltung, die regelhaft von anthropologischen, pädagogisch relevanten Grundannahmen, z.B. über die Aktivität und Passivität des Individuums in der Gestaltung des ontogenetischen Entwicklungsprozesses und über die Bedeutung eines systemischen Standpunktes bestimmt werden.

Montada (1998) unterscheidet entwicklungspsychologische Schulen gemäß ihren Antworten auf die Frage der vermuteten Beteiligung des Subjektes an der eigenen Entwicklung. Die traditionelle Entwicklungspsychologie rechnet mit einem eher passiven Individuum, welches im reifungstheoretisch-endogenistischen Modell der Entfaltung eines inneren und angelegten Plans ausgeliefert ist oder nach der exogenistischen Theorie behavioristischer Prägung durch äußere Reize bzw. Konditionierungsvorgänge und mithin durch eine aktive Umwelt vollständig determiniert wird.

Die *behindertenpädagogische Theorienbildung* und Praxis hat vor allem das endogenistische Entwicklungsmodell aufgegriffen. So hat Hanselmann den Begriff der Entwicklungshemmung geprägt und darunter in einer ideologischen Überschätzung des Anlagefaktors anlagebedingte, umweltresistente Behinderungen verstanden (Bleidick 1984, 134). Der davon ausgegangene pädagogische Pessimismus ist bis heute weit verbreitet und wurde durch eine Diagnostik im → Aufnahmeverfahren zur Sonderschule gestärkt, die auf der Grundlage von anlagebedingten und zeitstabilen Fähigkeitskonzepten Behinderungen definiert und Zuweisungen zu Schulformen vornimmt (→ Psychodiagnostik).

Erst Vorstellungen vom *Subjekt als dem aktiven und eigenverantwortlichen Gestalter seiner Entwicklung* eröffnen neue Perspektiven für die entwicklungspsychologische Theorienbildung. Unter der Aktivitätsannahme wurden Konstrukte der Adaptation, der Selbstregulation, der Autopoiesis und der Passung ausgearbeitet, wobei Montada (1998) Selbstgestaltungstheorien (in früheren Auflagen konstruktivistische Theorien) von interaktionistischen Ansätzen unterscheidet. Traditionell wird z.B. Piaget eher der konstruktivistischen Position zugerechnet, da er sein Forschungsinteresse vor allem auf das aktive Individuum richtet, welches durch nach Gleichgewichtszuständen strebende Adaptationsvorgänge seine Welt konstruiert. Interaktionistische Theorien fokussieren auf die → Interaktion zwischen Person- und Umweltveränderungen, wobei Umwelt als personale und materielle Umwelt gefasst ist. Im Blick steht das in seinen Aktivitäten verschränkte Gesamtsystem Mensch-Umwelt, welches in jeweils eigener Veränderung nach optimaler Passung der Teilsysteme strebt. Die interaktionistische Position ist eine transaktionale, ökologische und systemische Position, die von der komplexitätsreduzierenden Annahme der Kausalität und linearen Determinierheit, wie sie für exogenistische und auch endogenistische Theorien charakteristisch ist, abrückt. Diese Position ist die Folge der kognitiven Wende der späten sechziger Jahre und der Entwicklung eines neuen, epistemischen Subjektmodells (Groeben/Scheele 1977), welches sich auf der Grundlage zweier Wurzeln, der genetischen Erkenntnistheorie Piagets und der Tätigkeitspsychologie der kulturhistorischen Schule, in diversen Handlungstheorien unterschiedlicher theoretischer Prägung entäußert. Die Ganzheitlichkeit, die Wechselwirkung und die Integration aller psychischen Prozesse werden in diesem Theorierahmen untersucht und z.B. Alltagshandlungen als zielgerichtete und wertorientierte Aktivitäten von Menschen analysiert, die im Handeln ihre Umgebung und sich selbst verändern (Franke/Greif 1984). Entsprechend hat die kooperative Pädagogik →

Behinderung handlungsorientiert definiert und vor allem darauf zentriert, dass behindert derjenige ist, der aufgrund innerer und äußerer Bedingungen so beeinträchtigt ist, dass er in seinem Kultursystem und in den Sozialsystemen, deren wertorientierte Normen für ihn bestimmend sind, nicht oder nur unter außergewöhnlichen Bedingungen lernt, die Ziele, Bilder und Pläne seines Handelns verantwortlich mitzubestimmen (Schönberger 1987).

Im dialektisch-materialistischen Standpunkt der kulturhistorischen Schule ist von Anfang an ausgedrückt, dass sich der Mensch durch Prozesse der Selbstorganisation mit qualitativen Übergängen und Veränderungen im Rahmen historischer, gesellschaftlicher und natürlicher Zusammenhänge auszeichnet (Jantzen 1990) und Entwicklung nur in dem Maße stattfindet, wie sich das tätige Subjekt mit den Bedingungen seiner Existenz auseinandersetzt, ihnen Bedeutung verleiht und sie zu Handlungsbegründungen (Holzkamp 1993) werden lässt. Entwicklung ist in diesem Modell ein dialektischer Prozess von Kontinuität und Diskontinuität, von qualitativer Veränderung und quantitativem Wachstum. Das qualitativ Neue entsteht nach Leontjew durch die lebensabschnittsbezogenen, sich wandelnden Lebensbeziehungen und dort durch die dominierende Tätigkeit, die die Art und Weise bestimmt, wie sich das Subjekt mit seiner Umwelt auseinandersetzt.

Der die interaktionistischen Theorien kennzeichnende Systemgedanke und der der Passung wurden im Anschluss an die Arbeiten Bronfenbrenners in der Behindertenpädagogik extensiv rezipiert (Speck 2003) und fanden z. B. Eingang in die → Integrationsdiskussion und dort in die Kind-Umfeld-Analyse (Sander/Hildeschmidt 1988). Brandstädter/Gräser (1985) greifen in ihrem Konzept der Entwicklungsberatung unter dem Aspekt der Lebensspanne den interaktionistischen Systemgedanken ebenfalls auf und definieren Entwicklungsprobleme als *Passungsprobleme* zwischen den Entwicklungszielen des Individuums, seinen Entwicklungspotenzialen, den Entwicklungsanforderungen in unterschiedlichen Umweltsystemen und den Entwicklungsangeboten. Aus dieser Sicht leiten sie Beratungsangebote für das Individuum selbst und für die problematischen Systeme insgesamt ab. Im Konzept der „kritischen Lebensereignisse" von Filipp (1981) wird die je aktuelle Lebens- und Kommunikationssituation von Menschen als ein im Gleichgewicht befindliches Passungsgefüge verstanden. In diesem Ganzen haben die Menschen einer Lebensgemeinschaft Formen des Austauschs, des Umgangs miteinander, der Kommunikation, der Interaktion und Kooperation entwickelt, die ihnen die Bewältigung ihrer alltäglichen Realität und die Befriedigung ihrer physischen und psychischen Bedürfnisse ermöglichen. Ein zumeist plötzlich und unerwartet eintretendes Lebensereignis stört dieses Passungsgefüge zwischen Person und Umwelt und macht eine personseitige und kontextseitige Neuorganisation sowohl unter kognitiven wie instrumentellen Aspekten erforderlich. Dieses Modell wurde z. B. für die Entwicklung von Kursangeboten zur Bewältigung von Schwerhörigkeit und Ertaubung (Schuck 1991) erfolgreich verwendet.

Die Ergebnisse der entwicklungspsychologischen Forschung werden als unentbehrlich für die Bearbeitung pädagogischer Fragestellungen, die Organisation und inhaltliche Gestaltung von Erziehungs- und Bildungsprozessen, die Entwicklungsberatung und die Interventionen bei erwartungswidrigen Entwicklungsverläufen gehalten. Sie können die Folie bieten, auf deren Hintergrund unter pädagogischen Fragestellungen Problem- und Bedingungsanalysen durchgeführt und pädagogische und therapeutische Maßnahmen ergriffen werden. Unmittelbaren Eingang fanden entwicklungspsychologische Forschungsergebnisse in die Entwicklung entwicklungsorientierter Diagnoseverfahren (→ Psychodiagnostik). Sie erlauben nicht nur die Beschreibung alterstypischer Leistungen, sondern auch die Erfassung interindividueller und intraindividueller Verläufe. Sie dienen der Operationalisierung der allgemeinen und der Beschreibung und Prognose der individuellen Entwicklung. Sie erlauben es, die Risiken von Entwicklungsstörungen zu bestimmen und die Effektivität von Förderprogrammen zu evaluieren.

Ergebnisse entwicklungspsychologischer Studien stehen jedoch in der Gefahr, dass zu schnell das, was durch die Untersuchungen konstruktbezogen erfasst wird, zu Entwicklungszielen avanciert und damit mutmaßlich pädagogische Ziele aus der Kraft des Faktischen entstehen. Doch ihre Begrenzungen liegen in ihren theoretischen Prämissen über die treibenden Kräfte der Entwicklung und in der Vertrauenswürdigkeit der verwendeten Forschungsdesigns. Das verfügbare entwicklungspsychologische Wissen entstammt zumeist deskriptiven, korrelationsstatistischen und pfadanalytischen Studien über die Zusammenhänge mehrerer Variablen zu einem Querschnittzeitpunkt oder in Längsschnittstudien zu mehreren Querschnittzeitpunkten. Kurzschlüssig werden so gewonnene Ergebnisse kausalanalytisch interpretiert und für die Prognose zukünftiger Entwicklungen verwendet. Doch derartige deskriptive Studien zeigen nur die gemeinsame Variation mehrerer Variablen in einer Stichprobe und nichts über Kausalitäten und die inneren Zusammenhänge der Gemeinsamkeit. Auf der Grundlage transaktionaler Entwicklungsmodelle muss davon ausgegangen werden, dass es keine deterministischen Beziehungen zwischen Entwicklung und mutmaßlichen Entwicklungsbedigungen gibt. Entwicklung ist vielmehr gekennzeichnet durch aufeinander bezogene aktive Konstruktions- und Rekonstruktionsprozesse der Menschen einer Lebensgemeinschaft unter konkreten sozioökonomischen, soziokulturellen und familienhistorischen Bedingungen. Deskriptive Untersuchungen zeigen auf diesem Hintergrund zugleich Ergebnisse und Ursachen von Entwicklungs- und Veränderungsprozessen. Wie aber Bedingungen zu Begründungen zukünftiger Entwicklung werden, wird durch die konkreten und nicht unmittelbar vorhersehbaren Austauschprozesse zwischen den Menschen entschieden. Benötigt werden deshalb multivariat angelegte Interventionsstudien, die sich prozessanalytisch durch qualitativ angereicherte Methoden mit dem transaktionalen Entwicklungsgeschehen evaluativ beschäftigen (Schuck/Schuck 1996). Karl Dieter Schuck

Literatur

Bleidick, U.: Pädagogik der Behinderten. Grundzüge einer Theorie der Erziehung behinderter Kinder und Jugendlicher. Berlin 5. Aufl. 1984.

Brandtstädter, J./Gräser, H.: Entwicklungsberatung unter dem Aspekt der Lebensspanne. Göttingen 1985.

Filipp, S. H. (Hrsg.): Kritische Lebensereignisse. München 1981.

Franke, E./Greif, S.: Handlungspsychologie. In: Lück, H.E./Miller, R./Rechtin, W. (Hrsg.): Geschichte der Psychologie. München 1984, 122–131.

Groeben, N./Scheele, B.: Argumente für eine Psychologie des reflexiven Subjekts. Darmstadt 1977.

Hildeschmidt, A./Sander, A.: Der ökosystemische Ansatz als Grundlage für Einzelintegration. In: Eberwein, H. (Hrsg.): Behinderte und Nichtbehinderte lernen gemeinsam. Handbuch der Integrationspädagogik. Weinheim 1988, 220–227.

Holzkamp, K.: Lernen. Subjektwissenschaftliche Grundlegung. Frankfurt 1993.

Jantzen, W.: Allgemeine Behindertenpädagogik. Band 2. Neurowissenschaftliche Grundlagen, Diagnostik, Pädagogik und Therapie. Ein Lehrbuch. Weinheim 1990.

Kautter, H.J./Klein, G./Laupheimer, W./Wiegand, H.-S.: Das Kind als Akteur seiner Entwicklung. Idee und Praxis der Selbstgestaltung in der Frühförderung entwicklungsverzögerter und entwicklungsgefährdeter Kinder. Heidelberg 1988.

Montada, L.: Fragen, Konzepte, Perspektiven. In: Oerter, R./Montada, L. (Hrsg.): Entwicklungspsychologie. Weinheim 4. Aufl. 1998, 1–83.

Schönberger, F. (Hrsg.): Kooperative Didaktik. Beiheft 1 der Zeitschrift ‚Kooperative Pädagogik'. Stadthagen 1982.

Schuck, K.D.: Aktivität und Veränderung. Ziele und Aufgaben der Erwachsenenarbeit bei Schwerhörigen und Ertaubten. In: Jussen, H./Claußen, W.H. (Hrsg.): Chancen für Hörgeschädigte. Hilfen aus internationaler Sicht. München 1991, 192–199.

Schuck, E./Schuck, K.D.: Familiäre Umweltbedingungen als Determinanten der kognitiven und Persönlichkeitsentwicklung. Eine Längsschnittuntersuchung. In: Deusinger, I.M./Haase, H. (Hrsg.): Persönlichkeit und Kognition. Frankfurt 1996, 111–133.
Speck, O.: System Heilpädagogik. Eine ökologisch reflexive Grundlegung. München 5. Aufl. 2003.

Ganzheit, Gestalt, Gestalttherapie

Die von Laura und Fritz Perls, Paul Goodman und anderen vor allem in den 40er bis 60er Jahren entwickelte Gestalttherapie, die Perls zunächst als eine *Therapie der Konzentration auf den Kontakt* bezeichnet hatte, stellt die Untersuchung von persönlichen Mustern der Kontaktaufnahme bzw. Kontaktunterbrechung in den Mittelpunkt ihres Interesses. In der Begegnung spiegelt der Therapeut dem Klienten die im Hier-und-Jetzt ablaufenden Kontaktaufnahme- und Kontaktunterbrechungsmuster, die er auf den Ebenen Denken, Fühlen und Handeln wahrnehmen kann. Indem sich der Therapeut als „sein eigenes Instrument" (Polster/Polster 1977) benutzt, also wahrnimmt, was in ihm, mit ihm und um sich herum vorgeht, und diese Wahrnehmungen artikuliert, fördert er ein größeres Selbstgewahrsein („awareness") seines Klienten und gibt ihm so Mittel in die Hand, sich selbst zu helfen („Self-Support"). In diesem Sinne geht es darum, die sich in bestimmten Situationen wiederholenden Muster der Kontaktaufnahme oder Kontaktunterbrechung wahrzunehmen, zu überprüfen, inwiefern sie funktional sind, mit dem Ziel, den bewussten Handlungsspielraum zu erweitern und die Übernahme von Verantwortung zu fördern.

In der *Gestalttherapie* (Fuhr 1999) und der sich aus ihr ableitenden *Gestaltpädagogik* (Burow 1988; 1993) geht es zunächst vor allem darum, den eigenen Anteil an gelingenden bzw. misslingenden Interaktionssituationen herauszufinden. Dieser eigene Anteil besteht vor allem in routinisierten Verhaltens- und Wahrnehmungsmustern, die den Kontakt mit der jeweiligen Situation in unangemessener Weise unterbrechen können und die dem Einzelnen selbst häufig nicht bewusst sind. Diese Kontaktunterbrechungen in bestimmten wiederkehrenden Situationen, die sich im Verlaufe der Biographie herausgebildet haben, können etwa im Sinne eines Selbstschutzes durchaus funktional sein. Insofern geht es nicht um die Förderung von Kontakt an sich, sondern um die genaue Herausarbeitung des Stellenwertes des jeweiligen Musters im Rahmen der eigenen Biographie sowie in der aktuellen Relation Organismus und Umfeld. Indem der Klient allmählich wesentliche Muster kennen und akzeptieren lernt, eine Einsicht in ihre Kosten und Nutzen im Rahmen seiner Möglichkeiten bzw. Begrenzungen der Selbstentfaltung erhält und so seine Selbstbewusstheit erhöht, kann er sich entweder für ein bewusstes Festhalten an seinen bewährten Mustern entscheiden oder Veränderungen einleiten. Er erhält so einen Schlüssel, sich ggf. aus fixierten Routinen und Erstarrungen zu befreien, und es findet eine Wiederbelebung und gegebenenfalls Erweiterung seiner Kontaktfunktionen statt. Der Schlüssel zur Überwindung von Entwicklungsblockaden liegt nach Auffassung der Gestalttherapie dabei vor allem in der Erweiterung der Bewusstheit („awareness"), in der Ausbildung dessen, was Dreitzel (1992) als „sinnliche Reflexivität" bezeichnet hat, und der dadurch möglich werdenden bewussten Übernahme von Verantwortung für das eigene Verhalten.

Gestalttherapie ist eine Richtung der *Humanistischen Psychologie.* Grundlegende Konzepte leiten sich aus Perls' und Goodmans Entwurf einer „Gestalt-Therapy" (1951), in der Auffassungen des Existentialismus, der Phänomenologie, der Gestaltpsychologie und der Psychoanalyse zu einer neuartigen Synthese verschmolzen sind (Fuhr u.a. 1999; Quitmann 1996). Von zentraler Bedeutung für die Gestalttherapie sind die Gestaltgesetze und die Feldtheorie, wie sie insbesondere von Koffka, Köhler, Lewin und Wertheimer entwickelt bzw. dargestellt worden sind (Yontef 1999). Gestaltpsychologen haben ja untersucht, in welcher Weise wir wahrnehmen, und grundlegende Gestaltgesetze formuliert. Demnach pendelt unsere Wahrnehmung permanent zwischen Vordergrund (= Figur bzw. Gestalt) und Hintergrund. Berühmt geworden ist dieses Gesetz durch nachfolgende Abbildung.

Je nachdem wie wir sie betrachten, sehen wir mal eine alte, mal eine junge Frau. Perls/Goodman behaupten nun, dass der Prozess der Gestaltbildung in Interaktionssituationen in ähnlicher Weise funktioniert. Bestimmte Wahrnehmungen führen zur Ausbildung von klaren Gestalten, während andere in den Hintergrund kommen bzw. unterdrückt werden. Der Ort, an dem entschieden wird, welche Gestalten (Figuren) gebildet werden, ist die Kontaktgrenze, die Grenze zwischen dem Organismus und seinem Umfeld. Dabei gilt, dass jeder von uns aufgrund biographischer Einflüsse eine individuell geprägte Kontaktgrenze hat, über die wir nur selten eine Bewusstheit haben. Das Selbst kann in diesem Sinne als „Kontaktgrenze in Tätigkeit" verstanden werden, d.h. das, was unsere Persönlichkeit ausmacht, ist vor allem durch die Art und Weise charakterisiert, wie wir Kontakt aufnehmen bzw. unterbrechen. Oder anders ausgedrückt: „Persönliche Paradigmen" (Burow 1993; 1999) steuern unsere Wahrnehmung. Notwendigerweise sind die meisten Kontaktfunktionen automatisiert und dringen nur selten in unser Bewusstsein. Problematisch wird es allerdings dort, wo unsere routinisierten Wahrnehmungsmuster zur Ausgrenzung bzw. Verzerrung von Gegenstandsbereichen führen und unsere Selbstentfaltung behindern.

Anknüpfend an Auffassungen der Gestaltpsychologie haben Perls und Goodman ein *gestalttherapeutisches Konktaktmodell* entwickelt, das idealtypisch den gelingenden Kontaktprozess in vier Phasen untergliedert. Wer persönliches Wachstum und persönlich bedeutsames Lernen fördern bzw. zu einer Wiederbelebung und Erweiterung der Kontaktfunktionen beitragen möchte, dem gibt dieses Kontaktmodell wichtige Anhaltspunkte für die optimale Gestaltung von Lern- bzw. Therapiesituationen: Demnach muss das Individuum zunächst ungeschlossene Gestalten, unerledigte Situationen abschließen können, um für einen neuen Lernprozess seine volle Energie mobilisieren zu können, und „Appetit" auf das Thema entwickeln *(Vorkontakt).* Dem Ziel des Ankommens im Hier-und-Jetzt und der Konzentrierung der Aufmerksamkeit kann z. B. eine kurze Entspannungsübung dienen. In einem zweiten Schritt muss das Individuum sich über seine Bedürfnisse klar werden, einen persönlichen Bezug (affektive Ladung) zum Thema herstellen und sich entscheiden, in welcher Weise es sich mit dem jeweiligen Thema auseinandersetzen möchte *(Kontaktnahme)*. Sind diese Vorbedingungen erfüllt, kann es zu einem intensivem Kontakt mit dem Lerngegenstand kommen, zu einem persönlich bedeutsamen Lernprozess, der durch ein intensives Beteiligtsein gekennzeichnet ist *(Kontaktvollzug)*. Man ist – wie es Perls u. a. (1951) ausgedrückt haben – beim Hören eines Musikstückes „ganz Ohr" oder beim Sehen eines Bildes „ganz Auge". Die Grenze zwischen mir selbst und dem Lerngegenstand, meine *Kontaktgrenze* öffnet sich, ich verschwimme mit dem Gegenstand (positive Konfluenz) und verändere mich durch den Kontaktvollzug. Diese Erweiterung, die sich aufgrund des persönlich bedeutsamen Kontaktprozesses ergeben hat, zeigt sich oft erst später und ist häufig meinem Bewusstsein entzogen *(Nachkontakt)*. Etwa, wenn ich einige Sätze eines mich anregenden Buches in mein eigenes Weltbild übernommen habe und diese Sätze einige Wochen später wie meine eigenen zitiere, ohne mir bewusst zu sein, dass ich sie von jemand anders übernommen habe. Sie sind Bestandteil meiner selbst geworden.

Von besonderer Bedeutung für die Charakteristik von Gestalttherapie und Gestaltpädagogik ist die Entwicklung bzw. die Verwendung vielfältiger kreativer Medien, Methoden und Übungen, die den Einzelnen darin unterstützen sollen, über sich selbst bewusster zu werden, verschüttete kreative Potentiale und eigene Stärken (den „Self-Support") wiederzuentdecken, routinisierte Wahrnehmungs- und Verhaltensmuster aufzubrechen und den Prozess der Gestaltbildung aktiv zu steuern. Insofern kann Gestalttherapie zugleich als multidimensionales Verfahren der Kreativitätsförderung angesehen werden (detaillierte Fallbeispiele und Übungen in Burow 1993; 1999).

Der „ganzheitliche Anspruch" der Gestalttherapie ist schon in ihren theoretischen Konzepten mit Gestaltpsychologie und Feldtheorie angelegt. In jüngster Zeit eröffnet eine Rückbesinnung auf die Feldtheorie Lewins (Burow 1999; Yontef 1999) eine vielversprechende Perspektive, wie man die Entwicklung der Person im Zusammenhang mit ihrem „Lebensraum" analysieren kann. Goodman hatte vom „creative adjustment" der Person im Organismus-Umwelt-Feld gesprochen. Lewin zeigt nun, wie die Person sich einen „Lebensraum" konstruiert, in dem sie sich bestimmten, im jeweiligen Feld wirkenden sozialen und materiellen Anziehungs- und Abstoßungkräften aussetzt. Eine zentrale Frage könnte lauten: Kann man diese Anziehungs- und Abstoßungskräfte bewusst steuern? Wie müssen Lernfelder beschaffen sein, damit sie der optimalen Entfaltung von Personen und Gruppen dienen? Kann man solche „*Kreativen Felder*" (Burow 1999) entdecken, oder ist es möglich, sie künstlich zu schaffen?

Ein Kreatives Feld wäre eine in sozialer und materieller Hinsicht spezifisch konstruierte Umgebung, die einen besonderen Aufforderungscharakter für eine synergetische Entfaltung des kreativen Potentials zueinander in Beziehung stehender Personen ausübt. So zeichnet sich ein Kreatives Feld durch den bewussten Zusammenschluss von zwei oder mehr Personen mit stark ausgeprägten unterschiedlichen Fähigkeiten aus, denen es gelingt, in dialogischer Weise ihren Gemeinsamen Grund sowie ihre Unterschiede zu erforschen, mit dem Ziel, in einem auf Gegenseitigkeit beruhenden Lern- und Gestaltungsprozess ihr Kreatives Potential gegenseitig hervorzulocken, zu erweitern und zu entfalten.

Anhand einer Nachzeichnung überraschender Karrieren von Schulversagern bzw. von Personen, die ein → abweichendes Verhalten zeigten, wird deutlich, dass jeder von uns zu kreativen Leistungen in der Lage ist, wenn es ihm gelingt, mit geeigneten Synergiepartnern ein Kreatives Feld zu schaffen

(→ Psychotherapie; → Verhaltensgestörte). Feldanalyse und Synergieanalyse werden so zu wichtigen Instrumenten der Kreativitätsförderung. Interessant für den Zusammenhang ist dabei die Einsicht, dass viele der Prinzipien und Methoden der Gestalttherapie geeignet sind, zum Aufbau Kreativer Felder beizutragen. Olaf-Axel Burow

Literatur

Bürmann, J./Dauber, H./Holzapfel, G. (Hrsg.): Humanistische Pädagogik in Schule, Hochschule und Weiterbildung. Lehren und Lernen in neuer Sicht. Bad Heilbrunn 1997.

Burow, O.-A.: Grundlagen der Gestaltpädagogik: Lehrertraining – Unterrichtskonzept – Organisationsentwicklung. Dortmund 1988.

Burow, O.-A.: Gestaltpädagogik – Trainingskonzepte und Wirkungen. Ein Handbuch. Paderborn 1993.

Burow, O.-A.: Die Individualisierungsfalle. Kreativität gibt es nur im Plural. Stuttgart 1999.

Burow, O.-A./Hinz, H. (Hrsg.): Die Organisation als Kreatives Feld. Evolutionäre Personal- und Organisationsentwicklung. Kassel 2005.

Dreitzel, P.: Sinnliche Reflexivität. Köln 1992.

Fatzer, G.: Ganzheitliches Lernen. Humanistische Pädagogik und Organisationsentwicklung. Paderborn 1987.

Fuhr, R./Sreckovic, M./Gremmler-Fuhr, M. (Hrsg.): Handbuch der Gestalttherapie. Göttingen 1999.

Perls, F./Hefferline, G./Goodman, P.: Gestalt therapy. Excitement and groth in the human personality. (1951). Deutsch: Gestalt-Therapie Band 1: Lebensfreude und Persönlichkeitsentfaltung. Gestalt-Therapie Band 2: Wiederbelebung des Selbst. Stuttgart 1979.

Polster, E./Polster, M.: Gestalttherapie. München 1977.

Quitmann, H.: Humanistische Psychologie. Göttingen 3. Aufl. 1996.

Yontef, G.M.: Awareness, Dialog, Prozess. Wege zu einer relationalen Gestalttherapie. Köln 1999.

Hochbegabung

Hochbegabung ist kein einheitliches Konzept. In der Geschichte hat es immer wieder besondere Bemühungen um Hochbegabte und ihre Förderung gegeben (Urban 1982; 2004). Deren Betrachtung zeigt deutlich die gesellschaftliche, historische oder politische Komponente eines Konzepts von Begabung bzw. ihrer Förderung, indem durchaus jeweils andere ‚Talente' im Mittelpunkt des jeweiligen Interesses gestanden haben. Hier geht es insbesondere um intellektuelle Hochbegabung unter Vernachlässigung vieler möglicher anderer Begabungen oder Talente, wie z.B. im musikalischen, sportlichen, handwerklichen, sozialen Bereich.

In diesem Jahrhundert war das Bild des Hochbegabten zunächst geprägt von den Ergebnissen der monumentalen Langzeitstudie von Terman, der 1921 eine große Gruppe von Kindern mit Hilfe von Lehrernominationen und Intelligenztests als hochintelligent (gifted) identifiziert hatte und sie lebenslang begleitete. Sein Ziel war es, die seinerzeit vorherrschende sog. *„Divergenzhypothese"* zu widerlegen, nach der hohe Intelligenz mit negativen Personeigenschaften einhergeht („Genie und Irrsinn"). In der Tat fand Terman durchgängig Belege für seine *„Konvergenzhypothese"*; seine Versuchspersonen erwiesen sich als körperlich und geistig gesünder sowie beruflich erfolgreicher als die Durchschnittspopulation. In Termans Untersuchung wurde Hochbegabung zunächst eindimensional mit hoher Intelligenz gleichgesetzt und anlagebedingt als ein stabiles Personmerkmal betrachtet. Erst später hat Terman auch weitere Einflussfaktoren wie Persönlichkeit und Umwelt auf Leistung und Erfolg in die Interpretation seiner Befunde einbezogen.

Heutige Konzepte von Hochbegabung berücksichtigen meist mehrere Faktoren. Neben Intelligenz werden Kreativität sowie Persönlichkeitsmerkmale (z.B. Motivation und Anstrengungsbereitschaft) genannt, die sich in der Interaktion mit der materiellen und sozialen Umwelt entwickeln und zur Hochleistung führen können. Dabei werden Rolle und Bedeutung der Umweltbedingungen von verschiedenen Autoren unterschiedlich stark akzentuiert. Als klar widerlegt gilt aber das alte Vorurteil, dass besondere Begabungen sich unter allen Umständen von alleine durchsetzen. Das bedeutet zugleich, dass Kinder entweder mit schon manifesten Entwicklungsvorsprüngen oder aber un(ter)entwickelten Potenzialen einen besonderen → Förderbedarf haben. Sie stehen unter dem Risiko, Lern- und Verhaltensauffälligkeiten zu entwickeln, wenn die erzieherischen und pädagogischen Umweltbedingungen nicht differenziert ‚passen'. Von hier aus lässt sich ein sonderpädagogischer Fokus auf hochbegabte Kinder begründen (Hoyningen-Süess/Lienhard 1998).

Explizit sonder- oder behindertenpädagogische Betrachtungsweisen und Zugänge zum Thema Hochbegabung sind in Deutschland selten. Eine Ausnahme ist zum einen die Pädagogik bei Verhaltensstörungen, die diesem Thema gelegentlich Aufmerksamkeit widmete (Goetze/Neukäter 1989; Urban 1989; 2004), und zum anderen die Körperbehindertenpädagogik. Vor allem der Stiftung zur Förderung körperbehinderter Hochbegabter (Vaduz, Liechtenstein) sind eine ganze Reihe von Symposien und Forschungsarbeiten zu verdanken, die sich insbesondere mit den Problemen sinnesgeschädigter Hochbegabter (Schwerpunkt Hörgeschädigte) befasst haben (Stiftung 1988; 1993; Stiftung/Kröhnert 1992). Unter behindertenpädagogischer Perspektive ist speziell das Prinzip der → Normalisierung von Brisanz, da es zunächst in Widerspruch mit der Einzigartigkeit des hochbegabten Individuums und seinen nicht ‚normalen' Interessen, Fähigkeiten und Bedürfnissen gerät. In der Sonderpädagogik anderer Länder stellen Hochbegabte als „exceptionals" durchaus eine übliche Klientel der „special education" dar (z.B. USA). Interessanterweise gehörte ein Kapitel über intellektuell begabte Kinder in einem deutschen Handbuch der Sonderpädagogik schon in den 70er Jahren mit zu den allerersten Veröffentlichungen zum Thema Hochbegabung in der Bundesrepublik nach dem Kriege; es handelte sich dabei allerdings um die deutsche Fassung des bekannten amerikanischen Lehrbuchs von Kirk (1971).

In *(bildungs)politischer* Sicht ist das Thema Hochbegabung sehr viel weniger umstritten, als dies noch vor ein bis zwei Jahrzehnten der Fall war. Das hängt u.a. auch mit einem demokratisierten Verständnis von Elite zusammen (Urban 1996; 2004). In den meisten Bundesländern gibt es inzwischen Maßnahmen zur Förderung hochbegabter Schüler. Der dahinter stehende Kerngedanke betrifft das grundgesetzlich garantierte Recht eines jeden Kindes auf eine seinen Fähigkeiten, Bedürfnissen und Möglichkeiten entsprechende Erziehung und Ausbildung. Ob dies allerdings in einer integrativen Weise oder durch die Einrichtung von Sonderschulen umgesetzt werden soll, wird weiterhin kontrovers diskutiert. Bei dieser, oft ideologisch getragenen, Diskussion werden häufig die vielen anderen organisatorischen, methodischen und curricularen Möglichkeiten einer differenzierenden Förderung von Hochbegabten innerhalb und außerhalb der Schule vernachlässigt.

Klaus K. Urban

Literatur

Goetze, H./Neukäter, H. (Hrsg.): Pädagogik bei Verhaltensstörungen (Handbuch der Sonderpädagogik, Band 6). Berlin 1989.

Hoyningen-Süess, U./Lienhard, P. (Hrsg.): Hochbegabung als sonderpädagogisches Problem. Luzern 1998.

Kirk, S. A.: Lehrbuch der Sondererziehung. Berlin 1971.

Stiftung zur Förderung körperbehinderter Hochbegabter (Hrsg.): Schwerstbehinderte: Erkennung und Förderung hoher Begabung. Vaduz 1988.

Stiftung zur Förderung körperbehinderter Hochbegabter (Hrsg.): Behinderung und Begabungsentfaltung. Vaduz 1993.
Stiftung zur Förderung körperbehinderter Hochbegabter/Kröhnert, O. (Hrsg.): Begabungsentfaltung gehörloser Schüler durch gemeinsames Lernen mit Nichtbehinderten. Vaduz 1992.
Urban, K. K. (Hrsg.): Hochbegabte Kinder. Heidelberg 1982.
Urban, K. K.: Förderung besonderer Begabungen. Demokratischer Anspruch – Pädagogische Herausforderung. Rodenberg 1996.
Urban, K. K.: Hochbegabungen – Aufgaben und Chancen für Erziehung, Schule und Gesellschaft. Münster 2004.

Individualpsychologie

Mit Individualpsychologie bezeichnete Alfred Adler (1870–1937), ursprünglich Anhänger der → Psychoanalyse Freuds, die von ihm begründete Richtung der Tiefenpsychologie, deren ganzheitliche Sicht die Unteilbarkeit des Individuums herausstellt. Seit seiner ersten grundlegenden Arbeit „Studie über Minderwertigkeit von Organen" (1907) entfaltete Adler eine rege schriftstellerische Tätigkeit. Hauptwerke sind: „Über den nervösen Charakter" (1912), „Praxis und Theorie der Individualpsychologie" (1924), „Menschenkenntnis" (1927) und „Die Technik der Individualpsychologie" (1930). Nach dem Zweiten Weltkrieg wurden die Schriften neu herausgegeben (Übersicht: Ansbacher/Ansbacher 1995).

Die Individualpsychologie hat, wie viele psychologische und psychotherapeutische Richtungen, eine vielfach anonyme Rezeption in Psychologie und Pädagogik erfahren. Die populäre Anwendung in der pädagogischen Ratgeberliteratur lässt oft kaum noch die Herkunft der Theoreme erkennen. Die Lehre Adlers wurde namentlich durch Künkel und Wexberg verbreitet. Hauptvertreter einer praktischen Umsetzung in den USA wurden Dreikurs und Gordon. Nichtdirektive Gesprächsführung und → Klientzentrierte Therapie sowie die Humanistische Psychologie enthalten individualpsychologische Prinzipien. Wesentliche Aspekte sind in die Narzissmusforschung eingegangen (Lasch 1982).

Die Individualpsychologie kommt mit verhältnismäßig wenigen, eingängigen Grundbegriffen aus (Wörterbuch: Brunner u.a. 1995). Anlass für das Entstehen eines *Insuffizienz-(Minderwertigkeits-)Gefühls* sind objektive und vermeintliche Mangellagen; so die Minderwertigkeit von Organen, psychophysische Defekte und sichtbare Abweichungen (Kleinheit, Fettleibigkeit, rote Haare, Linkshändigkeit), aber auch soziale Konstellationen in der Geschwisterreihe (Jüngste, Älteste, Einzelkinder, Waisen), Zurücksetzung im Kindergarten, Leistungsversagen in der Schule. Aus dem Erleben der Schwäche erwächst das Bedürfnis nach *Kompensation*, nach einem Ausgleich des Defizits, das oftmals in der *Überkompensation* über das Ziel hinausschießt und Fehlanpassungen produziert. So können → Neurosen (Angst, Bettnässen, Nägelkauen, Aggressivität) und Verhaltensstörungen „sinnvolles Signalverhalten" für dahinter stehende Komplexe sein (Wolff 1978). Die meist frühkindlich erworbenen und geprägten Daseinsthemen und Daseinstechniken (Thomae) stellen eine „Leitlinie des Charakters", einen „Lebensplan", den finalen „*Lebensstil*" dar, dessen oft unverstandene und fiktive Zweckgerichtetheit das „Obensein" in Selbstgefühl und Geltungsstreben zum Ziel hat. Die „Ichhaftigkeit" (Künkel) kontrastiert mit dem sachlichen *Gemeinschaftsgefühl*, das Adler als psychologische Kategorie wie als Erziehungsziel zugleich versteht.

Für Pädagogik und Behindertenpädagogik haben individualpsychologische Kategorien eine beträchtliche theoretische Erklärungskraft und praktische Bedeutung. Die Karriere des lernbehinderten Schülers ist vom sich aufschaukelnden *circulus vitiosus* (Künkel) zwischen Hoffnung und Resignation, der Motivation zwischen Erfolgszuversicht und Misserfolgsängstlichkeit bestimmt (Heckhausen). Aus dem „Teufelskreis Lernstörungen" (Betz/Breuninger 1987) kann nur geduldige, kleinschrittige und langfristig angelegte *Ermutigung* heraushelfen. Das defektive Mangelerlebnis bei Sinnesgeschädigten und Körperbehinderten (Hansen 1999) legt demgegenüber durchaus eine behutsame Entwicklung kompensatorischer Fähigkeiten und Techniken nahe (Seifert 1969).

Ulrich Bleidick

Literatur

Ansbacher, H.L./Ansbacher, R.R. (Hrsg.): Alfred Adlers Individualpsychologie. Eine systematische Darstellung aus seinen Schriften. München 4. Aufl. 1995.

Betz, D./Breuninger, H.: Teufelskreis Lernstörungen. Theoretische Grundlegung und Standardprogramm. München 2. Aufl. 1987.

Bleidick, U.: Individualpsychologie, Lernbehinderungen und Verhaltensstörungen. Hilfen für Erziehung und Unterricht. Berlin 1985.

Bleidick, U.: Individualpsychologie und Sonderpädagogik. In: Zeitschrift für Individualpsychologie 29 (2004) 181–195.

Brunner, R./Kausen, R./Titze, M. (Hrsg.): Wörterbuch der Individualpsychologie. München 2. Aufl. 1995.

Hansen, G.: Persönlichkeitsentwicklung körperbehinderter Menschen aus der Sicht der Individualpsychologie. In: Bergeest, H./Hansen, G. (Hrsg.): Theorie der Körperbehindertenpädagogik. Bad Heilbrunn 1999, 253–268.

Lasch, Ch.: Das Zeitalter des Narzissmus. München 1992.

Rüedi, J.: Die Bedeutung Alfred Adlers für die Pädagogik. Eine historische Aufarbeitung der Individualpsychologie aus pädagogischer Perspektive. Bern 2. Aufl. 1992.

Seifert, K. H.: Grundformen und theoretische Perspektiven psychologischer Kompensation. Meisenheim 1969.

Wolff, G.: Kindliche Verhaltensstörungen als sinnvolles Signalverhalten. In: Zeitschrift für Heilpädagogik 29 (1978) 145–155.

Klientzentrierte Therapien

Der Begriff der klientzentrierten Therapien geht auf Carl Rogers (1902–1987) zurück, einen der wichtigsten Vertreter der humanistischen Psychologie. Rogers hat ein umfassendes klientzentriertes Konzept entwickelt: Es enthält Ausführungen über das zugrundeliegende existenzphilosophisch geprägte Menschenbild, das Selbst oder Selbstkonzept als das wesentliche psychische System, eine im Inneren der Person angelegte Tendenz zur seelischen Weiterentwicklung sowie die Phänomenologie als zentrale Erkenntnismethode. In den klientzentrierten Therapien wird das Grundanliegen praktisch umgesetzt: Im Mittelpunkt steht eine therapeutische Wahrnehmungshaltung, die sich auf *das Erleben des sog. Klienten* konzentriert und darauf, wie er sein Erleben bewertet. Der Klient soll keinesfalls direktiv geleitet werden, wie auch die ursprüngliche Bezeichnung ‚nicht-direktive Therapien' signalisiert (Reimer u.a. 2000).

Klientzentrierte Therapie- und Beratungskonzepte existieren bereits seit den 40er Jahren (Rogers 1942/1951). Sie haben sich in Deutschland nach 1970 in der universitären Forschung und Ausbildung etablieren können. In der Forschung werden vor allem klassische empirisch-experimentelle Methoden eingesetzt. Die Wirksamkeit klientzentrierter Therapien, vor allem der Gesprächspsychotherapie, gilt aufgrund zahlreicher Untersuchungsergebnisse als weitgehend gesichert (Tausch/Tausch 1990). Bemerkenswert ist, dass auf breiter Ebene ein Forschungsansatz präferiert wird, der mit der ursprünglich von Rogers formulierten phänomenologischen, am Einzelfall orientierten Grundposition schwerlich vereinbar ist.

Vor allem die *Gesprächspsychotherapie*, eine Anwendungsform für Erwachsene, ist in der ambulanten klinischen Versorgung und in vielen Beratungseinrichtungen verbreitet – mit einem weiten Indikationsbereich zur Behandlung seelischer Beeinträchtigungen und krisenhafter Lebensentwicklungen. Klientzentrierte Gruppentherapien dienen einem ähnlichen Zweck, finden jedoch seltener Anwendung. Die sog. Encounter-Gruppen sollen Selbsterfahrungsprozesse unabhängig von klinischen Notwendigkeiten ermöglichen. Die personzentrierte → Psychotherapie mit Kindern und Jugendlichen stellt einen eigenständigen Anwendungsbereich dar, mit einigen technischen Modifikationen des Grundkonzeptes (Boeck-Singelmann u.a. 2002/2003).

Das Ziel der klientzentrierten Psychotherapien besteht darin, die *innere Erlebenswelt* des Klienten zu verändern. Der Klient soll die Fülle seiner Gefühle so uneingeschränkt wie möglich wahrnehmen können und sich selbst in seinem Erleben anerkennen und wertschätzen. In diesem Prozess der Selbsterkenntnis und -akzeptanz werden Inkongruenzen des Erlebens aufgelöst, die durch unvereinbare Bewertungen von Erfahrungen entstanden sind und zu inneren Spannungen und Symptombildungen geführt haben. Im Kern geht es um eine Veränderung des *Selbstkonzeptes*, um ein stimmiges Verhältnis zu sich selbst. Die Lösung innerer Konflikte gilt ebenso wenig als primäres Ziel wie eine Korrektur von Symptomen.

Das Streben nach Veränderung ist, dem Theoriekonzept zufolge, in jedem Menschen angelegt, in seiner Fähigkeit, Erfahrungen im Hinblick auf die Weiterentwicklung des ‚Organismus als Ganzem' zu bewerten. Die Symbolisierung und Integration des Erlebten in das eigene Selbst wird als *Selbstaktualisierungstendenz* bezeichnet. Alle therapeutischen Handlungsanweisungen sollen dazu dienen, dass die inneren Wachstumskräfte des Klienten unterstützt und gestärkt werden. Das einfühlende Verstehen der inneren Situation des Klienten (Empathie) kann zu einer vertieften und differenzierteren Wahrnehmung seines Erlebens führen. Eine wertschätzende Grundhaltung des Therapeuten (bedingungsfreie Anerkennung) soll es dem Klienten erleichtern, sich selbst zu akzeptieren. Die Kongruenz des Therapeuten, die innere Übereinstimmung mit sich selbst, ermöglicht eine stimmige Beziehung zum Klienten, so dass auch der Klient ein kongruentes Verhältnis zu sich selbst gewinnen kann.

Eine wichtige Weiterentwicklung der Gesprächspsychotherapie findet sich bei Biermann-Ratjen u.a. (2003). Sie verstehen die sog. *Therapeutenvariablen* (Empathie, bedingungsfreie Anerkennung, Kongruenz) weniger als äußerlich erlernbare Technik, sondern als wesentlichen Inhalt eines bestimmten Beziehungsangebotes. Dem Klienten wird eine hilfreiche Beziehung offeriert, die er für sich selbst zu einem erweiternden Selbstverständnis nutzen kann. Eine ständige Selbstreflexion des Therapeuten ist notwendig, damit das gesprächspsychotherapeutische Beziehungsangebot auch in kritischen Situationen aufrechterhalten werden kann.

Die Stärke der klientzentrierten Therapien besteht darin, dass Bedingungen einer Beziehungsgestaltung entwickelt werden, die notwendig sind, damit ein therapeutischer Prozess fruchtbar verlaufen kann. Die darüber hinausgehende Theoriebildung fällt allerdings sparsam aus: So wird traditionellerweise auf eine Entwicklungs- und Störungslehre weitgehend verzichtet. Erst in jüngerer Zeit gibt es Versuche, eine eigenständige, ätiologisch orientierte Krankheitslehre zu formulieren (Eckert u.a. 1993).

Behindertenpädagogisch relevant sind vor allem Beratungsansätze, die sich aus den klientzentrierten Therapien ableiten. Klientzentrierte Selbsterfahrungsgruppen und Supervision spielen in der Lehreraus- und -weiterbildung eine Rolle. Psychotherapeutische Hilfen bieten sich insbesondere für verhaltensgestörte Kinder und Jugendliche an. Sie sollten aber außerhalb des pädagogischen Arbeitsfeldes realisiert werden, um unnötige Rollendiffusionen zu vermeiden. Psychotherapie in der Schule wird deshalb auch nur von sehr wenigen Autoren befürwortet, zum Beispiel von Goetze (1993). Bernd Ahrbeck

Literatur

Biermann-Ratjen E./Eckert, J./Schwartz, H.-J.: Gesprächspsychotherapie. Stuttgart 2003.

Boeck-Singelmann, C./Ehlers, B./Hensel,Th./Kemper, F./Monden-Engelhardt, Ch. (Hrsg.): Personzentrierte Psychotherapie mit Kindern und Jugendlichen. Band 1, 2 und 3. Göttingen 2002/2003.

Eckert, J./Höger, D./Linster, H. (Hrsg.): Die Entwicklung der Person und ihre Störung. Band 1. Köln 1993.

Goetze, H.: Spieltherapie bei Kindern mit Verhaltensstörungen. In: Goetze, H./Neukäter, H. (Hrsg.): Pädagogik bei Verhaltensstörungen (Handbuch der Sonderpädagogik, Band 6). Berlin 2. Aufl. 1993, 871–883.

Reimer, Ch./Eckert, J./Hautzinger, M./Wilke, E.: Psychotherapie. Berlin 2000.

Rogers, C.: Die klientzentrierte Gesprächspsychotherapie. Frankfurt 1995 (zuerst 1951).

Rogers, C.: Die nicht-direktive Beratung. Frankfurt 1997 (zuerst 1942).

Tausch, R./Tausch, A.-M.: Gesprächspsychotherapie. Göttingen 12. Aufl. 1990.

Kognitives Training

Beim kognitiven Training werden Komponenten von Leistungen trainiert, die mit Denken oder Lernen, mit Wahrnehmung, Aufmerksamkeit oder Gedächtnis zu tun haben. Weil in der Schule, aber auch im Beruf Leistungen dieser Art gefordert werden, sind kognitive Förderbemühungen pädagogisch erwünscht. Im Gegensatz etwa zum Lese-, Rechtschreib- oder Rechentraining werden dabei Funktionen trainiert, die Voraussetzung für solche und andere Leistungen darstellen. Konkret handelt es sich um verschiedene Varianten des *Denktrainings*, um *Aufmerksamkeitstraining*, um *Wahrnehmungs-* und *Gedächtnistraining*, aber auch um *Motivationstraining* oder um ähnliche Programme, soweit dabei kognitive Komponenten trainiert werden.

Das Angebot an Trainingsprogrammen ist sehr vielfältig, insbesondere auch im Bereich der Behindertenpädagogik – etwa zur Förderung der visuellen oder auditiven Wahrnehmung, der Motorik, der Konzentration und des Gedächtnisses. Leider sind weitaus die meisten der angebotenen Programme nicht hinreichend empirisch erprobt, so dass in solchen Fällen größte Zurückhaltung angezeigt ist. Einen Sonderfall stellt das → *Wahrnehmungstraining* nach Frostig dar (Frostig u.a. 1977), das zwar vielfältig erprobt worden ist, in den Effekten aber sehr enttäuscht (Kavale 1984).

Im folgenden wird auf Programme eingegangen, die hinreichend empirisch erprobt sind. Man kann nur dann von hinreichender Erprobung sprechen, wenn (1) das Programm mehrfach durchgeführt wurde, (2) in allen Fällen mindestens eine Kontrollgruppe ohne Training herangezogen worden ist und wenn (3) in der Regel die Trainingsgruppe statistisch bedeutsam mehr zugelegt hat als die nicht trainierte Kontrollgruppe. Hammill/Larsen (1974) haben im Zusammenhang mit einem *psycholinguistischen Training* das Kriterium aufgestellt, dass ein Training nur dann in der Praxis eingesetzt werden sollte, wenn die Trainingsgruppe in mindestens der Hälfte der Versuche der Kontrollgruppe statistisch bedeutsam überlegen war.

Der Einsatz solcher Programme kann also empfohlen werden. In der deutschen Behindertenpädagogik werden spezielle Trainingsprogramme bei weitem noch nicht so häufig eingesetzt, wie man dies heute erwarten sollte. Dabei entspricht ein Training durchaus dem Anliegen, normalisierend pädagogisch tätig zu werden. Sicherlich ist es nicht möglich, auf diese Weise Behinderungen abzubauen, doch sind deutliche Verbesserungen nachweisbar. Hinzu kommt, dass sich die meisten der Programme auch förderlich auf das Lernen in der Schule auswirken.

Störungen der → Aufmerksamkeit kommen in allen Formen der Sonderschule vor. Deshalb ist ein bewährtes *Aufmerksamkeitstraining* besonders dringlich. Im deutschen Sprachraum haben Lauth/Schlottke (1993) solch ein Programm vorgelegt und empirisch mit gutem Erfolg erprobt. Das Programm kann im Einzelfall und in kleinen Gruppen eingesetzt werden – etwa in Förderstunden – und nimmt auch → verhaltenstherapeutische Aspekte auf. In mehreren Untersuchungen hat es sich gut bewährt. Eine Metaanalyse über 23 Untersuchungen zu ähnlich strukturierten amerikanischen Programmen, die in Schulen stattgefunden haben, kam zum Ergebnis, dass bemerkenswerte und auch lang anhaltende Effekte festzustellen sind (Robinson u.a. 1999).

Beeinträchtigungen der → *Intelligenz* kommen in allen Sonderschularten vor, nicht nur in Schulen für → Lernbehinderte. In der → Frühförderung und im Vorschulbereich kann das Programm DenkMit von Sydow/Meincke (1992) eingesetzt werden. Dabei wird die Strategie des analogen Denkens systematisch eingeübt, welche in der Schule wie im Leben eine große Rolle spielt. Das Programm hat sich in verschiedenen Erprobungen gut bewährt. Handelt es sich um ältere Kinder, so stehen die Programme zur Förderung des induktiven Denkens von Klauer (1989; 1993) zur Verfügung. Das „Denktraining für Kinder I" ist für Kinder etwa vom 5. bis 8. Lebensjahr konzipiert. Bei Lernbehinderten ist es erfolgreich bis zum 10. oder 12. Lebensjahr eingesetzt worden. Das „Denktraining für Jugendliche" wurde speziell für lernschwache Jugendliche in den Abschlussklassen entwickelt und geht auch auf die spezielle Interessenlage von Jugendlichen ein. Das „Denktraining für Kinder II" (Klauer 1991) kommt eher für ältere und normal oder gar gut begabte Kinder in Frage. Inzwischen liegen über 50 experimentelle Erprobungen zu den drei Programmen vor. In zusammenfassenden Metaanalysen zeigte sich, dass das Training des induktiven Denkens im Durchschnitt deutliche Verbesserungen der Intelligenz bewirkt. Weiterhin ist nachgewiesen, dass diese Effekte lange anhalten. Schließlich konnte festgestellt werden, dass das Training des induktiven Denkens einen noch stärkeren Einfluss auf schulisches Lernen als auf die Intelligenz ausübt (Klauer 1999). Insofern dürfte es immer dann in Frage kommen, wenn Lernstörungen oder Lernbehinderungen vorliegen.

Zur Förderung der *Lern- und Leistungsmotivation* wurden im Arbeitskreis von Rheinberg wirkungsvolle Programme eingesetzt (Rheinberg/Fries 1998: Rheinberg/Krug 1999). Diese Ansätze sind insbesondere im schulischen Kontext sehr gut einsetzbar und verdienen gerade auch im sonderpädagogischen Sektor größte Beachtung. Hervorzuheben ist, dass sich die Kombination des Denktrainings von Klauer mit dem Motivationstraining von Rheinberg ganz besonders gut bewährt hat. Das ist auch verständlich, da beide Programme nachweislich wirksam sind und sich gut ergänzen. Lernmotivation und Denkstrategien sind in jedem Unterricht hilfreich.

Kurth/Schroeder (1997) haben unter praxisnahen Bedingungen ebenfalls Elemente verschiedener *Trainingsprogramme kombiniert*, beispielsweise Elemente aus Aufmerksamkeits-, Denk- und Motivationsprogrammen, und haben damit gleichfalls gute Erfolge erzielt. Hofmann u. a. (1997) entwickelten ein vielversprechendes Programm, um selbstreflexive Fertigkeiten zu trainieren, und es steht zu hoffen, dass der Ansatz weiterverfolgt wird. Karl Josef Klauer

Literatur

Frostig, M./Horne, D./Miller, A. M.: Visuelle Wahrnehmungsförderung – Übungsfolge. Dortmund 1977.

Hammill, D.C./Larsen, S.C.: The effectiveness of psycholinguistic training. In: Exceptional Children 41 (1974) 5–14.

Hofmann, B./Matthes, G./Emmer, A.: Differentielle Wirkungen dreier selbstreflexiver Trainingsprogramme auf lernbeeinträchtigte Schüler. In: Heilpädagogische Forschung 23 (1997) 98–112.

Kavale, K.J.: A meta-analytic evaluation of the Frostig test and training program. In: The Exceptional Child 31 (1984) 134–141.

Klauer, K.J.: Denktraining für Kinder I. Göttingen 1989.

Klauer, K.J.: Denktraining für Kinder II. Göttingen 1991.

Klauer, K.J.: Denktraining für Jugendliche. Göttingen 1993.

Klauer, K.J.: Fostering higher oder reasoning skills: The case of inductive reasoning. In: Hamers, J./van Luit, J./Csapó, B. (Hrsg.): Teaching and learning thinking skills. Lisse 1999, 131–156.

Kurth, E./Schroeder, B.: Aufbau und Effizienz eines individualisierbaren Trainingsprogramms für jüngere Schulkinder mit psychischem Förderbedarf. In: Vierteljahreszeitschrift Sonderpädagogik 27 (1997) 131–146.

Lauth, D.W./Schlottke, P.F.: Training mit aufmerksamkeitsgestörten Kindern. Weinheim 1993.

Rheinberg, F./Fries, S.: Förderung der Lernmotivation: Ansatzpunkte, Strategien, Effekte. In: Psychologie in Erziehung und Unterricht 44 (1998) 168–184.

Rheinberg, F./Krug, S.: Motivationsförderung im Schulalltag. Göttingen 1999.

Robinson, T.R./Smith, S.W./Miller, M.D./Brownell, M.T.: Cognitive behavior modification of hyperactivity – impulsivity and aggression: A meta-analysis of school-based studies. In: Journal of Educational Psychology 91 (1999) 195–203.

Sydow, H./Meincke, J.: DenkMit. Simbach 1992.

Neurosen

In sehr allgemeiner Form steht der Neurosenbegriff für *seelische Erkrankungen ohne organischen Befund*. Genauer gefasst bezeichnet er eine bestimmte Gruppe psychischer Erkrankungen, die sich unter anderem durch eine spezifische Symptomatik auszeichnen. Neurosen beruhen, je nach Referenzmodell, auf ungelösten intrapsychischen Konflikten, Beeinträchtigungen des Selbstkonzepts oder inadäquaten Lernprozessen. Grundlegend ist, ebenso wie für andere seelische Erkrankungen, dass sich die betroffene Person selbst behindert. Der neurotische Mensch verfügt über keine adäquaten Bewältigungsmöglichkeiten seines Erlebens, oder er hält an unangemessenen Handlungsstrategien fest. Der Realitätsbezug bleibt dabei weitgehend erhalten.

In den deskriptiv angelegten internationalen Klassifikationsschemata psychischer Störungen (ICD-10; DSM-IV) taucht der Neurosenbegriff nicht auf. Ein Grund dafür ist, dass Neurosen als Sammelbegriff erhalten geblieben sind, der theoriegeleitet unterschiedlich interpretiert wird. Für deskriptive Zwecke eignet er sich nur begrenzt. Die klinische wie auch pädagogische Relevanz des Begriffes ist davon unberührt, er findet weiterhin breite Verwendung.

Als *psychiatrisch wichtigste Neurosen* gelten Depressionen, Zwangsneurosen, Phobien und Konversionsneurosen, früher auch Hysterien genannt. Mitunter wird auch die Angstneurose genannt, die jedoch einen Sonderstatus einnimmt (Mentzos 1994). Hinzu kommen zahlreiche neurotische Symptome wie z.B. Kontakt-, Arbeits- oder funktionelle Sexualstörungen. Differentialdiagnostisch abzugrenzen sind die sog. Charakterneurosen, ein heute selten benutzter Begriff, der eine *Persönlichkeitsstörung* bezeichnet. Dazu gehören vor allem narzisstische Erkrankungen sowie Borderline-Störungen, Grenzfälle zwischen Neurosen und Psychosen. Abgrenzungen sind ferner notwendig gegenüber psychotischen und psychosomatischen Erkrankungen, Suchtentwicklungen, sexuellen Abweichungen (Perversionen) und hirnorganischen Beeinträchtigungen.

Gesicherte Erkenntnisse über die *Verbreitung* von Neurosen lassen sich nur schwer gewinnen, sowohl für Neuerkrankungen (Inzidenz) als auch für den Krankheitsstand (Prävalenz). Denn die Übergänge von → Gesundheit zu → Krankheit sind fließend, und nur ein Teil der Betroffenen lässt sich auch behandeln. Sehr weitgehende Schätzungen beinhalten, dass 60 bis 90 Prozent der Bevölkerung irgendwann einmal im Leben neurotisch erkranken. Diese Zahlen dürften aber eher ein Indikator der grundsätzlichen Störanfälligkeit menschlichen Seelenlebens sein als ein Ausdruck klinisch relevanter Erkrankungen. Realistischer sind Prävalenzangaben, die sich bei Schepank (1986) finden: 9% der Bevölkerung in Europa und Nordamerika gelten als neurotisch gestört. Psychiatrisch besteht ein weitgehender Konsens, dass die ‚reifen' klassischen Neurosen seltener geworden sind und ‚frühe' Persönlichkeitsstörungen zugenommen haben. Reiche (1991) hat inzwischen allerdings eine Reihe überzeugender Argumente vorgebracht, die diese scheinbar gesicherte Erkenntnis erschüttern.

Genetische Dispositionen für neurotische → Entwicklungen werden aufgrund neuer biologischer Forschungsergebnisse wieder stärker in Erwägung gezogen. Aus tiefenpsychologischer Sicht repräsentieren Neurosen *ungelöste innere Konflikte*, die in der frühen Kindheit angelegt sind und zunächst unbewusst bleiben. Sie werden aufgrund chronischer Überforderungen oder aktueller Belastungen aktiviert, so dass in der Folge Symptombildungen entstehen. Die → Individualpsychologie akzentuiert besonders die Bedeutung eines basalen Minderwertigkeitsgefühls (‚Organminderwertigkeit'), das als lebenslange Aufgabe kompensiert werden muss. Aus kognitiv-lerntheoretischer Sicht sind neurotische Erkrankungen Ausdruck falsch erlernter Erlebens- und Verhaltensweisen sowie unangemessener kognitiver Bewertungs- und Steuerungsmechanismen. Die humanistische Psychologie zentriert ihr Neurosenverständnis um die Entwicklung des Selbst oder Selbstkonzepts. Neurotisch machen demnach Erfahrungen, die in sich widersprüchlich sind und nicht in das bestehende Selbstverständnis integriert werden können.

(Kognitive) Lerntheorien und die humanistische Psychologie benennen theoriespezifisch Bedingungen zur Neurosenentwicklung, verfügen aber über keine eigenständige Neurosenlehre. Differenzierte Erkenntnisse hierzu finden sich in der psychoanalytischen Theoriebildung. Ausgangspunkt ist die Freudsche Konflikttheorie: Sie bietet ein allgemeines Rahmenkonzept, das Aussagen über neurotische Strukturen, innere Konflikte, neurotische Beziehungsmuster und die Symptomgenese ermöglicht (Loch 1999).

Der zentrale Konflikt neurotischer Erkrankungen besteht psychoanalytisch im Widerspruch innerer Strebungen und Anforderungen, die sich mit den zur Verfügung stehenden Mitteln nicht lösen lassen. In der Regel sind es libidinöse oder aggressive Triebwünsche des Es, die mit den in der Kindheit erworbenen Anforderungen des Über-Ich in Konflikt geraten. Reicht die Fähigkeit des Ich, der vermittelnden Instanz, zur Konfliktlösung nicht aus, werden Abwehrprozesse aktiviert. Sie sorgen dafür, dass ein unerträglich gewordenes Erleben ins Unbewusste verdrängt wird. Symptome entstehen dadurch, dass sich die unbewussten Vorstellungen und Triebimpulse in veränderter Form einen Weg ans Tageslicht bahnen (‚Wiederkehr des Verdrängten'). Die Symptome stellen eine Kompromissbildung zwischen unversöhnlichen inneren Strebungen dar, weisen also auch auf unbefriedigt gebliebene Bedürfnisse und Anforderungen hin.

Kennzeichnend für Neurosen ist, dass ein innerer Konflikt zwischen unterschiedlichen Teilen der Persönlichkeit existiert. Dieser Konflikt kann als solcher erlebt werden. Ein neurotischer Mensch leidet im Kern an sich selbst, daran, dass er mit seinen inneren Konflikten nicht fertig wird. Darin unterscheidet er sich von vielen frühgestörten Menschen, die Konflikte agieren, in der Folge über Probleme mit der Außenwelt klagen, sich selbst aber kaum als beteiligt erleben.

Die inneren Konflikte *depressiver* Menschen ranken sich um eine Trennungs- und Ablösungsproblematik. Es sind vor allem die eigenen Autonomiebestrebungen, die gefürchtet werden. Sie gelten deshalb als so gefährlich, weil angenommen wird, dass sie das ungesicherte Urvertrauen noch weiter schwächen. Die depressive Symptomatik (innere Leere, Gefühl der Wertlosigkeit) kommt durch die Wendung aggressiver Wünsche gegen die eigene Person zustande (Will u. a. 2000). *Zwanghafte* Patienten tragen heftige innere Kämpfe aus, in einem aufgeladenen Spannungsfeld zwischen aggressiven Bedürfnissen und hohen moralischen Anforderungen. Die Angst vor der eigenen zerstörerischen Potenz ist dabei so groß, dass das Erleben eingeschränkt und kontrolliert werden muss. Kontrolle ist auch das zentrale Thema der Zwangssymptomatik, von Zwangsgedanken, -impulsen und -handlungen (Quint 1984). Menschen mit einer *Phobie* fürchten den Durchbruch aggressiv oder sexuell getönter Willkürimpulse. Die Symptomatik soll vor dieser Gefährdung sichern, indem das Handlungsfeld eingeschränkt und Versuchungssituationen vermieden werden – z. B. dadurch, dass jemand nicht mehr allein auf die Straße zu gehen vermag (König 2003). Bei den *Konversionsneurosen* (Hysterien) geht es nach neueren Erkenntnissen nicht primär um eine ödipale Konflikthaftigkeit. Das wesentliche innere Missverständnis besteht darin, dass eine sexuelle Verführung die fehlende basale Sicherheit, das Gefühl des Angenommenseins, herstellen soll. Dramatisiert und oft theatralisch wird dieser zum Scheitern verurteilte Versuch immer wieder neu in Szene gesetzt (Rupprecht-Schampera 1999).

Eine wichtige Weiterentwicklung der Neurosenlehre findet sich bei Mentzos (1997), der ein einheitliches Neurosenverständnis in Frage stellt. Psychogenese, Konflikte, Abwehr und Symptome bedingen einander in den einzelnen Krankheitsbildern nicht so sehr, wie zunächst angenommen wurde. Zum Beispiel sind Zwangssymptome auch bei Personen anzutreffen, die über keine zwanghafte Persönlichkeitsstruktur verfügen. Umgekehrt kann ein bestimmter Konflikt mit ganz unterschiedlichen Abwehr- und Symptombildungen verbunden sein. Mentzos schlägt deshalb eine neues Ordnungsschema vor: Im Mittelpunkt steht der ‚neurotische Modus der Konfliktverarbeitung', die Art und Weise, wie ein Mensch psychische Konflikte zu bewältigen sucht.

Neurotische Kinder und Jugendliche spielen in der → *Verhaltensgestörtenpädagogik* nur eine begrenzte Rolle. Sie können zwar in der Schule einige Schwierigkeiten bereiten, sind häufig aber nicht extrem auffällig. Zumindest ein Teil von ihnen wird außerhalb der Schule psychotherapeutisch behandelt. Das eigentliche behindertenpädagogisch relevante Problemfeld sind Schüler mit massiven frühen Beeinträchtigungen, die zudem häufig aus wenig priviligierten sozialen Verhältnissen stammen. Als zentrale Kategorie seelischer Beeinträchtigungen ist der Neurosenbegriff aber behindertenpädagogisch nach wie vor relevant. Die Neurosenlehre eröffnet einen einzigartigen Einblick in die infantile psychische Konflikthaftigkeit.

Bernd Ahrbeck

Literatur

König, K.: Angst und Persönlichkeit. Göttingen 2003.
Loch, W. (Hrsg.): Die Krankheitslehre der Psychoanalyse. Stuttgart 1999.
Mentzos, S. (Hrsg.): Angstneurose. Frankfurt 1994.
Mentzos, S.: Neurotische Konfliktverarbeitung. Frankfurt 1997.
Quint, H.: Der Zwang im Dienste der Selbsterhaltung. In: Psyche 38 (1984) 717–737.
Reiche, R.: Haben frühe Störungen zugenommen? In: Psyche 45 (1991) 1045–1066.
Rupprecht-Schampera, U.: ‚Hysterie' – ödipal oder pseudoödipal? In: Brech, E./Bell, K./Marahrens-Schürg, Ch.: Weiblicher und männlicher Ödipuskomplex. Göttingen 1999, 169–188.
Schepank, H.: Epidemiologie psychogener Störungen. In: Kisker, K./Lauter, H./Meyer, J.-E./Müller, C./Strömgen, E. (Hrsg.): Psychiatrie der Gegenwart. Band I. Berlin 1986, 1–27.
Will, H./Grabenstedt, Y./Völkl, G./Banck, G.: Depression. Stuttgart 2000.

Psychoanalyse

Psychoanalyse bedeutet im ursprünglichen Wortsinn ‚*Zerlegung*' oder ‚Zersetzung' seelischer Tätigkeiten und Prozesse. Seelische Phänomene wie Symptome, Fehlleistungen oder Träume sollen in die sie konstituierenden Elemente zerlegt werden, so dass die zugrundeliegenden elementaren Motive und Triebregungen zu Tage treten. Die ‚zersetzende' psychoanalytische Arbeit hat zum Ziel, dass *unbewusste Zusammenhänge* erkannt werden können. Erst wenn Unbewusstes bewusst geworden ist, wird eine erneute Synthese möglich, die besser ist als die alte, so dass zum Beispiel auf Symptombildungen verzichtet werden kann (Laplanche 1996).

Dieses klassische Verständnis der (Selbst)Aufklärung wurde in der inzwischen einhundertjährigen Geschichte der Psychoanalyse weiterentwickelt und ausdifferenziert. Wesentlich dazu beigetragen hat eine Erweiterung des Patientenkreises: Auch Menschen mit frühen und frühesten Beeinträchtigungen werden nunmehr psychoanalytisch behandelt, nicht mehr nur die (vermeintlich) reifen neurotischen Patienten der Anfangszeit. Stützende und strukturbildende Behandlungs- und Beziehungskonzepte ergänzen seitdem das psychoanalytische Behandlungsrepertoire. Vertiefte Einsichten in intrapsychische Strukturen und elementare Beziehungsprozesse werden möglich.

Die Psychoanalyse beschäftigt sich neben dem individuellen Seelenleben auch mit sozialen und gesellschaftlichen Phänomenen. Sie hat eine eigenständige Kulturtheorie hervorgebracht (Freud 1989). Unter Psychoanalyse ist also nicht nur (1) eine psychotherapeutische *Behandlungsmethode* zu verstehen. Sie repräsentiert auch (2) eine *Untersuchungsmethode* seelischer und sozialer Zusammenhänge, eine bestimmte Wahrnehmungs- und Erkenntnishaltung, die in ihrem Anwendungsbereich weit über die klinische Praxis hinausreicht. Zudem haben psychoanalytische Erkenntnisse (3) zu einer eigenständigen psychologischen *Theoriebildung* geführt. Die Anwendung psychoanalytischer Einsichten und Erkenntnismethoden erstreckt sich inzwischen auf so unterschiedliche wissenschaftliche Disziplinen wie Philosophie und Kulturwissenschaft, Kunst und Geschichtswissenschaft, Soziologie und Erziehungswissenschaft.

Im Konzert der Wissenschaften spielt die Psychoanalyse eine Sonderrolle: Sie ist eine ‚Wissenschaft zwischen den Wissenschaften', die neben Psychologie und Soziologie auch die Biologie zu ihren Grundlagen zählt (Kutter 2000). Wissenschaftstheoretisch lässt sie sich zwischen naturwissenschaftlichem Erklären und deutendem Verstehen, also einem hermeneutischen Wissenschaftsbegriff, ansiedeln. Je nach Orientierung an dem einen oder anderen Pol finden sich innerhalb der Psychoanalyse unterschiedliche Positionen. Ein streng empirisch-nomothetischer Wissenschaftsbegriff wird dem Anliegen der Psychoanalyse jedoch nicht gerecht (Körner 1985).

Die Bedeutung der Psychoanalyse für die → Pädagogik und → Behindertenpädagogik besteht darin, dass sie einen umfassenden anthropologischen Entwurf anbietet, der eine eigenständige Persönlichkeits-, Entwicklungs- und Beziehungstheorie beinhaltet (Mertens 1998). Ausgangspunkt der modernen Psychoanalyse ist, dass sich die Persönlichkeit des Kindes von Anfang an *dialogisch* entwickelt, zunächst in der Auseinandersetzung mit den primären Bezugspersonen. Unabdingbar stellen sich dabei für das Kind innere Konflikte ein, die in den jeweiligen Beziehungskontext eingebunden sind. Ihr Ausgang ist mit entscheidend dafür, ob es im weiteren die innere und äußere Realität bewältigen kann. In der Schule werden die infantilen Konflikte reaktiviert und in der Beziehung zu Lehrern und Mitschülern in Szene gesetzt. Diese Konflikte lassen sich mit Hilfe einer psychoanalytischen Wahrnehmungshaltung analysieren und besser verstehen, so dass Erziehungs- und Unterrichtsprozesse reflektierter gestaltet werden können. Dabei muss die Psychoanalyse eine Hilfswissenschaft der Pädagogik bleiben: Sie kann den Weg zu einem pädagogischen Ziel erleichtern, pädagogische Vorgaben aber nicht ersetzen (Heinemann u.a. 2003).

Die Entwicklung der inneren *Konflikthaftigkeit* von Kindern und Jugendlichen lässt sich aus unterschiedlichen theoretischen Perspektiven beschreiben, den ‚vier Psychologien der Psychoanalyse' (Pine 1990) folgend. Gemeint sind die Triebpsychologie, die Ich-Psychologie, die Objektbeziehungs- sowie die Narzissmustheorie. Je nach Blickwinkel stehen Trieb-Abwehr-Konflikte, die Bewältigungsmöglichkeiten des Ich, die Art der persönlichen Beziehungen oder die Selbstwertproblematik im Mittelpunkt der Betrachtung. Diese Kategorisierung erweist sich auch für die → Behindertenpädagogik zunehmend als bedeutungsvoll.

Psychoanalytische Erkenntnisse haben sich in der behindertenpädagogischen Theorie und Praxis in vielfältiger Weise niedergeschlagen (Ahrbeck 2000). Die Psychoanalyse beinhaltet einen genuinen Erklärungsansatz zur Genese von → Verhaltensauffälligkeiten und -störungen sowie anderen seelischen und psychosozialen Auffälligkeiten (Bittner 1996). Darüber hinaus stellt sie wichtige Beiträge zur pädagogischen und therapeutischen Veränderung psychosozialen Problemverhaltens zur Verfügung. Psychische Prozesse im Umgang mit einer angeborenen oder erworbenen → Behinderung können aus psychoanalytischer Sicht erhellt und Bewältigungsversuche psychologisch begründet unterstützt werden.

In einer ganzen Reihe behindertenpädagogischer Disziplinen lassen sich die entwicklungspsychologischen Erkenntnisse der Psychoanalyse für → Diagnostik, → Beratung, Förderung und Therapie nutzen. Neuere Untersuchungen zur Säuglings- und Kleinkindforschung sowie zur Hirnforschung haben wichtige Essentials der psychoanalytischen Entwicklungspsychologie bestätigt, einige Grundannahmen aber auch in Frage gestellt (Dornes 1994). Für die → *Frühförderung* behinderter Kinder könnte dies zahlreiche Folgen haben. Hier besteht noch ein erheblicher Forschungsbedarf.

Bernd Ahrbeck

Literatur

Ahrbeck, B.: Tiefenpsychologische Ansätze. In: Borchert, J. (Hrsg.): Handbuch der Sonderpädagogischen Psychologie. Göttingen 2000, 135–146.

Bittner, G.: Problemkinder. Göttingen 1996.

Dornes, M.: Der kompetente Säugling. Frankfurt 1994.

Freud, S.: Fragen der Gesellschaft/Ursprünge der Religion. Studienausgabe Band IX. Frankfurt 1989.

Heinemann, E./Rauchfleisch, U./Grüttner, T.: Gewalttätige Kinder. Düsseldorf/Zürich 2003.
Körner, J.: Vom Erklären zum Verstehen in der Psychoanalyse. Göttingen 1985.
Kutter, P.: Moderne Psychoanalyse. Stuttgart 2000.
Laplanche, J.: Die unvollendete kopernikanische Revolution in der Psychoanalyse. Frankfurt 1996.
Mertens, W.: Psychoanalytische Grundbegriffe. Weinheim 2. Aufl. 1998.
Pine, F.: Die vier Psychologien der Psychoanalyse und ihre Bedeutung für die Praxis. In: Forum der Psychoanalyse 6 (1990) 232–244.

Psychodiagnostik und Begutachtung

Nach verbreiteter Definition stellt die psychologische Diagnostik Methoden und Verfahren bereit, deren Anwendung praktische Psychologie ist. Tatsächlich bezeichnet in der Behindertenpädagogik der Begriff der Psychodiagnostik eine Disziplin, die auf dem Hintergrund von Persönlichkeitsmodellen inter- und intraindividuelle Unterschiede beschreibt und dieses Wissen für Entwicklungsprognosen und Schullaufbahnentscheidungen nutzt. Inzwischen entwickelt sich die Sonderpädagogische Diagnostik zu einer Pädagogischen Diagnostik, mit deren Hilfe unter erschwerten Bedingungen die institutionellen und außerinstitutionellen Prozesse der Erziehung und Bildung nach Maßgabe entwicklungspsychologischer und erziehungswissenschaftlicher Konzepte gestaltet und begleitet werden.

Das Feld der *pädagogischen Diagnostik* ist durch die KMK-Empfehlungen zur Sonderpädagogischen Förderung in den Schulen der Bundesrepublik Deutschland von 1994 (Ständige Konferenz der Kultusminister der Länder in der Bundesrepublik Deutschland 1994), durch die Priorisierung des Integrationsgedankens, einer personalen und lebensweltlichen Orientierung des Schulsystems und eines finalen → Behinderungsbegriffs neu bestimmt. Es kann in neuer Weise danach gefragt werden, wie unter Beteiligung der Diagnostik pädagogische Praxisfelder zur umfassenden Entwicklung, Erziehung und Bildung der Persönlichkeit junger Menschen organisatorisch und inhaltlich umzugestalten sind.

Fragen der Unterstützung von Entwicklungs-, Erziehungs- und Bildungsprozessen durch Diagnostik mussten immer auf dem Hintergrund institutioneller Vorgaben, der sie prägenden Menschenbildannahmen und disziplinären Strukturen wie Zeitökonomie, Homogenisierung, Differenzierung und Notengebung gelöst werden. Derzeit vollzieht sich, in einzelnen Bundesländern unterschiedlich, ein Wandel hin zu → integrativen Schulstrukturen. Damit soll das in der KMK-Empfehlung von 1972 ausdifferenzierte Schulsystem überwunden werden, das auf dem Hintergrund eines relativ stabilen, eigenschafts- und passivitätsorientierten Menschenbildes entstanden ist (→ Entwicklung) und in seiner vertikalen Gliederung der Idee einer möglichen Homogenisierung von Lerngruppen nach der kognitiven Kapazität folgt.

Entsprechende psychologische Modelle, die beobachtbare Unterschiede zwischen Menschen in Problemlösungs- und Lernsituationen auf die zumeist zeitstabil gedachte allgemeine → Intelligenz (Wechsler, Binet) oder mehrere Intelligenzfaktoren (Cattell, Thurstone, Guilford) zurückführen, stützten diese Praxis und führten nach der Veröffentlichung der KMK-Empfehlung von 1972 zu einer Blüte der *eigenschaftsorientierten und damit normorientierten Diagnostik,* die zugleich in ihren Interventionsvorschlägen einem medizinischen Modell folgte. Bei allen Übergängen zwischen den einzelnen Schulformen wurden die verwendeten Selektionsstrategien der Zuordnung nicht normgerecht entwickelter Kinder zu mutmaßlich passenden Schulformen mit einer Intelligenzdiagnostik unter methodischen und verwaltungstechnischen Gesichtspunkten verfeinert.

Gedanklicher Hintergrund ist das Modell der indirekten Diagnostik (Goldfried/Kent 1972). Darin wird im interindividuellen Vergleich die individuelle Ausprägung einer für bedeutsam gehaltenen Eigenschaft wie der Intelligenz bestimmt, daraus der bisherige Schulerfolg erklärt, der zukünftige Schulerfolg als Kriterium prognostiziert und demgemäß die passende Schulform ausgewählt. Wesentlich für einen solchen diagnostischen Schlusskreis sind die Gütekriterien der klassischen Testtheorie (Objektivität, Reliabilität, Validität) und die differenziell-psychologische Annahme von zeitstabilen Persönlichkeitsmerkmalen, die im normorientierten, interindividuellen Vergleich der Testleistungen operationalisierbar werden.

Die Untersuchungen Langfeldts (1998) in Nordrhein-Westfalen sowie systematische Einblicke in die *aktuelle Praxis* der Bundesländer zeigen, dass dieses Stadium der Diagnostik keineswegs überwunden ist. Danach sind Intelligenztests die am häufigsten genutzte Informationsquelle bei der Aufnahme in eine Sonderschule. In den Gutachten der Schule für Lernbehinderte werden durchschnittlich 1,5 Intelligenztests pro Kind, in der Schule für Verhaltensgestörte ein Intelligenztest und bei geistigbehinderten Kindern bei jedem zweiten Schüler ein Intelligenztestverfahren durchgeführt. In Schulen für Lernbehinderte dominiert der Hamburg-Wechsler-Intelligenztest für Kinder (HAWIK-R, zu 44 %), gefolgt von Caloured Progressive Matrices (CMP, 36 %), der Columbia Mental Maturity Scale (CMM, 26 %), dem Grundintelligenztest (CFT 1 und CFT 2, 24 % bzw. 19 %), dem Snijders-Oomen-Nonverbalen Intelligenztest (SON-RS13, 23 %) und den Standard Progressive Matrices (SPM, 5 %) (Langfeldt 1998, 68). Beschreibungen der Verfahren finden sich bei Borchert u.a. (1991) und Bundschuh (1996).

Gegenüber der Verwendung von Intelligenztests spielen die Messung von Schulleistungen sowie Beobachtungen und Gespräche eine untergeordnete Rolle. Die veraltete Schulleistungs-Testbatterie für Lernbehinderte (SBL) wird in Gutachten der Schule für Lernbehinderte zu 16 % und der Allgemeine Schulleistungstest (AST) in 8 % angewendet. Informelle Verfahren kommen im Rechnen bei 13 %, im Lesen bei 12 % und im Schreiben bei 9 % der Gutachten zur Aufnahme in die Schule für Lernbehinderte zum Einsatz. Weitere standardisierte und informelle Verfahren zur Erfassung des Entwicklungsstandes, der Motorik, der Konzentration oder der Emotionalität werden selten genutzt. Prüfungen der räumlichen Orientierung, der Sprache und der optischen Wahrnehmung finden allenfalls gelegentlich statt.

In Gutachten der Schule für Lernbehinderte werden systematische und unsystematische Beobachtungen in Testsituationen (zu 75 %) und im Unterricht (40 %) genutzt. Als Gesprächspartner sind das Kind selbst (18 %), ein Elternteil (43 %) und der Klassenlehrer (50 %) in die Gutachtenerstellung einbezogen. Immerhin konnte gegenüber vorangegangenen ähnlichen Untersuchungen ein Trend weg von eindeutig überholten Methoden festgestellt werden. Das schmale Methodenrepertoire nutzt indessen keineswegs die brauchbare Palette der psychodiagnostischen Untersuchungsverfahren (Borchert u.a. 1991; Bundschuh 1996). Es erfolgt eine immer noch *institutionenorientierte Zuweisungsdiagnostik,* die im Wesentlichen der Frage nachgeht, ob das durch die allgemeine Schule gemeldete Schulversagen durch Intelligenzmängel erklärbar ist und eine entsprechende schulische Platzierung rechtfertigt. Die intensive Analyse der schulfachspezifischen Kenntnisse und der individuellen Voraussetzungen der Entwicklung in der → Lebenswelt der Kinder spielt demgegenüber eine eher untergeordnete Rolle.

Die gegenwärtige Selektionsstrategie wurde bereits in den 70er Jahren einer zunächst testtheorieimmanten Kritik unterzogen, mit dem Ergebnis, dass die systembedingten Entscheidungen in keiner verantwortbaren Qualität möglich seien, so präzise, multidimensional und direkt die in der behavioristischen Tradition stehenden Methoden auch sein mögen. Eindrucksvoll wurde dies durch Krapp/Mandl (1977) bei der Diagnostik zur Einschulung demonstriert. Damit war der wirkliche Kern des Problems verdeutlicht: Nicht die Methoden der Diagnostik, sondern die schulsystembedingten Selektionszwänge sind das Problem. Nur veränderte schulische Struktu-ren ohne Selektion und mit der Möglichkeit der adaptiven Gestaltung der Lernwege unter Nutzung diagnostischer Informationen werden als Ausweg erkannt. Damit wurde die Idee gestärkt, der schulischen Selektion eines eigenschaftsbezogenen, normorientierten Modells die Modifikationsstrategie von Lernbedingungen entgegenzusetzen (Schwarzer 1982) und anstelle einer Statusdiagnostik eine Prozessdiagnostik zur Begleitung von Lernprozessen zu entwickeln.

Die nun folgende Phase der testtheorieübergreifenden Kritik (Schuck/Eggert 1982) zielte zwar auch auf die Verbesserung diagnostischer Methoden für förderungsrelevante Informationen ab. Sie war aber im Kern darauf gerichtet, unter dem Eindruck der ‚kognitiven Wende' in der Psychologie neuere entwicklungspsychologische Vorstellungen zur Geltung zu bringen. Als Leitmotiv galt die These, unter einem neuen theoretischen Dach Methoden und Strategien der Diagnose und → Förderung als Einheit zu schaffen und die diagnostischen Fragestellungen selbst aus einem Förderkonzept abzuleiten (Kornmann u.a. 1994).

Das Modell einer strukturorientierten Diagnostik, erstmals von Probst (1982) zum Problem der Oberbegriffsbildung vorgestellt, erhielt eine gewisse paradigmatische Bedeutung. Es vereinigt Diagnose und Förderung unter der Annahme, dass es dem aktiven Subjekt aufgegeben ist, sich die Strukturen eines Lerngegenstandes anzueignen und dass es darin unterstützt werden kann. Das Modell unterscheidet die Strukturen des Gegenstandes als Konstrukt vom individuell erreichten Aneignungsniveau als diagnostischer Kategorie. Beurteilungsfolie ist die entwicklungspsychologisch bestimmte Logik des Gegenstandes und das individuell erreichte Lernniveau. Das Modell soll eine *entwicklungsorientierte Diagnose* der Handlungsmöglichkeiten und ein darauf bezogenes didaktisches Arrangement fundieren. Es abstrahiert allerdings weitgehend von den Aktionsbegründungen des Subjekts, die neben der Eindringtiefe in eine Sachstruktur die Dynamik des Entwicklungs- und Lerngeschehens erst verstehbar machen.

Inzwischen liegen Publikationen vor, die in neuer Weise dem Erfordernis der *Koordination von Diagnose und Förderung* entsprechen. Zu nennen sind: das Inventar impliziter Rechtschreibregeln von Probst und die strukturbezogenen Aufgaben zur Prüfung mathematischer Einsichten von Kutzer und Probst (Borchert u.a. 1991), die Prozessdiagnose der Schriftsprachkompetenzen (Kretschmann u.a. 1998) und der mathematischen Fähigkeiten (Behring u.a. 1999) sowie die Varianten der Hamburger Schreibprobe (May 1993). Eine gewisse Verbreitung für die informelle Beschäftigung mit dem aktuellen Lernstand in den schulischen Fächern haben curriculare und entwicklungsorientierte graue Materialen von Schulpraktikern (z.B. Apel u.a. 1989) bzw. von renommierten Landesinstituten der Lehrerbildung (Ebert/König 1993).

Allein methodische Weiterentwicklungen können die Qualität der diagnostischen Aussage nicht verbessern. Die methodengestützte Bearbeitung einer Fragestellung ist vielmehr als kooperativer und diskursiver Prozess zu verstehen, der die didaktischen Empfehlungen unter Beteiligung der Betroffenen aushandeln muss.

Der handlungstheoretisch von Kaminski inspirierte Vorschlag eines Strukturschemas zur diagnostischen Praxis im Aufnahmeverfahren zur Schule für Lernbehinderte von Kautter/Munz (1974) machte dies deutlich und ist bis heute in adaptierten Vorschlägen wirksam. Darin ist Diagnostik als ein aus einer diagnostischen und praktischen Phase bestehender einheitlicher Prozess konzipiert, der eine Aufspaltung der Diagnose in die Feststellung zur schulischen Platzierung und in die anschließende Lernprozessbegleitung nicht erlaubt.

Die erste Phase dient der sequenziellen Hypothesenbildung zum gegenwärtigen Zustand und seinem Bedingungshintergrund, zu den zu erreichenden Zielen und zu den Änderungsumständen. Dem Vorschlag von Schuck (1993) folgend ist es die Aufgabe der ersten Phase, ein *Förderkonzept* als hypothetisches Konstrukt zu entwickeln. In ihm sind unterschiedliche Gesichtspunkte zu koordinieren (→ Fördern, Förderbedarf). Zunächst sind dabei jenseits institutioneller Vorgaben allein unter Berücksichtigung der Bedürfnisse des Subjekts die erziehungs- und bildungstheoretisch legitimierten pädagogischen Notwendigkeiten – der individuelle Förderbedarf – zu bestimmen. Erst dann ist über die Notwendigkeit der Förderung unter institutionellen Gesichtspunkten, d.h. über den institutionellen Förderbedarf, und sodann über den notwendigen und möglichen Ressourceneinsatz innerhalb und außerhalb von Schule nachzudenken. Diese Konstruktion von Realität für die Betroffenen wäre zu koordinieren und schließlich in ein zielbestimmtes Förderkonzept einzubinden, welches die Mittel, die Wege und den Ort der Förderung ausweist. An keiner Stelle des Erkenntnisvorgangs haben Kategorisierungen nach klassischen Behinderungsbegriffen einen Platz. In der zweiten, der pädagogischen, Phase wird das Förderkonzept in und außerhalb der Schule umgesetzt, seine Bewährung geprüft, und es sind aus dieser Prüfung Konsequenzen für die Veränderung oder Einleitung einer weiteren diagnostischen Schleife einzuleiten.

Das zweiphasige Modell beschreibt ein zyklisches, nicht auf die Schule beschränktes, Verfahren der Informationssammlung, der daraus zu entwickelnden Handlungsorientierungen und der Beurteilung des Erfolgs der Umsetzung. ‚Wahrheit' entsteht dabei nicht im testtheoretischen Sinne durch das Befolgen versuchsplantechnischer Anweisungen und testtheoretischer Vorgaben, vielmehr einem handlungstheoretischen Forschungsmodell folgend durch die kooperative und diskursive Gestaltung eines pädagogischen Prozesses (Schuck 2000), in dem es den Betroffenen möglich ist, ihre Handlungsstrukturen und die Konsequenzen sowie zukünftige Bedingungen der Entwicklung zu erkennen. Die Professionalisierung einer so verstandenen Diagnostik verlangt neben einer Orientierung an Bildungszielen (Jetter u.a. 1983) einen erziehungstheoretischen Hintergrund, ein differenziertes entwicklungspsychologisches Wissen und die Verfügbarkeit eines breiten Methodenrepertoirs, das quantitative und qualitative, norm-, lernziel- und vor allem strukturorientierte sowie standardisierte und informelle Zugänge zu den Fähigkeiten und Kompetenzen, zu den Bedingungen und Begründungen des Handelns in schulischen und außerschulischen Kontexten der Betroffenen eröffnet. Im engeren schulischen Zusammenhang können hierzu die verschiedenen Methoden für unterschiedliche Lernbereiche in dazu passenden didaktischen Arrangements angewendet und weiterentwickelt werden. Zugleich sind vorhandene Verfahren zur systematischen Erhebung, Interpretation, pädagogischen Umsetzung und Evaluation auszubauen (Hildeschmidt/Sander 1988; Schuck 1990; 1993; Eggert 1997; Kretschmann u.a. 1999).

Karl Dieter Schuck

Literatur

Apel, H./Bork, R./Drechsel, K./Schmarse, H.: Lernstandsanalyse und Lernförderung. In: Niedersächsisches Landesinstitut für Lehrerfortbildung, Lehrerweiterbildung und Unterrichtsforschung (Hrsg.): NLI-Bericht 39. Hildesheim 1989.

Behring, K./Kretschmann, R./Dobrindt, Y.: Prozessdiagnose mathematischer Kompetenzen in den Schuljahren 1 und 2. Horneburg 1999.

Borchert, J./Knopf-Jerchow, H./Dahbashi, A.: Testdiagnostische Verfahren in Vor-, Sonder- und Regelschulen. Ein kritisches Handbuch für Praktiker. Heidelberg 1991.

Bundschuh, K.: Einführung in die sonderpädagogische Diagnostik. München 4. Aufl. 1996.
Ebert, B./König, H.W.: Zur Didaktik und Diagnose des Zahlbegriffs. Kronshagen 1993.
Eggert, D.: Von den Stärken ausgehen. Individuelle Entwicklungspläne in der Lernförderungsdiagnostik. Ein Plädoyer für andere Denkgewohnheiten und veränderte Praxis. Dortmund 1997.
Goldfried, M. R./Kent, R. N.: Herkömmliche gegenüber verhaltenstheoretischer Persönlichkeitsdiagnostik: ein Vergleich methodischer und theoretischer Voraussetzungen. In: Schulte, D. (Hrsg.): Diagnostik in der Verhaltenstherapie. München 1974, 323.
Hildeschmidt, A./Sander, A.: Der ökosystemische Ansatz als Grundlage für Einzelintegration. In: Eberwein, H. (Hrsg.): Behinderte und Nichtbehinderte lernen gemeinsam. Handbuch der Integrationspädagogik. Weinheim 1988, 220–227.
Jetter, K./Schmidt, D./Schönberger, F.: Sonderpädagogische Förderdiagnostik. In: Haupt, U./Jansen, G.W. (Hrsg.): Pädagogik der Körperbehinderten (Handbuch der Sonderpädagogik, Band 8). Berlin 1983, 251–270.
Kautter, H./Munz, W.: Verfahren der Aufnahme und Überweisung in die Sonderschule. In: Sonderpädagogik 3 (Deutscher Bildungsrat: Gutachten und Studien der Bildungskommission, Band 34). Stuttgart 3. Aufl. 1974, 222–333.
Kornmann, R./Meister, H./Schlee, J. (Hrsg.): Forderungsdiagnostik. Heidelberg 3. Aufl. 1994.
Krapp, A./Mandl, H.: Einschulungsdiagnostik. Weinheim 1977.
Kretschmann, R./Dobrindt, Y./Behring, K.: Prozessdiagnose der Schriftsprachkompetenz in den Schuljahren 1 und 2. Horneburg 1998.
Langfeldt, H.-P.: Behinderte Kinder im Urteil ihrer Lehrkräfte. Heidelberg 1998.
May, P.: Hamburger Schreib-Probe zur Erfassung der grundlegenden Rechtschreibstrategien (HSP 4/5). Hamburg 1993.
Probst, H.: Strukturbezogene Diagnostik. In: Probst, H. (Hrsg.): Kritische Behindertenpädagogik in Theorie und Praxis. Oberbiel 2. Aufl. 1982, 113–135.
Schuck, K. D.: Braucht eine ‚integrative' Pädagogik eine neue Diagnostik? In: Schuck, K. D. (Hrsg.): Beiträge zur Integrativen Pädagogik. Weiterentwicklungen des Konzepts gemeinsamen Lebens und Lernens Behinderter und Nichtbehinderter. Hamburg 1990, 101–122.
Schuck, K. D.: Die Ermittlung des Sonderpädagogischen Förderbedarfs: Eine neue diagnostische Aufgabe in einer sich verändernden Schule? In: Mohr, H. (Hrsg.): Integration verändert Schule. Hamburg 1993, 69–96.
Schuck, K. D.: Diagnostische Konzepte. In: Borchert, J. (Hrsg.): Handbuch der Sonderpädagogischen Psychologie. Bern 2000, 233–249.
Schuck, K. D./Eggert, D.: Anspruch, Realität und Alternativen der diagnostischen Tätigkeit der Sonderschullehrer. In: Ingenkamp, K./Horn, R./Jäger, R. (Hrsg.): Tests und Trends 1982. Weinheim 1982, 71–96.
Schwarzer, Ch.: Einführung in die Pädagogische Diagnostik. München 2. Aufl. 1982.
Ständige Konferenz der Kultusminister der Länder in der Bundesrepublik Deutschland: Empfehlung zur Ordnung des Sonderschulwesens. Nienburg 1972.
Ständige Konferenz der Kultusminister der Länder in der Bundesrepublik Deutschland: Empfehlungen zur sonderpädagogischen Förderung in den Schulen in der Bundesrepublik Deutschland (Beschluss der Kultusministerkonferenz vom 6.5.1994). Nachdruck in: Zeitschrift für Heilpädagogik 45 (1994) 484–494.

Psychotherapie

Nach einer weithin anerkannten Definition ist Psychotherapie „ein bewusster und geplanter interaktioneller Prozess zur Beeinflussung von Verhaltensstörungen und Leidenszuständen ... mit psychologischen Mitteln". Er verläuft zumeist verbal, mitunter auch averbal, „in Richtung auf ein definiertes, nach Möglichkeit gemeinsam erarbeitetes Ziel" (Strotzka 1975, 4). Unter diese weit gefasste Definition lassen sich die drei wichtigsten psychotherapeutischen Schulrichtungen subsumieren.

(1) *Psychodynamische Therapien.* Sie umfassen tiefenpsychologisch begründete Verfahren von unterschiedlicher Intensität und Dauer. Die klassische → Psychoanalyse

strebt als hochfrequentes Langzeitverfahren eine grundsätzliche Veränderung der Persönlichkeitsstruktur an. Die tiefenpsychologisch orientierte Psychotherapie ist eine Behandlungsform mittlerer Intensität und Dauer. Sie soll dazu verhelfen, dass ein umschreibbarer innerer Konflikt bearbeitet und gelöst werden kann. Psychoanalytisch orientierte Kurztherapien dienen als Krisenintervention.

(2) → *Verhaltenstherapie* und *kognitive Therapien*. Der Verhaltenstherapie „geht es nicht um die Veränderung einer theoretisch postulierten binnenpsychischen Störung, sondern um die direkte Veränderung von … ‚symptomatischem' Verhalten (Schulte 1994). Die unterschiedlichen Techniken und Methoden ordnen sich diesem Ziel unter. Kognitive Therapien ergänzen und erweitern die konventionelle Verhaltenstherapie: Kognitive Bewertungen und innere Instruktionen, die das Verhalten begleiten und steuern, sollen aufgedeckt werden. Das Behandlungsziel besteht darin, neben dem manifesten Verhalten auch als irrational angesehene, ungeschickte Kognitionen zielgerichtet zu modifizieren.

(3) *Humanistisch-psychologische Therapien*. Sie gelten als dritter Weg zwischen Psychoanalyse und Verhaltenstherapie. Die → klientzentrierten Therapien und die → Gestalttherapie konzentrieren sich jeweils darauf, emotionale Prozesse dem Erleben zugänglich zu machen. Die Gestalttherapie verfügt dazu über eine Fülle erlebnisaktivierender Methoden. Das Ziel der humanistisch-psychologischen Therapien ist ein verändertes Selbstkonzept aufgrund erweiterter Erlebensmöglichkeiten.

Als weitere wichtige psychotherapeutische Verfahren nennen Reimer u.a. (2000) suggestive Verfahren und Entspannungsverfahren, körperorientierte Psychotherapie sowie Familien- und Paartherapie. Darüber hinaus existieren weltweit über 500 andere Therapieformen, zumeist obskure Psychotechniken, die von wenig qualifizierten, selbsternannten Therapeuten ausgeübt werden.

Zum Indikationsbereich wissenschaftlich fundierter Psychotherapie gehören → Neurosen, psychosomatische Erkrankungen, Suchtentwicklungen, Sexualstörungen und Suizidalität. Modifizierte Anwendungen finden sich in den psychiatrischen Erkrankungen. Die Frage nach einer *differentiellen Indikation* ist, entgegen anders lautender Bewertungen, wissenschaftlich bisher nicht überzeugend gelöst. Die Zuweisung eines Patienten zu einem bestimmten Therapieverfahren anhand seiner Symptomatik bleibt unbefriedigend, da sich hinter den gleichen Symptomen ganz unterschiedliche psychische Notlagen verstecken können. Letztlich handelt es sich um ein Passungsproblem zwischen Patienten, Therapeuten und Therapieform. Einflussfaktoren sind die Veränderungswünsche des Patienten, die ihm zur Verfügung stehenden Möglichkeiten und die Zielvorstellungen, die das jeweilige Behandlungsverfahren beinhaltet.

Ein Psychotherapiebedarf besteht auch bei vielen behinderten Menschen, zum Beispiel, damit eine Behinderung oder chronische Erkrankung psychisch bewältigt werden kann. Da ein eigenständiges therapeutisches Setting eine Reihe von Vorteilen bietet, sollte die Behandlung außerhalb eines pädagogischen Rahmens stattfinden. Aus Psychotherapien abgeleitete Interventionen finden sich in verschiedenen Praxisfeldern, vor allem in der → Verhaltensgestörtenpädagogik (Ahrbeck 2000).

Eine breit angelegte Metaanalyse zur *Wirksamkeit von Psychotherapie* (Grawe u.a. 1995) ergibt, dass kognitiv-behaviorale Therapien besonders erfolgreich sind, gefolgt von Gesprächspsychotherapie und psychoanalytischen Verfahren. Andere Methoden wie Gestalttherapie oder systemische Paar- und Familientherapie erbringen die geforderten Wirksamkeitsnachweise noch nicht ausreichend. Sie gelten als Schwellenverfahren. Das Ergebnis der Untersuchung ist wenig überraschend: Die Autoren sind einem streng empirisch-nomothetischen Wissenschaftsverständnis verpflichtet, das den symptomorientierten Zielen kognitiv-behavioraler Therapien in besonderer Weise entgegenkommt. Die Untersuchung ist auf vielfältige Kritik gestoßen, sowohl bei empirischen Psychotherapieforschern (Tschuschke u.a. 1997) als auch bei Therapeuten, die hermeneutischem Forschungsverständnis verpflichtet sind. Zukünftig wird es darauf ankommen, dass sich die bereits existierenden, wissenschaftlich anerkannten Psychotherapien weiterentwickeln und ausdifferenzieren. In den Konzepten einer ‚Allgemeinen Psychotherapie' sollen hingegen theoretisch ermittelte Wirkprinzipien zu einer neuen Therapieform zusammengefasst oder unterschiedliche Therapieansätze integriert werden (z.B.: Orlinsky/Howard 1988). Aus theoretischen wie praktischen Gründen gelten die Realisierungsmöglichkeiten jedoch als gering (Eckert 2000). Bernd Ahrbeck

Literatur

Ahrbeck, B.: Verhaltensstörungen. In: Borchert, J. (Hrsg.): Handbuch der Sonderpädagogischen Psychologie. Göttingen 2000, 870–884.

Eckert, J.: Schulenübergreifende Aspekte der Psychotherapie. In: Reimer u.a. 2000, 324–339.

Grawe, K./Donati, R./Bernauer, F.: Psychotherapie im Wandel. Von der Konfession zur Profession. Göttingen 1995.

Mertens, W.: Psychoanalyse auf dem Prüfstand? Berlin 1995.

Orlinsky, D.E./Howard, K.I.: Ein allgemeines Psychotherapiemodell. In: Integrative Therapie 4 (1988) 281–308.

Reimer, Ch./Eckert, J./Hautzinger, M./Wilke, E.: Psychotherapie. Berlin 2000.

Schulte, D.: Diagnostische Ansätze in der Verhaltenstherapie. In: Janssen, P./Schneider, W. (Hrsg.): Diagnostik in der Psychotherapie und Psychosomatik. Stuttgart 1994, 135–145.

Strotzka, H. (Hrsg.): Psychotherapie: Grundlagen, Verfahren, Indikationen. München 1975.

Tschuschke, V./Heckrath, C./Tress, W.: Zwischen Konfusion und Makulatur. Göttingen 1997.

Teilleistungsstörungen

Teilleistungsstörungen, in der Regel in der Pluralform angewendet, bezeichnen als Sammelbegriff unterschiedlichste Erscheinungsformen von *negativ normabweichendem kindlichen Lern- und Leistungsverhalten*. Als Bereiche von Teilleistungsstörungen gelten Lernschwäche allgemein, mitunter auch Teilleistungsschwäche genannt, Störungen der → Wahrnehmung, Rechenschwäche (Dyskalkulie), Lese-Rechtschreibschwäche (LRS, Legasthenie), Hyperaktivität, Störungen der → Aufmerksamkeit u.a. Ausgangspunkt bildet die Beobachtung, dass Kinder im vorschulischen, schulischen aber auch außerschulischen Kontext in bestimmten Anforderungsbereichen eine erheblich unterdurchschnittliche Anpassungskompetenz aufweisen, welche wiederum in anderen Bereichen als nicht so ausgeprägt erscheint und somit auf eine heterogene Kompetenzstruktur verweist.

Ätiologisch werden im Wesentlichen *neurologische Dysfunktionen* angenommen, die Folge einer cerebralen Schädigung, insbesondere einer frühkindlichen Hirnschädigung, einer Chromosomenaberration oder einer Stoffwechselstörung sein könnten (Graichen 1979, 44). Mit dem Begriff der Teilleistungsstörungen und der ätiologischen Fundierung des Konstruktes der minimalen cerebralen Dysfunktion (MCD) ist es vor allem der medizinisch orientierten Sonderpädagogik gelungen, heterogene unterdurchschnittliche Lern- und Verhaltensleistungen von Kindern und Jugendlichen unter Zuhilfenahme neurologischer und neuropsychologischer Klärungslogik zu definieren und entsprechende therapeutische Konzepte zu legitimieren. Zugleich wird es als Verantwortungsentlastung der Erziehungsberechtigten gesehen, denen eine kausallogische, medizinierte Diagnose des partiellen bis umfänglichen Lernversagens ihres Kindes nahe gebracht werden kann. Die diagnostische Erhebung und Fundierung von Teilleistungsschwächen wird auf der Grundlage psychometrischer Verfahren vorgenommen, um ein Differenzierungsschema isolierbarer Teilfunktionen zu gewinnen, die sich nach Bruschek (1980, 115) auf den motorisch-taktil-kinästhetischen Bereich, den optischen Bereich, den akustischen Bereich und die Serialität beziehen. Als prominenteste Teilleistungsstörung gilt die Legasthenie. Sie ist schulrechtlich anerkannt, etwa auch durch die Einrichtung von LRS-Klassen in einigen Bundesländern (Naegele/Valtin 1993).

In der *Therapie* werden vor allem neuropsychologische Therapieformen als komplexes Funktionstraining eingesetzt. Durch die gezielte und die systematische, verhaltenstherapeutisch orientierte Bearbeitung des vermuteten leistungsstörenden Kerns soll der Generalisierungseffekt der lokalen Störung vermindert beziehungsweise positiv gewendet werden. Insbesondere die auf die → Wahrnehmungsschulung gerichteten Behandlungsansätze von Frostig (1981) und zur Legasthenietherapie von Grissemann (1986) fanden im sonderpädagogischen Bereich große Verbreitung. Eine Weiterentwicklung des Konzeptes der Teilleistungsstörungen wird mit den Ansätzen der *Integrationsstörungen* beziehungsweise der sensorischen Integration vorgenommen, welche verstärkt entwicklungspsychologische Aspekte berücksichtigt (Ayres 1984).

Kritik an dem Modell der Teilleistungsschwäche lässt sich mit Speck (1987, 286–287) wie folgt zusammenfassen: „Wenn ... Lerngewinne als Ergebnis isolierter Trainings bezweifelt werden müssen, so bleibt die Frage nach dem Sinn und Ertrag eines Förderungsmodells, das einzelnen Teilleistungsschwächen besondere Aufmerksamkeit widmet ... Entwicklungsgewinne (sind) nur dann zu erwarten, wenn die detaillierten Lehrintentionen und Lernanregungen in sinnvolle Tätigkeitszusammenhänge für das Kind eingebaut sind.“ Auch bezogen auf integrative Lernformen kann das Konzept der Teilleistungsstörungen zu missverstandenen Trainingsmaßnahmen in Teilbereichen schulischen Lernens führen, die außer Acht lassen, dass auch Teilleistungen untereinander vernetzt sind. Kritisch wird seitens einer ganzheitlich orientierten → Heilpädagogik die therapeutische und individuumzentrierte Fixierung auf Teilbereiche neurologischer Funktionen gesehen, die zudem die spezifischen Kind-Umfeld-Bedingungen unberücksichtigt lassen.

Thomas Hofsäss

Literatur

Ayres, A.: Bausteine der kindlichen Entwicklung. Die Bedeutung der Integration der Sinne für die Entwicklung des Kindes. Berlin 1984.

Bruschek, B.: Zur differenzierten Diagnostik und Therapie von Teilleistungsschwächen. In: Friedrich, M. (Hrsg.): Teilleistungsschwächen und Schule. Bern 1980, 107–128.

Esser, G.: Umschriebene Entwicklungsstörungen. In: Petermann, F. (Hrsg.): Lehrbuch der klinischen Kinderpsychologie. Göttingen 1996, 267–286.

Frostig, M./Miller, A.: Wahrnehmungstraining. Dortmund 1972.

Graichen, J.: Zum Begriff Teilleistungsstörungen. In: Lempp, R. (Hrsg.): Teilleistungsstörungen im Kindesalter. Bern 1979, 43–62.

Grissemann, H.: Pädagogische Psychologie des Lesens und Schreibens. Lernprozesse und Lernstörungen: ein Arbeitsbuch. Bern 1986.

Naegele, I. M./Valtin, R. (Hrsg.): LRS in den Klassen 1–10. Handbuch der Lese- und Rechtschreibschwierigkeiten. Weinheim 3. Aufl. 1993.

Speck, O.: System Heilpädagogik. Eine ökologisch-reflexive Grundlegung. München 1987. 5. Aufl. 2003.

Verhaltenstherapie

Verhaltenstherapie ist die psychotherapeutische Grundorientierung, die sich theoretisch und methodisch am nachhaltigsten auf Erkenntnisse der empirisch-experimentellen Psychologie stützt. Das heißt, dass sie Wert darauf legt, die Gültigkeit ihrer theoretischen Konzepte und therapeutischen Verfahren einer ständigen Evaluation zu unterziehen. Aus ihrer theoretischen Entwicklung wird deutlich, dass zu Beginn die *lerntheoretischen Grundlagen* und die Ergebnisse der experimentellen Lernpsychologie maßgeblich waren und dass deren frühe Übertragung auf klinische und pädagogische Anwendungsfelder zur raschen Verbreitung beitrug (Pädagogische Verhaltensmodifikation). Klassisches und operantes Konditionieren sowie Lernen am Modell lieferten konzeptionelle Grundlagen, die in ihren Kernaussagen für Verhaltenstherapeuten bis heute von elementarer Bedeutung sind (→ Lernen). Mit der sogenannten „kognitiven Wende" der Psychologie fanden zunehmend kognitionspsychologische Erklärungen, handlungs- und motivationspsychologische Konzepte sowie eine verstärkte Zuwendung zu Fragen der interpersonellen Beziehungsdynamik im therapeutischen Prozess Eingang in verhaltenstherapeutische Handlungsentwürfe.

Krankheits- bzw. Störungsmodelle der Verhaltenstherapie gehen davon aus, dass problematische Verhaltensmuster gelernt werden und somit wirkungsvolle Veränderungsstrategien einen Prozess des *Verlernens* bzw. des *Neulernens* alternativer Verhaltensweisen in Gang setzen müssen. Dabei erlangt die Entwicklung von Fertigkeiten der Selbstkontrolle bei der Veränderung klinisch relevanter Störungsmuster eine immer größere Bedeutung.

Verhaltenstherapeutische Erklärungsmodelle psychischer Störungen gehen von drei zentralen Einflussgrößen aus (Margraf 1996): *Prädispositionen, auslösenden* und *aufrechterhaltenden Bedingungen*. In diesem ätiologischen Konzept stellen die prädisponierenden Bedingungen Voraussetzungen genetischer, somatischer, psychischer und sozialer Art dar, die die Wahrscheinlichkeit für das Auftreten von → Verhaltensstörungen erhöhen oder erst ermöglichen. Unter bestimmten psychischen, somatischen oder sozialen Konditionen sind individuell bedeutsame Erfahrungen, Erlebnisse, Belastungen und Stressoren als auslösende Ereignisse für das Erstauftreten psychischer Störungen verantwortlich. Ungünstige Reaktionen der betroffenen Person oder ihrer Umgebung auf diese auslösenden Faktoren oder das hartnäckige Fortbestehen bestimmter Belastungen tragen als aufrechterhaltende Bedingungen zur Persistenz psychischer Probleme bei. Innerhalb dieses Ursachenmodells der Verhaltenstherapie kommt den letzteren bei der Suche nach konkreten Ansatzpunkten für therapeutische Veränderungen eine besondere Bedeutsamkeit zu.

Im Mittelpunkt der von diesem verhaltensdiagnostischen Dreifaktorenansatz ausgehenden Urteilsbildung und Therapieplanung steht eine individuelle *Problemanalyse*. In Ergänzung des zunächst dominierenden funktionalen Bedingungsmodells (SORCK-Modell nach Kanfer/Saslow 1965) ergaben sich weitere bedingungsanalytische Perspektiven. So unterscheidet Schulte (1996) zwischen Störungsanalysen und Prozessanalysen. Erstere beziehen sich auf der Grundlage des aktuellen klinischen Wissensstandes zu spezifischen Störungsbildern (z.B. Phobien, Panikstörungen, Depressionen, kindliche Verhaltensstörungen) unmittelbar auf die Entstehungs- und Persistenzbedingungen der Probleme von Patienten. Letztere machen Merkmale des therapeutischen Prozessverlaufs (z.B. Therapiemotivation, Analyse der Therapeut-Klient-Interaktion) zu ihrem Gegenstand. Die *Plananalyse* (Caspar 1989) greift kognitionspsychologische und handlungstheoretische Konzepte auf, um Motive und Pläne von Patienten als relativ überdauernde und handlungssteuernde Komponenten zu erfassen. Die *Analyse von Systembedingungen* (Bartling u.a. 1992) richtet ihr Augenmerk auf die impliziten Pläne und Regeln, die die sozialen Bezugssysteme der Klienten (z.B. Partner, Familie, Kollegenkreis, Schulklasse, Nachbarschaft) prägen.

Verhaltenstherapeutische Verfahren lassen sich nach drei Gesichtspunkten klassifizieren: (1) *Basisfertigkeiten* beziehen sich in erster Linie auf die therapeutische Gesprächsführung und auf die damit eng verknüpfte Beziehungsgestaltung sowie die Motivierung des Patienten („therapeutische Allianz“ nach Kanfer u.a. 1996). (2) *Störungsübergreifende Maßnahmen* müssen sich aufgrund einer individuellen Problemanalyse in flexibler Weise in den Behandlungsplan einpassen lassen. Dazu gehören: Konfrontationsverfahren (z.B. Reizüberflutung, Habituationstraining, Reaktionsverhinderung, systematische Desensibilisierung), progressive Muskelentspannung, operante Verfahren (z.B. positive Verstärkung, Verstärkerentzug, Tokenprogramme), kognitive Verfahren (z.B. Problemlösen, Selbstinstruktion, Reattribuierung, Entkatastrophisierung), Kommunikations- und Partnertraining, soziales Kompetenztraining sowie Verfahren der Selbstkontrolle und der Stimuluskontrolle. (3) *Störungsspezifische Therapien* werden zunehmend als Behandlungsmanuale konzipiert. Sie orientieren sich am aktuellen Wissensstand zu bestimmten Störungsbildern (wie Angst, Depression, Essstörungen, Partnerschaftsproblemen, sexuellen Funktionsstörungen, Enuresis, Hyperaktivität und Aufmerksamkeitsdefizite, Störungen des Sozialverhaltens).

Verhaltenstherapeutische Interventionen kommen in der Arbeit mit behinderten Menschen in einem weiten Spektrum zur Anwendung, z.B. beim Sprachaufbau- und Sozialtraining von Kindern mit frühkindlichem → Autismus, aber auch in der Rehabilitation und psychosozialen Unterstützung von Menschen mit später erworbenen oder manifest gewordenen Behinderungen (Unfallopfer, chronisch Kranke). Im Rahmen der *Pädagogischen Verhaltensmodifikation* haben Vorgehensweisen der Verhaltenstherapie Eingang in die institutionelle Förderung behinderter Kinder und Jugendlicher gefunden.

Die gesellschaftliche Stellung der Verhaltenstherapie innerhalb des öffentlichen Gesundheitswesens kann inzwischen als gefestigt gelten. Sie zählt zu den im Rahmen der Sozialgesetzgebung (Sozialgesetzbuch V) als wissenschaftlich anerkannten → psychotherapeutischen Verfahren zur Behandlung psychischer Störungen mit Krankheitswert und darf nur von approbierten ärztlichen oder psychologischen Therapeuten bzw. Kinder- und Jugendlichenpsychotherapeuten durchgeführt werden.

Jürgen Bellingrath/Gerhard W. Lauth

Literatur

Bartling, G./Echelmeyer, L./Engberding, M./Krause, R.: Problemanalyse im therapeutischen Prozess. Leitfaden für die Praxis. Stuttgart 3. Aufl. 1992.

Caspar, F.: Beziehungen und Probleme verstehen. Eine Einführung in die psychotherapeutische Plananalyse. Bern 1989.

Kanfer, F.H./Reinecker, H./Schmelzer, D.: Selbstmanagement-Therapie. Ein Lehrbuch für die klinische Praxis. Berlin 2. Aufl. 1996.

Kanfer, F.H./Saslow, G.: Behavioral Analysis: An alternative to diagnostic classification. In: Archives of General Psychiatry 12 (1965) 529–538.

Margraf, J. (Hrsg.): Lehrbuch der Verhaltenstherapie. Band 1: Grundlagen – Diagnostik – Verfahren – Rahmenbedingungen. Berlin 1996.

Schulte, D.: Therapieplanung. Göttingen 1996.

Wahrnehmung, Wahrnehmungsförderung

Wahrnehmung (engl. perception) ist das Tor zur Welt; sie bezeichnet das Gewahrwerden unserer selbst wie der Umwelt. Unter *physiologischer Perspektive* geschieht Wahrnehmung mit verschiedenen Sinnen. Von Aristoteles stammt die klassische Einteilung in fünf Sinne: Auge, Ohr, Nase, Zunge, Haut. Doch damit sind nicht alle Sinne beisammen. Heute wird allgemein unterschieden in „innere" Wahrnehmung (mittels Interozeptoren, die Empfindungen der Organe vermitteln, und Propriorezeptoren, die über Lage und Stellung des Körpers, der Gelenke, der Muskelspannung, der Körperbewegung informieren) und „äußere" Wahrnehmung: mit Exterozeptoren werden körpernahe Tast-, Druck-, Temperatur-, Schmerz- und Geschmacksempfindungen aufgenommen und mit „körperfernen" Rezeptoren von Auge, Ohr und Nase können wir sehen, hören und riechen.

Unter *informationstheoretischer Perspektive* bezeichnet Wahrnehmung den „Prozess des Informationsgewinnens aus Umwelt- und Körperreizen" (Drever/Fröhlich 1974, 302). Das Informationsgewinnen ist nicht objektive Widerspiegelung der Welt. Die wahrnehmende Person ist keine tabula rasa, auf der sich Sinnesreize (im ursprünglichen Wortsinne von informare) ‚eindrücken'. Wahrnehmungen werden auch ‚hervorgebracht'. Insofern ist Wahrnehmung ein aktiver Prozess: So wird in der kritisch-materialistischen Theorie die Wahrnehmung als ein Tätigkeits- und Aneignungsprozess verstanden, in dem die gesellschaftlichen Verhältnisse eine entscheidende Bedingung darstellen.

In etwas anderer Weise besagt die konstruktivistisch-systemische Perspektive, dass im Prozess der Wahrnehmung das Selbst die Informationen erzeugt, die es verarbeitet: „Wir erzeugen daher buchstäblich die Welt, in der wir leben, indem wir sie leben" (Maturana 1985, 269). Wahrnehmung hat daher wenig mit Wahrheit zu tun. Sie ist weder objektive Spiegelung der Wirklichkeit noch rein subjektive Kopfgeburt. Sie generiert sich aus beidem. Daher ist sie nicht nur passives Resultat einer Reizaufnahme, sondern immer auch aktiver Prozess der Informationssuche und Bedeutungskonstruktion (Gibson 1982). Wahrnehmung ist Grundlage für kognitive Prozesse des → Denkens und Sprechens und hängt eng mit → Bewegung zusammen.

Eine grundlegende Gesetzmäßigkeit der Wahrnehmung ist zunächst der *begrenzte Wahrnehmungsumfang*. Dieser ergibt sich aus dem schmalen Spektrum sensorischer Aufnahmemöglichkeiten, wird aber auch je nach Bedürfniszustand, Aktivierungsniveau, vorherigen Erfahrungen und in Abhängigkeit von der hirnorganischen Funktionstüchtigkeit begrenzt. Darüber hinaus ist die Wahrnehmung allenthalben selektiv. Diese Selektivität der Wahrnehmung wird von mehreren Faktoren bestimmt: Art und Intensität der Reize, Erwartungen und Motive. Wahrnehmungen werden von der wahrnehmenden Person stets strukturiert und organisiert. Solche Gesetzmäßigkeiten der Organisation der Wahrnehmung hat vornehmlich die Gestaltpsychologie (→ Ganzheit) herausgestellt. Ein basales Organisationsgesetz ist die Unterscheidung in Figur und Hintergrund, d.h. in Bedeutsames und weniger Bedeutsames.

Nicht immer sind Wahrnehmungsreize abgrenzbar und eindeutig zu identifizieren; sie müssen interpretiert bzw. subjektiv rekonstruiert werden. Die *Interpretation von Wahrnehmungen* stellt einen wichtigen Anpassungsmechanismus dar. Ob ein vertrauter Gegenstand von nah oder von fern, von der Seite oder von unten gesehen wird, so wird seine Größe und Gestalt doch gleichbleibend interpretiert (Wahrnehmungskonstanz). Grundsätzlich können die Beurteilungen der Wahrnehmung in zwei Richtungen gehen: einmal im Sinne von Angleichung (Assimilation), zum anderen im Sinne von Hervorhebung der Unterschiede (Kontrastierung).

Wahrnehmung als das Tor zur Welt kann durch sensorische Beeinträchtigung, zentral-nervöse Schädigung und sozial-emotionale Wahrnehmungseinschränkungen verändert oder beeinträchtigt sein. Augenfälligste Einschränkungen und Veränderungen der Wahrnehmung stellen zunächst *sensorische Beeinträchtigungen* dar: Sehbeeinträchtigungen, Hörbeeinträchtigungen sowie taktil-kinästhetische Beeinträchtigungen. Davon abgrenzbar sind *zentral-nervös bedingte Einschränkungen* und Veränderungen der Wahrnehmung. Hierbei sind nicht die sensorischen Aufnahmemöglichkeiten betroffen, vielmehr ist die zentral-nervöse Verarbeitung und Integration beeinträchtigt und verändert. Es kann sich um Folgen schwerer angeborener oder traumatischer Hirnschädigungen oder um Erscheinungsformen einer cerebralen Dysfunktion handeln. Betroffen ist in allen Fällen die sinngebende Verarbeitung von (in der Regel intakten) sensorischen Wahrnehmungen. Es kann die Auswahl, die Unterscheidung, die sinngebende Zuordnung, Verschlüsselung (Kodierung und Dekodierung) sowie die intermodale Verknüpfung bzw. sensorische Integration aufgenommener Wahrnehmungsreize beeinträchtigt und verändert sein. Schließlich kann es durch fehlende Anregungen in der Kindheit oder durch Einschränkungen der erfahrbaren Umwelt zu sozial-emotionalen Wahrnehmungsbeeinträchtigungen und -veränderungen kommen. Die → soziokulturellen Bedingungen, unter denen ein Kind aufwächst, bestimmen den Umfang und die Qualität der Wahrnehmungstätigkeit. Im Extrem kann es zu Entbehrungen in Form der sensorischen → Deprivation kommen; gleichermaßen formt aber auch das Modellverhalten der Bezugspersonen das Wahrnehmungsverhalten.

Pädagogische → Förderung setzt voraus, dass man die spezifische Ausgangslage und die Förderbedürfnisse bei Schülern erkennt. Zum Erkennen und Verstehen von Beeinträchtigungen und Veränderungen der Wahrnehmung sind systematische Beobachtung und gegebenenfalls Tests angezeigt. Spezielle Wahrnehmungstests sind z. B. der Frostig-Entwicklungstest der Visuellen Wahrnehmung (FEW), der Southern-California-Sensory-Integration Test (SCSIT) bzw. die Sensory Integration and Praxis Tests (SIPT) nach Ayres, die Testreihe „Hören“ von Fritze, Probst und Reinartz sowie das Diagnostische Inventar auditiver Alltagshandlungen (DIAS) von Eggert und Peter. Zum Erkennen von sensorischen Beeinträchtigungen und Veränderungen gibt es Beobachtungskriterien und „Symptomlisten“, d. h. Anzeichen, die auf visuelle, auditive oder taktil-kinästhetische Wahrnehmungsbeeinträchtigungen oder -veränderungen hinweisen (Leyendecker 1988).

Schwieriger gestaltet sich das Erkennen und Verstehen *zentraler Wahrnehmungsbeeinträchtigungen* und -veränderungen, da sie im Einzelfall den sensorisch bedingten Beeinträchtigungen gleichen können und auch nur schwer von kognitiven Leistungsbeeinträchtigungen abgrenzbar sind. Allgemeine Hinweiszeichen, wie sie in der Literatur immer wieder genannt werden (wie Reizselektionsschwäche, erhöhte Ablenkbarkeit und Irritierbarkeit, Schwierigkeiten bei der Handlungsplanung/Dyspraxie, Hyperaktivität und auch „taktile Abwehr“ usw.), bedürfen im Einzelfall der differentiellen Abklärung. Anzeichen für sozial-emotional bedingte Wahrnehmungseinschränkungen können vor dem Hintergrund des Erfahrungshorizontes und dem Anregungsgehalt des sozio-kulturellen Umfeldes erkannt und verstanden werden.

Da die Wahrnehmung die Grundlage für Entwicklungs- und Lernvorgänge sowie höhere kognitive Prozesse darstellt, setzt auch die *Wahrnehmungsförderung* in der Regel an basalen und weniger an spezifischen Funktionen an. Dies gilt allgemein sowohl für die Förderung bei → Schwerstbehinderung aber auch für leichter behinderte Kinder (z. B. mit Beeinträchtigungen der Aufmerksamkeit, der sensumotorischen Koordination). In beiden Fällen werden zunächst grundlegende, körpernahe Wahrnehmungsfunktionen angeregt: Bei Schwerstbehinderung nach dem Konzept der Basalen Stimulation (Fröhlich 1993), bei leichter behinderten Kindern z. B. durch Gleichgewichtsanregungen zur Förderung der sensorischen Integration (Ayres 1984) oder durch Schaffung einer Orientierungsgrundlage (Cruickshank 1981).

Prinzipiell muss vor einer unangemessenen Ausweitung des Begriffs der „Wahrnehmungsstörung" gewarnt werden. Denn bei vielen beobachteten Einschränkungen und Veränderungen des Verhaltens handelt es sich weniger um Beeinträchtigungen und Veränderungen der Wahrnehmung i.e.S., sondern um praktische Dysfunktionen (Dyspraxien): d.h. um Einschränkungen und Veränderungen der Handlungsplanung und des handelnden Umsetzens von Wahrgenommenem. Demgemäß sollte auch in den Förderkonzepten unterschieden werden zwischen einer Wahrnehmungsförderung i.e.S. bzw. einer Sinnesförderung einerseits und übergreifenden, sensorisch integrativen Methoden andererseits, deren Schwerpunkt in der Handlungsförderung liegt.

Sensorische Anregungen bildeten bereits bei dem Begründer der „Physiologischen Methode" in der Heilpädagogik, dem französischen Arzt Itard (1774–1838), den zentralen Weg der Förderung; diese Gedanken wurden in der „Sinnesschulung" nach Maria Montessori aufgegriffen und weiterentwickelt, finden sich wieder in dem Frostig-Programm zur visuellen Wahrnehmungsförderung und sind auch zentraler Ausgangspunkt der *Basalen Stimulation* nach Fröhlich (1997) (→ Basale Förderung). Andere Konzepte gehen über eine Wahrnehmungsförderung i.e.S. hinaus; sie umgreifen Wahrnehmungs- und Handlungsförderung. Zuvorderst ist hier das Konzept der „Sensumotorischen Übungsbehandlung" bzw. der psychomotorischen Förderung in Form der *Motopädagogik* und *Mototherapie* zu nennen, die alle auf Kiphard (1990) zurückgehen. Wahrnehmung und Bewegungsförderung umgreift auch das Konzept des „Führens" nach Affolter (1987), in dem „Spürerfahrungen" mit Gegenständen in Situationen des Alltags vermittelt und intermodal verknüpft werden. Schließlich hat das Konzept der *Sensorischen Integration* nach Ayres (1984) in der Praxis breite Anwendung gefunden. Ausgangspunkt bildet die Annahme einer allgemein integrierenden Wirkung des Gleichgewichtssystems. Durch Anregung der vestibulären, kinästhetischen und taktilen Wahrnehmungsmodalitäten soll eine Neuanpassung und sensorische Integration mit dem Ziel einer adäquaten Handlungskompetenz (Praxie) erreicht werden.

Unabhängig von der nur ausschnittweisen validen theoretischen Fundierung und geringen empirischen Effektivitätsprüfung einzelner Konzepte ist bei den meisten nach dem Bedeutungsgehalt und sinnvollem Zusammenhang mit der Lebenswelt von Kindern zu fragen. Isolierte Stimulation und funktionelle Wahrnehmungsübungen in realitätsfernen Situationen entsprechen nicht den kindlichen Bedürfnissen, und sie erweisen sich auch als Methode als ineffizient. Wahrnehmungsförderung im Spiel bzw. situations- und handlungsorientierte Förderarrangements, die der Lebenswirklichkeit von Kindern entsprechen, sind – auch nach den Ergebnissen von Effektivitätsstudien – speziellen „Behandlungen" überlegen (Fischer 1998). Christoph Leyendecker

Literatur

Affolter, F.: Wahrnehmung, Wirklichkeit und Sprache. Villingen-Schwennigen 1987.

Ayres, A.J.: Bausteine der kindlichen Entwicklung. Berlin 1984.

Cruickshank, W.: Schwierige Kinder und Jugendliche in Schule und Elternhaus. Berlin 2. Aufl. 1981.

Drever, J./Fröhlich, W.D.: dtv-Wörterbuch zur Psychologie. München 1974.

Fischer, E.: Wahrnehmungsförderung. Dortmund 1998.

Fröhlich, A.: Basale Stimulation. Düsseldorf 9. Aufl. 1997.

Gibson, J.T.: Wahrnehmung und Umwelt. München 1982.

Kiphard, E.J.: Motopädagogik. Psychomotorische Entwicklungsförderung. Dortmund 3. Aufl. 1990.

Leyendecker, Ch.: Wahrnehmungsstörungen. Tübingen 1988.

Maturana, H.R.: Erkennen: Die Organisation und Verkörperung von Wirklichkeit. Braunschweig 2. Aufl. 1985.

Medizinische Gesichtspunkte

AIDS

AIDS (aquired immunodeficiency syndrome) stellt das Finalstadium der HIV-Erkrankung (human immunodeficiency virus) dar. Ursächlich und kennzeichnend für das Syndrom der AIDS definierenden Erkrankungen ist das Versagen der zellulären Immunabwehr im menschlichen Organismus. Die Destruktion des humanen Immunabwehrsystems erfolgt in einem bis zu 15 Jahre umfassenden variablen Zeitraum zwischen der HIV-Primärinfektion und dem Auftreten der Indikatorkrankheiten für das AIDS-Stadium. In dieser mehrjährigen Zeitspanne explodiert die Anzahl der human immunodeficiency Viren in dem infizierten menschlichen Organismus kontinuierlich in rasanter Geschwindigkeit, und gleichzeitig wird das zunächst intakte menschliche Immunabwehrsystem zerstört. Die in Folge auftretenden opportunistischen Infektionen, malignen Zellveränderungen und neurologischen Störungen enden letal. Eine prophylaktische Immunisierung gegen die zerstörerischen Aktivitäten des HIV oder eine Heilung von AIDS gibt es derzeitig nicht.

Da es sich bei AIDS um eine sehr junge Krankheit handelt, zu deren Entstehen, Verlauf, Erscheinungsformen und Therapiemöglichkeiten weltweit mit großer Anstrengung interdisziplinär geforscht wird, können auf Grundlage des aktuellen Forschungsstandes nicht alle bestehenden Fragen vollständig mittels gesicherter Kenntnisse beantwortet werden. So ist es bisher unerforscht, warum die Zeitspanne zwischen der HIV-Infektion und der Manifestation des Vollbildes AIDS bei einzelnen Betroffenen eine unterschiedliche Dauer von ca. drei bis zu 15 Jahren umfasst.

Auf die bis dahin unbekannte Krankheit AIDS wurden Mediziner erstmalig aufmerksam, als im Jahre 1981 eine ungewöhnlich hohe Zahl junger, männlicher Patienten aus New York und California am Kaposi Sarkom, einem bösartigen Hauttumor und häufig additiv an Pneumocystis-carinii-Pneumonie, einer lebensbedrohlichen Lungenentzündung erkrankten. Diese zunächst unerklärlichen Erkrankungsfälle wurden in vier Bevölkerungspopulationen registriert: bei (1) homosexuellen Männern, (2) intravenös Drogenabhängigen, (3) Hämophilie-Patienten und (4) Personen aus der Karibik. Bereits ein Jahr später wurde das HIV als wahrscheinlicher Erreger der neuen Krankheit AIDS von der Forschergruppe um Montagnier im Pariser Institut Pasteur entdeckt.

Das Virus breitete sich in den darauffolgenden zwei Jahrzehnten weltweit aus und erfasst inzwischen auch andere Bevölkerungsgruppen wie heterosexuelle Erwachsene beiderlei Geschlechts und Kinder. Schätzungen der WHO (World Health Organization) zufolge gab es im Jahr 1998 weltweit insgesamt 33,4 Millionen Menschen mit HIV und AIDS. Die epidemiologischen Schätzungen der WHO halten für das Jahr 2000 bis zu 40 Millionen HIV-Infizierte für wahrscheinlich. Der Anteil der Frauen steigt deutlich. Er wird für 1998 auf 13,8 Millionen, die Anzahl der Kinder unter 15 Jahren auf 1,2 Millionen geschätzt.

Die ersten Fälle von AIDS bei Kindern wurden 1979 in den USA und 1980 in Belgien retrospektiv erkannt. Die Mütter dieser prä-, peri- und postnatal infizierten Kinder stammten damals aus Epidemiegebieten sowie aus der Gruppe der intravenös Drogenabhängigen. Zudem handelte es sich im weiteren Verlauf um Kinder, die über verseuchte Blutprodukte und Bluttransfusionen mit dem HIV kontaminiert wurden. Insbesondere hämophile Kinder wurden von der Transmission des HIV erfasst. Eine große Anzahl verstarb inzwischen.

In der Bundesrepublik Deutschland besteht für HIV und AIDS keine *Meldepflicht*. Das Bundesministerium für Gesundheit schätzt die Zahl der HIV-Infizierten auf 50.000–60.000 Personen, die Zahl der Kinder unter 13 Jahren wird auf 500 geschätzt

(Stand Februar 1999). Die tatsächliche Population der mit HIV kontaminierten Kinder dürfte höher zu beziffern sein und auch weiterhin ansteigen. Hinweise für diese Einschätzung lassen sich bei Brodt u.a. (1999, 421) nachlesen. Hier wird von anonymisierten Testungen Neugeborener in Deutschland berichtet, die ergaben, dass im Jahr 1999 von ca. 200 HIV-exponierten Säuglingen auszugehen ist.

Etwa 55% der HIV-kontaminierten, gebärenden Mütter sind über ihren HIV-Status nicht informiert, d.h. sie können weder für ihr neugeborenes Kind noch für sich selbst die gesundheitsstabilisierenden, lebensverlängernden Maßnahmen nutzen. Die Zahl der Frauen im gebärfähigen Alter mit HIV stieg von 12,8% im Jahr 1994 auf 16,9% im Jahr 1998 an (Brodt u.a. 1999, 51). Bemerkenswert in diesem Kontext ist, dass die größte Zahl der vertikal übertragenen kindlichen HIV-Infektionen auf den nicht erkannten HIV-Status der Mutter während der Befruchtung, Nidation, Schwangerschaft, Geburt und Stillphase zurückzuführen ist. Derzeit lebt die Mehrheit der HIV-infizierten Personen aus dem Bereich der Bundesrepublik Deutschland in den Großstädten. Eine große Zahl der Betroffenen verschweigen ihren HIV-Status bzw. den ihrer Kinder aus Angst vor Stigmatisierung und Isolierung.

Die Übertragung des HIV erfolgt nach gegenwärtigem Erkenntnisstand hauptsächlich über den interpersonalen Transfer von Körperflüssigkeiten und -sekreten wie Blut, Samenflüssigkeit, Vaginalsekret und die Muttermilch. Das Virus wurde darüber hinaus in weiteren Körpersekreten und -exkreten gefunden: in Blutprodukten, Alveolarflüssigkeiten, Synovialflüssigkeiten, in Schweiß, Speichel, Liquor cerebrospinalis und im Stuhl. Die Transmission des HIV geschieht nach aktuellem Kenntnisstand horizontal durch homo- oder heterosexuellen Geschlechtsverkehr, durch Transfusionen HIV-kontaminierten Blutes, Gaben von Blutprodukten, Transplantationen HIV-haltiger Organe, dem Gebrauch HIV-kontaminierter Spritzbestecke z.B. bei intravenös Drogenabhängigen, versehentlichen Nadelstichverletzungen, offenen Wunden und Schleimhautkontakten der im Gesundheitswesen und Pflegewesen tätigen Personen. Die vertikale Transmission des HIV erfolgt von der Mutter auf das Kind. Die wirksamste Schutzmaßnahme hinsichtlich einer potentiellen HIV-Transmission stellt die Vermeidung des Kontaktes mit Körperflüssigkeiten und -ausscheidungen infizierter Personen dar.

Nach der Erstmanifestation von AIDS besteht für ein betroffenes Kind z.Z. eine mediane Überlebenszeit von 5–20 Monaten. Der Krankheitsprozess verläuft progredient mit infauster Prognose. Klinisch zeigt sich ein breites Spektrum unterschiedlichster Krankheitsbilder: bakterielle Infektionen, dermatologische Erkrankungen, Virusinfektionen, Pilzerkrankungen, maligne zelluläre Veränderungen, neurologische Veränderungen u.a.m.. Das Krankheitserleben, die medizinischen und medikamentösen Interventionen stellen für die Kinder eine große Belastung dar. In Anlehnung an Therapien bei erwachsenen Patienten wird auch bei den Kindern die antiretrovirale Mehrfachtherapie mit dem Ziel der Reduktion der Viruslast – möglichst unter die Nachweisgrenze – angewandt. Die eingeschränkte Anwendbarkeit und Verträglichkeit der vorhandenen antiretroviralen Substanzen erzeugen für die Pädiatrie besondere Probleme.

HIV-Antikörper-positive sowie an AIDS definierenden Erkrankungen leidende Kinder und Jugendliche stellen die Behindertenpädagogik vor qualitativ neue Aufgaben. Hier ist die Fachrichtung → *Körperbehindertenpädagogik* mit ihrem Teilbereich der → *Krankenpädagogik* vornehmlich gefordert. Zu ihren traditionellen exklusiven Aufgaben zählen (1) die Bereitstellung von lebensqualitätsverbessernden pädagogischen Hilfen zur Krankheitsbewältigung, (2) die Realisierung individuell zugeschnittener Konzepte und Maßnahmen zur ganzheitlichen Persönlichkeitsförderung in den Bereichen Entwicklung und Lernen und (3) die Gewährung und Bereitstellung pädagogischer Stützmaßnahmen zur Erreichung der Akzeptanz der krankheitsbedingten Einschränkungen und Belastungen in Gegenwart und Zukunft. Kinder und Jugendliche mit HIV und AIDS sind von Stigmatisierung und Isolierung bedroht, Fachkräfte sind aufgerufen, sonderpädagogische Interventionen zu entwickeln, die Diskriminierung, Stigmatisierung und Isolierung der Betroffenen präventiv und reintegrierend entgegenwirken. Insbesondere der letztgenannte Aufgabenbereich stellt die Pädagogik vor bisher unbekannte Herausforderungen: Die Perspektive der Unheilbarkeit der AIDS-Erkrankung mit der infausten Langzeitprognose löst in der Bevölkerung massive Ängste, verbunden mit Ausgrenzungs- und Stigmatisierungsprozessen aus, was zur Folge hat, dass HIV-betroffene Familien häufig in die Anonymität und Isolation flüchten. Die Situation der infizierten und erkrankten Kinder und ihrer Eltern ist somit zusätzlich zu der Erkrankungsbelastung und dem Wissen um den verfrühten Tod von der Tabuisierung und dem Geheimhaltungsdruck bezüglich der Krankheiten geprägt.

Infizierte und erkrankte Kinder und Jugendliche sind auf besondere *pädagogische Unterstützung* in der Verarbeitung der spezifischen krankheitsbedingten, belastenden und einschränkenden Begleitumstände angewiesen. Je nach Alters- und Entwicklungsstand sind pädagogische Mittel wie Spiel, Bilderbücher, Geschichten, Gespräche, Entspannungsübungen zur Erhaltung und Förderung der Persönlichkeit einzusetzen. Die Erarbeitung und Sicherstellung einer guten Compliance als Voraussetzung für erfolgreiche Therapien bei den jungen Patienten stellt eine weitere essentielle pädagogische Aufgabe dar. Die spezifische pädagogische Arbeit im Prozess der Herstellung der kindlichen Akzeptanz gegenüber den medikamentösen Therapiemaßnahmen gestaltet sich besonders schwierig, da die Untersuchungen belastend und die Einnahme der antiretroviralen Kombinationspräparate und weitere protektive Medikamente häufig unangenehme Nebenwirkungen wie Übelkeit, Magenschmerzen, Kopfschmerzen u.a.m. nach sich ziehen und somit bei den jungen Patienten auf vehemente Ablehnung stoßen. Sehr wichtig ist hier eine enge Zusammenarbeit der Pädagogen mit Medizinern, Therapeuten und insbesondere mit den erziehungsberechtigten Personen.

Von HIV und AIDS betroffene Schüler sollten ungeachtet ihrer Einschränkungen an altersentsprechenden Aktivitäten teilnehmen. Sie zeigen zumeist ein ausgeprägtes Interesse an schulischen Lernprozessen und Aktivitäten und reagieren äußerst sensibel auf soziale Ausgrenzung. So können gut gemeinte Rücksichtnahmen und Hilfsangebote sowie die Zuweisung von Sonderrechten von ihnen als stigmatisierend und ausgrenzend erlebt werden. Die enge Kooperation mit dem Elternhaus, den Medizinern und Therapeuten ist Grundlage jeder pädagogischen Arbeit mit HIV-infizierten und von AIDS definierenden Symptomatiken befallenen Kindern und Jugendlichen. Die Eltern und Pflegeeltern der Kinder sind aufgrund eigener Todesängste, der Trauer und wegen bestehender Schuldgefühle häufig nicht in der Lage, offen über Gefühle und Befürchtungen im Zusammenhang mit der Krankheit und dem drohenden Tod zu sprechen. Hier haben Erzieherinnen und Lehrkräfte bedeutungsvolle, familienergänzende pädagogische Aufgaben zu übernehmen.

Die Frage nach der angemessenen *Aufklärung der betroffenen Kinder* stellt ein zentrales pädagogisches Kernproblem dar. Grundsätzlich gilt, dass offen und vertrauensvoll mit den Kindern gesprochen werden soll. Fragen sollen behutsam, wahrheitsgemäß und entsprechend dem Entwicklungsstand der Fragenden beantwortet werden. In diesem Kontext muss bedacht werden, dass Kinder die sozialen Folgen des offenen Umgangs mit ihrer HIV-Infektion in der Regel nicht antizipieren können. In einigen Arbeiten wird deshalb vorgeschlagen, im Gespräch mit den infizierten jungen Menschen die Begriffe ‚HIV' und ‚AIDS' nicht zu verwenden, sondern beispielsweise von einer Bluterkrankung zu sprechen. Jugendliche mit HIV-Status fordern häufig sehr detaillierte Informationen zu Ätiologie, Klinik und Prognose ihrer Erkrankung. Über das Faktenwissen hinaus setzen sie sich intensiv mit ethischen Fragestellungen auseinander. Sie benötigen zugewandte, vertrauensvolle Gesprächspartner. Der Sonderpädagoge in der Schule kann häufig eine gute Beziehung zu dem Betroffenen herstellen und eine tabufreie, vertrauensvolle Gesprächsatmosphäre pflegen.

Die *pädagogische Begleitung der final erkrankten Kinder und Jugendlichen* bis zu ihrem Tod gehört zu den anspruchsvollsten Aufgaben für Pädagogen. Im Rahmen dieser Arbeit stoßen pädagogisch Tätige überwiegend an die Grenzen ihrer psychischen und beruflichen Belastbarkeit. Supervision und Fortbildung zur AIDS-Problematik sind geeignet, die Kompetenzen der Pädagogen zu stärken im Sinne einer Qualitätssicherung der pädagogischen Arbeit im perithanatalen Aufgabenbereich. Die Sonderpädagogik steht vor der zusätzlichen Aufgabe, ihre heterogene Schülerschaft unter Berücksichtigung der ‚special needs' der Betroffenen präventiv auf die Gefahren einer HIV-Infektion hinzuweisen. Kinder und Jugendliche mit besonderen Förderbedürfnissen müssen befähigt werden, selbstverantwortlich AIDS-prophylaktische Verhaltensweisen jeweils altersgemäß zu entwickeln. Dies bedeutet, dass im Rahmen einer kontinuierlichen, die Vorschul- und Schulzeit durchziehenden → Sexualerziehung im Rahmen einer ganzheitlichen Persönlichkeitserziehung handlungsleitende Motive auf der Basis stabiler Werthaltungen von den Heranwachsenden entwickelt werden können.

Monika Ortmann

Literatur

Brodt, H.-R./Helm, E.B./Kamps, B.S.: AIDS 1999. Diagnostik und Therapie. Köln 1999.

Bundesministerium für Gesundheit: Modellprogramm AIDS und Kinder. Medizinische und psychosoziale Aspekte. Baden-Baden 1994.

Ortmann, M.: Progredient erkrankte Kinder und Jugendliche – Pädagogische Aufgaben im prä-, peri- und postthanatalen Problemkreis. In: Vierteljahresschrift für Heilpädagogik und ihre Nachbargebiete 65 (1996) 502–506.

Anfallsleiden

Von einem zerebralen Anfallsleiden oder einer *Epilepsie* ist zu sprechen, wenn es wiederholt zum spontanen Auftreten epileptischer Anfälle kommt. Als Gelegenheitskrämpfe oder akute epileptische Reaktionen werden Krampfanfälle bezeichnet, die auf akute → Hirnschädigungen zurückgeführt werden können. Am häufigsten sind dies im Kindesalter der Fieberkrampf und im Erwachsenenalter der Alkoholentzugskrampf. Grundsätzlich kann jedes Gehirn Anfälle produzieren. Die Anfallsbereitschaft ist in den ersten Lebensjahren am höchsten. Sie ist stets multifaktoriell bedingt. Auch bei Epilepsien, die ursächlich eindeutig mit Hirnstörungen bzw. Hirnschädigungen aufgrund von Stoffwechselstörungen, Entzündungen, Traumen oder Tumoren in Zusammenhang gebracht werden können, wird eine genetische Disposition vermutet. Mit einer Prävalenzrate von etwa 0,5 % gehören die Epilepsien zu den häufigsten chronischen Krankheiten des Zentralnervensystems. Davon manifestiert sich etwa die Hälfte bereits im Kindesalter, zwei Drittel vor dem 20. Lebensjahr. Etwa fünf von 100 Personen erleiden im Laufe ihres Lebens mindestens einen Anfall.

Dem epileptischen Anfall liegt eine *Funktionsstörung zentralnervöser Neurone* zugrunde. Als Reaktion auf einen störenden Reiz kommt es zu einer abnorm synchronen elektrischen Aktivität vieler Nervenzellen. Auch wenn die pathogenetischen Mechanismen des epileptischen Anfalls noch nicht vollständig geklärt sind, lassen sich die exzessiven elektrischen Entladungen als Ausdruck einer Störung der Balance zwischen hemmenden (inhibitorischen) und bahnenden (exzitatorischen) Mechanismen an den neuronalen Synapsen verstehen. Die antiepileptisch wirksamen Medikamente haben hier ihren Wirkungsort. Die Hypersynchronizität der exzessiven neuronalen Entladungen ermöglicht ihre Beobachtbarkeit im Elektroenzephalogramm (EEG), vor allem in Form von Spitzen- und Wellenpotentialen, die sich von der normalen Morphologie der Hirnstromkurve abheben.

Lokalisation und Anzahl der betroffenen Neuronen bestimmen das Anfallsbild. Die Anfallsformen können vier Kategorien zugeordnet werden, den Bereichen der Wahrnehmung, des Bewusstseins, des Vegetativums und der Motorik. Die Anfallsformen können einzelne wie auch mehrere Bereiche betreffen. → Wahrnehmungsstörungen zusammen mit dem Empfinden eines fremden Gefühls kennzeichnen die Aura, die andere Anfallsformen ankündigen kann. Motorische Symptome äußern sich in Form von kurzdauernden (Kloni), anhaltenden Muskelkontraktionen (Toni) oder komplexen, physiologisch erscheinenden Bewegungsmustern. Bei den meisten Anfallsformen kommt es zu einer Bewusstseinseinschränkung (Absence) bis hin zum völligen Bewusstseinsverlust wie beim bekannten *Grand-mal-Anfall.* Anfälle können sich wiederholen. Bei einer Serie erlangt der Patient das Bewusstsein wieder. Von einem Status epilepticus spricht man, wenn der epileptische Anfall über 10 Minuten andauert oder wenn der Patient zwischen den Anfällen sein Bewusstsein nicht völlig wiedererlangt.

Die *Klassifikation der Epilepsien* ist immer noch unbefriedigend. Ein Grund hierfür liegt in der mangelnden Unterscheidung zwischen epileptischen Anfallsformen als Symptomen und den diesen zugrunde liegenden epileptischen Syndromen (Noachter/Noachter 1998). Keine Anfallsform ist spezifisch für ein Epilepsiesyndrom, auch wenn manche Anfallsformen für bestimmte Syndrome typisch sind. Die geläufigste Klassifikation der Epilepsien unterscheidet drei Hauptgruppen: Epilepsien mit primär generalisierten Anfällen, Epilepsien mit fokalen bzw. partiellen Anfällen sowie Epilepsien mit sekundär generalisierten Anfällen fokaler Genese. Die Diagnose, d.h. die Bestimmung des epileptischen Syndroms, ist entscheidend für Therapie und Prognose. Hierfür werden alle verfügbaren klinischen Informationen eingesetzt wie Anamnese, Anfallsbeschreibung und klinischer Befund, Verlauf, Elektroenzephalogramm sowie – heute zunehmend – Befunde der modernen funktionell und strukturell bildgebenden Verfahren, die Einblicke auch in die Stoffwechselvorgänge des Gehirns ermöglichen. Bei der simultanen Doppelbildaufzeichnung wird der epileptische Anfall sowohl im Langzeit-EEG als auch durch die Videoaufzeichnung des Patienten zu erfassen versucht.

Zentrales Behandlungsverfahren ist die *Pharmakotherapie.* Da viele antiepileptisch wirksame Medikamente ein spezifisches Wirkungsspektrum besitzen, ist eine ätiologische Abklärung der Epilepsie notwendig. In etwa 60 % der Fälle gelingt eine vollständige Anfallskontrolle. Die Medikamente müssen regelmäßig gegeben werden. Eine Aufklärung des Patienten bzw. seiner Eltern trägt entscheidend bei zur Herstellung der notwendigen Compliance. Erst nach längerer Anfallsfreiheit kann das Medikament langsam abgesetzt werden, um das Rezidivrisiko gering zu halten. In therapierefraktären Fällen sind neurochirurgische Verfahren indiziert. Die Gefahr der Nebenwirkung durch die unbeabsichtigte Entfernung auch gesunder, für die psychische Leistungsfähigkeit notwendiger Hirnareale ist heute durch die Lokalisation des epileptogenen Herdes mittels neuropsychologischer Methoden am offenen Gehirn berechenbar. Bei der Biofeedback-Methode, bei der der Patient durch eine Rückmeldung über das EEG eine Selbstkontrolle der Anfallsbereitschaft erlernen soll, handelt es sich um ein vielversprechendes, aber in seiner Wirksamkeit noch nicht ausreichend überprüftes Verfahren.

Ein früher Epilepsiebeginn geht in der Regel mit einer schlechteren *Prognose* einher. Dies gilt vor allem für das West-Syndrom mit BNS-Anfällen im Säuglingsalter sowie das Lennox-Gastaut-Syndrom des Kindesalters, die in der Regel zu einer → geistigen Behinderung führen. Die Gesamtprognose hängt nicht nur ab von der therapeutischen Beeinflussbarkeit der Anfälle, sondern auch von der die Epilepsie verursachenden Grunderkrankung, aber auch von der psychischen Verarbeitung der Anfälle, die der Patient als unberechenbare Unterbrechung der sinnhaften Kontinuität und als kränkenden Verlust seiner Körperkontrolle erlebt. Sein Erleben wird zudem bestimmt durch die aufgrund der Hirnschädigung oft eingeschränkten psychischen Ressourcen, durch Nebenwirkungen der Medikamente, immer auch durch die Reaktionen seiner personalen Umwelt in Familie, Kindergarten und Schule (Schneble 1999; Schöler/Schaudwet 1999). Von einer typischen epileptischen Wesensänderung im Sinne einer Umständlichkeit und Reizbarkeit wird heute nicht mehr gesprochen. Epilepsie ist aber dennoch ein bedeutsamer psychiatrischer Risikofaktor. Auch wenn die Unfallgefährdung Epilepsiekranker in der Regel überschätzt wird, ist eine gewisse Einschränkung der persönlichen Lebensführung in Ausbildung und Freizeit oft nicht zu vermeiden. Anfallskranke Kinder und Jugendliche (Möckel 1990), mit und ohne geistige Behinderung, werden bislang von der Behindertenpädagogik noch zu wenig beachtet, obschon die Anfänge von Erziehung und pädagogischer Förderung bis in die Mitte des 19. Jahrhunderts zurückreichen: → Anstalten wie in Bethel und Stetten hatten – vergleichbar den Krankenhausschulen (→ Krankenpädagogik) – Abteilungen eingerichtet, in denen Lehrer für Anfallskranke tätig waren. Bei den enorm verbesserten medizinischen Behandlungsmöglichkeiten wird es heute darum gehen, von einer abgestuften „Behinderung von Erziehung" (Möckel 1990, 125) im Gefolge von Epilepsie auszugehen und entsprechend unterschiedliche pädagogische Angebote, vermehrt auch in allgemeinen Schulen, zu machen.

Roland Schleiffer

Literatur

Matthes, A./Schneble, H.: Epilepsien. Stuttgart 6. Aufl. 1999.

Möckel, A.: Zur Geschichte der Erziehung anfallskranker Kinder. In: Heilpädagogische Forschung. XVI (1990) 118–126.

Noachter, S./Noachter, A.: Die semiologische Klassifikation epileptischer Anfälle. In: Nervenarzt 69 (1998) 117–126.

Schneble, H.: Epilepsie bei Kindern: Wie ihre Familie damit leben lernt. Stuttgart 1999.

Schöler, J./Schaudwet, A.: Epilepsie bei Kindern und Jugendlichen in der Schule. Ein Handbuch für Pädagoginnen, Pädagogen und Eltern. Neuwied 1999.

Gesundheit

Von Gesundheit zu schreiben, heißt, Krankheit nicht auszuklammern: „Der Begriff der Krankheit lebt von dem der Gesundheit wie umgekehrt derjenige der Gesundheit von dem der Krankheit" (Lenzen 1996, 885). Diese Bipolarität ist kulturhistorisch begründet, gleichwohl obliegt die Feststellung des Gesundheitszustandes von Personen und die Behandlung von Krankheiten einzig den Ärzten in gesellschaftlichem Auftrag, aber in professioneller Autonomie. Die Definitionsmacht der Medizin bezüglich Gesundheit und Krankheit ist in den zurückliegenden fünfundzwanzig Jahren durch *Gesundheitsselbsthilfebewegungen* (→ Selbsthilfe) infragegestellt worden. Sie können als Versuch einer zivilen Wiederaneignung von Gesundheit verstanden werden, die gleichzeitig alltagsweltlichen Deutungsmustern und Bewältigungsformen mehr Geltung verschafft. Im Prozess dieses Perspektivwandels ist Gesundheit zu einem der wichtigsten politischen Themen geworden. Die von der Ottawa-Charta der WHO (1986) bis zur Bangkok Charter for Health Promotion in a globalized World 2005 formulierten Leitideen von Gesundheit prägen den öffentlichen, wissenschaftlichen und professionsbezogenen Diskurs über die Schaffung gesundheitsverträglicher Lebensverhältnisse in Familien, Schulen, Betrieben, Regionen und Städten national wie international. Und das geschieht so nachhaltig, dass Ende 2005 in Deutschland die Hoffnung besteht, nachdem der fast gänzliche Wegfall von *Prävention* und *Gesundheitsförderung* als Pflichtaufgabe des Gesundheitssystems und damit der Krankenkassen (§ 20 SGBV) Ende 1999 zum Beginn des neuen Jahrhunderts wieder aufgehoben worden ist, dass im Jahr 2006 das im Gesetzgebungsverfahren steckende Präventionsgesetz verabschiedet wird. Diese im Grundsatz mutmachenden nationalen wie internationalen gesundheitspolitischen Initiativen werden allerdings erst dann wirkungsvoll, wenn ihnen eine solide Finanzierung für Maßnahmen zugrundeliegt.

Das biomedizinische Krankheitsmodell und das Risikofaktorenkonzept sind aufgrund multiplexer Lebensbedingungen, vor allem bei degenerativen Erkrankungen und den großen Volkskrankheiten, in die Kritik geraten. In den vergangenen Jahren wurde das Thema Gesundheit zu einem beherrschenden Gegenstand im sozialwissenschaftlichen Diskurs. Den Anstoß gab das *salutogenetische Modell* von A. Antonovsky (1979) mit seiner berühmt gewordenen Ausgangsfrage „Warum sind manche Menschen gesund, obwohl ..." Antonovsky nennt drei Gründe, die gegen eine pathogenetische Erklärung sprechen (1979, 66): Sie sei blind gegen subjektive Theorien, individualisiere Krankheit und dichotomisiere Gesundheit und Krankheit. Schaltzentrale des von Antonovsky entwickelten Verlaufsmodells von Gesundheit und Krankheit ist das Konzept des Kohärenzsinns als „eine globale Orientierung, die zum Ausdruck bringt, in welchem Umgang eine Person ein generalisiertes, überdauerndes und dynamisches Gefühl des Vertrauens besitzt, dass die eigene innere und äußere Umwelt vorhersagbar ist und dass mit großer Wahrscheinlichkeit die Dinge sich so entwickeln werden, wie man es vernünftigerweise erwarten kann" (Hurrelmann 1988, 134). Das von Antonovsky entwickelte salutogenetische Modell weist eine unübersehbare Affinität zum Lebensweisenkonzept auf, das von Wenzel u. a. (1986) in die Gesundheitsdebatte eingeführt wurde.

In eine ähnliche Richtung weisen *sozialwissenschaftliche Ansätze*. Sie thematisieren nicht nur gesundheitsgefährdende Handlungsweisen, sondern richten ihre Aufmerksamkeit auch auf soziale und sozialökologische Ressourcen als Moderatoren zur Bewältigung von Krankheiten bzw. als Schutzfaktoren. So kommt dem Belastungs-Bewältigungs-Modell in Verbindung mit dem Konzept sozialer Unterstützung paradigmatische Bedeutung zu bei unterschiedlicher Ausrichtung in Psychologie (gesundheitsbezogene Kognitionen) und Soziologie (sozialökologische, kulturelle, gesellschaftliche Bedingungen von Krankheit und Gesundheit). Verbleiben einige Ansätze noch in sozialbehavioralen Traditionen, so knüpfen andere im Kern handlungstheoretische (Faltermaier u. a. 1998; Flick 1998) an Alltagswissen an, um die soziale Konstruktion von Gesundheitsbewusstsein aufzuklären. Perspektivenreich sind in diesem Zusammenhang Biographie-, Lebenswelt- und Milieuanalysen, die überdies zur theoretischen Weiterentwicklung des Lebensweisenkonzeptes beitragen (Homfeldt/Sting 2006). Gewinnbringend erscheinen überdies sozialisationstheoretische Aspektierungen von Gesundheit. Sie fassen Gesundheit „als Zustand des objektiven und subjektiven Befindens einer Person, der gegeben ist, wenn diese Person sich in den physischen, psychischen und sozialen Bereichen ihrer Entwicklung in Einklang mit den eigenen Möglichkeiten und Zielvorstellungen und den jeweils gegebenen äußeren Lebensbedingungen befindet" (Hurrelmann 1998, 189 f.). Gesundheit gilt als beeinträchtigt, wenn Personen eine oder mehrere der genannten Anforderungen in Situation und Lebenslauf nicht erfüllen können.

Mit Gesundheit einher gehen *biographische*, auch *anthropologische* Aspekte. Zu einer in Technik aufgehenden Medizin entwickelte sich nach dem 2. Weltkrieg eine Gegenbewegung, die den Körper, besser Leib als Grundlage von Wahrnehmung und Bewusstsein ins Zentrum des Interesses rückte. In Bezug auf Hilfe und Heilen heißt dies: Einzig wenn Heilende und Helfende sich ihrer eigenen Leiblichkeit bewusst sind, lässt sich auch die Leiblichkeit eines Hilfe- bzw. Heilungsbedürftigen empfindsam wahrnehmen im Sinne eines „Ich verstehe mich auf dich". Ein diesem Ansatz zugrundeliegendes dialogisches Menschenbild ist als anthropologischer Ansatz fassbar (Homfeldt/Ots 1997, 69–90). Eine solche Aufmerksamkeitsrichtung schließt die Lebensgeschichte des Menschen ein.

Dem Ziel verpflichtet, Wissen über Gesundheitsrisiken und -gefährdungen über gesellschaftliche und psychosoziale Bedingungen von Krankheit und Gesundheit empirisch zu sichern, geht es der *sozialepidemiologischen* Sichtweise darum, die soziale Verteilung des Gesundheitszustandes zu untersuchen sowie zu erklären und Vorschläge für gesundheitspolitische Maßnahmen zur Verbesserung des Gesundheitszustandes der Bevölkerung zu entwickeln (Mielck 2002, 55). Im Vergleich zu Arbeiten aus angloamerikanischen Ländern stecken sozialepidemiologische Forschung und Gesundheitsberichterstattung in Deutschland noch in den Anfängen. Für Soziale Arbeit und für Behindertenpädagogik von zentraler Wichtigkeit ist die Erkenntnis, dass soziale Randgruppen und Behinderte an gesellschaftlichen Versorgungsangeboten wie Gesundheit, Bildung, Wohnen, Arbeit ungleich partizipieren (Ries u.a. 1997).

Die Behindertenpädagogik wird sich der Gefahr bewusst sein, dass die moderne Gesundheitsbewegung zu einer Art „Kreuzzug" gegen Gebrechlichkeit und Hinfälligkeit werden kann (Hörmann 1999, 16). Umso wichtiger dürften Fragen der (Wieder-)Gewinnung einer selbstbestimmten Lebensgestaltung sein, als Vermittlungsleistung zwischen Person, Gruppe, Gesellschaft. Für eine gesundheitsbezogene Behindertenpädagogik steht die Ressourcenorientierung im Vordergrund (Eberwein 1998, 89). Sie überwindet eine Eigenschaften ermittelnde Defektorientiertheit und mit ihr ein normativ besetztes Personenkonzept, das implizit durch die Polarität von Schädigung, Beeinträchtigung einerseits und Erfolg, Schönheit andererseits bestimmt ist. Eine gesundheitsbezogene Behindertenpädagogik ist geleitet von einer Ethik der Differenz (Antor 1991, 224), in der Menschen aufgrund ihrer Verschiedenheit gleich sind. Integration geht von der „Gleichheit trotz Verschiedenheit" sowie der ungeschmälerten Achtung der Individualität jedes einzelnen aus und betrachtet Behinderung relational als „Beeinträchtigung der Realisierung einer Verhaltenserwartung" (Eberwein 1998, 82). Behinderung als „eine besondere Form von Gesundheit" (Ethische Grundaussagen 1990, 257) ist an einen sozialen und biographischen Kontext gebunden, in dem es um die Entfaltung von Selbstbestimmung, von Handlungsspielräumen und einer größtmöglichen Kontrolle über das eigene Leben geht. Diesem Anliegen entspricht ein Konzept von Gesundheitsförderung, in dem es Lernprozesse organisiert unter der Bedingung hochkomplexer gesellschaftlicher Rahmenbedingungen auf der Ebene der Person, der Institution, des Gemeinwesens und der Gesellschaftspolitik, und zwar in der Freizeit, im Stadtteil, bei der Arbeit, in der Schule, in der Familie etc.

Hans Günther Homfeldt

Literatur

Antonovsky, A.: Health, stress and coping. San Francisco 1979.

Antor, G.: Die Förderung schwerstbehinderter Menschen. Ethische und pädagogische Fragen. In: Zeitschrift für Heilpädagogik 42 (1991) 217–229.

Eberwein, H.: Sonder- und Rehabilitationspädagogik – eine Pädagogik für „Behinderte“ oder gegen Behinderungen? Sind Sonderschulen verfassungswidrig? In: Eberwein, H./Sasse A. (Hrsg.): Behindert sein oder behindert werden? Interdisziplinäre Analysen zum Behinderungsbegriff. Neuwied 1998, 66–95.

Ethische Grundaussagen. Stellungnahme des Vorstandes der Bundesvereinigung Lebenshilfe für geistig Behinderte e. V. In: Geistige Behinderung 29 (1990) 255–257.

Faltermaier, T./Kühnlein, I./Burda-Viering, M.: Gesundheit im Alltag. Weinheim 1998.

Flick, U. (Hrsg.): Wann fühlen wir uns gesund? Weinheim 1998.

Homfeldt, H.G./Ots, Th.: Eine vernachlässigte Dimension von Gesundheit – die anthropologische Perspektive. In: Homfeldt, H.G./Hünersdorf, B. (Hrsg.): Soziale Arbeit und Gesundheit. Neuwied 1997, 69–90.

Homfeldt, H.G./Sting, St.: Soziale Arbeit und Gesundheit. München 2006.

Hurrelmann, K.: Sozialisation und Gesundheit. Weinheim 1988.

Hurrelmann, K.: Gesundheitswissenschaftliche Ansätze in der Sozialisationsforschung. In: Hurrelmann, K./Ulich, D. (Hrsg.): Handbuch der Sozialisationsforschung. Weinheim 1998, 189–213.

Hurrelmann, K./Laaser, U. (Hrsg.): Handbuch Gesundheitswissenschaften. Weinheim 1998.

Lenzen, D.: Krankheit und Gesundheit. In: Wulf, Ch. (Hrsg.): Vom Menschen. Handbuch Historische Anthropologie. Weinheim 1997, 885–891.

Mielck, A.: Gesundheitliche Ungleichheit: Empfehlungen für Prävention und Gesundheitsförderung. In: Homfeldt, H.G. u.a. (Hrsg.): Studienbuch Gesundheit. Soziale Differenz – Strategien – Wissenschaftliche Disziplinen. Neuwied 2002, 45–63.

Ries, H.A./Elsen, S./Steinmetz, B./Homfeldt, H. G. (Hrsg.): Hoffnung Gemeinwesen. Neuwied 1997.

Schwartz, F.W. (Hrsg.): Das Public Health Buch. München 1998.

Wenzel, E. (Hrsg.): Die Ökologie des Körpers. Frankfurt 1986.

Wilkinson, R.: Unhealthy societies. London 1996.

Hirnschädigung

Von einer Hirnschädigung ist die Rede, wenn ein traumatisches Ereignis oder ein krankhafter Prozess bei dem sich normal entwickelnden oder ausgereiften Gehirn anatomische Veränderungen hervorruft, die, sofern nicht ausreichend kompensiert, mit funktionellen Störungen einhergehen. Hirnschädigungen werden daher zumeist unterschieden von *Hirnstörungen*, bei denen sich das Gehirn von Anbeginn an regelwidrig entwickelt, wie etwa bei den meisten Formen der schweren → geistigen Behinderung sowie bei *Zerebralparesen*, oder bei denen das Gehirn neben anderen Körperorganen in seiner Funktion geschädigt wird wie durch systemische Erkrankungen, etwa Autoimmunkrankheiten oder → AIDS.

Bei den klinisch relevanten Störungen der Hirnfunktion lassen sich Störungen spezifischer Hirnfunktionen unterscheiden von *unspezifischen Hirnfunktionsstörungen*, den organischen Psychosyndromen. Letztere können akut oder chronisch verlaufen. Der Zusammenhang zwischen Läsion und Funktionsausfall oder -einschränkung ist nur selten eindeutig. Er wird bestimmt von Art, Lokalisation und Ausdehnung der Schädigung in einer oder beiden Hirnhälften, vom Reifegrad und von einer möglichen Vorschädigung des Gehirns, immer aber auch von den psychosozialen Ressourcen, die der betroffenen Person zur möglichen Kompensation der Funktionseinschränkung zur Verfügung stehen. Zudem erhöht eine Hirnfunktionsstörung als Folge einer Hirnschädigung die Wahrscheinlichkeit, dass das betroffene Kind eine psychiatrische Störung entwickelt im Sinne eines Vulnerabilitätsfaktors (Remschmidt 1992).

Nach einer Schädigung umschriebener Hirnstrukturen lassen sich *spezifische neuropsychologische Syndrome* beobachten, die sich je nach geschädigtem Hirnareal etwa als Sprachstörung (Aphasie), Apraxie (Handlungsstörung), Störungen des Erkennens (Agnosie) oder Störung des Planens und Ausführens von Handlungen manifestieren (Frontalhirnsyndrom). Diese sog. Werkzeugstörungen finden sich aufgrund der entwicklungsbedingt noch nicht so eindeutigen Beziehung zwischen Hirnstruktur und Hirnfunktion im Kindesalter eher selten. Der Zusammenhang zwischen Alter bei Hirnschädigung und Kompensationsmöglichkeit ist komplex (Goodman 1994). Insgesamt lässt sich eine früher eintretende Schädigung besser kompensieren. Die größere Plastizität des noch jungen Gehirns kann sich aber auch nachteilig auswirken, wenn die regenerativen Prozesse zu anomalen neuronalen Verbindungen führen. Entgegen traditioneller Meinung sind die Folgen von Geburtsschäden eher zu vernachlässigen. Bei einseitiger Hirnschädigung kann die gestörte Funktion gegebenenfalls durch die homologe Hirnstruktur der gesunden Seite übernommen werden. Bezüglich spezifischer Fähigkeiten scheint die Prognose nach einer frühen Schädigung besser zu sein als bezüglich der allgemeinen intellektuellen Fähigkeit. Das Ausmaß der Plastizität des Gehirns (Kolb 1996) ist prospektiv kaum einzuschätzen. In Einzelfällen erwies sich die Fähigkeit zur Alltagsbewältigung trotz Fehlens eines Großteils der Gehirnsubstanz als kaum beeinträchtigt (Lebeer 1998).

Die *organischen Psychosyndrome* sind ätiologisch weitgehend unspezifisch. Verschiedene Schädigungen oder Krankheiten des Gehirns können zu einheitlichen psychopathologischen Bildern führen, wie umgekehrt unterschiedliche Formen organischer Psychosyndrome sich bei der gleichen Grundkrankheit finden. Dieser Sachverhalt trägt zur terminologischen Unübersichtlichkeit bei, die auch in den modernen Klassifikationssystemen der → Krankheiten noch keineswegs überwunden ist. Häufige Ursachen im Kindes- und Jugendalter sind Schädelhirntraumata, Hirnentzündungen sowie Hirntumore. Psychopathologisches Leitsymptom der *akuten* und reversiblen organischen Psychosyndrome, die auch als exogene, d. h. körperlich begründbare → Psychosen bezeichnet werden, ist die Bewusstseinstrübung in Form von Benommenheit oder Bewusstlosigkeit sowie die delirante Verwirrtheit, wie etwa bei einer Drogenintoxikation. Leitsymptome der *chronischen* und irreversiblen Psychosyndrome sind organische Persönlichkeitsstörung sowie Demenz.

Bei der *organischen Persönlichkeitsstörung* kommt es zu tiefgreifenden kognitiven oder affektiven Veränderungen. Die Fähigkeit zur Handlungsplanung und zur Einschätzung der wahrscheinlichen Handlungsfolgen kann eingeschränkt sein. Eine gestörte Affektregulation äußert sich in emotionaler Labilität, in Reizbarkeit und einer Neigung zu kaum kontrollierbaren Aggressionszuständen, aber auch in einer Apathie. Bei der *Demenz* kommt es zu einer Abnahme schon etablierter intellektueller und sprachlicher Fähigkeiten mit einer Beeinträchtigung von Urteilsfähigkeit und Anpassungsfähigkeit an neue Situationen. Die jeweilige Symptomatik ist immer auch geprägt durch die psychische Verarbeitung der vom Patienten erlebten Funktionsausfälle, die wiederum beeinflusst wird durch die Reaktionen seiner personalen Umwelt. Warum sich die klinischen Bilder bei Syndromen, die eindeutig auf eine Hirnschädigung zurückzuführen sind, so deutlich unterscheiden von den Syndromen, bei denen dies nicht der Fall ist, ist derzeit noch keineswegs verstanden.

Für *Kinderpsychiatrie und Behindertenpädagogik* gleichermaßen bedeutsam erwies sich die Diagnose des „leichten frühkindlich exogenen Psychosyndroms“, für das es zahlreiche Synonyme gibt. Eine „leichte frühkindliche Hirnschädigung" wurde Kindern attestiert, die neben einer gestörten motorischen bzw. visuomotorischen Koordination eine → Aufmerksamkeitsstörung sowie überaktives Verhalten zeigen. Diese Diagnose wurde, nachdem sich in den meisten Fällen kein Hirnschaden objektivieren ließ, durch die Diagnose *Minimale zerebrale Dysfunktion* (MCD) ersetzt. Die Beliebtheit dieser Summationsdiagnose, für die eine Häufigkeit bis zu 30 % angegeben wurde, bei Eltern und professionellen Erziehern verdankte sich auch der Möglichkeit zur schuldentlastenden Kausalattribution sowie der medikamentösen Beeinflussbarkeit durch Psychopharmaka vom Typ der Amphetamine. Nachdem aufgrund auch epidemiologischer Befunde (Esser/Schmidt 1987) der postulierte Syndromcharakter der MCD nicht mehr aufrechtzuerhalten war, werden diesen Kindern nunmehr die Diagnosen eines Hyperkinetischen Syndroms bzw. Aufmerksamkeitsdefizitsyndroms mit den Kardinalsymptomen Aufmerksamkeitsstörung (→ Aufmerksamkeit; → Aufmerksamkeits-Defizit-Hyperaktivitäts-Syndrom) und Überaktivität sowie → Teilleistungsstörungen zugesprochen. Bei letzteren handelt es sich um umschriebene Entwicklungsstörungen von Sprache, Motorik oder schulischen Fertigkeiten wie bei der Lese- und Rechtschreibstörung oder Rechenstörung, als deren Ursache weniger eine Hirnschädigung denn eine Anomalie der biologischen Reifung des Zentralnervensystems, wenn nicht viel eher ein unzureichendes methodisches Arrangement des → Erstlese- und Schreibunterrichts angenommen werden muss.

Roland Schleiffer

Literatur

Esser, G./Schmidt, M.H.: Minimale cerebrale Dysfunktion – Leerformel oder Syndrom? Stuttgart 1987.

Goodman, R.: Brain Disorders. In: Rutter, M./Taylor, E./Hersov, L. (Hrsg.): Child and Adolescent Psychiatry. Oxford 3. Aufl. 1994, 172–190.

Kolb, B.: Brain plasticity and behavior. Hillsdale 1996.

Lebeer, J.: How much brain does a mind need? Scientic, clinical and educational implications of ecological plasticity. In: Developmental Medicine & Child Neurology 40 (1998) 352–357.

Remschmidt, H.: Psychiatrie der Adoleszenz. Stuttgart 1992.

Krankheit

Krankheit gehört zu den Grunderfahrungen des Menschen. Krankheit und hierbei besonders der Schmerz erzwingen eine Thematisierung seiner Körperlichkeit. Über den Körper sind Natur und Kultur immer verbunden. Daher ist das Verständnis von Gesundheit und Krankheit in der Geschichte großen Wandlungen unterworfen. Gefördert durch die Erfolge der technomorphen Medizin dominiert seit dem 19. Jahrhundert ein naturwissenschaftlich bzw. biomedizinisch geprägtes Verständnis von Krankheit (von Engelhardt 1999). Der von Häfner (1983) vorlegte *allgemeine Krankheitsbegriff* beansprucht eine Anwendbarkeit auf physische wie auf psychische Krankheiten: „Wir verstehen unter Krankheit einen Zustand unwillkürlich gestörter Lebensfunktionen eines Individuums, der eine Zeitdimension aufweist – Beginn und Verlauf – und in der Regel eine Beeinträchtigung des Wohlbefindens und der Leistungsfähigkeit bzw. der Fähigkeit zur Daseinsbewältigung zur Folge hat."

Dieser Krankheitsbegriff ist deskriptiv und normativ. Dabei geht es weniger um Abweichungen von einer statistischen, sondern von einer teleologisch verstandenen natürlichen Norm, die sich in der Regel objektivieren lassen als Defizite und Beeinträchtigungen von Funktionen und Strukturen, die dem Organismus seine ihm charakteristische Lebensweise ermöglichen (Müller 1997). Unter systemtheoretischer Perspektive (Simon 1995) erscheinen Krankheit wie → Gesundheit als stets angepasste Lebensformen. Krankheit meint dann den Prozess, der die besonderen Operationen und Verhaltensweisen umfasst, die ein lebender Organismus einsetzt, um seine durch ungewohnte Kontextbedingungen gefährdete autopoietische Reproduktion aufrechtzuerhalten.

Krankheiten können unbemerkt und schleichend oder plötzlich und auffallend beginnen. Sie können akut, intermittierend oder chronisch verlaufen. Erweist sich eine Krankheit als nicht heilbar, aber auch als nicht tödlich, spricht man je nach dem Ausmaß der Symptomatik und dem Verbleiben von Funktionseinschränkungen von einer chronischen Krankheit oder von einer → Behinderung. Behinderung gilt in der Regel als Folgezustand nach durchlaufenem Krankheitsprozess. Krankheit impliziert ein Nicht-Können bzw. Nicht-anders-Können. Die Gesellschaft konnotiert Krankheit negativ und erwartet von dem Kranken, dass er sich um seine Gesundung bemüht, insbesondere einen Arzt aufsucht und mit ihm kooperiert. In der ihm dann zugestandenen Krankenrolle darf er die Befreiung von sozialen Rollenverpflichtungen und seine Exkulpation von der Verantwortung für seinen Krankheitszustand erwarten.

Auch wenn es berechtigt erscheint, von *psychischer Krankheit* zu sprechen, da Erleben und zurechenbares Handeln zur spezifisch und biologisch fundierten Lebensweise des Menschen gehören, ist die Übertragung des Krankheitsbegriffs auf den psychischen Bereich nicht unproblematisch. So ist das Kriterium der Unwillkürlichkeit bisweilen nur ungenau festzusetzen, etwa beim Vorliegen einer Sucht, oder die Unterscheidung zwischen Nichtwollen und Nichtkönnen und damit die Beurteilung der Geschäfts- oder Zurechnungsfähigkeit nur schwer vorzunehmen, wie beim Vorliegen von → Psychosen, bei denen typisch keine Krankheitseinsicht besteht. Manche psychiatrischen Krankheiten gehen ohne subjektive Beeinträchtigung einher, etwa Manien. Diese Probleme haben dazu geführt, in den modernen Klassifikationssystemen wie DSM-IV und ICD-10 auf den Krankheitsbegriff zu verzichten zugunsten des Begriffs der psychischen Störung.

Inwieweit der Kranke eine Beeinträchtigung subjektiv erlebt und wie er seine Beschwerden präsentiert, hängt u.a. von seinem *subjektiven Krankheitskonzept* ab. Vor allem im Kindesalter ist das subjektive Befinden nicht oder kaum eingeschränkt (Lohaus 1990). Als kinder- und jugendpsychiatrische Erkrankung bezeichnet daher Remschmidt (1988) „einen Zustand unwillkürlich gestörter Lebensfunktionen, der durch Beginn, Verlauf und ggf. auch Ende eine zeitliche Dimension aufweist und ein Kind oder einen Jugendlichen entscheidend daran hindert, an den alterstypischen Lebensvollzügen aktiv teilzunehmen und diese zu bewältigen". Psychische Krankheit im Kindesalter erweist sich am Verfehlen von Entwicklungsaufgaben, die immer auch sozial definiert sind. Die Beachtung dieser Entwicklungsperspektive ist zentrales Anliegen der Entwicklungspsychopathologie, die in den letzten 20 Jahren das Verständnis der Entstehung und des Auftretens von Krankheiten erweitert hat (Remschmidt/Fombonne 1999).

Im Unterschied zum allgemeinen Krankheitsbegriff, der die Frage zu beantworten sucht, wer als krank zu gelten habe, ermöglicht der diesem nachgeordnete *spezielle Krankheitsbegriff* eine Zuordnung eines vorgegebenen krankhaften Zustandes als Diagnose einer speziellen Krankheit (Blankenburg 1989). Dessen sachgerechte, valide, sowie nachvollziehbare, reliable Zuordnung anhand definierter Kriterien soll durch diagnostische Klassifikationssysteme garantiert werden, die wie die ICD-10 oder die DSM-IV bemüht sind, weitgehend deskriptive und theoriefreie Algorhythmen zu benutzen. Da der medizinischen Diagnose vor allem eine behandlungsanleitende Funktion zukommen soll, werden auch in der Psychiatrie aus pragmatischen Gründen kategorial verfasste Diagnosen bevorzugt, auch wenn unter wissenschaftlichem Gesichtspunkt dimensional verfasste Diagnosen oft eine höhere Validität besitzen dürften.

Der Umgang mit Krankheit ist Sache des *Medizinsystems*. Dieses funktional ausdifferenzierte System der Gesellschaft orientiert seine Operationen an dem binären Code gesund/krank, der den spezifischen Kommunikationsbereich des Arztes und seiner Patienten definiert (Luhmann 1990). Allerdings erweist sich bislang ausschließlich der Wert krank als anschlussfähig. Nicht Gesundheit, sondern Krankheit wird diagnostiziert, da es zur Bestimmung von Gesundheit kaum objektivierbare Kriterien gibt, wie auch an der von der Weltgesundheitsorganisation WHO (1947) vorgelegten Definition von Gesundheit deutlich wird: „Gesundheit ist ein Zustand vollständigen physischen, geistigen und sozialen Wohlbefindens und nicht nur die Abwesenheit von Krankheit und Schwäche." In den letzten Jahren wird, typisch am Rande des Medizinsystems, versucht, zu einer Spezifizierung auch von Gesundheit im Rahmen einer Gesundheitstheorie zu gelangen (Margraf u.a.1998).

Roland Schleiffer

Literatur

Blankenburg, W.: Der Krankheitsbegriff in der Psychiatrie. In: Kisker, K.P./Lauter, H./Meyer, J.-E./Müller, C./Strömgren, E. (Hrsg.): Psychiatrie der Gegenwart. Band. 9. Brennpunkte der Psychiatrie. Berlin 1989, 119–145.

Engelhardt, D. von: Krankheit, Schmerz und Lebenskunst. München 1999.

Gross, R./Löffler, M.: Prinzipien der Medizin. Berlin 1997.

Häfner, H.: Allgemeine und spezielle Krankheitsbegriffe in der Psychiatrie. In: Nervenarzt 54 (1983) 231–238.

Lohaus, A.: Gesundheit und Krankheit aus der Sicht von Kindern. Göttingen 1990.

Luhmann, N.: Der medizinische Code. In: Luhmann, N.: Soziologische Aufklärung 5. Konstruktivistische Perspektiven. Opladen 1990, 183–195.

Margraf, J./Siegrist, J./Neumer, S. (Hrsg.): Gesundheits- oder Krankheitstheorie? Berlin 1998.

Müller, A.W.: „Seelisch krank" – Eine Frage der Definition? In: Hahn, A./Platz, N.H. (Hrsg.): Gesundheit und Krankheit. Trier 1997, 24–34.

Remschmidt, H.: Der Krankheitsbegriff in der Kinder- und Jugendpsychiatrie. In: Remschmidt, H./Schmidt, M.H. (Hrsg.): Kinder- und Jugendpsychiatrie in Klinik und Praxis. Band. 1. Stuttgart 1988, 143–152.

Remschmidt, H./Fombonne, E.: Entwicklungspsychopathologie. In: Nervenarzt 70 (1999) 577–586.

Simon, F.: Die andere Seite der Gesundheit. Ansätze einer systemischen Krankheits- und Therapietheorie. Heidelberg 1995.

Medizin und Behindertenpädagogik

Die Beziehungen der Behindertenpädagogik zur Medizin (hier insbesondere: Kinderpsychiatrie) sind historisch durch die Dominanz der Medizin belastet und bis heute durch Abgrenzungsprobleme geprägt. Schon das Synonym Heilpädagogik zeugt – in seiner traditionellen Begriffsverwendung – von einem Heilungsanspruch, der die Nähe zum Medizinsystem impliziert. Gegen eine Gleichsetzung von Heilpädagogik mit Kinderpsychiatrie (Asperger 1952) insistierte bereits Moor (1965, 273), dass Heilpädagogik Pädagogik sei „und nichts anderes".

Mit den begrifflichen Mitteln der Systemtheorie (Luhmann 1997) lassen sich die unterschiedlichen Funktionen von Medizin und Behindertenpädagogik beobachten. Im *Medizinsystem* orientiert sich die Kommunikation, bei der es um das Verstehen der Differenz von Information und Mitteilung geht, am binären Code gesund/krank (Luhmann 1990), wobei sich bislang nur der Codewert „krank“ als anschlussfähig erweist. → Krankheit soll geheilt werden. Traditionell ist medizinisches Handeln körperorientiert. Die Erfolge der Medizin verdanken sich gerade der Möglichkeit, den Körper als triviale Maschine (von Foerster 1987) zu behandeln, die auf denselben Input immer denselben Output generiert. In der Psychiatrie ist eine solche Trivialisierung allerdings kaum möglich, lässt sich doch das zu therapierende psychische System nur als Nichttrivialmaschine auffassen, deren Reaktionen von der Lerngeschichte abhängen und daher letztlich unvorhersehbar sind. Die Kompetenz zur Durchführung → psychotherapeutischer Behandlungsverfahren, in der es um die Rekonstruktion der Lerngeschichte bzw. der verinnerlichten Beziehungserfahrungen geht, wird denn auch von anderen Berufsgruppen reklamiert, auch von Pädagogen, die „Erziehungstherapie“ als eine der humanistischen Psychologie verpflichtete Pädagogik anbieten (Fortmann 1984). Psychisch Kranke nehmen oft nur widerstrebend die Patientenrolle ein, zumal wenn es ihnen wie im Falle des Vorliegens einer → Psychose an Krankheitseinsicht fehlt, und sie daher eine Beteiligung am Medizinsystem ablehnen. Die derzeit dominierende Biologische Psychiatrie bemüht sich um eine Retrivialisierung ihrer Klientel, was sie mit ihren sich einer psychopharmakologischen Technologie verdankenden Behandlungserfolgen rechtfertigt.

Im *Erziehungssystem* ist die Zuordnung eines systemspezifischen Codes schwieriger (Kade 1997). Selbst im Schulsystem weist der selektierende Code „besser/schlechter“ zunehmend Akzeptanzprobleme auf. Erziehung ist schwierig, handelt es sich bei Kindern doch zweifellos um Nichttrivialmaschinen. Das daraus resultierende Technologiedefizit schmerzt, da Pädagogik nicht darauf verzichten kann, Ziele zu erreichen. Kinder müssen erzogen werden und sind insofern Zwangsmitglieder des Erziehungssystems. Dieses Technologieproblem lässt einerseits Trivialisierung versprechende Diagnosen des Medizinsystems wie etwa „minimale zerebrale Dysfunktion“ (→ Hirnschädigung) oder → „Aufmerksamkeits-Defizit-Hyperaktivitäts-Syndrom“ attraktiv erscheinen. Andererseits wird bisweilen auch jede Technologie abgelehnt. Dieses Technologieverdikt (Luhmann/Schorr 1988) kennzeichnet auch die Distanzierung von einem medizinischen Modell, das allerdings in der angegebenen Trivialität selbst in der somatischen Medizin schon lange ausgedient hat und gerade in der Entwicklungspsychopathologie (Remschmidt/Fombonne 1999) durch probabilistische Modelle, die den komplexen Transaktionen von Risiko- und protektiven Faktoren Rechnung tragen, ersetzt wurde.

Kinder mit Behinderungen sind in besonderer Weise erziehungsschwierig und bildungsbehindert. Während etwa Kinder mit einer → geistigen Behinderung sich schwer tun mit dem informationellen Aspekt von Erziehung, lehnen sich erziehungsschwierige bzw. dissoziale Kinder und Jugendliche gegen die Mitteilung einer solch absichtsvollen → Kommunikation auf (Schleiffer 1995). Ist die Erziehungsschwierigkeit auf → Krankheit zurückzuführen, kann das Medizinsystem dem pädagogischen System Erziehungshilfe anbieten, die von den Eltern und professionellen Erziehern nachzufragen und deren Effizienz zu evaluieren ist. So können etwa Hörgeräte die pädagogische Kommunikation mit hörgeschädigten Kindern rehabilitieren. Ähnlich unproblematisch erweist sich auch die Kooperation von Medizin und → Körperbehindertenpädagogik. Gewisse Probleme der Differenzierung tun sich auf in der → Sprachheilpädagogik, da hier die erzieherische Kommunikation schon qua Sprachverwendung heilsam sein kann. Die → Verhaltensgestörtenpädagogik versucht, die Chance ihrer Akzeptanz durch den Zögling durch eine weitgehende Zurücknahme der Mitteilung ihrer Erziehungsabsicht zu erhöhen. Erweist sich das dissoziale Kind dennoch als zu erziehungsschwierig, kann eine → Psychotherapie, die eine Verringerung der Erziehungswiderstandes anstrebt, das Kind ermutigen, die für die Beteiligung an der pädagogischen Kommunikation unerlässliche Selbsttrivialisierung zu tolerieren. Ob es sich um eine therapeutische oder pädagogische Kommunikation handelt, hängt davon ab, in welchem Funktionssystem sie sich nachträglich als anschlussfähig erweist.

Da es sich bei Kindern mit Behinderungen um eine psychiatrische Risikogruppe handelt, sind sie häufig Adressaten der Kommunikation beider funktionalen Systeme. Eine interdisziplinäre Zusammenarbeit ist daher nötig. Die *Differenzierung von → Erziehung und Therapie* dient der Sicherung der professionellen Identität der Angehörigen des Erziehungs- bzw. Medizinsystems, die durch eine behinderungsbedingte Erziehungsschwierigkeit und Bildungsbehinderung ebenso gefährdet wird wie durch eine auf die psychische Störung zurückzuführende Therapieschwierigkeit. Dann ließen sich die Kooperationsprobleme, die als Ausdruck des Narzissmus einer zu kleinen Differenz (Freud 1921) verstanden werden können, zumindest verringern.

Roland Schleiffer

Literatur

Asperger, H.: Heilpädagogik. Einführung in die Psychopathologie des Kindes für Ärzte, Lehrer, Psychologen, Richter und Fürsorgerinnen. Wien 1952.

Foerster, H. von: Entdecken oder Erfinden. Wie lässt sich Verstehen verstehen? In: Rotthaus, W. (Hrsg.): Erziehung und Therapie in systemischer Sicht. Dortmund 1987, 22–60.

Fortmann, T.: Jetzt auch noch Therapie an der Schule für Erziehungshilfe (Sonderschule)? Chancen und Bedingungen aus der Sicht der Humanistischen Psychologie. In: Januszewski, B./Kluge, K.-J. (Hrsg.): Ursprünge und Anfänge der Erziehungstherapie in Deutschland – Menschenbild, Hypothesen und Erfahrungen in der Anwendung der Humanistischen Psychologie. München 1984, 527–691.

Freud, S.: Massenpsychologie und Ich-Analyse (1921). Gesammelte Werke, Band. 13. Frankfurt 1960.

Kade, J.: Vermittelbar/nicht-vermittelbar: Vermitteln: Aneignen. Im Prozeß der Systembildung des Pädagogischen. In: Lenzen, D./Luhmann, N. (Hrsg.): Bildung und Weiterbildung im Erziehungssystem. Frankfurt 1997, 30–69.

Luhmann, N.: Der medizinische Code. In: Luhmann, N.: Soziologische Aufklärung 5. Opladen 1990, 183–195.

Luhmann, N.: Die Gesellschaft der Gesellschaft. Frankfurt 1997.

Luhmann, N./Schorr, K.E.: Reflexionsprobleme im Erziehungssystem. Frankfurt 2. Aufl. 1988.

Moor, P.: Heilpädagogik. Ein pädagogisches Lehrbuch. Bern 1965.

Remschmidt, H./Fombonne, E.: Entwicklungspsychopathologie. In: Nervenarzt 70 (1999) 577–586.

Schleiffer, R.: Zur Unterscheidung von (Sonder)Erziehung und (Psycho)Therapie. In: Sozialpädagogik 25 (1995) 193–204.

Pränatale Diagnostik

Pränatale Diagnostik (PND) ist Teil der Pränatalen Medizin und damit der Mutterschafts-Vorsorgeuntersuchungen. Die Betreuung der Schwangerschaft bis zur Geburt des Kindes mit Ultraschall-Untersuchungen zur Beobachtung u.a. von Wachstum und Lage des Kindes, Placenta-Größe und Fruchtwassermenge dienen der Sicherheit von Mutter und Kind, insbesondere der Geburtsvorbereitung (Sohn/Holzgreve 1995). Für die meisten Frauen bedeuten die Ergebnisse Vergewisserung eines unauffälligen Verlaufs ihrer Schwangerschaft mit großer Beruhigung für die Wartezeit. Bei manchen Frauen fallen aber abweichende Befunde auf, die weitere gezielte Untersuchungen erfordern. Das können z. B. Hinweise auf akute Infektionen, Entwicklungsstörungen des Kindes oder Lageanomalien der Placenta sein. In jedem einzelnen Fall konfrontiert ein auffälliger Befund und eventuell die endgültige Diagnose, z. B. einer kindlichen Fehlentwicklung, die Frau bzw. die Familie mit dem Erschrecken über das unausweichliche Schicksal und mit Sorgen um die Zukunft.

Diese allgemein orientierenden, im Beginn ungezielten, *Vorsorge-Untersuchungen* werden allen schwangeren Frauen in Deutschland angeboten und sind Leistungen der gesetzlichen Krankenkassen. Dazu gehören auch die medizinisch indizierten Zusatz-Untersuchungen. Frauen, die diese Art der Überwachung aus unterschiedlichen Gründen ablehnen, können darauf verzichten, nehmen aber damit gegebenenfalls Nachteile bei mütterlichen oder kindlichen Komplikationen in Kauf, besonders bei gesundheitlichen Störungen des Kindes, die sofortiges ärztliches Eingreifen bei Geburt verlangen.

Anders verhält es sich mit der von vornherein *gezielten PND*. Sie ist auf Bestätigung oder Ausschluss einer bestimmten Krankheit oder späteren Behinderung gerichtet. Diese präzise Diagnostik des Embryos bzw. Feten findet durch Untersuchung von entnommenen kindlichen Zellen aus *Chorionbiopsie* oder *Amniocentese*, seltener des Fruchtwassers statt (Schroeder-Kurth 1995). Voraussetzung für solche Untersuchung ist, dass ein definierter Verdacht auf eine bestimmte Erkrankung, z. B. bei auffälligem Ultraschall-Befund, besteht, dass dieses Kind ein abklärbares Risiko für eine in der Familie bekannte Krankheit hat oder auf Grund z. B. des erhöhten Alters der Mutter ein über dem Durchschnitt liegendes Risiko für eine Chromosomen-Fehlverteilung vorhanden ist.

In Deutschland können etwa 100 verschiedene, im Einzelnen seltene genetische Krankheiten präzise untersucht werden (jährliche Aktualisierung in der Zeitschrift Medizinische Genetik). Für sehr seltene Krankheiten bestehen weltweite Kontakte. Die molekulargenetische Diagnostik von Gen-Defekten ist heute akkurat und sehr sicher, so dass weniger *Abtreibungen* auf Verdacht erfolgen. Durch den Einsatz von biochemischen Parametern zur Risiko-Präzisierung (Tripel-Test) bei Befürchtung einer Chromosomenveränderung und durch Markierung von Chromosomenabschnitten hat die PND wesentliche diagnostische und prognostische Verbesserungen erfahren (Miny/Holzgreve 1999).

Allerdings steigt damit auch der *Beratungsbedarf*. Der betreuende Arzt muss die schwangere Frau auf vorhandene Risiken aufmerksam machen und eine genetische Beratung empfehlen, damit der Frau und der Familie die Ursachen der Erkrankung oder späteren Behinderung mit den Untersuchungsmöglichkeiten verständlich erläutert werden. Dazu gehören auch die Risiken der Gewebeentnahme für Mutter und Kind sowie eventuelle Schwierigkeiten bei der Interpretation von Befunden. Auch muss den Eltern vermittelt werden, dass über Leben und Verhalten von betroffenen Kindern mit gleichen Erkrankungen nur statistische Aussagen gemacht werden können. Wie sich das Kind eines einzelnen Paares entwickeln wird, was im Einzelfall an Erziehungs- und Bildungsaufwand, an medizinischer Versorgung, an elterlicher Aufsicht und Fürsorge erforderlich ist, oder auch welche Lebenserwartung dieses Kind haben wird, kann kein beratender Arzt voraussagen.

Bei Wiederholungen von *Erbkrankheiten* in der Familie kennen die Eltern sowohl die Entwicklung eines kranken Kindes als auch die Belastungen körperlicher und seelischer Art. Sie können sich kompetent entscheiden, ob sie die PND in Anspruch nehmen möchten und welche Konsequenzen für sie ein bestätigender Befund haben würde. Viel schwieriger gestalten sich die Situationen dann, wenn die befürchteten Krankheiten unbekannt sind und erstmalig als Risiko besprochen werden müssen. Die meisten Frauen im Alter von 35 Jahren sind heute über das Risiko für ein Kind mit Down Syndrom informiert – die wenigsten haben nähere Bekanntschaft mit diesen Kindern und ihren

Eltern gemacht. Sie wollen kein auf Dauer behindertes Kind aufziehen und kommen zur PND, um das vorhandene, vergleichsweise geringe Risiko von z.B. 1% für ein Kind mit einer Chromosomen-Fehlverteilung abklären zu lassen. In der Beratung muss vermittelt werden, dass einige der Chromosomen-Fehlverteilungen zu schweren gesundheitlichen Störungen führen; andere milde bis hochgradige Formen der geistigen Behinderung mit oder ohne zusätzliche Organ-Fehlbildungen hervorrufen. Die ärztliche Interpretation solcher Krankheitsbilder, selbst mit Dokumenten aus verschiedenen Familien oder mit Hilfe von Beispielen gelungenen Familienlebens mit einem betroffenen Kind, gehört zu den schwierigsten Aufgaben der Beratung: Krankheit und spätere Behinderung erscheinen den Eltern des erwarteten Kindes immer als Negativ-Faktoren und werden nur selten differenziert aufgenommen (Kettner 1998).

Hoffnungen von Eltern richten sich auf ein nicht betroffenes Kind. Leider sind die meisten pränatal feststellbaren Krankheiten und späteren Behinderungen nicht heilbar oder zufrieden stellend behandelbar. Nur bei wenigen genetisch bedingten schweren Krankheiten oder Fehlentwicklungen kann man heute bereits vor der Geburt Heilversuche und Operationen durchführen. PND richtet sich also an Eltern in unserer Bevölkerung, die eine *besondere Belastung* durch ein nennbares Risiko für ein von einer bestimmten Krankheit betroffenes Kind tragen und dieses Risiko abklären lassen wollen. Jede Bindung der Untersuchung an einen festgelegten Entschluss über Austragen oder Abbruch der Schwangerschaft wird vermieden. Aber jede Frau kennt die *Gesetzeslage* in Deutschland; sie weiß, dass sie ihr Kind austragen kann, auch wenn es gesundheitliche Störungen aufweist und sozialer Druck, vielleicht auch Einflussnahme aus der nächsten Umgebung, ihren Entschluss dazu erschweren. Sie weiß auch, dass sie diese Schwangerschaft rechtmäßig abbrechen lassen kann. Ihr stehen die betreuenden Ärzte und ihre Berater in dieser schweren Entscheidungsnot bei, wenn sie vorausschauend für sich feststellt, dass sie der Belastung durch ihr Kind nicht gewachsen sein wird. Jeder Frau ist dabei klar, dass das Kind durch ihren Entschluss beim Schwangerschaftsabbruch getötet wird. Diese individuelle Entscheidung richtet sich nicht gegen Kranke oder Behinderte, sondern beruht immer auf der realen Einzelsituation der schwangeren Frau. In der ärztlichen Beratung wird auf den schwerwiegenden ethischen Konflikt eingegangen, der zwischen den Ansprüchen von beiden, Mutter und Kind, auf Leben, Respekt und Rücksichtnahme ausgetragen werden muss. Dies wird in besonderem Maße bei späten Diagnosen im dritten Trimenon gefordert, weil sich die Konfliktsituation durch die Neufassung des § 218 StGB von 1995 erheblich zuspitzt, die keine "embryopatische" Indikation enthält, jetzt aber diese Fälle der *medizinischen Indikation* subsumiert, also auch Abtreibungen bis zur Geburt zulässt, wenn die Mutter gefährdet ist, das Kind aber bereits lebensfähig geboren werden könnte (Bundesärztekammer 1998).

Von einem ‚perfekten' Kind kann jedoch nicht die Rede sein, denn der Ausschluss einer Chromosomen-Fehlverteilung oder der Wiederholung einer Erbkrankheit besagt in keinem Fall, dass das erwartete Kind gesund ist. Es wird nur die untersuchte Störung der Chromosomenzahl oder den genetischen Defekt nicht haben. Auch können Eltern sich die ‚genetische Zusammensetzung' ihres Kindes nicht aussuchen. Diese bleibt dem Zufall überlassen. Dafür sorgen die komplizierten Vorgänge bei Ei- und Samen-Reifung sowie bei der Befruchtung, die die Variabilität unter den Menschen unendlich groß machen. Darüber hinaus lassen sich aus der Gesamtheit der genetischen Faktoren keine Voraussagen über Leistungsstärken oder Leistungsschwächen ablesen, weil der Mensch das Produkt aus einem komplexen Zusammenspiel zwischen Genen und Umwelt ist. Der Traum von einem leidfreien Leben in voraussagbarer Gesundheit bis zum Lebensende, den das Anspruchsdenken unserer Gesellschaft hervorgebracht hat, ist eine Illusion. Eltern erfahren in der *Humangenetischen Beratung* am eindringlichsten, dass es keine Garantie für ein gesundes Kind gibt, sondern dass die Möglichkeit von Krankheit und Leid integraler Bestandteil des Menschseins bleibt (Höhn 1997; Deutsche Bischofskonferenz und Rat der Evangelischen Kirche in Deutschland 1997).

Traute Schroeder-Kurth

Literatur

Bundesärztekammer: Erklärung zum Schwangerschaftsabbruch nach Pränataldiagnostik. In: Deutsches Ärzteblatt 95 (1998) 47, C-2126–2128.

Deutsche Bischofskonferenz und Rat der Evangelischen Kirche in Deutschland zur "Woche für das Leben": Wie viel Wissen tut uns gut? Chancen und Risiken der voraussagenden Medizin. Würzburg 1997.

Höhn, H.: Krankheit und Behinderung aus der Sicht der Humangenetik. In: Kleiner, St. (Hrsg.): Der medizinische Blick auf Behinderung. Würzburg 1997, 133–141.

Kettner, M. (Hrsg.): Beratung als Zwang. Schwangerschaftsabbruch, genetische Aufklärung und die Grenzen kommunikativer Vernunft. Frankfurt 1998.

Miny, P./Holzgreve, W.: Zytogenetik in der pränatalen Diagnostik. In: medgen 11 (1999) 359–364.

Schroeder-Kurth, T.: Pränatale Untersuchungsmöglichkeiten in Fruchtwasser, extraembryonalen, embryonalen oder fetalen Geweben. In: Sohn/Holzgreve 1995, 455–461.

Sohn, Ch./Holzgreve, W.: Ultraschall in Gynäkologie und Geburtshilfe. Stuttgart 1995.

Psychosen

Der Begriff Psychose gehört zu den übergeordneten Grundbegriffen der Psychiatrie, die der Definition weiterer Begriffe dienen, selbst aber oft nur vage definiert sind (Vollmöller 1998). Er wird daher ebenso wie sein Gegenbegriff → Neurose in den neuesten Klassifikationsschemata der ICD 10 (WHO 1991) bzw. DSM-IV (APA 1994), die einem weitgehenden atheoretischen, deskriptiven Ansatz folgen, nicht mehr oder nur in adjektivischer Form verwendet. Die ICD 9 (1978) definierte Psychosen als „psychiatrische Erkrankungen, in der die Beeinträchtigung der psychischen Funktionen ein so großes Ausmaß erreicht hat, dass dadurch Einsicht und Fähigkeit, einigen der üblichen Lebensanforderungen zu entsprechen, oder der Realitätsbezug, erheblich gestört sind. Es handelt sich um keinen exakten oder genau definierten Begriff. Die Oligophrenien gehören nicht dazu".

Das *triadische System der Psychiatrie* (Huber 1999) unterscheidet exogene und endogene Psychosen von einer dritten Gruppe psychischer → Krankheiten, die nichtpsychotische Störungen wie Neurosen, Persönlichkeitsstörungen, Drogenabhängigkeit, aber auch die Formen → geistiger Behinderung umfasst. Bei den *exogenen Psychosen*, auch als körperlich bedingte, organische oder symptomatische Psychosen bezeichnet, kommt unter den kausalen Faktoren einer definierten → Hirnschädigung ausschlaggebende Bedeutung zu. Beispiele sind Hirntumoren, entzündliche und vaskuläre Krankheitsprozesse des Gehirns oder Intoxikationen. Chronische Formen werden als ‚hirnorganische Psychosyndrome' und Demenzen abgegrenzt. Insbesondere durch Störungen von Bewusstsein, Orientierung und Gedächtnis unterscheiden sich exogene Psychosen auf der Symptomebene in der Regel deutlich von den *endogenen Psychosen*. Mit diesem umstrittenen Begriff (Tölle 1999) werden Psychosen bezeichnet, bei denen eine organische Ursache nur vermutet werden kann. Bei diesen führt nach der heute bevorzugten Vulnerabilitätshypothese (Zubin/Spring 1977; Lempp 1984) eine komplexe Interaktion von Erb- und Umweltfaktoren zu einer Disposition, die für die betroffene Person das Risiko impliziert, anlässlich einer überfordernden psychosozialen Situation psychotisch zu dekompensieren. Es kommt dann zu Störungen des Denkens, Fühlens und Verhaltens, die typisch der personalen Umwelt als unverständlich erscheinen.

Drei Formen endogener Psychosen werden derzeit unterschieden. Bei den *affektiven Psychosen* steht entweder eine depressive Verstimmung mit einer deutlichen Verminderung von Selbstwertgefühl, Antrieb, Interesse, Freude und Konzentration bis hin zu affektkonformen Denkstörungen im Vordergrund oder eine manische Verstimmung, die psychopathologisch das Gegenteil des depressiven Syndroms darstellt mit einer inadäquat gehobenen oder gereizten Stimmung, mit einem gehobenen Selbstwertgefühl, mit Aktivitätssteigerung, Rededrang und Ideenflüchtigkeit. Bei einer unipolaren Depression treten im Krankheitsverlauf nur depressive Episoden auf, bei den bipolaren affektiven Psychosen wechseln manische mit depressiven Episoden ab. Bei den *schizophrenen Psychosen* lässt sich ein positives schizophrenes Syndrom, das gekennzeichnet ist durch Wahnphänomene, Sinnestäuschungen, Denkstörungen im Sinne einer Zerfahrenheit und bizarres Verhalten, abtrennen von einem negativen schizophrenen Syndrom mit Sprachverarmung, Affektverflachung, Verlust an Lebensfreude und sozialem Rückzug. Liegt ein affektives und ein schizophrenes Syndrom vor, wird eine *schizoaffektive Psychose* diagnostiziert.

Schizophrene Psychosen, deren Erstmanifestationsalter in Adoleszenz und frühem Erwachsenenalter liegt, weisen die ungünstigste *Prognose* auf. Eine vollständige Heilung ist selten. Etwa 60 % der Patienten bleiben aufgrund von Residualsymptomen psychisch behindert. Bei den affektiven Psychosen ist die Fähigkeit zur selbständigen Lebensführung zwischen den Krankheitsepisoden in der Regel nicht beeinträchtigt. Das Erstmanifestationsalter ist hier überwiegend das dritte Lebensjahrzehnt. 75 % dieser Patienten sind Frauen. Die schizoaffektive Psychose nimmt bei diesen Kriterien eine Zwischenstellung ein.

Psychosen sind die Domäne der *Psychopharmakotherapie*. Antipsychotisch wirksame Medikamente, Neuroleptika wie auch Antidepressiva, haben das Bild der Psychiatrie in den letzten Jahrzehnten weg von einer Verwahr- und Anstaltspsychiatrie grundlegend gewandelt. Psychopharmaka sind auch für eine Rezidivprophylaxe von Bedeutung wie etwa Lithiumpräparate im Falle affektiver Psychosen. Immer sollte die medikamentöse Therapie durch psychotherapeutische und soziotherapeutische Interventionen komplettiert werden. Insbesondere bei schizophrenen Psychosen sind soziotherapeutische Maßnahmen wie berufliche Rehabilitation, betreutes Arbeiten in Arbeitsstätten für psychisch Behinderte oder betreutes → Wohnen angezeigt, wenn es darum geht, eine soziale Behinderung zu vermeiden bzw. deren Ausmaß möglichst gering zu halten.

Endogene Psychosen sind im Kindesalter ausgesprochen selten und müssen von frühkindlichem → Autismus, von kindlichen Demenzprozessen und chronischen organischen Psychosyndromen als Folge einer → Hirnschädigung unterschieden werden (Eggers 1991). Auch wenn es sich beim Autismus und bei der Schizophrenie um zwei unterschiedliche → Krankheiten handelt, gibt es insofern eine nosologische Beziehung, als bei beiden die Fähigkeit, bei anderen Personen die Existenz einer eigenen Vorstellungswelt zu berücksichtigen, gestört ist. Während sich beim → Autismus diese Theory of Mind (Baron-Cohen 1995) nicht oder nur verzögert entwickelt, kommt es bei der Schizophrenie zu einer zeitweisen Einschränkung dieser Fähigkeit.

Psychosen zählen zu den schwersten psychiatrischen Krankheitsbildern. Eine diesen Kranken typisch fehlende Krankheitseinsicht zusammen mit der Störung des Realitätsbezuges erschwert eine sinnvolle →

Kommunikation. Die Gesellschaft reagiert darauf u.a. mit Ausschließung und Zwangsmaßnahmen. Besteht krankheitsbedingt eine Fremd- und Selbstgefährdung, kann die Freiheit eingeschränkt werden und eine richterliche Einweisung in eine psychiatrische Klinik verfügt werden. Im Strafrecht kann auf eine verminderte oder gar aufgehobene Schuldfähigkeit erkannt werden, wenn wie etwa im Falle einer Psychose die Fähigkeit, das Unrecht einer Straftat einzusehen und nach dieser Einsicht zu handeln, eingeschränkt oder aufgehoben war (§§ 20, 21 StGB). Auch sind psychotisch erkrankte Menschen in der Regel nicht geschäftsfähig.

Roland Schleiffer

Literatur

American Psychiatric Association (APA): Diagnostic and Statistical Manual of Mental Disorders. Forth Edit. Washington 1994.

Baron-Cohen, S.: Mindblindness: an essay on autism and theory of mind. Cambridge 1995.

Eggers, C. (Hrsg.): Schizophrenia and youth. Berlin 1991.

Huber, G.: Psychiatrie. Stuttgart 6. Aufl. 1999.

Lempp, R. (Hrsg.): Psychische Entwicklung und Schizophrenie. Bern 1984.

Tölle, R.: Psychiatrie. Berlin 11. Aufl. 1999.

Vollmöller, W.: Was heißt psychisch krank? Stuttgart 1998.

Weltgesundheitsorganisation (WHO): Internationale Klassifikation psychischer Störungen. ICD-10 Kapitel V (F). Klinisch-diagnostische Leitlinien. Deutsche Ausgabe herausgegeben von Dilling, H./Mombour, W./Schmidt, M.H. Bern 1991.

Zubin, J./Spring, B.: Vulnerability – a new view on schizophrenia. In: Journal of Abnormal Psychology 86 (1977) 102–126.

Rechtliche Gesichtspunkte

Behindertenrecht

Das Behindertenrecht umfasst alle Rechtsnormen, die auf die Lebenslage Behinderung Bezug nehmen und daraus Rechtsfolgen ableiten. Die Gesamtheit dieser Rechtsnormen bildet ein differenziertes System von Vorschriften, das bislang keine geschlossene gesetzliche Regelung gefunden hat: Es gibt kein umfassendes „Behindertengesetzbuch", sondern in zahlreichen Gesetzen und untergesetzlichen Normen (z.B. Verordnungen) eine Fülle von Rechtsvorschriften, die an die Lebenslage → Behinderung anknüpfen. Solche Vorschriften lassen sich in vielen Bereichen der Rechtsordnung finden, etwa im Arbeitsrecht, Baurecht, Schulrecht, Sozialrecht, Steuerrecht, Strafrecht, Verfassungsrecht und Zivilrecht.

Dem *Begriff der Behinderung* kommt in diesen Rechtsbereichen primär eine Feststellungs- und Verteilungsfunktion zu. Bei der Begriffsbildung wird – vor allem bestimmt vom jeweiligen Normzweck – festgeschrieben, welchem Personenkreis z.B. Leistungen, Hilfen oder Schutz vor Risiken zuteil werden sollen. Insofern kann es auch keinen einheitlichen Begriff der Behinderung für alle Rechtsbereiche geben. Gemeinsam ist den meisten Rechtsnormen lediglich eine Umschreibung, die man als Basisdefinition bezeichnen kann und die sich in § 2 Abs. 1 Satz 1 SGB IX findet: Danach sind Menschen behindert, wenn ihre körperliche Funktion, geistige Fähigkeit oder seelische Gesundheit mit hoher Wahrscheinlichkeit länger als sechs Monate von dem für das Lebensalter typischen Zustand abweichen und daher ihre Teilnahme am Leben in der Gesellschaft beeinträchtigt ist. Damit ist freilich noch nichts gesagt über die daraus resultierenden Bedarfssituationen: Diese müssen (auch unter Berücksichtigung von Leitideen wie → Normalisierung, selbstbestimmtes Leben, Deinstitutionalisierung) ermittelt, politisch aufgegriffen und anerkannt sowie rechtlich verfasst werden. Auf diese Weise wird z.B. bei einer Versteifung der Schultergelenke, die zu einer erschwerten Nahrungsaufnahme führt, der Bedarf nach einem geeigneten Hilfsmittel zu einer rechtlich relevanten Lebenslage, in der ein Anspruch auf Befriedigung dieses Bedarfs eingeräumt wird.

Die Gesamtheit der Rechtsnormen, die das so umschriebene Behindertenrecht ausmachen, lässt sich – je nach dem Schwerpunkt der mit ihnen verfolgten Zwecke – in zwei unterschiedliche, sich teilweise überschneidende Rechtsbereiche einteilen: Schwerpunkt des einen Bereichs ist der *Schutz des behinderten Menschen* sowie der Ausgleich behinderungsbedingter Nachteile (früher missverständlich „Vergünstigungen" genannt); Schwerpunkt des anderen Rechtsbereichs sind Geld-, Dienst- und Sachleistungen zur → *Rehabilitation*. Aus den beiden genannten Bereichen können im Folgenden freilich nur einzelne Teilbereiche exemplarisch skizziert werden.

Mit Verankerung des Benachteiligungsverbots in der Verfassung (Art. 3 Abs. 3 Satz 2 GG: „Niemand darf wegen seiner Behinderung benachteiligt werden"; → *Diskriminierungsverbot*) ist die gesamte staatliche Gewalt an die Beachtung dieses Verbots gebunden, das zum einen eine *Abwehrfunktion* hat (Behinderung darf nicht ohne zwingenden Grund als Anknüpfungspunkt für eine benachteiligende Ungleichbehandlung dienen) und zum anderen eine *Teilhabedimension* aufweist (Bevorzugungen mit dem Ziel einer Angleichung der Lebensverhältnisse von behinderten und nichtbehinderten Menschen sind verfassungsrechtlich zulässig). Die Konkretisierung dieser Verfassungsnorm auf der Ebene einfacher Gesetze (z.B. durch Gleichstellungs- und Antidiskriminierungsregelungen) steht seit etlichen Jahren im Mittelpunkt der Bemühungen um eine Neugestaltung des Behindertenrechts. Hinzuweisen ist hier z.B. auf das Behindertengleichstellungsgesetz aus dem Jahr 2002 sowie auf die Landesgleichstellungsgesetze, die unter anderem Verpflichtungen für Träger öffentlicher Gewalt zur Gleichstellung und Barrierefreiheit regeln.

Für den Bereich des Schutzes im Rechtsverkehr sind z. B. Regelungen zur *rechtlichen Betreuung* (§§ 1896 ff. BGB) zu nennen. Das Rechtsinstitut der Betreuung beseitigte die Entmündigung und ersetzte die frühere Vormundschaft und Pflegschaft über Volljährige. Leitbild der Betreuung, die keine Auswirkung auf die Geschäftsfähigkeit des Betreuten hat, ist (rechtspolitisch freilich verfehlt) nicht die persönliche ‚Gesamtbetreuung' sondern die Rechtsbetreuung vor allem im Bereich der Vermögenssorge (z. B. Verwaltung von Vermögen) und der Personensorge (z. B. persönliche Freiheit und Gesundheit). Die Betreuung ist vorrangig einer – primär nach den Wünschen des Betreuten ausgewählten – ‚natürlichen' Person zu übertragen, nur hilfsweise einem Betreuungsverein oder einem Behördenvertreter. Anreiz für die Gewinnung geeigneter Betreuer sollen vor allem Regelungen zur finanziellen Entschädigung für die Betreuung darstellen.

Im *Strafrecht*, das für Strafe stets Schuld voraussetzt, ist derjenige, der schuldunfähig ist, vor Strafe geschützt. Schuldunfähig ist in der (eigentümlichen) Terminologie des § 20 StGB, wer bei der Begehung der Tat „wegen einer krankhaften seelischen Störung, wegen einer tiefgreifenden Bewusstseinsstörung oder wegen Schwachsinns oder einer schweren anderen seelischen Abartigkeit unfähig ist, das Unrecht der Tat einzusehen und nach dieser Einsicht zu handeln". Die Unterbringung psychisch Kranker in psychiatrischen Krankenhäusern auf der Grundlage zivilrechtlicher, öffentlich-rechtlicher oder strafrechtlicher Vorschriften dient insbesondere dem Schutz vor Selbst- und Fremdgefährdung.

Den Kernbereich des Behindertenrechts bildet das *Rehabilitationsrecht*. Leistungen zur „Rehabilitation und Teilhabe behinderter Menschen" sind die in der „Programmvorschrift" des § 29 SGB I genannten Leistungen zur medizinischen Rehabilitation (z. B. Frühförderung, Sprachtherapie, orthopädische Hilfsmittel), Leistungen zur Teilhabe am Arbeitsleben (z. B. Hilfen zur Erhaltung des Arbeitsplatzes, berufliche Anpassung), Leistungen zur Teilhabe am Leben in der Gemeinschaft (z. B. Hilfen zur heilpädagogischen Förderung, Hilfen zur Verständigung mit der Umwelt) sowie unterhaltssichernde und andere ergänzende Leistungen (z. B. Entgeltersatzleistungen wie Krankengeld und Übergangsgeld, Reisekosten und Rehabilitationssport). Die Aufgabe der Rehabilitation behinderter Menschen ist allerdings weder einem einzigen (eigenständigen) Zweig des Systems der sozialen Sicherung noch einem einzigen Leistungsträger (z. B. einer „Bundesanstalt für Rehabilitation") zugeordnet. Die Leistungen zur Rehabilitation und Teilhabe sind vielmehr als Teilaufgabe (neben anderen) eingebettet in alle Bereiche des gegliederten Sozialleistungssystems, also in die verschiedenen Zweige der Sozialversicherung, der sozialen Entschädigung bei Gesundheitsschäden, der Grundsicherung für Arbeitsuchende sowie der Sozial- und Jugendhilfe.

Immerhin ist der Gesetzgeber aber mit dem SGB IX (Sozialgesetzbuch Neuntes Buch – Rehabilitation und Teilhabe behinderter Menschen), das am 1.7.2001 in Kraft trat, einer seit langem bestehenden Forderung nachgekommen, das Rehabilitationsrecht weiterzuentwickeln und einzelne Teile dieses Rechtsbereichs im Sozialgesetzbuch (als einem eigenständigen „Buch") zusammenzufassen. Das SGB IX soll ferner die Unübersichtlichkeit des bestehenden Rehabilitationsrechts beenden. Angestrebt wird dabei, dass (1) Regelungen, die für mehrere Sozialleistungsbereiche einheitlich sein können, nur an einer Stelle getroffen werden (eben im SGB IX), (2) Vorschriften, die unterschiedlich sein müssen, nach denselben Gesichtspunkten angeordnet und (3) Begriffe und Abgrenzungskriterien aller einschlägigen Regelungen unabhängig von ihrem Standort vereinheitlicht werden.

Darüber hinaus soll das SGB IX die Selbstbestimmung behinderter Menschen stärken (z. B. durch das Wunsch- und Wahlrecht des Leistungsberechtigten in § 9 SGB

IX und durch das Persönliche Budget in § 17 Abs. 2 bis 6 SGB IX). Schließlich soll das SGB IX eine gemeinsame Plattform errichten, auf der durch Koordination, Kooperation und Konvergenz ein gemeinsames Recht und eine einheitliche Praxis der Rehabilitation und der Behindertenpolitik erreicht werden können (§§ 10–14 SGB IX). Ob diese Ziele, die mit dem SGB IX verfolgt werden, auch tatsächlich erreicht werden, hängt allerdings entscheidend von der sachgerechten Umsetzung der Neuregelungen ab, vor allem von der Kooperation aller Beteiligten (z. B. im Rahmen der sog. gemeinsamen Servicestellen der Rehabilitationsträger). Nach wie vor gilt es nämlich nüchtern festzustellen: Für den einzelnen Betroffenen und selbst für den Rechtskundigen bleibt es im Bereich der Rehabilitation bei einem nicht leicht durchschaubaren Geflecht von Leistungen und Zuständigkeiten der einzelnen Leistungsträger. Der Gesetzgeber hat sich nämlich dafür entschieden, das gegliederte Sozialleistungssystem in der Rehabilitation beizubehalten (§ 7 SGB IX). Es bleibt also – trotz des SGB IX – bei den unterschiedlichen Zuständigkeiten und Leistungen der gesetzlichen Kranken-, Unfall- und Rentenversicherung, der Arbeitsförderung, des sozialen Entschädigungsrechts (also im Wesentlichen: der Kriegsopferentschädigung) sowie der Sozial- und Jugendhilfe. Gliederung bedeutet aber nun einmal auch Vielfalt und Vielfalt führt in der Regel zu Unübersichtlichkeit. Im Einzelnen gilt (§§ 5, 6 SGB IX):

Die gesetzliche *Krankenversicherung* gewährt Leistungen zur medizinischen Rehabilitation sowie unterhaltssichernde und ergänzende Leistungen (11 Abs. 2 Satz 1 SGB V). Die gesetzliche *Rentenversicherung* erbringt Leistungen zur medizinischen Rehabilitation, zur Teilhabe am Arbeitsleben sowie unterhaltssichernde und ergänzende Leistungen (§ 9 Abs. 1 Satz 1 SGB VI). Die gesetzliche *Unfallversicherung* gewährt Leistungen zur medizinischen Rehabilitation, zur Teilhabe am Arbeitsleben und am Leben in der Gemeinschaft sowie unterhaltssichernde und ergänzende Leistungen (§ 26 Abs. 1 Satz 1 SGB VII). Die *Arbeitsförderung* gewährt Leistungen zur Förderung der Teilhabe am Arbeitsleben sowie unterhaltssichernde und ergänzende Leistungen (§ 97 Abs. 1 SGB III; § 16 Abs. 1 Satz 2 SGB II: Agenturen für Arbeit oder zugelassene kommunale Träger im Rahmen der Grundsicherung für Arbeitsuchende). Nach dem *Recht der sozialen Entschädigung* werden Leistungen zur medizinischen Rehabilitation, zur Teilhabe am Arbeitsleben und am Leben in der Gemeinschaft sowie unterhaltssichernde und ergänzende Leistungen erbracht bei gesundheitlichen Schäden, die z. B. durch militärische Dienstverrichtung, Zivildienst und Gewalttaten verursacht sind (§§ 9 ff. BVG und Gesetze, die – wie das OEG – auf das BVG verweisen). Die Träger der *Sozialhilfe* gewähren Eingliederungshilfe für behinderte Menschen, die Leistungen zur medizinischen Rehabilitation, zur Teilhabe am Arbeitsleben und am Leben in der Gemeinschaft sowie weitere Leistungen umfasst (§§ 53 ff. SGB XII). Von den Trägern der *Jugendhilfe* erhalten seelisch behinderte Kinder und Jugendliche Eingliederungshilfe nach § 35 a SGB VIII (Leistungen zur medizinischen Rehabilitation, zur Teilhabe am Arbeitsleben und am Leben in der Gemeinschaft).

Die *Zuständigkeitsregelung* zwischen diesen Sozialleistungsträgern, die zugleich (auch) Rehabilitationsträger sind, richtet sich nach unterschiedlichen Kriterien, unter anderem nach der Ursache der Behinderung, der Art der Leistung und der Rangordnung der Sozialleistungsträger untereinander. Eine erste Orientierung ermöglichen die nachfolgenden ‚Faustregeln'. Faustregel 1: Sind Ursache der Behinderung ein Arbeits- bzw. Wegeunfall oder eine Berufskrankheit, so sind grundsätzlich die Träger der gesetzlichen Unfallversicherung (z. B. Berufsgenossenschaften) für die gesamte Rehabilitation zuständig. Faustregel 2: Sind Ursache der Behinderung militärische Dienstverrichtung, Zivildienst oder Gewalttat, so sind grundsätzlich für die gesamte Rehabilitation die Träger der sozialen Entschädigung zuständig (Versorgungsämter und Hauptfürsorgestellen). Faustregel 3: Kommen Faustregeln 1 und 2 nicht in Betracht, so sind bei erheblicher Gefährdung bzw. Minderung der Erwerbsfähigkeit, die durch Rehabilitationsmaßnahmen abgewendet oder wesentlich gebessert oder wiederhergestellt werden kann, sowie bei Vorliegen bestimmter versicherungsrechtlicher Voraussetzungen (Versicherungszeiten) die Träger der gesetzlichen Rentenversicherung für Leistungen zur medizinischen Rehabilitation, zur Teilhabe am Arbeitsleben sowie für unterhaltssichernde und ergänzende Leistungen zuständig. Faustregel 4: Kommen die Faustregeln 1 bis 3 nicht zum Zuge, so sind (nachrangig) für die Leistungen zur medizinischen Rehabilitation (bei gesetzlich Krankenversicherten) die Träger der gesetzlichen Krankenversicherung zuständig, während für Leistungen zur Teilhabe am Arbeitsleben die Agentur für Arbeit zuständig ist (in der Regel für jüngere behinderte Menschen, die noch nicht die Versicherungszeiten aufweisen können, die für die Leistungen der Rentenversicherungsträger erforderlich sind; Besonderheiten gelten bei der Grundsicherung für Arbeitsuchende). Faustregel 5: Erst wenn die Faustregeln 1 bis 4 nicht zum Zuge kommen, sind die Sozialhilfeträger für Leistungen der Eingliederungshilfe zuständig (unter anderem also für Leistungen, die überhaupt nicht zum Leistungsspektrum der vorrangigen Sozialleistungsträger gehören, etwa Leistungen zur Teilhabe am Leben in der Gemeinschaft, die z.B. nicht von den Trägern der gesetzlichen Krankenversicherung zu gewähren sind). Faustregel 6: In Abweichung von Faustregel 5 sind für seelisch behinderte Kinder und Jugendliche die Träger der (öffentlichen) Jugendhilfe zuständig für Leistungen der Eingliederungshilfe.

Einen weiteren Schwerpunkt des Behindertenrechts bildet das *Schwerbehindertenrecht*, das zum 1.7.2001 in das SGB IX (Teil 2, §§ 68 ff.) eingefügt wurde. Es regelt insbesondere den geschützten Personenkreis, die Beschäftigungspflicht der Arbeitgeber (soweit diese mindestens 20 Arbeitsplätze haben, müssen sie auf wenigstens 5 % der Arbeitsplätze schwerbehinderte Menschen beschäftigen: sog. „Pflichtarbeitsplätze"), die Zahlung und Verwendung der Ausgleichsabgabe (je unbesetzten Pflichtarbeitsplatz, gestaffelt nach Beschäftigungsquote von 105 bis 260 Euro), das Verbot der Benachteiligung schwerbehinderter Beschäftigter wegen ihrer Behinderung durch den Arbeitgeber, die behinderungsgerechte Gestaltung des Arbeitsplatzes, den besonderen Kündigungsschutz für schwerbehinderte Menschen (der – entgegen weit verbreiteter Ansicht – nicht die Kündigung schlechthin ausschließt, sondern deren Wirksamkeit von der Zustimmung einer Behörde, des Integrationsamtes, abhängig macht), die Aufgaben der Schwerbehindertenvertretung, die begleitende Hilfe im Arbeitsleben, die Integrationsfachdienste, die Integrationsprojekte und die Werkstätten für behinderte Menschen.

Zum geschützten Personenkreis gehören behinderte Menschen nach § 2 Abs. 2 und 3 SGB IX, also zum einen schwerbehinderte Menschen mit einem *Grad der Behinderung* von wenigstens 50, zum anderen sog. Gleichgestellte (mit einem Grad der Behinderung von weniger als 50, aber wenigstens 30), wobei die Feststellung des Grades der → Behinderung in einem weitestgehend medizinisch dominierten Verfahren erfolgt (grundlegend sind dabei die „Anhaltspunkte für die ärztliche Gutachtertätigkeit ... nach dem Schwerbehindertenrecht – 2004"). Die Feststellung der Schwerbehinderteneigenschaft (bzw. der Gleichstellung) und des Grades der Behinderung (dokumentiert in einem Ausweis und ergänzt um bestimmte Merkzeichen als Nachweis für bestimmte gesundheitliche Beeinträchtigungen und Bedarfe) ist in der Regel Grundlage für die Inanspruchnahme einzelner Förder- und Schutzinstrumente (wie der begleitenden Hilfe im Arbeitsleben und des besonderen Kündigungsschutzes) sowie einer Reihe von Nachteilsausgleichen. Die Feststellung der Schwerbehinderteneigenschaft kann sich freilich auch „behindernd" zu Lasten von schwerbehinderten Menschen auswirken, indem diese Feststellung ihnen den Zugang zum allgemeinen Arbeitsmarkt erschwert oder verschließt.

Im Recht des *Nachteilsausgleichs* dominieren nicht unmittelbare Geldleistungen, sondern Instrumente des Ausgleichs für behinderungsbedingte Nachteile vor allem im Bereich der Steuern (z. B. Pauschbeträge wegen außergewöhnlicher Belastungen durch eine Behinderung), des Verkehrs (z. B. Parkerleichterungen; unentgeltliche Beförderung im öffentlichen Personenverkehr: §§ 145 ff. SGB IX), des → Wohnens (z. B. Freibeträge beim Einkommen im Wohngeldrecht), der Medien (z. B. Befreiung von der Rundfunkgebührenpflicht) und des Berufs (z. B. Zusatzurlaub für schwerbehinderte Beschäftigte: § 125 SGB IX).

Eine neuere Dimension des Behindertenrechts betrifft den sich in *Europa* seit einigen Jahren vollziehenden Wandel in der Politik, bei dem das Ziel der Chancengleichheit für behinderte Menschen und der Beseitigung von Diskriminierung wegen einer Behinderung zunehmend in den Vordergrund gerückt ist. Dazu gehört z. B. das auf Art. 13 EG-Vertrag gestützte „Antidiskriminierungspaket" (mit entsprechenden EU-Richtlinien), das unter anderem Diskriminierungen aus Gründen einer Behinderung bekämpfen soll. Die Umsetzung der genannten EU-Richtlinien in das deutsche Recht, zu der die Bundesrepublik verpflichtet ist, steht freilich noch aus (wird aber in nächster Zukunft erfolgen).

Peter Trenk-Hinterberger

Abkürzungen:

BGB	=	Bürgerliches Gesetzbuch
BGG	=	Gesetz zur Gleichstellung behinderter Menschen (Behindertengleichstellungsgesetz)
BT-Drucks.	=	Drucksache des Deutschen Bundestages
BVG	=	Bundesversorgungsgesetz (Gesetz über die Versorgung der Opfer des Krieges)
GG	=	Grundgesetz
OEG	=	Opferentschädigungsgesetz (Gesetz über die Entschädigung für Opfer von Gewalttaten)
SGB	=	Sozialgesetzbuch I – Allgemeiner Teil; II – Zweites Buch: Grundsicherung für Arbeitsuchende; III – Drittes Buch: Arbeitsförderung; V – Fünftes Buch: Gesetzliche Krankenversicherung; VI – Sechstes Buch: Gesetzliche Rentenversicherung; VII – Siebtes Buch: Gesetzliche Unfallversicherung; VIII – Achtes Buch: Kinder- und Jugendhilfe; IX – Neuntes Buch: Rehabilitation und Teilhabe behinderter Menschen; XII – Zwölftes Buch: Sozialhilfe
StGB	=	Strafgesetzbuch

Literatur

Bericht der Bundesregierung über die Lage behinderter Menschen und die Entwicklung ihrer Teilhabe vom 16.12.2004, BT-Drucks. 15/4575.

Castendiek, J./Hoffmann, G.: Das Recht der behinderten Menschen. Baden-Baden 2. Aufl. 2005.

Jürgens, A. (Hrsg.): Betreuungsrecht. München 5. Aufl. 2005.

Kossens, M./Maaß, M./Steck, B./Wollschläger, F.: Grundzüge des neuen Behindertenrechts. München 2003.

Lachwitz, K./Schellhorn, W./Welti, F. (Hrsg.): Handkommentar zum Sozialgesetzbuch IX. Kriftel 2. Aufl. 2006.

Neumann, V. (Hrsg.): Rehabilitation und Teilhabe behinderter Menschen. Baden-Baden 2003.

Schiek, D.: Gleichbehandlungsrichtlinien der EU – Umsetzung im deutschen Arbeitsrecht. In: Neue Zeitschrift für Arbeitsrecht 2004, 873–884.

Schmidt, G./Minninger, N.: Rechte behinderter Menschen. Frankfurt 2002.

Trenk-Hinterberger, P. (Hrsg.): Die Rechte behinderter Menschen und ihrer Angehörigen. Düsseldorf 32. Aufl. 2005.

Wagner, R./Kaiser, D.: Einführung in das Behindertenrecht. Berlin 2004.

Diskriminierungsverbot

Nach Art. 3 Abs. 3 Satz 1 des Grundgesetzes für die Bundesrepublik Deutschland (GG) von 1949 darf seither niemand wegen seines Geschlechtes, seiner Abstammung, seiner Rasse, seiner Sprache, seiner Heimat und Herkunft, seines Glaubens, seiner religiösen oder politischen Anschauungen benachteiligt oder bevorzugt werden. Dieses vielfach so bezeichnete verfassungsrechtliche Diskriminierungsverbot, das korrekter als Benachteiligungs- oder Bevorzugungsverbot (Unterscheidungsverbot) zu benennen ist, wurde im Rahmen der *Grundgesetzänderung vom 27. Oktober 1994* um folgenden Satz 2 ergänzt: „Niemand darf wegen seiner Behinderung benachteiligt werden“ (Bundesgesetzblatt I, 3146).

Auch in den *Landesverfassungen* haben Behinderte lange Zeit kaum Beachtung gefunden. Erst die nach der Wiedervereinigung entstandenen neuen Verfassungen der ostdeutschen Länder gehen auf die Belange dieses Personenkreises in unterschiedlicher Weise näher ein. Ein Unterscheidungsverbot allerdings findet sich nur in der brandenburgischen Verfassung von 1992, wo die Behinderung in den allgemeinen Katalog verbotener Unterscheidungsmerkmale (hier: Art. 12 Abs. 2) aufgenommen wurde. Danach ist bemerkenswerterweise auch jede Bevorzugung wegen einer Behinderung verboten, was bei einem strikten Verständnis mit den in derselben Verfassung enthaltenen Aufträgen zu besonderer Förderung von Menschen mit Behinderungen (z.B. für den Bereich der Bildung nach Art. 29 Abs. 3 Satz 2) kaum in Einklang zu bringen ist. Wie das Grundgesetz sind auch die zwischenzeitlich neugeschaffenen Grundrechtsbestimmungen zugunsten Behinderter in Berlin (Art. 11 der Verfassung von 1995) und Bayern (Art. 118a der Verfassung von 1998) diesem fragwürdigen Vorbild nicht gefolgt, sondern richten sich ausschließlich gegen die Benachteiligung von Menschen mit Behinderungen (ähnlich auch Art. 64 der Verfassung von Rheinland-Pfalz).

Auf der in erster Linie bedeutsamen Ebene der Bundesverfassung bindet Art. 3 Abs. 3 Satz 2 als Bestandteil des grundgesetzlichen Grundrechtekatalogs Gesetzgebung, vollziehende Gewalt und Rechtsprechung als unmittelbar geltendes Recht; damit ist das Benachteiligungsverbot zugunsten Behinderter gegenüber der *staatlichen Gewalt* in allen ihren Ausprägungen verbindlich. Dagegen richtet es sich nicht auch (unmittelbar) an Privatpersonen, deren Rechtspflichten vielmehr im Rahmen verfassungsrechtlicher Vorgaben durch die (einfachen) Gesetze bestimmt werden.

Für die öffentliche Gewalt ist das Benachteiligungsverbot – wie die meisten Grundrechte – rechtlich primär als Abwehrrecht bedeutsam und verbietet ihr, Menschen wegen ihrer Behinderung zu benachteiligen. Den eigentlichen Absichten, auf denen das neu geschaffene *Behindertengrundrecht* beruht, wird seine abwehrrechtliche Bedeutung indes kaum gerecht. Anders als in den Fällen des traditionellen Unterscheidungsverbots, die durchweg Eigenschaften betreffen, die nur aufgrund von Vorurteilen anderer bedeutsam werden, genügt eine schlicht unterschiedslose Behandlung den Interessen behinderter Menschen schon im Ansatz nicht. Vielmehr geht es darum, dass den durchaus realen besonderen Ausgangssituationen, in denen sich Menschen mit Behinderungen vielfach befinden, in angemessener Weise Rechnung getragen wird. Im Hinblick auf Menschen mit Behinderungen passt die arithmetische Gleichheit der unterschiedslosen, identischen Behandlung nicht, die jedem dasselbe (suum idem) gibt; vielmehr ist die geometrische Gleichheit gefordert, die den Unterschiedlichkeiten der Verhältnisse der Betroffenen gerecht wird und jedem das Seine (suum cuique) gibt; in diesem Sinne kann gerade eine den unterschiedlichen Verhältnisse angemessene verschiedene Behandlung dem Gleichheitssatz entsprechen, materielle Gleichbehandlung darstellen. In diesem Sinne verpflichten die erwähnten neuen Behinderten-Grundrechtsbestimmungen in Berlin und Bayern im Anschluss an das Benachteiligungsverbot den Staat dazu, für gleichwertige Lebensbedingungen von Menschen mit und ohne Behinderungen zu sorgen bzw. sich dafür einzusetzen.

Diese *sozialstaatliche Zielsetzung* kommt im Wortlaut des grundgesetzlichen Benachteiligungsverbots zwar nicht zum Ausdruck, ist aber entstehungsgeschichtlich hinreichend deutlich belegt. Sie wirkt sich im Rahmen der sogenannten objektiv-rechtlichen Wirkungen der Grundrechtsbestimmungen dahingehend aus, dass bei der Auslegung von Rechtsnormen jeglicher Geltungsstufe und beliebigen Inhalts stets die Ausstrahlungswirkung der grundrechtlichen Wertentscheidung zu berücksichtigen ist, hier also dahin: dass sonst etwa anzunehmende nachteilige Konsequenzen einer Behinderung für die betroffenen Menschen möglichst durch entsprechende Interpretation vermieden werden. Soweit den Staatsorganen Ermessens- und sonstige Handlungsspielräume eröffnet sind, sind diese so zu handhaben, dass nachteilige Wirkungen für Behinderte möglichst vermieden werden. Auch der Gesetzgeber wird in die Pflicht genommen, für gleichwertige Entfaltungsmöglichkeiten behinderter Menschen zu sorgen; doch lässt sich diese generelle Pflicht kaum in handfeste Gestaltungsaufträge für konkrete Pläne umsetzen. Die inzwischen bei den meisten Grundrechtsbestimmungen problemlos anerkannte Schutzpflicht des Gesetzgebers gegenüber Beeinträchtigungen des Schutzgutes durch Dritte wird beim Verbot, wegen einer Behinderung zu benachteiligen, sogar prinzipiell in Zweifel gezogen; jedenfalls würde auch sie keine konkreten Rechtspflichten zum Erlass ganz bestimmter Regelungen, etwa im Rahmen eines Anti-Diskriminierungsgesetzes, begründen können.

Gegenüber diesen eher diffusen objektivrechtlichen Wirkungen sind die *abwehrrechtlichen Rechtswirkungen* des Benachteiligungsverbots zwingend und begründen entsprechende Abwehransprüche behinderter Personen gegen einschlägige Benachteiligungen. Praktisch sind sie allerdings ohne große Bedeutung, weil es Akte der Staatsgewalt, insbesondere der Gesetzgebung, die eine Person wegen ihrer Behinderung benachteiligen, kaum gibt. Selbst zivilrechtliche Vorschriften, die es in ihrem Zusammenspiel für Personen, die sich weder handschriftlich noch durch das gesprochene Wort artikulieren können, unmöglich machten, ein gültiges Testament zu errichten, stellten streng genommen keine Sonderregelungen nur für Behinderte dar; denn sie treffen ja auch auf Personen zu, die nur kurzfristig durch Unfall oder Krankheit weder schreiben noch sprechen können. Obwohl dies ausdrücklich so ausgesprochen wurde, sind die maßgeblichen Bestimmungen unter anderem aufgrund des Verstoßes gegen das Verbot der Benachteiligung wegen einer Behinderung erst kürzlich für verfassungswidrig erklärt worden (Entscheidungen des Bundesverfassungsgerichts Bd. 99, 341 ff.). Im übrigen wirft die scheinbar klare und einfache Anordnung des Benachteiligungsverbots im Detail vielfältige Probleme auf, die sich nicht zuletzt aus dem engen Regelungszusammenhang zu dem doch ganz anders ausgerichteten überkommenen Unterscheidungsverbot des Art. 3 Abs. 3 Satz 1 GG ergeben.

Der verfassungsrechtlich neue *Begriff der Behinderung* wird grundsätzlich wohl im Sinne der Legaldefinition des § 3 Abs. 1 Schwerbehindertengesetz zu verstehen sein, also als Auswirkung einer nicht nur vorübergehenden Funktionsbeeinträchtigung, die auf einem regelwidrigen körperlichen, geistigen oder seelischen Zustand beruht. Auch wenn hier im Detail Verfeinerungen nötig sein mögen, ist damit der Bedeutungsgehalt von → Behinderung jedenfalls im Kern zutreffend bezeichnet (→ Behindertenrecht).

Während alle in Art. 3 Abs. 3 Satz 1 GG verpönten Merkmale *Kategorien für Eigenschaften* (z. B. Geschlecht) bezeichnen, die bei allen Menschen in unterschiedlichen Formen verwirklicht sind, derentwegen nicht differenziert werden darf, ist dieses bei der Behinderung mehrfach anders. Einerseits betreffen Behinderungen nur einen begrenzten Personenkreis, andererseits gibt es zwar verschiedene Formen von Behinderung, doch geht es nach der Absicht des Verfassungsänderungsgesetzgebers nicht darum, Benachteiligungen wegen einzelner Formen von Behinderung gegenüber anderen zu verbieten. Vielmehr soll sich das Verbot dagegen richten, dass *Behinderte gegenüber Nichtbehinderten* benachteiligt werden. Nicht recht klar ist allerdings dann, ob danach nur für Behinderte an sich vorgesehene Nachteile oder auch solche für bestimmte Arten von Behinderten (Blinde, Gehörlose, Körperbehinderte usw.) erfasst werden. Wird im Interesse eines wirksamen Grundrechtsschutzes letzteres angenommen, wäre allerdings das Vergleichspaar verändert, weil den Personen mit der fraglichen Behinderung nicht nur die Nichtbehinderten, sondern auch alle Personen mit anderen Behinderungen als Vergleichsgruppe gegenüberzustellen wären. Aus den bekannten Strukturen des Unterscheidungsverbots fällt das Verbot der Benachteiligung wegen einer Behinderung jedenfalls heraus.

Kaum weniger Probleme bereitet der *Begriff der Benachteiligung*. Diese liegt vor, wenn dem Behinderten eine Belastung zugefügt wird, die anderen erspart ist. Nach dem Zweck des Verbots ist eine Benachteiligung ferner anzunehmen, wenn eine Dritten gewährte Vergünstigung dem Behinderten vorenthalten wird (bei Art. 3 Abs. 3 Satz 1 GG Fall der Bevorzugung). In allen Fällen ist eine differenzierende Behandlung erforderlich, bei denen die Behinderten schlechter gestellt werden als die Vergleichsgruppe. Eine unterschiedslose Behandlung von Behinderten und Nicht(-So)-Behinderten kann danach keine Benachteiligung darstellen.

Dies gilt etwa auch für den Fall, dass Personen der Aufenthalt in ihrem Garten verboten wird, weil sie für die Nachbarn unerträglichen Lärm erzeugen (dazu die umstrittene Entscheidung des Oberlandesgerichts Köln, Neue Juristische Wochenschrift 1998, 763); der Umstand, dass Menschen mit gewissen Behinderungen entsprechende Geräusche gar nicht vermeiden können, während Nichtbehinderte dazu ohne weiteres in der Lage wären, ändert nichts daran, dass allen gleichermaßen verboten ist, ihre Nachbarn durch entsprechenden Lärm zu stören.

Schwierigkeiten verbleiben beim *Element Belastung*. Dies ist bei Art. 3 Abs. 3 Satz 1 allein dadurch klar definierbar, dass eine Einwirkung auf die Rechtssphäre des einzelnen seinem Willen widerspricht. So wäre dort etwa die Zuweisung (z.B. eines Mädchens, eines Katholiken, eines Juden) an eine ihm bzw. seinen Eltern unerwünschte Schulform unabhängig von deren Eignung für den Betroffenen als belastend einzustufen. Im Falle des Art. 3 Abs. 3 Satz 2 GG hat das Bundesverfassungsgericht demgegenüber in der Zuweisung an eine *Sonderschule* (→ Schulrecht) erst dann eine benachteiligende Belastung gesehen, wenn diese Maßnahme den Gegebenheiten und Verhältnissen des jeweiligen Einzelfalls, insbesondere mit Rücksicht auf nicht genutzte Möglichkeiten im Rahmen der allgemeinen Schule zur Kompensation durch besondere → Fördermaßnahmen, nicht gerecht wird (Entscheidungen des Bundesverfassungsgerichts Band 96, 288 [302–307]). Eine solche Betrachtungsweise löst den stringenten, formalen Rahmen eines Unterscheidungsverbots, der ohnehin kaum für das Merkmal der Behinderung passend erscheint, zugunsten materieller Sachgerechtigkeitserwägungen auf.

Dementsprechend wäre auch die durch die Vokabel *wegen* bezeichnete Beziehung zwischen Behinderung und Benachteiligung materiell wertend zu verstehen und nicht als formales Verbot jeglicher Anknüpfung wie bei Art. 3 Abs. 3 Satz 1 GG. So könnten Rechtfertigungsprobleme vermieden werden, die sich sonst notwendig ergeben, etwa bei Verkürzungen der Geschäftsfähigkeit oder dem Ausschluss vom Wahlrecht bei Geistigbehinderten oder der Versagung der Fahrerlaubnis für Sehbehinderte, die sachlich gerechtfertigt, ja zwingend geboten sein mögen. Vielleicht liegt – ungeachtet der

Textfassung und des Systemzusammenhangs zu Art. 3 Abs. 3 Satz 1 GG – hier die sinnvollste Lösung für den Umgang mit dem missglückten Diskriminierungsverbot zugunsten der behinderten Menschen.

Schließlich ist noch zu betonen, dass auch beim Benachteiligungsverbot der Grundrechtsschutz nicht erst mit der Geburt einsetzen muss, sondern bereits für das ungeborene Leben eingreift. Daher steht das Benachteiligungsverbot grundsätzlich gesetzlichen Regelungen entgegen, welche Abtreibungen, die als Tötungen die größtmögliche Benachteiligung darstellen, wegen einer Behinderung des Embryo zulassen; das gilt nicht nur, wenn Gesetze dies ausdrücklich aussprechen, sondern auch, wenn sie bei neutraler Formulierung Raum für entsprechend differenzierende Handhabung in der Praxis lassen. Nachdem allerdings auch nach der Judikatur des Bundesverfassungsgerichts das Lebens(grund)recht der betroffenen Embryonen anderweitigen Belangen, insbesondere Interessen der Mutter, nachgeordnet werden darf, dürfte in den in Frage kommenden Fällen auch das Diskriminierungsverbot bei Seite geschoben werden und daher keinen weitergehenden Schutz bieten.

Michael Sachs

Literatur

Beaucamp, G.: Das Behindertengrundrecht (Art.3 Abs. 3 Satz 2 GG) im System der Grundrechtsdogmatik. In: Deutsches Verwaltungsblatt 117 (2002) 997–1004.

Caspar, J.: Das Diskriminierungsverbot behinderter Personen nach Art. 3 Abs. 3 S. 2 GG und seine Bedeutung in der aktuellen Rechtsprechung. In: Europäische Grundrechte-Zeitschrift 27 (2000) 135–144.

Degener, Th.: Verfassungsrechtliche Probleme mit der Behindertendiskriminierung in Deutschland. In: Kritische Justiz 33 (2000) 425–433.

Jürgens, A.: Der Diskriminierungsschutz im Grundgesetz. In: Deutsches Verwaltungsblatt 112 (1997) 410–415.

Osterloh, L.: Kommentierung des Artikel 3. In: Sachs, M. (Hrsg.): Grundgesetz. Bonn 3. Aufl. 2003, Randnummer 305–317.

Reichenbach, P.: Der Anspruch behinderter Schülerinnen und Schüler auf Unterricht in der Regelschule. Berlin 2001.

Sachs, M.: Das Grundrecht der Behinderten aus Art. 3 Abs. 3 Satz 2 GG. In: Recht der Jugend und des Bildungswesens 44 (1996) 154–174.

Spranger, T.: Wen schützt Art. 3 Abs. 3 Satz 2 GG? In: Deutsches Verwaltungsblatt 113 (1998) 1058–1062.

Straßmair, S. M.: Der besondere Gleichheitssatz aus Art. 3 Abs. 3 Satz 2 GG. Berlin 2002.

Jugendrecht

‚Das' Jugendrecht gibt es nicht. Es existiert eine Vielzahl von Gesetzen, die ‚Jugend' betreffen. Sie lassen sich unterscheiden in Recht *der* Jugend, Recht *für die* Jugend und Recht *der Jugend gegenüber*. Jugendrecht lässt sich mithin differenzieren nach Anspruch, Schutz und Intervention. Doch selbst der Begriff ‚Jugendrecht' ist irreführend und behindert eine sachgerechte Zusammenschau. Denn in den einschlägigen Gesetzen wird von ‚Jugend' gesprochen, wenn 14- bis 18-Jährige betroffen sind (vgl. § 7 KJHG; § 1 JGG). Bis zum Alter von 14 Jahren spricht man von Kindern, ab dem 18. Lebensjahr von „jungen Volljährigen" (KJHG) bzw. „Heranwachsenden" (JGG).

Die nach den Merkmalen Anspruch, Schutz und Eingriff systematisierbaren ‚jugendrechtlichen' Vorschriften entstammen allen Rechtsgebieten: (a) Im Zivilrecht werden rechtliche Beziehungen zwischen

‚gleichberechtigten' Rechtssubjekten geregelt. Das dort eingeordnete *Familienrecht* erfasst die Rechtsverhältnisse der Familienmitglieder untereinander bzw. zu Dritten. (b) Das öffentliche Recht regelt das Verhältnis zwischen Staat und Bürger im Sinne eines Ober-Unterordnungsverhältnisses. Im vorliegenden Fall stehen das KJHG sowie verschiedene *Schutzgesetze* wie das Gesetz zum Jugendarbeitsschutz im Mittelpunkt. (c) Das Strafrecht ist ein Spezialfall öffentlichen Rechts. Es betrifft Verbote und Gebote, bei deren Verletzung der Staat den Einzelnen sanktionieren darf. Das *Jugendstrafrecht* legt unter anderem die Grenze der Strafmündigkeit, die obere Grenze der Anwendbarkeit und die spezifischen Rechtsfolgen fest.

Ein *historischer* Ansatzpunkt für ein Jugendrecht ist die Entstehung der Kinder- und Jugendfürsorge (Scherpner 1927). Eine andere historische Linie beginnt bei den internationalen Bemühungen, die Ausbeutung der Arbeitskraft von Kindern und Jugendlichen einzugrenzen. In Deutschland setzte die Regulierung dieses Sachverhalts 1839 ein. Die breite Grundlegung jugendrechtlicher Vorschriften fand hauptsächlich in der Weimarer Republik in den zwanziger Jahren des letzten Jahrhunderts statt. Mit einer Offensive staatlichen Einmischens begann der Staat, spezifische Gesetze und Institutionen zu schaffen, die Anspruch, Schutz und Eingriff regelten.

Ideengeschichtlich liegen dem die Entdeckung der Kindheit und die Erfindung des Jugendalters zugrunde. Wir datieren die Erkenntnis, dass Kinder keine kleinen Erwachsenen seien, sondern Lebewesen mit eigenen (Schutz-)Bedürfnissen, zurück auf Rousseau und seine Zeit. Es lässt sich ferner eine mentale Veränderung feststellen. Gesundheitspolitische Fortschritte schränkten frühen Kindestod zunehmend ein und erlaubten es den Eltern, ihren Kindern mehr Gefühle entgegenzubringen, weil sie in eine lange gemeinsame Zukunft vertrauen durften. Komplexer stellt sich die *Erfindung des Jugendalters* (Gillis) dar. Zwischen Kindheit und Erwachsenenalter schob sich seit Ende des 19. Jahrhunderts eine soziologisch bestimmbare Lebensphase, die wesentlich durch das Merkmal Schonraum gekennzeichnet ist. Er entsteht vor allem durch verlängerte Schulzeiten. Damit ist klar, dass die mit dem neuen Status verbundene Vorstellung vom Moratorium vorrangig für die bürgerliche Jugend galt. Klassenübergreifend hingegen entwickelten sich Normen, die ‚jugendtypische' Gefährdungen verhindern sollten (Sexualität; Alkohol/ Tabak; Gaststätten; „Schmutz- und Schundliteratur"). Jugendphase bedeutet die Ausgrenzung von Erfahrungen und Handlungsspielräumen, die für Volljährige legal sind. Damit setzte sich die Auffassung durch, dass das Jugendalter generell eine *Phase der Gefährdung* sei.

Nachweislich sind alle Bemühungen, Gefährdungen einzuschränken und Schutz zu organisieren, in ihrer Verwirklichung abhängig von der Durchsetzungskraft ökonomischer Interessen. Schulpflicht und Arbeitsschutz waren nur vermittelbar, weil der Bedarf nach gesundem, qualifiziertem Nachwuchs unabweisbar wurde: „Daß die Jugendfürsorge eine soziale und zugleich eine volkswirtschaftliche Aufgabe allerersten Ranges bildet, bezweifelt heutzutage niemand mehr" (Weyl 1927, 6).

Der Gesamtkomplex jugendrechtlicher Spezialvorschriften bewegt sich im Spannungsverhältnis zwischen → *Hilfe* im Interesse der Betroffenen und *(Sozial-)Disziplinierung* zugunsten von Vergesellschaftung. Letztere erfolgt nicht naturgemäß bzw. interessenneutral. Vielmehr handelt es sich um Sozialisation in die kapitalistische Gesellschaftsordnung. Das bedeutet den Vorrang von zweckrationalen Motiven (aufschlussreich: der Jugendpflegeerlass von 1911 in Preußen).

Leitlinie und Maßstab für alle *Einzelgesetze* ist das Grundgesetz. Unser gesellschaftliches Verständnis des Verhältnisses zwischen Familie und Staat drückt sich in einer Regel-Ausnahme-Konzeption aus: „Pflege und Erziehung der Kinder sind das natürliche Recht der Eltern und die zuvörderst ihnen obliegende Pflicht. Über ihre

Betätigung wacht die staatliche Gemeinschaft" (Art. 6 Abs. 2 GG). Art. 20 GG definiert zudem die Bundesrepublik als demokratischen und sozialen Bundesstaat. Daraus folgt, dass → Erziehung in Deutschland weitgehend privater Autonomie obliegt. Nur unter engen Voraussetzungen darf bzw. muss der Staat sein sog. Wächteramt wahrnehmen.

Seit der Reform von 1980 ist das *Familienrecht* vom Dialogprinzip geprägt. Programmatisch legt § 1626 Abs. 2 BGB fest: „Bei der Pflege und Erziehung berücksichtigen die Eltern die wachsende Fähigkeit und das wachsende Bedürfnis des Kindes zu selbständigem verantwortungsbewusstem Handeln. Sie besprechen mit dem Kind, soweit es nach dessen Entwicklungsstand angezeigt ist, Fragen der elterlichen Sorge und streben Einvernehmen an." 1998 hat der Gesetzgeber das Gesetz zur Reform des Kindschaftsrechts in Kraft treten lassen. Es verbindet – über das Familienrecht hinaus – den Anspruch, Rechte des Kindes und Rechtspositionen der Eltern bei gleichzeitiger Einschränkung staatlicher Eingriffe zu stärken. Die Abwägung privaten Schutzraumes von staatlichem Zugriff zeigt sich besonders bei den Voraussetzungen für Interventionen. Die Generalklausel lautet *Kindeswohl* (§ 1666 BGB). Ist es gefährdet, kann das Familiengericht, sofern die Eltern nicht mitwirken, die zur Abwendung der Gefahr erforderlichen Maßnahmen treffen. Hier gilt zunächst das *Subsidiaritätsprinzip* von § 1666a BGB. Die Trennung von der Familie ist nur zulässig, wenn der Gefahr nicht auf andere Weise begegnet werden kann. Eine Unterbringung des Kindes, die mit Freiheitsentziehung verbunden ist, kann nur das Familiengericht genehmigen (§ 1631b). Eltern ist im Übrigen das Schlagen ihrer Kinder nicht – strafrechtlich – verboten. Allerdings erklärt § 1631 Abs. 2 BGB „entwürdigende Erziehungsmaßnahmen, insbesondere körperliche und seelische Misshandlungen" für unzulässig.

Die Frage, ob und inwieweit der Staat in die Autonomie privater (bürgerlicher) Erziehung eingreifen darf, war um die Wende vom 19. zum 20. Jahrhundert in Europa heftig umstritten. Befürchtet wurde eine ideologische, insbesondere ‚sozialdemokratische' Einflussnahme. Mit den jeweiligen *Jugendwohlfahrtsgesetzen* wurde eine Lücke geschlossen. Sie bestand bei den auffälligen Nicht-Strafmündigen sowie Jugendlichen, denen zwar nicht Straftaten nachgewiesen, aber sonstige abweichende Verhaltensweisen vorgeworfen wurden („Verwahrlosung"). Von einer ‚Lücke' im weiteren Sinne sprach man zudem, weil nach Schulabschluss und vor Beginn der Militärzeit junge Männer ohne die gebotene Aufsicht bedenklich viel Freiheit besaßen.

Gefürchtet blieb bis in die 70er Jahre die Fürsorgeerziehung. Das JWG, in seinem Selbstverständnis polizei- und ordnungsrechtlich orientiert, wurde 1990 vom KJHG abgelöst. § 1 verkündet programmatisch: „Jeder junge Mensch hat ein Recht auf Förderung seiner Entwicklung und auf Erziehung zu einer eigenverantwortlichen und gemeinschaftsfähigen Persönlichkeit." Es wird als Leistungsgesetz bezeichnet, das Eltern und Kindern Angebote unterbreitet. Kernstück sind die „Hilfen zur Erziehung" (§§ 27 ff.). Es verlangt, „die unterschiedlichen Lebenslagen von Mädchen und Jungen zu berücksichtigen, Benachteiligungen abzubauen und die Gleichberechtigung von Mädchen und Jungen zu fördern" (§ 9 Ziffer 3). § 36 schreibt Hilfepläne vor und regelt die Beteiligung der Personensorgeberechtigten und betroffenen Minderjährigen (→ Erziehungshilfen).

Erstmals sind hierin auch behinderte Menschen erfasst. § 10 Abs. 2 besagt, dass Leistungen des KJHG denen nach dem BSHG vorgehen. Allerdings bleibt das BSHG bei jungen Menschen, „die körperlich oder geistig behindert sind oder von solch einer Behinderung bedroht sind" vorrangig zuständig. Landesrecht kann Maßnahmen der → Frühförderung für Kinder unabhängig von der Art der Behinderung gewähren. § 35a KJHG sieht Eingliederungshilfen für seelisch behinderte Kinder und Jugendliche vor. Die §§ 36–40 KJGH gelten gemeinsam für die Hilfen zur Erziehung und diese Gruppen Behinderter.

Von aktueller Bedeutung ist die Frage, inwieweit der Staat strafunmündigen Kindern und auffälligen Jugendlichen die Freiheit entziehen darf. Entsprechend dem Angebotscharakter des Gesetzes sieht es grundsätzlich nur die Inobhutnahme (§ 42) vor, wenn der Minderjährige darum bittet oder das Jugendamt eine dringende Gefahr für das Wohl des Betreffenden sieht. Die Herausnahme des Kindes oder Jugendlichen ohne dessen Zustimmung bzw. der Personensorgeberechtigten ist nur auf der Basis einer familiengerichtlichen Entscheidung zulässig. Zu prüfen sind die Voraussetzungen des § 1666 BGB, dass „Gefahr im Verzug" und dass die Unterbringung „in einer Einrichtung" zu vollziehen ist, d.h. keineswegs zwangsläufig in einer geschlossenen (§ 43 KJHG). Im Ergebnis sind die rechtlichen Hürden für eine geschlossene Unterbringung formal und inhaltlich sehr hoch (→ Heimerziehung). Diese Intervention ist nur als Ausnahme und zeitlich begrenzt gewollt.

Das Charakteristikum Gefährdung kommt im Jugendrecht unter verschiedenen Gesichtspunkten zum Ausdruck. § 14 KJHG regelt den *erzieherischen Kinder- und Jugendschutz*. Er hat – zumindest was die ordnungsrechtliche Seite angeht – erheblich an Bedeutung verloren. Statt patriarchalischer ‚pädagogischer' Kontrollmodelle stellt das KJHG auf das Konzept des Befähigens der Schutzbedürftigen ab. Zwei Spezialgesetze befassen sich mit klassischen Aufgaben des Kinder- und Jugendschutzes. Das Jugendschutzgesetz (JuSchuG) von 2002 bezieht sich auf die Bereiche Öffentlichkeit und Medien. § 8 definiert jugendgefährdende Orte. Dazu zählen Gaststätten, Tanzveranstaltungen und Spielhallen. Von den Genussmitteln erwähnt es alkoholische Getränke sowie Tabakwaren. Der Jugendmedienschutz-Staatsvertrag (JMStV) von 2002 bezweckt den Schutz vor „Angeboten in elektronischen Informations- und Kommunikationsmedien, die deren Entwicklung beeinträchtigen oder gefährden ..." (§1). Diese rechtlichen Regelungen leiden massiv unter den realen gesellschaftlichen Gegebenheiten. Der Wettlauf zwischen kommerziellen Interessen und veränderten Moralvorstellungen einerseits und traditionellen Schutzkonzepten andererseits ist zugunsten ersterer entschieden. Was bleibt, ist die Hoffnung, zumindest ansatzweise Grenzen aufrechtzuerhalten. Die Neuformulierung beider Gesetze drückt den Wunsch aus, mit dem schnellen technischen Fortschritt und dem sich entwickelnden Konsumverhalten – annähernd – Schritt zu halten.

Am Beispiel des *Jugendstrafrechts* können Motive für die Sonderbehandlung junger Menschen besonders deutlich geschildert werden. Der Gedanke von Schutz und Privilegierung ergibt sich zunächst aus der Grenze der Strafmündigkeit. Sie liegt in Deutschland bei 14 Jahren und damit im europäischen Vergleich deutlich im oberen Bereich. Eine strafrechtliche Verfolgung kommt dann aber nur in Betracht, wenn der Jugendliche zur Tatzeit „nach seiner sittlichen und geistigen Entwicklung reif genug ist, das Unrecht der Tat einzusehen und nach dieser Einsicht zu handeln" (§ 3 JGG). Eine ähnlich flexible Regelung sieht § 105 JGG vor. Danach können Heranwachsende noch nach Jugendstrafrecht verurteilt werden, wenn sie in ihrer sittlichen und geistigen Entwicklung einem Jugendlichen gleichstehen oder in der Tat eine Jugendverfehlung zum Ausdruck kommt.

Das JGG als Sonderstrafrecht basiert zwar auf den Ge- und Verboten des StGB, hält aber für Jugendliche bzw. Heranwachsende spezifische Regelungen bereit. Diese basieren auf dem sog. *Erziehungsgedanken*. Er ist im Gesetz nicht definiert, ergibt sich aber aus dem Gesetz, d.h. den dort aufgelisteten Rechtsfolgen, den Vorschriften zum Verfahren und zur Vollstreckung. Der spezielle Strafzweck des JGG bedeutet, dass aus Anlass der Tat unter Berücksichtigung der bisherigen Lebensgeschichte eine für die Zukunft wirksame Sanktion gewählt werden soll. Hier sind stationäre (Jugendarrest; Jugendstrafvollzug) von ambulanten Maßnahmen zu unterscheiden. Letztere genießen seit längerem kriminalpolitisch den Vorzug, insbesondere Betreuungsweisungen, Arbeitsweisungen, soziale Trainingskurse und – als Alternative zum strafrechtlichen Verfahren – der sog. Täter-Opfer-Ausgleich (→ Delinquenz, → Straffälligkeit). Hans-Joachim Plewig

Literatur

Creifelds, C.: Rechtswörterbuch. München 14. Aufl. 1997.

Foucault, M.: Überwachen und Strafen. Frankfurt 1977.

Oelkers, N.: Umsetzung des Kindschaftsrechts in der Jugendhilfe. In: neue praxis 30 (2000).

Scherpner, H.: Die Kinderfürsorge in der Hamburger Armenreform vom Jahre 1788. Berlin 1927.

Weyl, R.: Das deutsche Jugendrecht. Leipzig 1927.

Menschenrechte

Menschenrechte sind, nach ihrem europäisch-amerikanischen Ursprungsverständnis, fundamentale, jedem Menschen als Menschen zukommende, *individuelle Rechte*. Sie gelten unabhängig von allen kontingenten Merkmalen etwa des Geschlechts, des Alters, der Hautfarbe, der Zugehörigkeit zu sozialer Gruppe und Staat, auch von biologischen Unterschieden. Darunter lassen sich Rechte, die jedem Menschen zu jedem Zeitpunkt seines Lebens zustehen, von solchen trennen, die, wie etwa die Menschenrechte von Kindern, einen Lebensphasenbezug haben (Höffe 2001). Solche vorstaatlichen Rechte kann der Staat nur nachträglich anerkennen und kann die Verfassung als *Grundrechte* (soweit sie allen zustehen wie Schutz der Menschenwürde) deklarieren, nicht aber selbst erzeugen (Maier 1997, 12).

Mit ihren derzeitigen Bestrebungen, den Status von Behinderten weltweit aufzuwerten (Bürli 1997), geraten Menschenrechte auch in den Horizont der Behindertenpädagogik – wo sie zugleich den Trend zu einer Internationalisierung ihrer Fragestellungen (→ Behinderung und → Integration) verstärken. Sie könnten sich zur universalen Absicherung der (→ personalen) Grundlagen (Leben, Bildung) und Ziele der Behindertenpädagogik eignen, für eine „*Erziehung von den Menschenrechten her*“ und „*zu den Menschenrechten hin*“ (Böhm 1995).

Menschenrechte haben sich in den letzten rund 200 Jahren abendländischen Aufklärungsdenkens, trotz Kritik am Hegemonieanspruch westlicher Zivilisation, weltweit zum Maßstab für die Gestaltung einer gerechteren politischen Ordnung entwickelt. Kants Idee von menschlicher Autonomie, von Selbstzweckhaftigkeit begründet diese hervorgehobene Stellung des Menschen. Menschenrechte sind aber nicht denkbar ohne eine viel weiter zurückreichende komplexe Geschichte sich entfaltender menschlicher *Freiheit* und *Gleichheit*. Zwei Momente seien beispielhaft genannt: (1) die frühe Selbstbefreiung des Menschen aus seiner Abhängigkeit von mythischen Weltbildern, wie sie sich in der griechischen Philosophie vollzogen hat; (2) die Idee der einen Menschheit, die „im Bund mit christlicher Überlieferung“, aber auch „im Widerspruch gegen konkrete zeitgeschichtliche Ausprägungen des Christentums“ zum ersten Mal historisch ans Licht getreten ist (Maier 1997, 74 f.). Andere „Bausteine für den Gedanken der Menschenrechte“, die nicht aus unserem Kulturkreis stammen, kommen hinzu (Höffe 2001, 71 f.). Sie sollten helfen, den Anspruch auf weltweite Geltung der Menschenrechte im Einklang mit einer akzeptierten Pluralität der Kulturen vertreten zu können.

In der jüngeren Geschichte kam es in mehrfacher Hinsicht zu einer *Ausweitung* des Geltungsbereichs, einer Art „Siegeszug" der Menschenrechte (zum folgenden: Brugger 1992; Maier 1997): (a) *inhaltlich*: von den individuellen (Abwehr-)Rechten (Leben, Freiheit der Meinung und des religiösen Bekenntnisses, Eigentum) und den demokratischen Mitwirkungs- zu sozialen Teilhaberechten (inkl. schulische Bildung), schließlich, seit dem 20. Jahrhundert, zu den „kulturellen Menschenrechten" (z.B. auf eigene Sprache, eine unverletzte Natur); (b) *Träger* der Menschenrechte: von einer Partikularisierung zur Universalisierung; sie schließt benachteiligte *Einzelpersonen* wie Geistigbehinderte als Menschenrechtsträger ebenso ein wie (dank des wachsenden Einflusses der 3. Welt auf die internationale Menschenrechtspolitik) *„globale Instanzen"* (Staaten), die die kulturellen Menschenrechte als Ausdruck von Selbstbehauptung gegen die früheren Kolonialmächte und reichen Industrieländer begreifen – eine höchst spannungsvolle, auch bedenkliche Entwicklung der Menschenrechtsinterpretation, wo sie auf Kosten individueller Freiheitsrechte geht; (c) *geographisch*: vom europäisch-nordamerikanischen Beitrag im 18. Jahrhundert, dem „Probelauf" der Menschenrechte (1776: Bill of Rights von Virginia anlässlich der Unabhängigkeit der nordamerikanischen Kolonien; 1789: französische Menschenrechtserklärung) zur ersten Menschenrechtsdeklaration mit weltweitem Anspruch, jedoch ohne rechtliche Bindungskraft, der „Allgemeinen Erklärung der Menschenrechte der Vereinten Nationen" in 1948. Im Zuge ihrer Anwendung auf die Belange Behinderter kam es in der Folge zu spezifischen Deklarationen wie der UN-Deklaration über die Rechte Geistigbehinderter in 1971. Große Hoffnungen setzt man neuerdings auf die „International Convention on the Rights of Persons with Disabilities", eine weitere UN-Menschenrechtskonvention für Behinderte (http: //www.un.org/esa/socdev/enable/rights/ahc7ann2rep.htm). Angekündigt ist sie gar als „Beitrag zur ethischen Globalisierung" (Degener). Noch wird verhandelt, 2007 soll sie zur Unterzeichnung aufliegen.

Der Trend zu einer Universalisierung der Träger von Menschenrechten scheint ungebrochen, selbst die Natur ist inzwischen ein Adressat für vergleichbare Forderungen geworden. Demgegenüber laufen einflussreiche philosophische Bestrebungen nicht auf Ausweitung, vielmehr auf eine engere Fassung, mithin auf *Einschränkung der Menschenrechte* hinaus, wenn sie an die Stelle unbedingter Menschenrechte ein fähigkeitsbezogenes Verständnis von Personenrechten setzen (→ Ethik). Danach würde z.B. vorgeburtliches menschliches Leben – vom Bundesverfassungsgericht in seiner Entscheidung zum Schwangerschaftsabbruch v. 28.5.1993 für die „Zeit der Schwangerschaft", also „vom Abschluß der Einnistung des befruchteten Eies in der Gebärmutter" an, für schutzwürdig erachtet – den Anspruch auf Menschenwürde verlieren.

In der Präambel zur UN-Menschenrechtserklärung nach dem 2. Weltkrieg werden deren Forderungen mit „Akten der Barbarei" begründet, die „das Gewissen der Menschheit tief verletzt haben". Solche *exemplarischen Unrechtserfahrungen* (Brugger 1992), insbesondere *in den totalitären Systemen* des 20. Jahrhunderts, sind eine entscheidende Entstehungsbedingung. Hierbei handelt es sich, wenn man sie versuchsweise präzisieren will, um Leiderfahrungen, (a) die, anders als bei einem ‚Unglück', Menschen durch ihr absichtliches Handeln oder Unterlassen, moralisch verantwortlich, herbeigeführt haben, (b) die die Betroffenen in ihrem Selbstverhältnis gravierend verletzen, (c) die von unterschiedlichen Gruppen und Kulturen in ähnlicher Weise beurteilt werden (Reuter 1999, 94–97). Innerhalb einer Moral der Anerkennung systematisiert (Honneth 1994, 148ff.), sind dies Verletzungen der körperlichen Integrität (Tötung, Misshandlung und Vergewaltigung), Missachtung und Entrechtung, schließlich Not und Diskriminierung. Heute stehen vor allem die Ökonomisierung des sozialen Lebens und zunehmende wirtschaftliche Disparität zwischen den Staaten im Blickpunkt, wenn man nach Erklärungen für Verstöße gegen das Menschenwürdegebot sucht, bei der Pflege alter Menschen wie bei der Unterbringung Geistigbehinderter in totalen Institutionen (Lachwitz 1998).

Hinzu kommt, dass das enorme Entwicklungstempo in den Biowissenschaften mit ihren Missbrauchsgefahren zu einem neuartigen Feld der Anwendung der Menschenrechte geführt hat. So ist die sog. *Bioethik-Konvention* von 1997 z.B., ein „Menschenrechtsübereinkommen zur Biomedizin", ein Versuch der Mitgliedsstaaten des Europarats, regional Mindeststandards u.a. für medizinische Eingriffe wie die Zustimmung nach Aufklärung zu formulieren. Umstritten bleibt, dass darin medizinische Versuche an Nichteinwilligungsfähigen (z.B. an Kindern, an Alzheimer- oder Koma-Patienten) auch dann erlaubt sein sollen, wenn diese persönlich davon keinen gesundheitlichen Nutzen haben (sog. fremdnützige Forschung; Art. 17 Abs. 2). Das hat, weil die Schutzbestimmungen in Deutschland weitaus schärfer sind, eine Ratifizierung durch das Parlament bislang verhindert. Ethischer Konsens ist aber auch europaweit auf der Basis der sog. Bioethik-Konvention nur in Teilbereichen möglich, obwohl darin so brisante Probleme wie vor allem Euthanasie noch nicht einmal vorkommen (Honnefelder 1997). Und dennoch hat die Unesco in 2005 eine weitere Erklärung über ethische Mindeststandards in der Medizin, nunmehr mit weltweitem Anspruch, die „Universal Declaration on Bioethics and Human Rights" veröffentlicht, in der sie sich in Art. 7 die strittige Position des Europarats zu fremdnütziger Forschung (die ausnahmsweise Zulassung) zueigen macht. Da muss es erstaunen, dass Deutschland dieser Erklärung inzwischen zugestimmt hat – allerdings mit dem beruhigenden Zusatz versehen, es werde in dieser Frage trotz allem bei der deutschen Rechtslage bleiben.

Zu den vielfältigen Formen einer staatliches Handeln verpflichtenden *Legitimation der Menschenrechte*, besonders der sie begründenden Menschenwürde – neben einer theologischen: Gottebenbildlichkeit des Menschen; naturrechtlichen: angeborene Rechte; diskursethischen: Konsens im idealen Diskurs – zählt auch der *transzendentale Tausch* (Höffe 1996, 67ff.). Dafür ist grundlegend das Prinzip der Wechselseitigkeit („Tausch"). So kann zum einen der Gewaltverzicht als ein jedem einzelnen und jeder Kultur zumutbares ethisches Minimum gelten, sind sich doch alle Menschen darin gleich, dass sie verletzbar und gewaltfähig sind, also zugleich Opfer und Täter sein können (Höffe 2001, 74). Es liegt in ihrem „transzendentalen", unaufgebbaren Interesse, wenn sie auf Körperverletzung und Töten verzichten, weil nur so ein jeder sein Recht auf Leib und Leben sichern kann. Ähnlich grundlegend, um Menschen handlungsfähig zu machen, ist die Gewährung positiver Leistungen, von Sozial- und Mitwirkungsrechten (sog. positiven Freiheitsrechten); sie hätten auch unter dem Diktat knapper werdender Mittel Zugehörigkeit sicherzustellen. Auch sie ließen sich tauschtheoretisch legitimieren, sofern man einen Tauschbegriff zugrundelegt, der mit „Phasenverschiebungen" operiert. In diesem Sinne ist selbst noch die Hilfe zwischen Eltern und ihren Kindern im Grundsatz wechselseitig, weil sie eine spätere „Wiedergutmachung" durch die Kinder (zumindest als Postulat) in Rechnung stellen darf. Wenn schließlich keinerlei Tauschbeziehung zustande kommen kann, etwa bei lebenslanger Hilfsbedürftigkeit, entspräche es einer ausgleichenden, „*korrektiven Gerechtigkeit*", Hilfe als staatliche Entschädigungsleistung zu definieren.

Legitimationshilfen wie Tausch und korrektive Gerechtigkeit wollen einsichtig machen, dass die Allgemeinheit der Menschenrechte kein Deckmantel sein muss für eine westlich-individualistisch geprägte Uniformität und Unterdrückung des je Besonderen, dass sie vielmehr schützender Rahmen sein kann, in dem alle eine Identität ausbilden können: trotz der Verschiedenheit der Weltkulturen, des kulturell Fremden in den multikulturellen Gesellschaften von heute (→ Interkulturalität) und trotz Behinderung. Damit verträglich wäre ein universalgültiges „bioethisches Menschenrecht ... auf ein genetisches Erbe, in das nicht künstlich eingegriffen" werden darf durch eine Veränderung von Erbanlagen (→ Eugenik) – auch im Widerspruch zu kulturellen Traditionen, die solche Eingriffe zu rechtfertigen scheinen (Eich/Hoffmann 2006, 28, 106 ff.). Da ist es behindertenpädagogisch bedeutsam, dass das allgemeine Recht auf → Bildung, in Menschenrechtsproklamationen wie der „Allgemeinen Erklärung der Menschenrechte" (Art. 26) immer wieder genannt, eine kulturell vielfach gebrochene, auch defizitäre Umsetzung für Behinderte erfährt (Bürli 1997, 48 ff.).

Zur Frage einer kulturellen Differenzierung der Menschenrechte hinzu kommt, wie man das in verschiedenen Deklarationen (Lachwitz 1998) niedergelegte *Verbot der Benachteiligung* Behinderter erfolgversprechend *in das nationale Rechtssystem* überträgt. Verfassungsrechtlich mit Bezug auf Behinderte institutionalisiert ist es in Deutschland seit 1994 als → Diskriminierungsverbot nach Art. 3 Abs. 3 Satz 2 GG („Niemand darf wegen seiner Behinderung benachteiligt werden."). Inwieweit es die Situation Behinderter im Verhältnis zu Nichtbehinderten tatsächlich verbessern kann (Sachs 1996), ist noch offen, nach dem Urteil des Bundesverfassungsgerichts von 1997 zu den schulrechtlichen Konsequenzen (→ Schulrecht) und auch nach dem Inkrafttreten des Bundesgleichstellungsgesetzes (BGG) am 1.5.2002. Dieses Gesetz soll, soweit der Bund dafür zuständig ist, das Diskriminierungsverbot umsetzen. Sein Ziel heißt Teilhabe des behinderten Menschen in den verschiedenen Lebensbereichen durch gleiche Bürgerrechte. Das soll vornehmlich mittels einer umfassend verstandenen *Barrierefreiheit* geschehen: beim Zugang zu öffentlichen Gebäuden und im Personenverkehr (‚Rollstuhlgeeignetheit'), beim Zugang zu Gaststätten, zu Wahlen (Abstimmung blinder und sehbehinderter Menschen ohne fremde Hilfe), zum Hochschulstudium (Gestaltung der Prüfungsunterlagen und Wahl der Prüfungsräume) (→ Studium und Behinderung), zu den elektronischen Medien (um barrierefrei kommunizieren zu können). Dem dienen auch Kommunikationshilfen (→ Unterstützte Kommunikation), z. B. in der → Gebärdensprache mittels Gebärdendolmetscher (Stähler 2002, 777, 778 f.).

Menschenrechte in geltendes nationales Recht umzusetzen, ist das eine. Doch für eine Teilhabe Behinderter wird auch dies nur begrenzt hilfreich sein, wenn es nicht gelingt, menschenwürdige Unterstützungssysteme im Kleinen, Wertegemeinschaften aufzubauen (→ Kommunitarismus).

Georg Antor

Literatur

Antor, G.: Behinderung und Menschenwürde. In: Dederich, M. (Hrsg.): Bioethik und Behinderung. Bad Heilbrunn/Obb. 2003, 49–67.

Böhm, W. (Hrsg.): Erziehung und Menschenrechte. Würzburg 1995.

Brugger, W.: Stufen der Begründung von Menschenrechten. In: Der Staat 31 (1992) 19–38.

Bürli, A.: Sonderpädagogik international. Vergleiche, Tendenzen, Perspektiven. Luzern 1997.

Eich, Th./Hoffmann, Th. S. (Hrsg.): Kulturübergreifende Bioethik. Zwischen globaler Herausforderung und regionaler Perspektive. Freiburg 2006.

Höffe, O.: Vernunft und Recht. Bausteine zu einem interkulturellen Rechtsdiskurs. Frankfurt 1996.

Höffe, O.: Gerechtigkeit. Eine philosophische Einführung. München 2002.

Honnefelder, L.: Wissenschaft und Ethik: Der Menschenrechtsgedanke als Grundlage eines europäischen Konsenses. In: Deutscher Hochschul-Verband (Hrsg.): Almanach. Ein Lesebuch. Band X. Bonn 1997, 97–109.

Honneth, A.: Kampf um Anerkennung. Zur moralischen Grammatik sozialer Konflikte. Frankfurt 1994.

Lachwitz, K.: 1948–1998. 50 Years of Human Rights. A Guide through International Human Rights Instruments for Persons with an Intellectual Disability. Marburg 1998.

Maier, H.: Wie universal sind die Menschenrechte? Freiburg 1997.

Reuter, H.-R.: Relativistische Kritik am Menschenrechtsuniversalismus? Eine Antikritik. In:

Reuter, H.-R. (Hrsg.): Ethik der Menschenrechte. Zum Streit um die Universalität einer Idee I. Tübingen 1999, 75–102.
Sachs, M.: Das Grundrecht der Behinderten aus Art. 3 Abs. 3 Satz 2 GG. In: Recht der Jugend und des Bildungswesens 44 (1996) 154–174.
Schockenhoff, E.: Ethik des Lebens. Ein theologischer Grundriß. Mainz 1993.
Stähler, Th. P.: Rechte behinderter Menschen – Änderungen und Neuregelungen durch das Behindertengleichstellungsgesetz. In: NZA 2002, H. 14, 777–781.

Schulrecht

In rechtlicher Hinsicht ist die Situation behinderter Kinder und Jugendlicher geprägt von den Vorgaben der Schulgesetze sowie der verschiedensten sozialrechtlichen Bestimmungen(→ Behindertenrecht). Entsprechend dem deutschen Verfassungsgrundsatz des *Bildungsföderalismus* sind zwar die einzelnen Bundesländer frei bei der inhaltlichen Bestimmung ihrer Schulgesetze; zugleich findet aber über die Beschlüsse der Kultusministerkonferenz insoweit eine Vereinheitlichung statt, dass von einem gemeinsamen Grundbestand schulrechtlicher Regelungen auch über die Grenzen der Bundesländer hinweg gesprochen werden kann.

Das Schulrecht der 1950er Jahre war bezogen auf behinderte Kinder und Jugendliche geprägt von dem vorrangigen Gesichtspunkt der *Platzierung des Kindes* innerhalb des unter Leistungsgesichtspunkten hierarchisch gegliederten Bildungssystems. Zuweisungsentscheidungen zur → Sonderschule ergingen unter dem schulrechtlichen Kriterium der „Sonderschulbedürftigkeit" und bezogen sich damit zunächst auf die Leistungsfähigkeit des einzelnen Schülers innerhalb der von ihm jeweils besuchten Schule und Lerngruppe. Entsprechend dem damaligen Verständnis vom Schulverhältnis waren derartige Zuweisungsentscheidungen zur Sonderschule nur sehr eingeschränkt einer rechtlichen Überprüfung zugänglich.

Erst mit dem veränderten Verständnis vom Schulverhältnis als einem Rechtsverhältnis im Laufe der 1970er Jahre und zugleich der Anerkennung von Grundrechtspositionen der Schüler und deren Eltern auch in der staatlichen Schule veränderte sich schließlich auch die rechtliche Einschätzung des Charakters von Zuweisungsentscheidungen zur Sonderschule. Namentlich die mit besonderem Nachdruck von der Rechtsprechung erhobene Forderung, dass für den einzelnen Schüler und dessen Eltern „wesentliche" Entscheidungen der Schule nur aufgrund einer ausdrücklichen und präzisen *Ermächtigungsgrundlage* im Gesetz ergehen dürften, veränderte die Länderschulgesetze erheblich. Statt pauschaler Klauseln fanden sich nunmehr in den Schulgesetzen deutlich konkretere Beschreibungen der einzelnen → Sonderschularten, des Verfahrens der Entscheidungsfindung bei Zuweisungen zur Sonderschule und auch der Rechte und Pflichten von Schülern und Eltern im Zusammenhang mit den entsprechenden Diagnoseverfahren (→ Psychodiagnostik) zur Feststellung von Sonderschulbedürftigkeit; seitens der Kultusministerien wurden die schulgesetzlichen Vorgaben dann in Rechtsverordnungen weiter präzisiert.

Nicht zuletzt als Folge der pädagogischen Diskussion um die Möglichkeiten einer verstärkten → Integration behinderter Kinder und Jugendlicher in die allgemeinen Schulen und eines Zurücktretens der Platzierungsfunktion schulrechtlicher Bestimmungen findet in den Schulgesetzen seit den 80er Jahren an Stelle der bisherigen Kategorie der Sonderschulbedürftigkeit der auf den einzelnen Schüler abstellende Begriff des sonderpädagogischen → *Förderbedarfs* Verwendung. Mit diesem Perspektivenwechsel ist die Frage des Ortes, an dem der festgestellte sonderpädagogische Förderbedarf eines Schülers erbracht wird, stärker in den Hintergrund gerückt worden. Diese nunmehr in den Landesschulgesetzen weithin verankerte Position geht zurück auf die von allen Bundesländern getragene Empfehlung der Kultusministerkonferenz aus dem Jahre 1994 und schafft zugleich auch den Anschluss an gleichgerichtete internationale Entwicklungen (Special Educational Needs). Schulrechtlich ist diese Neuregelung zugleich verbunden worden mit einer klaren *Einbeziehung auch der allgemeinen Schulen*, ihren Beitrag bei der schulischen Betreuung behinderter Schüler zu leisten. Festgelegt wurde dieser Gedanke in den Landesschulgesetzen in der Weise, dass eine Zuweisung zur Sonderschule nunmehr nur noch erfolgen darf, wenn der für einen einzelnen Schüler als notwendig festgestellte sonderpädagogische Bedarf an einer allgemeinen Schule im Rahmen der dortigen personellen, sächlichen und organisatorischen Gegebenheiten nicht befriedigt werden kann.

Mit dem Perspektivenwechsel hin zum einzelnen behinderten Schüler und seinem je individuellen sonderpädagogischen Förderbedarf ist aber zugleich auch schulorganisatorisch die Gefahr begründet, dass wegen der für die jeweilige Schule verbesserten Ressourcenzuweisung, die mit jeder Feststellung eines sonderpädagogischen Förderbedarfs einhergeht, ein „Kampf" um die Zuweisung entsprechender Ressourcen beginnen könnte, bei der die betreffenden Schüler zu Leidtragenden werden (Bleidick 1999). Eine Überwindung dieses „Ressourcen-Etikettierungs-Dilemmas" (Füssel/Kretschmann 1993) könnte zumindest ansatzweise gelingen, wenn auf die Ressourcen begründende Feststellung von sonderpädagogischem Förderbedarf verzichtet und stattdessen durch erhöhte Pauschalzuweisungen an die betreffenden allgemeinen Schulen ein Ausgleich gesucht würde (wie etwa im Modell der Integrativen Grundschule in Hamburg: Katzenbach u.a. 1999).

Die Ergänzung des Grundgesetzes im Jahre 1994 um den Satz: „Niemand darf wegen seiner Behinderung benachteiligt werden" (Artikel 3 Absatz 3 Satz 2) (→ Diskriminierungsverbot) hat im Jahre 1997 zu einer Entscheidung des Bundesverfassungsgerichts geführt, in der das Gericht unter Hinweis auf die pädagogische Diskussion in der „integrativen Beschulung die verstärkt realisierungswürdige Alternative zur Sonderschule" gesehen hat. Hiermit wird deutlich, dass eine Zuweisung zur Sonderschule nur dann nicht als verfassungsrechtlich verbotene Diskriminierung verstanden wird, wenn es der allgemeinen Schule aufgrund ihrer jeweiligen Gegebenheiten nicht möglich ist, den notwendigen sonderpädagogischen Förderbedarf zu erbringen; dabei wird von der allgemeinen Schule zu verlangen sein, auch gegebenenfalls ihre personellen, sächlichen und organisatorischen Bedingungen so zu erweitern, dass die Aufnahme eines behinderten Schülers ermöglicht wird. Insoweit ist die vollständige Realisierung des Verfassungsgrundsatzes noch zu leisten.

Völlig unterentwickelt ist bisher die *Abstimmung zwischen Schulrecht und Sozialrecht* (→ Behindertenrecht). Zwar richten sich beide auf das eine, behinderte Kind, aber eine Verknüpfung von Ansprüchen nach den Regelungen des Sozialgesetzbuches (etwa aufgrund des Bundessozialhilfegesetzes/SGB XII, des Kinder- und Jugendhilfegesetzes/SGB VIII, der Vorschriften zur Pflegeversicherung/SGB XI, zur Krankenversicherung/SGB V oder auch zur Unfallversicherung/SGB VII oder zum Rehabilitationsrecht/SGB IX) mit solchen des Schulrechts fehlt bisher; ungeklärt ist dabei auch das Verhältnis beider Rechtsgebiete zueinander, beispielsweise die Frage, ob und inwieweit eine schulrechtliche Entscheidung über die Zuweisung eines Schülers zu einer (allgemeinen oder Sonder-)Schule auch den Sozialleistungsträger bindet (dazu Wiesner 2003). Nicht nur vor dem Hintergrund der deutlich enger gewordenen finanziellen

Rahmenbedingungen ist nachdrücklich dafür zu sorgen, dass beide Rechtsgebiete enger aufeinander bezogen und auch Ansprüche aus beiden Rechtsgebieten deutlicher gebündelt werden. Hans-Peter Füssel

Literatur

Bleidick, U.: Behinderung als pädagogische Aufgabe. Behindertenbegriff und behindertenpädagogische Theorie. Stuttgart 1999.

Bundesverfassungsgericht: Beschluss vom 8. Oktober 1997. In : Recht der Jugend und des Bildungswesens 45 (1997) 431–441.

Füssel, H.P./Kretschmann, R.: Gemeinsamer Unterricht für behinderte und nichtbehinderte Kinder. Pädagogische und juristische Voraussetzungen. Witterschlick/Bonn 1993.

Katzenbach, D./ Rauer, W./ Schuck, K.D./Wudtke, H.: Die Integrative Grundschule im sozialen Brennpunkt. Ergebnisse empirischer Längsschnittuntersuchungen des Hamburger Schulversuchs. In: Zeitschrift für Pädagogik 45 (1999) 567–590.

Wiesner, R.: Die Jugendhilfe – nur ein Erfüllungsgehilfe der Schule? In: Recht der Jugend und des Bildungswesens 51 (2003) 498–501.

Sozialpädagogik
und Sozialpolitik

Drogenprävention

Der Drogenmissbrauch von Kindern und Jugendlichen stellt nach internationalen Klassifikationssystemen (ICD-10) eine Form von Verhaltensstörung, und die Behandlung der Drogenabhängigkeit eine Aufgabe der medizinisch-psychologischen Therapie und der Erziehungshilfe (→ Verhaltensgestörtenpädagogik) dar. Die Drogenprävention in der Erziehung gilt als Aufgabe der Schulpädagogik, Sozialpädagogik und Verhaltensgestörtenpädagogik, die aus wissenschaftlichen Erkenntnissen zur Drogenabhängigkeit seit den 80er Jahren komplexe Neuansätze entwickelten.

Als Drogen sind pflanzliche, tierische oder künstliche Substanzen zu verstehen, deren Einnahme eine verändernde Wirkung auf Organismus und Psyche des Menschen (Rausch-Erlebnis) hat. Neun verschiedene Substanzgruppen lassen sich unterscheiden: Alkohol, Opioide, Cannabinoide, Sedativa oder Hypnotika, Kokain, andere Stimulantien (Koffein), Halluzinogene, Tabak und flüchtige Lösungsmittel. Beim Gebrauch solcher Substanzen besteht die Gefahr des gleitenden Übergangs vom Konsum und Genuß über den Missbrauch zur Abhängigkeit, letztere zeigt sich in psychischen und physischen Phänomenen (Entzugserscheinungen). Zu beobachten sind auch nichtstoffgebundene Abhängigkeiten (Glücksspiel, Essstörungen, Arbeitssucht u. ä.).

Der Kontakt zu den Substanzdrogen kann in unserer Gesellschaft schon sehr früh beginnen (Alkohol, Tabak). Je früher ein Kind Erfahrungen mit solchen Drogen erwirbt, desto größer ist die Gefahr eines späteren Missbrauchs. Angaben zur *Häufigkeit* des Drogenkonsums besitzen aufgrund begrifflicher und forschungsmethodischer Probleme eine große Unschärfe, es muss von hohen Dunkelziffern ausgegangen werden. In Deutschland gibt es nach neueren Schätzungen insgesamt ca. 2,5 Millionen Alkoholkranke, 1,4 Millionen Medikamentenabhängige und 140.000 Konsumenten harter Drogen. Die öffentliche Aufmerksamkeit richtet sich auf die Abhängigkeit von illegalen Drogen. Die Zahl der Drogentoten in Deutschland stieg seit den 1980er Jahre immens an: von 324 (1985) auf 2.099 Drogentoten (1992), seitdem ist ein deutlicher Rückgang auf 1.501 Drogentoten (1997) und 1.344 (2004) festzustellen (http://www.suchtfragen. de/facts/drogentote. htm). Seit den 1970er Jahren bleibt die Anzahl der Jugendlichen (14 bis 25 Jahre), die Erfahrung mit illegalen Drogen (insbesondere Haschisch) machen, relativ stabil bei 19 % der Befragten (Petermann u. a. 1997). Eine Trendwende stellt der seit Beginn der 1990er Jahre zu beobachtende Rückgang des Gebrauchs von harten Drogen (Heroin) zugunsten des verstärkten Konsums stimulierender Designer-Drogen (Ecstacy) dar. Während die Problematik illegaler Drogen die öffentliche Diskussion prägt, bilden legale Drogen eine erheblich größere Bedrohung. Mehr als die Hälfte der männlichen Jugendlichen konsumiert wöchentlich Alkoholika. Man nimmt 4 % akut alkoholgefährdeter Heranwachsender an, zudem wird eine erhebliche Anzahl von Kindern mit den Folgen des Alkoholmissbrauchs der schwangeren Mutter geboren (Alkoholembryopathie). Der Tabakverbrauch ging zwar bis 1993 kontinuierlich zurück, steigt seitdem jedoch gerade bei Kindern und Jugendlichen wieder an. Ein Drittel der befragten Schüler (12 bis 16 Jahre) bezeichnet sich als regelmäßige Raucher (Petermann u. a. 1997).

Die Forschung entwickelt insbesondere erklärende Theorien zur Genese drogenabhängiger Verhaltensweisen. Die *Entstehung* der Drogenabhängigkeit wird demnach von vielfältigen Faktoren beeinflusst, die wichtige Hinweise für die Prävention liefern. Die Faktoren lassen sich in die Trias Person – Umwelt – Droge einordnen. In der Person liegende Faktoren können v. a. biophysischer, lernprozessualer und entwicklungspsychologischer Natur sein. Biophysische Faktoren besitzen insbesondere für die Habitualisierung des Drogenkonsums eine Bedeutung: Veränderungen im Zentralnervensystem und genetische Faktoren des Alkoholmissbrauchs erhöhen die Bereitschaft zu langfristigem Drogenkonsum. Lernpsychologische Ansätze sehen in der negativen Verstärkung (z.B. Aufhellung eines negativen emotionalen Zustandes), in der sozialen Verstärkung (peer group) und in attraktiven Vorbildern (Modelllernen) wichtige Faktoren für den Einstieg in eine Drogenkarriere. Die entwicklungspsychologische Perspektive betont den Zusammenhang von Drogenkonsum und spezifischen Entwicklungsaufgaben einer Lebensphase. Drogenkonsum setzt typischerweise im Jugendalter ein, in dem schwierige Aufgaben beim Übergang ins Erwachsenenalter zu bewältigen sind. Treten hier Diskrepanzen zwischen erlebtem Entwicklungsstand und persönlichen Entwicklungsplänen auf, etwa durch ein Übermaß an Fremdbestimmung oder durch erlebten Sinnverlust, dann können Drogen spezifische Funktionen in dieser problematischen Entwicklung übernehmen (Symbol des Nonkonformismus, Vorwegnahme des Erwachsenseins, Ausdruck einer Gruppenzugehörigkeit oder mangelnder Selbstkontrolle, Ersatzziel).

In der aktuellen Forschung wird die entwicklungspsychologische Dimension mit sozialisationstheoretischen Konzepten in einem vierphasigen Modell verknüpft (Hurrelmann). Die Entstehung der Drogenabhängigkeit erfolgt demnach in vier Stufen: 1. Der Jugendliche steht vor Entwicklungsaufgaben (z.B. Ablösung vom Elternhaus), für die soziale und personale Ressourcen mehr oder weniger genutzt werden können. 2. Bei den Lösungsversuchen treten Probleme auf, für die bestimmte Ressourcen notwendig werden. 3. Reichen diese Ressourcen nicht aus, können sich Verhaltensstörungen zeigen, z.B. der Drogenkonsum. 4. Sind die aktualisierten personalen Kompetenzen des Jugendlichen und die von der Umwelt angebotenen sozialen Hilfen ungenügend, verfestigt sich das Problemverhalten und eine Negativkarriere kann entstehen. Der Faktorenkomplex Droge beinhaltet die spezifischen Wirkungen einer Droge, die Konsumweise und -intensität. Die Bedeutung der einzelnen Wirkfaktoren und ihre Interdependenzen werden kontrovers diskutiert.

Die individuell unbefriedigende Lösung von Entwicklungsaufgaben aufgrund unzureichender personaler und/oder sozialer Ressourcen führt nach diesem Verständnis zur Flucht in die Droge. Die auftretenden Probleme in der Bewältigung von Entwicklungsaufgaben bestehen typischerweise in der mangelhaften Integration in die Gleichaltrigengruppe, in einer erlebten materiellen und leistungsbezogenen Benachteiligung gegenüber Gleichaltrigen und/oder in Störungen im Leistungsbereich.

In der Konsequenz erfordert die Erziehungsaufgabe der *Drogenprävention* nicht so sehr die Vermittlung von Wissen über Drogen – dabei kann sogar Neugier geweckt werden –, sondern eine umfassende Förderung personaler und sozialer Kompetenzen in vielen Erziehungsfeldern (Familie, Schule, Freizeit). Der Schule werden besondere Chancen zur Realisierung zielgerichteter Drogenprävention unterstellt, erreicht sie doch (fast) alle Heranwachsenden. Während ältere Drogenpräventionsprogramme eine sehr belehrende, kognitiv orientierte und individuumzentrierte Strategie verfolgten, tendieren aktuelle Ansätze dazu, viel umfassender die sozialen Kompetenzen und allgemeinen Lebensfertigkeiten durch Lernangebote zu fördern. Solche Kompetenzen liefern erst die Basis für einen kontrollierten Umgang mit Substanzen wie Alkohol und Nikotin. Der bis in die 1970er Jahre verfolgten Strategie einer rein informativen Aufklärung, vielleicht noch verbunden mit dem Ziel der Abschreckung, stehen seit Ende der 1980er Jahre kombinierte Programme gegenüber, die einerseits auf die sachlichen Informationen über Wirkung und Gefahren von Drogen nicht verzichten, andererseits primär die Lebens- und Konfliktbewältigungskompetenzen von Heranwachsenden fördern und eine allgemeine Gesundheitsförderung leisten. Auf dieser kombinierten Basis arbeiten inzwischen eine Reihe von Drogenpräventionsprogrammen (Projekt ALF, Suchtprävention durch Konfliktbearbeitung, Soester Programm).

Als *Beispiel* einer bewährten schulischen Drogenprävention stellt das Soester Programm eine praxisbezogene Konzeption mit Materialien und Medien für den schulischen Alltag der Sekundarstufe dar, das zugleich der Lehrerfortbildung dient. Die Förderung der Lebenskompetenz in kognitiven, emotional-sozialen und moralischen Dimensionen gilt hier als Ziel. Daher werden folgende protektive Faktoren im Programm angesprochen: 1. Allgemeine Gesundheitsförderung: Stärkung der Selbstwertschätzung; Entwicklung von Lebenssinn. 2. Prävention von Suchtverhalten: Erhöhung von Selbstwirksamkeitserwartungen; Nein-sagen-können bei Gruppendruck; 3. Prävention des Suchtmittelmissbrauchs: Kenntnisse über Sucht und Drogen, Entwicklung von Sachkompetenz. Die Schüler sollen dadurch emotionale, soziale, Sach- und Handlungskompetenzen gewinnen, die die Gefahr eines späteren Drogenmissbrauchs vermindern. Das Programm bietet dafür einzelne Unterrichtssequenzen: Sachinformationen zum Thema Sucht und Suchtmittel, Übungen zur Entwicklung psychosozialer Identität, Übungen zur Verbesserung der Selbstwahrnehmung, die Bewusstmachung von Werten und Normen sowie Methoden der Körpererfahrung. Hinweise auf die Umgestaltung des Schullebens gelten als wichtige weiterführende Bestandteile des Programms. Die Evaluation (Petermann u.a. 1997) weist positive Effekte nach: Insbesondere die Schüler mit einer mittleren Distanz zum Konsum von Alkohol und Nikotin zeigten nach der Durchführung des Programms im Durchschnitt eine deutlich erhöhte Distanz zum Drogenkonsum. Schüler mit einer bereits bestehenden Ablehnung wurden in ihrer Haltung bestärkt. Wenig Chancen besitzt das Programm jedoch bei habitualisiertem Drogenkonsum, z.B. bei starken Rauchern. Das Programm leistet damit wertvolle Dienste in der universellen → Prävention, die als wichtige Aufgabe in vielfältigen Erziehungsfeldern anerkannt ist.

Drogenpräventionsprogramme erreichen jedoch kaum die Veränderung von Drogenabhängigkeit und der sie fördernden Strukturen in der Gesellschaft (Arbeitslosigkeit, Ausbildungsplatzmangel, Wohnraumsituation) und im sozialen Nahraum (Kindergarten, Schulstruktur, Angebote der Jugendarbeit). Diese politischen und kulturellen Dimensionen spielen jedoch eine erhebliche Rolle beim Drogenkonsum. Insofern gerät die Drogenprävention schnell an ihre Grenzen.

Clemens Hillenbrand

Literatur

Bartsch, N./Knigge-Illner, H. (Hrsg.): Sucht und Erziehung. Ein Handbuch für Lehrer und Suchtpädagogen. Weinheim 2. Aufl. 1995.

Bienemann, G./Hasebrink, M./Nikles, B.W. (Hrsg.): Handbuch des Kinder- und Jugendschutzes. Grundlagen – Kontexte – Arbeitsfelder. Münster 1995.

Feser, H.: Suchtgefährdung, Suchtprävention. In: Speck, O./Martin, K.-R. (Hrsg.): Sonderpädagogik und Sozialarbeit (Handbuch der Sonderpädagogik, Band 10). Berlin 1990, 528–539.

Glöckner, H. (Hrsg.): Mal richtig streiten. Suchtprävention durch Konfliktbearbeitung in der Grundschule. Würzburg 1999.

Meyenberg, R./Scholz, W.-D./Buisman, W.: Jugendliche und Drogen: das Thema Sucht in Schule und Unterricht. Hannover 1993.

Myschker, N.: Verhaltensgestörte Kinder und Jugendliche. Stuttgart 3. Auflage 1999.

Petermann, F. (Hrsg.): Lehrbuch der Klinischen Kinderpsychologie. Modelle psychischer Störungen im Kindes- und Jugendalter. Göttingen 1995.

Petermann, H./Müller, H./Kersch, B./Röhr, M.: Erwachsen werden ohne Drogen. Ergebnisse schulischer Drogenprävention. Weinheim 1997.

Elternarbeit

Elternarbeit meinte in der traditionellen Heilpädagogik vor allem Formen der Einflussnahme von Fachleuten auf das Verhalten von Eltern im Zusammenleben mit ihrem behinderten Kind. Diese Einflussnahme bezog sich lange Zeit sowohl auf die Anleitung zum richtigen Umgang in der → Familie als auch auf die Unterweisung in die Anliegen professioneller Dienste – und dies alles zum vermeintlichen Wohle des behinderten Kindes und seiner Förderung. Die Fachleute sind in diesem Verständnis von Eltern die „Wissenden“ aufgrund ihrer beruflichen Qualifikation, die Eltern hingegen die „Laien“, die durch Fachleute erst in die Lage versetzt werden, mit der Behinderung des Kindes angemessen umgehen zu lernen. „Nicht selten ist das Kind durch falsche Behandlung, durch Unverständnis oder gar Verzweiflung fehlerzogen, einerseits vernachlässigt, andererseits wieder verwöhnt, in mancher Hinsicht verschüchtert, in anderer zugleich aufgereizt und in seinen positiven Möglichkeiten recht eigentlich verwahrlost worden; und dies alles trotz bestem Willen der Eltern, einfach weil ihnen das Kind ein Rätsel geblieben ist“ (Moor 1965, 156). Der weiße Kittel des Heilpädagogen war in den frühen Jahren der → Heilpädagogik Ausdruck dieser klaren Rollenverteilung zwischen Eltern und Fachleuten. Es fällt allerdings grundsätzlich auf, dass in frühen Lehrbüchern zur Heilpädagogik die Rolle der Eltern zumindest in den Kapiteln über geistige Behinderung in der Regel überhaupt nicht näher thematisiert wird.

Die Gründung der Lebenshilfe für geistig Behinderte in Deutschland 1958 war ein Meilenstein zur veränderten Wahrnehmung von Eltern in ihrem Selbstbild und der Rolle gegenüber dem behinderten Kind und den Fachleuten. Die Eltern wurden in ihrer eigenen Expertenrolle gegenüber dem Kind zunehmend erkannt und erhoben auch für sich den Anspruch, das Hilfesystem für ihre behinderten Kinder mit aufzubauen und damit auch Strukturfragen mit zu entscheiden. Eltern sind es schließlich, die das Kind in der Regel über die meiste Zeit des Tages, der Woche und des Jahres begleiten und damit auch seine Entwicklung am deutlichsten beobachten und ausdrücken können.

Dieses gewandelte Selbstverständnis von Eltern kommt bei der jüngeren Generation noch stärker zum Tragen als bei der Gründergeneration der Lebenshilfe: „Mütter behinderter Kinder bitten nicht mehr, sie fordern jetzt angemessene Hilfen für ihre Kinder. Für diese Hilfen sind sie auch nicht mehr dankbar; nein, sie sind ihnen inzwischen selbstverständlich. Die ‚neuen‘ Mütter nehmen die fachliche Unterstützung, die ihnen Mediziner, Pädagogen, Verwaltungsbeamte und die verschiedensten Therapeuten anbieten, auch nicht mehr ungesehen hin. Sie sind im Gegenteil so selbstbewusst und kritisch geworden, dass sie sie, wenn es ihnen nötig erscheint, ohne zu zögern in Frage stellen“ (Roebke 1986, 11).

Speck (1984) hat die Emanzipation der Eltern aus der „Objektrolle“ professionellen Handelns (diese Bedeutung steckt auch in der Wortbedeutung von Eltern„arbeit“) in drei Stufen beschrieben: Das *Laienmodell* schrieb Eltern eindeutig die Rolle der „Nicht-Fachleute“ zu. Eltern werden im Wesentlichen auf die Funktion der Zubringer von Informationen und der Empfänger von Anweisungen und Ratschlägen reduziert. In den 80er Jahren folgte das *Ko-Therapeuten-Modell*. Nach diesem Ansatz wurde die Rolle der Eltern als Unterstützer von Fachleuten, als ihr verlängerter Arm zwar gestärkt, als Ko-Therapeuten wurde ihnen jedoch letztlich nur die Assistenzfunktion für die Handlungspläne der Profis zuerkannt. Eltern wurden trainiert, um am Nachmittag oder am Wochenende die Behandlungspläne fortzuführen, die Fachleute entworfen hatten. Beschrieben werden – neben der nachrangigen Handlungskompetenz für Eltern – auch Beziehungsprobleme zwischen Eltern und Kind aus dieser Rollenübernahme, da die Eltern als Ko-Therapeuten aus der emotionalen, spontanen Beziehungsstruktur ausbrechen und rational-effektiv dem Kind gegenüberzutreten suchen; falsch verstandenes, distanziertes Verhalten kann die Folge sein. An die Stelle des behinderten Kindes rückt vielfach die „behinderte Familie", das gesamte System Familie scheint „erkrankt" und damit behandlungsbedürftig. In den letzten Jahren hat sich aus der Kritik beider vorgenannter Modelle das Postulat der *partnerschaftlichen Zusammenarbeit* von Eltern und Fachleuten entwickelt. Zusammenarbeit zwischen Fachleuten und Eltern statt Elternarbeit – der begriffliche Wechsel drückt einen tiefgreifenden Perspektivenwechsel aus: „Zusammenarbeit von Partnern an einer gemeinsamen Aufgabe ist die gegenseitige Ergänzung von unterschiedlichen Sichtweisen und Beiträgen. Eltern und Fachleute gehören unterschiedlichen Systemen an, handeln deshalb auch aus unterschiedlichen Ansätzen heraus, die gegenseitig zu respektieren sind" (Speck 1984, 146). Beide Seiten – Eltern und Fachleute – werden so zu Spezialisten für das Kind mit sich ergänzenden Anteilen. Dieser Perspektivenwechsel ist nicht spannungsfrei, gerät gerade der Fachexperte schnell in Gefahr, notwendige Kommunikationsprozesse abzukürzen und in altes „schulmeisterliches" Lehrverhalten zurückzufallen.

Besonders nachhaltig wird der Ansatz einer partnerschaftlichen Zusammenarbeit in der Phase der → Frühförderung thematisiert. So sieht Weiß (1991) das „Verständigungsgespräch" als zentralen Ansatz für einen problemlösenden Dialog zwischen Eltern und Fachleuten. Es geht somit nicht nur um eine veränderte Einstellung gegenüber dem Stellenwert von Eltern, sondern um ein neues Handlungskonzept (Pretis 1998) bzw. ein „Arbeitsbündnis" (Bieber 1996).

In den Blickpunkt rücken so verstärkt die Bedürfnisstrukturen der Eltern selbst. Was aber wünschen sich betroffene Familien an Unterstützungsleistungen? In einer Umfrage (Sarimski 1996) mit einem standardisierten Elternfragebogen („Family Needs Survey") wurde vor allem ein ausgeprägtes Bedürfnis nach mehr Information über die Behinderung des Kindes, seine Entwicklungsmöglichkeiten und seine Förderung deutlich. Eine weitere größere Teilgruppe von Eltern wünscht sich zudem mehr Gesprächsmöglichkeiten innerhalb und außerhalb der Familie, z.B. mit anderen betroffenen Eltern, sowie entlastende Angebote für sich selbst.

Aber nicht nur diese „rationalen" Bausteine scheinen ausreichend für gelingende Elternschaft. Weiß (1993) zeigt auf, dass die professionelle Zusammenarbeit mit Eltern und der Versuch, Annahme und Bejahung der Behinderung des Kindes zu unterstützen, leicht in eine „Liebespflicht" gerade der Mütter zu ihren behinderten Kindern umschlagen kann. Folge sind dann nicht selten Störungen der Mutter-Kind-Beziehung.

Kinder mit Behinderung wachsen am besten in Familien auf, die einen „gelingenden" Alltag entwickeln können. Damit das familiäre System möglichst gute Chancen für eine „normale" Entwicklung erhält, scheinen vor allem vier Dimensionen von Bedeutung:

- Verstehen und Verständnis für die Situation der Familie und die Phasen der Bewältigung ihrer Situation, ein behindertes Kind zu haben (Balzer/Rolli 1975; Schuchardt 1987; Jonas 1990);
- soziale Netzwerke als Struktur von Alltagsbeziehungen und Unterstützungsleistungen (Schumann/Schädler/Frank 1989);
- entlastende Hilfen zur Entwicklung eines möglichst selbstbestimmten Alltags gerade auch der Mütter (z.B. eigene Berufstätigkeit) (Thimm u.a. 1997);
- partnerschaftliche Einbeziehung in die Entscheidungen zur Förderung und Entwicklungsperspektive des behinderten Kindes.

Grenzen der Zusammenarbeit zwischen Eltern und Fachleuten ergeben sich nicht aus dem Dreiecksverhältnis „Kind – Fachleute – Eltern", wohl aber aus der zunehmenden Autonomie des heranwachsenden Menschen mit geistiger Behinderung und damit seinem wachsenden Anspruch, mehr und mehr für sich selbst zu sprechen. Die Leitidee der „Selbstbestimmung" behinderter Menschen (Bundesvereinigung Lebenshilfe 1996) führt zu neuen Formen der Kooperation aller Beteiligten, an die Stelle des offenen Dialogs zwischen Fachleuten und Eltern tritt vor allem mit zunehmendem Alter des Menschen mit Behinderung der Trialog, d. h. die direkte Beteiligung von Menschen mit Behinderung an allen Formen von „Aushandlungsprozessen" über ihre Alltagsgestaltung und Biographie. Diese Weiterentwicklung ist zwar erst am Anfang, scheint aber in der Lage, einen echten Systemwechsel in der Behindertenhilfe zu bewirken.

Theo Frühauf

Literatur

Balzer, B./Rolli, S.: Sozialtherapie mit Eltern Behinderter. Orientierungen für eine Konzeption eines psychohygienischen Gemeindeprogramms. Basel 1975.

Bieber, K.: Arbeitsbündnisse in der Früherziehung – ein neuer Schritt in Richtung Partnerschaft. In: Frühförderung interdisziplinär 15 (1996) 19–27.

Bundesvereinigung Lebenshilfe für Menschen mit geistiger Behinderung e.V. (Hrsg.): Selbstbestimmung. Kongreßbeiträge. Marburg 1996.

Jonas, M.: Trauer und Autonomie bei Müttern schwerstbehinderter Kinder. Ein feministischer Beitrag. Mainz 1990.

Moor, P.: Heilpädagogik. Ein pädagogisches Lehrbuch. Bern 1965.

Pretis, M.: Das Konzept der „Partnerschaftlichkeit" in der Frühförderung. Vom Haltungs- zum Handlungsmodell. In: Frühförderung interdisziplinär 17 (1998) 11–17.

Roebke, C.: Die „neuen" Mütter. In: Zusammen 6 (1986) 10–11.

Sarimski, K.: Bedürfnisse von Eltern mit behinderten Kindern. Erfahrungen mit der deutschen Fassung der „Family Needs Survey". In: Frühförderung interdisziplinär 15 (1996) 97–101.

Schuchhardt, E.: Biographische Erfahrung und wissenschaftliche Theorie. Soziale Integration Behinderter. Bad Heilbronn 1987.

Schumann, W./Schädler, J./Frank, H.: Soziale Netzwerke – eine neue Sichtweise der Lebenssituation von Kindern mit Behinderungen. In: Zeitschrift für Heilpädagogik 40 (1989) 95–105.

Speck, O.: Behinderung, Eltern und spezielle pädagogische Hilfe. In: Vierteljahresschrift für Heilpädagogik und ihre Nachbargebiete 53 (1984) 139–151.

Thimm, W. u. a.: Quantitativer und qualitativer Ausbau ambulanter Familienentlastender Dienste. Baden-Baden 1997.

Weiß, H.: Verstehen und Verständigung mit Kind und Eltern: Zentrale Aufgaben der Zusammenarbeit. In: Beiträge zur Frühförderung interdisziplinär. Band 1: Familienorientierte Frühförderung. München 1991, 95–99.

Weiß, H.: Liebespflicht und Fremdbestimmung. Das Annahme Postulat in der Zusammenarbeit von Eltern und Fachleuten. In: Geistige Behinderung 32 (1993) 308–322.

Erziehungshilfen

Zu den Leistungen gemäß § 2 Kinder- und Jugendhilfegesetz KJHG zählen Erziehungshilfen. Darunter sind „Hilfen zu Erziehung und ergänzende Leistungen" gemäß §§ 27–35 sowie 36, 37, 39 und 40 zu verstehen. Damit hat der Gesetzgeber 1990 ein neuartiges Konzept öffentlich-rechtlicher Umsetzung des Sozialstaatsgebots (Art. 20 GG) geschaffen. Das KJHG stellt ein *Leistungsgesetz* dar; es löste das polizei- und ordnungsrechtliche Jugendwohlfahrtsgesetz JWG von 1922 ab. Es bedeutete eine Anpassung an moderne gesellschaftspolitische Vorstellungen, wie sie sich aus dem aktuellen Verständnis des Grundgesetzes ergeben.

Der Typus Jugendwohlfahrts- bzw. Kinder- und Jugendhilfegesetz ist neuzeitlicher Art. Er verdankt sich der Erkenntnis, dass → Erziehung, → Sozialisation und → Bildung nicht mehr allein privater Sorge und

Schule überlassen bleiben dürfen. Ebenso wenig reichte das Eingriffspotential des (Jugend-)Strafrechts aus, um unbotmäßiges Verhalten Minderjähriger angemessen einzudämmen. Mit anderen Worten: Es gab spätestens seit der Wende vom 19. zum 20. Jahrhundert einen zusätzlichen Versorgungs- und Kontrollbedarf. Am deutlichsten signalisiert der damals weit verbreitete Begriff der „Verwahrlosung" das Problem, zusätzliche institutionelle Maßnahmen ergreifen zu müssen. Der Staat ging Anfang des letzten Jahrhunderts in die Offensive. Gegen heftigen Widerstand des Bürgertums wurde ein Spezialgesetz geschaffen, das die Bereiche Jugendpflege und Jugendfürsorge regelte. Programmatisch verkündete es: „Jedes deutsche Kind hat ein Recht auf Erziehung." § 1 Reichsjugendwohlfahrtsgesetz RJWG bedeutete aber keineswegs ein subjektives Recht der Minderjährigen, bestimmte (sozial-)pädagogische oder wirtschaftliche Leistungen einzuklagen. Vielmehr verhalf diese Rechtsvorschrift dem Staat zur Legitimation, mit Hilfe der Generalklauseln „Erziehung" und „Kindeswohl" (§ 1666 BGB) in die elterliche Privatautonomie einzugreifen.

Spätestens mit dem Inkrafttreten des Grundgesetzes hat sich die Grundkonstellation zwischen Eltern und Kindern (Innenverhältnis) bzw. Familie und Staat (Außenverhältnis) verändert. Denn alle Gesellschaftsmitglieder sind Träger von Grundrechten, auch Minderjährige. Ihre Selbstbestimmung beginnt nicht mit dem Tag der Volljährigkeit, sondern entwickelt sich in (Alters-)Stufen bzw. individuell-prozesshaft. Hier greift der Begriff *Kinderrecht* (Bauer u.a. 2001, 199). Dem wird in Ansätzen inzwischen Rechnung getragen: durch das Familienrecht (Reform von 1980) und das seit 1998 geltende Gesetz zur Reform des Kindschaftsrechts (KindRG) (→ Jugendrecht). In diesen Kontext passt das Konzept des KJHG: Es bekräftigt und stärkt das *Recht der Eltern* (Personensorgeberechtigten); es eröffnet Möglichkeiten der *Mitsprache für die Minderjährigen*; das kommt im *Leistungs- und Angebotscharakter* des Gesetzes zum Ausdruck. Dies lässt sich exemplarisch an den *„Hilfen zur Erziehung"* nachweisen.

In Abgrenzung zur Programmatik des JWG erklärt das KJHG: „Jeder junge Mensch hat ein Recht auf Förderung seiner Entwicklung und auf Erziehung zu einer eigenverantwortlichen und gemeinschaftsfähigen Persönlichkeit" (§ 1). Gemäß § 27 hat ein Personensorgeberechtigter bei der Erziehung eines Kindes oder eines Jugendlichen Anspruch auf Hilfe (Hilfe zur Erziehung), wenn eine dem Wohl des Kindes oder des Jugendlichen entsprechende Erziehung nicht gewährleistet und die Hilfe für seine Entwicklung geeignet und notwendig ist. Kriterium ist somit das sog. *Kindeswohl* (§ 1666 BGB), das körperliche, geistige und seelische Belange anspricht. Diese Generalklausel dient der annäherungsweisen normativen Bestimmung von Mindeststandards in der Erziehung. Die im KJHG vorgesehenen Rechtsfolgen haben sich sodann am normativen Standard zugrundegelegter ‚Entwicklung' zu orientieren. Die *Entscheidung* über ‚Hilfen zur Erziehung' ist also stark *auslegungsbedürftig*.

Hierbei spielen pädagogisch-therapeutische Fachkriterien (§ 27 Abs. 3) keineswegs die Hauptrolle. Vor allem und zunehmend beeinflussen die zur Verfügung stehenden Finanzmittel die Praxis. Ferner ist der Einflussfaktor fachliche Qualifikation der Entscheider zu berücksichtigen. Das Selbstverständnis der ‚Hilfen zur Erziehung' (HzE) ist positiv an Kindeswohl, Entwicklung und Erziehung orientiert. Das Gesetz vermeidet Kriterien, die Defizite in der Familie bezeichnen würden. Selbstverständlich enthält auch in Zukunft jede einschlägige Entscheidung Wertungen. Sie werden jedoch in einem möglichst nicht stigmatisierenden Zusammenhang erwartet. Ausgeschlossen sind bloße wirtschaftliche, schulische oder berufliche Hilfen. Sie können allerdings in ein pädagogisch-therapeutisches Konzept mit einbezogen werden.

Das KJHG hat in den §§ 28–35 all die Leistungsformen aufgeführt, die sich in den Jahren davor in der Praxis herausgebildet und bewährt hatten. Die allgemeinste und einfachste Form (sozial-)pädagogischer Hilfen (*Erziehungsberatung* § 28) ist Unterstützung von Kindern, Jugendlichen, Eltern und anderen Erziehungsberechtigten (z.B. Pflegeeltern) bei der Klärung und Bewältigung individueller und familienbezogener Probleme. Die institutionelle Versorgung mit entsprechenden Einrichtungen gilt in Deutschland als zufriedenstellend.

Im Gegensatz zum eher individuell-familienorientierten Angebot des § 28 stellt § 29 die *Gruppenarbeit* in den Vordergrund. Ältere Kinder und Jugendliche sollen dort Entwicklungsschwierigkeiten und Verhaltensprobleme überwinden. Das Gesetz hebt auf ‚soziales Lernen' ab, wie es vor allem in den siebziger Jahren, auch im Sinne kompensatorischer Erziehung, entwickelt wurde. In jener Zeit entstanden verschiedene Modellprojekte, „Soziale Trainingskurse", die speziell für strafauffällige Jugendliche zur Abwendung von Jugendarrest gedacht waren.

Die *Erziehungsbeistandsschaft* (§ 30) erinnert noch an das Element intensiver Kontrolle durch den Fürsorger im Rahmen des JWG. Dieser Zusammenhang verstärkt sich noch durch die Erfindung des Betreuungshelfers. Es ist Konsequenz des Paktes zwischen Jugendstrafrecht und Jugendhilfe (§ 38 JGG/§ 52 KJHG). Er basiert hauptsächlich auf der Durchführung jugendrichterlicher Sanktionen durch die Jugendhilfe. § 10 JGG hat seit der Reform 1990 die sog. ambulanten Maßnahmen ausgebaut und unter Ziffer 5 der Weisungen die Unterstellung unter die Betreuung und Aufsicht einer bestimmten Person (Betreuungshelfer) geschaffen. Die Ausgestaltung dieser Leistungen droht demnach von jugendstrafrechtlichen Interessen geprägt zu werden. Von der Jugendhilfe ist zu verlangen, dass sie in fachlicher Souveränität Kriterien entwickelt, derer sich die Justiz bedienen kann.

Nach etlichen, auch wissenschaftlich begleiteten, Reformversuchen ist die *Sozialpädagogische Familienhilfe* (§ 31) in den Status eines zentralen Leistungsangebots gelangt. Das Gesetz spricht ein Vorgehen an, das heutzutage auch systemisch genannt wird. Im Mittelpunkt steht das Bestreben, vorhandene Verhältnisse aufrechtzuerhalten und zu stabilisieren. Dies kann eine längere Begleitung erforderlich machen.

Im Sinne der Leitlinie, Fremdunterbringung möglichst zu vermeiden, stellt die *Tagesgruppe* (§ 32) ein weiteres Instrument dar, teilstationär mittels Gruppenpädagogik die Familie zu entlasten und vor allem schulische Konflikte zu überwinden.

Vollzeitpflege (§ 33) verbindet das Ziel, familiäre Strukturen zu erhalten, mit der Notwendigkeit, die Unterbringung und Betreuung außerhalb des Elternhauses durchführen zu müssen. Es handelt sich um einen ‚Klassiker' der Hilfearten. Im Vordergrund stehen Kinder, die zu Hause nicht angemessen versorgt werden (Kindeswohl), weniger Verhaltensauffälligkeiten. § 33 bietet Privatpersonen die Möglichkeit, eines oder mehrere Kinder im Sinne eines familienorientierten Zusammenlebens aufzunehmen.

Selbst *Heimerziehung* (§ 34) strebt vorrangig die Rückkehr in die Familie bzw. Aufnahme in eine Ersatzfamilie an (Ziffer 1 und 2). Die Vorschrift greift das klassische Instrument öffentlicher Heimerziehung auf, enthält aber gleichzeitig Hinweise auf moderne Formen sonstiger betreuter Unterbringung in einer „Einrichtung über Tag und Nacht". Entsprechend dem Subsidiaritätsprinzip kommt diese Leistung nur in Betracht, wenn andere geeignete Maßnahmen (s.o.) nicht – mehr – in Betracht kommen. Der vorübergehende Charakter dieser Leistung ergibt sich aus der prinzipiellen Familienorientierung. Allerdings muss sie der Tatsache Rechnung tragen, dass, zum Beispiel altersbedingt, bestimmte Kinder und Jugendliche schwer vermittelbar sind. Dann muss die Maßnahme ein Konzept für längerfristige Unterstützung bieten. Hierbei spielt die Überprüfung des anzulegenden und fortzuschreibenden Hilfeplans (§ 36) eine wichtige Rolle.

Intensive sozialpädagogische Einzelbetreuung (§ 35) reagiert auf die realen gesellschaftlichen Zusammenhänge vor dem Hintergrund eines aufgeschlosseneren Fachverständnisses. Denn einerseits gibt es Anhaltspunkte dafür, dass sich immer mehr Kinder und Jugendliche in besonders schwierigen Lebenslagen befinden. Andererseits ist es herrschende Meinung in der Jugendhilfe, weitestgehend auf Zwang zu verzichten und im Einvernehmen Maßnahmen zu gestalten. § 35 soll die Palette der Leistungen im Rahmen der HzE durch ein gezieltes Angebot abrunden. Gemeint sind die besonders Belasteten bzw. schwer Erreichbaren. Hier ist an eine Reihe von Schwierigkeiten zu denken, insbesondere aufgrund von Drogenabhängigkeit, psychischer Auffälligkeit, ‚Straßen-Karrieren'. Im Hinblick auf die teilweise schwerwiegenden Beeinträchtigungen von Erziehung, Sozialisation und Bildung sind hier der Phantasie keine Grenzen gesetzt. Allerdings ist zu überlegen, ob milieuferne Unternehmungen gerechtfertigt sind in Anbetracht der Tatsache, dass die Lebensbewältigung doch ‚vor Ort' geschehen muss. Der Gesetzgeber hat auf die Kritik an der Praxis (Kosten, Milieuferne, Konflikte in den Gastländern) reagiert. 2005 ist das Gesetz zur Weiterentwicklung der Kinder- und Jugendhilfe (KICK) in Kraft getreten. § 27 KJHG wird in Absatz 2 ergänzt: „Die Hilfe ist in der Regel im Inland zu erbringen; sie darf nur dann im Ausland erbracht werden, wenn dies nach Maßgabe der Hilfeplanung zur Erreichung des Hilfeziels im Einzelfall erforderlich ist".

Das KJHG enthält neuerdings auch Aufgaben der → Rehabilitation. § 10 Abs. 2 legt fest, für welche Formen der → *Behinderung* das BSHG zuständig bleibt und inwieweit das KJHG nunmehr zuständig ist. Dementsprechend ergibt sich aus § 35a ein Anspruch auf *Eingliederungshilfe* für seelisch behinderte bzw. von einer solchen Behinderung bedrohte Kinder und Jugendliche, gemäß § 41 auch für junge Volljährige („seelische Behinderung": Schellhorn 2000, § 35a, Rdnr. 6–10).

Das KJHG und speziell die Hilfen zur Erziehung stellen einen Fortschritt in Jugendwohlfahrt/Jugendhilfe dar, weil sie Leistungen in den Vordergrund rücken. Der Katalog der §§ 28 ff. ist offen und bietet Gelegenheit für kreative Gestaltung. Das Gesetz ist zu kritisieren, weil es – ideologisch verhaftet – einem Familienmodell folgt, das immer weniger der Wirklichkeit entspricht. Der Staat muss nicht die besseren ‚Konzepte' haben. Er ist aber im Sinne des Sozialstaates im Rahmen des Wächteramtes gefordert, einer zentralen Tatsache Rechnung zu tragen: Immer mehr Kinder werden ‚freigesetzt', müssen sich selbst durchschlagen. Sie sind zu befähigen, das Leben zu meistern. Dabei müssen sie mitentscheiden dürfen (AWO 1996). Damit liegt der Schwerpunkt weniger auf gesellschaftlicher Anpassung als auf Bildungsprozessen, die das ermöglichen, was § 1 KJHG als Programmformel benennt.

Hans-Joachim Plewig

Literatur

Arbeiterwohlfahrt (Hrsg.): Jugend ohne Zukunft? Befähigen statt Strafen. Bonn 2. Aufl. 1996.

Bauer, J./Schimke, H.-J./Dohmel, W.: Recht und Familie. Rechtliche Grundlagen der Sozialisation. München 2. Aufl. 2001.

Schellhorn, W. (Hrsg.): Sozialgesetzbuch. Achtes Buch. Kinder- und Jugendhilfe. Kommentar. Neuwied 2. Aufl. 2000.

Familie, Familienentlastung

In der Bundesrepublik lebt nach vorsichtigen Schätzungen in knapp 3 % aller Mehrpersonenhaushalte ein behindertes minderjähriges Kind. Insbesondere bei → schwer-, mehrfach- und → geistigbehinderten Kindern bleibt der größere Teil auch noch bis ins hohe Erwachsenenalter in der Herkunftsfamilie. Die Hauptlast der → Pflege und Betreuung behinderter Kinder liegt nach wie vor, trotz des Ausbaus der vielfältigen therapeutischen, pädagogischen und sozialen Hilfen, in den letzten 40 Jahren bei den Familien, und hier wiederum bei den Müttern (→ Elternarbeit).

Die dadurch entstehende *Benachteiligung von Familien mit behinderten Kindern* gegenüber anderen Familien zeigt viele Facetten. Sie reicht von ökonomischer Benachteiligung (z. B. durch erzwungenen Verzicht auf Berufstätigkeit der Mutter) über Verlust und Einschränkungen sozialer Aktivitäten (z. B. im → Freizeitbereich; Verzicht auf Urlaubsreisen) bis hin zu psychischen und physischen Erschöpfungszuständen der Eltern (z. B. bei andauerndem Schlafentzug). Die Probleme von Familien mit behinderten Kindern und ihre Benachteiligung werden von der Bundesregierung in den Berichten zur Lage der Behinderten regelmäßig benannt (zuletzt: Bundesministerium für Arbeit und Sozialordnung 1998). Projekte zu einzelnen Problembereichen geben konkrete Hinweise zu gezielten familien- und sozialpolitischen Interventionen (z. B. Thimm u. a. 1997: Familienentlastende Dienste, in Verbindung mit Berichten über empirische Studien; Thimm/Wachtel 2002: regionale Netzwerke).

Aus einer Fülle von Einzeluntersuchungen, Situationsschilderungen betroffener Eltern und nicht zuletzt aus den familienbezogenen politischen Aktivitäten vor allem der Bundesvereinigung Lebenshilfe für Menschen mit geistiger Behinderung e.V., die im Wesentlichen von betroffenen Eltern getragen wird, lässt sich die spezifische Situation so zusammenfassen:

Als belastend wirkt sich für Eltern eines behinderten Kindes in zunehmendem Maße aus, dass im Planungshorizont von Schwangerschaftsverhütung, → pränataler Diagnostik und Schwangerschaftsabbruch immer weniger Raum bleibt für ein geschädigtes Kind: es wird als gesellschaftlicher *Störfall* angesehen, den es zu vermeiden gilt. Ärzte und Eltern, die das anders sehen, werden möglicherweise in Zukunft aus der Solidargemeinschaft entlassen und haben für die Folgen selbst aufzukommen.

Übereinstimmend wird in der Literatur – und das schon über einen langen Zeitraum bis in unsere Tage hinein – konstatiert, dass die Geburt eines geschädigten Kindes bzw. die Feststellung einer dauerhaften Behinderung für viele Familien eine krisenhafte Situation heraufbeschwört. Es wird vom *Diagnoseschock* gesprochen. Die Situation der Erstmitteilung wird von vielen Müttern als traumatisch erlebt. Mögliche weitere Stadien der Krisenverarbeitung sind uns zwar aus verschiedenen Modellen bekannt, gesicherte empirische Belege liegen aber für Familien mit behinderten Kindern nicht vor. Insbesondere im Hinblick auf Mütter ist kritisch zu hinterfragen, ob als ‚gelungen' bezeichnete Krisenverarbeitung nicht nur die gesellschaftliche Rollenanpassung an ein von anderen Frauen als überholt angesehenes Frauen- und Mütterideal meint. Lange waren die möglichen Anpassungsprobleme von Geschwisterkindern und Vätern überhaupt nicht in den Blick genommen worden. Inzwischen liegen auch hierzu Studien vor, die aber auch ein uneinheitliches Bild ergeben (Hackenberg 1992; Hinze 1991).

Inwieweit professionelle *Hilfen zur Krisenverarbeitung* notwendig sind, ist nicht geklärt. Es scheint aber sicher zu sein, dass lebendige → Selbsthilfegruppierungen (Müttergesprächskreise, Krabbelgruppen, an einigen Orten Kontaktpersonen schon in der

Geburtsklinik) manche krisenhafte Situation aufzufangen in der Lage sind. Für diese erste Phase, dann aber auch für andere krisenhafte Übergänge (Kindergarten- und Schuleintritt des behinderten Kindes, Schulentlassung, Eintritt der Pubertät, Eintritt in das junge Erwachsenenalter mit der Frage nach einer Erwerbstätigkeit) müssten in einer Region niederschwellige Angebote zur Verfügung stehen.

Die als schwierig empfundene Lage wird nicht selten erheblich dadurch erschwert, dass sich das System der Behindertenhilfe mit den unterschiedlichsten Anspruchsberechtigungen an verschiedene Rechtssysteme, unterschiedlichsten behördlichen Zuständigkeiten und dann auch häufig noch unterschiedlichen Zuständigkeiten von Maßnahmenträgern als ‚Chaos' präsentiert. Es gibt keine zentrale Zuständigkeit in einer Wohnregion. Informationsdefizite und die Angst, Wichtiges für das Kind zu versäumen, prägen den ohnehin belasteten Alltag zusätzlich (→ Behindertenrecht).

Generell ist der Sektor der sogenannten ‚*Offenen Hilfen*' (ambulanten, vorstationären Hilfen) unter Einbeziehung fest verankerter Selbsthilfestrukturen vor Ort nur schwach ausgeprägt. Die Angebote der Behindertenhilfe richten sich primär an das behinderte Kind selbst. Direkte Entlastungsangebote für die Familienangehörigen (z.B. Kurzzeitentlastung, um den Eltern einen Urlaub zu ermöglichen, oder alltägliche Hilfen zur Haushaltsentlastung) stehen – wegen mangelnder Finanzierungsgrundlage – nicht in ausreichendem Maße zur Verfügung. Hier wirkt sich auch die mangelnde Kooperation von Sozialämtern (zuständig für die Eingliederungshilfe für Behinderte) und den Jugendämtern (zuständig für Hilfen nach dem Kinder- und Jugendhilfegesetz) negativ aus.

Hilfen für Familien mit behinderten Kindern als *Nachteilsausgleiche* gegenüber anderen Familien müssen wichtige gesellschaftliche Veränderungen berücksichtigen, wenn sich der Abstand zu einem ‚Leben wie andere Familien' nicht weiter vergrößern soll. Fragen nach dem gewandelten Selbstverständnis von Frauen und Müttern (z.B. der legitime Wunsch nach Wiederaufnahme der Berufstätigkeit), die Zunahme von Alleinerziehenden (vor allem Frauen), der Verlust von größeren familialen Verbänden, diese und andere Fragen des familialen und gesellschaftlichen Wandels stellen auch andere Anforderungen an das Hilfesystem als vor etwa vierzig Jahren. Angemessene Antworten zeichnen sich erst ansatzweise ab. Hierzu gehört auch, dass das Verhältnis zwischen Eltern und Professionellen der Behindertenhilfe nicht mehr als Experten-Laien-Verhältnis gestaltet werden sollte (Eltern als Kotherapeuten in der Anfangsphase der Frühförderung), sondern dass Eltern als *Experten in eigener Sache* die Regiekompetenz bei der Inanspruchnahme von Hilfen übernehmen sollten. Auch davon sind wir noch entfernt.

Wie auch in anderen Feldern der sozialen Arbeit hat der zweifellos notwendige Prozess der Verrechtlichung der → Hilfen für Familien in Problemlagen und die damit einhergehende Verberuflichung des Helfens neben der Gefahr einer Entmündigung der Klienten einen Verlust an freiwilligem sozialem Engagement im Lebensumfeld behinderter Menschen und ihrer Familien nach sich gezogen.

Ein unter Prämissen des → *Normalisierungskonzeptes* gestaltetes Unterstützungssystem für Familien mit behinderten Kindern muss auf regionaler Ebene ein Höchstmaß an Flexibilität gegenüber den Alltagsproblemen dieser Familien aufweisen. Dazu müssen Wege zum Abbau bestehender Informationsdefizite, zur Verbesserung der Kooperation und Koordination vorhandener Hilfen und zur Erschließung nicht professioneller sozialräumlicher Ressourcen aufgezeigt werden. Walter Thimm

Literatur

Bundesministerium für Arbeit und Sozialordnung (Hrsg.): Vierter Bericht der Bundesregierung über die Lage der Behinderten und die Entwicklung der Rehabilitation. Bonn 1998.

Bundesministerium für Familie, Senioren, Frauen und Jugend (Hrsg.): Zehnter Kinder- und Jugendbericht. Bericht über die Lebenssituation von Kindern und Leistungen der Kinderhilfen in Deutschland. Bonn 1998.

Hackenberg, W.: Geschwister behinderter Kinder im Jugendalter. (Längsschnittstudie). Berlin 1992.

Hinze, D.: Väter und Mütter behinderter Kinder. Der Prozeß der Auseinandersetzung im Vergleich. Heidelberg 1991.

Thimm, W./Akkermann, A./Hupasch-Labohm, M./Krauledat, S./Meyners, C./Wachtel, G.: Quantitativer und qualitativer Ausbau ambulanter Familienentlastender Dienste (FED). Abschlußbericht. Arbeitsstelle REHAPLAN. (Hrsg.: Bundesministerium für Gesundheit. Schriftenreihe Band 80) Baden-Baden 1997.

Thimm, W./Wachtel, G.: Familien mit behinderten Kindern. Wege der Unterstützung und Impulse zur Weiterentwicklung regionaler Hilfesysteme. Weinheim 2002.

Gemeindeorientierung

Gemeindeorientierung stellt eine Grundhaltung dar, die sich in allen psychosozialen Professionen ihren anerkannten Platz sichern konnte und entweder ein unverzichtbares Grundelement im jeweiligen Fach bildet oder zur Entwicklung einer eigenen Teildisziplin beigetragen hat. *Gemeindepsychiatrie*, *Gemeinwesenarbeit* und *Gemeindepsychologie* sind die jeweiligen Fachreviere in der Sozialpsychiatrie, der Sozialpädagogik oder der Psychologie. Sie vereint eine transaktionale Sicht auf das Individuum. Sie erheben den Anspruch, das Subjekt in Theorie und Praxis zu ‚rekommunalisieren': Sein Erleben und Handeln soll im jeweils realen soziokulturellen und materiellen Lebenskontext interpretativ situiert werden, und dieser Kontext soll auch in den professionellen Handlungsstrategien zum Gegenstand von → Prävention oder Intervention gemacht werden. In dem – von Mehrdeutigkeiten nicht freien – Begriff der ‚Gemeinde' wird diese Schwerpunktsetzung deutlich. Hierunter ist der soziokulturelle, sozioökonomische und ökologische Lebenskontext in einem umfassenden Sinne gemeint und nicht nur die Gemeinde als lokaladministrative Bezugsebene und auch nicht nur die Gemeinde als Religionsgemeinschaft, obwohl beide Bedeutungsvarianten durchaus integriert sind.

Mit diesem Anspruch auf Kontextuierung verbindet sich auch eine historische Perspektive. Nicht nur das aktuelle Handlungs- und Bedürfnissystem einer Person wird in seiner sozialökologischen Dimension begriffen, auch ihr lebensgeschichtliches Gewordensein wird aus einem solchen Verständnis gedeutet: Im aktuellen Erleben und Handeln einer Person drückt sich ihre mikrosoziale Geschichte aus, also die vielfältigen Erfahrungen mit gesellschaftlichen Reaktionen auf körperliche oder psychische Besonderheiten. Ein spezifisches Behinderungs- oder Störungsbild lässt sich deshalb auch immer nur aus seiner Sozialgeschichte oder seinem ‚Karriereverlauf' rekonstruieren. In einer ‚Kranken-' oder ‚Behinderungskarriere' verknüpfen sich Personanteile mit den spezifischen gesellschaftlichen Umgangsweisen.

Konzeptuell sieht z. B. die Gemeindepsychologie das psychosoziale Wohlbefinden und die verschiedenen Formen psychosozialen Leids als Ergebnis des *transaktionalen Zusammenwirkens* von subjektiven Wünschen, Bedürfnissen und Ansprüchen eines Subjektes und den durch seine jeweiligen Lebensbedingungen gegebenen psychosozialen, sozialen und materiellen Ressourcen. Interventionsbezogen versucht die Gemeindepsychologie psychosoziales Wohlbefinden dadurch zu verbessern und psychosoziales → Leid dadurch zu mindern, dass sie Subjekte, Gruppen und Netzwerke dabei unterstützt, den Zugang zu Ressourcen zu verbessern, die für eine adäquate Auseinandersetzung mit alltäglichen Widersprüchen und Belastungen und für die Realisierung selbstbestimmter Lebenspläne erforderlich sind. Priorität haben Interventionen, die das Entstehen psychosozialer Belastungen und Leidenszustände verhindern sollen.

Eine Gemeindeperspektive hat als zentrales Anliegen die Überwindung des ‚klinischen Blickes', der die Subjekte und ihre psychosozialen Probleme aus ihrem jeweiligen gesellschaftlichen Kontext herauslöst. Vier fachliche Schwerpunktsetzungen dieser Perspektive bilden ihre zentralen Grundpfeiler:

(1) Die *Kritik am „medizinischen Modell"* als jener in der Psychiatrie, Sonderpädagogik und Psychologie zunächst dominanten Sichtweise von → Behinderung. Die Hauptkritik zielte darauf, dass eine pathologisierende Sichtweise psychosoziale Prozesse gesellschaftlich dekontextualisiert und damit auch entpolitisiert (Keupp 1972; 1979) (→ Abweichendes Verhalten). (2) Die Aneignung *sozialepidemiologischer Forschung* als einer wichtigen Wissensquelle für den systematischen Zusammenhang von psychischem Leid und sozialen Lebensbedingungen (Keupp 1974). (3) Ein dezidiertes Interesse entwickelte sich weiterhin daran, wie spezifische institutionelle Formen der psychosozialen Versorgung den Verlauf (die „Karriere") von Störungen oder Behinderungen beeinflussen. Vor allem für die ausgrenzenden Formen in der exemplarischen Gestalt des ‚Irrenhauses' oder anderer *segregierender Institutionen* suchte man fachliche Belege und fand sie (Goffman 1972). (4) Im Zusammenhang mit der kritischen Analyse einer pathologisierenden Sichtweise psychischen Leids oder anderer Behinderungsformen wurde schließlich eine *sozialgeschichtliche Rekonstruktion* des gesellschaftlichen Umgangs mit Devianz immer wichtiger. Sie zeigt, dass die jeweils dominierenden fachlichen Paradigmen von Behinderung von wissenschaftsexternen Einflüssen wie Menschenbild, Vernunftvorstellungen, ökonomischen Interessen und den ihnen zugeordneten institutionellen Arrangements bestimmt werden (Foucault 1968).

In den 60er und 70er Jahren hat sich das institutionelle Muster gesellschaftlichen Umgangs mit Behinderungen unter der Prämisse der Gemeindeorientierung oder → Integration paradigmatisch verändert. Diese paradigmatische Transformation ging von folgenden Prinzipien aus: (1) Dem → *Normalisierungsprinzip*: Auch für Menschen mit psychischen und körperlichen Einschränkungen gelten die menschlichen Grundbedürfnisse nach einer eigenständigen Wohnung, nach einer materiellen Absicherung der gewünschten Lebensform, nach sozialem Kontakt und Kommunikation, nach einer intakten ökologischen Umwelt. Alle sozialpolitisch und professionell bereitgestellten Formen von → Hilfe und Unterstützung sollten von diesem Normalisierungsprinzip her gedacht werden (Thimm 1994). (2) Dem *Netzwerkprinzip*: Der wichtigste Faktor für die Bewältigung schwerer Belastungen und für die Aufrechterhaltung von → Lebensqualität trotz Behinderung oder chronischer Krankheit ist ein *verlässliches Netz sozialer Beziehungen*, auf das wir in Krisen- und Krankheitssituationen zurückgreifen können, das aber auch in alltäglichen Lebenssituationen unsere Handlungsfähigkeit garantiert (Röhrle 1995; Bullinger/Nowack 1998). (3) Dem Prinzip *Gemeindenähe*: Professionelle Hilfe muss bürgernah und gemeindebezogen aufgebaut werden. Sie muss die vorhandenen alltäglichen Hilfssysteme unterstützen und sich nicht an ihre Stelle setzen. Netzwerkförderung ist für den gesamten Gesundheits- und Sozialbereich eine vordringliche Zielsetzung. (4) Dem *Lebensweltprinzip*: Psychosoziale Hilfen müssen von der alltäglichen → Lebenswelt der Betroffenen her gedacht werden und sollten immer vorrangig danach fragen, wie Menschen auch in besonderen Problemsituationen ihr vertrauter Lebenszusammenhang erhalten werden kann. Alle stationären Spezialeinrichtungen können, trotz hoch-technisierter Hilfsangebote, die heimatliche Vertrautheit als gesundheitsförderlichen Faktor nicht ersetzen. Daraus folgt das Prinzip, dass alle ambulanten Hilfsmöglichkeiten ausgeschöpft werden müssen, ehe stationäre Lösungen überhaupt in Betracht gezogen werden dürfen.

Im Zuge solcher institutionellen Transformationen verändern sich die gesellschaftlichen Bilder und die wissenschaftlichen Theorien von dem, was denn psychische oder körperliche Behinderung eigentlich sei. Gerade diese theoretischen Veränderungen in Korrelation zu gesellschaftlich praktischen ‚Umschichtungen' zeigen noch einmal anschaulich, dass ‚Behinderung' als soziales Problem eine gesellschaftliche Konstruktion bildet.

Die Ziele und Prinzipien der Gemeindeorientierung lassen sich am exemplarischen *Beispiel der Gemeindepsychologie* so zusammenfassen:

1. Sie begreift psychosoziale Probleme als individuelle Lösungsversuche im Spannungsfeld subjektiver Bedürfnisse und gesellschaftlicher Widersprüche und Belastungen in der alltäglichen Lebenswelt. Insofern stellt eine gemeindepsychologische Perspektive nicht die Anwendung psychologischer Konzepte auf die ‚Gemeinde' dar, sondern sie versucht, *die für ein Subjekt relevante ‚Gemeinde'* in Gestalt konkreter materieller, ökologischer und soziokultureller Ressourcen zu erfassen.
2. Gemeindepsychologie fragt danach, wie die psychosoziale Praxis Menschen möglichst optimal dabei unterstützen kann, mit den Problemen ihres Alltags besser fertig zu werden. Dabei soll professionelle Hilfe einerseits die bessere Wahrnehmung und Nutzung vorhandener lebensweltlicher Ressourcen fördern und andererseits Unterstützung leisten bei der Schaffung neuer Potenziale. Dieses Ziel wird innerhalb des gemeindepsychologischen Diskurses mit großem innovativem Gewinn mit dem Konzept → *Empowerment* verbunden. Der Empowermentdiskurs orientiert das professionelle Handeln auf die Frage, wie dieses einen Beitrag dazu leisten könnte, dass Individuen, Gruppen oder Institutionen effektiver und mit neuen Ressourcen ihre Situation verändern und mehr Kompetenz zur Selbstgestaltung der eigenen Lebenswelten gewinnen können (Stark 1996; Herriger 1998).
3. Gemeindepsychologie bemüht sich um den Aufbau und die Erprobung alternativer psychosozialer Praxisformen, die möglichst bürgernah und alltagsbezogen arbeiten (das Prinzip *Gemeindenähe*). Überwunden werden soll die traditionelle Haltung des Wartens auf Klienten, das verantwortlich dafür ist, dass in psychosozialen Einrichtungen Angehörige unterprivilegierter Schichten unterrepräsentiert sind (‚Komm-Struktur'). Notwendig ist stattdessen eine Haltung des Zugehens auf die Menschen (‚Geh-Struktur'). Die psychosozialen Institutionen müssen sich für die vielfältigen Bedürfnisse und Problemlagen in ihrem Zuständigkeitsgebiet öffnen und ihre fachlichen Ansätze als Antwort darauf verstehen.
4. Eine gemeindepsychologische Perspektive beinhaltet die Notwendigkeit zu multiprofessionellen Arbeitsformen. Rein psychologische (oder rein medizinische) Modelle verkürzen den konkreten und komplexen Alltag spezifischer Gruppen von Menschen in unzulänglicher Weise und stellen damit oft auch eine fragwürdige Reduktion von Hilfeformen dar. In der kooperativen Verknüpfung von fachlichen Sichtweisen und Kompetenzen unterschiedlicher Professionen entstehen neue Handlungsressourcen und Hilfsangebote (Prinzip *Teamarbeit*).
5. In einer Gesellschaft, deren Veränderungsdynamik zu einem zunehmenden Zerfall von traditionellen kollektiven Lebensformen führt und Individualisierung fördert, bezieht die Gemeindepsychologie bewusst eine Position, die sich auf die Förderung neuartiger kollektiver Lernprozesse und Handlungsmuster bezieht. Es kann nicht um die bloße Verteidigung traditionel-

ler Vergesellschaftungsmuster gehen (z.B. um die ‚Rettung' von Nachbarschaften oder der Kleinfamilie), notwendig ist vielmehr die gezielte Initiierung und Unterstützung von Gelegenheitsstrukturen für die Entstehung selbstorganisierter Projekte und Gruppen (das Prinzip *Netzwerkförderung*). Solche Initiativen haben dort die besten Chancen, wo ökonomische, soziale und kulturelle ‚Kapitalien' in ausreichendem Maße vorhanden sind. Professionelle und sozialpolitische Schwerpunkte müssen deshalb vor allem dort gesetzt werden, wo sich psychosoziale und gesundheitliche Problemlagen als Ausdruck sozio-ökonomischer Unterprivilegierung begreifen lassen, die auch das Potential an produktiver Selbstorganisation einschränkt (Keupp 1994).

6. Gemeindepsychologie vertritt eine eindeutige Werteposition, die ihre theoretischen und praktischen Bemühungen durchdringt. Sie geht von der Einsicht aus, dass viele Belastungen und Lebensprobleme auf die ungerechte Verteilung gesellschaftlicher Ressourcen zurückgeführt werden können. Erforderlich ist deshalb ein tiefgreifender gesellschaftlicher Wandel, der zu mehr Chancengleichheit im Zugang zu materiellen und ideellen Ressourcen führt (das Prinzip *soziale Gerechtigkeit*). Hinzu kommt die Forderung nach mehr kultureller Mannigfaltigkeit für die Wahl eigenständiger Lebensformen und die Überwindung rigider Normalitätsstandards, die Ausgrenzung und Stigmatisierung fördern.

7. Letztlich versucht die Gemeindepsychologie eine *alternative Perspektive* zur unkritischen Partizipation an einer individualistischen Psychokultur zu formulieren und zu sein. Sie setzt dabei an den Ambivalenzen des gesellschaftlichen Transformationsprozesses an, der zur Individualisierung von Lebenslagen und zur sozialen Desintegration führt, der aber zugleich die Spielräume für Individualität erweitert. Traditionsbrüche können neue Lebensperspektiven eröffnen, die von den Subjekten selbst gestaltet werden können und müssen. Der sich vergrößernde Handlungsspielraum ermöglicht neue soziale Beziehungen und Lebensformen, die nicht durch starre Rollenmuster vordefiniert sind. Sie können und müssen ausgehandelt werden. Zugleich bedeutet dieser Freisetzungsprozess den Verlust gewohnter alltäglicher Lebensmuster und zunehmende Krisenhaftigkeit von Identitätsbildungsprozessen. Für die positive Nutzung der gewachsenen individuellen Spielräume reichen die psychosozialen Ressourcen oft nicht aus. Gemeindepsychologie versucht eine Praxis, die eine lebbare Vermittlung der beiden Pole Individualität und kollektive Handlungsfähigkeit zu initiieren und zu unterstützen vermag. Eine Psychologie, die auf den Individualitätspol alleine setzt, arbeitet der Psychokultur zu, die einen zur Lebensform erhobenen Narzissmus auslebt. Die andere Gefahr liegt in dem kollektiv-autoritären Infantilismus der Psychosekten, die mit der Verheißung des Wegs zum ‚wahren Selbst' durch Unterordnung unter die normativen Gruppenvorgaben den Pol einer emanzipatorischen Subjektivität eliminieren. Die gemeindepsychologische Perspektive zielt auf die Förderung aller Versuche von Selbstorganisation, die die Chancen für neue kollektive Handlungsmöglichkeiten erschließen können (das ist die Idee des aufgeklärten → Kommunitarismus: Keupp 1997).

Heiner Keupp

Literatur

Bullinger, H./Nowak, J.: Soziale Netzwerkarbeit. Eine Einführung. Freiburg 1998.

Foucault, M.: Psychologie und Geisteskrankheit. Frankfurt 1968.

Goffman, E.: Asyle. Über die soziale Situation psychiatrischer Patienten und anderer Insassen. Frankfurt 1972.

Herriger, N.: Empowerment in der Sozialen Arbeit. Eine Einführung. Stuttgart 1998.

Keupp, H. (Hrsg.): Der Krankheitsmythos in der Psychopathologie. München 1972.

Keupp, H. (Hrsg.): Verhaltensstörungen und Sozialstruktur. Sozialepidemiologie: Empirie, Theorie, Praxis. München 1974.

Keupp, H. (Hrsg.): Normalität und Abweichung. Fortsetzung einer notwendigen Kontroverse. München 1979.

Keupp, H.: Psychosoziale Praxis im gesellschaftlichen Umbruch. Bonn 1987.
Keupp, H.: Psychologisches Handeln in der Risikogesellschaft. München 1994.
Keupp, H.: Ermutigung zum aufrechten Gang. Tübingen 1997.
Keupp, H./Röhrle, B. (Hrsg.): Soziale Netzwerke. Frankfurt 1987.
Röhrle, B.: Soziale Netzwerke und soziale Unterstützung. Weinheim 1995.
Stark, W.: Empowerment. Neue Handlungsperspektiven in der psychosozialen Praxis. Freiburg 1996.
Thimm, W.: Leben in Nachbarschaften. Hilfen für Menschen mit Behinderungen. Freiburg 1994.

Geragogik

Geragogik – der Name geht auf Mieskes (1971, 279) zurück – bezeichnet die Theorie und Praxis der Bildung und Begleitung (1) zur Vorbereitung auf das Leben im Alter und (2) zu seiner Gestaltung und Vollendung. Sie versteht sich als Teilbereich der *Pädagogik* ebenso wie einer *interdisziplinären Gerontologie*, die eine Klammer ist für das Insgesamt der wissenschaftlichen Anstrengungen zu Fragen des Alterns und des Alters.

Innerhalb der Gerontologie wird die Frage diskutiert, ob es eine Zuständigkeit der Pädagogik für alte Menschen geben soll (Bachmann 1993). Braun (1981) ordnet die *Geragogik* (griech.: geron = alt, agogé = Führung) als „neue Provinz" der Erziehungswissenschaft zu. Er betont die Notwendigkeit einer lebenslangen Auseinandersetzung mit Krisen und neuen Herausforderungen, die das Leben stellt. Persönlichkeitsentwicklung, Lebensgestaltung, Bewusstwerdung und Selbstverwirklichung sind an Lernprozesse gebunden, die durch erzieherische Einflussnahme auch im Alter gefördert werden können. Theunissen wendet sich dagegen, alte Menschen ‚erziehen' zu wollen, und betont, dass jeder Erwachsene das Recht habe, „aus dem Status eines ‚Educanden' entlassen zu werden". Pädagogik im Alter als Bildungsarbeit für ein sinnerfülltes Leben hingegen sei von herausragender Bedeutung (1996, 340).

Klingenberger fasst die Geragogik in die Klammer einer spezifischen Altenbildung. Sie ist geprägt durch „altenbildnerisches Denken und Handeln" und verfolgt eine → Lebensweltorientierung. Bildungsziele im Alter sind demnach auf der *soziokulturellen* Ebene (Freizeitgestaltung, Ehrenamt, soziale Teilhabe, intergenerative Verständigung), der *körperlich-naturbezogenen* Ebene (Akzeptanz der körperlichen Veränderung, Alterssexualität, Gesundheitsfürsorge, Ernährung), der *religiös-geistigen* Ebene (Sinnfrage, Wissenschaft und Kunst, Trauern, Sterben und Tod) und der *personalen* Ebene (Selbständigkeit, Identitätsentwicklung, Biographiearbeit, lebenslanges Lernen) zu definieren (1992, 269 f.; Mayer 1992). Heute verfügen alte Menschen – neben einer höheren Lebenserwartung – im Durchschnitt über günstigere Voraussetzungen, um Krisen bewältigen zu können, jedenfalls in ökonomischer, auch in körperlicher Hinsicht: Chronische Beeinträchtigungen sind zwischen 1982 und 1994 um 63 % zurückgegangen, so dass die heute 60 bis 70jährigen den 50 bis 60jährigen von früher vergleichbar sind (Baltes/Mayer 1996) – Grund dafür, ein verstärktes Engagement „junger Alter" für noch Ältere, Hilfsbedürftige einzufordern (v. Ferber 1996).

In den systematischen Analysen von Lebensgeschichten im Rahmen der Lifespan Developmental Psychology konnte nachgewiesen werden, dass → Sozialisationsprozesse von der Entstehung des Lebens bis zum Lebensende stattfinden. Bildungsarbeit im Alter ist somit Lernen des Alterns für das Alter und im Alter. Die angewandte Alterswissenschaft beschäftigt sich unter der Prämisse ‚Lernen, alt zu werden' mit der gesamten Lebensspanne und muss folglich zu einer *gerontologischen Durchdringung der Pädagogik* führen.

Etwas Ähnliches schwebte bereits J.A. Comenius vor, der in seinem Spätwerk, der Pampaedia (1656), die ganze Spanne des menschlichen Lebens zu einer Art Schule machte. Die „schola senii" hat danach drei Aufgaben: „Das bisher durchlebte Leben recht zu erfüllen, den Rest des Lebens richtig zu vollenden und das ganze irdische Leben richtig zu beschließen" (Comenius 1968, 423). Die Notwendigkeit, im Alter zu lernen, sich Veränderungen anzupassen und Aufgaben erfolgreich zu bewältigen, schließt die bewusste Todesvorbereitung in der „schola mortis" als „ars moriendi" ein.

Das Erfordernis, (behinderten-)pädagogische Maximen der Aktivierung von Kompetenzen und der gesellschaftlichen Eingliederung neben der Pflege zur Geltung zu bringen, stellt sich besonders dringlich im Umgang mit pflegebedürftigen und mehrfachbehinderten älteren Menschen (Theunissen 1996). Ihre Lage ist heute als Folge der *Ökonomisierung sozialer Dienste* zweifach gefährdet: durch eine institutionalisierte Pflege, die zur „Überlebensprozedur bei vegetativer Minimalversorgung" geschrumpft ist (Speck 1999, 71), sowie durch eine Verschärfung der Zugangsbedingungen zu den Eingliederungshilfen für Menschen mit Behinderungen nach der ab 1.1.1999 geltenden Novelle zum Bundessozialhilfegesetz.

Geragogik umschreibt somit verschiedene Aufgabenbereiche: Zum einen versteht sie sich als Wissenschaft und Praxis von der Erziehung bzw. Bildung des älteren Menschen, zum anderen bezieht sie sich auf die Unterstützung im Alterungsprozess und auf die Lebensphase Alter. Für Lehr (1984) geht es in der Geragogik um eine *kompetenzfördernde Begegnung*. Sie fordert, Erwartungen an den alten Menschen zu stellen – mit einer griffigen Formel: Fördern durch Fordern. Der Begriff der Kompetenz im Alter ist zu einem neuen Schlüsselbegriff geragogischer Arbeit geworden. Kompetenz steht dabei für das Konstrukt von Anforderungen an die Person und deren Ressourcen zu ihrer Bewältigung (Olbrich 1987; Theunissen 1996). Geragogische Interventionen zielen demnach sowohl auf Unterstützung und Stärkung der Person, Lebenskrisen und Veränderungen zu meistern, als auch auf die verfügbaren Ressourcen in der sozialen Umwelt. Zufriedenheit im Alter ist offensichtlich verknüpft mit der Möglichkeit, die eigene Lebensumwelt zu beeinflussen und adaptive Reaktionen auf Anforderungen der Umwelt und Alterungsprozesse zu entwickeln. Ansgar Stracke-Mertes

Literatur

Bachmann, W.: Gerontologie und Pädagogik/Heilpädagogik. Disput zum Beitrag Jutta Breckows „Was hat Sonderpädagogik mit Gerontologie zu tun?" In: Zeitschrift für Heilpädagogik 44 (1993) 28–39.

Baltes, P.B./Mayer, K.U. (Hrsg.): Die Berliner Altersstudie. Weinheim 1996.

Braun, W.: Die ältere Generation. Regensburg 1981.

Comenius, J.A.: Pampaedia. Heidelberg 1968.

Ferber, Chr. von: Altersbild und Generationenvertrag. In: Beck, I./Düe, W./Wieland, H. (Hrsg.): Normalisierung: Behindertenpädagogische und sozialpolitische Perspektiven eines Reformkonzeptes. Heidelberg 1996, 223–243.

Klingenberger, H.: Ganzheitliche Geragogik. Ansatz und Thematik einer Disziplin zwischen Sozialpädagogik und Erwachsenenbildung. Bad Heilbrunn/Obb. 1992.

Lehr, U.: Fördern durch Fordern. In: Altenheim 2 (1984) 30–38.

Mayer, K.U.: Bildung und Arbeit in einer alternden Bevölkerung. In: Baltes, P.B./Mittelstraß, J. (Hrsg.): Zukunft des Alterns und gesellschaftliche Entwicklung. Berlin 1992, 518–543.

Mieskes, H.: Geragogik – ihr Begriff und ihre Aufgaben innerhalb der Gerontologie. In: Aktuelle Gerontologie 5 (1971) 279–283.

Olbrich, E.: Kompetenz im Alter. Zeitschrift für Gerontologie 20 (1987) 319–330.
Speck, O.: Die Ökonomisierung sozialer Qualität. Zur Qualitätsdiskussion in Behindertenhilfe und Sozialer Arbeit. München 1999.
Theunissen, G.: Demenz bei älteren Menschen mit geistiger Behinderung: Neue Herausforderungen für die Geistigbehindertenpädagogik. In: Opp, G./Peterander, F. (Hrsg.): Focus Heilpädagogik. Projekt Zukunft. München 1996, 338–347.

Heimerziehung

Heimerziehung entstammt spezifischen gesellschaftlichen Bedürfnissen, hat eine wechselvolle, brisante Geschichte und stellt sich gegenwärtig als ausdifferenziertes System unter dem Oberbegriff „Hilfen zur Erziehung in einer Einrichtung über Tag und Nacht" dar. Es geht um traditionelle und aktuelle Formen *außerfamiliärer Erziehung*. Grundsätzlich zu unterscheiden sind freiwillige Aufnahme und zwangsweise Unterbringung.

Gesetzliche Grundlage ist § 34 Kinder- und Jugendhilfegesetz KJHG, der die „Hilfe zur Erziehung in einer Einrichtung über Tag und Nacht (Heimerziehung) oder in einer sonstigen betreuten Wohnform" regelt. Programmatisch verkündet die Rechtsvorschrift, dass Kinder und Jugendliche „durch eine Verbindung von Alltagserleben mit pädagogischen und therapeutischen Angeboten in ihrer Entwicklung" gefördert werden sollen. Je nach „Alter und Entwicklungsstand sowie den Möglichkeiten der Verbesserung der Erziehungsbedingungen in der Herkunftsfamilie" gibt es drei Zielsetzungen: Rückkehr in die Familie, Erziehung in einer anderen Familie, Vorbereitung auf ein selbständiges Leben in sonstigen betreuten Wohnformen.

§ 35a KJHG sieht für *seelisch behinderte* Kinder und Jugendliche Eingliederungshilfen vor. Dazu zählen gemäß Abs. 1 Ziff. 4 auch „Einrichtungen über Tag und Nacht sowie sonstige Wohnformen". Neben diesen freiwilligen Hilfeformen gestatten §§ 1631 b i.V. mit § 1666 BGB die mit Freiheitsentziehung verbundene Unterbringung von Minderjährigen. Die Entscheidung liegt beim Familiengericht. Das KJHG hält für entsprechende Fälle der Gefährdung die Ausnahmevorschrift der „Herausnahme ohne Zustimmung des Personensorgeberechtigten" bereit (§ 43). Im Sinne des staatlichen Wächteramtes (Art. 6 GG) hat das *Jugendamt* das sog. Kindeswohl (§ 1666 BGB) zu beachten und ggf. geeignete Schritte beim Familiengericht zu beantragen. Zu berücksichtigen ist auch hier das allgemein geltende Subsidiaritätsprinzip (vgl. § 1666 a BGB).

Das *Jugendgericht* kann als Erziehungsmaßregel i.S. von § 9 Jugendgerichtsgesetz JGG dem Jugendlichen die Unterbringung gemäß § 34 KJHG auferlegen sowie im Rahmen der Prüfung der sog. Verantwortungsreife eine entsprechende Einweisung veranlassen, wenn der Betreffende „zur Zeit der Tat nach seiner sittlichen und geistigen Entwicklung nicht reif genug war, das Unrecht der Tat einzusehen und nach dieser Einsicht zu handeln" (§ 3 JGG). Von gesellschaftspolitischer Brisanz sind weiter: Nach § 71 Abs. 2 kann der Jugendrichter die einstweilige Unterbringung in einem geeigneten Heim der Jugendhilfe anordnen, „wenn dies auch im Hinblick auf die zu erwartenden Maßnahmen geboten ist, um den Jugendlichen vor einer weiteren Gefährdung seiner Entwicklung ... zu bewahren". Außerdem: Zur Abwendung von Untersuchungshaft steht dem Jugendgericht die Anordnung der einstweiligen Unterbringung in einem Heim der Jugendhilfe (vgl. § 71 Abs. 2) zur Verfügung.

Im Ergebnis dieser heterogenen Gesetzeslage können sich unter der Maßgabe „Hilfen zur Erziehung" (§§ 27ff. KJHG) in einer „Einrichtung über Tag und Nacht" (→ Erziehungshilfen) Kinder und Jugendliche aufgrund unterschiedlichster Voraussetzungen (Schutz; Gefährdung; Gefährlichkeit) befinden. Die Eingliederungshilfe für seelisch behinderte Minderjährige wird in aller Regel getrennt geleistet.

Anhand der entwickelten Ideen und im Hinblick auf die ökonomischen bzw. ordnungspolitischen Motive lässt sich die *Geschichte* der Heimerziehung beschreiben. Sie begann mit Findel- und Waisenhäusern. Die Not von Frauen, die selbst für ihr Kind nicht sorgen konnten, bildete von Anfang an einen wichtigen Grund, entsprechende Versorgungseinrichtungen zu schaffen. Die Bereitschaft, Schutz zu gewähren, war lange stark christlich geprägt. Doch diese allgemeine christliche Nächstenliebe für die Bedürftigen wich in der Armenpflege der Auffassung, dass nur noch ‚Berechtigte' (insbesondere Ortsangehörige) Unterstützung verdienten. Mit der Gewährung verband sich dann auch die Erwartung, Gegenleistungen (vor allem in Form von Arbeit) fordern zu können. Heime wurden zu Arbeitshäusern.

Mit der *Entdeckung der Kindheit* und differenzierten Qualifikationsanforderungen in der Arbeitswelt veränderte sich die Auffassung vom Umgang mit Kindern erneut. Kindheit galt fortan als eigenständige, schutzbedürftige Phase. Es bildete sich im Anschluss an die Armenfürsorge die Kinder- und Jugendfürsorge heraus (exemplarisch die Hamburger Armenreform 1788: Scherpner 1927). Die Durchsetzung der Schulpflicht und das Verbot von Kinderarbeit belegen das Wechselspiel von ökonomisch sich veränderndem Bedarf und Ideenproduktion. Während die *Rettungshäuser* (berühmt: das Rauhe Haus in Hamburg) im 19. Jahrhundert sog. Freien Trägern gehörten, sah sich der Staat an der Wende zum 20. Jahrhundert zur gezielten, offensiven Regulierung gezwungen. Zur „sozialen Frage" gehörte gerade auch die Aufsicht und Kontrolle über den Nachwuchs. Das Reichsjugendwohlfahrtsgesetz RJWG von 1922 versetzte den Staat in die Lage, in das *Sorgerecht der Erziehungsberechtigten* (Privatautonomie) einzugreifen. Mit der Programmformel „Jedes deutsche Kind hat ein Recht auf Erziehung" (§ 1) hatte der Gesetzgeber ein nationales öffentliches Erziehungs- und Eingriffsrecht geschaffen. Im Mittelpunkt standen Jugendamt, Fürsorger und Fürsorgeheime (Bäumer 1929; Flug 1929). Mit dem RJWG wurde eine Eingriffslücke geschlossen. Denn zur Sanktionierung Nicht-Strafmündiger bzw. auffälliger, aber nicht straffälliger Jugendlicher gab es bis dahin keine gesetzliche Grundlage. Der Begriff *Verwahrlosung* erhielt die Weihe eines rechtlichen Tatbestandes.

Das RJWG – es bestand als Jugendwohlfahrtsgesetz JWG bis 1990 – besaß polizei- und ordnungsrechtlichen Charakter. *Fürsorgeerziehung* wurde zu einem gefürchteten Disziplinierungsmittel. Dieses System der Heimerziehung führte zu unzähligen Revolten (von innen) und Kampagnen (von außen). Die klassische Form der Fürsorge-Heimerziehung verlor endgültig ihre Legitimation mit der Gesellschafts- und Fachkritik in den siebziger und achtziger Jahren des 20. Jahrhunderts. Maßgebend wurden: Kritik „totaler Institutionen" (Goffman); → Stigmatisierungsansatz (H.S. Becker); Emanzipations-, Befreiungs- und Parteilichkeitsansätze, unter anderem in der Sozial- und Devianzpädagogik. Im Unterschied zu früheren Reformversuchen befanden sich diesmal entsprechend interessierte politische Entscheidungsträger im Amt. Die Abschaffung geschlossener Einrichtungen in fast allen (alten) Bundesländern und der Ausbau kleinerer, flexiblerer, differenzierter Einrichtungen folgte der Formel „Menschen statt Mauern". Der Streit, ob die Jugendhilfe auf das Zwangsmittel geschlossener Unterbringung verzichten kann, bleibt unabgeschlossen. In den neuen Bundesländern haben sich freie

Träger etabliert, die gezielt mit dem Angebot werben, die Freiheitsentziehung von Minderjährigen umzusetzen. Exemplarisch ist die Situation in Hamburg. Auf Grund des erklärten politischen Willens, mit abweichenden Kindern und Jugendlichen gezielter repressiv umzugehen, setzte die Regierung 2002 die Wiedereinführung einer geschlossenen Abteilung durch. Was fehlt, sind ein pädagogisches Konzept, zumal für die Übergangsphase, und dafür qualifizierte Mitarbeiter. Dies führte zu einer Reihe von Rechtsverstößen (unerlaubte Fixierung, nicht genehmigte psychiatrische Medikation, unzulässige Briefzensur usw.). Das Beispiel belegt politisch gewollte Repression in ökonomisch schwierigen Zeiten unter Verletzung von (Grund-)Rechten und Missachtung allgemeiner professioneller Standards. Es handelt sich um die Fortsetzung von Skandalen in der Heimerziehung. Zugleich wird der Mangel an empirischen Daten hinsichtlich der rechtlichen Entscheidungspraxis, der konzeptionellen Umsetzung und der Beendigung der Maßnahme immer deutlicher.

Das traditionelle – vom Gesetzgeber offen gehaltene – pädagogische und therapeutische Angebot soll dem *Angleichungsgrundsatz* folgen. Er bedeutet, die schädlichen Wirkungen von Heimen zu begrenzen (Merkmale der totalen Institution) und so viel wie möglich ‚Normalität' zu praktizieren. In der Erziehungswissenschaft steht dafür der sog. → Lebensweltbezug, in der Sozialpädagogik die sog. Alltagsorientierung. In erster Linie geschah die Entinstitutionalisierung (→ Anstaltswesen) durch den Abbau von Heimplätzen und die Schließung größerer Einrichtungen. Dies korrespondierte mit einer Dezentralisierung und Regionalisierung der Leistungen. Der Paradigmenwechsel im Umgang mit Kindern und Jugendlichen, die – zumindest vorübergehend – nicht mehr bei ihren Sorgeberechtigten betreut werden konnten, besteht vor allem in der Zurücknahme patriarchalischer pädagogischer Konzepte. Bezeichnenderweise fiel es Mitarbeitern der alten Fürsorgeerziehung teilweise schwer, dem Konzept „Menschen statt Mauern" (Jugendbehörde Hamburg) zu folgen. Der Erfolg der Anwendung → stigma-bewusster Ansätze besteht insbesondere darin, die Abschiebemechanismen beseitigt zu haben. Wo Erzieher nicht mehr damit drohen können, unbotmäßige Kinder in eine ‚strengere' Einrichtung abzuschieben, müssen sie sich vor Ort mit ihrer Arbeit bewähren.

Insgesamt lässt sich feststellen, dass sich die ‚Heimerziehung' weniger denn je als eine selbstverständliche Maßnahme sieht. Einerseits bleibt das KJHG zwar der ideologisch geprägten Auffassung verhaftet, dass „die Familie" das Maß aller – pädagogischen – Dinge sei. Andererseits bietet die Praxis eine Vielzahl von Wohn- und Betreuungsformen an, die den Minderjährigen einen enormen, manchmal bedenklichen Freiraum belassen. Denn die Konzepte *betreuten Wohnens* hängen maßgeblich davon ab, mit welcher persönlichen Intensität (Bindung) für den jeweils individuellen Bedarf Förderung geleistet wird.

Die finanziellen Voraussetzungen sind der wichtigste Einflussfaktor für den (Miss-)Erfolg der Arbeit, Motivation und Professionalität der Mitarbeiter sind ähnlich bedeutsam. Die Aufgabe ähnelt nicht selten der von Sisyphos (Bernfeld). Zunehmende Belastung von Familien, Ausstoßungsprozesse und gesellschaftliche Rahmenbedingungen (Armut, Arbeitslosigkeit, Drogen usw.) verschärfen die Lebensbedingungen derart belasteter Kinder. Die Jugendhilfe kann nur begrenzt als ‚Auffangbetrieb' wirken.

Hans-Joachim Plewig

Literatur

Bäumer, G.: Wesen und Aufbau der öffentlichen Erziehungsfürsorge. In: Nohl, H./Pallat, L. (Hrsg.): Handbuch der Pädagogik. Band 5: Sozialpädagogik. Berlin 1929, 3–26.

Bundesministerium für Familie, Senioren, Frauen und Jugend (Hrsg.): Zehnter Jugendbericht. Bonn 1998.

Bundesministerium für Familie, Senioren, Frauen und Jugend (Hrsg.): Leistungen und Grenzen von Heimerziehung. Ergebnisse einer Evalua-

tionsstudie stationärer und teilstationärer Erziehungshilfen. Stuttgart 1998.
Colla, H./Gabriel, T./Millham, S. u.a.: Handbuch Heimerziehung und Pflegekinderwesen in Europa. Neuwied 1999.
Flug, O.: Die Fürsorgeerziehung. In: Nohl, H./Pallat, L. (Hrsg.): Handbuch der Pädagogik. Band 5: Sozialpädagogik. Berlin 1929, 181–194.
Scherpner, H.: Die Kinderfürsorge in der Hamburger Armenreform vom Jahre 1788. Berlin 1927.

Kommunitarismus

Mit dem Namen Kommunitarismus (lat. communis = gemeinsam) bezeichnet man zwei aus Nordamerika importierte Entwicklungen, die seit den 90er Jahren auch in Deutschland Anklang finden: (1) eine *soziale Bewegung* bzw. ein an praktischen Lösungen ausgerichtetes Denken mit dem Ziel der moralischen Erneuerung der sich desintegrierenden westlich-liberalen Gesellschaften (Etzioni); (2) den *sozialphilosophischen Überbau* der Kritik am Liberalismus (Sandel, MacIntyre, Taylor, Walzer), hauptsächlich an J. Rawls, dem führenden Vertreter einer liberalen Gerechtigkeitstheorie.

Kommunitaristische Positionen – sie bilden so wenig wie ihr liberalistisches Gegenstück eine Einheit, eher eine „weitläufige Großfamilie" (Höffe) – stimmen in der Diagnose von den „Schattenseiten der Modernisierung" (Joas) überein. Behauptet wird damit ein schleichender Prozess der Dekommunisierung durch Bindungslosigkeit und Anonymität, wie er sich etwa in hohen Kriminalitätsraten und Drogenproblemen niederschlägt. Eine Gesellschaft jedoch, die sich lediglich auf „voneinander isolierte und ihrem Eigeninteresse folgende Individuen stützen" wollte, „untergräbt dadurch ihre eigenen Grundlagen" (Reese-Schäfer 1994, 7). Sogar der physische, nicht allein demokratische Fortbestand westlicher Gesellschaften gilt heute, im Gefolge offenbar kontinuierlich abnehmender Bevölkerung, als gefährdet, und mehr ‚Gemeinschaft' als ein Heilmittel. Man möchte Menschen auf gemeinschaftsförderliche Wertüberzeugungen verpflichten. Es liegt an der „schillernde(n) Vieldeutigkeit" (Höffe) des englischen Wortes ‚community', dass jedenfalls der nordamerikanische Kommunitarismus nicht nur an kleinere soziale Einheiten denkt – mit einem Akzent auf traditionellen, gewachsenen Gemeinschaftsformen wie Familie, auch Nachbarschaft und Gemeinde –, sondern auch an größere wie etwa den Staat.

Die sozialphilosophische Debatte der vergangenen Jahre ging freilich in die Richtung, den Kommunitarismus nicht mehr als Alternative zu einem liberalen Universalismus zu begründen, sondern pragmatisch ihr *Ergänzungsverhältnis* auszuloten. Auch Gerechtigkeitsforderungen in der Behindertenpädagogik verlangen eine solche ergänzende Sicht: Förderung der sozialen Kohäsion von Gemeinschaften (Solidarität), aber so, dass darin Menschen mit deutlich abweichenden Merkmalen ihren Platz finden können (Freiheitsrechte). Seit den 70er Jahren stehen etwa Fragen der Bildungsgerechtigkeit für Behinderte auf der Tagesordnung, vor allem das Balanceproblem von egalisierender („allen das Gleiche": gemeinsamer Schulbesuch) versus unterscheidender Gerechtigkeit („jedem das Seine": besonderer Förderbedarf) (Bleidick 1986).

Man wird sich unschwer darauf verständigen können, dass es Beispiele für einen Liberalismus der rücksichtslosen Bereicherung gibt. Weniger konsensfähig ist, inwieweit dieser Mangel an Gemeinsinn etwas zu tun hat mit jenem (sozialen) Liberalismus, für den der Name Rawls steht – vor allem mit dem ihm zugrundeliegenden, nach Ansicht seiner Kritiker individualistischen, „atomistischen" Menschenbild. John Rawls hat eine berühmt gewordene vertragstheoretische Begründung dafür gegeben, dass allen Menschen die gleichen grundlegenden Rechte zukommen sollen. Sie lautet so (Rawls 1993, 41): Menschen in einer Art Urzustand – das heißt: ohne wissen zu können, ob sie arm sind oder reich, behindert oder nicht, was sie für Eigeninteressen und moralischen Vorstellungen haben – würden sich in so einer hypothetischen Situation vernünftigerweise auf zwei *universale* Prinzipien, *Prinzipien der Gerechtigkeit* einigen können: 1. und vorrangig auf ein jedem zustehendes „gleiches Recht auf ein völlig adäquates System gleicher Grundrechte und Grundfreiheiten, das mit dem gleichen System für alle anderen vereinbar ist"; 2. auf eine grundsätzliche Gleichverteilung auch der ökonomischen und sozialen Güter bzw. Belastungen – für die jedoch u.a. das „Differenzprinzip" gilt. Es besagt, auch ungleiche Lebensbedingungen seien aufrechtzuerhalten, wenn so die am schlechtesten Gestellten immer noch besser leben könnten als bei völliger Gleichheit.

Die Implikationen einer universalen Gerechtigkeit sensu Rawls sind aus sonderpädagogischer Sicht nicht eindeutig. Was für einen Legitimationswert ein allgemein garantierter, grundrechtlicher Freiraum (1. Prinzip) für individuelle → Abweichungen hat, zeigt selbst noch die → Euthanasie-Diskussion, trotz einzelner bedenklicher Symptome. Andererseits: Ob Betroffene z.B. die Ungleichheitssituation einer Sonderbeschulung akzeptieren könnten, selbst wenn sie im Vergleich zum gemeinsamen Unterricht zu besseren Lernergebnissen führen, mit Rawls: „zum größten Vorteil der am wenigsten begünstigten Mitglieder der Gesellschaft sein" sollte (2. Prinzip), steht dahin. In reale Entscheidungen über den richtigen schulischen Weg zu einer gesellschaftlichen Integration dürften auch (nicht durchweg einheitliche) normative Zielvorstellungen von Bildungsgerechtigkeit eingehen.

Soziologisch lassen sich zwei Dimensionen von Gerechtigkeit unterscheiden (Müller/Wegener 1995, 20): Freiheitsrechte, die universal gültig sind, und soziale Grundrechte, die, obschon auch sie eine allgemeine Geltung beanspruchen können, in ihrem tatsächlichen Zuschnitt variieren: So kann politische Unterdrückung z.B. weltweit Empörung auslösen, auch „Gefühle der Ungerechtigkeit". Doch wie man den Sozialstaat ohne gravierende Benachteiligung reformiert, muss offenbar der Kommunität des jeweiligen Landes überlassen bleiben, es ist abhängig von seinen sozialstaatlichen Traditionen, der Zustimmung seiner Bürger und nicht zuletzt von der je unterschiedlich vorhandenen Verteilungsmasse.

Doch die Bedenken des Kommunitarismus gelten nicht etwa nur einem bestimmten Verständnis von sozialer Gerechtigkeit, sie gelten den universalen Gerechtigkeitsprinzipien im ganzen. Hauptsächlich gegen diese „antiuniversalistische Spitze" (Höffe) richten sich kritische Stimmen, speziell an die Adresse von MacIntyre (Höffe 1996). Zugleich plädieren sie für einen *Kommunitarismus von unten:* Wir brauchen durchaus „eine Wiederbelebung des Gemeinschaftlichen ..., der rückhaltlosen, unkalkulierten Zuwendung ... aber keinen Antiliberalismus ... Von unten her muß die Gemeinschaft gestärkt werden ..., nicht von oben" (S. Tönnies in: FAZ v. 30.12.1994). Mit seiner *Rechtfertigung* einer *kontextbezogenen Gerechtigkeit,* einer Gerechtigkeit der gewachsenen gemeinschaftlichen Lebensformen und inhärenten Verpflichtungen stelle er sich *gegen* den *Universalismus grundlegender Rechte* aller Menschen (→ Menschenrechte).

In der Sozialphilosophie von Honneth (1994) spielt beides eine zentrale Rolle. Sein normativer Gedanke ist, dass alle Menschen in ihrer Differenz *wechselseitig Anerkennung* erfahren sollen, dass dies wichtig ist für eine positive Beziehung zu sich selbst und auch als Maßstab für Gerechtigkeit.

Das bringt ihn dazu, neben einer *„rechtlichen Anerkennung“* (1) durch die Gesellschaft – sie verpflichtet z.B., jeden Menschen „unterschiedslos“ als Person, in seiner Menschenwürde zu achten – zwei Formen der Anerkennung näher zu bestimmen, die nur in Gemeinschaften erfahrbar sind: *emotionale Zuwendung* (2) in Liebe und Fürsorge, auch in Freundschaft; *soziale Wertschätzung* (3) der konkreten Individualität in Wertgemeinschaften. Letzterem entspricht, in die Behindertenpädagogik übersetzt, die Überzeugung vom Lebenswert eines Lebens mit einer Behinderung als Wertbasis und als Aufgabe. Jede dieser drei Stufen wechselseitiger Anerkennung ist wichtig, um Menschen handlungsfähig werden zu lassen.

Wertgemeinschaften fügen sich in ein sonderpädagogisches Konzept → gemeindeorientierter sozialpolitischer und pädagogischer Hilfen. Als *starke Gemeinschaften* indes im Sinne einer traditionellen Ausprägung des Kommunitarismus sind sie in der Gefahr, der „Verwirklichung selbstbestimmter Lebensziele“ Behinderter (Thimm 1999, 383) allzu enge Grenzen zu setzen. Und sie würden sich auch dem verschließen, was heute für den Aufbau einer außerschulischen Behindertenhilfe als unverzichtbar gilt: ein *freiwilliges soziales Bürgerengagement*, das weniger aus gewachsenen gemeinschaftlichen Lebensformen hervorgeht, sondern das „die durch Individualisierung voneinander isolierten Bürger miteinander und füreinander ... aktivieren“ möchte (Sluzalek-Drabent 2005, 178). Individualisierung in diesem Verständnis steht nicht für einen „Abschied“ vom Sozialen, vielmehr für einen veränderten Modus des Gemeinschaftlichen, wie er durch „inszenierte Solidarität“ entstehen kann (Rauschenbach 1992).

Wenn sich Menschen, gleichsam ohne Rest, in die Zugehörigkeit zu ihrer jeweiligen Ursprungsgemeinschaft auflösen, so mag diese Ineinssetzung ein wichtiges Motiv sein zu teilen. Aber dann darf man sich von der Gemeinschaft auch nicht lossagen. Der Kommunitarismus, als eine normative Theorie der → Identität, neigt dazu, menschliche Entwicklung auf traditionelle Rollen festzulegen, etwa der Frau, auch des Behinderten. Gemeinschaften könnten dann eine Überordnung in dreifacher Hinsicht beanspruchen: gegenüber den Rechten des Individuums; der Pluralität von Wertvorstellungen; schließlich der Freiheit, Gemeinschaften wieder verlassen zu können (Rössler 1994).

In dem letzteren Punkt entscheidet sich für Walzer (1994a) – eher ein Grenzgänger zwischen Kommunitarismus und Universalismus – die *Vereinbarkeit von Selbstbestimmung und Gemeinschaft*: Wer weg will, sollte jedenfalls „die moralischen Konsequenzen“ einer Mitgliedschaft bedenken, „nicht einfach fortgehen und Menschen zurücklassen ..., die ... schwächer oder weniger beschützt (sind), als sie zuvor waren“. Denn es gibt „einen Rest von Verpflichtung, den man immer mit sich trägt ...“ (1994b, 46, 47) – offenbar trotz des Vertragscharakters vieler Beziehungen.

Auch ein *pädagogischer Begriff* von Gemeinschaft kann nicht die starke Gemeinschaft des Kommunitarismus sein, wenn das Ziel Mündigkeit heißt, und diese kontrafaktisch den Erziehungsprozess zu regulieren hat. Die richtige Verhältnisbestimmung von Individuum und Gemeinschaft wäre dann ein *kooperativer Individualismus,* „der die individuellen Differenzen anerkennt und der Solidarität auf der Basis von Selbstachtung und Gerechtigkeit ermöglicht“ (Zirfas 1999, 445).

Georg Antor

Literatur

Bleidick, U.: Freiheit und Gleichheit im Bildungswesen für Behinderte. In: Thalhammer, M. (Hrsg.): Gefährdungen des behinderten Menschen im Zugriff von Wissenschaft und Praxis. Anfragen an Sondererziehung und Therapie. München 1986, 13–37.

Brumlik, M./Brunkhorst, H. (Hrsg.): Gemeinschaft und Gerechtigkeit. Frankfurt 1993.

Höffe, O.: Der Kommunitarismus als Alternative? Nachbemerkungen zur Kritik am moralisch-po-

litischen Liberalismus. In: Zeitschrift für philosophische Forschung Band 50 (1996) H. 1/2, 92–112.
Honneth, A.: Kampf um Anerkennung. Zur moralischen Grammatik sozialer Konflikte. Frankfurt 1994.
Keupp, H.: Lust an der Erkenntnis: Der Mensch als soziales Wesen. Sozialpsychologisches Denken im 20. Jahrhundert. Ein Lesebuch. München 1995.
Müller, H.-P./Wegener, B. (Hrsg.): Soziale Ungleichheit und soziale Gerechtigkeit. Opladen 1995.
Rauschenbach, Th./Gängler, H. (Hrsg.): Soziale Arbeit und Erziehung in der Risikogesellschaft. Neuwied 1992.
Rawls, J.: Gerechtigkeit als Fairneß: politisch und nicht metaphysisch. In: Honneth, A. (Hrsg.): Kommunitarismus. Eine Debatte über die moralischen Grundlagen moderner Gesellschaften. Frankfurt 1993, 36–67.
Reese-Schäfer, W.: Was ist Kommunitarismus? Frankfurt 1994.
Rössler, B.: Gemeinschaft und Freiheit. Zum problematischen Verhältnis von Feminismus und Kommunitarismus. In: Zahlmann, C. (Hrsg.): Kommunitarismus in der Diskussion. Berlin 1994, 74–85.
Sluzalek-Drabent, R.: Berufliches Helfen und freiwilliges Bürgerengagement. Hamburg 2005.
Speck, O.: Die soziale Integration von Menschen mit Behinderungen. In: Antor, G./Bleidick, U.: Recht auf Leben – Recht auf Bildung. Aktuelle Fragen der Behindertenpädagogik. Heidelberg 1995, 91–115.
Thimm, W.: Zur Lebenssituation behinderter Kinder und Jugendlicher morgen: gesellschaftspolitische und behindertenpädagogische Perspektiven. In: Zeitschrift für Heilpädagogik 50 (1999) 377–385.
Walzer, M.: Sphären der Gerechtigkeit. Ein Plädoyer für Pluralität und Gleichheit. Frankfurt 1994.
Walzer, M.: Wieviel Gemeinschaft braucht der Mensch? Ein Interview mit Mikael Carleheden und René Gabriels. In: Babylon (1994 b), H. 13–14, 39–60.
Zirfas, J.: Die Suche nach dem richtigen Leben. Individualpädagogik oder kommunitaristische Erziehung. In: Zeitschrift für Erziehungswissenschaft 2 (1999) 431–448.

Lebensqualität

Lebensqualität als *deskriptiver Begriff* hebt auf Vermittlungsprozesse von objektiven Lebensbedingungen mit subjektiven Bedürfnislagen ab und bezeichnet dabei sowohl die Beschaffenheit als auch die subjektive Wahrnehmung dieser Prozesse. Angrenzende Begriffe sind Lebensstandard, Wohlfahrt, (Lebens-)Zufriedenheit, Wohlbefinden (wellbeing), Glück. Relevante Wirkungen lassen sich gesellschaftlich als differenzierte und bewertete Wohlfahrtsniveaus, auf der individuellen Ebene als das Überwiegen positiver Affekte und Zustände in Bezug auf emotionale, soziale, physische Aspekte der Lebensführung (Abele/Becker 1994) feststellen (physisches und psychisches Wohlbefinden, soziale Integration). Zufriedenheit stellt die kognitive Bewertung des Verhältnisses von Anspruchsniveau und Befriedigungszustand dar.

Als *normative Zielvorstellung* besitzt der Begriff seit den 50er Jahren andauernde Relevanz und spiegelt in den kulturell-historisch wechselnden Variationen von als zugehörig betrachteten Komponenten und deren Gewichtungen ethisch-moralischen und politischen Wandel wider. Als wissenschaftliches Konstrukt wird Lebensqualität in unterschiedlichen Disziplinen untersucht. Der Stand der breiten und langjährigen Forschung vor allem in Soziologie, Psychologie und Sozialpsychologie, aber auch in Politologie, Ökonomie, Philosophie und weiteren Disziplinen ist insgesamt kaum darstellbar. Eine einheitliche Definition liegt nicht vor; Cummins gibt eine Zahl von über einhundert Definitionen und Betrachtungsmodellen von Lebensqualität für den englischsprachigen Raum an. Im wesentlichen lassen sich die unterschiedlichen Forschungsansätze drei Problembereichen zuordnen: 1. der makrostrukturellen Untersuchung *objektiver Lebensbedingungen* (wie Wohnen, Arbeit, soziale Beziehungen, Bildung, Freizeit, Sicherheit, politische Rechte, materieller Standard usw.) von Gruppen oder Gesellschaften; 2. der makrostrukturellen, objektive und subjektive, soziale und psychologische Indikatoren umfassenden Analyse der *Zusammenhänge zwischen Lebensbedingungen und subjektivem Wohlbefinden* und 3. der meso- und mikrostrukturellen, auf *die individuelle Lebensqualität und Lebensbewältigung* gerichteten Forschung (Beck 1994; Bellebaum/Barheier 1994; Schalock 1996).

Der Ursprung der Verwendung hängt mit der Entwicklung des Wohlfahrtsstaates in den Industrieländern zusammen und signalisiert die Abkehr von einer rein ökonomischen Betrachtung der Qualität gesellschaftlicher Lebensbedingungen zugunsten eines differenzierten, mehrdimensionalen *Konzeptes von Wohlfahrt*. Die Untersuchung von Lebensstandards (objektive Lebensbedingungen in unterschiedlichen Lebensbereichen) soll Evaluationskriterien für gesellschaftliche Wohlfahrtsmaße und die Identifizierung von Bedarfslücken, regionalen oder gruppenspezifischen Problemlagen und Disparitäten bereitstellen. Einer der bekanntesten Ansätze dieser Form von Wohlfahrtsforschung ist das Soziale-Indikatoren-Programm der OECD. Standards im Sinne von Durchschnittsmaßen müssen aber wissenschaftlich oder politisch hinsichtlich erwünschter Ziele legitimiert werden, um aussagekräftig zu sein. In dieser unhintergehbaren Normativität liegen Grenzen einer ‚objektiven' Form von Sozialberichterstattung. Zudem werden objektive Lebensbedingungen subjektiv unterschiedlich erfahren, gestaltet und in ihrer Bedeutung für die Lebensführung bewertet. Diese mehrdimensionale Sicht wurde international bekannt durch die Studien von Andrews/Withey (1976) und Campbell u. a. (1976) zur Lebensqualität in den USA; in der BRD entwickelte sich eine breite quantitative und qualitative Forschungstradition (u. a. System Sozialer Indikatoren: Glatzer 1992, 1999; Glatzer/Zapf 1984; Zapf 1975; Zapf/Habich 1996), in der Lebensqualität von „Individuen und Gruppen bestimmt ist durch die Konstellation (Niveau, Streuung, Korrelation) der einzelnen Lebensbedingungen und der Komponenten des subjektiven Wohlbefindens" (Glatzer/Zapf 1984).

Die Erhebung (sozial-)psychologischer Indikatoren wie Anspruchsniveaus, Einstellungen und Zufriedenheit zeigt die subjektive Wahrnehmung objektiver Lebensbedingungen auf; die Untersuchung soziodemographischer Variablen gibt Aufschluss über Zusammenhänge zwischen Variablen wie Geschlecht, Alter, Erwerbs- oder Bildungsstatus, der geäußerten Zufriedenheit und den vorfindlichen objektiven Standards. Durch die Erhebung von wahrgenommenen Konflikten und Ängsten, Zufriedenheitsmaßen und Bedarfslagen wird ein Bild des sozialen Wandels und der sozialen Wirklichkeit, objektiver (unterdurchschnittliche Lebensbedingungen) und subjektiver Problemlagen (negative Befindlichkeiten) sowie unterschiedlicher Wohlfahrtspositionen gesellschaftlicher Gruppen gezeichnet. Aufschlüsse über die individuelle Lebensqualität und die komplexen Wirkungszusammenhänge zwischen sozialen, psychischen und materiellen Faktoren erlauben aber erst meso- und mikrostrukturell angelegte Forschungskonzepte. Anhand mehrdimensionaler Betrachtungsmodelle wird hier der Einfluss externer, vorrangig sozialer und interner (subjektiver, psychischer) Faktoren auf das Wohlbefinden, auf Alltagsbewältigung und soziale Integration, aber auch auf die Entstehung oder die Bewältigung von Belastungen oder kritischen Lebensereignissen untersucht (Ressourcen- bzw. Bewältigungsforschung; Soziale Netzwerk-/Soziale Unterstützungsforschung). Dabei kommt der Art, Anzahl und Qualität sozialer Beziehungen die größte Bedeutung zu.

Innerhalb der Forschung zeichnen sich konsenshafte Definitionsaspekte und operationable Dimensionen wichtiger, vorrangig immaterieller, aber auch materieller Bedürfnisse ab. Gleichwohl kann Lebensqualität weder abschließend noch eindeutig definiert werden. Vielmehr ist es als komplexes und mehrdimensionales, offenes und relatives *Arbeitskonzept* zu betrachten, das der theoretischen und empirischen, der normativen und lebensweltlichen Begründung bedarf. Es umfasst immer subjektive und objektive, individuelle, soziale und gesellschaftliche Dimensionen: Aspekte individuellen Wohlbefindens und sozialer Integration; Erwartungen und Anforderungen, Belastungen und Ressourcen (individuell und umfeldbezogen betrachtet); Anzahl und Qualität sozialer Beziehungen; Lebensbedingungen in unterschiedlichen Lebensbereichen.

Da sich mit dem Begriff häufig unreflektierte, einseitige Vorstellungen von Glück und Gesundheit verbinden können – und diesbezüglich richten sich hohe Erwartungen vor allem an die moderne Medizin –, besteht angesichts von → Behinderungen die Gefahr, deren soziale Bedingheit zu vernachlässigen, sie auf individuelle Beeinträchtigungen zu reduzieren und als lebensqualitätsmindernd zu bewerten (→ Ethik). Lebensqualität als Anforderung und Ziel in der Medizin steht zunehmend im Spannungsfeld ethischer Grundfragen und bedarf des interdisziplinären, soziale und normative Dimensionen aufdeckenden Diskurses (Bellebaum/Barheier 1994). Definitionen mit einseitigen oder starren Kriterien stellen erhebliche Begriffsreduktionen dar und können reale Gefährdungen von Individuen zur Folge haben (z.B. das Versagen oder die Einschränkung von Hilfen).

Die Herkunft des Konzepts aus allgemeinen Zusammenhängen, seine Mehrdimensionalität und Operationabilität und die Betonung des Subjekts als handelnder und bewertender Akteur haben seine wissenschaftliche Anwendung auf *behindertenpädagogische Fragen* und seine Anerkennung als Leitbegriff im internationalen Rahmen gleichermaßen gefördert (Beck 1994; Goode 1994; Schalock 1996). Die pädagogische Relevanz der Makroperspektive liegt in der Öffnung empirischer Zugänge zur Lage behinderter Menschen sowie der Untersuchung sozialen Wandels und der Qualität und Wirkung der Bildungs- und Sozialpolitik. Bereits 1978 arbeitete Thimm die Bedeutung des Konzepts für eine umfassende empirische Lebenslagenforschung, die differenzierte Erfassung der (sozialen) Folgen individueller Beeinträchtigungen in unterschiedlichen Lebensbereichen und die Beschreibung realer Partizipationschancen (Integration) heraus. Auf der meso- und mikrostrukturellen Ebene stellen pädagogische Angebote eine Vermittlungsstruktur für Unterstützungsleistungen dar, die zentral auf die Befriedigung immaterieller Bedürfnisse zielen. So lässt sich pädagogisches Handeln als externe Ressource zur Verbesserung der Lebensqualität beschreiben, indem Lern- und Bildungsprozesse die Bewältigung von Behinderungsfolgen, eine selbständige und zufrieden stellende Lebensführung (Wohlbefinden, soziale → Integration), die Persönlichkeitsentwicklung und Autonomie unterstützen. Damit ist das Konzept sowohl für eine individuelle bedürfnisorientierte Hilfeplanung als auch zur systematischen → Qualitätsentwicklung und -beurteilung der Dienste anwendbar. Das Konzept stellt heute den führenden Betrachtungsrahmen für die Untersuchung der Wirkungen von professioneller Hilfe auf die Lebenslagen behinderter Menschen dar und ist international zu einem Schlüsselkonzept der Qualitätsentwicklung geworden, da es eine mehrdimensionale, lebensweltlich begründete Operationalisierungsmöglichkeit der Wirkungen normalisierter (→ Normalisierung) Unterstützungsleistungen darstellt, die Partizipation der behinderten Menschen fordert und eine Orientierung an den sozialen Folgen individueller Beeinträchtigungen und an der Lebensführung insgesamt impliziert.

Iris Beck

Literatur

Abele, A./Becker, P. (Hrsg.): Wohlbefinden. Theorie – Empirie – Diagnostik. Weinheim 1994.

Andrews, F.M./Withey, S.B.: Social indicators of well-being. Americans' perceptions of life quality. New York 1976.

Beck, I.: Neuorientierung in der Organisation pädagogisch-sozialer Dienstleistungen für behinderte Menschen: Zielperspektiven und Bewertungsfragen. Frankfurt 1994.

Bellebaum, A./Barheier, K. (Hrsg.): Lebensqualität. Ein Konzept für Praxis und Forschung. Opladen 1994.

Brown, R.I. (Hrsg.): Quality of life for People with Disabilities: Models, Research, and Practice. 2nd edition. Cheltenham, UK, 1997, Stanley Thornes.

Brown, Ivan/Brown, Roy I.: Quality of life and Disability. An approach for Community Practitioners. Jessica Kingsley Publishers London and New York 2003.

Campbell, A./Converse, P.E./Rodgers, W.L.: The quality of American life. Perceptions, evaluations, and satisfactions. New York 1976.

Glatzer, W. (Hrsg.): Entwicklungstendenzen der Sozialstruktur. Soziale Indikatoren XV. Frankfurt 1992.

Glatzer, W./Ostner, I. (Hrsg.): Deutschland im Wandel. Sozialstrukturelle Analysen. Opladen 1999.

Glatzer, W./Zapf, W. (Hrsg.): Lebensqualität in der Bundesrepublik. Objektive Lebensbedingungen und subjektives Wohlbefinden. Darmstadt 1984.

Goode, D. (Hrsg.): Quality of life for persons with disabilities. International perspectives and issues. Cambridge 1994.

Schalock, R.L. (Hrsg.): Quality of life Volume I. Conceptualization and Measurement. Washington 1996.

Seifert, M./Fornefeld, B./König, P.: Zielperspektive Lebensqualität. Eine Studie zur Lebenssituation von Menschen mit schwerer Behinderung im Heim. Bethel Beiträge 57. Bielefeld 2001.

Thimm, W.: Behinderungsbegriff und Lebensqualität. Ansätze zu einer Vermittlung zwischen sonderpädagogischer Theorie und Praxis. In: Verband Bildung und Erziehung (Hrsg.): Brennpunkt Sonderschule – Sonderschultag '77. Bonn 1978, 24–30.

Zapf, W. (Hrsg.): Soziale Indikatoren. Konzepte und Forschungsansätze III. Frankfurt 1975.

Zapf, W./Habich, R. (Hrsg.): Wohlfahrtsentwicklung im vereinten Deutschland. Sozialstruktur, sozialer Wandel und Lebensqualität. Berlin 1996.

Qualitätsentwicklung und Qualitätsbeurteilung

Qualitätsentwicklung und -beurteilung ist ein Oberbegriff für Prozesse einer systematischen, Leitzielen entsprechenden Implementation und Evaluation personenbezogener Dienstleistungen. Durch den Einsatz von Methoden und Verfahren, die sich auf Struktur- und Organisationsaspekte, Handlungsprozesse und Ergebnisse beziehen, soll die Effektivität (Wirksamkeit) und Effizienz (Verhältnis von Aufwand und Ertrag) erhöht und eine empirische Beurteilung der Wirkungen ermöglicht werden.

Mit *Implementation* ist der Prozess der Umsetzung von Zielen und Handlungsprogrammen auf die Handlungsebene gemeint. Die Makroimplementation als global-strukturelle Betrachtungsweise umfasst idealtypisch die Phasen von der ersten Zielformulierung mit Blick auf bestimmte Problemlagen, z.B. durch Wissenschaft oder Praxis, über die gesetzliche Verankerung und Ressourcenallokation für ein neues Programm bis zur flächendeckenden Einführung als institutionalisiertes Angebot. Der Implementationsprozess im engeren Sinne (Meso- und Mikroimplementation) enthält die eigentliche Programmumsetzung im Sinne der Schaffung oder Organisation von Einrichtungen als Trägern der Programme und den Prozess der alltäglichen Erbringung der Dienstleistungen bis hin zu ihrer Wirkung auf die Situation der Betroffenen. Qualitätsentwicklung und -beurteilung beziehen sich überwiegend auf die letzteren Prozesse, da diese für die Entstehung der Qualität und Wirkungen personenbezogenen Handelns zentral sind, während die makrostrukturellen Prozesse notwendige, aber nicht hinreichende Rahmenbedingungen bereitstellen.

Evaluation bedeutet Aus-, Bewertung, Wirkungs- oder Erfolgskontrolle von Verfahren und Programmen, besonders nach Reformen oder Modellversuchen. Der methodengestützten Prüfung und Verbesserung von Strukturen, Prozessen und Ergebnissen können unterschiedliche Motive zugrundeliegen: mangelnde Kenntnis von Wirkungen; Entideologisierung von Zieldebatten durch empirische Begründung; Diskrepanzen zwischen Normformulierung und empirischer Umsetzung; mangelnde Kenntnis oder Verbesserung der zur Zielerreichung geeigneten Mittel und Wege; Herstellung von Transparenz und Vergleichbarkeit; Verbesserung der Qualität des Arbeitslebens; Planung und Optimierung des Ressourceneinsatzes; umfassende Bedarfsplanung und -erhebung; Kontrolle durch die Angebotsnutzer.

Qualitätsentwicklung und -beurteilung können verschiedene Funktionen haben: Einführung verbindlicher Standards, interne und externe Qualitätsvergleiche, Erstellung von Leistungsprofilen, systematische Bedarfsplanung und -erhebung; Strukturentwicklung, verbindliche Koordination und Kooperation, Personal- und Organisationsentwicklung, Nutzerkontrolle und -partizipation. Die angewandten Verfahren reichen von Methoden des Managements und der optimalen Ressourcennutzung über partizipative Zieldiskurse in Qualitätszirkeln und Leistungsbeschreibungen bis zur Selbst- und Fremdevaluation, z. B. mit Fragebögen oder Feedbackverfahren. Qualitätsentwicklung und -beurteilung können kritischen oder affirmativen, legitimatorischen oder emanzipatorischen Zielen dienen. Sie können Reflexionsinstrument für Wissenschaft und Praxis, aber auch Entscheidungsgrundlage für Politik und Verwaltung sein; sie können die fachliche und ökonomische Kompetenz steigern, aber auch die Unterordnung fachlicher Ziele unter ökonomische Primate bezwecken. Die Formulierung von verbindlichen Zielkriterien kann die Einführung von Mindeststandards generieren; damit können zwar Schutz und Vergleichbarkeit gewährleistet werden, qualitätssteigernde und innovative Entwicklungen sind dann jedoch kaum möglich. Gesellschaftliche, politische und strukturelle Bedingungen müssen deshalb in ihrem Einfluss thematisiert und die Ziele der Qualitätsentwicklung normativ begründet werden.

Eine einheitliche abschließende *Definition* liegt nicht vor; angrenzende Begriffe sind Qualitätssicherung, Organisations- und Personalentwicklung, Qualitätsmanagement. Verwendung finden die Begriffe in allen Bereichen personenbezogener Dienstleistungen. Es überwiegen betriebswirtschaftliche, organisationssoziologische und -psychologische Konzeptualisierungen.

Eine Anwendung auf *pädagogische Handlungsprozesse* bedarf der erziehungswissenschaftlichen Begründung. Qualität, Effektivität und Effizienz müssen in Termini von Lebens- und Bildungsqualität (→ Bildung; → Lebensqualität) definiert werden; Betrachtungsmodelle, Methoden und Verfahren auf konstitutive Merkmale des pädagogischen Handelns bezogen werden. Systematische, leitzielkonforme Implementationsprozesse setzen voraus, dass das Programm in seinen Zielen ausformuliert ist, und implizieren eine dem Programm entsprechende Personal- und Organisationsstruktur sowie direkte, kausale Intention-Wirkungszusammenhänge.

Die Offenheit und Abstraktheit pädagogischer Ziel- oder Zweckbestimmungen (wie z. B. Mündigkeit) führt jedoch zu Legitimationsproblemen und Grenzen der Operationalisierbarkeit. Diese Problematik besteht auch bei konkreten Kriterien wie z. B. Schulleistungen, denn es bleibt offen, was die Bezugsgröße sein soll – individuelles

Entwicklungsniveau, mittlere Leistungsstreuung oder vergleichbare Altersgruppen –, was als Erfolgskriterium zu gelten hat und wer bewertet. Der Handlungsprozess und seine Wirkungen unterliegen zahlreichen Einflussfaktoren; Effekte sind nicht kausal herstellbar. Intention-Wirkungszusammenhänge lassen sich zeitlich nicht generell determinieren; zeitliche Verläufe im Bildungsprozess variieren individuell. Aus allgemeinen Zweckbestimmungen der Bildung lassen sich keine Handlungen ableiten und umgekehrt lässt sich aus der Erziehungswirklichkeit selber schwer auf Zwecke schließen (König 1999; Oelkers 1982). Weiter sind „Effizienz der Leistungserbringung und Effektivität des Dienstes ... unbestimmbar ohne Einbezug des Klienten, die effiziente und effektive Produktion undenkbar ohne seine mehr oder weniger aktive Teilnahme. Teilnahme aber ist gleichbedeutend mit Zusammenwirken, Kooperation, Interaktion und Kommunikation" (Gross/Badura 1977, 366). Die Qualität entwickelt sich in der direkten Interaktion und Kommunikation zwischen den ‚Leistungserbringern' und den ‚Leistungsempfängern'; sie ist ein immaterielles Gut. Die Qualitätsbeurteilung muss gleichsam den sich durch die pädagogische Tätigkeit entwickelnden Sinn für die Lebensbewältigung erfassen. Eine bürokratische, hierarchische Organisation wäre verfehlt, das Organisationsleitbild eine partizipative dialogische Struktur. Reformorientierungen treten allerdings mit der Dauer der Institutionalisierung häufig wieder gegenüber bürokratischen Routinen zurück, und es entstehen (neue) Differenzen zwischen Funktion und Leistung. Zudem unterliegen Organisationen generell Grenzen der Flexibilität und → lebensweltlichen Ausrichtung und Tendenzen der systemkonformen Problembearbeitung. Dieses Spannungsfeld der pädagogischen Leistungserbringung zwischen System und Lebenswelt erfordert somit eine ständige Reflexion und Legitimation der Ziele und des organisatorisch Machbaren. Die genannten Probleme schließen insgesamt linear-kausale oder eindimensionale Evaluations- und Implementationsmodelle aus.

Als Erfordernisse und Merkmale einer *pädagogisch begründeten Qualitätsentwicklung* lassen sich nennen: Partizipation der Adressaten am Handlungsprozess und dessen Bewertung; umfassende Ermittlung individueller Bildungs-, Beratungs- oder Unterstützungswünsche; Antizipation notwendiger Handlungsabläufe und möglicher Wirkungen; Einbau ständiger Reflexions- und Legitimationselemente mit allen am Handlungsprozess Beteiligten, um Korrekturen vorzunehmen und mögliche Einflussfaktoren zu reflektieren; ständige Erprobung und Überprüfung von Verfahren, die das praktische Handeln leiten können (König 1999). Die Sinnhaftigkeit des Gelernten muss sich an der Übernahme in das Alltagsleben durch die Adressaten erweisen, an der Erhöhung ihrer Chancen zur selbständigen Lebensführung und der Erweiterung von Kompetenzen. Der Zweck von Bildungsprozessen, nämlich dass „Erziehung und Bildung auf Mündigkeit und Autonomie ausgerichtet sein sollen" (König 1999, 35), ist ein übergreifendes Bewertungskriterium, das engere Zielangaben übersteigt und auf den offenen Gehalt des Bildungsbegriffs verweist. In diesem Sinne kann kein inhaltlich abschließend festgelegter Kanon als Ergebnisdimension bestehen.

Das fachliche Interesse an einer systematischen Umsetzung tragender Leitziele (→ Normalisierung, → Integration) und der Prüfung der Wirkungen, um an die Stelle ideologischer Auseinandersetzungen empirische Begründungen zu rücken, ist der Ursprung der Anwendung in der *Behindertenpädagogik*. Im Rahmen der internationalen Normalisierungs- und Deinstitutionalisierungsforschung wurden nach anfänglich eindimensionalen Messungen (z. B. des Zusammenhangs zwischen der Größe von Wohneinrichtungen und den Kompetenzniveaus der Bewohner) differenzierte Evaluationsdesigns entwickelt und wichtige Erkenntnisse über die komplexen Wirkungszusammenhänge und die Bedingungsvariablen für angestrebte Wirkungen gewonnen (Beck 1994; für den Schulbereich: Ditton/Krecker 1995). Mit dem Konstrukt der → *Lebensqualität* wird mittlerweile ein mehrdimensionales Betrachtungsmodell für die Evaluation der Wirkungen und zugleich für die Qualitätsentwicklung der Dienste verwandt. Das erste und weltweit wohl am häufigsten eingesetzte Instrument zur Qualitätentwicklung und -beurteilung nach Normalisierungsgesichtspunkten ist PASS bzw. PASSING von Wolfensberger (Flynn/Lemay 1999; Wolfensberger/Thomas 1983).

Mit der wachsenden Kritik behinderter Menschen an den Angebotsstrukturen, den Forderungen nach Transparenz, Wahlfreiheit und Adressatenorientierung und mit der Rezeption des internationalen Diskussionsstandes zu Leitzielen und ihrer Evaluation begann Ende der 80er Jahre in der Bundesrepublik Deutschland im Bereich des → Wohnens für behinderte Menschen eine breitere fachliche Auseinandersetzung zur Qualitätsentwicklung (Beck 1994; Bundesvereinigung Lebenshilfe 1992). Gesellschaftliche Ökonomisierungstendenzen, Anfragen an die Leistungsfähigkeit sozial- und bildungspolitisch gesteuerter Einrichtungen und veränderte Zeitsignaturen haben mittlerweile in allen Bereichen pädagogischen Handelns eine breite Diskussion um Qualitätsentwicklung und -beurteilung ausgelöst und zu ihrer gesetzlichen Verankerung (Bundessozialhilfe- und Kinder- und Jugendhilfegesetz) geführt.

Die Frage der Sicherung und Weiterentwicklung fachlicher Standards unterliegt einem Spannungsfeld, das gesellschaftlich zwischen solidarischen und eher einseitig leistungsorientierten Werten, auf der Handlungsebene zwischen leitzielorientierter Reform und betriebswirtschaftlicher Ökonomisierung und Orientierung an Strukturen der freien Marktwirtschaft oszilliert. Die fachliche, politische, rechtliche und finanzielle Kontrolle über die Ziele und die Wirkungsbeurteilung liegt im Bereich (behinderten-) pädagogischen Handelns bei den Anbietern und nicht bei den Adressaten der Leistungen. Die Abhängigkeit von den Dienstleistungen, die bei behinderten Menschen mit dem Grad ihres Unterstützungsbedarfs steigt, begründet die besondere soziale Verantwortung der Dienste und der Politik gegenüber den Adressaten.

Eine Orientierung an Strukturen der freien Marktwirtschaft kann nur unter gleichzeitiger Gewährleistung von Rechtsansprüchen, Interessenvertretung und Bedarfsdeckung und einer im Sinne der Verbesserung der Lebenslagen ‚sinn-effektiven' Leistungserbringung verstanden werden.

Iris Beck

Literatur

Antor, G.: Legitimationsprobleme sonderpädagogischen Handelns. In: Bleidick, U. (Hrsg.): Theorie der Behindertenpädagogik (Handbuch der Sonderpädagogik, Band 1). Berlin 1985, 235–250

Beck, I.: Neuorientierung in der Organisation pädagogisch-sozialer Dienstleistungen für behinderte Menschen: Zielperspektiven und Bewertungsfragen. Frankfurt 1994.

Beck, I.: Qualitätsentwicklung im Spannungsfeld unterschiedlicher Interessenlagen. Das Problem von Partizipation und Kontrolle in der Organisation von Hilfen für Menschen mit einer geistigen Behinderung. In: Geistige Behinderung 35 (1996) 3–17.

Bradley, V.J./Bersani, H.A. (Hrsg.): Quality assurance for individuals with developmental disabilities: It's everybody's business. Baltimore 1990.

Bundesvereinigung Lebenshilfe für geistig Behinderte e.V. (Hrsg.): Qualitätsbeurteilung und -entwicklung von Wohneinrichtungen für Menschen mit einer geistigen Behinderung. Marburg 1992.

Degenhardt, S.: Daten zur Angebotsqualität blindenpädagogischer Förderung (Aqua-Studie). Berlin 1998.

Ditton, H./Krecker, L.: Qualität von Schule und Unterricht. Empirische Befunde zu Fragestellungen und Aufgaben der Forschung. In: Zeitschrift für Pädagogik 41 (1995) 507–529.

Flynn, R.J./Lemay, R.A. (Hrsg.): A quarter-century of Normalization and Social Role Valorization: Evolution and Impact. Ottawa 1999.

Giesecke, H.: Pädagogik als Beruf. Grundformen pädagogischen Handelns. Weinheim 1987.

Gross, P./Badura, B.: Sozialpolitik und soziale Dienste: Entwurf einer Theorie personenbezogener Dienstleistungen. In: Ferber, Ch. von/Kauf-

mann, F.-X. (Hrsg.): Soziologie und Sozialpolitik. Opladen 1977, 361–385.
Jantzen, W./Lanwer-Koppelin, W./Schulz, K. (Hrsg.): Qualitätssicherung und Deinstitutionalisierung. Niemand darf wegen seiner Behinderung benachteiligt werden. Berlin 1999.
König, E.: Gibt es einheimische Begriffe in der Erziehungswissenschaft? In: Pädagogische Rundschau 53 (1999) 29–42.
Luhmann, N./Schorr, K.E. (Hrsg.): Zwischen Technologie und Selbstreferenz. Fragen an die Pädagogik. Frankfurt 1982.
Oelkers, J.: Intention und Wirkung: Vorüberlegungen zu einer Theorie pädagogischen Handelns. In: Luhmann/Schorr (Hrsg.) 1982, 139–194.
Speck, O.: Die Ökonomisierung sozialer Qualität. Zur Qualitätsdiskussion in Behindertenhilfe und Sozialer Arbeit. München 1999.
Wolfensberger, W./Thomas, S.: PASSING. Program analysis of services' systems implementation of normalization goals. Downsview, Ontario 1983.

Selbsthilfe und Selbsthilfegruppen

In der kürzesten und allgemeinsten Definition kann man → Hilfe als eine alltägliche Handlung bezeichnen, der die Absicht unterliegt, eine wahrgenommene Einschränkung oder Notlage einer Person auszugleichen. Von Selbsthilfe spricht man in Bezug auf die Behebung einer Einschränkung oder Notlage durch das Individuum selbst (individuelle Selbsthilfe) oder eine soziale Gruppe (soziale Selbsthilfe). Der Begriff Selbsthilfe ist „umgangssprachlicher Natur und deshalb mit vielfältigen Assoziationen und Einbettungen verbunden" (Grunow 1998, 683); angrenzende, teilweise auch synonym verwandte Begriffe sind Selbstversorgung, Laienhilfe, ehrenamtliches Helfen bzw. Engagement, informelle Hilfe.

Die *individuelle Selbsthilfe* ist dann gegeben, wenn „kein Dritter zwischen den (identischen) Hilfebedürftigen und Helfer tritt" (Grunow 1998, 683); für Behinderungen und chronische Krankheiten ist jedoch gerade die individuell und situationsspezifisch unterschiedlich hohe, häufig dauerhafte Angewiesenheit auf Dritte zur alltäglichen Lebensführung und zur Bewältigung von Beeinträchtigungen und Benachteiligungen kennzeichnend. Die Notwendigkeit von Hilfe ist Legitimationsfigur rechtlicher Definitionen von Behinderung; im Umstand der erhöhten sozialen Abhängigkeit (Hahn 1981) und der Erschwerung der gleichberechtigten Teilhabe begründet sich die soziale Verantwortung für die Lebensführung und die Förderung der Selbstbestimmung und Partizipation behinderter Menschen. Soziale Selbsthilfe bezeichnet die informelle Hilfe von einzelnen Personen oder sozialen Gruppierungen, „die *nicht* speziell qualifiziert, organisiert und finanziert sind, um diese Aufgabe durchzuführen" (Grunow 1998, 683). Bezogen auf das Leben mit einer → Behinderung rekurriert der Begriff vor allem auf den Ersatz oder die Ergänzung professioneller Dienstleistungen, indem gesundheitliche, psychische oder soziale Probleme im Zusammenhang mit der Behinderung informell gelöst werden.

Soziale Selbsthilfe geschieht alltäglich in den Primärgruppen von Familien, Freundes- und Bekanntenkreisen und Nachbarschaften und erfüllt durch vielfältige praktische und psycho-soziale Leistungen zentrale Funktionen für die Alltags- oder Krisen- und Belastungsbewältigung. Die stressmindernde, gesundheitsfördernde und identitätssichernde Funktion funktionierender sozialer Bindungen ist empirisch breit belegt (Beck 1999; Hurrelmann 1998; Hurrelmann/Laaser 1998; Schiller 1987). Das

Ausmaß der sozialen Selbsthilfe in *sozialen Netzwerken* wird generell und ganz besonders, was Familien mit behinderten Angehörigen betrifft, erheblich unter-, der Anteil professioneller Dienstleistungen überschätzt. Diese alltäglichen informellen Hilfen lassen sich weder in quantitativer noch in qualitativer Hinsicht durch professionelle Hilfe vollständig substituieren. Zahlreiche alltagspraktische, aber auch pflegerische und gesundheitliche Hilfen werden grundsätzlich nicht professionell erbracht; viele davon, z.B. „bestimmte Formen der sozialen Unterstützung“ (Grunow 1998, 687) ließen sich auch nicht professionell erbringen. Informelle Hilfen gleichen darüber hinaus Defizite oder negative Folgen professioneller Hilfen aus. Professionelle Hilfe ist zudem auf die informelle Mitwirkung angewiesen: soll Hilfe negativen Folgen wie Entmündigung entgehen, muss sie die Zustimmung und Teilnahme des Adressaten erreichen (→ Qualitätsentwicklung und -beurteilung) und die Selbsthilfefähigkeit fördern (→ Gemeindeorientierung). Das professionelle Hilfesystem zielt aber von seinen Struktur- und Organisationsprinzipien her weder ausreichend auf die Förderung der individuellen oder sozialen Selbsthilfe, noch ist es genügend an der alltäglichen Lebensführung und einem ganzheitlichen Verständnis von Behinderungsfolgen (→ Normalisierung) ausgerichtet.

Defizite professioneller Hilfe – im Sinne des fehlenden als auch des verfehlten, weil bürokratischen oder Dimensionen des Unterstützungsbedarfs ausblendenden Handelns – aber auch Defizite der häufig hohen Belastungen ausgesetzten informellen sozialen Netzwerke führen zur Entstehung von Selbsthilfegruppen als *geplanten Vereinigungen Gleichbetroffener*. Selbsthilfegruppen werden durch folgende, empirisch nachgewiesene Merkmale konstituiert: Mitgliedschaft Gleichbetroffener, gleichberechtigter Austausch, Reziprozität, Freiwilligkeit, keine Gewinnorientierung, keine oder geringe Mitwirkung professioneller Helfer (Grunow 1998, Bundesarbeitsgemeinschaft für Rehabilitation 1996). Diese Merkmale variieren jedoch von Gruppe zu Gruppe; so kann die wechselseitige Hilfe z.B. dauerhaft oder nur situativ sein, die Autonomie mit Blick auf den Einfluss professioneller Helfer mehr oder weniger hoch: „Manche Selbsthilfegruppe löst sich nach einer gewissen Zeit wieder auf, andere vollziehen im Laufe ihrer Entwicklung oft eine funktionelle Erweiterung ihrer Arbeit“ (Bundesarbeitsgemeinschaft für Rehabilitation 1996, 4). Mit diesen → lebensweltlichen Formen des kommunikativen Handelns als „Gegenstruktur zu hochgradig formalisierten Formen der Interaktion“ (Schäfers 2000, 135) sind sie dem informellen System zuzurechnen, bilden aber gleichsam zwischen den Primärgruppen und dem professionellen System eine ganz eigene Struktur. Die Ziele liegen in der Selbstveränderung und psychosozialen Belastungsbewältigung, aber auch in der Sozialveränderung, der Interessensvertretung gegenüber Politik und Versorgungssystem.

In Selbsthilfegruppen werden Leistungen wie kognitive Orientierung durch Informationen, emotionale Unterstützung und praktische Hilfe erbracht. Sie bilden zugleich eine wichtige Chancenstruktur für neue soziale Kontakte und den Erhalt oder die Stärkung des Selbstwertgefühls. Damit setzen sie an „Grundbedürfnissen der Sozialnatur des Menschen (u.a. Bedürfnisse der Kommunikation und Interaktion)“ (Schäfers 2000, 135) an, aber vor dem Hintergrund spezifischer Problemlagen und eines hierauf bezogenen Bedarfs. Die gleiche Betroffenheit aller Mitglieder stellt die individuellen Erfahrungen der Behinderungsbewältigung in einen sozialen und kommunizierbaren Zusammenhang und transportiert hierüber identitätsstabilisierende und integrierende Momente, wie sie weder das informelle Netzwerk noch das professionelle System bereitstellen können. Die Wirkung von Selbsthilfe und Selbsthilfegruppen reicht darüber hinaus von der gezielteren und aufgeklärten Nutzung professioneller Hilfen über die Aktivierung und Förderung neuer, sozialräumlich verankerter solidarischer Potentiale, die Verbesserung der Qualität professioneller Hilfe durch Stärkung der Partizipation bis hin zur Entwicklung neuer Lösungsansätze und Angebotsformen (Deutscher Verein für öffentliche und private Fürsorge 1998, 54–55). Selbsthilfe erhöht somit die Effektivität professioneller Hilfen und ergänzt sie, ist aber „kein Ausfallbürge für die sozialstaatlichen Aufgaben" (ebenda, 54). In der *lebensweltlichen Verfasstheit* des freiwilligen, an eigenen Bedürfnissen orientierten und gleichberechtigten Engagements liegen zugleich die Grenzen des Machbaren und Gewährleistbaren.

1996 existierten mindestens 45.000 Selbsthilfegruppen (Bundesarbeitsgemeinschaft für Rehabilitation 1996) von Betroffenen und Angehörigen; der überwiegende Teil davon ist nominell dem Gesundheitsbereich zuzurechnen, und hier wiederum in der Regel chronischen Krankheiten und Behinderungen. *Historisch* entstanden die ersten Selbsthilfe- und Interessenszusammenschlüsse behinderter Menschen bereits zu Beginn des 20. Jahrhunderts (z.B. der Deutsche Blindenverband); sie blieben allerdings auf wenige Gruppen begrenzt. Zu einer breiteren Selbsthilfebewegung im heutigen Verständnis kam es in den 50er und 60er Jahren vorrangig durch Betroffene und sehr stark auch durch Eltern behinderter Kinder, die angesichts einer desolaten Versorgungslage, anhaltender Ausgrenzung und erheblicher Belastungssituation gegenseitige Unterstützung, Informationen, Fördermöglichkeiten und Alternativen zur Anstaltsunterbringung suchten. Viele dieser zunächst auf örtlicher Ebene entstandenen Gruppen schlossen sich zu Landes- und Bundesverbänden (z.B. Bundesvereinigung Lebenshilfe für Menschen mit geistiger Behinderung) bis hin zu einem gemeinsamen Dachverband zusammen (Bundesarbeitsgemeinschaft Hilfe für Behinderte); teilweise wurde mit dem Aufbau eigener Angebote der Weg der Professionalisierung und der Abhängigkeit von staatlicher Regulierung und Finanzierung beschritten. Bundesweite Interessensverbände tragen mit hohen Mitgliedszahlen, Verwaltungs- und Dienstleistungsstrukturen Merkmale klassischer Organisationen und reiner Lobbygruppen. Die Differenz dieser Selbsthilfeorganisationen zu den *freien Wohlfahrtsverbänden*, die ebenfalls Ehrenamt, Selbsthilfegruppen und Laienhilfe fördern und einschließen, lässt sich nur graduell, z.B. in Abhängigkeit des Professionalisierungsgrades und -ausmaßes, bestimmen. Fließende Übergänge und „Verflechtungen mit Laienhilfe, professioneller Fremdhilfe, organisatorischer Formalisierung, staatlicher Regulierung und Finanzierung" (Grunow 1998, 695) sind jedoch auch für die Selbsthilfegruppen kennzeichnend, die in vielfältiger Weise mit dem professionellen System zusammenarbeiten oder, z.B. über finanzielle Zuschüsse oder die mittlerweile 150 lokalen, zumeist professionell geleiteten Kontakt- und Informationsstellen für Selbsthilfegruppen, gefördert werden.

Die gesellschaftliche Reformorientierung der 60er Jahre führte zur „emanzipativen Selbsthilfebewegung" behinderter Menschen (Bischoff 1998; Radtke 1990). Die Kritik setzte hier unmittelbar am entmündigenden professionellen System, an dessen Ausblendung der psychosozialen Dimensionen von Behinderung und fortbestehender Defektorientierung, der Verdrängung oder Missachtung des Wissens der Betroffenen und der fehlenden sozialen, politischen und rechtlichen Gleichstellung – und damit auch an der bestehenden Interessensvertretung – an. Mit dem *Paradigma des Selbstbestimmten bzw. Autonomen Lebens* wurde die Hilfe auf Gegenseitigkeit neu etabliert (in Form des „peer counseling"); über die Analyse politischer und sozialer Determinanten von Behinderung richtete sich der Fokus der Selbsthilfe auf die Verringerung sozialer Abhängigkeit durch eine möglichst autonome Lebensführung bis hin zur Etablierung eigener, dem traditionellen System radikal entgegenstehender Angebote (Assistenzmodelle). Diese Gedanken und Modelle beginnen zunehmend das professionelle System und die Selbsthilfeverbände zu beeinflussen; sie finden ihren Niederschlag u.a. in der anwaltschaftlichen Unterstützung der Interessensvertretung und Förderung der Mit- und Selbstbestimmung von Menschen mit geistiger Behinderung durch professionelle Helfer.

Selbsthilfe ist nicht voraussetzungslos; sie bedarf der Informiertheit, der Partizipationsmöglichkeit, der individuellen Bereitschaft. Die verpflichtende Verankerung der Partizipation der Betroffenen an der → Qualitätsentwicklung (z. B. in Form von Anhörungen, Behindertenbeiräten usw.) oder die Einrichtung lokaler Selbsthilfekontaktstellen bilden dafür kommunalpolitische Instrumente. Die Förderung von Selbsthilfe und Selbstbestimmung muss darüber hinaus Eingang in die professionellen Handlungskonzepte und in die Organisationsstrukturen im Sinne eines wohnortnahen, flexiblen und adressatenorientierten Systems gemeindenaher Unterstützung finden. Iris Beck

Literatur

Antor, G.: Selbsthilfe in der Sozialpolitik für Behinderte: zwischen Bedrohung und Verheißung. In: Vierteljahreszeitschrift Sonderpädagogik 28 (1998) 40–46.

Beck, I.: Modellbildung im sonderpädagogischen Kontext. In: Dohrenbusch, H./Blickenstorfer, J. (Hrsg.): Allgemeine Heilpädagogik. Eine interdisziplinäre Einführung, Band 1. Luzern 1999, 151–160.

Bischoff, D.: Zwei Seiten einer Medaille. Verbandsselbsthilfe zwischen politischer Interessenvertretung und psychosozialer Hilfe. In: Deutsche Arbeitsgemeinschaft Selbsthilfegruppen (Hrsg.) 1998, 12–15.

Bundesarbeitsgemeinschaft für Rehabilitation (Hrsg.): Materialien zur Selbsthilfeförderung. Frankfurt 1996.

Deutsche Arbeitsgemeinschaft Selbsthilfegruppen (Hrsg.): selbsthilfegruppen nachrichten 1998. Gießen 1998.

Grunow, D.: Selbsthilfe. In: Hurrelmann/Laaser 1998, 683–703.

Hahn, M.: Behinderung als soziale Abhängigkeit. Zur Situation schwerbehinderter Menschen. München 1981.

Hurrelmann, K.: Einführung in die Sozialisationstheorie. Weinheim 1998.

Hurrelmann, K./Laaser, U. (Hrsg.): Gesundheitswissenschaften: Handbuch für Lehre, Forschung und Praxis. Weinheim 1998.

Radtke, P.: Selbsthilfegruppen. In: Speck, O./Martin, K.-R. (Hrsg.): Sonderpädagogik und Sozialarbeit. (Handbuch der Sonderpädagogik, Band 10). Berlin 1990, 252–266.

Schäfers, B.: Die soziale Gruppe. In: Korte, H./Schäfers, B. (Hrsg.): Einführung in Hauptbegriffe der Soziologie. Opladen 2000, 125–140.

Schiller, B.: Soziale Netzwerke behinderter Menschen. Frankfurt 1987.

Thimm, W.: Behinderte Menschen als „kritische Konsumenten“ sozialer Dienstleistungen. In: Bundesarbeitsgemeinschaft Hilfe für Behinderte (Hrsg.): Für ein selbstbestimmtes Leben. Werte und Zielvorstellungen in der Behindertenarbeit. Düsseldorf 1985, 9–22.

Wohnen

Das Wohnen ist „der Niederschlag einer sozialen Einheit im Raume, der Typus ihrer Raumgestaltung eine handgreifliche, eine – im wörtlichen Sinne – sichtbare Repräsentation ihrer Eigenart“ (Elias 1983, 70). Die Bedeutung des Wohnens liegt – weit über die physische Schutzfunktion hinaus – in seiner sozialen und psychologischen Funktion. Die Wohn- und damit Lebensweisen als die sozialen Interaktions- und Kommunikationsformen räumlich aufeinander bezogener Menschen unterliegen dem historisch-kulturellen Wandel. Die ursprüngliche Verbindung mit einer physischen Raumgestaltung ist die mit dem Haus (abgeleitete Begriffe z. B. Haushalt, Häuslichkeit, Behaustsein; engl. housing conditions = Wohnbedingungen). Dabei wurde mit dem

Haus „ein Lebenszentrum (gemeint), das sich sowohl auf den Lebensunterhalt und Beruf ... als auch auf das Leben im Familien- und Gemeindezusammenhang bezog". Die funktionale Differenzierung von Lebensbereichen in modernen Gesellschaften hat das Wohnen überwiegend zum Ort des privaten, „personalen und sozialintimen Lebensvollzugs" (Speck 1998, 19) werden lassen. Zahlreiche wichtige Bedürfnisse wie die nach Interaktion und Kommunikation, emotionaler Bindung, sozialer Zugehörigkeit, Privatheit und Intimität, Selbstbestimmung und Persönlichkeitsentfaltung, Aktivität und Ruhe werden über das Wohnen erfüllt. Die Erwartungen an das Wohnen gerade mit Blick auf diese Bedürfnisse haben historisch insgesamt zugenommen, und sie steigen individuell in dem Maß, wie ihre Befriedigung in anderen Lebensvollzügen verwehrt oder eingeschränkt ist. Wie kaum ein anderer Lebensbereich bietet das Wohnen Möglichkeiten der freien Entscheidung und der selbstbestimmten sozialen, kreativen, zeitlichen Gestaltung und Nutzung.

Der hohe Einfluss der Zufriedenheit mit den Wohnbedingungen und der Qualität des Wohnens auf die → *Lebensqualität* insgesamt ist in der Forschung belegt. Im Rahmen der Lebensqualitätsforschung werden Standards im Sinne durchschnittlich vorfindbarer Wohnbedingungen (Wohnungs-, Zimmergrößen, Ausstattung etc.) und die Zufriedenheit mit Wohnbedingungen und Wohnformen untersucht. Determinanten der Zufriedenheit sind nicht nur quantitative und qualitative Wohnungsmerkmale, Wohnformen oder -gebiete, sondern auch individuelle (z. B. Bildungsstatus, Anspruchniveaus) sowie infrastrukturelle, ökologische und schließlich identitätsstiftende Faktoren (wie Eingebundenheit in soziale Beziehungskreise, Ortsbindung als Gefühl des Beheimatetseins).

Die *pädagogische Bedeutung des Wohnens* begründet sich in seiner Funktion als Ort der familialen Erziehung von Kindern und Jugendlichen, als Zielbereich für den Erwerb sozialer, kreativer und lebenspraktischer Kompetenzen und als neben der Erwerbsarbeit wichtigsten Chancenstruktur für soziale → Integration. Im schulischen Bereich findet eine Förderung von auf das Wohnen bezogenen Kenntnissen und Kompetenzen im Unterricht, aber auch z. B. durch Trainingswohnen oder die Begleitung von Ablösungs- oder Übergangsprozessen statt. Im Rahmen der → Erwachsenenbildung bestehen vielfältige Kursangebote. Wohneinrichtungen werden in der Regel (sozial- oder behinderten-)pädagogisch konzeptualisiert; das pädagogische Handeln zielt auf die Förderung von Kompetenzen der Bewohner, die Gestaltung des Wohnens und des Wohnumfelds als Lebensraum und die Integration in die Gemeinde. Das Wissen um Wohnbedingungen und soziale Funktionen des Wohnens ist unabdingbar zum Verständnis individueller und gruppenspezifischer Lebenslagen und zur Unterstützung sozialer Integrationsprozesse.

Wohnungslosigkeit kann mit Unbehaustheit, Heimatlosigkeit, Identitätsverlust gleichgesetzt werden, elende Wohnverhältnisse gelten als menschenunwürdig. → Armut und Ausgrenzung schaffen gleichermaßen solche die Subjekthaftigkeit und Identität des Menschen bedrohende Zustände (→ Randständigkeit). Die Rede von der Wohn- als Lebensweise trifft für *behinderte Menschen* in besonderer Weise zu: Wenn eine Reduktion der Funktionen nur noch auf die Erfüllung weniger elementarer Bedürfnisse und Fremdbestimmung vorherrschen, kann von Wohnen nicht, allenfalls von Unterbringung die Rede sein. Historische Analysen der Lebenslagen behinderter Menschen geben Aufschluss, wie sich Integrations- und Segregationsprozesse, gesellschaftliche Werte und Einstellungen gegenüber Behinderung in räumlichen Gestaltungen zwischen humanem Wohnen und „elenden, menschenunwürdigen Umständen" (Bundesminister für Jugend, Familie und Gesundheit 1974, 57) niederschlagen.

So finden sich *historisch frühe Beispiele* der Vergemeinschaftung und Integration in allgemeine Lebensvollzüge oder der Gemeindefürsorge für in materielle, seelische oder physische Not Geratene in eigenen

Häusern (wie den Hospizen) neben der Obdachlosigkeit und Verelendung im Mittelalter; neben einzelnen Gründungen hausgemeinschaftsähnlicher pädagogischer Einrichtungen stehen Verwahranstalten wie Toll- und Arbeitshäuser am Beginn der Moderne. Mit der Industrialisierung im 19. Jahrhundert entstehen die bis heute dominanten Strukturen zentralisierter und spezialisierter institutioneller Versorgung in Form von Internaten, Erziehungsheimen (→ Heimerziehung), Anstalten (→ Anstaltswesen) und Psychiatrien. Dabei verbanden sich bei human motivierten Einrichtungsgründungen mit der Schaffung räumlicher Strukturen nahezu immer auch Ansätze pädagogischer und sozialer, auf Bildung und Beschäftigung zielender Handlungsstrukturen. Diese Begründungslinie ist jedoch weder durchgängig – ausgrenzende, dehumanisierende Tendenzen lassen sich ebenso ausmachen – noch hat sie historisch zur Integration in allgemeine Lebensvollzüge geführt. Weil das Wohnen Kristallisationspunkt für Akzeptanz, Integration und eine menschenwürdige Lebensführung ist, gehen mit segregierten, defektorientierten Unterbringungsformen häufig auch weitere dehumanisierende Tendenzen wie Einschränkungen der Persönlichkeitsentwicklung und Bedürfnisverwirklichung, hochgradige Fremdbestimmung und Abhängigkeit einher.

Bis heute gibt es Beispiele isolierender kollektiver Massenunterbringung unter menschenunwürdigen Umständen, die den Verlust von Identität und Biographie, physische und psychische Schäden zur Folge haben können (Hospitalismussyndrom). Vor diesem Hintergrund wird verständlich, warum das Wohnen zum zentralen Ansatzpunkt des → *Normalisierungsprinzips* wurde und es hier seine größte Wirkung entfaltete. Erst mit seiner Anerkennung wurden in größerem Maßstab Alternativen zur familiären Betreuung oder der Anstaltsunterbringung mit dem Bau gemeindenaher Wohnheime (in der BRD ab den 70er Jahren) verwirklicht. Wissenschaftliche Untersuchungen, fachliche Konzeptualisierungen normalisierungsnaher Wohnformen und vor allem die Initiativen der behinderten Menschen und ihrer → Verbände haben die politische Anerkennung und rechtliche Verankerung eines an den Bedürfnissen behinderter Menschen ansetzenden Bauens und Wohnens vorangebracht. Integration, größtmögliche Differenzierung nach spezifischen Unterstützungsbedürfnissen und flexible, individualisierte Assistenz, Barrierefreiheit, Dezentralisierung, Ermöglichung von selbständiger Lebensführung und Selbstbestimmung, Angleichung an allgemeine Standards sind weitgehend anerkannte Leitlinien für das Bauen und Wohnen.

Das Wohnen in der eigenen Wohnung und das Wohnen von Familien mit behinderten Angehörigen werden durch zahlreiche gesetzliche Vorschriften und Unterstützungsmaßnahmen gefördert (z.B. für barrierefreie Wohnungen, barrierefreie Umfeld- und Infrastrukturgestaltung, *behindertengerechte Wohnungsausstattung* oder -anpassung, Betreuungsleistungen durch offene Hilfen: Bundesministerium für Arbeit und Sozialordnung 1998). Die heute bestehenden institutionellen Wohnangebote weisen ein vielfältiges Spektrum auf – von gemeindeintegrierten betreuten Einzel-, Paar- und Gruppenwohnungen über Wohnheime bis zu den Pflegeheimen und Komplexeinrichtungen. Trotz des starken quantitativen Ausbaus entspricht das Angebot an *betreuten Wohnformen* und an sozialen und pädagogischen Diensten, insbesondere für ein gemeindeintegriertes, möglichst selbständiges Leben, nicht dem Bedarf. Nach wie vor leben viele unterstützungsbedürftige behinderte Menschen auch im Erwachsenenalter im Elternhaus; der überwiegende Teil institutioneller Wohnplätze befindet sich in größeren, heimatfernen Heimen; Tausende behinderter Menschen sind fehlplatziert in Alten-, Pflegeheimen oder Psychiatrien untergebracht. Spezifische Benachteiligungen lassen sich insbesondere für → schwer- und mehrfachbehinderte Menschen nachweisen. Fehlende Akzeptanz kann ein „Leben in Nachbarschaften“ (Thimm 1994) trotz des → Diskrimierungsverbots verhindern. Dies verweist auf die widerstrebenden normativen Spannungsfelder, denen die Frage nach der Wohn- als Lebensweise nach wie vor unterliegt. Iris Beck

Literatur

Bundesministerium für Arbeit und Sozialordnung (Hrsg.): Vierter Bericht der Bundesregierung über die Lage der Behinderten und die Entwicklung der Rehabilitation. Bonn 1998.

Bundesminister für Jugend, Familie und Gesundheit (Hrsg.): Materialsammlung III zur Enquete über die Lage der Psychiatrie in der BRD. Stuttgart 1974.

Bundesvereinigung Lebenshilfe für Menschen mit geistiger Behinderung e.V. (Hrsg.): Wohnen heißt zu Hause sein. Handbuch für die Praxis gemeindenahen Wohnens von Menschen mit geistiger Behinderung. Marburg 1995.

Elias, N.: Die höfische Gesellschaft. Frankfurt 1983.

Glatzer, W./Zapf, W.: Lebensqualität in der Bundesrepublik. Objektive Lebensbedingungen und subjektives Wohlbefinden. Darmstadt 1984.

Hahn, M. u. a. (Hrsg.): Warum sollen sie nicht mit uns leben? Stadtteilintegriertes Wohnen von Erwachsenen mit schwerer geistiger Behinderung und ihre Situation in Wohnheimen. Reutlingen 2004.

Häußermann, H./Siebel, W.: Soziologie des Wohnens. Eine Einführung in Wandel und Ausdifferenzierung des Wohnens. Weinheim 1996.

Speck, O.: Wohnen als Wert für ein menschenwürdiges Dasein. In: Fischer, U./Hahn, M./Lindmeier, Ch./Reimann, B./Reichardt, M. (Hrsg.): Wohlbefinden und Wohnen von Menschen mit schwerer geistiger Behinderung. Reutlingen 1998, 19–42.

Thimm, W.: Leben in Nachbarschaften. Hilfen für Menschen mit Behinderungen. Freiburg 1994.

Wacker, E./Wetzler, R./Metzler, H./Hornung, C.: Leben im Heim. Angebotsstrukturen und Chancen selbständiger Lebensführung in Wohneinrichtungen der Behindertenhilfe. Baden-Baden 1998.

Einzelprobleme der Behindertenpädagogik

Anstaltswesen

Der Begriff ‚Anstalt' wird heute meist synonym mit stationärer oder Vollzeiteinrichtung verwendet, hat aber oft einen negativen Beigeschmack. Anstalten sind *mehr als Heime*, umfassen nicht nur den Wohn-, sondern *alle Lebensbereiche* ‚unter einem Dach' und bieten eine Vielzahl von Diensten. Traditionelle Anstalten, überwiegend in kirchlicher Trägerschaft, spielen nach wie vor eine wichtige Rolle in der Betreuung/ Versorgung vor allem von Menschen mit (schwerer) → geistiger und → Mehrfach-Behinderung aller Altersstufen, auch wenn sie durch das Normalisierungsprinzip (zu Recht) unter starken Legitimationsdruck geraten sind. Zwar gibt es kaum gesicherte Statistiken, doch ist davon auszugehen, dass 57% (= ca. 53.500) der in deutschen Einrichtungen betreuten sog. geistig Behinderten in Großheimen bzw. traditionellen Anstalten leben – wobei die in psychiatrischen Krankenhäusern oder Altenpflegeheimen fehlplatzierten Personen nicht einmal berücksichtigt sind (Seifert 1998). Begriff und Phänomen sind aufgrund ihrer Heterogenität kaum präzise zu definieren und lassen sich am ehesten über einen historischen Zugang erfassen (Bradl 1991; Haaser 1975).

Während in vorindustrieller Zeit behinderte Menschen im Rahmen ihrer Großfamilie eine ‚Überlebensnische' finden konnten, zerfielen im Zuge der Industrialisierung und Verstädterung die Großfamilien als Einheit von Lebens- und Produktionsgemeinschaft und damit die Mitversorgung Behinderter. Ihre Ausgliederung und Isolierung verschärfte sich zunehmend. Völlig undifferenziert wurden sie zusammen mit anderen Ausgestoßenen und ‚Abnormen' in großen unspezifischen Asylen (Armen-, Siechen-, Zucht- und Tollhäusern) interniert und hospitalisiert.

Etwa ab 1800 kam es zu einer ersten allmählichen (Aus-)Differenzierung; wissenschaftlich begründete Behindertenversorgung und Heilpädagogik entstanden (Möckel 1988) (→ Geschichte der Behindertenpädagogik). Unter dem programmatischen Motto ‚Heilung und Bildung' („den Devianten undeviant ... machen": Wolfensberger 1974, 29) wurden – meist als eine Art Schulheim – in Österreich (Guggenmoos 1816), der Schweiz (Guggenbühl 1841) und kirchlicherseits im süddeutschen Raum erste Anstalten für ‚Schwachsinnige' bzw. ‚Kretinen' gegründet. Auf die Förderphase folgte in der 2. Hälfte des 19. Jahrhunderts eine von Resignation und Stagnation gekennzeichnete Phase zunehmender Ökonomisierung aller Lebensbereiche, in der es nur noch um den ‚Schutz der Schwachen vor der Gesellschaft' ging – bei gleichzeitiger weitmöglicher Ausnützung ihrer ‚ineffektiven Arbeitskraft': Aus den *Heil- und Bildungsanstalten* wurden *Arbeits- und Pflegeanstalten*, die fortan als ‚Selbstversorger' ein isoliertes Eigenleben führten.

Diese ambivalente „Mitleidsperiode" ging am Ende des 19. Jahrhunderts relativ rasch und fließend in eine „Beschuldigungsperiode" über: Vorrangiges Interesse wurde der „Schutz der Gesellschaft vor dem Devianten" (Wolfensberger 1974, 29) – durch Aussonderung bis zur Ausrottung (Aufkommen von Sozialdarwinismus, Rassenhygiene, Erbgesundheitslehre/ → Eugenik und Intelligenzdiagnostik). Diese Entwicklung kulminierte schließlich in der massenhaften *Vernichtung lebensunwerten Lebens* unter der Nazi-Barbarei, zu der die Anstalten – ob gewollt oder nicht – wichtige infrastrukturelle Voraussetzungen boten. Massenunterbringung bei personeller Unterbesetzung und völlig unzureichenden räumlich-materiellen Standards der Anstalten wurde ‚chronisch'; sie währte bis in die 50er Jahre des 20. Jahrhunderts, ja dauert z.T. bis heute an.

Etwa ab 1960 setzte, ausgehend von Skandinavien und den USA, eine Wende zur → *Integration* und → *Normalisierung* ein, die durch den wirtschaftlichen Wiederaufschwung nach dem Zweiten Weltkrieg, wissenschaftliche Fortschritte (Hospitalismusforschung, Sozialpsychiatrie, → Rehabilitation, → Sonderpädagogik) und vor allem das Engagement nationaler Eltern- und → Selbsthilfevereinigungen möglich wurde und mit einer entschiedenen Anstaltskritik einherging (Goffman: „Totale Institution"). Die in apologetischer Absicht von Trägern des Anstaltswesens weithin noch behauptete ‚Anstaltsbedürftigkeit' ist aus sozial- resp. erziehungswissenschaftlicher Sicht ein Artefakt, Ergebnis eines sozialen Definitionsprozesses.

Heute gilt der Dreiklang *Enthospitalisierung – Dezentralisierung – Regionalisierung* international als Leitziel der Behindertenhilfe (→ Gemeindeorientierung). Doch in Deutschland beginnen sich diese Bestrebungen (Motto: „Aus der Anstalt in die Gemeinde") erst seit den 80er Jahren allmählich durchzusetzen (Bradl/Steinhart 1996; Theunissen 1998). Es klafft weiterhin ein Widerspruch zwischen Ideal (Vielfalt individualisierter → Wohn- und Lebensformen) und Realität (‚Aufnahmestau' bei Anstalten wie gemeindenahen Wohnstätten, Anstalten als Auffangbecken für alle ‚Schwierigen').

Zwar haben in den letzten Jahrzehnten viele Anstalten wesentliche Reformen sowohl auf fachlich-konzeptioneller wie auf räumlich-materieller Ebene vollzogen (Binnendifferenzierung; Auslagerung von Wohngruppen und Arbeitsmöglichkeiten etc.) und können insofern – wie dies auch z.B. anthroposophische ‚Dorfgemeinschaften' tun – für sich in Anspruch nehmen, Beheimatung und einen geschützten „Ort zum Leben" (Gaedt 1982) zu bieten. Doch bedeuten die Diskussion um – bzw. der sich abzeichnende Funktionswandel zu – sog. Schwerbehindertenzentren und Tendenzen einer Repsychiatrisierung geistig behinderter Menschen mit zusätzlichen psychischen bzw. Verhaltensauffälligkeiten im Zuge der (neuerlichen) Ökonomisierung des Sozialbereichs eine erneute Verschärfung der Aussonderungsproblematik. Hajo Jakobs

Literatur

Bradl, Ch.: Anfänge der Anstaltsfürsorge für Menschen mit geistiger Behinderung („Idiotenanstaltswesen"). Ein Beitrag zur Sozial- und Ideengeschichte des Behindertenbetreuungswesens am Beispiel des Rheinlands im 19. Jahrhundert. Frankfurt 1991.

Bradl, Ch./Steinhart, I. (Hrsg.): Mehr Selbstbestimmung durch Enthospitalisierung. Bonn 1996.

Gaedt, Ch.: Einrichtungen für Ausgeschlossene oder „Ein Ort zum Leben". In: Zur Orientierung (1982) Heft 1, 63–73.

Goffman, E.: Asyle. Über die soziale Situation psychiatrischer Patienten und anderer Insassen. Frankfurt 1973.

Haaser, A.: Wohnstätten für geistig behinderte Erwachsene im Literaturüberblick. In: Institut für Sozialrecht der Ruhr-Universität Bochum (Hrsg.): Richtlinien für die Errichtung von Wohnstätten für erwachsene geistig Behinderte. Bochum 1975, 11–108.

Kaspar, F.: Anstalten. In: Bach, H. (Hrsg.): Pädagogik der Geistigbehinderten (Handbuch der Sonderpädagogik, Band 5). Berlin 1979, 132–137.

Möckel, A.: Geschichte der Heilpädagogik. Stuttgart 1988.

Seifert, M.: Wohnen – so normal wie möglich. In: Jakobs, H./König, A./Theunissen, G. (Hrsg.): Lebensräume – Lebensperspektiven. Ausgewählte Beiträge zur Situation Erwachsener mit geistiger Behinderung. Butzbach-Griedel 2. Aufl. 1998, 150–190.

Theunissen, G. (Hrsg.): Enthospitalisierung – ein Etikettenschwindel? Neue Studien, Erkenntnisse und Perspektiven der Behindertenhilfe. Bad Heilbrunn 1998.

Wolfensberger, W.: Ursprung und Eigenheiten unseres Anstaltswesens. In: Kugel, R.B./Wolfensberger, W. (Hrsg.): Geistig Behindert – Eingliederung oder Bewahrung? Stuttgart 1974, 27–30.

Arbeitslehre

Arbeitslehre ist eine Bezeichnung für einen integrierten oder kooperierenden Lernbereich oder eine Zusammenfassung von traditionellen, inhaltlich reformierten Fächern. Es handelt sich um *Technik* (Werken, Praktische Arbeitslehre u. ä.) und Haushalt, manchmal Textilarbeit sowie um *Berufsorientierung* bzw. Arbeit/Wirtschaft u. ä. Die einzelnen Bereiche beziehen sich aber unabhängig von den länderspezifischen Bezeichnungen auf eine Vorbereitung auf die Berufsarbeit (Berufsorientierung u. ä.) und auf die Führung des privaten Haushalts. Einen vergleichbaren Lernbereich gab es in den sozialistischen Ländern unter der Bezeichnung *Polytechnik*. In westeuropäischen Ländern gibt es keine vergleichbare Konstruktion. Jedoch gibt es Fächer zur Auseinandersetzung mit der Technik.

Die Arbeitslehre wurde Mitte der 60er Jahre als Kernfach der von der Volks- zur Hauptschule reformierten Schule für die Mehrheit der Heranwachsenden geschaffen (Klafki/Schulz 1968). Durch die Veränderungen der Arbeitswelt wurde eine Steigerung der vorberuflichen Qualifikationen notwendig. Die Ursachen dieser Reform waren die gesellschaftliche Entwicklung mit dem Postulat ‚Chancengleichheit' und der ökonomische Wettbewerb der politischen Systeme in Ost und West und mit den asiatischen Wirtschaftsmächten. Ein deutscher ‚Bildungsnotstand' wurde – einige Zeit nach dem amerikanischen ‚Sputnik-Schock' – diagnostiziert. Der Werkunterricht für die Jungen und der Koch- und Handarbeitsunterricht für die Mädchen entsprach nicht mehr den Erfordernissen. Es erfolgte eine bewusste Hinwendung zur beruflichen Arbeitswelt, die oft mit dem Schlagwort *Hinführung zur Arbeitswelt* gefasst wurde. Mit der Konstruktion eines Lernbereichs Arbeitslehre wurde didaktisches Neuland betreten, weil ein solches Fach nicht auf eine Disziplin gestützt werden kann, sondern auf unklar gewichtete Zugänge von Fachwissenschaften angewiesen war. Dies waren u. a. unterschiedliche Technikwissenschaften, die Arbeitswissenschaften, ferner Zweige der Ökonomie, darüber hinaus die Haushaltswissenschaften und der entweder an der Kunst oder an Technik orientierte Bereich Textil. Dieses Konglomerat fachwissenschaftlicher Grundlagen brachte auch die – bis heute an Einzelfächern orientierte – Lehrerbildung in bislang nicht gelöste Probleme. Resignierend glaubte deshalb der Fachdidaktiker Dauenhauer bereits 1983 das „Ende einer Wissenschafts- und Bildungsidee" feststellen zu müssen. Lehrende, die Arbeitslehre unterrichten, haben – wenn sie überhaupt diesen Lernbereich studiert haben, was für die wenigsten zutrifft – meist nur einen der Bereiche studiert und stehen den anderen Bereichen eher distanziert gegenüber. Dies gilt selbst für die meisten Sonderschulen, in denen die Lehrenden mehrere nicht studierte Fächer unterrichten. Bis heute herrscht im Bereich der Arbeitslehre jedoch die traditionelle geschlechtstypische Arbeitsteilung vor, wonach die Männer Technik und die Frauen Haushalt unterrichten. Eine weitere Folge dieser unklaren didaktischen Konzeption ist das immer wieder diskutierte und praktizierte Bemühen, Berufsschullehrer, Werkmeister, Meisterhausfrauen und ähnliche Personen gerade wegen ihrer spezifischen – isolierten und berufsbezogenen – Fachkompetenz statt weniger fachlich als (sonder-)pädagogisch qualifizierter Lehrkräfte in den Bereichen der Arbeitslehre einzusetzen.

In der *Behindertenpädagogik* orientierten sich Fachleute zunächst an der didaktischen Diskussion der Hauptschul-Arbeitslehre, um sich in den folgenden Jahren weiter von der allgemeinen Diskussion zu lösen und eigenständige Konzepte zu entwickeln. Diese Konzeptentwicklung beschränkte sich wesentlich auf die Schule für → Lernbehinderte, für die anderen sonderpädagogischen Sparten blieb es bei eher vereinzelten Beiträgen (Vetter 1986; Duismann 1992; 1997; Beinke u.a. 1998). Diese Wendung zu ausschließlich sonderpädagogischen Konzeptionen wurde durch Vetter (1979) bis zum Ende der 70er Jahre detailliert nachgezeichnet. Seither sind drei unterschiedliche Richtungen der Vorbereitung auf das Leben nach der Schule zu beobachten: Böhm (1981) und Hiller (1994) betonen in ihren Überlegungen besondere und besondernde didaktische Konzepte bis hin zu einer neuen Schulform, bei Hiller verbunden mit dem weitgehenden Verzicht auf traditionelle Berufsbildung. Scharff entwickelte ein auf entfalteter Diagnostik (Dieterich 1988) beruhendes „Berufsvorbereitendes Funktionstraining“ (Schardt/Scharff 1998), um eine optimale berufsbezogene Förderung Lernbeeinträchtigter sicherzustellen. Duismann (1992; 1997) schließlich betont die differenzierte didaktische und methodische Förderung allgemeiner und berufsvorbereitender Kompetenzen zur möglichst integrativen Eingliederung in die Arbeitswelt.

Arbeitslehre ist hinsichtlich der damit verknüpften Intentionen weit mehr als ein Lernbereich oder eine Gruppe traditioneller Fächer. Die Aufgabe, Heranwachsenden – insbesondere solche mit Benachteiligungen und Behinderungen – Möglichkeiten zu einem selbstbestimmten, befriedigenden Leben und zu humaner Arbeit zu eröffnen, ist ein Vorhaben, das weit über jede denk- und realisierbare Form der Arbeitslehre hinausweist und deshalb auch den Streit um diese oder jene Variante relativiert. Diese Aufgabe wird auch in Zukunft in jeder Schule im Zentrum stehen bleiben.

Gerhard H. Duismann

Literatur

Beinke, L./Jetzkwotiz, J./Lüdtke, H.: Arbeitslehre für Blinde. Begleitung eines Modellversuchs im Bildungswesen. Münster 1998.

Böhm. O.: Zur Konzeption des Lernbereichs Arbeitslehre (Arbeit/Wirtschaft/Technik) in der Schule für Lernbehinderte. In: Zeitschrift für Heilpädagogik 33 (1982) 577–580.

Dauenhauer, E.: Arbeitslehre. Vom Ende einer Bildungs- und Wissenschaftsidee. Landau 1983.

Dieterich, M.: Diagnostik und Förderung beruflicher Basisqualifikationen. In: Zeitschrift für Heilpädagogik 39 (1988) Beiheft 15, 37–47.

Duismann, G.H.: Heute Lernen – Für eine Welt von Morgen. Technisch-wissenschaftliche und ökonomische Veränderungen und die Perspektiven der Jugend. In: Sonderpädagogik in Niedersachsen 1989 H. 1, 1–12.

Duismann, G.H.: Neuere Entwicklungen in der Berufs- und Arbeitswelt – Konsequenzen für die vorberufliche Bildung (und die berufliche Tätigkeit) geistigbehinderter Menschen. In: Landesinstitut für Schule und Weiterbildung (Hrsg.): Computergesteuerte Maschinen im Unterricht mit geistigbehinderten Schülerinnen und Schülern. Bönen 1997, 15–30.

Duismann, G.H.: Arbeitslehre/Technik an Schulen für Lernbehinderte und an Schulen für Erziehungsschwierige. Hagen (FernUniversität-Gesamthochschule) 1992.

Hiller G.G: Ausbruch aus dem Bildungskeller. Pädagogische Provokationen. Langenau-Ulm 3. Aufl. 1994.

Klafki, W./Schulz, W.: Arbeitslehre in der Gesamtschule. Weinheim 1968.

Schardt, M./Scharff, G.: Wege zur Verbesserung der beruflichen Eingliederung für Jugendliche mit Lernbehinderungen. Würzburg 1998.

Vetter, K.-F.: Vergleich der Entwicklung im Bereich Arbeitslehre an Sonderschulen (speziell für Lernbehinderte und Körperbehinderte) mit Entwicklungen im allgemeinen Bildungswesen. München 1979.

Vetter, K.-F.: Ein Defizit in der Körperbehindertenpädagogik. Aussagen zur Arbeitslehre. In: Zeitschrift für Heilpädagogik 37 (1986) 189–190.

Aufnahme- und Überweisungsverfahren

Der Begriff des Überweisungsverfahrens (synonym auch: Aufnahmeverfahren; Zuweisungsverfahren; eingeschränkt: Umschulungsverfahren) benennt bis zum Beginn der neunziger Jahre zunächst einen schulverwaltungsrechtlichen Entscheidungsvorgang über den Beschulungsort bei Schülern mit einer drohenden oder tatsächlichen Behinderung. Dieser Vorgang ist dadurch gekennzeichnet, dass Schülerinnen und Schüler, die dem Bildungsplan der allgemeinen Schule im Wesentlichen nicht zu folgen vermögen, einer sonderpädagogischen Einrichtung, in der Regel einer Sonderschule, zugewiesen werden. Insofern drückt sich in diesem Begriff ein formales und institutionelles Verständnis von *sonderpädagogischer Bedürftigkeit* und sonderpädagogischer → Förderung aus, welches sich insbesondere historisch entfaltet hat.

So fällt bei dem Auf- und Ausbau der *Hilfsschulpädagogik* durch Hilfsschulnebenklassen und eigenständige Hilfsschulen zu Beginn des 20. Jahrhunderts auf, dass die Entlastung der Volksschule von lernschwachen und lernversagenden Schülerinnen und Schülern herausragend wurde. Das ermöglicht es der Volksschule, ihren gesellschaftlich zunehmend stärker eingeforderten Leistungsakzent besser durchzusetzen. Leitend ist dabei der normative schulpädagogische Ansatz, dass eine Homogenisierung von Leistungspotentialen einer Lerngruppe zu deren Leistungssteigerung führen könne. Die Volksschule definierte, neben anderen Auslesekriterien, die hilfsschulpädagogischen Maßnahmen sowie deren Institutionalisierung und mit ihnen zugleich einen individuell ausgelegten Begründungsrahmen für Schulleistungsversagen.

Dieser Begründungsrahmen, durch Arno Fuchs (1869–1945) in die schulpädagogische Diskussion eingeführt, fokussiert sich auf den Begriff der Andersartigkeit aufgrund von *Schwachsinn*. Hilfsschulbedürftige Kinder gelten demnach als schwachsinnige Kinder. Diese Zuschreibung wird auf der Grundlage eines ausführlichen diagnostischen Verfahrens festgestellt bzw. legitimiert, welches in seiner Substanz alle anderen Verfahren der Übergangsauslese bei weitem übertrifft. Die pädagogische Diagnostik, die ab den zwanziger Jahren sehr intensiv von der → psychologischen Diagnostik ergänzt wird, stellt das individuelle Schulleistungs- und Verhaltensvermögen von Schülerinnen und Schülern fest, die durch die Grundschule als auffällig gemeldet werden. Die Überprüfung der Schwachsinnsvermutung wird in der Regel durch einen ausgebildeten Hilfsschullehrer und einen Schularzt vorgenommen. Bestätigt sich die Schwachsinnsvermutung, so kommt es durch die Aufsicht führende Schulbehörde zum Überweisungsbescheid auf die Hilfsschule.

Ein Mitentscheidungsrecht der Erziehungsberechtigten ist hierbei bis in die neunziger Jahre des 20. Jahrhunderts hinein nicht ausdrücklich vorgesehen. In der Regel gilt ein *zweijähriges Zurückbleiben* gegenüber dem Grundschullehrplan als eindeutiger Indikator für eine → Lernbehinderung beziehungsweise für Schwachsinn (Synonymterminologie der Hilfsschule der DDR). Die sich in den zwanziger Jahren manifestierende Grundstruktur des Überweisungsvorganges ändert sich in ihrer formalen Gestalt bis in die achtziger Jahre hinein kaum; jedoch gewinnt eine sehr differenzierte Intelligenzdiagnostik ab den sechziger Jahren einen breiten Raum für die Begründungsentscheidung von Schulversagen, welche ab den siebziger Jahren durch das Konzept der → soziokulturellen Benachteiligung argumentativ ergänzt wird.

Seit den neunziger Jahren kommt es, insbesondere aufgrund der zunehmenden Umsetzung integrationspädagogischer Maßnahmen in der Grundschule sowie durch den Einfluss eines systemtheoretisch orientierten Menschenbildes in der Pädagogik, zur weiteren Formulierung der Feststellung des sonderpädagogischen → Förderbedarfs, also zu einem „Perspektivwechsel, der schlagwortartig als Wechsel von der institutionellen zur funktionalen bzw. personalen Organisation der Hilfe und ihrer programmatischen Ausrichtung beschrieben werden kann" (Beck 1996, 443). Auf der Grundlage der Feststellung eines sonderpädagogischen Förderbedarfs wird eine Grundentscheidung zugunsten einer lernortunabhängigen pädagogischen Förderung getroffen. In der bundesdeutschen Fachdiskussion und Fachpraxis wird nachvollzogen, was im angloamerikanischen Bereich mit dem Begriff „special educational needs" bereits in den siebziger Jahren angelegt war (Opp 1993). Trotz diverser Unterschiede in der Durchführungspraxis zur Feststellung des (sonder)pädagogischen Förderbedarfes in den Bundesländern lassen sich die folgenden allgemeinen Merkmale herausstellen, die nicht zuletzt auf der Grundlage der Empfehlungen der Kultusministerkonferenz von 1994 „zur sonderpädagogischen Förderung in den Schulen der Bundesrepublik Deutschland" und der Grundsatzentscheidung des Bundesverfassungsgerichtes von 1997 zur Wahrung des schulischen Aufenthaltsbestimmungsrechtes bei sonderpädagogischem Förderbedarf (Bleidick 1998) beruhen. Diese Merkmale sind:

Zuständigkeit: Ein Antrag auf Feststellung des sonderpädagogischen Förderbedarfs kann von einem Kindergarten bzw. einer Kindertagesstätte, der Vorschule, der zuständigen Grundschule oder den Erziehungsberechtigten gestellt werden. Die Steuerung der Untersuchung wird in der Regel durch die Grundschule vorgenommen.

Diagnostische Erhebungsschwerpunkte: Untersucht wird vorrangig die Kind-Umfeld-Situation (u.a. physisch, psychisch, sozial, kommunikativ, kulturell), die Schulleistungsentwicklung und das Schulleistungsverhalten; nur noch eingeschränkt werden Intelligenztestverfahren durchgeführt (Schwerpunkte der Gutachtenerstellung: Probst/Hofmann 1999).

Entscheidungsfindung: Vor der Entscheidungsfindung durch die Schulverwaltung steht die Empfehlungsfindung. Sie wird durch einen fallbezogenen Ausschuss vorgenommen, in welchem Vertreter der Grundschule, der zuständigen sonderpädagogischen Fachdienste, gegebenenfalls Vertreter der schulpsychologischen Beratungsstelle und die Erziehungsberechtigten (oder Vertreter ihres Vertrauens, z.B. bei Sprachproblemen) stimmberechtigte Mitglieder sind. Eine Empfehlung über den Förderbedarf und dessen Umsetzung ist möglichst einvernehmlich zu treffen; der Wille der Erziehungsberechtigten hat eine herausragende Stellung, insbesondere auch was die schulorganisatorische Umsetzung eines möglichen Förderbedarfs betrifft.

Entscheidungsvollzug: Die letztliche Entscheidung über den Förderbedarf wird als Schulverwaltungsakt durch das Schulamt formal erwirkt; in den meisten Bundesländern wird eine lernortunabhängige Förderung unter Haushaltsvorbehalt gestellt. Sind die Mittel für die bevorzugten integrativen Maßnahmen für die laufende Haushaltsperiode erschöpft, kann auch eine Zuweisung auf eine noch bestehende Sonderschule oder ein Förderzentrum erfolgen; in einigen Fällen ist auch die Aussetzung des Förderanspruches möglich, insbesondere bei Konfliktfällen mit den Erziehungsberechtigten. Die Umfänglichkeit eines zugestandenen Förderbedarfs ist abhängig vom Förderschwerpunkt. So werden für die Förderschwerpunkte Lernen, Verhalten, Sprache und Sprechen im Rahmen schulischer → Integration zwei bis vier Unterrichtsstunden wöchentliche sonderpädagogische Förderung zugestanden; für die Förderschwerpunkte geistige Entwicklung, körperliche und motorische Entwicklung, Sehen, Hören und kranke Kinder kann dieser Ansatz auch deutlich erhöht werden.

Nachüberprüfung: Der zugewiesene Förderbedarf ist in der Regel jährlich neu zu begründen, bzw. auf seine Bedarfsgerechtheit und inhaltlichen Schwerpunktsetzungen hin zu überprüfen. Dies gilt insbesondere für integrative Maßnahmen.

Die Wandlung des Überweisungsverfahrens zum Feststellungsverfahren für sonderpädagogischen Förderbedarf stärkt die fachliche Zuständigkeit der Grundschule. Bislang gibt es jedoch keine hinreichende professionelle Kompetenz für diese neuen Aufgabengebiete. Durch eine intensive Vernetzung der Grundschule mit sonderpädagogischer Fachkompetenz, welche zunehmend in sogenannten sonderpädagogischen Förderzentren gebündelt wird (Wocken 1998), kann ein fachgerechter problemlösungsorientierter Förderansatz verfolgt werden. Andere Modelle sehen vor, dass Sonderpädagogen fester Bestandteil von Grundschulkollegien sind und im Schwerpunkt für Diagnose und Förderung zuständig sein sollen. Insofern leitet die Feststellung des sonderpädagogischen Förderbedarfs mit primär lernortunabhängigen Förderempfehlungen eine Reform der Grundschule und in der Folge der Sekundarstufe I ein, die sich dadurch auf ein noch breiteres heterogenes Leistungs- und Verhaltensspektrum bei den Schülerinnen und Schülern einzustellen haben. Die Berufsrolle der Sonderschullehrers verändert sich dahingehend, dass sie sich institutionsunabhängig und problemorientiert weiterentwickelt und dadurch den Expertenstatus in den Vordergrund stellt, was zu einer Stärkung der → Beratungs- und Kooperationskompetenz führt.

Thomas Hofsäss

Literatur

Beck, I.: Behinderung – spezielle Erziehungsbedürfnisse – sonderpädagogischer Förderbedarf: Theoretische Begründungs- und Vermittlungsprobleme einer „lebensweltlich" und final orientierten Bestimmung des individuellen Bedarfs an Hilfen. In: Die neue Sonderschule 41(1996) 443–455.

Bleidick, U.: Grundsatzentscheidung des Bundesverfassungsgerichts zum Benachteiligungsverbot für Behinderte und zum Besuch von Sonderschulen. In: Die neue Sonderschule 43 (1998) 39–41.

Bundschuh, K.: Einführung in die sonderpädagogische Diagnostik. München 6. Aufl. 2005.

Fuchs, A.: Schwachsinnige Kinder. Ihre sittlich-religiöse, intellektuelle und wirtschaftliche Rettung. Halle 3. Aufl. 1922.

Hofsäss, T.: Die Überweisung von Schülern auf die Hilfsschule und die Schule für Lernbehinderte. Berlin 1993.

Kultusministerkonferenz KMK: Empfehlungen zur sonderpädagogischen Förderung in den Schulen der Bundesrepublik Deutschland. Bonn 1994.

Opp, G.: Mainstraming in den USA. Heilpädagogische Integration im Vergleich. München 1993.

Probst, H./Hofmann, C.: Vorschlag zur Gutachtenabfassung und Gutachtengliederung in sonderpädagogischen Entscheidungen. In: Vierteljahreszeitschrift Sonderpädagogik 29 (1999) 48–55.

Wocken, H.: Merkmale und Profile von Förderzentren. In: Die neue Sonderschule 43 (1998) 41–50.

Ausbildung, Ausbildungsförderung

Die → Berufliche Bildung – sie umfasst die Berufsausbildung, die Fortbildung und die Umschulung – ist im *Berufsbildungsgesetz* (BBiG) geregelt. Dieses Gesetz gilt für die Berufsbildung, soweit sie nicht in berufsbildenden Schulen durchgeführt wird, die den Schulgesetzen der Länder unterliegen.

Das BBiG schreibt vor, dass die Berufsausbildung „eine breit angelegte berufliche Grundbildung und die für die Ausübung einer qualifizierten beruflichen Tätigkeit notwendigen fachlichen Fertigkeiten und Kenntnisse in einem geordneten Ausbildungsgang zu vermitteln" hat (§ 1 Abs. 2). Grundlage für die Berufsausbildung im „*Dualen System*" bilden Ausbildungsordnungen für staatlich anerkannte Ausbildungsberufe.

Jugendliche unter 18 Jahren dürfen grundsätzlich nur in diesen staatlich anerkannten Ausbildungsberufen ausgebildet werden (§ 28 Abs. 1); außerdem darf für einen anerkannten Ausbildungsberuf nur nach der Ausbildungsordnung ausgebildet werden (§ 28 Abs. 2). Nach § 64 BBiG sollen behinderte Menschen i. S. § 2 Abs. 1 Satz 1 SGB IX in anerkannten Ausbildungsberufen ausgebildet werden.

Kammern (Handwerks-, Industrie- und Handelskammern, Ärztekammern usw.) haben die Möglichkeit, Ausbildungsregelungen zu modifizieren bzw. spezielle Ausbildungsgänge für behinderte Jugendliche zu verabschieden:

Für behinderte Menschen, für die wegen Art und Schwere ihrer Behinderung eine Ausbildung in einem anerkannten Ausbildungsberuf nicht in Betracht kommt, treffen die zuständigen Stellen auf Antrag der behinderten Menschen oder ihrer gesetzlichen Vertreter/innen Ausbildungsregelungen entsprechend den Empfehlungen des Hauptausschusses des BBiG. Die Ausbildungsregelungen sollen unter Berücksichtigung von Lage und Entwicklung des allgemeinen Arbeitsmarktes aus den Inhalten anerkannter Ausbildungsberufe entwickelt werden (§ 66 BBiG).

Bei der Ausbildung sollen die besonderen Verhältnisse behinderter Menschen berücksichtigt werden. Dies gilt insbesondere für die zeitliche und sachliche Gliederung, die Dauer von Prüfungszeiten, die Zulassung von Hilfsmitteln und die Inanspruchnahme von Hilfeleistungen Dritter. Für ein Ausbildungsverhältnis muss ein schriftlicher Vertrag geschlossen werden, der bei der zuständigen Kammer in das Verzeichnis der Ausbildungsverhältnisse eingetragen wird.

Der Ausbildungsvertrag muss insbesondere Angaben über Art, sachliche und zeitliche Gliederung sowie Ziel der Berufsausbildung; Beginn und Dauer der Ausbildung, Dauer der täglichen Ausbildungszeit, Dauer der Probezeit und des Urlaubs, Zahlung und Höhe der Vergütung, Kündigungsvoraussetzungen enthalten. Ein entsprechender Ausbildungsvertrag ist auch erforderlich, wenn behinderte Jugendliche ihre Berufsausbildung in einer außerbetrieblichen Einrichtung absolvieren.

Die berufliche Ausbildung junger Menschen mit Behinderung erfolgt nach dem Grundsatz „So normal wie möglich – so speziell wie erforderlich". Dies bedeutet insbesondere: Vorrang der betrieblichen Ausbildung vor außerbetrieblichen Maßnahmen in Bildungs- bzw. Rehabilitationseinrichtungen, wohnortnahe Ausbildung vor Internatsmaßnahmen, Regelausbildung in staatlich anerkannten Ausbildungsberufen (§§ 25 BBiG/HwO) vor behindertenspezifischen Ausbildungsgängen gem. § 66 BBiG/ § 42b HwO, allgemeine Leistungen nach dem Sozialgesetzbuch III vor den besonderen Leistungen.

Ausgangspunkt aller Bemühungen zur beruflichen Eingliederung eines jungen Menschen mit Behinderung ist der individuelle → *Förderbedarf*, der eine differenzierte Diagnose/Eignungsfeststellung erfordert. Die erforderlichen Maßnahmen zur beruflichen Qualifizierung werden in einem *Reha-Gesamtplan* festgelegt (und bei Bedarf fortgeschrieben).

Der *Lernort Betrieb*, ergänzt um den (sonderpädagogischen) Berufsschulunterricht, steht in der Regel wohnortnah zur Verfügung, ermöglicht dem Jugendlichen, weiterhin im bisherigen familiären/sozialen Umfeld zu verbleiben, minimiert die Übergangsprobleme beim Übertritt von der Berufsausbildung in eine Beschäftigung und bietet für den zuständigen Rehabilitationsträger eine vergleichsweise kostengünstige Ausbildung. Teilnehmer einer betrieblichen Ausbildung können im Rahmen ausbildungsbegleitender Hilfen durch Förderunterricht unterstützt und sozialpädagogisch betreut werden.

Betriebe und Berufsschulen sind nicht immer in der Lage, behinderte Jugendliche auszubilden und dabei so individuell zu betreuen, dass die Berufsausbildung erfolgreich abgeschlossen werden kann und die Stabilisierung der Persönlichkeit des Behinderten sowie seine soziale/gesellschaftliche Integration gelingt. Deshalb stehen für die berufliche Ersteingliederung junger Menschen mit Behinderung weitere Lernorte zur Verfügung: Berufsbildungswerke, Werkstätten für behinderte Menschen und sonstige → Rehabilitationseinrichtungen.

Der Übergang von der allgemeinbildenden Schule – dies gilt insbesondere für Absolventen der Förderschulen für Lernbehinderte – in eine Berufsausbildung erfordert vielfach „Starthilfen" in Form *berufsvorbereitender Bildungsmaßnahmen*: Derartige, meist 10 bis 12 monatige Angebote werden von berufsbildenden Schulen (z.B. als Berufsvorbereitungsjahr – BVJ) oder – im Auftrag der Agentur für Arbeit – von Bildungsträgern angeboten. Die von der Arbeitsagentur angebotenen *Lehrgänge* dienen der Vorbereitung auf eine Berufsausbildung oder Beschäftigung. Gesetzliche Grundlage für die Ausbildungsförderung durch die Agentur für Arbeit ist das Dritte Buch des *Sozialgesetzbuches (SGB III)*. § 19 des SGB III enthält die folgende Definition des förderungsfähigen Personenkreises:

(1) Behinderte sind körperlich, geistig oder seelisch beeinträchtigte Personen, deren Aussichten, beruflich eingegliedert zu werden oder zu bleiben, wegen Art oder Schwere ihrer Behinderung nicht nur vorübergehend wesentlich gemindert sind und die deshalb Hilfen zur beruflichen Eingliederung benötigen, einschließlich lernbehinderte Menschen.

(2) Behinderten Menschen stehen Menschen gleich, denen eine Behinderung mit den in Absatz 1 genannten Folgen droht (→ Behindertenrecht).

Nach § 98 SGB III sind vorrangig die allgemeinen Leistungen (z.B. Berufsausbildungsbeihilfe) zu gewähren, die grundsätzlich auch Nichtbehinderten gewährt werden können. Die besonderen Leistungen sind nur dann zu gewähren, wenn 1. Art oder Schwere der Behinderung oder die Sicherung des Eingliederungserfolges die Teilnahme an a) einer Maßnahme in einer besonderen Einrichtung für Behinderte oder b) einer sonstigen auf die besonderen Bedürfnisse Behinderter ausgerichteten Maßnahme dies unerlässlich machen oder 2. die allgemeinen Leistungen die wegen Art oder Schwere der Behinderung erforderlichen Leistungen nicht oder nicht im erforderlichen Umfang vorsehen.

Jugendlichen, die vor ihrer → Rehabilitationsmaßnahme noch nicht beschäftigt waren, erhalten in der Regel Ausbildungsgeld zur Förderung des Lebensunterhalts. Die Höhe richtet sich nach der Art der Maßnahme, dem Bedarf während der Maßnahme und dem Einkommen der Erziehungsberechtigten. Ausbildungsgeld wird als Zuschuss gewährt. Die Arbeitsagentur übernimmt – ebenfalls als Zuschuss – die Kosten für die Teilnahme an einer Maßnahme. Diese umfassen hauptsächlich die Lehrgangskosten einschließlich der Prüfungsgebühren, die Kosten für die erforderlichen Lernmittel und Arbeitsausrüstung, die Reisekosten, die Kosten für Unterbringung und Verpflegung sowie die Beiträge für eine erforderliche Kranken- und Pflegeversicherung.

Ist die Agentur für Arbeit bei jungen Menschen im Ausnahmefall nicht zuständiger Kostenträger, empfiehlt es sich dennoch, das Angebot der beruflichen Beratung in Anspruch zu nehmen. Neben Fragen der Interessen und Fähigkeiten des Jugendlichen sowie der Anforderungen der Berufe oder der Rehabilitationsmaßnahmen kann bei dieser Beratung auch über die Ausbildungsförderung anderer Rehabilitationsträger informiert werden. Dieter Schäfer

Literatur

Bundesanstalt für Arbeit (Hrsg.): Teilhabe durch berufliche Rehabilitation. Handbuch für Beratung, Förderung, Aus- und Weiterbildung. Nürnberg 2002.

Bundesagentur für Arbeit (Hrsg.): Berufsvorbereitende Bildungsmaßnahmen (BvB) der Bundesagentur für Arbeit (BA). Nürnberg 2004.

Basale Förderung

Seit einer ersten Veröffentlichung zum Stichwort „Basale Stimulation" (Fröhlich 1975) hat der Terminus *basal* innerhalb der Arbeit mit behinderten Menschen zunehmend Verbreitung gefunden. Speck spricht von einer „basalen Hauptlernphase" (1982, 16), Rödler (1993) verwendet den Begriff „basales Lernen" und durch Mall (1996) ist insbesondere der Ansatz der „basalen Kommunikation" bekannt geworden. Basal bedeutet in diesem Zusammenhang, dass auf die allerersten Anfänge der → Kommunikationsfähigkeit, der → Wahrnehmung, der → Bewegungsfähigkeit, der → Aufmerksamkeit, des → Lernens etc. Bezug genommen wird und keinerlei Vorleistung oder Vorkenntnisse erwartet werden. Die physische Gegenwart, das lebendige Anwesendsein allein genügt, um in einen basalen Austauschprozess eintreten zu können. Diese Annahme bezieht sich nicht allein auf sensomotorische Verhaltensweisen im Sinne Piagets, sondern auch auf psychosoziale und emotionale Bereiche des Menschen, schließt damit auch die Entwicklung einer basalen Interaktion (mit Bezügen zum Urvertrauen im Sinne Eriksons) ein. Basal, so könnte man pragmatisch formulieren, umschließt das, was bei jedem Menschen Ausgangspunkt der Entwicklung ist, was jeder Mensch elementar braucht, um leben zu können.

Der Begriff der → *Förderung* ist nicht unumstritten, insbesondere da, wo er mit den Begriffen → Erziehung und → Bildung in Konkurrenz tritt. Er gilt als noch zu wenig analysiert und definiert. Tendenziell zielt er sehr stark auf das Vorhandensein von Grundkompetenzen und basalen Fähigkeiten und möchte deutlich machen, dass es hier um eine Unterstützung und Anregung der Selbstorganisation des Individuums geht. Förderung bedeutet die Schaffung einer für diese Selbstorganisation dienlichen Gesamtsituation. Behinderungen werden als Erschwernisse der Gesamtsituation verstanden, nicht als Merkmale des Individuums. Förderung verfolgt eine eher offene Zielstellung und lässt der individuellen Entwicklung breiten Raum. Gerade bei dem Personenkreis, für den basale Förderung konzipiert wurde, ist eine an Durchschnittswerten oder „normalen Erwartungen" orientierte pädagogische Zielstellung wenig sinnvoll.

Basale Förderung richtet sich an Menschen, deren Zugang zur belebten und unbelebten Welt sich auf den unmittelbaren körpernahen Raum zu beschränken scheint. Hierbei ist zum einen an sehr kleine Kinder zu denken, zum anderen aber auch an Kinder, Jugendliche und Erwachsene mit sehr schweren und umfänglichen Beeinträchtigungen.

In einem allgemeineren pädagogischen Verständnis handelt es sich darum, diesen Menschen mit schweren Beeinträchtigungen bei der Entdeckung des Ich, des Du und des Es Unterstützung zu geben. Ich meint die eigene Person, repräsentiert im eigenen Körper mit seinen individuellen Aktivitätsmöglichkeiten, Du bezieht sich auf die menschliche Umwelt, auf die Möglichkeit der Kommunikation und → Interaktion in einer zunächst elementaren Art und Weise und Es deutet die dingliche Umwelt in ihrer vielfältigen Ausgestaltung an, die durch die Aktivitäten des Individuums Bedeutung gewinnt. Menschen mit schwersten Beeinträchtigungen sind durch die Reduzierung ihres Aktivitäts- und Kommunikationspotentials in diesen Beziehungen zu sich selbst, zu anderen und zu den Dingen der Welt behindert. Sie benötigen sachkundige, intensive und vor allem sensible Unterstützung. Es ist ein zentrales Charakteristikum basaler Förderung, dass sie sich sehr stark um die unmittelbare körperliche Wahrnehmung herum zentriert und dass über diese körperliche Wahrnehmung auch kommunikative Prozesse eingeleitet und ausdifferenziert werden. Sprachliche, begriffliche und symbolische Vermittlung stehen zunächst, anders als in anderen pädagogischen Beziehungen, eher im Hintergrund. Kommunikation und Vermittlung laufen auf der basalen Ebene des Körperlichen. Damit haben wir es mit einer besonderen Variante der Pädagogik der Begegnung zu tun. Eine gewisse Vergleichbarkeit mit frühesten Formen der Eltern-Kind-Beziehung bietet sich an, wobei allerdings sehr deutlich hervorgehoben werden muss, dass das Lebensalter des behinderten Menschen mit einer zunehmenden Erfahrung, d.h. Lebenserfahrung korrespondiert. Insbesondere die Erfahrung von Schmerz, Krisen, von unklaren Beängstigungen und Irritationen darf nicht vernachlässigt werden. Eine einfache Gleichsetzung mit den frühen Lebensvollzügen im Säuglingsalter ist unzulässig.

Bemerkenswert für die Art der pädagogischen Beziehung ist die Tatsache, dass es sich hier um ein Arbeiten ohne Sanktions- und Gratifikationsmöglichkeiten handelt. Menschen mit → *schwersten, meist mehrfachen Behinderungen* entziehen sich den in der Erziehung üblichen Restriktionen und Belohnungen. Nur wenn die primäre Interessenlage der betreffenden Person durch den Pädagogen entdeckt werden kann, entsteht die Möglichkeit der Weiterentwicklung. Der Begriff der Förderung versucht gerade diese Aspekte aufzunehmen und zu betonen.

Basale Förderung bezieht die sensible Beobachtung des jeweiligen sehr schwer behinderten Menschen ein. Beobachtung kann hier nicht als eine nüchtern distanzierte Tätigkeit verstanden werden, sondern als ein interaktiver Prozess, der die eigene professionelle Sensibilität einsetzt, um adäquat auch auf geringste Veränderungsanzeichen beim Gegenüber reagieren zu können. Da diese in der Regel über keine gesprochene Sprache verfügen und Mimik und Gestik meist nicht konventionell einsetzen, ist die Interpretation vitaler Lebenszeichen von höchster Bedeutung. Diese sind allerdings oft kaum sichtbar, werden leicht übersehen, wenn man sich an den üblichen kommunikativen Zeichen orientiert. Eine veränderte Muskelspannung, Atem-Rhythmus-Variationen, ein Flattern der Augenlider, eine Kinnmuskulatur, die sich kräuselt, eine veränderte Stimmgebung bei der Ein- oder Ausatmung können solche Anzeichen sein. Ebenso ein vermehrter Speichelfluss, plötzliche Augenbewegungen oder eine Pupillenerweiterung sind als Vitalzeichen einer veränderten Wahrnehmungs- oder Befindlichkeitssituation von großer Bedeutung. So werden Ablehnung oder Interesse, Angst oder freudige Spannung angezeigt.

Nur wenn ein sehr schwer behinderter Mensch die positive Erfahrung machen kann, dass ein Gegenüber auf seine minimalen Ausdrucksaktivitäten mit passenden Antworten reagiert, kann er sich selbst als agierende, autonome Persönlichkeit erleben. Bleiben angedeutete Wünsche, z.B. nach einer Lageveränderung, unbeobachtet und dadurch unbeantwortet, so wird bald ein negativer Lernprozess eingeleitet: Dieser Mensch wird nicht mehr versuchen, seine Wünsche zu zeigen, da der Zusammenhang von Äußerung, Wahrgenommenwerden und Eine-Handlung-bewirken nicht erlebt wird.

In dieser frühen Phase geht es also um eine wechselseitige, basale → Wahrnehmungsförderung. Die Wahrnehmung der Betreuenden muss sich ausdifferenzieren und sensibler werden, um überhaupt erst geeignete basale Angebote machen zu können. Der behinderte Mensch muss seine soziale Erwartungssicherheit (Urvertrauen) aufbauen können, erst dann kann von ihm Aktivität erwartet werden. Der behinderte Mensch muss Gewissheiten aufbauen, dass seine Aktivitäten beobachtet, verstanden und beantwortet werden. Ohne diese Erfahrungen wird er nicht in Kommunikation und Interaktion eintreten können. Eine schwere Behinderung kann diesen Prozess verlangsamen und erschweren – nach unseren Erfahrungen ist es aber immer möglich, ein gewisses Maß an wechselseitigem Verstehen herbeizuführen. Fehlende oder falsche Interpretationen führen alsbald zu einem Auseinanderlaufen der Beziehung. Dies ist vielleicht die größte Gefahr in der Förderung von Menschen mit schwerster Behinderung, dass die Kommunikation dauerhaft entgleist. Daraus folgen die bekannten

Verhaltensweisen der Betreuenden, nämlich eine im Grunde autoritäre, nicht an den individuellen Bedürfnissen orientierte Versorgung dieser Menschen. Nicht mehr die tatsächlichen Bedürfnisse bestimmen die Interaktion, sondern die angenommenen bzw. die im Plan vorgesehenen.

Basale Förderung hat in den letzten Jahren eine deutliche Akzentverschiebung erfahren. War sie zunächst eher in eine quasi therapeutische Situation eingebettet, wo in einer auch räumlich exklusiven Zweierbeziehung gearbeitet wurde, so wird jetzt stärker die *Integration in Alltagsaktivitäten* betont. Gerade die Notwendigkeiten des Alltags (→ Lebenswelt), das Anziehen, das Ausziehen, das Aufnehmen von Nahrung, Lage- und Raumveränderung, Partizipation an der Aktivität anderer und auch die Durchführung pflegerischer Aktivitäten (→ Pflege) bieten die Möglichkeit basaler Förderung. Das körpernahe, sehr stark sensorisch geprägte Erfahren und Erleben kann in all diesen Situationen unterstützt und ausdifferenziert werden. Mit dieser Alltagsintegration ist die Sinnstiftung unmittelbar möglich, während der Transfer aus der eher therapeutischen Situation oft schwierig und unzulänglich ist. Basale Förderung im Alltag meint ein durchgängiges körper- und handlungsorientiertes Konzept, das schwerbehinderten Menschen die Möglichkeit gibt, wichtige Elemente ihres Alltagslebens gut strukturiert in unmittelbarem Bezug zur eigenen Person zu erfahren, damit Sinnzusammenhänge zu entdecken und dies alles in einer unmittelbaren Kommunikation und Interaktion zu erleben. Andreas Fröhlich

Literatur

Fornefeld, B.: Das schwerstbehinderte Kind und seine Erziehung. Heidelberg 2. Aufl. 1998.

Fröhlich, A.: Zur Förderung schwerst-körperbehinderter Kinder. In: Vierteljahresschrift für Heilpädagogik und ihre Nachbargebiete 44 (1975).

Fröhlich, A.: Basale Stimulation – das Konzept. Düsseldorf 1998.

Fröhlich, A.: Spezielle Förderungsmaßnahmen. In: Fengler, J./Jansen, G. (Hrsg.): Handbuch der heilpädagogischen Psychologie. Stuttgart 3. Aufl. 1999, 241–251.

Fröhlich, A./Laubenstein, D.: Geistige Behinderungen. In: Borchert, J. (Hrsg.): Handbuch der Sonderpädagogischen Psychologie. Göttingen 2000, 894–907.

Fröhlich, A./Simon, A.: Gemeinsamkeiten entdecken – mit schwerstbehinderten Kindern kommunizieren. Düsseldorf 2004.

Mall, W.: Sensomotorische Lebensformen. Heidelberg 1996.

Rödler, P.: Menschen, lebenslang auf Hilfe anderer angewiesen. Grundlagen einer allgemeinen basalen Pädagogik. Frankfurt 1993.

Speck, O.: Erwachsenenbildung bei geistiger Behinderung. München 1982.

Berufliche Bildung

Das *Berufsbildungsgesetz* (BBiG 2005) definiert Berufsbildung einmal als *Erstausbildung*, üblicherweise von Jugendlichen oder jungen Erwachsenen, und zum anderen als *Berufliche Weiterbildung* in Form von Fortbildung oder Umschulung bereits Erwerbstätiger. Grundsätzlich sind auch Behinderte eingeschlossen, wobei individuelle Regelungen bei anerkannten körperlich, geistig oder seelisch Behinderten möglich sind. Arbeits- und sozialrechtliche Vorgaben, insbesondere das dritte und neunte Buch des Sozialgesetzbuches (SGB), sehen für Behinderte einen Rechtsanspruch auf berufliche → Rehabilitation vor mit dem Ziel, unterwertige Beschäftigung und Arbeitslosigkeit zu verhindern und das Prinzip „Ausbildung vor Rente" umzusetzen (→ Ausbildung, Ausbildungsförderung). Der Begriff Berufliche Bildung ist im deutschen Kulturraum eng an Berufs- und Wirtschaftspädagogik geknüpft und an die vorherrschende Auffassung vom Beruf als nicht-akademischer Facharbeit. In anderen Disziplinen und international werden andere Akzente gesetzt: Personalentwicklung, Qualifizierung und Schulung, Human Ressource Development, Vocational Education and Training, berufliche Rehabilitation.

Historisch geht die Berufsbildung in Deutschland auf Zünfte und Gilden zurück, die seit dem Mittelalter Aufnahme und Ausbildung, Prüfungsrituale, aber auch Erwerbsmöglichkeiten bestimmten und in Regeln verbindlich festlegten. Behinderten standen meistens nur nicht-ständische und unzünftige Arbeiten offen. Diese Autonomie in Berufsbildungsfragen überdauerte auch den Niedergang des Handwerks. Mittelstandspolitik und die Handwerkerschutzgesetze führten um die Jahrhundertwende zur Einrichtung von Kammern. Außerdem wurde der „große Befähigungsnachweis", der Meisterbrief, verfügt mit dem Privileg, ausbilden zu dürfen und sich selbständig zu machen. Das BBiG bestätigte 1969/2005 die Kammern als „zuständige Stellen" u.a. für die Kontrolle der Ordnungsmittel in der Erstausbildung, das Führen der Lehrlingsrolle und der Ausbildungsstatistik.

Mit der Umwandlung der allgemeinen Fortbildungsschulen, die den Volksschulstoff wiederholen und erweitern sollten, zu beruflichen Fortbildungsschulen in den Großstädten ab 1900 institutionalisierte sich ein um den Beruf schulorganisatorisch wie curricular zentriertes *Berufsschulwesen*, das sich dann horizontal nach anerkannten Ausbildungsberufen, Berufsfeldern, Wirtschaftssektoren und vertikal bis zum beruflichen Gymnasium differenzierte. Das Prinzip der ausbildungsbegleitenden Teilzeitschule neben dem Lernort Betrieb, das in der Gewerbeordnung 1869 erstmals verankert wurde, begründet das *Duale Ausbildungssystem* in der Beruflichen Bildung. Strukturelles Merkmal des Dualen Systems ist die privatrechtliche Vertragsfreiheit, eine Ausbildung zwischen Ausbildungsberechtigtem und Auszubildendem zu begründen. Es gibt keinen Rechtsanspruch auf Ausbildung, aber auch keine Pflicht hierzu. Ausbildungsstätte und Beruf sind frei wählbar (GG Art. 12). Während die zeitgleich entstandenen Hilfsschulen das individuelle Lernvermögen, die Beeinträchtigungen und Behinderungen zum zentralen Merkmal ihrer Pädagogik erhoben, fußte die Berufsschulpädagogik von vornherein auf „Berufsfachlichkeit" und einem entsprechenden Arbeitsmarkt. Heterogene Lerngruppen hinsichtlich der Voraussetzungen Alter, Schulabschlüsse sind lediglich sekundäres Selektionskriterium. „Sorgenkinder der Berufsschule" (Abel) sind in diesem Selbstverständnis nicht die Hilfsschüler, sondern die Ungelernten. Obwohl sich bereits 1890 industrielle Lehrwerkstätten als eigener Lernort, getrennt von der Produktion, institutionalisierten, bildete sich kein industrietypisches Beschulungskonzept, z.B. für *Anlernberufe*, heraus. In Ergänzung zur Lehrlingsausbildung von Mädchen im Dualen System entstand ein besonderes Frauenberufsschulwesen mit Berufsfachschulen und Aufstiegsmöglichkeiten bis zur Universität, zentriert um das Leitbild der Hausfrau und Mutter.

Im Gegensatz zur Bundesrepublik entwickelte die damalige DDR komplexe Grundberufe, die eine 10jährige allgemeine Oberschulbildung voraussetzten und Grundlage der beruflichen Weiterbildung waren. Vorzeitigen Schulabgängern und Hilfsschülern standen je nach Schulabschlusszeugnis geschützte Ausbildungsgänge oder *Ausbildungen auf Teilgebieten (Teilberufe)* offen. Zentrale Hilfsberufsschulen vermittelten vor allem allgemeinbildende Inhalte. Ein Aufstieg über die Berufstätigkeit war nicht möglich, sondern an den nachträglichen Erwerb allgemeiner Zertifikate gebunden. Entsprechend der Berufslenkung waren auch die Arbeitstätigkeiten segmentiert und die Betriebe verpflichtet, Behinderte zu beschäftigen.

Einen wesentlichen Einschnitt stellen die Reformintentionen in der beruflichen Bildung seit den 70er Jahren dar, eingeleitet durch das BBiG und das *Arbeitsförderungsgesetz* (AFG). Integrationsversuche von allgemeiner und beruflicher Bildung sowie die Berufsgrundbildung als Basis beruflicher Bildung stellten durch Verschulung die Dominanz der Wirtschaft im Dualen System in Frage. Letztlich konnten sie sich aufgrund der Interessenkonflikte nur als reduzierte Ansätze behaupten. Behinderte wurden entweder von vornherein ausgegrenzt oder in Sonderformen beschult. Eine separate Förderung Beeinträchtigter eröffnete das AFG mit einer Palette berufsvorbereitender kompensatorischer Lehrgänge sowie Einfachausbildungen bei freien Trägern. Das Aktionsprogramm der Bundesregierung zur Förderung der Rehabilitation der Behinderten führte 1970 zu einem Jahrzehnt des systematischen Aufbaus eines eigenständigen Netzes für Behinderte durch die Einrichtung von *Berufsbildungs-* (BBW) und *Berufsförderungswerken* (BFW) und *Werkstätten für behinderte Menschen* (WfbM), heute ergänzt durch *Berufspraktische Trainingszentren* (BTZ bzw. RPK) für psychisch Beeinträchtigte. Obwohl formal das Duale System weiter auch Behinderten offen steht, liegt mit der Institutionalisierung separater Fördereinrichtungen ein Paradigmenwechsel mit Focus auf die Beeinträchtigungen der Auszubildenden vor.

Bezogen auf das Prinzip der Berufsfachlichkeit ist die Neuordnung der Ausbildungsberufe ein weiterer Paradigmenwechsel Ende der 80er Jahre. Empirisch abgeleitet von Tätigkeiten im Betrieb sind alle Ausbildungsberufe im Sinne von Grundberufen entspezialisiert und theoretisiert worden. *Schlüsselqualifikationen* und Kompetenzerwerb sollen für künftige Anforderungen qualifizieren. Die Trennung zwischen Theorie und Praxis ist durch handlungsorientiertes Lernen aufgehoben, so dass die tradierte Arbeitsteilung von Betrieb und Schule im Dualen System neu zu bestimmen ist. Für Personen, die besonderer Förderung bedürfen, sieht die Berufsbildungspolitik das Konzept der Differenzierung in der Beruflichen Bildung vor. Berufsausbildungsvorbereitung und modul- sowie praxisorientierte Ausbildungen sind seit 2005 gesetzlich verankert. Konzepte der Unterstützten Beschäftigung (UB) und Arbeitsassistenz geben das Berufsprinzip auf und qualifizieren arbeitsplatzbezogen (Seyfried u.a. 1995).

Die *Theorie der Beruflichen Bildung* stellt sich seit ihren Ursprüngen vornehmlich als Legitimationswissenschaft dar. Kerschensteiner sah in der Berufsbildung ein Vehikel, den brauchbaren Menschen und Staatsbürger zu erziehen und entwarf 1901 das Programm, die Erziehungslücke zwischen Volksschulentlassung und Heeresdienst durch berufliche Bildung und Berufsschule zu schließen. Auch Sprangers Dreistadiengesetz, von der grundlegenden Bildung über die Berufsbildung zur Allgemeinbildung zu gelangen, oder die Vorstellungen von Fischer zur „Humanisierung der Berufsschule" betonen ebenso wie später Blättner, der u.a. in der Erziehung zur Tüchtigkeit oder Religiosität die Aufgaben der Berufsschule sieht, den allgemeinen Sozialisationsaspekt über funktionale berufsbezogene Qualifizierung hinaus. Durchgängig stehen diese Konzeptionen auch für eine Fortführung der volkstümlichen Bildung durch Berufsbildung und für eine Abgrenzung zur Humboldtschen humanistischen wissenschaftsorientierten Bildung, die Eliten vorbehalten bleiben soll. Ungebrochen einte rund 70 Jahre die Berufspädagogik das verkürzte Motto der Berufsbildungstheorie: Berufsbildung steht an der Pforte zur Menschenbildung.

Im Zuge der sozialwissenschaftlichen Orientierung begründen erste Arbeiten die moderne Berufliche Bildung mit den gestiegenen Anforderungen aufgrund der Industrialisierung. Ideologiekritische Studien verweisen darüber hinaus auf die → Sozialisationsfunktion, auf die soziale Kontrolle von Betrieb und Schule und das Einfügen von Arbeiterjugendlichen in Gesellschaft bei entsprechender Legitimation von sozialer Ungleichheit. Berufliche Bildung ist in diesem Verständnis ebenfalls nur ein Vehikel, diese realen Funktionen zu erreichen. Während sich Sonderpädagogik in ihrer Genese an Medizin, Psychologie, Soziologie und allgemeiner Pädagogik orientierte, musste sozialwissenschaftlich arbeitende Berufspädagogik ihre Fragestellungen interdisziplinär in Technik, Politik, Ökonomie thematisieren.

Eine *berufliche Rehabilitationspädagogik* als Verknüpfung einer Pädagogik der Behinderten und der Beruflichen Bildung befindet sich erst in den Anfängen. Während sozialpädagogische Ansätze als eine Folge der Berufsbildung von Arbeitslosen zunehmend in die Berufspädagogik Eingang finden, wird die Berufliche Bildung Behinderter delegiert an die → Rehabilitation oder dem Etikett Benachteiligte subsumiert. Die neueren Arbeitsmarkt- und Berufsforschungen zeigen eine Erosion des tradierten Berufs, verweisen auf das Erfordernis zur Mobilität, auf gestiegene allgemeine, extrafunktionale Arbeitsanforderungen und prognostizieren einen deutlichen Rückgang an Einfacharbeitsplätzen. Einem segmentierten Arbeitsmarkt entspricht eine segmentierte Berufliche Bildung, auch für Behinderte.

Berufliche Bildung steht angesichts der internationalen Entwicklungen vor neuen Situationen, die Chancen und Risiken für Behinderte eröffnen. Neue Technologien, Kommunikationsformen und Werkstoffe sowie flexible Konzepte der Arbeitsorganisation ermöglichen auch andere Formen der Beruflichen Bildung und neue Tätigkeiten wie Internet-Learning und Telearbeit. Die *Europäisierung der Berufsbildungsabschlüsse* (Verträge von Maastrich) und der Einfluss anderer, international üblicher Ausbildungssysteme könnten bei global agierenden deutschen Firmen zu einer Akzeptanz z. B. von modularen Ausbildungen und standardisierten, lernortunabhängigen Prüfungen führen, so dass sich die Rahmenbedingungen der Beruflichen Bildung für Behinderte liberalisieren. Zudem führen nicht nur der technische, sondern auch der ökonomische wie gesellschaftliche Normen- und Wertewandel zur Infragestellung des tradierten deutschen Berufsbildungskonzepts.

Die Jugendstudien zeigen über Jahrzehnte, dies gilt auch für Behinderte, dass sinnvolle Erwerbsarbeit die zentrale Perspektive von Jugendlichen bestimmt und entsprechend hohe Ansprüche an die Erstausbildung gestellt werden (→ Arbeit und Beruf). Berufliche Bildung steht angesichts dieser vielfältigen Einflüsse und Widersprüche – wie zu Beginn der betrieblichen und berufsschulischen Ausbildung um die Jahrhundertwende – erneut vor der Legitimationskrise, Ausbildungsmotivation, Bildungsangebot und Erwerbs- und Arbeitschancen in Einklang zu bringen. Horst Biermann

Literatur

Arnold, R./Lipsmeier, A. (Hrsg.): Handbuch der Berufsbildung. Opladen 1995.

Behinderte qualifizieren. (Themenheft) Berufsbildung 50 (1996), Nr. 40.

Berufsbildungsgesetz – BBiG – vom 23. März 2005. BGBl I S. 931.

Biermann, H.: Behinderte. Benachteiligte. In: Cramer, G./Schmidt, H./Wittwer, W. (Hrsg.): Ausbilder-Handbuch. Köln 1994. (Loseblattsammlung).

Bundesagentur für Arbeit (Hrsg.): Teilhabe durch berufliche Rehabilitation. Handbuch für Beratung, Förderung, Aus- und Weiterbildung. Ausgabe 2002. Nürnberg 2002.

Bundesministerium für Bildung und Forschung (Hrsg.): Berufsbildungsbericht 2005. Bonn 2005.

Schulz-Linkholt, F. (Hrsg.): Berufsausbildung behinderter Erwachsener. (Sonderpädagogik 7. Deutscher Bildungsrat, Gutachten und Studien der Bildungskommission, Band 37). Stuttgart 1975.

Seyfried, E./Bühler, A./Gmelin, A./Schütte, E.: Abschlussbericht. Evaluation der Gemeinschaftsinitiative HORIZON in der Bundesrepublik Deutschland. Berlin 1995.

Erstlese- und Schreibunterricht

Der Erstlese- und Schreibunterricht ist substantieller Bestandteil des schulischen Anfangsunterrichts. Der Erwerb der Fähigkeit des Lesens und Schreibens gilt als Voraussetzung für Schullaufbahn und Berufsleben wie auch für die persönliche Teilhabe an kultureller Öffentlichkeit. Damit kommt der Vermittlung dieser basalen Fähigkeiten eine Schlüsselstellung bei der Bestimmung der Aufgabe der Grundschule als gemeinsamer Schule für alle zu; und zwar insbesondere bei *Lernschwierigkeiten* in diesem Bereich.

Wie man Ziele und Verfahren des Erstlese- und Schreibunterrichts bestimmt, hängt entscheidend von dem Begriff von Lesen und Schreiben ab, den man zugrunde legt, und von dem Begriff von Lehren und → Lernen: Wenn man davon ausgeht, die Aneignung der Schriftsprache erfolge im Sinne der Aneignung einer *Kulturtechnik* als „fertigkeitenspezifische Stufenfolge" (Marx 1997, 108), wird man zu anderen Bestimmungen kommen, als wenn man Lesen und Schreiben als Formen der *Schriftkultur* betrachtet, deren Erwerb auf Erfahrung basiert (Dehn 1999; 2006). Wenn man Lernen als direkte Folge von Lehrprozessen begreift, wird man für den Anfangsunterricht zu anderen Bestimmungen kommen, als wenn man Lernen als „Konstruktionsprozess" definiert: „Auf der Basis vorhandener Schemata, Vorstellungen und Überzeugungen werden neue Erfahrungen verarbeitet. Lernende konstruieren ihr Wissen selbst" (Speck-Hamdan 1998, 102). Sie dabei zu unterstützen, ist Aufgabe des Anfangsunterrichts (Meiers 1998).

Schriftaneignung als *Kulturtechnik* verstanden ist zunächst auf die Vermittlung der Buchstabenkenntnis ausgerichtet und auf die dafür notwendige visuelle, auditive Differenzierungsfähigkeit (phonologische Bewusstheit) und organisiert den Prozess des Erwerbs des Lesens so, dass schrittweise die Synthese kleiner Einheiten (also die der Silbe oder die Synthese von Buchstabengruppen, die sich leicht aussprechen lassen und häufig wiederkehren) erweitert wird. Man nennt das Verfahren bottom-up, weil der Lesevorgang von der Wahrnehmung und Verarbeitung kleiner Einheiten angetrieben wird und die Sinnerwartung (als komplexe Fähigkeit) das dann bestätigt oder zurückweist (Marx 1997, 109). Der Schreiblernprozess wird analog organisiert: Der Unterricht beginnt mit der Vorbereitung der Feinmotorik, der Aneignung der Buchstabenformen, der Beherrschung einiger basaler (Recht-)Schreibungen; erst dann dürfen die Lernenden aufschreiben, was sie zu Papier bringen wollen (sie schreiben also erst konzeptionell, nachdem sie zuvor das Schreiben kennen gelernt haben – als motorischen, visuellen, orthographischen Vorgang). Lernen wird hier verstanden als Fortschreiten auf einer hierarchischen Stufenfolge. Unterricht muss erst die als Voraussetzung angenommenen Fähigkeiten und Fertigkeiten schulen, ehe der Erwerb der aufbauenden Fähigkeiten erfolgen kann. Das setzt genaue Diagnose (→ Psychodiagnostik und Begutachtung) und eine exakte Kenntnis der angenommenen Stufenfolge voraus (Dehn/Hüttis-Graff 2006).

Wenn man Lesen und Schreiben dagegen als Formen der *Schriftkultur* betrachtet, heißt das, Schriftaneignung als Erweiterung literaler Praktiken zu verstehen, die die Kinder schon vor der Schule im Umgang mit Geschriebenem, mit Schreibmaterialien – in freilich ganz verschiedener Art und unterschiedlichem Ausmaß – kennen gelernt haben; es heißt auch, sie als Entfaltung literarischer Kompetenz zu begreifen, über die die Kinder in der Beschäftigung mit Inhalten und Formen von Sinnkonstitution in symbolisierenden Medien – also in Buch, Bild, Film – verfügen; es heißt schließlich, die Schriftaneignung als Problemlöseprozess (beim Erlesen von Wörtern: May 1986) und als sprachanalytische Tätigkeit (bei der orthographischen Regelbildung beim Schreiben: Dehn 2006) zu behandeln. Dies Verfahren nennt man top-down, weil die globalen Zugriffsweisen analog dem Spracherwerb die untergeordneten Teilfähigkeiten anstoßen und steuern, also die Art und Weise, wie der Schreibanfänger die anzueignenden Wissenselemente für sich konstruiert. Diese Position wird auch als Spracherfahrungsansatz gekennzeichnet (Brügelmann 2000).

Allerdings gilt es die Unterschiede zwischen dem Sprach- und dem Schriftspracherwerb zu beachten. Während das Sprechenlernen unwillkürlich in den Lebenskontexten erfolgt, ist das Lesen- und Schreibenlernen in der Regel auf Instruktion angewiesen. Lernen wird in dieser Position verstanden als zunehmende Differenzierung und Vernetzung komplexer Strukturen (im Sinne von Piaget). Grundlegend ist die Vorstellung, dass der Lernende immer schon etwas kann, das es aufzuspüren und zu erweitern gilt, dass ein Training von Teilfertigkeiten nur Sinn macht, wenn das Kind aufgrund seiner Erfahrung im Umgang mit Schrift (beim Vorlesen, beim Malen und Kritzeln z. B.) weiß, warum es das Einzelne lernen soll. Diese Position ist also stark motivational und kognitiv (im Sinne konstruktiver *Aneignung*) ausgerichtet. Es konnte gezeigt werden, wie Schrift sogar kompensatorisch wirkt bei Artikulationsschwierigkeiten (→ Sprachbehinderung); d. h. wie die Präsentation des geschriebenen Wortes Kindern mit Aussprachestörungen helfen kann, das Wort richtig zu artikulieren (Osburg 1997).

Eine Vermittlung zwischen beiden Positionen ist wegen der grundlegenden Kontroverse über den Begriff von Lesen und Schreiben und über den Lernbegriff kaum möglich. Im ersten Fall ist der Erstlese- und Schreibunterricht also auf die Schaffung und Sicherung von Teilfertigkeiten als Voraussetzungen für den Schrifterwerb ausgerichtet, im zweiten Fall wird der Erweiterung und Entfaltung schon vorhandener Kompetenzen (im Umgang mit Schrift) als Erfahrungsgrundlage für den Wissenserwerb großes Gewicht beigelegt und die Aufmerksamkeit auf kognitive Leistungen als Problemlöse- und Analysefähigkeit gerichtet. Gemeinsam ist beiden Positionen (und empirisch ist das gut belegt: Marx 1997), dass es in jedem Fall um *schriftspezifische Fähigkeiten* geht, also zum Beispiel im ersten Fall nicht um visuelle Differenzierung bildlicher Formen, sondern um die von Buchstabenformen; und im zweiten Fall nicht um Problemlösevorgänge bei Denksportaufgaben, sondern beim Erlesen von Wörtern. Während die erste Position auf Schüler mit Lernschwierigkeiten gerichtet ist, taugt die zweite auch zur differenzierten Betrachtung von *Frühlesern.* Bei → *Teilleistungsstörungen* im Lese-Rechtschreibprozess (Lese-Rechtschreibschwäche, Legasthenie) wird daher als Methode zur Behebung des erschwerten Lernprozesses die Vermittlung synthetischer Teilfertigkeiten, insbesondere der Buchstaben-Laut-Zuordnung, bevorzugt.

Der Erstlese- und Schreibunterricht war in der zweiten Hälfte dieses Jahrhunderts zunächst unter *methodischen Gesichtspunkten* Forschungsgegenstand. Es ging um den Streit, ob der Ausgang vom Satz bzw. Wort (ganzheitliche bzw. analytische Lehrmethode) oder der vom einzelnen Buchstaben (synthetische Lehrmethode) effektiver sei. Ende der 60er Jahre wurde er zugunsten eines Patt entschieden, was die Lese- und Schreibfähigkeiten am Ende von Klasse 4 betrifft. In den Jahrzehnten bis 1990 galt dann die Aufmerksamkeit den *Lernprozessen* der Schulanfänger – vor allem aus den beiden unterschiedlichen theoretischen Perspektiven. Die Aufschlüsse über Lernprozesse haben in der Praxis gelegentlich zu der Auffassung geführt, dass der Unterricht die beobachteten Lernprozesse bloß zu begleiten, ihnen zu folgen habe. Die Bedeutsamkeit des Unterrichtens als Herausforderung für die Erweiterung der Vorstellungen und Schemata geriet manchmal zu sehr in den Hintergrund.

Erst im letzten Jahrzehnt galten Untersuchungen wiederum den *Unterrichtsprozessen* selbst. Dabei war das Interesse einerseits auf den Zusammenhang von Schrifterwerb und Lernschwierigkeiten gerichtet, Erstunterricht wurde – auch im Sinn „Elementarer Schriftkultur“ (Dehn u.a. 1996) – als Alphabetisierung gesehen (Crämer u.a. 1998), andererseits auf die bildungspolitisch wichtige Frage der Qualitätssicherung hin konzipiert (Schneider u.a. 1997). Ein markanter Befund ist, dass die durchschnittliche Klassenleistung im Rechtschreiben vom Ende von Klasse 2 an relativ stabil bleibt (Hüttis-Graff 1998) und dass „individuelle Zuwachsraten signifikant durch klassenspezifische Zuwachsraten prognostiziert werden können“ (Schneider u.a. 1997, 127), d.h. dass ein Schüler in einer durchschnittlich rechtschreibschwachen Klasse geringe Chancen hat, gute Fortschritte zu machen. Zusammen mit dem erstgenannten Befund wird damit wiederum die Bedeutung des Erstunterrichts belegt. In einer frühen Studie konnte Meiers nachweisen, dass die „didaktische Kompetenz der Lehrenden wichtiger ist für das Lernen der Kinder als die didaktisch-methodische Konzeption eines Leselehrgangs“ (1998, 105). Welches Merkmale und Bedingungen für „guten“ Erstunterricht sind, konnte für die Position des Schrifterwerbs als Einführung in „elementare Schriftkultur“ an Fallbeispielen von Lese- und Schreibanfängern mit Lernschwierigkeiten gezeigt werden: einen (individuellen) Zugang zur Schriftkultur als Möglichkeit zum Selbstausdruck und zur Kontaktaufnahme finden, überschaubare Normansprüche formulieren und kontrollieren, den Klassenkontext als Antrieb für Anstrengungsbereitschaft und für die Erfahrung von Bestätigung nutzen (Dehn u.a. 1996).

Lehrkompetenz stellt mithin auch den entscheidenden methodischen Zugang zur Vermittlung von Lesen und Schreiben bei *behinderten Schülerinnen und Schülern* dar. Gegenüber der früheren defektorientierten Auffassung, dass fehlende Voraussetzungen der visuellen, auditiven, sprachlichen und kognitiven Fähigkeiten die Erschwerung des Lernvorganges ausmachen, beginnt sich der Gesichtspunkt einer ‚orthodidaktischen Passung‘ durchzusetzen. Der Lehrvorgang ist so einzurichten, dass er den Möglichkeiten und Bedürfnissen behinderter Menschen entgegenkommt: → Blinde erlernen Blindenschrift; die Erschließung der Lautsprache kann bei → Gehörlosen über die Schriftsprache erfolgen; → Lernbehinderte und → Geistigbehinderte erfahren mittels motorischer Stützhilfen (→ Bewegungsförderung) und vielfacher Interessenmotivation das Kommunikationsmedium der Schriftkultur. Mechthild Dehn

Literatur

Brügelmann, H.: Kinder auf dem Weg zur Schrift. Konstanz. 7. Aufl. 2000.

Crämer, C./Füssenich, I./Schumann, G. (Hrsg.): Lesekompetenz erwerben und fördern. Braunschweig 1998.

Dehn, M.: Texte und Kontexte. Schreiben als kulturelle Tätigkeit in der Grundschule. Berlin 1999.

Dehn, M.: Zeit für die Schrift. Band I: Lesen lernen und Schreiben können. Berlin 2006.

Dehn, M./Hüttis-Graff, P.: Zeit für die Schrift. Band II: Beobachtung und Diagnose. Berlin 2006.

Dehn, M./Hüttis-Graff, P./Kruse, N. (Hrsg.): Elementare Schriftkultur. Schwierige Lernentwicklung und Unterrichtskonzept. Weinheim 1996.

Hüttis-Graff, P.: Rechtschreiblernen und Unterricht: Der Blick auf die Klassen. In: Osburg, C. (Hrsg.): Textschreiben – Rechtschreiben – Alphabetisierung. Hohengehren 1998, 44–71.

Marx, H.: Erwerb des Lesens und Rechtschreibens. Literaturüberblick. In: Weinert, F./Helmke, A. (Hrsg.): Entwicklung im Grundschulalter. Weinheim 1997, 85–111.

May, P.: Schriftaneignung als Problemlösen. Frankfurt 1986.

Meiers, K.: Lesen lernen und Schriftspracherwerb im ersten Schuljahr. Bad Heilbrunn 1998.

Osburg, C.: Gesprochene und geschriebene Sprache. Aussprachestörungen und Schriftspracherwerb. Hohengehren 1997.

Schneider, W./Stefanek, J./Dotzler, H.: Erwerb des Lesens und des Rechtschreibens. Ergebnisse aus dem SCHOLASTIK-Projekt. In: Weinert, F./Helmke, A. (Hrsg.): Entwicklung im Grundschulalter. Weinheim 1997, 113–129.

Speck-Hamdan, A.: Individuelle Zugänge zur Schrift. Schriftspracherwerb aus konstruktivistischer Sicht. In: Huber, L./Kegel, G./Speck-Hamdan, A. (Hrsg.): Einblicke in den Schriftspracherwerb. Braunschweig 1998, 101–109.

Erwachsenenbildung

In Anbetracht einer insbesondere Erwachsenen mit geistiger Behinderung nachgesagten ‚Bildungsunfähigkeit', eines mangelnden gesellschaftlichen Interesses für Lern- und Weiterbildungsbedürfnisse behinderter Menschen im Erwachsenenalter sowie eines idealisierend-überhöhten Bildungsbegriffs war Erwachsenenbildung lange Zeit Stiefkind der Sonderpädagogik (Schuchardt 1987, 23, 371). Heute würde es dem Leitprinzip der → Normalisierung sowie dem → Diskriminierungsverbot im Grundgesetz (Art. 3 Abs. 3 Satz 2 GG) widersprechen, Menschen mit Behinderungen eine Erwachsenenbildung vorzuenthalten. Trotzdem ist sie längst noch nicht selbstverständlich und als reguläres Angebot (z. B. in einer Volkshochschule) gesichert (Theunissen 2003). Das gilt insbesondere für Erwachsene mit schwerer geistiger Behinderung, bei denen nicht selten Bildung durch Förderung oder heilpädagogische (Übungs-) Behandlung ersetzt wird. Diese Gepflogenheit signalisiert ein Theoriedefizit, weshalb es wichtig ist, Erwachsenenbildung genauer zu bestimmen.

Wenngleich es keinen einheitlichen *Bildungsbegriff* gibt, so besteht doch in der gegenwärtigen bildungstheoretischen Diskussion weitgehend Übereinstimmung darin, Bildung als Chance zur Gewinnung von mehr Menschlichkeit, insbesondere als Beitrag zur Demokratisierung der Gesellschaft auszulegen. Diese Leitidee ist für Erwachsenenbildung behinderter Menschen konstitutiv. Überdies ist sie mit postmodernen Positionen kompatibel (Koch/Marotzki/Schäfer 1997), da sie keine ‚überbeherrschende' Totalisierung oder Uniformierung bedeutet, sondern ‚Gerechtigkeit' befördert, insofern sie Raum lässt für die Verwirklichung individueller, pluraler, auch unkonventioneller Lebensstile sowie die Anerkennung von Vielheit, Differenz und Offenheit nicht grundsätzlich ausschließt (Theunissen 2003, 41). Ausgehend von dieser übergeordneten Zielperspektive hat Klafki (1994) mit Blick auf die bildungstheoretische Tradition (Humboldt) ein zeitgemäßes Konzept allgemeiner Bildung vorgelegt, das sich an drei zentralen Grundsätzen orientiert:

(1) Gilt → Bildung als „Möglichkeit und Anspruch aller Menschen" – und zwar unabhängig der Schwere einer Behinderung oder des Alters. Folglich darf kein Personenkreis von Erwachsenenbildung ausgeschlossen werden. (2) Soll dieser Anspruch im Medium aktueller „Schlüsselprobleme" eingelöst werden, die Grundthemen der Gesellschaft und ihrer Menschen, (Über-)Lebensfragen, die Gegenwart und vor uns liegende Lebenszukunft betreffen. Da Erwachsenenbildung dem Prinzip der Freiwilligkeit unterliegt, sollte die Auswahl relevanter Themen nicht allein Sache des Erwachsenenbildners sein, sondern entscheidend ist, dass Betroffene so weit wie möglich ihre Bildungsbedürfnisse und Wünsche artikulieren können. Vor dem Hintergrund des beschleunigten Komplexitätszuwachses im Arbeitsleben und im Alltag, des explosionsartigen Anstiegs von Wissen, der ständigen Veränderung der Lebensbedingungen sowie der rasanten Entwicklung auf dem Gebiete neuer Technologien ist das damit verknüpfte Bildungsziel einer (Selbst-) Befähigung zu größtmöglicher Kontrolle und Verfügung über die eigenen Lebensumstände für alle Menschen im Erwachsenenalter – unabhängig einer Behinderung – relevant.

Mit Blick auf individuelle Ausgangsbedingungen und Interessen ist die Palette möglicher Schlüsselthemen in allgemeiner und subjektzentrierter Hinsicht breit, zum Beispiel → Kommunikationsformen und -techniken wie → Gebärdensprache, Bildsymbolsysteme oder EDV-gestützte Programme für gehörlose, sprach- oder mehrfachbehinderte Mitmenschen und Bezugspersonen, Handhabung von Hörgeräten, Hörtraining und -taktik für schwerhörige Personen, lebens- und verkehrspraktisches

Mobilitätstraining (Gehen mit Langstock oder Blindenhund), elektronische Mobilitätshilfe (stereophone Ultraschallbrille) für Blinde oder sehgeschädigte Mitmenschen, lebenspraktisches Training, autonomes Wohnen, Partnerschaft und Sexualität, Lebensstil und Zukunftsplanung, Hilfen zur Selbsthilfe für geistig-, lern- und körperbehinderte Personen, Alltagsprobleme (z. B. Alkohol, Umgang mit Geld, Haushaltsführung, Umgang mit Behörden, Verhältnis zu Arbeitskollegen, Arbeits- oder Wohnungssuche) aufbereitet als Angebote für Erwachsene mit Lern- oder geistiger Behinderung, ‚Lebenshilfe', Selbsterfahrung, Selbstfindung und Umgang mit der eigenen Behinderung, Selbstvertretung und -organisation (self advocacy) behinderter Menschen.

(3) Ist es einer allgemeinen Bildung nicht nur um die Entwicklung der Dimensionen des Kognitiven, Sozialen und Ethisch-Politischen zu tun; ebenso wichtig ist eine umfassende Entfaltung „aller Kräfte im Menschen" (Humboldt), insbesondere auch der ästhetischen Dimension (F. Schiller), die Möglichkeiten und Ebenen für psychische Kompensation, für Identitätsfindung sowie für eine zweckfreie Selbstverwirklichung offeriert. Ästhetische Aktivitäten haben eine Vehikelfunktion in der Daseinsgestaltung und Selbstbestimmung des Alltagslebens. Zudem ist die ästhetische Praxis als Erwachsenenbildung (Bildnereien behinderter Menschen; ‚Crüppel-Cabaret'; Straßen- und Kulturfestivals u. dgl.) ein integratives Medium im gesellschaftlichen Raum (Schuchardt 1987; BKJ 1999). Der Bereich des Ästhetischen (Kunst) kennt keine Behinderung, und daher kommt er auch den Bildungsbedürfnissen und Entwicklungsmöglichkeiten schwerbehinderter Menschen besonders entgegen (Theunissen 2004).

Es entspricht den Grundsätzen der Normalisierung und → Integration, wenn Angebote der Erwachsenenbildung für Menschen mit Behinderungen innerhalb der allgemeinen Bildungseinrichtungen (VHS; kirchliche oder gewerkschaftliche Bildungsstätten) organisiert werden. Das gilt nicht nur für zielgruppenspezifische Kurse (Fokus ‚special needs') und speziell für behinderte und nichtbehinderte Personen konzipierte Bildungsveranstaltungen (Fokus ‚soziale Integration'), sondern ebenso für reguläre Angebote (Fokus ‚Partizipation'), die prinzipiell für Erwachsene mit Behinderung offen sein sollten (Schuchardt 1987; Lindmeier 2003). Darüber hinaus, nicht selten aufgrund fehlender Angebote in allgemeinen Bildungsstätten, einer (‚entsorgenden') Aufgabenübertragung an Träger von Behinderteneinrichtungen oder einer Aufgabenübernahme durch → Verbände für Behinderte (Gehörlosen- oder Schwerhörigenbund, Blindenverein), findet Erwachsenenbildung für behinderte Menschen häufig auch an den Orten statt, wo sie leben, arbeiten und ihre Freizeit verbringen. So gibt es in München eine eigens für die Erwachsenenbildung geistig und lernbehinderter Menschen konzipierte Bildungsstätte. Die Zentrierung der Bildung behinderter Menschen auf Wohnheime, Anstalten, Werkstätten oder andere Sondereinrichtungen ist unbefriedigend, da wichtige gemeinsame Lernerfahrungen und Kontakte zwischen behinderten und nichtbehinderten Menschen ausbleiben. Neuerdings (vor allem im angloamerikanischen Sprachraum) sind auch Initiativen einer selbstorganisierten Bildung durch Selbstvertretungsgruppen zu beobachten (z. B. zum Erwerb einer Regie-, Helferanleitungs-, Finanz-, Wohn-, Beratungs- und Sozialkompetenz; peer support; peer counceling) zu beobachten, denen es um → Empowerment (Selbst-Ermächtigung) zu tun ist und die deutlich machen, dass Erwachsenenbildung keineswegs nur Sache der Professionals ist (Theunissen 2003, 219 ff.).

Georg Theunissen

Literatur

Bundesvereinigung Kulturelle Jugendbildung e. V. (Hrsg.): EigenSinn und EigenArt. Kulturarbeit von und mit Menschen mit Behinderung. Remscheid 1999.

Klafki, W.: Neue Studien zur Bildungstheorie und Didaktik. Beiträge zur kritisch-konstruktiven Didaktik. Weinheim 4. Aufl. 1994.

Koch, L./Marotzki, W./Schäfer, A. (Hrsg.): Die Zukunft des Bildungsgedankens. Weinheim 1997.
Lindmeier, Ch.: Integrative Erwachsenenbildung. In: Theunissen 2003, 189–204.
Schuchardt, E.: Schritte aufeinander zu. Soziale Integration Behinderter durch Weiterbildung. Bad Heilbrunn 1987.
Theunissen, G.: Erwachsenenbildung und Behinderung. Impulse für die Arbeit mit Menschen, die als lern- oder geistig behindert gelten. Bad Heilbrunn 2003.
Theunissen, G.: Kunst und geistige Behinderung. Bad Heilbrunn 2004.

Frühförderung

Unter Frühförderung wird ein komplexes System der Beratung, Anleitung und Unterstützung für Eltern verstanden, deren Kinder in den ersten Lebensjahren auf Grund individuell und sozial bedingter Entwicklungsauffälligkeiten und -gefährdungen (Risiken, Behinderungen) spezialisierter pädagogischer und therapeutischer Hilfen bedürfen. Gemäß der Bedeutung früher Lernprozesse für die spätere Entwicklung des Kindes und der als Folge der Behinderung veränderten Familiensituation sollte Frühförderung möglichst frühzeitig (rechtzeitig) nach dem Erkennen einer Beeinträchtigung oder einer drohenden Behinderung einsetzen (Früherkennung). Dadurch erhöhen sich die Chancen, Retardierungen und Fehlentwicklungen zu vermeiden bzw. zu minimieren. Dies gilt im Besonderen für elementare Schädigungen der Motorik und der Sensorik, wie z. B. bei hörgeschädigt geborenen Kindern. Hier sind spezifische Hörhilfen sofort notwendig.

Das institutionelle System der Frühförderung stützt sich in erster Linie auf *medizinisch* und *pädagogisch* organisierte Einrichtungen. Zu ersteren zählen vor allem Kliniken und Sozialpädiatrische Zentren. Letztere beziehen sich auf *regionale Frühförderstellen*. Diese sind in der überwiegenden Zahl *allgemeine Frühförderstellen*, d. h. sie sind nicht auf eine bestimmte Behinderungsart spezialisiert. Die Zuordnung eines Kindes zu einer bestimmten Behinderungsart – entsprechend dem System der Förderschulen – ist ohnehin im frühen Lebensalter nur selten bzw. bedingt möglich. Lediglich für seh- und hörgeschädigte Kleinkinder haben sich eigene Frühförderstellen bewährt. Aus organisatorischen Gründen sind sie in der Regel entsprechenden Sonder-(Förder-) schulen angegliedert, bleiben aber auf interdisziplinäre Zusammenarbeit mit anderen Diensten angewiesen. Generell versteht sich die Frühförderung als ein fachlich und organisatorisch *eigenständiges* Dienstleistungssystem, das von privaten Trägern betrieben wird.

Die Frühförderung ist aus verschiedenen fachlichen Ansätzen, vor allem medizinischen und pädagogischen, hervorgegangen. Daraus resultierten zunächst getrennte Systeme. Die Erkenntnis der Ganzheitlichkeit der → Entwicklungsprozesse und der gegenseitigen Aufeinanderangewiesenheit der verschiedenen Professionen führte allmählich zu interdisziplinär arbeitenden Einrichtungen, ohne dass damit fachliche Schwerpunktsetzungen überflüssig geworden wären. Im Gesundheitsreformgesetz von 1989 ist erstmals die Anerkennung zweier Systeme, der Sozialpädiatrischen Zentren und der regionalen Frühförderstellen, verankert worden.

Der Ausbaustand der Frühförderung ist in den Bundesländern ein unterschiedlicher. Nach dem Dritten Bericht der Bundesregierung über die Lage der Behinderten und die Entwicklung der Rehabilitation (1994) existieren im Bundesgebiet insgesamt ca. 757

Frühförderstellen und 69 Sozialpädiatrische Zentren. Unterschiede gibt es auch in Bezug auf die Verwaltung: Während in einigen Bundesländern die Sozialverwaltung zuständig ist, halten andere Länder an der Mitwirkung der Schulbehörde fest. Einen genauen Überblick über alle Einrichtungen hat das Bundesministerium für Arbeit und Sozialordnung (1995) erstellt.

Frühförderung ist ein fachlich mehrdimensionaler Begriff. Er umfasst immer auch die pädagogische Dimension; diese lässt sich auch als *pädagogische Frühförderung* bezeichnen. Der gelegentlich verwendete Terminus „Früherziehung" ist insofern zu allgemein, als er nach allgemeinem Verständnis lediglich den frühen Alterszeitraum erzieherischer Wirksamkeit markiert, nicht aber eine spezifische pädagogische Institution. In einem erweiterten Sinne betreibt auch der → Kindergarten Früherziehung. Da sich der inzwischen eingebürgerte Terminus „Frühförderung" jeweils auf Kinder mit definitiven oder drohenden Entwicklungsbeeinträchtigungen bezieht, könnte allenfalls von Früherziehungshilfe gesprochen werden. Sie ist als integrierter Part eines fachlich differenzierten Verbundsystems zu verstehen. Die gegenseitige Abstimmung mit den anderen fachlichen Erfordernissen verlangt eine organisierte Teamarbeit.

Die notwendige Zusammenarbeit schließt nicht aus, dass ein beteiligtes Fachgebiet seinen fachlichen Anteil (Fachautonomie) auch selber zu bestimmen und zu organisieren hat, zumal weil auf der Basis unterschiedlicher organisatorischer und rechtlich-verwaltungsmäßiger Bedingungen und Finanzierungsmodalitäten zu arbeiten ist. Dabei entsteht die Gefahr, dass versucht wird, den eigenen Anteil institutionell abzukoppeln und selbst zu organisieren. Dies kann beispielsweise dadurch geschehen, dass sich einzelne Fachleute der Frühförderung selbständig machen, oder dass ein ganzes Großsystem, wie das der Förderschulen, sich eine eigene Frühförderung, getrennt nach Behinderungsarten, zulegt. Die Interdisziplinarität geht dadurch verloren mit der Folge, dass die Eltern verschiedene Fachinstitutionen für ihr Kind aufsuchen müssen und die Förderungsqualität leidet, da die einzelnen Maßnahmen nicht genügend aufeinander abgestimmt werden.

Im Unterschied zur Schule, die staatlich hoheitlich geregelt ist, ist das In-Funktiontreten von Frühförderung auf die *Freiwilligkeit* der Eltern angewiesen. Dies bedeutet, dass Frühförderung so organisiert sein muss, dass sie den Eltern entgegenkommt. Schwierigkeiten können vor allem für Kinder aus sozial benachteiligten Familien eintreten.

Das fachliche Konzept der Frühförderung hat als Folge der Einbeziehung der beteiligten Eltern und der verschiedenen Disziplinen einen Wandel erfahren:

- von der dominanten Kindförderung zur Einbeziehung der Lebenswelt,
- von der rein ambulanten Förderung zum Ausbau des mobilen Dienstes,
- von der Dominanz der Fachleute zur Zusammenarbeit mit den Eltern,
- von der Monofachlichkeit zur Interdisziplinarität.

(1) Ursprünglich, d. h. bei der Errichtung eines *flächendeckenden Netzes* von Einrichtungen zur Frühförderung, wie es in der Empfehlung des Deutschen Bildungsrates (1973) angeregt worden war, galt das fachliche Hauptinteresse der direkten Förderung der einzelnen Kinder. Praktiziert wurden – vor allem auf verhaltenstheoretischer und entwicklungspsychologischer Basis – Ansätze wie Lern- oder Entwicklungstherapie, durch die die Kinder systematisch in ihrer Entwicklung vorangebracht werden sollten. Die Erfahrungen mit diesem Ansatz ließen erkennen, dass damit einerseits die Eigenaktivität des Kindes zu wenig berücksichtigt (Autonomie) und andererseits die komplexe Alltagswirklichkeit des Kindes nicht erreicht wurden. Ein gravierendes Beispiel sind Armutsverhältnisse (Weiß 1989). Die Einbeziehung der häuslichen Lebenswelt bedeutet keinen Verzicht auf eine direkte Förderung des einzelnen Kindes (Straßmeier 1997), sondern die Notwendigkeit, diese in die Berücksichtigung des sozialen Kontextes einzubinden.

(2) Nach klinischem Vorbild konzentrierte sich Frühförderung zunächst auf die reine Ambulanz und auf Großzentren. Da aber nicht alle Eltern in der Lage waren, derartige Einrichtungen aufzusuchen, musste der *mobile Dienst* aufgebaut werden, um alle Kinder und Eltern zu erreichen. Er macht heute mehr als die Hälfte der gesamten Frühförderarbeit aus. Manche Frühförderstellen arbeiten ausschließlich mobil. Die Eltern bestätigen ausdrücklich die Wichtigkeit und Notwendigkeit dieses Dienstes (Peterander/Speck 1993). Er ermöglicht die unmittelbare Erfahrung und Berücksichtigung der häuslichen Lebenswelt.

(3) Je stärker die Familienorientierung über den mobilen Dienst zum Tragen kam, desto mehr verlagerte sich die bisherige Fachdominanz gegenüber den Eltern zur *Zusammenarbeit von Eltern und Fachleuten* als gleichberechtigten Partnern (Speck/Warnke 1989). Damit fand die bisherige Favorisierung des Modells der Eltern als Ko-Therapeuten, d.h. als verlängerter Arm des Therapeuten, ihr Ende. Zusammenarbeit mit den Eltern bedeutet keinen Verzicht auf Fachautonomie und Fachautorität, sondern deren Orientierung an der faktischen und rechtlich begründeten Erziehungsautorität der Eltern und ihrer überlegenen Alltagswirksamkeit.

(4) Die zunächst ganz erklärlicherweise aus einzelfachlichen Ansätzen hervorgegangene monofachliche Arbeitsweise, also etwa orthopädische oder sonderschulpädagogische Ansätze, erwiesen sich bald als unzulänglich, da in der individuellen und sozialen Wirklichkeit des einzelnen Kindes wesentlich mehr Faktoren zu beachten sind als eine spezifisch geschädigte Funktion des Organismus (defektspezifischer Ansatz). Die begrenzte fachliche Zuständigkeit des einzelfachlichen Ansatzes hatte im Übrigen dazu geführt, dass die Eltern mehrere und verschiedene Fachambulanzen aufsuchen mussten. Aus diesem Manko heraus entwickelte sich der *interdisziplinäre Ansatz*. Er zeigt sich organisatorisch darin, dass in einer regionalen Frühförderstelle die verschiedenen Berufsgruppen in einem Team zur Verfügung stehen. Nach einer Erhebung in Bayern (Peterander/Speck 1993) sind pro Frühförderstelle im Durchschnitt 11 Mitarbeiterinnen und Mitarbeiter der verschiedensten Berufsgruppen beschäftigt. Dazu gehören u.a. Sozialpädagoginnen, Heilpädagoginnen, Erzieherinnen und Sonderschullehrerinnen sowie Beschäftigungstherapeutinnen, Krankengymnastinnen und Logopädinnen. Die Zusammenarbeit mit den Fachärzten konnte verbessert werden.

Eine Flächenbefragung von mehr als 1100 Eltern in Bayern (Speck/Peterander 1994) ergab, dass diese das voll ausgebaute System der familiennahen und interdisziplinären Frühförderung in sehr hohem Maße bejahen: Mehr als 90 % von ihnen bestätigten den Wert und die Qualität der Arbeit, das gute Vertrauen und die gute Zusammenarbeit. Der fachlichen Weiterentwicklung der Frühförderung dienen eine 1983 gegründete bundesweite „Vereinigung für Interdisziplinäre Frühförderung e.V." und seit 1982 eine eigene Zeitschrift „Frühförderung interdisziplinär". Unter dem gegenwärtigen Finanzierungsdruck verstärken sich Tendenzen einer Rationalisierung mit der Gefahr eines Qualitätsabbaues in Bezug auf die spezifische Qualifizierung für die frühe Entwicklungsphase, des Verlustes an Interdisziplinarität und einer Reduzierung des mobilen Dienstes und damit der Elternarbeit.

Otto Speck

Literatur

Bundesministerium für Arbeit und Sozialordnung (Hrsg.): Frühförderung. Einrichtungen und Stellen der Frühförderung in der Bundesrepublik Deutschland. Bonn 5. Aufl. 1995.

Bundesministerium für Arbeit und Sozialordnung (Hrsg.): Die Lage der Behinderten und die Entwicklung der Rehabilitation. Dritter Bericht der Bundesregierung. Bonn 1994. Vierter Bericht 1998.

Deutscher Bildungsrat, Empfehlungen der Bildungskommission: Zur pädagogischen Förderung behinderter und von Behinderung bedrohter Kinder und Jugendlicher. Bonn 1973.

Peterander, F./Speck, O.: Strukturelle und inhaltliche Bedingungen der Frühförderung. Abschluß-

bericht zum Forschungsprojekt. München 1993.
Speck, O./Warnke, A. (Hrsg.): Frühförderung mit den Eltern. München 2. Aufl. 1989.
Speck, O./Peterander, F.: Elternbildung, Autonomie und Kooperation in der Frühförderung. In: Frühförderung interdisziplinär 13 (1994) 108–120.
Straßmeier, W.: Frühförderung konkret. 260 lebenspraktische Übungen für entwicklungsverzögerte und behinderte Kinder. München 4. Aufl. 1997.
Weiß, H.: Familie und Frühförderung. Analysen und Perspektiven der Zusammenarbeit mit Eltern entwicklungsgefährdeter Kinder. München 1989.

Gebärdensprache

Schon in der Antike gehen insbesondere Platon in seinem sprachphilosophischen Dialog Kratylos und später Augustin in De magistro von einer Gleichwertigkeit von Wörtern und Gebärden, wie sie von gehörlosen Menschen verwendet werden, aus, wobei sie letztere aber lediglich als alternative Kodierungsform der gleichen Sprache verstanden. In diese Denktraditionen und -muster kann man Gebärdenverwendungen von anderen nicht gehörlosen Gruppen – z.B. von Zisterziensermönchen zur Umgehung des Schweigegebots (*Mönchsgebärden*) oder von einigen Indianervölkern (*Indian Sign Languages*) – einordnen, ebenso auch die *lautsprachbegleitenden Gebärden (LBG)*.

Dass Gebärdensprachen jedoch eigenständige Sprachsysteme darstellen, die den allgemeinen Definitionskriterien von Sprache entsprechen, diese Erkenntnis entwickelte sich erst seit Ende der fünfziger Jahre, zunächst primär für American Sign Language (ASL), inzwischen aber auch für zahlreiche andere Gebärdensprachen wie die Deutsche Gebärdensprache (DGS). Gebärdensprachen bestehen, wie Verbalsprachen, aus einem offenen, zeitlich und anzahlmäßig grundsätzlich nicht begrenzten Fundus arbiträr funktionierender Zeichen, die sich, anders als die unimodalen Phoneme von gesprochenen Sprachen, aus vier Parametern – Handform, Handstellung, Ausführungsstelle und Bewegung – nach strukturellen Gesetzmäßigkeiten zu bedeutungstragenden Einheiten (= Gebärden) zusammensetzen und nach grammatischen Regeln zu Äußerungseinheiten kombiniert werden. Da es sich um visuell räumlich konstruierende Systeme handelt, sind bei Gebärdensprachen Simultanität und Inkorporationen notwendig deutlicher ausgeprägt als bei gesprochenen Sprachen.

Diese linguistischen Erkenntnisse zur Gebärdensprache erfahren eine eindrucksvolle neurolinguistische Bestätigung durch Untersuchungen mit schwer hirnverletzten gehörlosen Native Signern, nach denen auch Gehörlose Gebärdensprache linkshemisphärisch verarbeiten, also in gleicher Weise wie Hörende die gesprochene Sprache. Auch ontogenetisch – vornehmlich über Untersuchungen mit gehörlosen Kindern gehörloser Eltern – zeigen sich weitgehende Parallelitäten in der Entwicklung von Lexikon, Syntax und Semantik in der Gebärdensprache gehörloser und der Lautsprache hörender Klein- und Vorschulkinder.

Der Gebärdensprache kommt eine bis heute weithin unterschätzte Bedeutung für die Identitätsfindung gehörloser Menschen und das soziokulturelle Phänomen der *Gehörlosengemeinschaft* auf der einen und für die *Hörgeschädigtenpädagogik* auf der anderen Seite zu. Wenn es sich bei Gebärdensprachen um den Verbalsprachen analoge Sprachsysteme und nicht um einen grundsätzlich unvollkommenen Kommunikationsersatz handelt, wie es die Hörgeschädigtenpädagogik lange Zeit suggerierte, dann gewinnt die Frage des Einsatzes von Gebärdensprache in den Sozialisations-, Bildungs- und Erziehungsprozessen gehörloser und hochgradig schwerhöriger Kinder einen ganz neuen Stellenwert. Dabei gilt es zu beachten, dass Gebärdensprachen keine der Schriftsprache vergleichbare Fixierungsmodalität haben, wohl aber für pädagogische und/oder wissenschaftliche Zwecke einsetzbare Transkriptions- und Lernformen wie insbesondere die sog. Gebärdenschrift. Von daher sind sie sowohl funktionell in Bezug auf die Bedeutung der Schrift für die Tradierung von Wissen, Werten und Normen als auch psycho- und soziolinguistisch – die Verfügbarkeit einer Laut-/Schriftsprache ist notwendig, um sich in der Dominanz der hörenden Umwelt behaupten zu können – als alleiniges Kommunikations- und Repräsentationsmittel ungeeignet. Als Konsequenz führt das zu einer *zweisprachigen Erziehung* gehörloser Kinder in Gebärden-, Schrift- und Lautsprache. Nur eine kleine Gruppe gehörloser (und hörender) Kinder gehörloser Eltern hat jedoch die Chance, Gebärdensprache als Primärsprache (L1) im sozialisationstheoretischen Sinne zu erwerben. Dies impliziert erhebliche Konsequenzen für jedes Gebärdensprache einbeziehende Konzept, weil für gehörlose Kinder hörender Eltern ein zweisprachiger Sozialisationsrahmen sich nicht natürlich realisieren kann, sondern edukativ inszeniert und reflektiert werden muss. Zunächst in Skandinavien (besonders Schweden) und später auch beispielsweise in Deutschland gemachte Erfahrungen mit bilingualen Bildungs- und Erziehungskonzepten in Gebärden-, Laut- und Schriftsprache haben sich entgegen der Meinung eines Teils der Hörgeschädigtenpädagogen und Mediziner als sehr erfolgreich für die Gruppe der – trotz früher Diagnose und hoch entwickelter elektroakustischer Hilfen wie Cochlea Implantat (CI) – auditiv nicht oder nur unzulänglich erreichbaren gehörlosen Kinder erwiesen.

Als wichtig für die gesellschaftliche und bildungspolitische Akzeptanz der Gebärdensprache erwies sich ihre politische Anerkennung als Minderheitensprache, wie sie in einer Entschließung des Europaparlamentes schon 1989 für die Mitgliedsländer der EU gefordert und mittlerweile auch in Deutschland durch das Bundesgleichstellungsgesetz (2002) und korrespondierende Länderregelungen vollzogen wurde.

Von den genuinen Gebärdensprachen abzugrenzen sind die eingangs schon erwähnten und in der deutschen Hörgeschädigtenpädagogik relativ stark verbreiteten *lautsprachbegleitenden Gebärden* (*LBG*). Häufig wird inzwischen auch von *LUG* (*lautsprachunterstützenden Gebärden*) gesprochen, da man zunehmend von der ursprünglichen Maxime, dass jedem gesprochenen Wort eine Gebärde zuzuordnen ist, abgeht zugunsten einer Konzentration auf die inhaltsbestimmenden Kernwörter und einen damit verbundenen flüssigeren Sprachgebrauch. LBG ist keine Gebärdensprache, sondern stellt ein Mischsystem dar, das das lexikalische Inventar weitgehend einer Gebärdensprache entnimmt, es aber den syntaktischen Strukturen der lautsprachlichen Äußerungen anpasst. Primärer Zweck von LBG ist die Erleichterung der Wahrnehmung von Äußerungen in lautsprachlichen Kommunikationsprozessen, indem parallel zu den geäußerten Worteinheiten entsprechende Gebärden dargeboten werden. Aus diesem Grund werden sie auch von schwerhörigen und ertaubten Erwachsenen gegenüber der Gebärdensprache präferiert.

Klaus-B. Günther

Literatur

Boyes Braem, P.: Einführung in die Gebärdensprache und ihre Erforschung. Hamburg 3. Aufl. 1995.

Chamberlaine, Ch./Morford, J.P./Mayberry, R.I. (eds.): Language Acquisition by Eye. Erlbaum 2000.

Emmorey, K.: Language, Cognition and the Brain: Insights from Sign Language Research. Hillsdale 2001.

Günther, K.-B./Schäfke I.: Bilinguale Erziehung als Förderkonzept: Abschlussbericht zum Hamburger Bilingualen Schulversuch. Hamburg 2004.

Löffler, C.: Die Verschriftung der Gebärdensprache. Signa – Beiträge zur Signographie 7. Grimma 2004.
Wilbur, R. B.: Modality and the structure of language: Sign Languages versus Signed Systems. In: Marschak, M./Spencer, P.E. (eds.): Oxford Handbook of Deaf Studies, Language and Education. Oxford 2003, 332–346.
Wöhrmann, St.: Handbuch der GebärdenSchrift. Hamburg 2005.

Kindergarten

Der Kindergarten ist eine eigenständige Tageseinrichtung im Bereich der Jugendhilfe für Kinder im Alter zwischen drei bis sechs Jahren, d.h. bis zum Beginn des Schulbesuchs. Er sieht seine allgemeine Aufgabe in der Unterstützung und Ergänzung der familiären Erziehung und in der Förderung der individuellen und sozialen Entwicklung der Kinder. Der Besuch ist freiwillig. Gegenwärtig übersteigt die Nachfrage nach Kindergartenplätzen das reale Angebot erheblich. Der Ausbaustand variiert in den verschiedenen Bundesländern. Nach dem Achten Jugendbericht der Bundesregierung (1990) schwankt dieser zwischen 54 und 100 %. 1986 konnten im Durchschnitt 78,9 % aller drei- bis sechsjährigen Kinder einen Kindergarten besuchen. In absoluten Zahlen waren es 1.821.088 Kinder in 24.476 Einrichtungen. Am stärksten vertreten sind jeweils die älteren Jahrgänge. In den letzten Jahren ist die Nachfrage auch für die Dreijährigen gestiegen. Die Kindergärten werden zum überwiegenden Teil halbtags besucht, also nur in begrenztem Ausmaß als Ganztagseinrichtungen genutzt.

Der Kindergarten, ursprünglich als Einrichtung der Jugendhilfe entstanden, geriet in der Zeit der Bildungsreform in besonderem Maße unter bildungspolitischen Einfluss. Er wurde als *Elementarstufe* des Bildungswesens definiert und entsprechenden lernpsychologischen Konzepten unterworfen. Diese gelten heute als überwunden. Wenn auch der Kindergarten wieder gänzlich als sozialpädagogische Institution (Kindertagesstätte) verstanden wird, so wird seine Aufgabe aber auch im Bereich der Bildung gesehen.

Im Zusammenhang mit dieser Umorientierung auf sozialpädagogische Zielsetzungen hin trat die Frage eines gemeinsamen Besuchs behinderter und nichtbehinderter Kleinkinder stärker ins Blickfeld (→ Integration). Bis dahin waren behinderte Kinder nahezu ausschließlich in spezialisierten Kindergärten, sog. *Sonderkindergärten*, betreut worden. Sie wurden – in Bayern – als „Schulvorbereitende Einrichtungen“ den Sonderschulen zugeordnet. Hier besuchten 1997/98 insgesamt 8.700 behinderte Kinder die insgesamt 306 Einrichtungen dieser Art. Ihre Zahl war ständig gestiegen. Der Besuch ist unentgeltlich.

Das verstärkte Interesse an einer Eingliederung auch behinderter Kinder in den Kindergarten steht zum einen im Zusammenhang mit dessen veränderter konzeptueller Orientierung, die mehr auf die Einbeziehung der → Lebenswelt der Kinder gerichtet ist als auf eine spezialisierte Lernförderung, und zum anderen mit der allgemeinen → Integrationsbewegung, die vor allem von den Eltern getragen wird.

Modelle einer gemeinsamen Erziehung und Förderung behinderter Kinder im Kindergarten sind seit den sechziger Jahren in speziellen Projekten entwickelt worden (Hundertmarck 1981; Speck 1998). Differenzierte Befunde ermittelte die Projektgruppe „Integration von Kindern mit besonderen Problemen“ des Deutschen Jugendinstituts (München). Die Ergebnisse sind komplex und lassen sich dahingehend zusammenfassen, dass eine solche Gemeinsamkeit pädagogisch vertretbar und sinnvoll ist, wenn bestimmte Bedingungen gegeben sind. Diese beziehen sich u.a. auf die Faktoren Behinderung, individuelle Förderung und Therapie, Gruppengröße, pädagogisches Konzept, Professionalität der Mitarbeiter und Mitwirkung der Eltern (Kaplan 1992; Kniel 1992; Heimlich 1995).

Die Verwirklichung eines *integrativen Konzeptes* im Sinne einer individuellen und sozialen Förderung sowohl der behinderten als auch der nichtbehinderten Kinder erfordert entsprechende rechtliche und finanzielle Grundlagen. Diese bleiben gegenwärtig hinter den pädagogisch-konzeptionellen Möglichkeiten zurück. Im Achten Jugendbericht, herausgegeben vom Bundesminister für Jugend, Familie, Frauen und Gesundheit (1990) heißt es, dass sich bis 1987 die Zahl der Kindergärten mit integrativen Gruppen verdreifacht habe und auf 1300 Plätze angewachsen sei, was aber nichts anderes bedeutete, als dass „nur wenigen Kindern ein qualifiziertes integratives Betreuungsangebot zur Verfügung" stand. Die Situation hat sich in den neunziger Jahren nicht wesentlich verbessert.

Bei der Beurteilung der Integrationsmöglichkeiten ist jeweils die Frage zu klären, was unter *behinderten Kindern* zu verstehen ist. Da eine genaue Unterscheidung zur „Nichtbehinderung" schwierig ist, ist davon auszugehen, dass dieser Terminus im allgemeinen subjektiv und pragmatisch von den jeweiligen Kindergärten bestimmt wird (Klein u.a. 1987). Dadurch aber ergibt sich kein klares Bild von der tatsächlichen Situation der Eingliederung „behinderter Kinder". Der größere Teil von ihnen weist geringer ausgeprägte, partielle oder temporär wirksame Entwicklungsauffälligkeiten oder Lernstörungen auf (Kaplan 1992). Das Projekt des Deutschen Jugendinstituts bezog sich ganz allgemein auf „Kinder mit besonderen Problemen".

In organisatorischer Hinsicht haben sich – neben den nach wie vor vorhandenen Sondergruppen – im Wesentlichen zwei integrative Grundformen ausgebildet: Die *integrative Kindergruppe* und die *Einzelintegration*. Im ersteren Fall handelt es sich um bestimmte Gruppen eines Kindergartens, die sich die erzieherische Einbeziehung auch behinderter Kinder zur Aufgabe gemacht haben und ein entsprechend qualifiziertes Angebot bereitstellen. Die Gruppen sind kleiner und in einem bestimmten Verhältnis von behinderten und nichtbehinderten Kindern zusammengesetzt. Die Schwäche integrativer Gruppen wird in ihrem Sonderstatus und in der Notwendigkeit eines größeren Einzugsgebietes gesehen, wodurch die Chancen sinken, mit Kindern der eigenen Alltagslebenswelt in soziale Kontakte zu treten. Im Falle der Einzelintegration im Nachbarschaftskindergarten handelt es sich um einzelne „behinderte" Kinder, die in Gruppen des Regelkindergartens aufgenommen werden, wobei nicht unbedingt eine entsprechend qualifizierte Betreuung gewährleistet ist. Der Vorteil liegt vor allem in der Wohnungsnähe der Einrichtung, die den Eltern längere Transportwege erspart. Die Eingliederung einzelner Kinder kann auch durch ambulante Dienste, wie die der → Frühförderung, unterstützt werden. Dabei ist eine organisierte Zusammenarbeit der Kindergärtnerinnen und der heilpädagogisch-therapeutischen Fachkräfte wichtig. Eine weniger häufig praktizierte Organisationsform besteht in der Hereinnahme nichtbehinderter Kinder in einen Sonderkindergarten.

In Anbetracht der Schwierigkeit, sowohl den sozialen Aspekt als auch den der speziellen Förderung miteinander zu verbinden, wird häufig ein „kooperatives Modell" praktiziert, bei dem Gruppen eines Sonderkindergartens mit Regelgruppen eines benachbarten Kindergartens – zeitlich begrenzt – gemeinsam agieren.

Otto Speck

Literatur

Bundesministerium für Jugend, Familie, Frauen und Gesundheit (Hrsg.): Achter Jugendbericht. Bonn 1990.

Heimlich, U.: Behinderte und nichtbehinderte Kinder spielen gemeinsam. Konzept und Praxis integrativer Spielförderung. Bad Heilbrunn 1995.
Hundertmarck, G. (Hrsg.): Leben lernen in Gemeinschaft. Behinderte Kinder im Kindergarten. Freiburg 1981.
Kaplan, K.: Integrative Frühförderung als Alternative zur Sonderbetreuung im Elementarbereich. In: Mühlum, A./Oppl, H. (Hrsg.): Handbuch der Rehabilitation. Neuwied 1992, 41–62.
Klein, G./Kreie, M./Kron, M./Reiser, H.: Integrative Prozesse in Kindergartengruppen. Weinheim 1987.
Kniel, A.: Entwicklungstendenzen in der vorschulischen Erziehung behinderter Kinder: Modelle und Perspektiven. In: Mühlum/Oppl 1992, 63–86.
Speck, O.: System Heilpädagogik. Eine ökologisch reflexive Grundlegung. 5. Aufl. München 2003.

Kunsttherapie

Die Vorstellungen über die Möglichkeiten und die Methoden, psychosomatische und psychische Störungen sowie Leiden, Krankheiten und Entwicklungsverzögerungen mit künstlerischen Mitteln zu lindern, zu heilen oder zu rehabilitieren, konkretisieren sich zu Beginn des 19. Jahrhunderts, während sie vorher und noch lange Zeit nachher nur als programmatische Ansprüche an den produktiven und rezeptiven Umgang mit Kunst erhoben worden sind. Allerdings ist schon seit der griechischen Antike die Wirkung der Kunst – vor allem des Theaters – als erschütternd und lebensverändernd (kathartisch) eingeschätzt worden. In Pestalozzis „Methode" von 1808 wird die *menschenbildende und kunstbildende Wirkung* des kindlichen Bildens (Kinderzeichnung) programmatisch in Anspruch genommen, aber unter dem missverstandenen Einfluss zeitgenössischer Kunsttheorien und Ästhetiken (Kant) auf das Nachziehen von Linien in einem vorgegebenen Netz reduziert. Die Auswirkungen dieser „Netzzeichen-Methode" sind, besonders im Bereich der Hilfsschulen, bis zum Beginn des 20. Jahrhunderts zu verfolgen.

In den Überlegungen von Pinel (1801) und Reil (1803) zur Behandlung Geisteskranker werden erstmals konkrete Methoden formuliert, wie sich künstlerische Aktivitäten innerhalb eines klinischen Settings zur Linderung der Symptome von „reconvalescierenden Wahnsinnigen" (Pinel 1801, 216) in Anspruch nehmen lassen. Für Pinel sind es neben Feldarbeit und Handarbeit auch Theaterspiele, Musik und Tanz und die Bildenden Künste, die in der abklingenden Phase der Geisteskrankheiten zur Entwicklung der *moralischen Fähigkeiten* einen Beitrag zu leisten vermögen („moral treatment"). Berühmt geworden sind die „Übungen in Kunst und Geistesarbeiten", die Reil in seinen „Rhapsodien über die Anwendung der psychischen Curmethode auf Geisteszerrüttungen" (1803, 241–145) vorschlägt. Sie reichen von einfachen Beschäftigungen mit Baukästen, vom Zusammensetzen zerschnittener Landschaftsdarstellungen bis zu Übungen im „Mahlen, Zeichnen, Singen". Im Gegensatz zu Pinel geht es Reil in seinen „Curmethoden" nicht um die Rückgewinnung moralischer Integrität, sondern um die Rekonstruktion der Beziehungen des Subjekts zur Wirklichkeit: „Ist der Kranke erst gewöhnt, die Eindrücke der Welt richtig aufzufassen, so haben wir ihn dadurch vorbereitet, sich als das Subjekt seiner Anschauungen und Gefühle zu beachten" (1803, 248).

Diese Konzepte leiden nicht nur an der Diskrepanz zwischen theoretischem Anspruch und der Wirklichkeit einer Behandlung in Hospitälern, sondern auch an einem

Mangel an Vorstellungen, wie denn die ‚künstlerischen' Aktivitäten aufzubereiten seien, damit sie ihre therapeutischen Wirkungen entfalten könnten. Zwar bietet das ausgehende 18. und das beginnende 19. Jahrhundert eine Fülle an Überlegungen zur Begründung einer autonomen ästhetischen Kultur (Novalis, Schelling, Hegel); die Gedanken geben aber nur wenige Hinweise auf die Möglichkeiten, wie die neu entdeckte *ästhetische Subjektivität* in neuen künstlerischen Medien zu verwirklichen sei. Das Zusammensetzen zerschnittener Landschaftsdarstellungen trainiert vielleicht ‚zerrüttete' Wahrnehmungsaktivitäten, ersetzt aber nicht die produktiven Erfahrungen beim Collagieren, und die Möglichkeiten des Zeichnens für Ungeübte liegen zu dieser Zeit noch weit außerhalb des Gesichtskreises der Therapie.

Unter diesem Mangel an Vorstellungen über die konkreten ästhetischen Aktivitäten leidet auch noch das erste und schon umfassende Konzept einer *Heilpädagogischen Kunsttherapie*, das 1861/63 von Georgens und Deinhardt vorgelegt wurde. Die Autoren stellen eine erstaunliche Fülle von spielerisch wiederkehrenden Übungen vor. Sie geben an, sie in ihrer Anstalt in Baden bei Wien verwirklicht zu haben. Die Übungen sollen dazu dienen, dass die „praktisch-ästhetische Produktivität, das objektiv sachliche Darstellungsvermögen, allseitig herausgebildet wird" (Georgens/Deinhardt 1863, 411). Zu Recht zählt Theunissen (1993, 150 f.) denn auch diese Erkenntnisse über das therapeutische Potenzial von abgestuften, an der Entwicklung der Ausdrucks- und Erkenntnisfähigkeiten des Kindes orientierten, ganzheitlichen Sinnes- und Bewegungsübungen zu den Vorläufern der → Basalen Pädagogik (Fröhlich) oder vergleichbarer Konzepte.

Die Verbindung von „praktisch-ästhetischer Produktivität" und „objektiv-sachlichem Darstellungsvermögen" führt zu dem geschichtlich bedingten Problem im Theorem von Georgens und Deinhardt. Bei aller Vielfalt an kindgerechten → Spielen, an Bauen, Modellieren und anderen rehabilitativen Übungen ist das Ziel dieser Aktivitäten meist in den Fertigkeiten zu sehen, die menschliche Gestalt zeichnerisch wiederzugeben – dies hat man sich unter dem „objektiv-sachlichen Darstellungsvermögen" vorzustellen. Mit dieser Formulierung weisen sich die Autoren als Kinder ihrer Zeit aus, die in den realistischen Kunstidealen das Ziel der „Kunstbildung" sehen (Pestalozzi). Erst gegen Ende des 19. und zu Beginn des 20. Jahrhunderts wird mit der Entwicklung der nicht gegenstandsgebundenen Kunststile (Kandinsky und viele andere) der Horizont an bildhaften Ausdrucksmöglichkeiten so erweitert, dass die ‚dilettierenden' Beschäftigungen mit Elementen vorgegebener klassizistischer oder realistischer künstlerischer Systeme zurücktreten und einer großen Vielfalt an persönlichen Ausdruckserereignissen Platz machen.

Zugleich wird mit der Entdeckung der *Kinderkunst* der Boden für das Verständnis der Kinderzeichnung und anderer produktiver Aktivitäten der Heranwachsenden bereitet, aber auch für den Einsatz selbst entwickelter kindlicher Ausdrucksweisen.

Seit dieser Zeit stehen der Kunsttherapie alle Stilelemente und Ausdrucksmittel der Modernen Kunst zur Verfügung, vom Kritzeln (Pollock, Twombly) über das Collagieren (Max Ernst) bis zum sogenannten Neuen Realismus. Damit werden bestimmte Sequenzen einer *Förderung und Rehabilitation mit ästhetischen Mitteln* planbar und an den jeweils gegebenen Ausdrucksmöglichkeiten behinderter Menschen ausgerichtet. Von dieser Zeit an entwickelten sich Therapie und → Rehabilitation durch bildnerisch-künstlerische Mittel in zwei Richtungen: in eine Pädagogische Kunsttherapie und eine Klinische Kunsttherapie.

Die *Pädagogische Kunsttherapie* versteht sich als Teil eines klinischen Unterrichts (Johnson/Myklebust). Der Unterricht geht von den gestörten Fähigkeiten und nicht von einem vorbestimmten Lehrplan aus (Kobi 1975; Richter 1977). Diese radikale Umstrukturierung von der Sache hin zum Individuum kann im bildnerisch-ästhetischen Feld besonders leicht und wirkungsvoll erreicht werden, weil die „ästhetische Sache“ nicht begrifflich-logisch oder gar hierarchisch strukturiert ist, sondern ein hohes Maß an Offenheit aufweist (Eco). Die Form des Unterrichts in Richtung auf eine Therapie mit ästhetischen Mitteln hat tiefgreifende Konsequenzen für die Organisation von Lehr-Lern-Prozessen. Sie sollte (1) von einer pädagogischen Diagnostik (→ Psychodiagnostik) im Bereich der Ausdrucksformen, zum Beispiel → geistig behinderter Menschen, ausgehen. (2) Die Förderangebote sollten an dem lebensgeschichtlichen Status des einzelnen anknüpfen. (3) Im engeren Bereich der Didaktik muss die Umstrukturierung zu netzartig verbundenen → Fördersequenzen führen. (4) Sie soll in diesen Formen der psychosomatischen Förderung eigene Zielvorstellungen entwickeln, auf denen Bildungs- und Erziehungsziele aufbauen. Die pädagogisch orientierte Kunsttherapie hat sich in den letzten Jahrzehnten in grundlegende und spezielle Modelle ausdifferenziert und ist auch in mehrere behindertenspezifische Förderkonzepte sowie Auffassungen über einen rehabilitierenden Unterricht eingegangen (Richter 1977; Theunissen 1989; Domma 1990; Richter-Reichenbach 1992).

Die *Klinische Kunsttherapie* hat ihren Schwerpunkt in der außerschulischen Arbeit mit ästhetischen Mitteln bei psychisch und psychosomatisch gestörten Menschen. Sie ist in der Regel Teil einer umfassenden psychologisch-psychiatrischen Behandlung. Aber auch diese Arbeit orientiert sich theoretisch und praktisch an pädagogischen sowie künstlerisch-bildhaften Vorstellungen. Die sogenannten *Gestaltungstherapien* lehnen sich demgegenüber methodisch und praktisch mehr an → psychotherapeutische Systementwürfe an, so etwa an die Auffassung über psychische Dynamik und Primärprozesse des Unbewussten. Zu diesen Bearbeitungsmechanismen gehört wesentlich das interpretierende (bilddeutende) Gespräch zwischen Patient und Therapeut (Günter 1989).

Hans-Günther Richter

Literatur

Domma, W.: Kunsttherapie und Beschäftigungstherapie. Köln 1990.

Georgens, J.D./Deinhardt, H.P.: : Die Heilpädagogik mit besonderer Berücksichtigung der Idiotie und der Idiotenanstalten. Zwei Bände. Leipzig 1861–63.

Günter, M.: Gestaltungstherapie. Zur Geschichte der Mal-Ateliers in psychiatrischen Kliniken. Bern 1989.

Kobi, E.E.: Die Rehabilitation der Lernbehinderten. München 1975.

Pinel, P.: Philosophisch-medizinische Abhandlungen über Geistesverwirrungen oder Manie. Wien 1801.

Reil, J.C.: Rhapsodien über die Anwendung der psychischen Curmethoden auf Geisteszerrüttungen. Halle 1803.

Richter, H. G. (Hrsg.): Therapeutischer Kunstunterricht. Düsseldorf 1977.

Richter, H. G.: Pädagogische Kunsttherapie. Düsseldorf 1984.

Richter-Reichenbach, K.-S.: Identität und ästhetisches Handeln. Weinheim 1992.

Theunissen, G.: Wege aus der Hospitalisierung. Ästhetische Erziehung mit schwerstbehinderten Menschen. Bonn 1989.

Theunissen, G.: Georgens und Deinhardt wiedergelesen. In: Wichelhaus, B. (Hrsg.): Kunsttheorie, Kunstpsychologie, Kunsttherapie. Berlin 1993, 150–158.

Musiktherapie

Musiktherapie ist die Kunst, Musik in belastenden Lebenssituationen gezielt zur Heilung oder Besserung anzuwenden. Musiktherapeutisches Handeln basiert auf der Tatsache, dass Musik seelische Erlebnisse auslösen kann. Ob dieser Vorgang stattfindet und welche Musik ihn bewirkt, ist einerseits abhängig von den durch Anlage und Umweltfaktoren geprägten ästhetischen Fähigkeiten des Rezipienten – diese sind veränderbar und eröffnen Möglichkeiten für pädagogische Interventionen – und andererseits vom Qualitätsfaktor der Musik. Ob ein durch Musik ausgelöstes emotionales Erlebnis als Kunstgenuss in Erscheinung tritt oder als Therapeutikum wirksam wird, ist abhängig von der therapeutischen Bedürftigkeit einer Person (Decker-Voigt 1983).

Es existieren sehr unterschiedliche musiktherapeutische Lehrmeinungen: Analytische (Priestley), Regulative (Schwabe), Pädagogische (Probst), Schöpferische (Nordoff/Robbin; Orff), Heilpädagogische (Goll) und Anthroposophische Musiktherapien (Steiner), daneben noch Katathymes Bilderleben (Leuner), Guided Imagery and Music (Bonny), Tanztherapie (Espenak) und anderes mehr. Davon abzugrenzen sind hör- und klangtherapeutische Konzepte (Tomatis; Ellis). Ihre Bedeutung scheint in der Praxis größer zu sein als die vorliegende Literatur erkennen lässt.

Musiktherapeutisches Handeln kann konflikt-, erlebnis- und übungszentriert sein (Bruhn 2000), erscheint im somatischen, psychischen, sozialen und schulischen Bereich möglich und wurde bereits vielfach mit Erfolg praktiziert. Als *unterstützendes Therapeutikum* findet die Tonkunst Anwendung in der somatogenen, nichtpsychiatrischen Medizin, und zwar überall dort, wo sich messbare körperliche Reaktionen auf Musik (Blutdruck, Hautwiderstand, Muskeltonus, Atem- und Pulsfrequenz) nachweisen lassen (Musikmedizin). Das Kerngebiet musiktherapeutischer Arbeit liegt indes heutzutage auf dem Gebiet der → *Psychotherapie*. Die Anwendung von Musik dient diagnostischen Erkenntnissen und therapeutisch orientierter Bewusstwerdung von Gedanken und Empfindungen. Man unterscheidet aktive und rezeptive Methoden, angewandt bei Einzelpersonen oder in einer Gruppe, gegebenenfalls mit spezieller Zielrichtung. Da in den meisten Fällen eine verbale Therapie begleitend erfolgt, ist die Anwesenheit eines psychiatrisch oder psychologisch geschulten Therapeuten unerlässlich. Funktionale Musikanwendung ist auch in der Langzeitpsychiatrie, der Rehabilitationsmedizin und der Geriatrie angezeigt.

Im *sozialen Bereich* eröffnet der Umgang mit Musik Übungsmöglichkeiten auf den Sektoren von Sprache, Ein- und Ausdrucksverhalten sowie Sozialverhalten. Je nach Art der Einrichtung sind psychologisch oder pädagogisch ausgebildete Musiktherapeuten die handelnden Personen. Im Bereich von Schule und Sonderschule obliegen musiktherapeutische Aktivitäten naturgemäß dem Pädagogen, da sie sich vom Bildungsauftrag der Schule nicht trennen lassen. Steigerung von Konzentrationsfähigkeit, Gedächtnisleistung, Ausdauer, Lernbereitschaft und auditivem Perzeptionsvermögen sind Grundanliegen dieses Arbeitsgebietes. Für die Förderung von Kreativität, Emotionalität und Frustrationstoleranz – unverzichtbare Faktoren menschlichen Lebens – bietet sich eine künstlerische Disziplin wie Musik geradezu an.

Um bei Betroffenen nicht unerfüllbare Hoffnungen zu wecken, verwenden Sonderpädagogen den Begriff Therapie in der Regel nicht, sondern sprechen von Heilpädagogik, Rehabilitation oder spezieller Förderung. Nur in wenigen Fällen kann mit Pädagogischer Musiktherapie auf primäre Faktoren einer Behinderung Einfluss genommen werden. Folgeerscheinungen sind hingegen mit den Möglichkeiten eines speziellen musikpädagogischen Angebots bedeutsam einschränkbar.

→ Blinden und hochgradig → Sehbehinderten dient die Musik häufig zur Kompensation für die erheblichen Beeinträchtigungen im Bereich der visuellen Künste. Obwohl verschiedene abtastbare Notationssysteme existieren, sind Blinde beim aktiven Musizieren primär auf Gedächtnisleistungen angewiesen. Alle Instrumente, die keinen Blickkontakt erfordern, lassen sich gut handhaben. Wegen der Probleme beim Zusammenspiel haben Akkordinstrumente häufig Vorrang. → Gehörlosen und hochgradig → Schwerhörigen kann das Vibrationsgefühl teilweise als Ersatz für das fehlende Hörvermögen dienen. Im Zusammenhang mit musikalischen Grundkenntnissen lässt sich so die Lautsprache anbilden und verbessern. Auch bei der Transposition von Musik in Bewegung ist das Vibrationsgefühl verwendungsfähig. Personen, die auf Grund medizinischer Maßnahmen Hörvermögen gewonnen haben, finden im Umgang mit Musik ein geeignetes Mittel, um sich in der Welt der Schallereignisse zurechtfinden zu lernen.

Für → Sprachbehinderte ist Musik in kognitiver und motorischer Hinsicht meistens gut verfügbar. Trotz vielfach gleicher Parameter weisen Musik und Sprache jedoch große Unterschiede auf: Sprache ist ein Kommunikations-, Musik ein Erlebnissachverhalt. Angesichts der nachgewiesenen Beziehungen zwischen sprachlichen und motorischen Minderleistungen erscheinen vor allem Übungen auf rhythmischem Gebiet in der Sprachheilbehandlung erfolgversprechend. Psychische Entlastung und Anbahnungsmöglichkeiten einer günstigen Arbeitshaltung sind die wesentlichen Faktoren, die für Verhaltensauffällige und Lernbehinderte beim Umgang mit Musik bedeutsam sind. Die soziale Komponente, obgleich nicht unbedingt notwendig, tritt bei der Ausführung von Musik häufig zutage und kann – vorzugsweise unter projektorientierten Aspekten – heilpädagogisch genutzt werden. Ähnliches gilt für die Verbesserung von Lernleistungen bei Schulversagern, da der auf Musik bezogene Bereich vielfach noch nicht so stark negativ geprägt ist wie anderes, und sich so aus einem Rest von natürlicher Motivation wieder eine neue Arbeitshaltung gewinnen lässt.

Die Erfahrung lehrt, dass eine Beschäftigung mit Musik für → Geistigbehinderte noch erfolgreich sein kann, wenn andere Möglichkeiten versagen, denn Musik setzt viel Einfühlungs-, aber wenig Abstraktionsvermögen voraus. Hier bietet sich dem Behinderten ein Betätigungsfeld, auf dem bei guter Motivationsgrundlage und dem individuellen Leistungsstand gemäß progressiv gearbeitet werden kann mit positiven Wirkungen auf Selbstwertgefühl, Lern- und Leistungsvermögen.

Bei → Körperbehinderten bedeutet eingeschränkte Bewegungsfähigkeit auch eingeschränkte Erfahrungen. Wenn aber das Hörorgan keinen Einschränkungen unterliegt, so kann die rezeptive Teilnahme an der Welt der Musik mithelfen, Defizite im Bereich akustischer Erfahrungen zu kompensieren. Schwieriger ist für einen Körperbehinderten die aktive Teilnahme am musikalischen Geschehen. Gleichwohl gibt es angesichts der Vielzahl von Möglichkeiten noch Betätigungsfelder, zumal Bedienungsvarianten an Musikinstrumenten gelegentlich technisch ermöglicht werden können.

Walter Piel

Literatur

Bruhn, H.: Musiktherapie. Geschichte – Theorien – Methoden. Göttingen 2000.

Decker-Voigt, H.-H. (Hrsg.): Handbuch Musiktherapie. Lilienthal 1983.

Decker-Voigt, H.-H. (Hrsg.): Lexikon Musiktherapie. Göttingen 1996.

Goll, H.: Heilpädagogische Musiktherapie. Frankfurt 1993.

Probst, W./Kemmelmeyer, K.-J. (Hrsg.): Quellentexte zur Pädagogischen Musiktherapie. Regensburg 1981.

Smeijsters, H.: Grundlagen der Musiktherapie. Göttingen 1999.

Strobel, W./Huppmann, G.: Musiktherapie. Göttingen 1978.

Pflege

Pflege ist ein Begriff, der aus dem Alltag stammt und zunächst auch Alltägliches benennt. Pflege kranker, behinderter und schwacher Menschen ist eine allgemeine menschliche Tätigkeit, die schon lange, bevor es einen speziellen Berufsstand der Pflegenden gab, praktiziert wurde. Im Leben des Menschen steht Pflege am Anfang und am Ende. Viele Menschen erfahren Pflege auch zu anderen Zeiten während ihres Lebens. Die Pflege des Säuglings ist eine nicht hinterfragte Aktivität seiner Eltern, die Pflege schwerkranker und sterbender Menschen eine menschliche Selbstverständlichkeit. Menschen mit einer Behinderung benötigen in unterschiedlichsten Bereichen, in unterschiedlicher Intensität die → Hilfeaktivitäten anderer, die wir allgemeinsprachlich mit Pflege umschreiben. Der Begriff Pflege wird allerdings auch auf unbelebte Objekte (z. B. Autopflege), ja sogar auf abstrakte Bereiche (z. B. Sprachpflege) angewandt. Der sorgsame, pflegliche Umgang mit jemandem oder etwas steht im Zentrum dieses Sprachgebrauchs.

Pflege im professionellen Sinne als Pflegekunst (Orem 1997), die auf der Basis einer Pflegekunde (Evers 1997) praktiziert wird, etabliert sich zunehmend als eigenständige Disziplin und Wissenschaft. In den vergangenen Jahren hat sich sehr deutlich eine Theoriebildung (Walker/Avant 1998) entwickelt, die es möglich macht, einige Grundcharakteristika pflegerischen Handelns und Denkens darzustellen: Zunächst kann ausgesagt werden, dass Pflege eine *soziale Dienstleistung* von Menschen für Menschen ist. Diese Pflege versteht sich heute umfassend und bezieht sich nicht nur auf kranke Menschen, sondern auf alte Menschen und Menschen mit Behinderung, natürlich auch auf Säuglinge und Kleinkinder, so lange sie bestimmte Tätigkeiten noch nicht selbst ausführen können. Im Hinblick auf die nicht unumstrittene Definition der WHO „Gesundheit ist der Zustand körperlichen, seelischen, geistigen und sozialen Wohlbefindens" kann davon ausgegangen werden, dass → Gesundheit jederzeit und immer wieder neu erhalten und erarbeitet werden muss. Nicht die einfache Abwesenheit von → Krankheit ist das Ziel, sondern ein umfassendes Erleben und Leben in Gesundheit. Jedoch ist eine Sichtweise, die Gesundheit und Krankheit als sich gegenseitig ausschließende, polare Zustände sieht, eher veraltet, Kranke und gesunde Anteile des Menschen können sich wechselseitig durchdringen, auch sind Phasen im Leben eines Menschen denkbar, in denen er teilweise gesund, teilweise krank ist. Es geht Pflege nicht nur darum, einem kranken Menschen in der Phase einer aktuellen Krankheit beizustehen, sondern ihn auch dabei zu unterstützen, sich gesund zu erhalten. Der Einbezug der *Prophylaxe* (→ *Prävention*) in die Pflege ist eine wichtige Neuerung im Selbstverständnis. Pflege heute besteht also sowohl aus Handlungen, die auf Krankheit bezogen sind, die durch Erkrankungen bedingt sind, aber auch aus Handlungen, die auf die Erhaltung der Gesundheit zielen. Ein modernes Pflegeverständnis orientiert sich an einem allgemeinen Verständnis von *Ganzheitlichkeit*. Damit wird ausgesagt, dass nicht nur Teilfunktionen eines Menschen oder spezielle Organe von Krankheit betroffen sind, sondern in der Regel der ganze Körper, die ganze Psyche, der ganze Geist, damit der ganze Mensch. Diese Rückbeziehung auf hippokratische Ideen sorgt für ein erweitertes Selbstverständnis der Pflege, die sich damit zunehmend von einem Assistenzberuf der Medizin zu einer eigenständigen Disziplin entwickelt. Pflege versteht sich als Pflegekunde, als Pflegekunst und als Beziehungsarbeit mit dem Patienten.

Orem (1997) stellt ins Zentrum ihrer Überlegungen die *Selbstpflege*. Sie meint damit eine erlernte, zielgerichtete Aktivität von Individuen, deren Verhalten in konkreten Lebenssituationen darauf gerichtet ist, ihre eigene Entwicklung, lebenswichtige Funktionen, Gesundheit und Wohlbefinden sicherzustellen. Diese Selbstpflege aktualisiert sich insbesondere in sogenannten Aktivitäten des täglichen Lebens. Mit dieser Neuorientierung der Pflege, die auf Nancy Roper, vor allem aber auf Liliane Juchli zurückgeht, wird eine unmittelbare *Nähe zu pädagogischem Denken*, insbesondere zu einer Pädagogik bei Behinderung deutlich. Pflege vollzieht damit eine Annäherung an eine Nachbardisziplin, deren Nachbarschaft lange Zeit nicht bewusst geworden war.

Wie bei der Pädagogik gibt es auch bei der Pflege eine formelle und eine informelle, eine professionelle und eine alltägliche Art der Tätigkeit. Beide Disziplinen verfolgen sowohl in der Alltagspraxis als auch in der wissenschaftlich reflektierten, professionellen Arbeit fast identische Ziele. Sie versuchen die Selbstbestimmungsmöglichkeiten des Menschen, seine Entscheidungsfähigkeit zu sichern oder entwickeln zu helfen. Beide bemühen sich darum, die Selbstpflegekompetenz aufzubauen und somit eine *Fremdpflege* überflüssig zu machen (→ Selbsthilfe). Wenn wir daran denken, welche pädagogischen Aktivitäten gerade in den ersten Lebensjahren beim Kind stattfinden, so können wir feststellen, dass es sich hier um eine außerordentlich große Nähe der beiden Disziplinen handelt.

Bezieht man diese Gedanken auf die Situation von Menschen mit Behinderung, so wird deutlich, dass auch hier vergleichbare Zielsetzungen vorliegen, so dass *Pflege* und *Pädagogik* offensichtlich zwei einander direkt *ergänzende Disziplinen* sein sollten. Orem weist darauf hin, dass Pflegebedürftigkeit immer dann entsteht, wenn die Selbstpflegekompetenz aktuell oder auf Dauer eingeschränkt ist. Ein Mensch kann nicht mehr für sich selbst pfleglich sorgen, sondern er benötigt Hilfe und Unterstützung anderer. Hier setzt professionelle Pflege ein. Pflege definiert sich damit nicht mehr an scheinbar objektiven Befunden wie Krankheit oder auch Behinderung, sondern an den – pädagogisch formuliert – individuellen → Förderbedürfnissen eines Menschen. Pädagogen und Pflegende unterliegen in ihrer beruflichen Tätigkeit auch ähnlichen Risiken. Statt die Selbständigkeit zu fördern, werden Menschen in Abhängigkeit gehalten, statt Selbständigkeit zu unterstützen, wird die erlernte Hilflosigkeit weiter gefördert. Statt Partizipation an Entscheidungen herbeizuführen, wird Macht ausgeübt, statt die Selbstlernfähigkeit in den Vordergrund zu stellen, bleibt der Pädagoge oder Pflegende in der Position des ‚Alleswissenden'.

Die neueren Konzepte einer *pflegewissenschaftlich orientierten Pflege* haben sich allerdings in der Praxis noch lange nicht überall durchgesetzt. Häufig finden sich Vorgehensweisen, die sehr stark krankheits- und damit defektorientiert sind. Sie machen Patienten zum Objekt der Pflege, sie fördern die Eigenaktivität des Patienten nicht nur nicht, sondern schränken sie stark ein. Gerade im Bereich der Arbeit mit behinderten Menschen kommt es hier in der Praxis zu manchmal harten Kontroversen zwischen Pädagogik und Pflege. Eine ‚nur pflegerische Versorgung' ist für Pädagogen der Inbegriff einer unzureichenden, einschränkenden und oft auch isolierenden Betreuung von Menschen mit Behinderung. Gerade durch die Schaffung einer *Pflegegeldversicherung* wurden ungünstige Tendenzen verstärkt, die Pflege gegen Pädagogik und umgekehrt auszuspielen drohen. So benötigen Menschen mit sehr schweren Behinderungen zwar immer auch → Hilfe bei alltäglichen Verrichtungen. Insbesondere Körperpflege, Ernährung und Ausscheidung können häufig von ihnen nicht selbständig bewältigt werden. Daneben sind Lagewechsel, Fortbewegung, Kommunikation und andere wichtige Bereiche ebenfalls oft nur mit intensiver Assistenz möglich. Pflege kann lebensbedeutsame Unterstützung für diese Menschen sein, eine gewissenhafte und fachlich fundierte Pflege sichert → *Lebensqualität*, aber sie kann spezifische Lern- und Entwicklungsangebote nicht ersetzen. Immer wiederkehrende Überlegungen, gerade → schwerstbehinderte Menschen in

Pflegeeinrichtungen zu überweisen und sie damit aus pädagogischen Angeboten herauszunehmen, müssen eindeutig zurückgewiesen werden. Darin sind sich Pflegende und Pädagogen einig (Bienstein/Fröhlich 2003).

Behinderte Menschen können gesund oder auch krank sein, als Kranke sind sie dann Patienten, die Pflegebedürfnisse haben. Hier unterscheiden sie sich nicht grundsätzlich von nichtbehinderten Menschen. Viele Behinderungen haben aber auch eine spezifische Ursache oder Begleiterscheinung, die eine systematische und ständige Krankenpflege erforderlich machen. Solche Bereiche können hier aus Platzgründen nur aufgelistet werden:

Dekubitusprophylaxe und Versorgung bei Menschen mit Lähmungserscheinungen, insbesondere bei Querschnittslähmungen; Versorgung mit Blasenkatheder, begleitende Maßnahmen bei Menschen mit Querschnittslähmung; Prophylaxe und Versorgung bei Atemwegserkrankungen, z. B. bei Mukoviszidose, aber auch bei sehr eingeschränkter Bewegungsfähigkeit insgesamt; Prophylaxe und Versorgung bei allen Inkontinenzproblemen (Ernährung, Hautpflege, spezielle Windelversorgung, Hilfe bei der Ausscheidung); Mundpflege für die Menschen, die erhebliche Kau-, Schluck- und Mundschlussprobleme haben; Prophylaxe und Versorgung bei allen Problemen im Zusammenhang mit Prothesen; Lagerung und Mobilisierung bei langem Liegebedarf.

Eine Intensivierung der Zusammenarbeit zwischen Pädagogen, die mit behinderten Menschen arbeiten, und Pflegenden ist insbesondere im Bereich der *Akut-Krankenpflege behinderter Menschen* erforderlich. Behinderte Menschen können, wie andere auch, krank werden und spezifischer Diagnostik, Therapie und Pflege bedürfen. Häufig sind jedoch die Pflegenden – ebenso wie Ärzte und anderes Personal – überfordert, wenn es darum geht, den besonderen Bedürfnissen behinderter Menschen zu entsprechen. Nicht selten müssen z. B. Eltern geistig behinderter Kinder die Krankenhauspflege weitgehend selbst übernehmen, weil sich das Pflegepersonal außerstande sieht, „mit einem solchen Kind" zurecht zu kommen. Häufig wird bei behinderten Patienten sehr viel schneller zu massiver Sedierung (medikamentöse Ruhigstellung) gegriffen als bei anderen Patienten, weil → Kommunikation in einer entsprechenden Weise nicht geleistet werden kann. Die Entstehung von hochspezialisierten Fachkrankenhäusern ist in diesem Zusammenhang verständlich, allerdings ist damit für viele Betroffene eine wohnortnahe Versorgung nicht möglich. Die Partizipation an der allgemeinen medizinischen Versorgung und Krankenpflege ist für viele Menschen mit Behinderung noch nicht erreicht. Sie sind wegen ihrer Behinderung strukturell benachteiligt.

Andreas Fröhlich

Literatur

Bienstein, Ch./Fröhlich, A.: Basale Stimulation in der Pflege. Seelze 2003.

Buchholz, Th. u. a. (Hrsg.): Begegnungen. Bern 2001.

Evers, G.C.M.: Theorien und Prinzipien der Pflegekunde. Wiesbaden 1997.

Fröhlich, A./Bienstein, Ch./Haupt, U. (Hrsg.): Fördern – pflegen – begleiten. Düsseldorf 1997.

Orem, D.: Strukturkonzepte der Pflegepraxis. Wiesbaden 1997.

Thiemes Pflege. Stuttgart 2004.

Walker, L.O./Avant, K.C.: Theoriebildung in der Pflege. Wiesbaden 1998.

Sexualerziehung

Sexualerziehung als interaktiv-kommunikatives Geschehen ist darauf gerichtet, die *sexuelle Erlebnis- und Verhaltensdispositionen* heranwachsender Menschen zu verbessern und zu stabilisieren. Hierzu gehören Annahme und Bejahung des eigenen Körpers und positive Selbstkonzeptbildung, Gefühlsoffenheit und prosoziales Verhalten, das Kennenlernen biologisch-physiologischer Sachverhalte, Verantwortlichkeit für sich selbst und für den anderen, kritisches Normenbewusstsein und autonomiegeleitete Handlungsfähigkeit (Schmetz 1982, 13; 1998, 25 ff.). Sexualerziehung gilt als integrierter Bestandteil der Gesamterziehung. Menschen mit Behinderungen sind zumeist auf eine umfassendere sexuelle Sozialisationshilfe angewiesen als Nichtbehinderte.

Bereits in der Frühkindphase ist ein positiver affektiver Erlebnisreichtum, eine von Liebe und Zuneigung geprägte Eltern-Kind-Beziehung für die Bejahung von Geschlechtlichkeit wichtig. Dieser affektive Erfahrungsbereich in der Familie ist jedoch vielfältigen Belastungen ausgesetzt, wenn ein behindertes Kind z. B. auf Unsicherheit und innere Ablehnung seitens der Eltern stößt. Weit reichender Mangel an affektiver Zuwendung in der Kindheit trägt dazu bei, dass die gefühlsmäßige Entwicklung der Persönlichkeit hinter dem gegebenen Lebensalter zurückbleibt. Bei schwerwiegenden Defiziten im Bereich emotionaler Zuwendung ist fast immer eine Störung der psycho-sozialen Sexualität die Folge. Der affektive frühkindliche Erfahrungsbereich ist auch für den Aufbau der Geschlechtsrolle in ihren physiologischen Eigenarten (gender role) und ihrer soziologischen Ausprägung (sex role) entscheidend.

Kinder und Jugendliche mit → *geistiger Behinderung* zeigen, bezogen auf die gender-role- und sex-role-Ausprägungen, im Vergleich zu Nichtbehinderten einen Rückstand von mehreren Jahren, der sich bei entsprechendem Schwerergrad der Behinderung noch erheblich ausweiten kann. Als soziale Strukturkategorie ist der Faktor Geschlecht für die Identitätsgenese und damit auch für die Sexualerziehung von großer Bedeutung. „Doing Gender" wird als Vorgang betrachtet, „bei dem die kulturelle Konstruktion der Zweigeschlechtlichkeit täglich von den in ihr lebenden Frauen und Männern, Mädchen und Jungen gestaltet wird" (Kampshoff 1996, 50). Der Status des Geistigbehindertseins ist häufig darauf angelegt, Teile des Selbst nicht nach außen zur Geltung kommen zu lassen, um durch Anpassung Zuwendung zu gewinnen. Typische sozialisationsbedingte Unterschiede zwischen den Geschlechtern treten hierbei in verstärkter Form auf. So müssen geistigbehinderte Mädchen z. B. in ihrem Elternhaus viel häufiger erfahren, dass sie aus Sorge um ihre sexuelle Unversehrtheit stärker beaufsichtigt und abgeschirmt werden als nichtbehinderte Mädchen. Der Sozialisationsmodus bei geistigbehinderten Mädchen zeichnet sich gerade in diesem Punkt durch Unterdrückung von Selbständigkeit in der Erziehung aus, perpetuiert sich in aktiver Selbstunterdrückung und Unterwerfung und produziert so passive Verhaltensstrategien bei behinderten Mädchen und Frauen.

Integrative Lernkonzepte in der Sexualerziehung können dazu beitragen, Unterschiede dieser Art abzubauen. Dieses gilt auch für die Geschlechtsrollenproblematik bei Kindern und Jugendlichen mit → Lernbehinderungen. Einseitige sozialisationsbedingte Festlegungen hinsichtlich der soziologischen Geschlechtsrolle, die viele Kinder in sozial randständigen Familien erfahren, sind in der Sexualerziehung mit dem Ziel der Gleichwertigkeit der Geschlechter transparent zu machen und für den Lebensalltag auch aufzuarbeiten.

Besondere Probleme für die Sexualerziehung bei Menschen mit geistiger Behinderung ergeben sich aus dem Auseinanderklaffen zwischen intellektueller und sexueller Entwicklung. Exhibitionistische Handlungen bei geistigbehinderten Jugendlichen oder Selbstbefriedigung in der Öffentlichkeit sind zumeist Ausdruck sozialer Kontaktsuche und der Suche nach Selbstwertbestätigung. Der behinderte Jugendliche erkennt mit zunehmendem Alter sein Andersein. „Die Frage ‚Wer bin ich?' wird als zentrale Frage des Jugendalters verstanden. Auch behinderte Jugendliche erkennen plötzlich, dass sie anders sind. Sie erleben ihre Andersartigkeit sehr leidvoll als Minderwertigkeit" (Walter 1996, 166). Für die Sexualerziehung ergibt sich hier im Rahmen des Normensystems unserer Gesellschaft die Notwendigkeit, z.B. mit Mitteln der Verhaltensmodifikation Einsicht und Verhalten zu festigen, dass Selbstbefriedigung in den Intimbereich des einzelnen gehört. Lernt der Schwachbegabte in dieser Frage nicht Rücksichtnahme auf andere, so kann sexuelles Verhalten dieser Art zur sozialen Auffälligkeit werden, die die Integration erschwert.

Spezielle Fragen zur Sexualerziehung bei Jugendlichen mit Behinderungen ergeben sich auch aufgrund genetischer-organischer Determinanten, die sexuelle Entwicklung und sexuelles Verhalten beeinflussen. So führen innerhalb chromosomaler Aberrationen z.B. das Klinefelter-, Turner- und Langdon-Down-Syndrom zu weit reichenden Beeinflussungen sexueller Entwicklung. Jungen mit einem *Klinefelter-Syndrom* weisen nicht nur Symptome intellektueller Minderbegabung auf. Ihre Hoden sind unterentwickelt, und in der Pubertät kommt es häufig zu weiblicher Brustbildung. Auch der Bartwuchs bleibt weitgehend aus, und ihre Stimme behält die hohe Tonlage. Ihr eunuchoider Habitus führt in der unwissenden und verständnislosen Umwelt häufig zu Spott und Verachtung. Deshalb leiden diese Jungen häufig unter Depressionen, sind kontaktscheu und häufig intensiv muttergebunden. Mädchen mit dem *Turner-Syndrom* leiden aufgrund von Kleinwuchs – es unterbleiben Ausbildungen der Mammae und Menarche – unter Selbstwertproblemen und Isolation. Ebenso kommt es beim *Langdon-Down-Syndrom* (Mongolismus) zu körperlichen Missbildungen. Für die Sexualerziehung stellt sich in diesen Fällen die schwierige Aufgabe, durch angemessenes Einfühlungsvermögen und entsprechende Erziehungsmaßnahmen Selbstwertschädigungen der betroffenen Menschen zu minimieren. Häufig sind in diesen Fällen zusätzliche therapeutische Hilfen unentbehrlich. Weiterhin können → autistische Syndrome eine dauerhafte sexuelle Bindung und Partnerschaft sehr erschweren oder unmöglich machen.

Menschen mit geistiger Behinderung und → körperlicher Behinderung sind im sexuellen Interaktionsbereich im Vergleich zu Nichtbehinderten erheblich benachteiligt und größtenteils ausgegrenzt. Identitätsfördernde Partnerbeziehungen bei Behinderten – auch auf gleichgeschlechtlicher Ebene – sind daher positiv zu bewerten und zu fördern. Das *Autonomieprinzip* in der Sexualerziehung ist eine unentbehrliche Grundlage, wenn es darum geht, Gefühle zuzulassen und Ich-Du-Beziehungen zu gestalten. Einer geistigbehinderten Frau wie einem geistigbehindeten Mann dürfen das Recht nicht vorenthalten werden, geschlechtliche Beziehungen aufzunehmen, wenn sie dieses wünschen. In diesem Zusammenhang ist es für die Sexualerziehung ebenso ein zentrales Anliegen, Wissen und Verwendung von Verhütungsmitteln so weit wie möglich transparent zu machen. Innerhalb der Möglichkeiten der Empfängnisverhütung bildet die *Sterilisation* die weitestreichende Maßnahme. Das seit 1992 geltende Betreuungsgesetz ist ein wichtiger Baustein im → Normalisierungs- und Eingliederungsprozess von Menschen mit geistiger Behinderung in unserer Gesellschaft. Es gibt das traditionelle Fürsorgeprinzip zugunsten des Anspruchs auf Selbstbestimmung und Selbstverantwortung bei der Gestaltung erforderlicher Hilfen auf. Besonders streng sind die Bestimmungen der Sterilisationspraxis bei Behinderten, die einwilligungsunfähig sind (Wittmann 1994, 136; Heinz-Grimm 1996, 177f.). Interviews mit geistigbehinderten

Frauen, bei denen die Sterilisation ohne vorherige ausreichende Auskunft ‚erledigt' wurde, machen deutlich, wie schwerwiegend auch noch nach vielen Jahren die → Identitätsbelastungen sein können (Friske 1995).

Es ist ein wichtiges Anliegen der interaktiv-kommunikativen Sexualerziehung, Menschen mit geistiger Behinderung nicht einseitig auf Ehelosigkeit vorzubereiten, sondern mehr Lernerfahrungen für das Leben partnerschaftlicher Beziehungen bereitzustellen. Die von Einrichtungen und Trägern der Behindertenhilfe entwickelte „Konzeption des betreuten Paarwohnens" (Walter 1996, 292) bietet über Kurse für ein Paartraining notwendiges Wissen und Verhalten, um dem Grundrecht auf Sexualität und Partnerschaft auch für Behinderte, die keine Ehe schließen können, zu entsprechen. Die Frage, ob Geistigbehinderte eigene Kinder bekommen dürfen, wird nach wie vor kontrovers diskutiert. Das Recht des Kindes auf gesunde Eltern und eine verantwortungsbewusste Erziehung wird ebenso gesehen wie die tiefgreifende existentielle Bedrohung nichtgelebter Kinderwünsche im Leben einer Frau. Eine Studie zur Elternschaft geistigbehinderter Menschen in einer Einrichtung in Norddeutschland (Heinz-Grimm 1996, 299 ff.) gibt positiv zu bewertende Beispiele der Elternschaft, die bei Bereitstellung individueller Hilfen in Form von Angeboten und Assistenzen gelingen kann.

Weitere wichtige sexualerzieherische Aufgaben liegen in der *AIDS-Prävention* und in präventiven Maßnahmen zur Vorbeugung und Vermeidung sexuellen Missbrauchs. Für Menschen mit Behinderungen, die genital-sexuelle Kontakte kennen, ist die Sexualberatung in Sachen → AIDS lebenswichtig. Spezielle Akzente in der AIDS-Prävention setzt die Sexualerziehung bei Menschen mit geistiger Behinderung in Anlehnung an die in der Evangelischen Stiftung Alsterdorf gemachten Erfahrungen (1989, 9 ff.). Erziehendes und betreuendes Personal in Heimen vermittelt in individuellen Gesprächen auf uneingeschränkter Vertrauensbasis die notwendigen Informationen über Möglichkeiten einer Risikominderung. Hierbei wird das Ziel des Aufbaus einer kontinuierlichen Partnerbeziehung und partnerschaftlicher Treue nicht aus dem Auge verloren. Maßnahmen zur Vorbeugung und Vermeidung sexuellen Missbrauchs gehen weit über die Sexualerziehung hinaus und sind zugleich Bestandteil von Erziehung überhaupt, die auf die Fähigkeit zielt, positives Selbstwertgefühl zu vermitteln und eigenständiges wie selbstbestimmtes Handeln zu fördern. Bereits einfache Möglichkeiten des Ja- oder Nein-Sagens in Alltagssituationen sollten auch für Menschen mit geistiger Behinderung generell beachtet werden. Sexualerziehung leistet damit insgesamt einen wichtigen Beitrag im Normalisierungs- und Eingliederungsprozess von Menschen mit Behinderungen in unserer Gesellschaft.

Ditmar Schmetz

Literatur

Evangelische Stiftung Alsterdorf (Hrsg.): Umgang mit dem Problem AIDS im Zusammenleben geistig behinderter Menschen. Hamburg 1989.

Friske, A.: Als Frau geistigbehindert sein. München 1995.

Heinz-Grimm, B.: Elternschaft geistigbehinderter Menschen. In: Walter 1996, 299–304.

Heinz-Grimm, B.: Regelung der Sterilisation im Betreuungsgesetz. In: Walter 1996, 375–387.

Kampshoff, N.-T.: Jugend – Schule – Identität. Eine vergleichende empirische Untersuchung zwischen 12– und 16–jährigen. Essen 1996.

Schmetz, D.: Sexualpädagogik für Sonderschulen, Grundschulen, Hauptschulen. Bonn-Bad Godesberg 1982.

Schmetz, D.: Sexualerziehung bei Menschen mit geistiger Behinderung. Hagen (FernUniversität-Gesamthochschule) 1998.

Walter, J.: (Hrsg).: Sexualität und geistige Behinderung. Heidelberg 4. Aufl. 1996.

Wittmann, B.: Betreuung statt Vormundschaft für Volljährige Behinderte. In: Baudisch, W./ Schmetz, D. (Hrsg.): Sonderpädagogische Beiträge Band. II: Geistige Behinderung und Wege zur differenzierten Förderung. Frankfurt 1994, 129–142.

Spiel, Spielpädagogik

Kindliche Entwicklung vollzieht sich im *Medium spielerischen Handelns.* Aber Kindheit ist kein Kinderspiel, wie wir abwertend sagen, ist nicht einfach nur kinderleicht und ist keine Spielerei. Die Spiele der Kinder sind tätige Begegnung mit der Welt, aktive Auseinandersetzung und Experimentieren mit der Welt, Aneignung und Bewältigung von Weltkomplexität (Realitätsbewältigung). Spiel wird in aller Regel durch die Bedingung der Freiheit, unter der es sich entfaltet, und durch seine Zweckfreiheit begrifflich bestimmt (Scheuerl 1991). Die Freiheit, ein Spiel zu spielen oder nicht zu spielen, liegt genauso auf der Seite des Kindes wie die Entscheidung, nach welchen Regeln und Bedingungen ein Spiel gespielt oder eben auch nicht gespielt wird. Spiel ist grundsätzlich eine *lustvolle Tätigkeit von innen*, intrinsisch motiviert und nicht auf die Erreichung bestimmter Ziele oder Zwecke ausgerichtet. Und doch ist es so, dass das Spiel immer schon seine eigenen Zwecke erfüllt. Eingebunden in jedes Spiel sind vielfältige Lernprozesse, Möglichkeiten der Selbsterfahrung, des sozialen Austausches, des Kennenlernens und Ausprobierens eigener Kräfte und Grenzen, der Selbstbeschäftigung und des Zeitvertreibs.

Grundsätzlich liegt im kindlichen Spiel die Möglichkeit der eigenen Selbstüberschreitung, der Entwurf des eigenen Menschseins, wie ihn Maria Montessori (1972) im Bild des spielenden und aktiven Kindes als Baumeister des zukünftigen Menschen, der es einmal sein wird, beschrieben hat. Piaget (1969) hat dies als *Konstruktion der Wirklichkeit* bezeichnet und detailliert beschrieben, wie Kinder in spielerischen Erfahrungen grundlegende Handlungskategorien entwickeln. Dabei erweiterte er die drei Kantischen Grunddimensionen menschlichen Erkennens und Handelns, Zeit, Raum und Kausalität, noch um die Wahrnehmung der Objektpermanenz. Ausgestattet mit diesen Wahrnehmungs- und Erkenntnisfähigkeiten weitet das Kind seine Spielräume aus. Über das Greifen entwickelt es ‚Begriffe'. Über das Auf- und Hinstellen von sich und von Gegenständen entwickelt es ‚Vor'-Stellungen, ‚Ein'-Stellungen zu sich und der Welt, die es mit Gefühlen und Bedürfnissen in Zusammenhang bringen und sprachlich ausdrücken kann. Das Kind entwickelt eine innere Sprache (Wygotski 1988), die ihm das Denken auch über sich selbst und seine eigenen Zustände ermöglicht.

Neben körperlichen Übungs-, Bewegungs- und Erfahrungsspielen, die der Entwicklung sensomotorischer Koordinationsfähigkeiten dienen, lassen sich theoretisch drei weitere *Spielformen* unterscheiden (Oerter 1993). In Konstruktionsspielen verändern Kinder die Realität entsprechend ihren Bedürfnissen. In endlosen Wiederholungen von Greifen, Fallenlassen, Ausgießen, Zusammenstecken, Bauen und Zerstören entdeckt und experimentiert das Kind mit dem physikalischen Gesetz der Schwerkraft (Gravitation) und dem Gleichgewicht der Kräfte an ruhenden Körpern (Statik). Im Konstruktionsspiel üben sich sensomotorische Fähigkeiten und sensorische Integration. In Phantasiespielen werden in spielerischem Zusammenhang Handlungen koordiniert. Subjektive Deutungen eigener Erfahrungen werden erprobt. Die phantastische Dimension dieser Spiele ermöglicht es dem Kind, Bühne und Kulisse seines Spieles entsprechend seinen aktuellen Spielbedürfnissen schnell zu verändern. Ein Stock wird, je nach Spielbedürfnis, zum Hexenbesen, zum Schwert, zum Kochlöffel oder zum Gewehr. Rollenspiele bewegen sich zwischen Realität und Fiktion, zwischen Freiheit und Regeln. In der Nachahmung unterschiedlichster Rollen und kompetenterer Modelle (z.B. Erwachsene) werden soziale Kompetenzen und affektive Begleitumstände der übernommenen Rollen erprobt und erkundet. Über aktive spielerische Erfahrungen entwickeln Kinder ihre motorischen Fähigkeiten und die Balance zwischen der Orientierung an eigenen Wünschen, Bedürfnissen und der Orientierung an der sozialen physikalischen Realität.

Für die Pädagogik war die Entdeckung der Bedeutung des Kinderspiels mit der Entdeckung und Neubeschreibung von Kindheit im 19. Jahrhundert verbunden. Noch für die Pietisten des 18. Jahrhunderts stand kindliches Spiel eher unter dem Verdacht des Müßiggangs. Es war dann Friedrich Fröbel, der die Kinder seines → Kindergartens zum Spielen anleitete (Ballspiele, Geistesspiele). Aber neben dem „freien Spiel" implizierte bereits hier die *pädagogische Systematisierung von Spiel* nicht nur eine Unterscheidung von pädagogisch wertvollen und weniger wertvollen Spielaktivitäten. Spiel bahnte letztendlich nur den Übergang zu ernsthafteren Tätigkeiten schulischen Lernens (Schulfähigkeiten). Der Reiz kindlichen Spiels für die Pädagogik liegt darin, dass das Kind im Spiel selbst motiviert aktiv ist. Spiel ist eine lustvolle und affektiv angereicherte Tätigkeit, die sich mit hoher → Aufmerksamkeit verbindet. Spiel als eigenaktive Lernerfahrung ist eine lustvolle Tätigkeit, zu der sich Kinder selbst motivieren, in denen sie ihre Leistungsfähigkeit austesten und ausschöpfen, Kompetenzen aufbauen und Selbstwertgefühl entwickeln können. Natürlich konnte sich die Pädagogik diesem Reiz von Spiel nicht entziehen und nützte diese Möglichkeiten durch die Ausdifferenzierung einer eigenen Spielpädagogik (Heimlich 1993). Gegen diese Spielpädagogik wird der Vorwurf einer Pädagogisierung von Spiel erhoben, weil sie Spiele nicht mehr einfach zulässt, sondern einbindet in ein Erziehungsprogramm. Spiele werden dann nach ihren vermuteten Lernpotentialen beurteilt und pädagogisch dienstbar gemacht (Fuhs 1997). Die Freiheit kindlichen Spiels ist darüber hinaus längst bedroht durch ‚pädagogisch wertvolles Spielzeug'. Spiel wird instrumentalisiert zum Zwecke pädagogischer Absichten. Betont wird dabei Lernen gegenüber Spielfreude. Gegenläufig zu dieser Kritik wird infolge der zunehmenden Einschränkung kindlicher Spiel- und Freiräume und der medialen Überfrachtung moderner Kindheit die Aufgabe, aktives und kreatives Spiel zu lernen, ein immer wichtigeres Ziel der *(Spiel)Pädagogik* und insbesondere der → Frühförderung.

Beiträge zum *Spielverhalten behinderter Kinder* aus entwicklungspsychologischer Sicht sind eher selten. Dabei hatte Hetzer bereits 1968 auf Unterschiede im Spiel geistig zurückgebliebener (behinderter) Kinder gegenüber ihren Alterskameraden aufmerksam gemacht. Hetzer hatte vor allem auf die Defizite im Spielverhalten behinderter Kinder, z. B. fehlende Spontaneität, ungezügelte Dranghaftigkeit des Tuns, Fixierung auf einen Gegenstand, hingewiesen. Dabei könnte es sein, dass sich ein geringeres Aktivitätsniveau behinderter Kinder mit einer verstärkten Lenkung, Dominanz und Kontrolle der Spielprozesse durch ihre primären Erziehungspersonen verbindet (Sarimski 1986). Auf der Grundlage ihrer entwicklungspsychologischen Längsschnittstudie mit Down-Syndrom-Kindern stellte Rauh (1996) zuletzt die lange Zeit gültige These eines strukturell identischen Entwicklungsverlaufes von behinderten und nicht behinderten Kindern in Frage. Nach Rauh könnten auf der Grundlage einer „suboptimalen psychologischen Ausstattung" von Kindern mit Behinderungen die neurologischen Entwicklungsverläufe außer Takt geraten. Motorische und sensorische Defizite behinderter Kinder könnten danach zu Unsicherheit und zu einer selbst schützenden generellen Zurückhaltung oder Übervorsicht und einem Kontrollgewinn durch Handlungseinschränkungen im Sinne der Vermeidung von Aktivitätsrisiken führen. Die damit verbundene Ziel- und Aktivitätsreduktion könnte im Rahmen der kindlichen Entwicklungsaufgaben selbst wieder zu Erfahrungs- und Entwicklungseinschränkungen resultieren.

→ Behinderungen sind Eigenschaften von Individuen, aber gleichermaßen in ihrer alltagsspezifischen Ausprägung sozial konstruierte Einschränkungen von → Kommunikationschancen und durch äußere Barrieren bedingte Handlungsgrenzen. Öffentliche *Spielplätze/Spielräume* sind häufig erschütternde Beispiele für die Ausgrenzung behinderter Kinder vom gemeinsamen Spiel mit ihren Alterskameraden. Praktische Beispiele barrierefreier Spielraumgestaltung liegen vor (Opp 1992; Opp/Köppel 1997). Dabei zeigen die Erfahrungen, dass barrierefreie Spielräume eine höhere Differenzierung der Spielangebote und damit einen Spielgewinn für alle Kinder bedeuten.

In Zukunft wird verstärkt darauf zu achten sein, dass Spielbarrieren in kindlichen → Lebenswelten abgebaut werden. Während hinsichtlich öffentlicher Spielräume dieser Gedanke der Barrierefreiheit langsam Raum greift und sich beispielsweise auch in einer DIN-Diskussion über Kriterien barrierefreier Spielräume äußert, bleiben Menschen mit Behinderungen im Hinblick auf kommerzielle Spielangebote noch weitgehend unberücksichtigt. Neue Dimensionen des Spiels werden sich in den nächsten Jahren im Zusammenhang mit den modernen kommunikationstechnischen Medien ergeben. Hier könnten virtuelle Spielräume entstehen, die insbesondere chronisch kranken und hospitalisierten Kindern ganz neue Möglichkeiten eröffnen, ihre Isolation zu überwinden, sich in interaktive Gemeinschaften und Informationsnetzwerke einzuklinken und durch vokale, graphische oder bildlichen Formen sich auszudrücken, darzustellen und mit anderen zu interagieren.

Hinsichtlich pädagogischer Vorstellungen ist vor einer allzu schnellen Zweckrationalisierung von Spiel und damit beabsichtigter Fördereffekte sicherlich zu warnen. Es sind vor allem zwei pädagogische Antinomien, die im Zusammenhang von Spiel und Erziehung von den Pädagogen reflexiv bearbeitet werden müssen:

(1) Spiel ist zweckfrei und zugleich Medium auch gezielt angelegter Förderprozesse. Gleichwohl bleiben kausale Förderrelationen unsicher. Es ist darauf zu achten, dass die Freiheit im Spiel und die Freude am Spiel durch pädagogische Setzungen nicht zerstört wird.

(2) Kinder mit Behinderungen sind bei ihren Spielen stärker auf Hilfen von außen angewiesen, die ihre Handlungs- und Entscheidungsfreiheit einschränken. Gute Hilfe ist hier einfühlend und zurückhaltend. Bei aller Angewiesenheit des Kindes auf Hilfe lässt gute Hilfe die Entscheidung über die Hilfe beim Kind und orientiert sich an einem Leitspruch der Montessoripädagogik: Hilf mir, es selbst zu tun! Günther Opp

Literatur

Bundesministerium für Familie, Senioren, Frauen und Jugend (Hrsg.): Zehnter Kinder- und Jugendbericht. Bericht über die Lebenssituation von Kindern und die Leistungen der Kinderhilfen in Deutschland. Bonn 1998.

Fuhs, B.: Spielen oder gleich „was Richtiges machen"? Zur sozialen Bedeutung des Spielens im Kindesalter. In: Renner, E./Riemann, S./Schneider, I.K./Trautmann, Th. (Hrsg.): Spiele der Kinder. Weinheim 1997, 19–41.

Heimlich, U.: Einführung in die Spielpädagogik. Eine Orientierungshilfe für sozial-, schul- und behindertenpädagogische Handlungsfelder. Bad Heilbrunn 1993.

Hetzer, H.: Spielpflege bei geistig zurückgebliebenen Kindern als heilpädagogische Aufgabe. In: Bracken, H. von (Hrsg.): Erziehung und Unterricht behinderter Kinder. Frankfurt 1968, 213–234.

Montessori, M.: Das kreative Kind. Freiburg 1972.

Oerter, R.: Psychologie des Spiels. Ein handlungstheoretischer Ansatz. München 1993.

Opp, G.: Ein Spielplatz für alle: Zur Gestaltung barrierefreier Spielbereiche. München 1992.

Opp, G./Köppel, L.: Spielräume kindlicher Entwicklung – Zur pädagogischen Begründung und praktischen Gestaltung barrierefreier (integrativer) Spielräume. In: Vierteljahresschrift für Heilpädagogik und ihre Nachbargebiete 66 (1997) 389–409.

Piaget, J.: Das Erwachen der Intelligenz beim Kinde. Stuttgart 1969 (orig. 1936).

Rauh, H.: Anregungen aus der Entwicklungspsychologie. In: Opp, G./Peterander, F. (Hrsg.): Focus Heilpädagogik. Projekt Zukunft. München 1996, 243 – 269.

Sarimski K.: Interaktion mit behinderten Kleinkindern. München 1986.

Scheuerl, H.: Das Spiel. Weinheim 1991.

Wygotski, L.S.: Denken und Sprechen. Frankfurt 1988 (orig. 1934).

Sport für Behinderte, Behindertensport

„Behindertensport umfasst alle sportspezifischen Tätigkeiten von Behinderten, die besonderer sportpädagogischer Anleitung und medizinischer Betreuung bedürfen". Diese Kurzdefinition (Röthig 1992, 62) erscheint im ersten Teil eine Selbstverständlichkeit und nur im zweiten Teil erklärungsbedürftig. Eine intensivere inhaltliche Auseinandersetzung lässt die Problematik aber geradezu gegensätzlich erscheinen: So gibt es einerseits zahlreiche Beispiele dafür, dass sich Behinderte ohne besondere Anleitung und Betreuung am Breiten- bzw. Freizeit-Sportbetrieb der Nichtbehinderten, einige wenige sogar am (inter-) nationalen Spitzensport beteiligen, so z.B. eine einseitig armamputierte Handballspielerin in der deutschen Bundesliga oder eine stark sehgeschädigte Mittelstreckenläuferin, die sich bei den US-Ausscheidungen für die Olympischen Spiele in Sydney qualifizierte, ohne dass dies als Behindertensport bezeichnet würde. Andererseits haben sich in den letzten Jahren die für diese Definition konstitutiven Begriffe „Behinderung" (Kaminski 1995) und „Sport" (Bielefeld 1993) inhaltlich derart verändert, dass ein kurzer historischer Abriss am ehesten geeignet erscheint, den aktuellen Begriffsumfang zu verdeutlichen.

Der Behindertensport entwickelte sich aus dem *Versehrtensport* (teils auch Invalidensport genannt), der sich bis ins Ende des letzten Jahrhunderts zurückverfolgen lässt. Anfänge oder Vorläufer werden in ausgewählten Bewegungsaktivitäten, die Klein schon 1847 in die Betreuungsarbeit der Wiener Blindenanstalt einbrachte, oder in der Gründung des Gehörlosensportvereins Berlin von 1888 gesehen. Seine weitere Entwicklung und heutige Bedeutung ist eng mit dem kollektiven wie individuellen Leid unzähliger Menschen verbunden, so etwa zur Zeit des Ersten Weltkrieges, als man Leibesübungen erstmals zur gezielten Verbesserung des physischen (und teils auch psychischen) Wohlbefindens von Kriegsverwundeten in Lazaretten einsetzte. Im Zweiten Weltkrieg (wie auch später in den USA während des Vietnam-Krieges) wurden die Möglichkeiten spezifischer Bewegungsprogramme dann systematisch aufgegriffen, wobei neben dem medizinisch-therapeutischen Wert zunehmend auch die hygienische, psychische und soziale Bedeutung des Sports für Versehrte erkannt und genutzt wurde.

Nach dem Kriege gründeten sich aufgrund der abwartenden oder ablehnenden Haltung der allgemeinen Turn- und Sportvereine eigene Versehrten-Sportgemeinschaften, die sich 1951 in der Arbeitsgemeinschaft Deutscher Versehrtensport zusammenschlossen. Bereits ein Jahr später erfolgte die Umbenennung in Deutscher Versehrten Sportverband, der in seinen Statuten ausdrücklich auch pädagogisch-therapeutische Ziele und Inhalte auswies (was ihm 1956 die wichtige Anerkennung als Heilmaßnahme einbrachte). Als mit wachsender Zahl Unfall- bzw. Zivilgeschädigter der Begriff des Versehrten an Angemessenheit und Akzeptanz verlor und sich der des Behinderten mehr und mehr durchsetzte, so vor allem in der Sozialgesetzgebung, öffnete sich der Verband auch allen anderen Behinderten und änderte folgerichtig 1975 noch einmal seinen Namen in *Deutscher Behinderten Sportverband* (DBS), mit aktuell 280.000 Mitgliedern und etwa 10.000 speziell lizensierten Übungsleitern und ärztlichen Betreuern in mehr als 3.000 Vereinen der weltgrößte seiner Art.

Behindertensport realisiert sich heute (neben dem Sportunterricht in Sonderschulen und Förderzentren) auf den drei Ebenen des *Breiten- und Freizeitsports*, des *Leistungs- und Wettkampfsports* und der *sport- bzw. bewegungstherapeutischen* Maßnahmen, wobei inhaltliche Überschneidungen aufgrund gemeinsamer Wurzeln berücksichtigt werden müssen.

Sportliche Betätigung ist Ausdruck von Aktivität, Selbständigkeit und Selbstverantwortlichkeit, dies gilt für behinderte wie für nichtbehinderte Menschen in gleicher Weise. Gerade für Behinderte stellt der Sport aufgrund der ihn konstituierenden Sinngebung und Kommunikationsstruktur ein besonderes Gestaltungselement ihrer → Freizeit und zugleich eine nicht zu unterschätzende rehabilitative Möglichkeit psycho-sozialer Gesundung und Re-Integration, d.h. Erweiterung ihrer Kontaktmöglichkeiten und Verbesserung ihrer Lebensqualität dar. Dies gilt selbst dann, wenn die Qualität und Quantität sportlicher Belastung zu einer Verstärkung von Defiziten oder zusätzlichen Schädigungen führt, wie es bei leistungssportlicher Orientierung zwar generell in Rechnung gestellt werden muss, aber speziell im Hinblick auf Behinderte heftig kritisiert wird. Zumindest kann eine die Gleichheit aller betonende Gesellschaft, die sportliche Höchstleistungen Nichtbehinderter als Unterhaltungsgut und Prestige-Wert von hohem Rang vereinnahmt und finanziell subventioniert, behinderten Athleten dies nicht vorenthalten.

Allerdings wird es Behinderten nur in seltenen Fällen möglich sein, mit gleicher Erfolgswahrscheinlichkeit am sportlichen Leistungsvergleich und Wettkampfsport Nichtbehinderter teilzunehmen, woraus die Organisation eines *modifizierten Wettkampfwesens* folgert, welches das je individuelle Handicap zu kompensieren vermag. Solche, die Chancengleichheit der Wettkämpfer sicherstellende Klassifizierung ist übrigens auch im Sport der Nichtbehinderten (z.B. in Form von Gewichtsklassen beim Boxen, Ringen, Judo usw.) durchaus gegeben.

Eine breitere gesellschaftliche Anerkennung und sogar international-mediale Beachtung haben sportliche (Höchst-) Leistungen Behinderter in den letzten Jahrzehnten vornehmlich durch die *Paralympics* (speziell in Seoul 1988 und Barcelona 1992) gefunden. Ausgehend von der 1944 von Sir Ludwig Guttmann in Aylesburg/England bei Querschnittsgelähmten eingeführten Behandlungsmethode der „mobilisation" und den von ihm 1948 (exakt am Tag der Eröffnung der Olympischen Spiele in London!) erstmals für diese Patienten ausgetragenen „Stoke Mandeville Games" entwickelte sich mit dem „Rollstuhlsport" eine eigenständige internationale Sportbewegung, deren „Weltspiele der Behinderten" seit 1976 allen Behindertengruppen in einer Vielzahl von Sportarten mit differenzierten Startklassen offen stehen. Dabei hat sich auch im Leistungssport der Athleten mit Handicaps aufgrund immer professionellerer Trainingsbedingungen und High-tech-Ausrüstung (wie Rennrollstühle oder Sportprothesen) in den letzten Jahren eine kaum glaubhafte Leistungsexplosion vollzogen.

Auf der Ebene primär *therapeutisch orientierter Ansätze* des Behindertensports haben sich in letzter Zeit jedoch die größten Veränderungen ergeben: Der Inhalt „Sport" hat sich (analog genereller bewegungs-kultureller Wandlungsprozesse) hin zur Trias „Bewegung, Spiel und Sport" erweitert; aufgrund demographischer Entwicklungen und Veränderungen des Krankheitspanoramas bilden neben dem klassischen Klientel der Körper- und Sinnesbehinderten nicht nur geistig und seelisch Behinderte, sondern auch Menschen mit chronischen Erkrankungen und Behinderungen im Bereich innerer Organe (z.B. Asthmatiker, Diabetiker oder Herzinfarkt-Patienten) stetig wachsende Adressatengruppen mit spezifischen ärztlich betreuten Bewegungsprogrammen (Röthig 1972; 1992; Innenmoser 1997).

Neben der Sporttherapie ist es vornehmlich die *Psychomotorik*, die großen Einfluss auf den Behindertensport nimmt (→ Bewegung, Bewegungsförderung). Im Gegensatz zu funktionsorientierten Bewegungstherapien, wie etwa krankengymnastische oder physiotherapeutische, versteht sich die auf der reformpädagogischen Leibeserziehung, der Rhythmik, der Heil-Gymnastik und anderer Ansätze mehr begründete Psychomotorik als eine ganzheitliche, psychotherapeutische Vorgehensweise, die Bewegung als grundlegende Lebensäußerung und Kommunikationsmöglichkeit des Menschen versteht. Mit ihrem Credo einer „Erziehung *durch* Bewegung" grenzt sie sich deshalb bewusst vom traditionellen Sport bzw. Sportunterricht ab, dem sie eine einseitige und inhaltlich eingeschränkte „Erziehung *zur* (nämlich allein der sportlichen) Bewegung" unterstellt, während sie selbst am fundamentalen Funktionskreis von „Bewegung und Wahrnehmung" (Bielefeld 2000) ansetzt und ihn als Medium ihrer persönlichkeitsstabilisierenden Ziele nutzt.

Mit der 1998 vereinbarten Zusammenarbeit zwischen dem Aktionskreis Psychomotorik e.V. (AKP) und dem DBS wird die Komplementarität beider Konzepte anerkannt und zur umfassenden Betreuung Behinderter genutzt. Dabei kann die Psychomotorik durchaus als Sammelbegriff einer Vielzahl ganzheitlich orientierter Konzepte verstanden werden, die die traditionellen defektorientierten Ansätze zunehmend ablösen, obwohl auch sie noch keine wissenschaftlich begründete Effizienzkontrollen vorweisen können. Unter Rückgriff auf das aus der psychologischen Einzelfall-Forschung übernommene Modell der „Kontrollierten Praxis" hat Wegner (1997) jedoch erste Studien mit geistig Behinderten und im Rollstuhlsport vorgelegt, die Perspektiven der Qualitätssicherung bewegungstherapeutischer Programme eröffnen.

Jürgen Bielefeld

Literatur

Bielefeld, J.: Sport. Bewegungserziehung. In: Heckt, D. H./Sandfuchs, U. (Hrsg.): Grundschule von A bis Z. Braunschweig 1993, 32–148.

Bielefeld, J.: Vom Versehrtensport zur Motologie. Vortrags-Manuskript. Ostseeklinik Damp 24.10.1998.

Bielefeld, J.: Bewegung und Wahrnehmung. In: Borchert, J. (Hrsg.): Handbuch der sonderpädagogischen Psychologie. Göttingen 2000, 592–606.

Innenmoser, J.: Sport, Spiel und Bewegung für Behinderte – Entwicklungen, Trends, Möglichkeiten und Probleme. In: Rieder, H. (Hrsg.): Sport mit Sondergruppen. Schorndorf 1997, 245–264.

Kaminski, G.: Behinderung in ökologisch-psychologischer Perspektive. In: Neumann, J. (Hrsg.): „Behinderung": Von der Vielfalt eines Begriffes und dem Umgang damit. Tübingen 1995, 44–74.

Röthig, P. (Red.): Sportwissenschaftliches Lexikon. Schorndorf 2. Aufl. 1972, 6. Aufl. 1992.

Wegner, M.: Das Konzept der Kontrollierten Praxis im Behindertensport. In: Motorik 20 (1997) 116–124.

Studium und Behinderung

Seit Jahrhunderten gibt es behinderte Menschen, die sich ein Studium erkämpft haben und in akademischen und künstlerischen Berufen erfolgreich waren. Einige waren zu Höchstleistungen fähig und sind berühmt geworden, z.B. der blinde Nikolaus Saunderson (1682–1739), Professor der Mathematik an der Universität Cambridge, die sprachbegabte, taubblinde Helen Keller (1880–1968) oder – als aktuelles Beispiel – der schwer körperbehinderte Astrophysiker Stephen Hawking. Dennoch war ein Studium für behinderte Menschen nicht die Regel, es galt eher als bewunderungswürdige Ausnahme.

Ein Wandel trat erst im Zusammenhang mit den Reformbemühungen der späten 60er und 70er Jahre ein, in denen die Bildungspolitik zu einem zentralen Politikfeld wurde. Die *Bildungsansprüche behinderter Menschen* hielten Einzug ins gesellschaftliche Bewusstsein. Unter dem Aspekt von Chancengleichheit mussten möglichst viele Barrieren beseitigt werden, die behinderten

Menschen das Studieren erschwerten. Ausdruck fand dies zunächst darin, dass die Berücksichtigung der besonderen Bedürfnisse behinderter und chronisch kranker Studierender im Sinne einer Verpflichtung für die im Hochschulbereich Verantwortlichen 1976 in das Hochschulrahmengesetz (HRG) und danach in die entsprechenden Landeshochschulgesetze aufgenommen wurde. Die 70er Jahre stehen für den Beginn einer aktiven Politik zur Förderung behinderter Studierender. Dabei übernahm das Bundesministerium für Bildung und Wissenschaft (BMBW) eine initiierende Rolle, nicht zuletzt durch die Einrichtung der inzwischen bewährten „Informations- und Beratungsstelle Studium und Behinderung des Deutschen Studentenwerks" (IBS).

Zunächst war fast ausschließlich von Körperbehinderten, häufig auch nur von Rollstuhlfahrern, die Rede. Die ersten konkreten Maßnahmen des BMBW bezogen sich auf *behindertengerechtes Bauen* im Hochschulbereich und auf Studentenwohnheimplätze. Gegenwärtig wird der Kreis der Personen, deren *besondere Bedürfnisse im Studium* berücksichtigt werden müssen, wesentlich weiter gefasst. Im Hochschulbereich Deutschlands wird inzwischen eine veränderte Behinderungsdefinition angewendet, die wesentliche Aspekte eines von der World Health Organization (WHO) im internationalen Konsens erarbeiteten Modells von Behinderung enthält (IFC – International Classification of Functioning, Disability and Health 2001). Funktionsfähigkeit und Teilhabe sind als essentielle klassifikatorische Begriffe in die sozialrechtlichen Festlegungen des SGB IX (Neuntes Buch des Bundessozialgesetzbuches) aufgenommen worden, das für deutsche Verhältnisse die amtliche Anerkennung von Behinderung regelt.

Ganz allgemein hat im deutschen Hochschulwesen seit einiger Zeit ein tief greifender Wandel begonnen, der im Zuge der Schaffung eines gemeinsamen europäischen Hochschulraums („Bologna-Prozess") unter anderem zu mehr Wettbewerb, Profilbildung und Internationalisierung führen soll. Reformen sind in Bereichen wie Hochschulzugang, Studienstruktur, Studienfinanzierung vorgesehen. Für Studierende mit Behinderung oder chronischer Erkrankung werden neben Chancen erhebliche Risiken gesehen, vor allem wegen fehlender Kompatibilität von Hochschul- und Sozialsystemen (Theben/Becker 2005).

Neben dem HRG und den Landeshochschulgesetzen gibt es verschiedene rechtliche Regelungen, die für behinderte und chronisch kranke Studierende wichtig sind. Sie lassen sich grob den beiden Gruppen Sozial- und Gleichstellungsgesetzgebung sowie Hochschulbereichsbezogene Gesetzgebung zuteilen. In Bezug auf die *Sozial- und Gleichstellungsgesetzgebung* wurde eine Basis für eine gleichberechtigte Teilhabe am Leben in der Gesellschaft und damit auch an der Hochschulbildung durch die Gesetze zur Gleichstellung von Menschen mit Behinderungen auf Bundes- und Länderebene sowie durch das Sozialgesetzbuch IX geschaffen. Ausgewählte Regelungen, die für behinderte und chronisch kranke Studierende wichtig sind, finden sich auch im BAföG (Bundesausbildungsförderungsgesetz) und in verschiedenen Büchern des Bundessozialgesetzbuches, z.B. in SGB I, SGB II, SGB V, SGB XI, SGB XII. Wichtige Regelungen der *Hochschulbereichsbezogenen Gesetzgebung* stehen im Hochschulrahmengesetz und in den entsprechenden Landesgesetzen. Es gibt nachteilsausgleichende Regelungen auf Bundes- und Länderebene, einschlägige Empfehlungen der Kultusministerkonferenz (KMK) und der Hochschulrektorenkonferenz (HRK), Veröffentlichungen des Wissenschaftsrates (WR) und des Centrums für Hochschulentwicklung (CHE).

Wesentliche Hinweise auf die Aufgaben in Gegenwart und nächster Zukunft gibt ein Konzept, das in der 65. ordentlichen Mitgliederversammlung des Deutschen Studentenwerks (DSW) am 30.11./1.12.2004 unter dem Titel: *„Für eine barrierefreie Hochschule" – Eckpunkte und Maßnahmenkatalog zur Schaffung gleichberechtigter Teilhabemöglichkeiten für Studienbe-*

werber/innen und Studierende mit Behinderung und chronischer Krankheit beschlossen wurde. Folgende Eckpunkte wurden formuliert:

1. Sicherstellung von Chancengleichheit für Menschen mit Behinderung und chronischer Krankheit beim Zugang zu Studienangeboten, insbesondere zu grundständigen Studiengängen sowie zu konsekutiven und postgradualen Masterstudiengängen;
2. Rechtliche Verankerung und Sicherstellung einer adäquaten Umsetzung individueller Nachteilsausgleiche für Studierende mit Behinderung und chronischer Krankheit bei Studien- und Prüfungsleistungen;
3. Aus- und Aufbau barrierefreier Strukturen im Hochschulbereich;
4. Sicherung und Weiterentwicklung der Studienfinanzierung für Studierende mit Behinderung und chronischer Krankheit;
5. Erhalt, Aufbau und Weiterentwicklung professioneller Informations-, Beratungs- und Dienstleistungsangebote für Menschen mit einer Behinderung und chronischen Krankheit in der Phase der Studien- und Berufswahl, in der Phase des Übergangs von der Schule an die Hochschule, während des Studiums und in der Phase des Übergangs von der Hochschule in den Beruf;
6. Gestaltung von Rahmenbedingungen für eine gleichberechtigte Teilhabe von Menschen mit Behinderung und chronischer Krankheit in einem internationalen – insbesondere europäischen – Hochschulraum.

Waldtraut Rath

Literatur

Bundesministerium für Bildung und Forschung (Hrsg.): Das soziale Bild der Studentenschaft in der Bundesrepublik Deutschland. 15. Sozialerhebung des Deutschen Studentenwerks. Bonn 1998.

Deutsches Studentenwerk: Informationen über Studium und Behinderung unter www.Studentenwerk.de.

Theben, B./Becker K. W.: Rechtshandbuch für Behindertenbeauftragte und Schwerbehindertenvertreter – Das aktuelle Recht in der Praxis zu allen Fragen von behinderten Menschen. Hamburg 2005.

World Health Organization (Ed.): International Classification of Functioning, Disability and Health – JCF. Geneva/Switzerland 2001.

Unterstützte Kommunikation

Viele Menschen mit Behinderungen können sich nicht oder nur sehr eingeschränkt lautsprachlich verständigen und finden von sich aus oft keinen Weg zu einer ausreichenden Kommunikation. Die Ursachen dafür sind vielfältig. Motorische und sensorische Beeinträchtigungen, hirnorganische Schädigungen, kognitive Einschränkungen oder spezifische Syndrome können dazu führen, dass der Erwerb der Lautsprache erheblich verzögert, gar nicht möglich oder so eingeschränkt ist, dass elementare Bedürfnisse nicht geäußert werden können. Bereits erworbene Sprachfähigkeiten können durch entzündliche, vaskuläre oder tumoröse Prozesse oder auch unfallbedingte Hirnläsionen verloren gegangen sein. Alle Hilfen, die diesen Personen zum Aufbau eines Kommunikationssystems und zur Verständigung angeboten werden, fallen unter den Begriff „Unterstützte Kommunikation" (UK). Der Kommunikationsbegriff wird dabei sehr weit gefasst und schließt alle intentionalen und nicht-intentionalen, also auch die basalen Äußerungen des Säuglings oder eines Menschen mit schwerster geistiger und körperlicher Behinderung, mit ein. Der Personenkreis der UK-Nutzer ist demnach sehr heterogen und das Spektrum der angebotenen Kommunikationsmittel breit.

UK begann sich in den 80er Jahren des letzten Jahrhunderts zu etablieren, kam in den 90ern im deutschen Sprachraum auf und wird international als Augmentative (unterstützende) and Alternative Communication (AAC) bezeichnet. *Alternative* Kommunikationsmittel werden den betroffenen Personen statt der Lautsprache angeboten, während *augmentative* Mittel in Ansätzen vorhandene Lautsprache unterstützen und ihren Erwerb fördern.

Allgemein werden drei Gruppen von UK-Nutzern unterschieden, die die unterschiedlichen Ziele von UK deutlich machen (Tetzchner/Martinsen 2000): Menschen, die Sprachverständnis haben, aber Sprache nicht produzieren können, so dass sie dauerhaft auf alternative Mittel angewiesen sind. Typisch für diese Gruppe sind Menschen mit Cerebralparesen ohne wesentliche kognitive Einschränkung oder Menschen, die ihre Sprechfähigkeit bei erhaltenem Sprachverständnis verloren haben. Interventionen fokussieren die Beziehung von Lautsprache und unterstützender Sprache. Die zweite Gruppe betrifft vor allem Kinder, bei denen der Einsatz alternativer Mittel die Lautsprache fördern hilft. UK ist dann kein dauerhaftes Hilfsmittel, sie dient als ‚Gerüst' für die Sprachentwicklung und zur Überbrückung der durch die Zeit der ‚Sprachlosigkeit' bedingten sozialen Probleme. Zu dieser zweiten Gruppe werden auch Personen gezählt, die zwar Lautsprache entwickelt haben, sich aber nur sehr schwer und/oder nur in bestimmten Situationen verständlich machen können. Zur dritten Gruppe gehören Personen, die sich des alternativen Mittels ihr Leben lang bedienen, die ein eingeschränktes Sprachverständnis haben, bei denen der Bezug zur Lautsprache eine untergeordnete Rolle spielt und für die auch das Umfeld überwiegend das alternative Mittel benutzen muss. Hierzu gehören neben Personen mit schwerer geistiger Behinderung auch nicht sprechende Menschen mit Autismus.

Zwar ist in der Praxis die Zuordnung besonders zur zweiten und dritten Gruppe oft nicht eindeutig, aber dennoch sinnvoll, weil die unterschiedlichen Fähigkeiten und Bedürfnisse der Nutzer, ihr Alter, ihr soziales Umfeld, ihre Mobilität, ihre kognitiven Fähigkeiten, ihre individuellen Lebensbedingungen diagnostisch erfasst und bei der Auswahl einer geeigneten Kommunikationshilfe berücksichtigt werden müssen. Im Laufe der Entwicklung von UK hat das „Partizipationsmodell" (Beukelman/Mirenda 1998) das „Kandidatenmodell" abgelöst, bei dem der Blick auf die Fähigkeiten gerichtet war, die ein potentieller Nutzer mitbringen muss, wie z.B. Blickkontakt, Imitationsverhalten, erkennbare Intention oder Objektpermanenz. Während beim Kandidatenmodell viele Personen ausgeschlossen waren, vor allem diejenigen, die erst mit und durch UK die nötigen Fähigkeiten entwickeln, wird im Partizipationsmodell allein von der – wenn auch minimalen – Teilhabe am sozialen Geschehen als grundsätzlicher Voraussetzung für Kommunikation ausgegangen. Die Möglichkeiten der aktiven Teilhabe gleichaltriger nichtbehinderter Personen dienen als Partizipationsstandard, an dem der Grad der Selbständigkeit bzw. der Hilfebedarf der betroffenen Person gemessen und von dem die Interventionen abgeleitet werden.

Bei der Auswahl der Hilfen werden individuelle *Zugangsbarrieren* (access barriers) beobachtet, die verhindern, dass die Person ihr kommunikatives Potential ausschöpfen kann, wie beispielsweise motorische oder kognitive Barrieren, Bedienungsbarrieren, Verfügbarkeit eines Gerätes oder einer helfenden Person, finanzielle Ressourcen, und *Gelegenheitsbarrieren* (opportunity barriers), die mehr die strukturellen Rahmenbedingungen von Einstellungen und Wissen, gesetzliche Vorgaben und einschränkende Alltagspraktiken betreffen. Während sich die Zugangsbarrieren meist gut bestimmen und oft auch beseitigen lassen, sind die Gelegenheitsbarrieren nur mittel- und langfristig durch den Wandel gesellschaftlicher Einstellungen veränderbar.

Kommunikationshilfen lassen sich hinsichtlich ihres Komplexitäts- und Abstraktionsgrades von nonverbalen Ausdrucksformen wie Atmung, Mimik, Gestik über einzelne Gebärden, Bilder, Piktogramme oder Symbole bis hin zu Systemen mit grammatischen Kombinationsregeln (Bliss, Gebärdensprache) klassifizieren. Auf einer basalen Entwicklungsstufe wird durch Gestik und Mimik der freudigen oder abwehrenden Erwartung die *Antizipation* immer wiederkehrender Handlungen erkennbar. Wenn durch einfach zu bedienende Schalter Geräte (Kassettenrekorder, Klingeln, Spielzeuge) in Gang gesetzt werden können, kann ein Zusammenhang zwischen der eigenen Handlung und der Konsequenz erlebt werden. Dadurch kann kommunikative *Intention* vorbereitet werden, bei der Handlungen zielgerichtet eingesetzt werden und Freude gezeigt wird, wenn das Ziel erreicht ist. Werden Beziehungen zwischen Zeichen und Bezeichnetem erkannt, beispielsweise, dass die graphische Darstellung eines Bechers für ‚trinken' steht, sind Ansätze eines *Symbolverständnisses* erreicht, das in einen komplexeren Symbolgebrauch übergehen kann. UK ist dann Kommunikationshilfe und -förderung zugleich.

Kommunikationshilfen lassen sich auch hinsichtlich ihrer Technik unterscheiden. *Körpereigene* Kommunikationsmittel wie Atmung, Mimik, Gestik und Gebärden stehen zwar praktisch immer zur Verfügung, sind aber oft nicht eindeutig und bedürfen häufig der Interpretation des Gesprächspartners. Einzelne Gebärden werden meist der Deutschen → Gebärdensprache (DGS), der natürlich gewachsenen Sprache der Gehörlosen entnommen. Es existieren aber auch eigene Gebärdensammlungen mit ikonischen Gebärden, bei denen Gebärde und Bezeichnetes einen erschließbaren Zusammenhang haben. Gebärden werden häufig lautsprachunterstützend eingesetzt, indem die bedeutungstragenden Wörter mit Gebärden begleitet werden. Die Verwendung von Gebärden erfordert immer entsprechende motorische Fertigkeiten und gebärdenkompetente Gesprächspartner. Sie beschränkt sich meist auf eine mehr oder weniger große Zahl von Einzelgebärden, die grammatischen Strukturen der Gebärdensprache werden meist nicht erworben.

Externe Kommunikationshilfen können nicht-elektronisch oder elektronisch sein. Zu den nicht-elektronischen zählen vorgefertigte oder individuell angelegte Bildsammlungen, Bildsymbole, Kästen mit kleinen Gegenständen (Miniaturobjekte), Piktogramme, Symboltafeln, die möglichst handlich sein sollen, damit sie mitgeführt werden können. Sie erfordern mindestens die Fähigkeit, eindeutig zeigen oder einen Gegenstand reichen zu können. Symboltafeln können aber auch systematisch aufgebaut sein und durch Kombinationsregeln eine unbegrenzte Zahl von Äußerungen ermöglichen. Dies erfordert dann allerdings auch einen Partner, der das System beherrscht. Buchstabentafeln setzen wiederum Schriftsprachkenntnisse voraus, können aber von (fast) jedem Partner verstanden werden. Elektronische Kommunikationshilfen sind Computer, die tragbar oder stationär, ohne oder mit Sprachausgabe (diverse „Talker", Big Mack) auf unterschiedlichem Niveau arbeiten können. Inzwischen gibt es viele verschiedene Modelle und auch für die motorischen Fertigkeiten angepasste Eingabehilfen wie beispielsweise spezielle Tastaturen, spezielle Computermäuse, Sensoren, Schalter, Touch Screen, so dass, wann immer auch nur ein Muskel willkürlich bewegt, eine elektronische Hilfe selbständig bedient werden kann. Diese Geräte sind allerdings nicht immer handlich, anfällig für technische Störungen und von einer Stromversorgung (Akku, Batterie, Netz) abhängig.

Alle Möglichkeiten der UK haben Vor- und Nachteile, sie stellen unterschiedliche Anforderungen an beide Kommunikationspartner und können nicht in allen Situationen in gleicher Weise verwendet werden. Besonders bei den nichtsprechenden Menschen mit geistiger Behinderung ist der Umfang der Ausdrucksmöglichkeiten sehr begrenzt und von dem abhängig, was der Kommunikationshelfer als notwendige Inhalte ansieht. Die Anbahnung ist manchmal langwierig, einzelne Kommunikationshandlungen können lange dauern und bleiben uneindeutig, ein wirkliches Gespräch kommt nicht zustande, so dass im Alltag UK oft als Maßnahme der Förderung, aber nicht als alltägliche und ständige Kommunikationshilfe angesehen wird.

Bei den Personen mit ausreichendem Sprachverständnis können alternative Mittel gesucht werden, die eine ähnlich unbegrenzte Ausdrucksmöglichkeit beinhalten wie die Lautsprache. Dies können eigene Symbolsysteme sein (z. B. das von Charles Bliss entwickelte graphische System), oder sie basieren auf der Schriftsprache (Buchstabentafeln, Buchstabenscannen am Computer oder mit Partnern). Diese Möglichkeiten sind nicht zu verwechseln mit der von Vertretern der UK häufig auch dem Spektrum der UK zugerechneten und aufgrund der im Deutschen ähnlichen Bezeichnung oft gleichgesetzten *Gestützten Kommunikation* (Facilitated Communication, FC), bei der eine zweite, stützende Person der nichtsprechenden und meist auch anderweitig nicht wirksam kommunizierenden Person zur Auswahl von Buchstaben auf Tafeln oder Tastaturen verhilft, so dass schriftsprachliche Mitteilungen – teilweise auf hohem Ausdrucksniveau – entstehen. Dabei wird eine große Diskrepanz zwischen den beobachtbaren Verhaltensweisen, der bisherigen Einschätzung der kognitiven Möglichkeiten und den FC-Äußerungen deutlich. Die Urheberschaft der FC-Nutzer konnte in kontrollierten Untersuchungen in keinem Fall überzeugend nachgewiesen werden (Nußbeck 2004), jedoch wurde in vielen Fällen der Stützer als Urheber der Nachricht identifiziert (Biermann 1999).

Grundsätzlich sind alternative Kommunikationsmittel manchmal ein annähernd vollwertiger Lautsprachersatz, in den meisten Fällen sind sie wichtige Hilfen, um die kommunikative Situation zu verbessern und elementare Bedürfnisse auszudrücken. Oft geht mit der Einführung von UK eine Verminderung herausfordernden Verhaltens, eine Verbesserung des Umgangs und eine bessere Ausgangslage für Lern- und Entwicklungsmöglichkeiten einher, so dass in allen schulischen und außerschulischen Einrichtungen der sinnvolle, geplante und kontrollierte Einsatz von Kommunikationshilfen eher die Regel als die Ausnahme sein sollte.

Susanne Nußbeck

Literatur

Beukelman, D./Mirenda, P.: Augmentative and alternative communication: Management of severe communication disorders in children and adults. Baltimore 2nd ed.1998.

Biermann, A.: Gestützte Kommunikation im Widerstreit. Berlin 1999.

Nußbeck, S.: Gestützte Kommunikation – Eine Analyse von positiv bewerteten Untersuchungsergebnissen. In: Theis-Scholz, M./Thümmel, I. (Hrsg.): Therapeutische Ansätze in der sonderpädagogischen Förderung – Trivialisierung oder Komplettierung? Eine kritische Auseinandersetzung. Weinheim 2004, 121–145.

Tetzchner, S. von/Martinsen, H.: Einführung in Unterstützte Kommunikation. Heidelberg 2000.

Verzeichnis der Autoren

Ahrbeck, Bernd, Prof. Dr., Humboldt-Universität zu Berlin
Antor, Georg, Prof. Dr., Universität zu Köln
Baier, Herwig, Prof. Dr., Universität München
Beck, Iris, Prof. Dr., Universität Hamburg
Bellingrath, Jürgen, Universität zu Köln
Bielefeld, Jürgen, Prof. Dr., Universität Flensburg
Biermann, Horst, Prof. Dr., Universität Dortmund
Bleidick, Ulrich, Prof. Dr. Dr. h.c., Universität Hamburg
Brumlik, Micha, Prof. Dr., Universität Frankfurt am Main
Bürli, Alois, Dr., Schweizerische Zentralstelle für Heilpädagogik Luzern
Burow, Olaf-Axel, Prof. Dr., Universität-Gesamthochschule Kassel
Cloerkes, Günther, Prof. Dr., Pädagogische Hochschule Heidelberg
Dehn, Mechthild, Prof. Dr., Universität Hamburg
Duismann, Gerhard, Prof. Dr., Universität Hamburg
Ellger-Rüttgardt, Sieglind, Prof. Dr., Humboldt-Universität zu Berlin
Feuser, Georg, Prof. Dr., Universität Bremen
Fornefeld, Barbara, Prof. Dr., Universität zu Köln
Fröhlich, Andreas, Prof. Dr., Universität Koblenz/Landau
Frühauf, Theo, Dr., Bundesvereinigung Lebenshilfe e.V. Marburg
Füssel, Hans-Peter, Prof. Dr., Hochschule Bremen
Galuske, Michael, Dr., Universität Dortmund
Gerspach, Manfred, Prof. Dr., Hochschule Darmstadt
Goetze, Herbert, Prof. Dr., Universität Potsdam
Gogolin, Ingrid, Prof. Dr., Universität Hamburg
Grohnfeldt, Manfred, Prof. Dr., Universität München
Gudjons, Herbert, Prof. Dr., Universität Hamburg
Günther, Klaus B., Prof. Dr., Humboldt-Universität zu Berlin
Haeberlin, Urs, Prof. Dr., Universität Fribourg
Herz, Birgit, Prof. Dr., Universität Hamburg
Hillenbrand, Clemens, Prof. Dr., Universität zu Köln
Hiller, Gotthilf Gerhard, Prof. Dr., Pädagogische Hochschule Ludwigsburg/Reutlingen
Hinz, Andreas, Prof. Dr., Universität Halle/Wittenberg
Hofsäss, Thomas, Prof. Dr., Universität Leipzig
Homfeldt, Hans-Günther, Prof. Dr., Universität Trier
Jakobs, Hajo, Prof. Dr., Fachhochschule Kiel
Jantzen, Wolfgang, Prof. Dr., Universität Bremen
Kanter, Gustav, Prof. Dr. Dr. h.c. mult., Universität zu Köln
Keupp, Heiner, Prof. Dr., Universität München
Klauer, Karl Josef, Prof. Dr., Technische Universität Aachen
Kleber, Eduard W., Prof. Dr., Universität-Gesamthochschule Wuppertal
Klein, Gerhard, Prof. Dr., Pädagogische Hochschule Ludwigsburg/Reutlingen
Kobi, Emil E., Dr., Universität Basel
Kollmar-Masuch, Rita, Dr., Rheinische Schule für Kranke Viersen
Kurth, Erich, Prof. Dr., Universität Rostock
Lauth, Gerhard W., Prof. Dr., Universität zu Köln
Leutner-Ramme, Sibylla, Dr., Universität Hamburg
Leyendecker, Christoph, Prof. Dr., Universität Dortmund

Lindmeier, Bettina, Prof. Dr., Universität Hannover
Lindmeier, Christian, Prof. Dr., Universität Koblenz/Landau
Möckel, Andreas, Prof. Dr., Universität Würzburg
Nußbeck, Susanne, Prof. Dr., Universität zu Köln
Oelsner, Wolfgang, Städtische Schule für Kranke Köln
Opaschowski, Horst W., Prof. Dr., Universität Hamburg
Opp, Günther, Prof. Dr., Universität Halle/Wittenberg
Ortmann, Monika, Prof. Dr., Universität Oldenburg
Piel, Walter, Prof. Dr., Universität zu Köln
Plewig, Hajo, Prof. Dr., Universität Lüneburg
Radtke, Peter, Dr., Arbeitsgemeinschaft Behinderte in den Medien e.V. München
Rath, Waldtraut, Prof. Dr., Universität Hamburg
Rauschenbach, Thomas, Prof. Dr., Universität Dortmund
Renzelberg, Gerlinde, Prof. Dr., Universität Hamburg
Richter, Hans-Günther, Prof. Dr., Universität zu Köln
Rumpler, Franz, Verband Sonderpädagogik e.V. Würzburg
Sachs, Michael, Prof. Dr., Universität Düsseldorf
Schaack, Ernst, Prof., Universität Hamburg
Schäfer, Dieter, Bundesagentur für Arbeit Nürnberg
Schildmann, Ulrike, Prof. Dr., Universität Dortmund
Schleiffer, Roland, Prof. Dr., Universität zu Köln
Schmetz, Ditmar, Prof. Dr., Universität Dortmund
Schroeder-Kurth, Traute, Prof. Dr., Universität Würzburg
Schuck, Karl Dieter, Prof. Dr., Universität Hamburg
Skowronek, Helmut, Prof. Dr., Universität Bielefeld
Speck, Otto, Prof. Dr., Universität München
Stadler, Hans, Prof. Dr., Universität Dortmund
Stracke-Mertes, Ansgar, Dr., Servicestelle für Altenarbeit Aachen
Tenorth, Heinz-Elmar, Prof. Dr., Humboldt-Universität zu Berlin
Terhart, Ewald, Prof. Dr., Universität Bochum
Theunissen Georg, Prof. Dr., Universität Halle/Wittenberg
Thimm, Walter, Prof. Dr., Universität Oldenburg
Tillmann, Klaus-Jürgen, Prof. Dr., Universität Bielefeld
Trenk-Hinterberger, Peter, Prof. Dr., Universität Bamberg
Urban, Klaus, Prof. Dr., Universität Hannover
Walkenhorst, Philipp, Dr., Universität Dortmund
Weiß, Hans, Prof. Dr., Pädagogische Hochschule Ludwigsburg/Reutlingen
Winkler, Michael, Prof. Dr., Universität Jena
Wisotzki, Karl Heinz, Prof. Dr., Universität zu Köln
Wocken, Hans, Prof. Dr., Universität Hamburg

Personenregister

Angegebene Seitenzahlen beziehen sich auf die ein- oder mehrmalige Namensnennung im laufenden Text eines Schlüsselwortes. Namen von Verfassern der Artikel sind **fett** gedruckt.

Sachregister

Schlüsselbegriffe mit eigenen Stichwörtern sind **fett** gedruckt. Angegebene Seitenzahlen beziehen sich auf die ein- oder mehrmalige sachliche Behandlung im laufenden Text eines Stichwortes.